HISTOIRE
DE
FLORENCE

OUVRAGES DU MÊME AUTEUR

Jérôme Savonarole, sa vie, ses prédications, ses écrits. Ouvrage couronné par l'Académie française. 3ᵉ édition. 1 vol. in-12 (Hachette).

Deux ans de révolution en Italie. 1848-1849. 1 vol. in-12 (Hachette).

Étienne Marcel, prévôt des marchands. 2ᵉ édition, dans la collection municipale de l'Histoire de Paris. 1 vol. in-4.

Histoire de la littérature italienne, depuis ses origines jusqu'à nos jours. 2ᵉ édition. 1 vol. in-12 (Delagrave).

Les mariages espagnols sous le règne d'Henri IV et la régence de Marie de Médicis. Ouvrage couronné par l'Académie française. 1 vol. in-8 (Didier).

L'Église et l'État en France, sous le règne d'Henri IV et la régence de Marie de Médicis. Ouvrage couronné par l'Académie française. 2 vol. in-8 (Pedone-Lauriel).

La démocratie en France au moyen âge. Ouvrage couronné par l'Académie des sciences morales et politiques. 2ᵉ édition. 2 vol. in-12 (Didier).

Étude historique sur Sully, couronnée par l'Académie française.

MÉMOIRES LUS A L'ACADÉMIE DES SCIENCES MORALES ET POLITIQUES

ET INSÉRÉS DANS SES COMPTES RENDUS

La comtesse Mathilde de Toscane et le Saint-Siège (1865).

Un procès criminel sous le règne d'Henri IV (1867).

Le duc de Lerme et la cour d'Espagne sous le règne de Philippe III (1870).

Mémoire critique sur l'auteur et la composition des Œconomies Royales (1871).

21 921. — Imprimerie A. Lahure, rue de Fleurus, 9, à Paris.

HISTOIRE

DE

FLORENCE

PAR

F.-T. PERRENS

TOME CINQUIÈME

PARIS
LIBRAIRIE HACHETTE ET Cie
79, BOULEVARD SAINT-GERMAIN, 79

1880

Droits de propriété et de traduction réservés

HISTOIRE DE FLORENCE

LIVRE IX

CHAPITRE PREMIER

PROGRÈS DE LA DOMINATION FLORENTINE
LA GUERRE DE PISE

— 1359-1365 —

Négociations entre Albornoz et Florence au sujet des compagnies. — Traité d'Albornoz avec les compagnies (21 mars 1359). — Préparatifs de défense des Florentins. — L'armée florentine et la compagnie en présence (10 juillet). — Retraite de la compagnie (23 août). — Destinées des compagnies de Landau et de Bongart. — Accroissement du territoire florentin. — Acquisition de Bibbiena (6 janvier 1360). — Soumission des Ubaldini (décembre). — Occupation de Volterre (octobre). — Conjuration à Florence (30 décembre). — Guerre avec Pise. — Siège et prise de Pietrabuona par les Pisans (5 juin 1362). — Campagne des Florentins dans le val d'Era (20 juin). — Bonifazio Lupo et Ridolfo de Varano, capitaines des Florentins. — Campagne de Ridolfo (17 juillet). — Formation de la compagnie du *Cappelletto* (30 août). — Succès maritimes des Florentins (août-octobre). — La compagnie blanche des Anglais engagée par les Pisans. — Victoire de Piero Farnese (7 mai 1363). — Sa mort (19 juin). — Rinuccio Farnese, capitaine des Florentins. — Campagne des Pisans dans le *contado* de Florence (27 juillet, 7 août). — Échecs des Florentins. — Émoi dans leur ville. — Les Anglais à Ripoli (22 octobre). — Leur retraite (11 novembre). — Négociations pour la paix (mars 1364). — Les Anglais et les Pisans de nouveau aux portes de Florence (15 avril). — Attaque contre la porte San-Gallo (2 mai). — Traité secret avec les compagnies. — Leur départ (10 mai). —

Campagne des Florentins contre Pise (21 mai). — Galeotto Malatesta élu capitaine (12 juillet). — Victoire des Florentins à Cascina (28 juillet). — Négociations pour la paix (21 août) et révolution à Pise. — Conclusion de la paix entre Pise et Florence (28 août). — Mécontentement des Florentins. — Dispersion des compagnies.

Nous entrons dans une période de l'histoire florentine où l'esprit, comme désorienté, ressent un indéfinissable malaise. Partagé entre l'admiration et le blâme, il ne voit pas nettement encore lequel de ces deux sentiments doit prévaloir, et il s'étonne au spectacle d'une démocratie qui monte toujours dans l'échelle de la puissance, tandis qu'elle descend déjà les degrés qui la conduisent à l'abîme, au despotisme d'un seul.

D'une part, s'accroît toujours la domination de Florence. De plus en plus Florence écrase ou subjugue ses voisins, ceux-là mêmes qui ne le sont devenus que parce qu'elle a reculé ses frontières, ceux-là mêmes qu'elle avait dû jusqu'alors respecter. Ses horizons, de proche en proche élargis, lui permettent d'espérer que, sans cesser d'être une commune, elle deviendra de plus en plus un État. Si elle continue de guerroyer par le bras de ses mercenaires, elle s'attaque à de plus lointains et plus redoutables ennemis. Libérée des compagnies ou ayant cessé du moins de trembler devant leurs incursions et leurs armes, elle affrontera bientôt la seule ville toscane qui lui pût encore disputer l'hégémonie; elle finira par diriger ses bannières guelfes contre le pouvoir guelfe par excellence, contre la papauté sacro-sainte, objet jusqu'alors de ses respects et de son amour. Elle lui tiendra audacieusement, résolûment tête; elle la réduira, de guerre lasse, à conclure la paix sans exiger de cette fille rebelle aucune soumission. Quel changement, quels progrès depuis les jours laborieux où les

Ubaldini et les Tarlati, où Arezzo, Sienne et le Mugello, occupaient toutes ses forces, étaient pour elle d'irréductibles ennemis! Elle se mesure désormais avec des rivaux plus puissants, avec des adversaires moins vulnérables. Ses armées d'étrangers sont moins souvent battues que n'étaient ses armées indigènes. Elle n'est plus seulement la première des villes toscanes, elle est déjà la capitale des Toscans.

D'autre part, si l'on reporte ses yeux sur l'intérieur, ce n'est plus le mot de progrès qui vient aux lèvres, c'est celui de décadence. Un peuple qui, presque chaque jour, se déchire de ses propres mains, ne le peut faire impunément sans agrandir ses plaies, sans les rendre incurables. Il ne lui a point nui, bien au contraire, de combattre longtemps ces nobles féodaux qui se refusaient à entrer dans le cadre étroit et régulier d'une vie bourgeoise et marchande, qui en troublaient, par leurs mœurs de brigands, les conditions vitales, car il fallait briser cet obstacle ou périr; mais, comme dans le bien même se trouve le germe du mal, la victoire des *popolani* sur les magnats était grosse de la lutte du menu peuple contre les *popolani*. C'est la loi de l'histoire que tous les hommes aspirent au mieux, mais qu'ils proposent pour but à leurs efforts moins d'atteindre d'un bond au sommet que de s'élever peu à peu sur les pentes qui y conduisent; moins d'arracher le souverain pouvoir à ceux qui le détiennent que de s'égaler aux supérieurs tout proches d'eux qui leur ont donné le contagieux exemple d'une progressive émancipation.

Les *popolani* florentins avaient d'abord hâté, puis plus tard ralenti, et toujours dans leur propre intérêt, cet inévitable mouvement. En quête d'auxiliaires pour politiques aux magistrats, ils avaient fait dans la vie publique du menu peuple une part très précieuse, quoique modeste; car qu'y a-t-il de plus heureux et fier de devenir quelque chose; mais va-t-on le pied à l'étrier, il faut bien se mettre en selle, si l'on ne veut retomber à terre, ni gâter des situations instables où nul ne peut se fixer. Or, une fois les magnats vaincus, leurs vainqueurs, estimant que tout était pour le mieux dans le meilleur des mondes possibles, en prétendaient arrêter l'éternelle évolution. Aux artisans, leurs auxiliaires de la veille, ils signifiaient qu'il fallait laisser là toute espérance, déplorable chimère des parvenus et des satisfaits, trop enivrés du succès pour regarder en arrière, pour profiter des leçons qu'ont reçues ceux qui les ont précédés.

Améliorer leur situation matérielle, rendre plus tolérables leurs rapports journaliers avec de durs patrons, tel était alors comme toujours le principal but des petites gens. C'est pour l'atteindre qu'ils rêvaient le partage de la puissance politique dont on leur avait donné un avant-goût, et qu'on prétendait maintenant leur refuser. De là des colères, des tumultes, des émeutes qui rendent plus difficile aux classes bourgeoises cette sagesse de sang-froid dont elles se sont parfois écartées. Je n'est pas au travers des divagations confuses d'un mécontentement exaspéré qu'il est aisé de reconnaître ce qu'il y a de légitime dans d'excessives prétentions. En continuant après le triomphe, comme pendant la lutte, de laisser entr'ouvert le cadre non immuable des arts, les *popolani* florentins auraient peut-être évité bien des catastrophes; mais la bourgeoisie marchande eut peur d'être noyée dans le flot montant de la multitude populaire, et elle se crut de soboé à dire, comme Knut de Danemark au éléments Cérémonieux d'Aragon, loriol du il saquerait u. Tarkhisis ni Si, dans cette lutte insensée, les patrons eussent été complètement submergés, si les menus artisans eussent brisé toute résistance, on aurait pu voir bien ceux-ci étoient capables. Sans doute ils auraient échoué, faute d'expérience, à l'effondrement rapide de l'édifice isolé elevé avec tant de peine. On m'aurait pu dire du moins jusqu'à quelque temps les moyens leur manquaient pour donner leur mesure. Il soit voulu que les deux puissances de la bourgeoisie abritée et du peuple en route se fissent dangereusement équilibre. Victorieuses un jour, vaincues le lendemain, dans ces chocs continuels d'où naissaient d'incessants orages, le calme mortel des tyrannies italiennes, qui donnait à leur esprit comme à leurs yeux l'illusion de la paix, devait leur suggérer la funeste pensée de se réfugier tôt ou tard, moyennant du pouvoir d'un seul, du pouvoir absolu. C'est dans la période dont nous entreprenons l'histoire que commence à paraître, ce lâche dessein, symptôme assuré d'une décadence dont il faudra suivre les lents, mais irrésistibles progrès. Des guerres civiles et des guerres extérieures, des complots, des intrigues ténébreuses, puis, au milieu du bruit incessant des métiers au travail, ou des armées rouges de sang, l'incomparable splendeur des belles-lettres et des beaux-arts, telle est plus que jamais la vie de ce peuple singulier, vie de saisissants contrastes et de dramatiques péripéties, toc est le spectacle instructif entre tous, si les hommes savaient s'instruire aux leçons de l'histoire, qui va se dérouler à nos yeux.

Dans l'année 1358, un vent de paix soufflait sur toute l'Europe, excepté sur la Romagne. L'Angleterre se réconciliait à l'Écosse, Pedro le Cruel de Castille à Pedro le Cérémonieux d'Aragon, le roi de Hongrie aux Vénitiens, les Visconti à la ligue des seigneurs de Vénétie, Louis de Naples à son cousin révolté le duc de Durazzo, Pérouse à Sienne par la médiation des Florentins[1]. Mais ni l'exemple d'autrui, ni les rigueurs d'un hiver où l'on vit, dit-on, la neige s'élever jusqu'aux toits[2], n'avaient pu faire poser les armes aux Romagnols, et c'en était assez pour troubler toute l'Italie centrale. Ce peuple turbulent ne voyait devant soi qu'Ardoin, l'abbé de Cluny, aussi peu homme d'État qu'homme de guerre[3], et il trouvait un ferme appui dans le comte de Landau, enfin guéri de ses blessures.

L'Église sentit la faute qu'elle avait commise en éloignant Albornoz du théâtre de ses succès. Elle s'empressa de l'y renvoyer (décembre 1358). Avant d'y reparaître, l'habile Espagnol se rendit à Florence : il se rappelait y avoir reçu d'importants secours en mercenaires, et jusqu'à cent mille florins en espèces[4]. Son dessein était d'étendre à l'Italie centrale les bienfaits de la paix, et, pour y parvenir, de procurer un accord entre Florence et la compagnie. Mais il lui fallait persuader aux Florentins de renoncer à la ligue conclue pour deux ans avec son prédécesseur et de chercher ailleurs que dans

---

[1] 31 octobre 1358. On peut voir les conditions dans M. Villani, VIII, 102 ; Neri de Donato, R. I. S. XV, 162; Ammirato, XI, 592. Entre la France et l'Angleterre les hostilités étaient languissantes. Si Charles V, encore régent, rejetait le honteux traité de Londres, il devait bientôt conclure le traité de Brétigny.

[2] Joh. de Bazano, *Cron. mutin.* R. I. S. XV, 630. Sismondi, IV, 299, 304.

[3] Sismondi (IV, 304) donne à l'abbé de Cluny les vertus du moine. On voit dans Ammirato (XI, 592) qu'il était gourmand.

[4] Matteo Villani, VII, 75, 80 ; VIII, 103 ; IX, 7.

la guerre des remèdes à la dévastation de la Toscane. Or quel autre remède concevoir, quand on n'aimait pas à délier les cordons de sa bourse, quand on avait devant soi des ennemis qui déchiraient de leur épée les traités où, faute peut-être de savoir écrire, ils avaient apposé leur cachet[1]? Ne pouvant vaincre de front l'obstinée résistance des marchands florentins, Albornoz essaya de la tourner. Il négocia directement avec Landau. Il lui promit cent vingt-cinq mille florins, dont Florence payerait quatre-vingt mille, à condition que, de quatre ans, la compagnie n'infesterait ni le territoire de la République, ni celui de l'Église[2]. Il se flattait que ces entêtés bourgeois, plutôt que de rester seuls dans la lutte, adhéreraient au traité[3].

C'était mal les connaître. Piqués au vif, ils se déclaraient aussitôt résolus de combattre jusqu'à l'extermination finale des compagnies[4]. Ils réclamaient du seigneur de Rimini l'arrivée de son fils Pandolfo Malatesta, élu capitaine de guerre en septembre précédent[5]. Ils débattaient avec Bernabò Visconti le nombre d'hommes qu'ils devraient mettre sur pied[6], se refusaient aux

[1] Voy. diverses lettres de la seigneurie à ses ambassadeurs auprès des seigneurs de Padoue, de Milan, etc., et à ses alliés, du 11 janvier 1359 au 26 avril suivant. *Sign. cart. miss.*, XII, 59-64, et *Lettere alla signoria*, V, 7-74 passim.

[2] Ammirato, XI, 592.

[3] Matteo Villani, IX, 6.

[4] « Cum sotiales qui ad ytalicam perniciem moliuntur forent usque ad eorum finale exterminium persequendi. » (A Bernabò Visconti, 22 février 1359. *Ibid.* f° 68.) Il y a dans ce recueil bon nombre de lettres sur le même sujet à partir du 8 février, f°° 64 sq.

[5] A Galeotto Malatesta, 21 février 1359. *Sign. cart. miss.*, XII, 67 v°. Ammirato, XI, 591.

[6] Instructions aux ambassadeurs auprès du légat, 22 février, 3, 9 mars 1359. *Sign. cart. miss.*, XII, 68-74. Bernabò et Galeazzo aux prieurs, 20, 22 février 1359. *Lettere alla signoria*, V, 1, 3.

engagements écrits, pour rester libres d'interpréter les conditions de l'alliance[1], et, voyant Landau semer la discorde en Toscane[2], enjoignaient à leurs ambassadeurs près du légat de revenir, si, dans les deux jours, il n'avait fait son choix entre elle et la compagnie[3]. Mais déjà, quand la seigneurie expédiait cet ordre (23 mars), Albornoz avait conclu avec Conrad de Landau et Hennequin de Bongart, promettant de leur payer cinquante mille florins, avant même qu'ils eussent évacué les terres de l'Église[4].

A la nouvelle de ce traité (3 avril), les Florentins remplirent l'air de leurs plaintes indignées. Voilà donc comment le légat reconnaissait tant de sacrifices faits au Saint-Siège! Il en vendait les plus fidèles amis! Ne voyait-il pas qu'ôter par une résistance énergique tout espoir de gains scandaleux était le seul moyen de décourager, de renvoyer au loin ces pestiférés, que réunissait une impie soif de rapine et de meurtre? Ce qu'il devait faire, ce qu'il ne faisait pas, Florence le ferait donc, avec le secours de ses alliés. Et Pandolfo Malatesta

---

[1] « E queste cose ci pare che debbano bastare sanza farne obligazione per carta, peroche fare intendiamo quello che di sopra diciamo, promettendo egli di fare da sua parte quello che potrà verso di noi.... Fate ultimo del vostro podere che s'accordino per lo miglior modo che far si potrà, benchè ci piacerebbe molto che il lodo s'osservasse a sano intelletto e non pure ad litteram. » (9 mars. *Ibid.*, f° 64 v°.)

[2] Instructions à Zanobi de l'Antella, amb. à Pise, 23 mars. *Ibid.*, f° 69 v°.

[3] « Per aspettare la sua precisa e final risposta state due dì e non più; ma se la risposta fosse di volersene levare, direte che voglete convenire all'effetto sanza dilazione di tempo a pensare sopra questa parte che non gli bisogna più, e dove comprendeste che l'accordo fosse fatto o che fossono parole generali per prolunghare il fatto, non restate. » (*Ibid.*, f° 79.)

[4] Matteo Villani, IX, 6; *Cron. d'Orvieto*, *Cron. Rimin.* R. I. S. XV, 685, 907; Ammirato, XI, 592.

était invité à dissoudre sans retard les compagnies[1].

En donner l'ordre était facile; l'exécuter le pouvait être moins. En effet, entre la politique florentine et celle du légat, l'Italie se divisait. Sienne, Pise, Pérouse, Can de la Scala, traitaient à leur tour avec les brigands étrangers[2]. Florence ne pouvait compter que sur quelques princes et seigneurs. Bernabò envoyait mille barbues et mille *masnadieri*, girouettes calculatrices, capables de tourner au premier vent du succès. Les seigneurs de Padoue et de Ferrare promettaient chacun trois cents cavaliers[3]. Louis de Naples en annonçait le même nombre jusqu'à ce que, remis de sa maladie, il rejoignît lui-même ses barons, convoqués dans Aquila[4]. Matteo Villani signale comme extraordinaire cet accord entre des tyrans et une cité libre[5]. L'est-il donc plus que celui des autres cités toscanes avec des *condottieri* pires que des tyrans? Et comment Florence eût-elle, sans alliés, soutenu la guerre, quand elle ne pouvait, de son chef, mettre en ligne que deux mille barbues, deux mille cinq cents arbalétriers et cinq cents Hongrois (29 avril)?

D'ailleurs, la perfidie de Landau justifiait contre lui toute alliance. Ayant déjà en poche l'argent du légat, il avait envahi le territoire de Pérouse, comprise pour-

---

[1] Instructions à Zanobi, f° 80 v°.
[2] Landau avait déjà préparé le terrain. Voy. lettre du 23 février 1359. *Lettere alla signoria*, V, 4.
[3] Matteo Villani, IX, 7, 20; Ammirato, XI, 593.
[4] Lettre de Niccolò Acciajuoli, qui signe « Dominus Corinthii, Malfie et Palatinus comes, ac magnus regni Sicilie senescallus, civis vester. » 9 mai 1359. *Lettere varie alla signoria*, 1358-1359, n° 123. — Ce volume est plein d'avis sur les marches de la compagnie et de demandes ou de promesses de secours. Le n° 95 est un passeport donné à Betto de Tano-Florentin par la compagnie, avec son cachet.
[5] Matteo Villani, IX, 20.

tant dans son traité. Ses douze mille aventuriers, incessamment rejoints par ceux que licenciaient Albornoz et diverses communes, étendaient partout leurs mains rapaces, pillaient les campagnes, ôtaient aux campagnards la peine de faire la récolte[1]. Sans retard Florence voulait agir. Aussi opiniâtre[2] que Pérouse était violente, Sienne légère, Pise astucieuse et la Romagne perfide[3], elle pouvait alors détruire la compagnie, dont les flots grossis du Tibre empêchaient les deux tronçons de se rejoindre. Elle aurait écrasé l'un sur la rive droite et atteint l'autre sur la rive gauche, en passant par Città di Castello, qui, malgré les Pérugins, ouvrait ses portes et son pont aux troupes florentines, leur offrant vivres et secours. Mais il y fallait hardiesse et promptitude[4]. On perdit du temps, et le vicaire du val de Nievole fit tout manquer : craignant les gibelins du Ceruglio, il rappelait de l'armée en formation dans le val d'Arno supérieur la cavalerie qu'il y avait envoyée[5].

L'occasion perdue ne se retrouve guère. Florence toutefois n'en désespéra point. Elle se raidit contre la fortune. Le marquis de Montferrat demandait pour la compagnie, qu'il voulait prendre à sa solde, le passage sur le territoire de la République; et il offrait douze mille florins d'or, comme indemnité de dégâts éventuels[6]. Pour toute réponse fut mise à prix la tête de Landau[7].

---

[1] Matteo Villani, IX, 26. Une lettre adressée à la seigneurie porte l'effectif de la compagnie à plus de quinze mille hommes. 7 mai 1359, V, n° 88.

[2] En avril et en mai, la seigneurie multiplie les lettres sur cet objet. Voy. *Sign. cart. miss.*, XII, 80-91.

[3] Matteo Villani, X, 42.

[4] 18 mai 1359. *Lettere alla signoria*, V, n° 108.

[5] 17 mai 1359. *Ibid.*, n°ˢ 106, 107.

[6] Matteo Villani, IX, 26.

[7] 31 mai 1359. *Provvisioni*, XLVII, 144.

L'Italie en tressaillit. Tant d'énergie faisait honte à sa faiblesse, mais répondait à ses vœux secrets. Son indignation enhardie fit affluer au cœur le sang des extrémités : campagnards, étrangers, volontaires, renforts des villes et des provinces arrivaient de toutes parts. Le *condottiere* essayait en vain de les arrêter au passage[1]. Lui-même il se trouvait arrêté, ou du moins bien gêné dans ses mouvements. Comme un chien plus hargneux que vaillant, il rôdait tout autour du territoire florentin, sans y mettre le pied, tout autour de l'armée florentine, sans l'attaquer (29 juin-10 juillet). Pandolfo Malatesta, capitaine général, le tenait en respect, se dressait en face de lui, tantôt à Montopoli, tantôt vers Ponte a Nievole[2]. De la méfiante seigneurie il avait obtenu comme de pleins pouvoirs, car elle ne l'avait flanqué d'aucun conseiller, d'aucun surveillant, dérogation assez rare aux usages, et qu'approuve Villani[3]. A côté de Pandolfo un Siennois, Niccolò des Tolomei, portait l'enseigne royale, et un Allemand, vieux serviteur de la commune, la bannière des *feditori*, celui-ci pour montrer qu'on savait faire la différence entre les brigands de cette langue et les gens d'armes loyaux, celui-là pour faire honte à sa patrie, qui fournissait des vivres aux ennemis[4]. On l'espérait, d'ailleurs, « plus obéissant, plus respectueux envers le capitaine, que n'eût été un citoyen[5]. »

La tactique de Pandolfo était manifeste : il voulait, en

---

[1] Matteo Villani, IX, 28.
[2] Id. IX, 29; Ammirato, XI, 594.
[3] « Cosa rade volte usata per lo comune, ma utilmente fatta. » (Matteo Villani, IX, 28.)
[4] 21 juin 1359. *Lettere alla signoria*, V, n° 127.
[5] Matteo Villani, IX, 28.

harcelant son adversaire, l'obliger à disséminer ses hommes, pour les faire vivre de maraude et de rapines, puis le forcer au départ, pour n'avoir point la retraite coupée. Il y réussit sans coup férir. Avant d'en subir la honte, Landau voulait cependant risquer la bataille. Le 12 juillet, il envoie au camp florentin des trompettes, porteurs d'une branche épineuse, avec un gant ensanglanté. Pandolfo, le sourire aux lèvres, relève le gant, se déclare prêt à défendre le nom et l'honneur de la République, fait boire les messagers, leur donne de l'argent et veut qu'on les reconduise au son des fanfares. Il était plein d'une confiance que partageaient ses soldats. Trois cents mercenaires à cheval, précieux renfort, lui arrivaient de Florence. Ambrogiuolo, bâtard de Bernabò, en amenait cinq cents, avec mille fantassins. Biordo et Farinata des Uberti, exilés comme nobles, offraient leur concours avec trente cavaliers, et cette proposition, accueillie d'enthousiasme, en faisait présager beaucoup d'autres. Une haine, une crainte communes, servaient de ciment pour la réconciliation[1].

Affronter de tels ennemis, c'était chose grave. Le provocateur y réfléchit quatre longs jours. Finalement, il s'ébranla. Mais, en voyant Malatesta brûler son camp et marcher contre lui, il s'arrêta prudemment sur le plateau dit « champ aux mûches. » Des ravins escarpés le protégeaient contre toute attaque; il ne pensa qu'à s'y fortifier encore. Comme on faisait de même en face de lui, il prit enfin son parti de la retraite (23 juillet). Sur le sol pisan, où il se réfugia, l'armée florentine avait ordre « de ne point pénétrer. » Moins glorieuse qu'une

[1] Biordo étant mort de ses fatigues dans cette campagne, Florence l'honora de pompeuses funérailles.

victoire, cette pacifique issue d'une si courte campagne n'était pas moins profitable : le capitaine de la République en avait efficacement couvert le territoire, montrant que, pour chasser au loin des pillards, il suffisait de faire bonne contenance[1]. Aussi lui prodigua-t-on les honneurs, en même temps qu'à son père les félicitations[2]. La leçon était bonne pour tous.

Couverte de honte, découragée, la compagnie errait à l'aventure, au pays de Lucques, sur les bords du Serchio. Elle s'y dispersa, sauf son dur noyau d'Allemands, qui alla servir contre les Visconti le marquis de Montferrat. Cette poignée d'étrangers retrouvait là, en face d'elle, mille barbues florentines[3] : la seigneurie, après avoir, par intérêt, offert son assistance aux Pisans[4], la donnait, par gratitude, à Bernabò. Les escarmouches de cette guerre[5] achevèrent de disloquer les aventuriers : Landau passait au service de Milan ; Bongart et les autres criaient bien haut à la trahison, mais trahissaient presque aussitôt comme lui[6]. L'année suivante, au mois d'octobre, on voit Bongart, las des Visconti, et ses bandes reformées, marcher sur Florence : par leur ferme attitude, les habitants le rejettent sur le royaume de Naples[7]. Pour les fuir après les avoir provoqués, pour échapper à leur poursuite, il lui faut se retirer à l'extrémité de la péninsule, car contre les brigands les Flo-

---

[1] Matteo Villani, IX, 30, 31 ; Ammirato, XI, 595.
[2] A Galeotto Malatesta, 12 septembre 1359. *Sign. cart. miss.*, XII, 103. Matteo Villani, IX, 42.
[3] 18 ou 24 août. Matteo Villani, IX, 45 ; Ammirato, XI, 597.
[4] Aux amb. à Pise, 8 août 1359. *Sign. cart. miss.*, XII, 98 v°.
[5] Matteo Villani, IX, 50.
[6] Id., IX, 54.
[7] Id., X, 7, 16, 17, 18.

rentins ne refusent pas plus leurs secours au grand
sénéchal Acciajuoli, leur compatriote, qu'au tyran mi-
anais[1]. Acculé à la mer, sans communications possibles avec ses pareils, le *condottiere* voit s'évanouir ses
dernières forces[2]. Si, désormais, Montferrat veut des
mercenaires, il les lui faut chercher au delà des Alpes,
parmi ces bandes cosmopolites que la paix de Brétigny
rendait libres et qui venaient de rançonner Avignon
(mars 1361). C'est en combattant ces « Anglais », pour
la plupart Gascons ou Normands, avec lesquels devra
désormais compter l'Italie, que Conrad de Landau, leur
prédécesseur et leur modèle, allait, deux ans plus tard,
trouver la mort[3].

Florence, en attendant, recueillait les fruits de sa
ferme et loyale politique. Non seulement elle avait fait
respecter son territoire; non seulement le légat Albornoz
la sollicitait d'alliance contre les Visconti[4], mais encore
la soumission d'anciens ennemis, d'anciens rivaux,
augmentait chaque jour sa sécurité. Les Uberti, on l'a
vu, avaient déjà obtenu leur grâce pour avoir prêté le

---

[1] Arrivé à Florence le 8 décembre 1360, Niccola Acciajuoli s'y trouva dans une situation singulière. Son nom n'avait pas cessé d'être mis dans les bourses, et comme on l'y remettait, chaque fois qu'il en sortait, à cause de son absence, il finit par s'y trouver seul, en sorte qu'il devait être forcément prieur au prochain tirage, durant son séjour. On porta une loi spéciale pour exclure ce serviteur d'un prince étranger. Jusqu'à ce que sa cédule fût déchirée, on lui défendit d'accepter aucune charge et d'entrer dans le palais sous peine des biens et de la vie. Afin de lui rendre cette mesure moins blessante, on l'exempta d'impôts sa vie durant, pour tout ce qu'il possédait à Florence, et on lui accorda les secours qu'il venait demander (M. Villani, X, 22, 23, 50 ; Ammirato, XI, 604).

[2] Les mêmes.

[3] M. Villani, X, 43. Sismondi, IV, 312, 327.

[4] Bref d'Albornoz, 20 avril 1360, dans *Arch. stor.* Append. VII, 411. Le 27, Innocent VI demandait du secours aux Florentins, à la suite de l'occupation de Bologne par Bernabò. (*Capitoli*, XVI, 44.)

secours de leurs bras contre les compagnies[1]. En haine des Tarlati, Buoso des Ubertini, évêque d'Arezzo, cède aux Florentins ses droits sur Bibbiena, que Pier Saccone lui a ravie, et le peuple de cette ville, aussi empressé vers ses nouveaux maîtres que dégoûté des précédents, la livre sans la défendre (6 janvier 1360)[2]. D'autres forteresses, satellites de Bibbiena, en suivent le sort, ou même en ont devancé l'exemple[3]. Pistoia profite des embarras de Giovanni d'Oleggio à Bologne, pour reprendre la Sambuca (fin de janvier 1360)[4], et ainsi se trouvent fermés les débouchés directs de l'Apennin sur la Toscane.

N'espérant plus être secourus, affaiblis par les divisions et les haines fraternelles[5], réduits à faire aux réclamations de Florence des réponses courtoises, soumises même[6], comment les Ubaldini eussent-ils continué dans le Mugello leur odieux métier d'oiseaux de proie ? Les voilà qui courbent à leur tour la tête sous le joug, comme l'ont fait, deux siècles auparavant, tant de nobles

---

[1] Voy. plus haut, même chap., p. 12.
[2] Matteo Villani, IX, 47, 49, 61, 62; Ammirato, XI, 597, 599. — 20 janvier 1360, provision pour nommer des officiers à Bibbiena « noviter sub jugo comunis deducti; » 30 janvier, autre sur la soumission de cette ville. *Provvisioni*, XLVIII, 105 v°, 113.
[3] Par ex. San Niccolò et Soci. Le seigneur les offrit et spontanément Florence les paya six mille fl. d'or (26 octobre 1359). Puis Pieve a San Stefano dont les habitants se soulèvent contre les Tarlati (8 février 1360); Montecchio et la vallée de Chiusi; la Serra, qui fermait le passage de la Romagne à Bibbiena (13 février 1360). Matteo Villani, IX, 48, 66, 70.
[4] Matteo Villani, IX, 64; Ammirato, XI, 600.
[5] Matteo Villani, IX, 81. En août et septembre 1359, il y a au recueil de la correspondance des prieurs de nombreuses lettres concernant les Ubaldini. (*Sign. cart. miss.*, XII, 101 sq.) La division des Ubaldini s'explique parce qu'ils formaient alors deux branches, les fils de Maghinardo et d'Albizo, ceux de Vanni de Susinana, auxquels se joignaient les autres. (Matteo Villani, X, 26.)
[6] Matteo Villani, IX, 88.

voisins. Les uns vendent à la République leurs châteaux, leurs droits sur l'Apennin; les autres, pour s'y opposer, n'ont plus qu'une ressource, et quelle ressource! venir plaider leur cause devant un peuple de marchands. Ils la perdent, cette cause, malgré l'humiliation subie. Florence accepte la cession au prix de six mille florins d'or, et fait *popolani*, suivant sa vieille coutume, les hobereaux qui l'ont offerte ou consentie. Elle affranchit leurs hommes des redevances perpétuelles, elle incorpore leurs « Alpes » au *contado*[1]. De quel prix serait maintenant ce qui leur reste? Il restait douze châteaux ou forteresses à Giovacchino de Maghinardo : la République en hérite, au détriment des héritiers[2].

Se soumettre était dès lors le conseil de la raison, et la folie, dans l'occasion, le faisait entendre aux plus récalcitrants seigneurs. Tel était le comte Tano des Alberti, maître de Montecarelli et Montevivagni, sur la route de Florence à Pietramala[3]. Dans le fossé qui séparait ses domaines de ceux de la commune, se jette un jour son bouffon; il appelle à l'aide, comme s'il était attaqué. Accourent au bruit cinq cents campagnards du *contado* florentin, trop perpétuellement menacés pour n'être pas sur leurs gardes, et, de son côté, Tano lui-même, qui, voyant la plaisanterie, gourmande son fou. — Comte, s'écrie celui-ci, tu vois qu'au premier appel

---

[1] Matteo Villani, X, 26; Ammirato, XI, 601. — Confirmatio compositionis facte ab Ubaldinis cum quibusdam pactis. (30 décembre 1360. *Provvisioni*, XLIX, 113.)

[2] Matteo Villani dit (XI, 35) que ce testament est de décembre 1361; mais Ammirato le jeune (XII, 617) déclare l'avoir vu et en donne l'analyse comme la vraie date, 6 août 1362.

[3] L'inimitié de Tano et de Florence datait du temps où Giovanni d'Oleggio assiégeait Scarperia. Tano s'était alors prononcé pour l'archevêque de Milan.

ont répondu cinq cents sujets de Florence et pas un du seigneur de Milan. En vain tu sonnerais le cor de Roland, il n'en viendrait pas cinq dans une année. — L'avis était sage, on ne tarda pas à le voir. Le comte s'obstinant, ses deux châteaux lui furent pris (27 août 1360). On lui coupa la tête, on pendit les bannis dont il protégeait le brigandage[1]. La peur du supplice calma les cerveaux échauffés; elle opéra plus d'une conversion. « Presque dans le même temps, dit Sismondi, les trois grandes familles qui régnaient sur l'Apennin furent réduites sous l'obéissance de la République[2]. »

A l'instar d'une simple famille, succombait à son tour l'imprenable Volterre, et sa chute, inquiétante pour Pise, était grosse d'une sérieuse lutte entre cette ville et Florence. Cent sept années auparavant, Volterre était tombée au pouvoir des Florentins[3]; mais ils n'avaient pu, dans ces temps difficiles, conserver cette conquête, empêcher les Belforti d'y établir leur tyrannie. Ce fut la discorde qui perdit ces tyrans. Chacun d'eux, pour régner seul, consentait à régner en sous-ordre. Pour garder l'ombre, ils livraient la proie. Les plus actifs, les plus habiles s'en saisirent; au nom de Florence, un capitaine de guerre s'établit dans quelques places de sûreté (octobre 1360), et Volterre, découragée, se donna pour dix ans à ses envahissants protecteurs.

Dès ce moment, Pise devenait aux Florentins une

---

[1] M. Villani, IX, 108; March. de Coppo, IX, 684; Ammirato, XI, 601; *Provvisioni*, XLIX, 1.

[2] Sismondi, IV, 331. Vers le même temps, en mai 1361, les comtes de Santa Fiore, qui prenaient leur nom d'une localité située au sud d'Arcidosso et au nord-ouest de Grosseto, faisaient leur soumission à Sienne. Voy. Matteo Villani, X, 51.

[3] Voy. plus haut, t. I, p. 427-430.

proche voisine, un ennemi à surveiller. Ils s'en créaient ainsi de nouveaux, ou réveillaient les vieilles haines assoupies à mesure qu'ils étendaient leurs domaines. Ils font défense aux Volterrans de prendre le moindre officier à Pise ou dans un rayon de trente milles autour de leurs murailles. Bocchino des Belforti avait voulu livrer aux Pisans sa patrie : il est décapité sans retard[1]. Ainsi périsse quiconque s'oppose aux progrès, aux ambitions des Florentins !

L'émotion fut extrême à Pise, quand on y connut ces prescriptions et ces rigueurs. Depuis que le désastre de la Meloria[2] l'avait rayée du nombre des puissances maritimes, Pise reportait sur le continent toute son activité, toutes ses espérances d'avenir. N'ayant plus ses colonies de Sardaigne et de Corse, qui la fournissaient jadis de marins, ne pouvant, aux termes de son traité avec Gênes, armer des galères, et voyant ses pêcheurs de la côte passer au service des vainqueurs, qui, seuls, tenaient la mer, elle avait conquis l'État de Lucques, doublé ainsi son territoire, ouvert au travail agricole et industriel un champ nouveau[3]. Elle rêvait aussi de conquérir Volterre, ne fût-ce que pour en écarter un voisin dangereux, qui, retranché dans ce poste avancé des montagnes, pouvait également protéger Telamone, fondre sur Pise, se retirer et se défendre en cas d'échec. Mais faute d'être prêt à la guerre, il fallait dissimuler tout ressentiment[4]

---

[1] Matteo Villani, X, 67 ; Neri de Donato, R. I. S., XV, 169 ; Ammirato, XI, 607 ; Tronci, p. 392 ; Cecina, *Notizie di Volterra*, p. 157.

[2] Le 6 août 1284. Voy. notre t. II, p. 273.

[3] Sismondi (IV, 344) a très bien vu et montré cette transformation.

[4] On peut voir dans Roncioni (l. XV, p. 851) une lettre de rappel adressée aux ambassadeurs de Pise à Florence, qui montre que les Pisans firent contre mauvaise fortune bon cœur et ne se plaignirent pas de cet échec.

et prêter l'oreille aux ouvertures pacifiques du légat Albornoz, naïvement surpris de ces haines vigoureuses entre deux républiques limitrophes, les plus fameuses du monde, disait-il[1].

La discorde intestine commandait aussi, et commandait des deux parts, l'expectative, les atermoiements. A Pise, les artisans, ruinés par l'émigration des marchands florentins vers Telamone, et jaloux de les ramener parmi eux, conjuraient, avec beaucoup de prêtres et de moines, la mort des principaux recteurs, comme le rappel des Gambacorti, amis de Florence (3 avril). Déjoués et châtiés, ils n'en paraissaient pas moins redoutables, et la force publique n'avait d'yeux que pour l'intérieur, que pour les rues, en prévision de quelque retour offensif[2].

A Florence, c'est l'*ammonizione* aggravée qui donnait une cause ou un prétexte au réveil de la discorde. Les Albizzi triomphants venaient de rétablir (12 septembre) le tambour aux dénonciations, supprimé depuis cinq ans[3]. Les Ricci, rejetés dans l'opposition, cherchaient leur revanche. Unis à plusieurs *ammoniti*[4], ils mettaient à leur tête Bartolommeo des Medici, « homme trop ardent, qui se serait exposé à tous les périls pour abattre ses adversaires[5]. » La sédition était dans l'air, on la sentait venir, on l'annonçait[6]. Tout semblait bien combiné :

---

[1] 5 juin 1360. *Capitoli*, XVI, 44.

[2] La *Cron. Pis.* (R. I. S., XV, 1035) dit le 25 novembre; Ranieri Sardo (c. cxxviii, p. 145) le 13. Cf. Roncioni, l. XV, p. 847 ; Neri de Donato R. I. S., XV, 168.

[3] *Provvisioni*, XLIX, 32. Le tambour avait été supprimé par une provision du 4 février 1354, confirmée le 11 avril 1355.

[4] March. de Coppo, IX, 678, 685.

[5] Matteo Villani, X, 24.

[6] « La città n'era in molte parti stracciata e divisa e di male talento piena;

un moine révoqué de son emploi à la chambre des armes, mais qui avait conservé ses entrées au palais, y devait « dormir » le 31 décembre, s'emparer des clefs, ouvrir les portes à quatre-vingts *fanti*, et profiter du moment où les prieurs sortants viendraient, le lendemain, sur la *ringhiera*, remettre leurs pouvoirs aux prieurs entrants, pour tuer, de l'étage supérieur, les uns et les autres, pour sonner la cloche, « courir la ville, » y faire entrer les hommes d'armes de Giovanni d'Oleggio.

Giovanni d'Oleggio se voyait déjà seigneur de Florence : Bernardo des Infangati, un brouillon, ne lui en avait-il pas fait, de son autorité privée, l'impudente promesse[1] ? Il ne sut pas s'en taire, et on le répéta partout après lui. Bartolommeo des Medici, moins ferme qu'ardent, prit peur et supplia son frère Salvestro de le sauver, ainsi que la République. La chose était facile : on s'enfuyait de toutes parts. Les fugitifs furent condamnés par contumace. Deux *ammoniti* du complot eurent la tête tranchée. Quant aux Ricci, aucun d'eux ne fut inquiété : « Les gros poissons, dit Marchionne, rompent les filets[2]. » Cette fois, le pêcheur, à dessein, en élargis-

---

ne stava in tremore e sospesa. Quasi per una boce comune forte si dubitava di cittadinesca commozione. » (Matteo Villani, X, 24.)

[1] Matteo Villani, X, 24. Boninsegni, p. 485. Le 1er avril 1360, Giovanni d'Oleggio s'était vu réduit à remettre Bologne aux mains du légat Albornoz.

[2] March. de Coppo, IX, 685 ; Matteo Villani, X, 25 ; *Cron. Pis.*, R. I. S., XV, 1035. — *Spoglio di condanne criminali del potestà e del capitano*, 1340-1478, cl. V, n° 86, p. 9-10. Ce doc. a été publié en langue vulgaire par M. Fossati, *Il tumulto dei ciompi con l'aiuto di nuovi documenti*, append. n° 1, p. 91, dans les *Pubblicazioni del R. Istituto di studi superiori in Firenze, Sezione Filosofia e Filologia*, vol. I, 15 juin 1873. Voici les noms portés dans la sentence : « Nicolaum Bartoli Boni, Dominicum Donati Bandini, Dominum Pinum Domini Joannis de Rubeis, Ubertum Ubaldini Infangati, Beltramum Bartolomei de Pazzis, Andream Thelli, Nicolaum Guidi Samontone de Frescobaldis, Andream Pacchii de Adimaribus, Pazzinum

sait les mailles. La seigneurie avait une liste des conjurés, de la main d'Infangati : elle la brûla en conseil, « *coram omnibus.* » On cessa dès lors de fuir ou même l'on revint : avec des justiciers si bénévoles, c'était se déclarer innocent[1]; mais ce n'était pas, tant s'en faut, rendre à l'État la sécurité.

Ainsi traînaient en longueur les préparatifs d'une guerre inévitable. A Florence comme à Pise, d'ailleurs, avec des citoyens déshabitués du métier des armes, avec des *contadini* qui le faisaient si mal et de si mauvaise grâce qu'il avait fallu les en dispenser moyennant une taxe, on devait enrôler des mercenaires, et ce n'était pas l'affaire d'un jour. Comme on avait chassé au loin les compagnies, on ne trouvait plus que des Allemands de hasard, rôdeurs solitaires, et ces Hongrois que leur souverain avait conduits, puis abandonnés au royaume de Naples, petits hommes sans autres armes que leur arc et leur épée, montés sur d'agiles chevaux, qui les emportaient, leur flèche lancée, à la manière barbare; la tête nue pour mieux viser, la poitrine couverte de cuirs épais formant cuirasse, coutumiers de dormir à la belle étoile, sans autre oreiller que leur selle, de manger du jus de viande desséché et trempé dans l'eau, durs, en un mot, à la faim, à la soif, à la fatigue[2]. Florence et Pise les appelaient à l'envi sous leurs bannières[3].

Domini Apardi de Donatis, Pelliciam Bindi, Sassi de Gherardinis, Lucam Fei et fratrem Christophorum Nuccii de Flor. solitum morari in palatio dominorum priorum populi civitatis Florentie. » La liste donnée par March. de Coppo n'est pas tout à fait semblable (IX, 685). Il met Bartolommeo des Medici au nombre de ceux qu'on laisse fuir pour les condamner par contumace.

[1] March. de Coppo, IX, 685.
[2] Matteo Villani, VI, 54. Ricotti, II, 76.
[3] On a de ce temps-là un registre de vingt-six compagnies à la solde de

Innocent VI le voyait, et, pressentant la lutte, il tentait de la conjurer. En son nom, un certain Petroncino, évêque élu de Ravenne, intimait la réconciliation, sous peine d'interdit[1]. Des deux parts, on ne voulait point obéir; mais on reculait également devant le rôle de provocateur[2]. Pise, au fond, ne souhaitait la guerre que pour ramener au Porto Pisano le trafic de Florence[3]. Longtemps donc les hostilités ne furent qu'indirectes. Hypocritement et par moyens détournés, les deux Républiques s'enlevaient des forteresses. C'est un exilé de Pise qui livrait aux Florentins Pietrabuona, clef de la vallée de Pescia et de la montagne de Lucques[4]. — Nous pouvons bien reprendre cette place, disaient les Pisans, puisque ce ne sont pas les Florentins qui l'ont prise[5]. — C'est Piero Gambacorti, confiné à Venise, qui tente en vain de soulever sa patrie[6] et qui fond sur le val d'Era, avec douze cents exilés, Hongrois et brigands (27 janvier 1362). Interpellée à ce sujet, la seigneurie floren-

Pise sous des enseignes et des noms divers. Voici les noms de quelques-unes : Cerva bianca, Cerva nera, Cervo nero, Croce bianca, Leone balsano, Leone della palla, Leone della spada, Rosa bianca; Porta vermiglia, Cappelletto, Aquila bianca, Aquila balsana, Chiavi, Grifon bianco, Grifon staccato, Leone di rissa, Pappagalli, Pontedera, Spiedi, Tavola rotonda, etc. Voy. Tronci, p. 389.

[1] 27 avril 1361. *Capitoli*, XVI, 47 v°. Ce prélat est chargé des mêmes négociations par Urbain V le 1er décembre 1362, le 19 mars 1363; plus tard, le 11 novembre 1364, le Saint-Siège, l'appelant ailleurs, lui substitua Marco de Viterbe, général des mineurs franciscains. (*Ibid.*, 53, 54 v°, 55.)

[2] « Voleano la guerra e voleano dimostrare non essere li cominciatori. » (March. de Coppo, IX, 690.)

[3] « Seguendo pace della guerra come suole, patteggiare nella pace la tornata del porto. » (Matteo Villani, X, 83.)

[4] Matteo Villani, X, 83; Ammirato, XII, 609; Roncioni, l. XV, p. 853.

[5] March. de Coppo, IX, 690. Matteo Villani (X, 83) parle d'une attaque des Pisans, en janvier 1362, contre des connétables au service de Florence, sur les hauteurs de la Romita, au-dessus de Pietrabuona.

[6] Octobre 1361. Matteo Villani, X, 76.

tine se défend d'avoir la main dans l'entreprise; pour confirmer son dire, elle proclame que nul citoyen ne pourra suivre Gambacorti, et que ceux qui l'ont suivi devront l'abandonner. Pise dut prendre au sérieux ces grimaces et s'adresser ailleurs pour désarmer le rebelle. Il empêchait les Hongrois de piller : la corruption détacha de lui les Hongrois. Menacé par eux, réduit à disparaître, il découvrait les Florentins[1].

Aussi bien, ceux-ci étaient las de la feinte. Un rien fit déborder la coupe pleine. En mars 1362, les Pisans ont fait main basse sur quelques têtes de bétail. On lance sur eux les gens du val de Nievole[2], et la seigneurie se démasque en assemblée à parlement (18 mai). — Ceux qui occupent Pietrabuona l'ont offerte à la commune, et Pietrabuona est assiégée. La laissera-t-on perfidement enlever comme Sovrana et Cavriglia? Laissera-t-on impunis tant d'outrages, la capture ou la mort de onze mercenaires, les vignes et les arbres coupés, les moissons enlevées avec plus de cent paires de bœufs sur ce territoire de Barga[3] qui s'est placé sous le protectorat des Florentins? — Les anciens griefs, habilement rappelés, rendent plus graves les nouveaux. L'assistance décide que Pietrabuona sera ouvertement défendue[4]. Mieux eût valu, dit mélancoliquement Marchionne, suivre les détours des renards pisans[5].

Il a raison, puisqu'on devait si mal conduire la

---

[1] Matteo Villani, X, 85; Ranieri Sardo, c. cxxx, p. 148; Ammirato, XII, 610.

[2] Matteo Villani, X, 91; Ammirato, XII, 610.

[3] Barga, localité fortifiée à mi-côte de l'Apennin qui descend dans la vallée du Serchio. (Repetti, I, 273.)

[4] Matteo Villani, X, 101; Ammirato, XII, 611.

[5] March. de Coppo, IX, 690.

guerre. On ne sait pas fortifier à temps les hauteurs de la Romita, qui dominent Pietrabuona, et les Pisans s'en peuvent emparer. On nomme capitaine, ou « pour tenir lieu de capitaine[1] », Bonifazio Lupi, noble de Parme qu'il faut aller quérir jusqu'à Padoue, et qui n'arrive dans la place assiégée (4 juin) que pour la voir, dès le lendemain, prise d'assaut[2], que pour essuyer les insultes des Pisans enivrés. On eût dit qu'ils avaient conquis une province. Si les Florentins, écrivaient marchands et *anziani*, ont le cœur de nous attaquer, il suffira d'une de nos femmes pour enchaîner trois d'entre eux[3].

Insultes comme échec criaient vengeance. En dix jours sont sur pied quinze cents chevaux, autant d'arbalétriers, deux mille cinq cents fantassins, toute une armée (15 juin), et des alliés on attendait un millier d'hommes. Le 20 juin, les enseignes furent remises. C'était le jour qu'avaient indiqué les astrologues, consultés à la pieuse indignation de Matteo Villani. Le 23 juin, Bonifazio Lupi sortait de Pescia et, traversant l'Arno, pénétrait dans le val d'Era. En quelques jours, il avait pris Ghizzano (26 juin), détruit ou brûlé trente châteaux[4]. La campagne s'annonçait bien, mais il l'avait entreprise malgré les importuns tuteurs dont le flanquait la seigneurie, et il les blessait chaque jour en répondant, non sans dédain, à leurs conseils, que le trafic et la guerre ne se ressemblent point. Dénoncé comme insoumis à

---

[1] March. de Coppo, IX, 690.
[2] Matteo Villani, X, 104 ; *Cron. Pis.* R. I. S. XV, 1037 ; Roncioni, l. XV, p. 856 ; Ammirato, XII, 613.
[3] Matteo Villani, X, 101.
[4] Matteo Villani, XI, 6 ; Neri de Donato et *Cron. Pis.* R. I. S. XV, 171, 1038 ; Roncioni, l. XV, p. 856 ; Ammirato, XII, 613.

l'autorité civile[1], les Huit de la guerre le remplaçaient par Ridolfo de Varano, seigneur de Camerino[2], qui restait inerte et dormait la grasse matinée (6 juillet), qui fut heureux que, dans sa modestie, son courtois et désintéressé[3] prédécesseur consentît à servir sa paresse en qualité de maréchal, à lui amener des renforts, au lieu de mutiner les soldats comme on l'y provoquait.

Les renforts venus, quel prétexte restait à l'inertie? Les femmes en faisaient honte à l'armée : elles la poussaient hors de leurs murs, disant que, seules, elles suffiraient à les défendre. Parti enfin le 17 juillet, Ridolfo n'est guère moins heureux, pour son début, que Bonifazio : il campe à cinq cents pas de Pise; il repousse les sorties des Pisans, qu'il a insultés en faisant courir le *palio*, et qu'accable la peste ; il s'empare de divers châteaux[4]. Mais à quoi tenait alors la victoire! Le bras des mercenaires la donnait, leur caprice la retirait. Le 30 août, en récompense de Pecciole prise, les connétables

---

[1] Sismondi (IV, 343) fait dire à Poggio Bracciolini (un historien qu'il faut consulter, quoique non contemporain, au moment où va disparaître Matteo Villani), que Bonifazio Lupi n'avait ni assez de réputation ni une assez haute naissance pour commander à tant de capitaines étrangers. Poggio ne dit rien de pareil. Voy. R. I. S., XX, 210, l. I, et éd. des Giunti, *Istoria di M. Poggio fiorentino, tradotta da Jacopo, suo figlio*, p. 21. Flor. 1598. Né en 1380 sur le territoire d'Arezzo, Poggio mourut en 1459. Son fils et traducteur Jacopo fut pendu en 1478 comme complice de la conjuration des Pazzi.

[2] « Pro tempore et termino quo volent, non tamen majore sex mensium. » (*Provvisioni*, I, 194.)

[3] Matteo Villani, XI, 13, 15.

[4] Montecchio, à deux milles au sud-ouest de Pecciole, sur la route qui mène de cette ville à Montelopio, sur la droite de l'Era. Lajatico (Castrum Ajatici), sur une hauteur entre les torrents Sterza et Ragone, à la gauche de l'Era. Toiano, à 4 milles de Palaia. Ces trois localités sont dans le val d'Era. (Repetti, V, 532.) Voy. le détail des efforts des Pisans dans *Cron. Pis.*, R. I. S., XV, 1039. Cf. Matteo Villani, XI, 17-20; Neri de Donato, R. I. S., XV, 171 ; Ammirato, XII, 615; Roncioni, l. XV, p. 857; Tronci, p. 395.

allemands réclament paie double et mois entier[1]. Ne l'obtenant point de la seigneurie, ils mettent un chapeau sur une lance, invitent leurs hommes à se ranger sous cette bannière d'un nouveau genre, et ont bientôt rallié plus de mille compagnons. Florence les casse aux gages, ils se retirent sur le territoire d'Arezzo, pour y vivre en brigands. Et voilà une nouvelle compagnie, dite du *Cappelletto*[2], qui vient à point pour désoler la Toscane, quand Landau mort et Bongart au service de Milan la laissent respirer. Ridolfo sans soldats n'a plus qu'à se claquemurer dans San-Miniato. Sous ses yeux, en quelque sorte, les Pisans reconquièrent Lajatico, tandis que Ghizzano et Toiano secouent le joug florentin[3].

C'est sur mer, chose étrange, signe de temps nouveaux, que la continentale Florence prenait sa revanche contre un peuple de marins. Ses trésors lui donnaient un commencement de flotte. Deux habitants de la ri-

---

[1] Pérouse envoya alors les secours qu'elle avait refusés et dont Florence n'avait plus besoin. On leur fit l'accueil dédaigneux qu'ils méritaient. (Matteo Villani, XI, 21; Ammirato, XII, 616.) M. Bonazzi ne souffle mot de ce fait, peu à l'honneur de sa patrie.

[2] Matteo Villani, XI, 23; Ammirato, XII, 616, Neri de Donato (R. I. S., XV, 172), disent qu'ils étaient tous Italiens, ce qui n'est guère croyable, et que leur chef fut le comte Niccolò de Montefeltro. Voy. *la Peste e la compagnia del Cappelletto a Todi nel* 1363, par L. Leonij, *Arch. stor.*, 3° ser., 1878, t. II, disp. 4. On voit à cette compagnie deux capitaines, un Allemand, le comte Hermann de Werterstein, et un Italien, Ugolino des Sabatini, de Bologne. Même mélange parmi les maréchaux, conseillers et caporaux de la compagnie. Sur quatorze mentionnés, il y en a deux Hongrois, un Allemand, les autres sont Italiens. Nous relevons encore deux Sabatini, un Castracani de Lucques, un Piccolomini de Sienne, Bernardo des Scolari et Leonardo des Frescobaldi de Florence. Le chef, Niccolò de Montefeltro ou d'Urbino, était alors dans les prisons de Todi. Voy. p. 7 et 10.

[3] Matteo Villani, XI, 23; Neri de Donato et *Cron. Pis.*, R. I. S., XV, 172, 1039; Ammirato, XII, 616; Roncioni, l. XV, p. 857, 858.

vière de Gênes[1], Perino Grimaldi et un certain Bartolommeo, faisaient, à la solde de la République, la guerre maritime sur le littoral pisan. Ils commandaient chacun à deux galères bien armées. Niccola Acciajuoli en avait, de Naples, envoyé deux autres à ses frais, et la seigneurie cherchait à en avoir plus encore[2]. Les couler bas était le vœu de Simone Boccanegra, doge de Gênes, ancien hôte des Pisans, durant son exil; mais ses compatriotes exigeaient la neutralité. Voulant du moins qu'elle fût réelle, il arrêtait au passage les caisses d'armes à destination de Florence : les expéditeurs en étaient quittes pour les donner comme caisses de sucre, et les garde-côtes, gagnés à prix d'argent, fermaient les yeux[3]. Librement, impunément, les six galères florentines dévastaient donc, dès le mois d'août, la rivière de Pise et les îles voisines. Le 2 octobre, Perino Grimaldi s'emparait de l'île de Giglio, que n'avaient pu enlever jamais ni Gênes, ni les Napolitains, ni les Catalans. Un châtelain en vint prendre possession au nom de Florence, et la bannière du lis flotta pour la première fois sur la mer tyrrhénienne. L'exubérante joie des Florentins se répandit en fêtes, que la nuit même n'interrompait pas[4]. Ils saluaient, à son aurore, l'avenir de leurs rêves, et

---

[1] Ou du comté de Provence. Riccieri Grimaldi, qui est de Nice, envoie à Florence des arbalétriers parmi lesquels se trouvent avec ses deux fils les deux de Perino Grimaldi. Voy. Matteo Villani, XI, 10. Cet auteur dit pourtant plus loin (XI, 28) : Perino Grimaldi da Genova.

[2] Matteo Villani, XI, 10, 24. Le 19 juillet 1362, les conseils donnaient aux prieurs l'autorisation suivante : « Possint semel et pluries conducere ad stipendia et servitia illas galeas et illa navigia seu ligna et illos homines et personas pro ipsis galeis, navigiis seu lignis regendis, instruendis, seu gubernandis. » (*Provvisioni*, L, 206).

[3] Matteo Villani, XI, 10, 24; Ammirato, XII, 613.

[4] Matteo Villani, XI, 24, 28; Ammirato, XII, 616, 617; Boninsegni, p. 503; Poggio Bracciolini, R. I. S., XX, 210.

leur imagination le voyait trop tôt dans tout son éclat.

L'échec de leur flottille devant l'île d'Elbe les ramena à la réalité. De dépit, et cherchant sa vengeance, Grimaldi mit le cap sur Porto Pisano, et vint donner l'assaut au palais qui en commandait l'entrée. Un ingénieux stratagème signala ce coup de main. Aux antennes de ses navires, le Génois avait fait suspendre des cages pleines d'arbalétriers, qu'on élevait ou qu'on abaissait, pour frapper haut ou bas. Ainsi tombèrent en son pouvoir et le palais et les tours. Il envoya en trophée à Florence les chaînes qui fermaient le port. Quelques fragments en furent suspendus aux colonnes de porphyre, devant la principale porte du baptistère. On les y voit encore aujourd'hui [1].

Ville maritime, c'est par terre, désormais, que Pise est le moins vulnérable. Quoique fort d'un millier de mercenaires et de ses intelligences dans sa patrie, Piero Gambacorti échoue à s'en emparer (10 octobre) [2]. Malgré la peste [3], malgré les pluies d'automne, c'est même Pise qui reprend bientôt vers l'est les hostilités (8 janvier 1363). Si elle n'y est pas heureuse, si Altopascio, Santa Maria a Monte, Barga, Pescia, défient ses attaques (janvier-mars) [4], elle réussit à Gello, dans le val de Cecina [5]. Piero Farnese n'a pu l'en empêcher. « Courageux,

---

[1] Matteo Villani, XI, 30; Ammirato, XII, 617; Boninsegni, p. 504. Roncioni (l. XV, p. 858) émet des doutes sur cette conquête de Giglio ; mais en présence des affirmations positives des chroniqueurs florentins, le silence des Pisans ne lui paraît pas suffisant pour une négation formelle.

[2] Matteo Villani, XI, 29 ; Ammirato, XII, 617; Roncioni, l. XV, p. 859.

[3] Matteo Villani, XI, 33. Selon Roncioni (l. XV, p. 860) cette nouvelle peste enleva à Pise vingt-cinq mille personnes.

[4] Matteo Villani, XI, 37, 39, 40. Ces incidents de guerre sont passés sous silence par les Pisans.

[5] Matteo Villani, XI, 47; Roncioni, l. XV, p. 864. Il n'y a pas de district,

expérimenté, grand maître de guerre [1], » il remplaçait à la tête des Florentins l'inerte Ridolfo, et il profitait de la pointe des Pisans vers les Maremmes pour soutenir un soulèvement des Lucquois. Depuis 1358, ce peuple malheureux avait de nouveau le droit d'être libre : les quinze ans étaient expirés pour lesquels il avait si imprudemment aliéné sa liberté. Mais Pise le prétendait déchu de tout droit par une rébellion antérieure, comme par un diplôme de Charles IV, qui confirmait à perpétuité sa sujétion. Entre ces prétentions contraires, la force devait prononcer, et la force, en ce temps d'inexpérience dans l'art des sièges, était aux épaisses murailles. La garnison pisane de Lucques ne se laissa point surprendre. Farnese retourné à Pescia, elle décapita onze complices des Florentins [2].

Qui l'emporterait des deux républiques rivales? A tout prendre, elles se tenaient l'une l'autre en échec. Pour faire pencher la balance, il s'agissait, comme toujours, d'enrôler des mercenaires, d'obtenir des renforts. Pise en espérait des Visconti ; mais sa requête plongeait Galeazzo dans l'embarras. En paix avec les Florentins, sous quel prétexte marcher contre eux? En guerre avec le marquis de Montferrat, quelle imprudence de se dégarnir! Pourtant, il ne pouvait vouloir la ruine de ces Pisans, son unique espérance pour dominer quelque jour sur la Toscane. Un biais le tira d'affaire. Il leur désigna une compagnie à la solde du marquis, et dont l'engage-

---

de vallée, dit Repetti (II, 423), qui n'ait une bourgade, un château appelé Gello, abréviation d'*agellum*. Le nom primitif était toujours Agelli castrum.

[1] Matteo Villani, XI, 45.
[2] Matteo Villani, XI, 46 ; Neri de Donato et *Cron. Pis.* R. I. S. XV, 182, 1040 ; Ammirato, XII, 620 ; Cianelli, I, 386, 391.

ment allait expirer[1]. Qu'on y mît le prix, sans hésiter elle changerait de maîtres.

Cette compagnie, de trois mille-cinq cents chevaux et deux mille hommes de pied[2], reconnaissait pour chef Albert Sterz, un Allemand. Ce vil ramassis de brigands « cruels et stupides[3] » avait servi jadis l'Angleterre sous les ordres de Bernard de la Salle et de la féroce comtesse d'Harcourt, d'où le nom d'Anglais qu'on leur donnait. On disait aussi « la compagnie blanche, » peut-être à cause de leurs armures, si bien polies par les valets, qu'elles ressemblaient à des miroirs[4]. Filippo Villani, troisième du nom et fils de Matteo, nous peint ces Anglais de toute nation bardés de fer, armés de dagues, d'épées, quelques-uns d'arcs en bois d'if, mettant pied à terre et se formant en cercle pour combattre, prenant à deux une lance[5], comme pour attendre le sanglier, s'avançant ainsi à pas lents et à grands cris, munis, pour les coups de main, d'échelles en plusieurs morceaux qui rentraient l'un dans l'autre, comme les diverses parties de la trompette[6]. Ils étaient anciens en Italie. Dès l'année 1353, Florence avait souci de vivre

[1] Matteo Villani, XI, 48.
[2] Ibid.
[3] Filippo Villani, XI, 68. Filippo continue le XI⁰ livre laissé incomplet par son père.
[4] « Così detta dall'armi e vestimenti loro. » (Roncioni, l. XV, p. 866.)
[5] C'est de là que vient de mot de lance, se substituant au mot de barbue pour désigner un homme d'armes. Ricotti (II, 104) montre avec précision, d'après des documents qu'il cite à la p. 103 et qui vont de 1337 à 1369, ce que c'était qu'une lance. Elle se composait d'un chef de lance, d'un serviteur (*piatto*) et d'un page, avec deux chevaux et un bidet. Dix lances étaient soumises à un chef. Chaque enseigne avait un trompette, ou un joueur de fifre, de *nacchere*, de cornemuse, etc.
[6] Filippo Villani, XI, 81. Cf. Ammirato, XII, 633. Sismondi (IV, 354) dit que ce même genre d'échelles employées en 1602 par le duc de Savoie pour escalader les murs de Genève y sert encore dans les incendies.

en paix avec eux[1]. Dans ce moment, elle les disputait à sa rivale, et, par sa grande renommée, par son crédit financier, les disposait à conclure pour dix mille florins de moins que n'offraient les Pisans. Piero Farnese poussait à la roue : Jamais, disait-il, on n'avait vu meilleurs hommes de guerre, depuis le temps de César. Mais Schiatta Ridolfi, gonfalonier de justice (mars 1363), soulevait des objections de marchand. Qui payera? disait-il. Les mercenaires déjà engagés suffiront[2]. Son sentiment prévalut, et c'est ainsi que les Pisans moins riches purent attirer à eux ces brigands[3].

Attendrait-on, avant de combattre, qu'ils arrivassent en Toscane, pour y jeter dans la balance le poids de leur épée? C'est à quoi, par gloriole personnelle, ne se purent résoudre les deux capitaines. Ils avaient, l'un et l'autre, à venger leurs mécomptes[4]. Ils se rencontrèrent à San Piero, dans le val d'Arno pisan (7 mai). On vit dans ce combat les vicissitudes ordinaires : lignes enfoncées et se reformant pour revenir à la charge, attaques de flanc, décidant le succès. Farnese le dut à sa vaillance, non moins qu'à son habileté. Voit-il son cheval tué sous lui, il fait transporter sa selle sur un mulet des bagages, et

---

[1] Le 20 février 1353, on proposait dans les *consulte* de négocier avec les Anglais une trêve de cinq ans, de conclure la paix, si c'était possible. (*Consulte e pratiche*, t. VII, f° 27.)

[2] Le 1ᵉʳ décembre 1362, autorisation était donnée de payer leur salaire à 89 *condottieri* au service de la commune, et chefs de trois, quatre, cinq, six hommes de pied. Leurs noms se trouvent dans le doc. (*Provvisioni*, LI, 62 v°-66.) Le 19 décembre suivant, il est question de vingt-neuf commandants de dix à vingt-six hommes de pied. (*Ibid.*, f° 75.) Le 18 janvier 1363, de trente-deux autres, ayant de quatre à vingt hommes, la plupart arbalétriers. (*Ibid.*, f° 93.)

[3] Matteo Villani, XI, 48; Ammirato, XII, 621 ; *Cron. Pis.* R.I.S. XV, 1041 ; Roncioni, l. XV, p. 866.

[4] Matteo Villani, XI, 47, 49.

continue de donner l'exemple, jusqu'à l'entière défaite des ennemis, jusqu'à la capture de leur chef. Modeste autant que brave, il refusait, en rentrant à Florence (11 mai), la couronne de laurier; mais il n'évita point d'autres honneurs. La gratitude d'un peuple déshabitué des victoires lui consacra dans la principale église une statue équestre en bois : il y était représenté sur son mulet, tenant à la main un estoc[1]. Le souvenir de ce vaillant homme était vivant encore au temps d'Ammirato, et, jusqu'en ces dernières années, on voyait sa statue au lieu même où l'avaient dressée ses reconnaissants contemporains[2].

Les Pisans savaient désormais que, pour lutter à armes égales, ils devraient attendre leurs Anglais. En les attendant, ils s'étudiaient à tenir l'ennemi en respect : ils faisaient sortir de nuit la garnison de Montecalvoli, afin qu'elle rentrât au grand jour toute poudreuse, toute blanche, et, de loin, parût être la compagnie de ce nom. Guelfo des Scali leur pouvait bien vendre Altopascio (20 mai), lui qui avait jadis, en 1343, vendu Rondine[3]; mais ils laissaient Farnese s'avancer jusqu'au bas de leurs murailles, et y battre par bravade des monnaies d'argent et d'or, où le renard, emblème de Pise, se voyait renversé sous les pieds de saint Jean[4]. Ce qu'eût

---

[1] Matteo Villani, XI, 50, 51. Cet auteur est le seul qui donne des détails sur ce combat. Ammirato se plaint de n'en avoir trouvé trace dans Leon. Bruni, ni dans Poggio Bracciolini.

[2] Ammirato, XII, 621. — G. Capponi, I, 270.

[3] Tous les biens du coupable furent détruits dès le lendemain par l'exécuteur, aidé d'une multitude en furie. — Matteo Villani, XI, 52; Ammirato, XII, 622; *Diario del Monaldi*, à la suite des *Istorie pistolesi*, éd. de Flor., 1733, p. 322. Cet ouvrage ne donne que l'indication sommaire des faits et des dates. Il commence en 1340, mais dès la seconde page il est à l'année 1364.

[4] Matteo Villani, XI, 54, 55; Ammirato, XII, 623, 624.

fait ce rare capitaine, s'il eût continué de vivre, qui pourrait le dire? Il mourut à Castelfiorentino, de la peste qui, de nouveau, infestait la Toscane (19 juin)[1], et allait enlever aussi Matteo Villani (12 juillet)[2], perte irréparable pour l'histoire, le fils devant si peu et si mal continuer la précieuse chronique que le père rédigeait encore trois jours avant sa mort[3].

Remplacer un héros à la tête des armées n'était point chose facile : Florence se flatta de le retrouver dans son frère Rinuccio, qui en avait la loyauté plus que les talents[4]. Sans expérience de la guerre et lent en ses résolutions, le nouveau capitaine ne recueillait que de faibles conseils des trois *condottieri* sous ses ordres, Hugo de Melichin, les comtes Henri de Montfort et Hartmann de Vinden[5]. Il se heurta bientôt à la compagnie blanche[6], dont le chef renommé devait, fort heureusement pour Florence, s'effacer devant Ghisello des Ubaldini, rebelle de la République, capitaine des Pisans. Également médiocres, les deux adversaires ne surent jouer que le jeu traditionnel et vieilli des vaines bravades. Ghisello aurait pu prendre Pistoia, ravagée par la

---

[1] Matteo Villani, XI, 59; Ammirato, XII, 624.

[2] Matteo Villani avait été frappé d'*ammonizione* le 29 avril précédent. Voy. March. de Coppo, IX, 692; Ammirato, XII, 621.

[3] Filippo Villani, *Proemio*. Ce troisième des Villani ne continua l'œuvre paternelle que jusqu'à la paix avec Pise. C'est lorsqu'il nous fera défaut que Boninsegni qui, jusqu'alors, a de son aveu copié Matteo et Filippo (p. 511), commence à être de quelque utilité. Au reste, plus lettré que son oncle et son verbeux père, Filippo est bien moins historien. En revanche, il est partisan de cette peine de l'*ammonizione*, dont avait été frappé son père. « Le amunizioni sbigliotavano, » dit-il. (XI, 65.)

[4] Fil. Villani, XI, 61.

[5] Février 1363. Doc. publié par feu Canestrini dans *Arch. stor.*, 1re série, t. XV, p. 50.

[6] Elle était arrivée à Pise le 18 juillet.

peste et peu attentive à sa défense (27 juillet) : il lui suffit d'avoir empêché les habitants de courir le *palio* pour la fête de Saint-Jacques, et pendu au pont de Rifredi, sous les murs de Florence, quatre ânes portant au cou les noms de quatre Florentins[1]. Ainsi se perpétuaient les anciens usages; mais les générations nouvelles n'en parlaient déjà plus qu'avec mépris[2]. Elles sentaient l'inutilité puérile de ces *guasti*, accomplis sans résistance, de ces *palii* courus, de ces monnaies battues, de ces chevaliers consacrés, en un mot, de toutes ces fêtes, de tous ces outrages auxquels se complut le routinier Ghisello, jusqu'au jour où il rentra sur le territoire pisan (7 août), pour y mourir[3].

Fidèle comme lui à la vieille tactique, Rinuccio Farnese avait laissé l'ennemi rôder librement, s'enrichir, s'épuiser autour de Florence. Jadis on l'eût approuvé; on l'en blâmait maintenant et on le remplaçait par Pandolfo Malatesta[4], qui avait fait ses preuves dans une campagne conduite avec gloire et succès[5]. A celui-ci les chroniqueurs prêtent, cette fois, des hésitations : il redoutait, suivant eux, de servir une ville où l'*ammonizione* excluait des offices les plus sages citoyens; où le

---

[1] Fil. Villani, XI, 63. Cet auteur dit trois ânes seulement, mais Donato Velluti (p. 102) dit quatre et nomme les quatre citoyens, tous de grande famille, Brunello des Strozzi, Asino des Ricci, Somaio des Albizzi, M... des Medici. — Neri de Donato (R. I. S. XV, 177) comme Filippo, avec d'autres détails.

[2] « Ecco in che i savi comuni de Firenze e di Pisa spendono i milioni di fiorini. » (Fil. Villani, XI, 63.)

[3] Fil. Villani, XI, 63; Neri de Donato et *Cron. Pis.* R. I. S. XV, 177, 1042; Ammirato, XII, 625; Tronci, p. 401; Roncioni, l. XV, p. 869.

[4] Rinuccio Farnese paraît avoir accepté, comme Bonifazio Lupo, de servir en sous-ordre, car on devait le voir bientôt jouer encore un rôle dans l'armée florentine.

[5] Voy. plus haut, même chap., p. 7-13.

népotisme, récent fléau, y poussait les jeunes gens dès leur vingtième année ; où l'on mettait dans les bourses les noms d'enfants au berceau ; où des brigues publiques et secrètes, des présents, de bons repas, conduisaient aux honneurs ; où les mercenaires engagés tantôt faisaient défaut, tantôt ne venaient qu'en petit nombre[1]. Mais en fait, loin d'hésiter, s'il demanda le titre de capitaine général, pour avoir cette autorité absolue dont manquaient ses prédécesseurs, il se contenta, sur le refus de la seigneurie[2], du titre de capitaine d'aventure ; il promit même de servir deux mois à ses frais[3]. L'ambitieux se trahissait : il rêvait des ducs de Calabre et d'Athènes ; il voulait, comme eux, devenir seigneur.

Sa conduite équivoque fit naître, accrédita ce soupçon. Les Pisans, ayant traversé les montagnes du Chianti, s'étaient emparés, dans le val d'Arno supérieur, du bourg de Figline et des maisons de campagne qu'y possédait maint Florentin (16 septembre). Pandolfo sentait bien qu'il fallait y courir, mais il se hâta lentement. Devant l'Incisa, qui couvrait Florence, il rendit son camp difficile à défendre en lui donnant trop d'étendue, en le dégarnissant de ses cavaliers, qu'il envoyait faire diversion sur le territoire pisan. Puis, pour retourner à la ville, il laissait le commandement à Rinuccio Farnese, placé sous ses ordres[4]. Rinuccio et Luca des Firidolfi,

[1] Fil. Villani, XI, 65.
[2] Cette exigence n'est pas indiquée clairement à cet endroit par Ammirato, dont le récit (XII, 626) paraît plus vraisemblable que celui de Fil. Villani (XI, 67) ; mais un peu plus loin, après l'affaire de l'Incisa, dont il va être question, Ammirato dit que les prieurs « ricorsono a quel partito il quale già da Pandolfo era stato antiveduto, il che fu di crearlo capitano generale delle loro genti. » (XII, 628.) Cf. Fil. Villani, XI, 70.
[3] Ammirato, XII, 626.
[4] Fil. Villani, X, 68 ; *Cron. Pis.*, R. I. S. XV, 1043 ; Roncioni, 1. XV, p. 870.

qui lui succède, sont tour à tour battus et faits prisonniers. L'armée, sans chefs, prend la fuite [1]. Avec des femmes, dit amèrement Filippo Villani, on aurait pu conserver l'Incisa [2]. L'ennemi, après l'avoir brûlée, s'avance avec circonspection sur la route ouverte. Pandolfo payera-t-il enfin de sa personne ? On le pousse en avant avec cinq cents cavaliers; on lui désigne les fortes positions de San-Donato *in collina*. Au lieu d'y arrêter les Pisans, il aime mieux tourner bride, fuir avant le combat.

L'accuser de lâcheté, nul n'y pensait. On voyait bien qu'il mettait à prix ses services. Mais ses exigences croissaient à mesure des dangers publics. Le titre de capitaine général, qu'il réclamait naguère, ne lui suffit plus : il menace de se démettre, si les soldats ne prêtent serment entre ses mains, s'il ne reçoit, avec des pouvoirs sans limites, juridiction de sang. Les prieurs, dans leur perplexité, réclament les lumières d'un grand Conseil de *richiesti*. Là, au milieu d'un silence profond, que prolongent l'embarras et la crainte, Simone Peruzzi ose seul conseiller le refus. —. Ce que demande Malatesta, c'est la seigneurie. Florence a-t-elle donc oublié le duc d'Athènes ? Non, elle veut vivre et mourir libre ! — Cet énergique langage rallie les indécis, trace sa conduite à la seigneurie. Elle exige le serment des soldats, elle élit Baldo des Magalotti, de Città di Castello, défenseur du peuple, avec pleine balie. C'était marquer aux pouvoirs comme aux ambitions de Pandolfo des bornes infranchissables.

[1] *Frammenti della cronaca di M. Luca di Totto da Panzano*, publiée dans *Giorn. stor. degli arch. tosc.*, V, 70. Cet auteur n'est point d'accord avec Fil. Villani, mais, comme il a joué un rôle important dans cette affaire, on peut s'en tenir à son témoignage, sur les dates et sur les faits.
[2] Fil. Villani, XI, 69.

Pandolfo cependant ne souffle plus mot de sa démission. Sans vergogne, il reste en place, il remplit même ses devoirs avec un soin tout nouveau : il fortifie les abords de la ville et l'entoure de barricades jusqu'à Ricorboli[1]. Tant de zèle après tant de négligence, quel fondement aux accusations ! Et comment s'étonner, au surplus, qu'un rejeton des tyrans de Rimini aspirât à la tyrannie[2] ?

Son habileté consistait à demander, pour l'atteindre, ce qui était l'impérieux besoin du moment, la concentration des pouvoirs militaires. Faute de l'avoir consentie, les Florentins allaient tomber dans un désarroi, dans une frayeur extrêmes aux approches de l'ennemi. Enivrés de leurs succès, Anglais et Pisans faisaient savoir qu'à jour fixe, le 22 octobre, ils viendraient, aux portes de la ville, brûler le bourg San Niccolò. « Les gouverneurs, dit Filippo Villani, en perdirent le cœur et l'esprit. La discorde se mit entre eux. Ils récriminaient les uns contre les autres. Ils se tenaient pour assurés que les Anglais accompliraient leur menace[3]. » Il fallait bien,

[1] Fil. Villani, XI, 69 ; Ammirato, XII, 627-630.

[2] Ammirato, *loc. cit.;* Capponi, I, 271. Le premier qui ait pris ouvertement parti pour Pandolfo, c'est Antonio Pucci, dans son histoire en octaves de la guerre de Pise :

> Non avea gente onde qui vo' che resti
> Di lui, ch'havea l'animo perfetto,
> Però non è ancor molto, che questi
> Francò Firenze e 'l contado e'l distretto ;
> Or gli convenne istar contro sua voglia
> Per le castella, e ciò gli fu gran doglia....
> M. Pandolfo non senza cagione
> Agli signor Prior chiese licenza
> Di potersi tornare a suo magione.

(*Guerra Pisana*, cantare V, Ott. 30, 46, publié dans *Delizie*, etc., VI, p. 238, 243.)

[3] Fil. Villani, XI, 70.

cependant, pourvoir à la défense. Ces « gouverneurs » effarés fortifient San Miniato a Monte, qui domine le faubourg menacé; ils y mettent quatre cents *fanti* de Pistoia, ils y appellent les bannis en leur promettant le pardon. La fermeté leur etait sans doute revenue, car, de cette faveur promise, ils exceptent les exilés qui ont porté les armes contre leur patrie, donné asile à ses ennemis, négligé la réconciliation avec les personnes par eux offensées[1]. Ainsi se trouva réduit à cinq cents le nombre de ceux qui, sous les ordres de Niccolò Buondelmonti et de Sinibaldo Donati, vinrent défendre les hauteurs protectrices de San Miniato. C'était peu pour dissiper les terreurs de la ville, dans un moment surtout où des pluies continuelles faisaient obstacle à la surveillance de nuit. Aussi, à tout instant, renaissaient les alertes : entendait-on le pas d'un cheval ou d'un homme, on sonnait le tocsin.

Au jour fixé, pourtant, les fanfarons Anglais n'exécutèrent qu'à moitié leur menace. Ils avaient vécu en Gascogne, si même ils n'y étaient nés. S'avançant vers Ripoli, dans la plaine, ils surprirent au lit les habitants, en firent, dit-on, quatre mille prisonniers, et emmenèrent mille têtes de bétail. Tandis que les fuyards trouvaient en partie la mort au passage de l'Arno, le feu fut mis aux palais, aux plus modestes habitations; mais l'attaque ne put être poussée plus loin : les bannis de San-Miniato, réunis aux mercenaires de Pandolfo derrière les barricades de Ricorboli, refroidirent l'ardeur envahissante. Pouvait-on faire mieux et prendre l'offensive? Villani le prétend sans raison : Anglais et Pisans

---

[1] Ammirato le jeune, XII, 630.

étaient trop forts. On les voit battre à Torrita, sur la route des Maremmes, la compagnie du *Cappelletto*, qui passait alors de la solde de Sienne à la solde de Florence, et perdait du coup treize cents des siens avec son capitaine [1].

Mais on s'aguerrit vite contre les forfanteries. Ce n'est plus à San-Niccolò que l'ennemi s'annonce; c'est à San-Salvi. Il y doit consacrer un prêtre à la Saint-Martin, et il invite les prieurs à la cérémonie. Si les Florentins s'émurent encore de cette gasconnade nouvelle, ils n'oublièrent pas du moins comment ils avaient rendu la première ridicule. Neuf mille d'entre eux courent aux armes sans en avoir reçu l'ordre, et se rangent en bataille dans la plaine, entre les murs de la ville et ceux de l'abbaye. Malatesta, piqué au vif, peut bien fermer sur eux les portes pour leur couper la retraite et châtier l'indiscipline; aux cris perçants des femmes du faubourg il lui faudra rouvrir une poterne. A ce bruit tumultueux, toute la ville crut le combat engagé, la vie de ces petites gens compromise. « Et moi qui écris ces lignes et qui étais en ce lieu, dit Filippo Villani, je vis beaucoup de citoyens, grands et prud'hommes, à qui était chère la liberté de leur commune, gémir et pleurer au danger qu'elle courait, se rappeler le temps du duc d'Athènes et comment il devint seigneur [2]. » Les

---

[1] Fil. Villani, XI, 71 ; Ammirato, XII, 630. Villani prétend que les Siennois se moquaient de Florence ; mais on peut en douter, puisque c'est eux qui portèrent la nouvelle à la seigneurie et à la *parte guelfa ;* puisque leurs messagers furent, selon l'usage, gratifiés d'habits d'écarlate aux frais de la commune. (*Ibid.*)

[2] Fil. Villani, XI, 73. Selon Roncioni (l. XV, p. 871) les Florentins dans cette sortie auraient été outrageusement battus. Le fait n'a rien d'impossible ; toutefois, s'il était vrai, on peut croire que Villani, au lieu de le taire, s'en fût fait une arme contre Malatesta, qu'il poursuit avec tant d'acharnement. Ces

humbles ne pleuraient pas ; ils allaient à l'ennemi, et leur démonstration désordonnée suffisait à le décourager.

Un soupir de soulagement s'échappa de toutes les poitrines, quand on apprit qu'au lieu de s'avancer vers San-Salvi il reprenait la route de Pise. Embarrassé de butin comme il l'était, on aurait pu l'arrêter, l'écraser aux défilés du Chianti et du val de Pesa. Nul n'essaya de le faire. Tout semblait gagné par cette retraite sans gloire, par ce répit sans lendemain. Pandolfo en profita lui-même. Florence oublia les mécontentements qu'il avait causés, les soupçons qu'il inspirait. Par égard pour cette famille des Malatesti, si dévouée aux guelfes, elle le laissa parvenir au terme de son commandement. Elle se contenta de l'envoyer au dehors, à la défense des frontières [1]. Aller aux frontières, c'était presque un exil, mauvaise voie pour devenir seigneur.

La saison s'avançait, du reste, et, pour le moment, supprimait tout danger d'un retour offensif. Rentrée à Pise, la compagnie blanche n'en voulait plus sortir. Des quartiers d'hiver lui semblaient désirables sous ce climat délicieux. Elle laissait écraser d'autres mercenaires plus dociles par Benghi Buondelmonti, défenseur de Barga, un de ces magnats proscrits qui cherchaient à rentrer en grâce, à « être faits du peuple [2] ». Les Pisans l'eussent bien congédiée, mais les Florentins l'auraient prise à leur solde. Mieux valait donc l'engager pour six mois

deux auteurs ne sont pas tout à fait d'accord sur les dates, et il est difficile de décider entre eux. Nous suivons Villani plus ancien et non contredit par Ammirato.

[1] Filippo Villani, XI, 73 ; Ammirato, XII, 631.

[2] Benghi obtint ce qu'il souhaitait, et fut confirmé pour dix-huit mois capitaine de Barga. Fil. Villani, XI, 75 ; Ammirato, XII, 632.

encore, avec licence de chevaucher partout, sauf sur les territoires pisans [1].

Cette licence ne lui devait guère profiter. La vanité des bravades, l'inaction prolongée, avaient rendu le cœur aux populations. Quand la neige eut fondu sur le sol, Albert Sterz et les siens partirent en expédition vers Vinci, Lamporecchio, Carmignano, Montale, lieux fertiles, abondants en vivres. Repoussés par les habitants, ils gagnaient l'étroit défilé du val de Marina pour pénétrer dans le Mugello; mais, informés que quinze cents *contadini* en armes les y attendaient de pied ferme, ils rebroussèrent chemin par Seravalle, ayant perdu plus de trois cents des leurs. Le doux ciel de la Toscane les avait-il sitôt amollis? Pise le crut sans doute, car elle reçut avec enthousiasme (15 mars 1364) les trois mille lances de Bongart qu'envoyaient les Visconti, en paix, à la fin, avec le Montferrat et l'Église [2]. Forte dès lors de six mille chevaux, la guerre semblait devoir lui sourire; mais, se tenant pour vengée, elle ne pensait plus qu'à la paix. Elle avait obtenu d'Urbain V, successeur d'Innocent VI [3], l'envoi d'un légat, Marco de Viterbe, général des Franciscains, chargé de la procurer.

[1] Fil. Villani, XI, 79.

[2] *Id.*, XI, 81, 82. Cette paix est du 3 mars 1364. Les Visconti renonçaient à toutes leurs prétentions sur Bologne et le Bolonais, mais en exigeant l'éloignement d'Albornoz. Voy. *Cron. d'Orvieto*, R. I. S., XV, 686; *Cron. Bol.*, R. I. S., XVIII, 473; Ghirardacci, l. XXIV, t. II, p. 274.

[3] Innocent VI était mort le 12 septembre 1362. Le 31 octobre suivant, le conclave avait proclamé Guillaume Grimoard, des seigneurs de Bourc ou Grisac en Languedoc, abbé de Saint-Victor de Marseille, bénédictin et non cardinal, âgé de soixante ans, honnête, religieux et d'esprit pratique. Il était à Florence quand son élection fut décidée. On la tint secrète jusqu'à ce qu'il fût arrivé en Avignon. C'était le sixième pape qui résidait dans cette ville achetée à Jeanne de Naples, comtesse de Provence. Voy. M. Villani, Ciacconi, Reumont, Sismondi.

A ses ouvertures Florence ne ferma point l'oreille; mais elle voulait des conditions avantageuses et se défiait des Pisans. Un conseil des *richiesti* fut réuni, auquel prirent part plus de mille citoyens. L'usage s'établissait de ces assemblées, qu'on ne peut plus appeler conseils, tant elles sont nombreuses, mais qui, l'étant moins qu'un parlement, devaient être plus propres aux délibérations politiques. C'était d'ailleurs le choix, non le hasard, qui en désignait les membres. Un des prieurs exposa l'état des choses. Il fit connaître que la proposition venait, non de la seigneurie, mais du Saint-Siège. Un des Huit de la guerre rendit compte ensuite des actes et des ressources de la République. Au prix de soixante-dix mille florins, elle avait engagé, en Provence, quatre mille barbues de la compagnie de l'Étoile, dont cinq cents gentilshommes, et en Allemagne deux mille lances parmi lesquelles deux comtes de la maison de Souabe [1]. Ces recrues devaient rejoindre, aux premiers jours d'avril, les trois mille mercenaires de la commune, et c'étaient là des dépenses, ajouta l'orateur, que la paix même ne permettrait pas de supprimer. Spinello « de la chambre, » un des trésoriers, en fit, sur l'ordre des prieurs, connaître le chiffre, ainsi que celui des recettes, pièces en main. Il montra qu'après avoir payé tous ces gens d'armes la dette ne serait que de cent soixante-six mille florins d'or, une bagatelle pour Florence.

---

[1] On peut voir dans l'*Archivio storico* (1re série, t. XV, p. 45 sq.) des documents sur les enrôlements des compagnies, publiés par feu Canestrini. Voy. en outre un indiqué plus haut, page 33, note 5 : Convenzioni per la condotta di Rodolfo a Giovanni della casa d'Habsburg, fermate a Costanza, 6 janvier 1364 (p. 53). — Patti della condotta della nuova compagnia del Fiore, tedesca, comandata dai sudetti, 13 février 1364 (p. 55).

Ces calculs dictèrent les résolutions. On fit entrer le *frate*, c'est-à-dire le légat. On apprit de lui les propositions des Pisans. Quoiqu'on s'attendît à les trouver inacceptables, elles surpassèrent l'attente. Elles auraient paru exorbitantes, écrit Filippo Villani, alors même que l'ennemi eût tenu la commune en prison. La discussion fut rouverte. Beaucoup d'autres citoyens prirent encore la parole, et il fut décidé « à l'unanimité, » ce qui est beaucoup dire, que Florence, pour accepter la paix, attendrait de plus honorables conditions [1].

Un grave incident aurait pu ébranler cette fermeté : Galeazzo Visconti retenait au passage la compagnie de l'Étoile; mais la seigneurie n'en resta pas moins inébranlable. Elle déclara que les deux mille barbues qui arrivaient d'Allemagne lui suffiraient. La lutte reprit donc de plus belle. Le 14 avril, mille Pisans, six mille chevaux allemands et anglais d'Hennequin de Bongart et de John Hawkwood [2], parurent devant la *porta al prato*, où quatre d'entre eux vinrent insolemment frapper. La mort d'un de ces téméraires ayant mis en fuite les autres, ils emmenaient, pour tout trophée, quelques bœufs et quelques habitants du faubourg. Mais ils annonçaient leur retour prochain, et réitéraient leur fanfaronnade, désormais ridicule, d'ordonner un prêtre à San-Salvi.

[1] Filippo Villani, XI, 82; Ammirato, XII, 634.
[2] John Hawkwood est appelé Acuto, Aguto, Auguto, Aucud, par les auteurs italiens, mais uniquement pour le besoin de leur oreille. Ils connaissaient son nom, que les documents écrivent Haukeuuode (*Provvis.*, l. XIV, 59), Haukebodde et d'autres manières encore plus ou moins rapprochées de la véritable orthographe. M. Trollope (II, 143) l'appelle *Sir* John Hawkwood et le déclare de naissance noble, mais non distinguée. Voy. Manni, *Commentario della vita del famoso capitano Giov. Aguto, Inglese, condottiere de' Fiorentini*, R. I. S., suppl. II.

D'un médiocre secours était contre eux Pandolfo Malatesta. Toujours relégué aux frontières, et suspect plus que jamais, il n'avait su rien protéger. Parlait-il de chevaucher vers le Mugello, les Huit de la guerre s'y opposaient, ou, lui cédant à la fin, ils chargeaient de le surveiller le comte Henri de Montfort, un des *condottieri* de la République [1]. L'apparition de ces deux chefs suffit à dissiper les Anglais [2], et le plan de Pandolfo s'en trouvait justifié. Fier de son succès, persuadé que le vent lui revenait en pouppe, ce capitaine résolut de jouer le tout pour le tout, de renouveler la comédie de ses plaintes et de son départ. Mais, cette fois, on le prit au mot, et, quand il voulut retirer sa demande de congé, on lui fit entrevoir les outrages de la populace, si bien qu'à contre-cœur il partit [3].

Les Anglais de Pise crurent-ils que, sans ce chef astucieux, Florence ne leur saurait résister? Ce qui est certain, c'est qu'ils se rapprochèrent. Des pentes du mont Morello, qu'ils ravageaient, ils vinrent occuper les hauteurs de Montughi [4] et de Fiesole (30 avril). Le 2 mai, ils sont devant la porte San-Gallo; ils y prennent deux barricades, malgré Henri de Monfort qui, une masse d'armes à la main, ne se laissait point approcher,

---

[1] On trouve aux registres des Provisions la mention suivante : « Expectabiles viros Kericum comitem de Montesforte, nominatum de Tetuang militem, et Kericum de Monteforte nominatum de Helekileli. » (5 avril 1364. *Provvisioni*, LII, 125.) Ce document contient encore bien d'autres noms de *condottieri* estropiés.

[2] Filippo Villani, XI, 84-86; *Cron. Pis.*, R. I. S., XV, 1045; Ammirato, XII, 635; Roncioni, l. XV, p. 872.

[3] Fil. Villani, XI, 87; Ammirato, XII, 637.

[4] Montughi, à près d'un mille de Florence, colline qui tire sans doute son nom de l'ancienne famille des Ughi, et non loin de laquelle passe la route de Careggi. Fiesole est tout près. (Repetti, II, 604.)

malgré les arbalétriers génois dont les flèches, du haut
des remparts, pleuvaient comme grêle. Au loin, à la
lueur des incendies, on voyait Hennequin de Bongart
recevoir, puis donner lui-même à plusieurs des siens le
ceinturon de chevalerie, et, le soir, célébrer aux flambeaux, sur les hauteurs, la bruyante fête des nouveaux
chevaliers. Jusque sous les murs de la ville s'avançaient
des bandes en gaieté, qui proféraient par dérision certains mots de la langue officielle des prieurs : *Guardia,
studia i collegi, manda per richiesti* [1]. Composées de
vingt-cinq à trente hommes, elles allaient à la rencontre
l'une de l'autre, se jetant leurs torches embrasées, tournoyant à la file et dansant en rond, au son des instruments, avec les cris d'une joie insultante. D'autres
envoient devant la porte *alla Croce* un trompette et un
tambour, comme pour appeler au combat, et voilà toute
la population debout, qui se figure déjà les murailles
enlevées, prises par surprise ou d'assaut [2].

Aux réjouissances, aux vaines bravades, succédaient
de trop réelles dévastations. La plaine de San-Salvi et de
Rovezzano était brûlée, puis, sur l'autre rive de l'Arno,
Bellosguardo et ses riches propriétés, incomparable parure de cette riante colline. Les Florentins, du haut de
leurs remparts, contemplaient les dévastateurs, « en si
grand nombre qu'on eût dit des fourmis [3], mais trop
connus désormais pour qu'on ne sût pas qu'ils étaient

---

[1] Fil. Villani, XI, 89. Ammirato ne reproduit pas ces mots, mais il en donne la traduction : « Gridando continuamente che i signori mandassero per i collegi e per lo consiglio de' richiesti, e che studiassono bene il partito (XII, 604). »

[2] Fil. Villani, XI, 88, 89; Donato Velluti, p. 103; *Diario del Monaldi*, p. 323; Ammirato, XII, 638.

[3] Donato Velluti, p. 103.

des hommes, non des lions[1]. » Contre eux on armait un couvent de nonnes, on dressait des barricades ; à l'occasion même, on engageait le combat, et on les forçait à s'éloigner de Florence, non, à vrai dire, sans financer : Bongart aurait reçu dans des amphores à vin neuf mille florins d'or, ses hommes trente-cinq mille, les Anglais soixante-dix mille, sous la condition secrètement consentie de ne plus attaquer la République pendant cinq ans[2]. Hawkwood et un millier des siens résistèrent seuls à la corruption. Ils avertirent loyalement les *anziani* de Pise, et quand y revinrent, par le chemin des écoliers et des ravageurs, les défectionnaires[3], on ferma devant eux les portes de cette ville, car on craignait qu'encore payés par elle ils ne tournassent contre elle leurs armes en disponibilité.

Ils la laissaient du moins exposée, avec une poignée d'hommes restés fidèles, aux attaques de l'ennemi, et l'ennemi était trop habile pour n'en pas profiter. Parti le 21 mai de San-Miniato *al Tedesco*, ralliant sur son chemin toutes les forces florentines disséminées dans les châteaux, Henri de Montfort s'avançait jusqu'à San-Piero *in grado*, en vue de Pise, que sauvèrent peut-être

---

[1] Fil. Villani, XI, 89.

[2] Sozomène, R. I. S., XVI, 1078. Selon la *Cron. Pis.* (R. I. S., XV, 1045), les deux *condottieri* qui se laissèrent gagner furent Abretto Tedesco, c'est évidemment Albert Sterz, et un certain Andrea Dubramonte. Il n'y est pas question de Bongart. Roncioni (l. XV, p. 874) les nomme tous les trois. Cf. Ammirato, XII, 641. Dans ce que nous avons de Fil. Villani, il n'est pas parlé de ce traité, mais on a conservé le titre du chap. xcv : « Come i Fior. con la forza del danaio ruppono la compagna de' Tedeschi e Inglesi e levaronla da provisione de' Pisani. »

[3] Ils firent une pointe sur l'Incisa, passèrent par le territoire de Cortone, de Sienne, et le val d'Elsa (4-10 mai 1364). Fil. Villani, XI, 89 ; Donato Velluti, p. 104 ; *Diario del Monaldi*, p. 324 ; Ammirato, XII, 639-641 ; Roncioni, l. XV, p. 872.

quatorze cents lances, inopinément venues de Lombardie pour faire dans l'opulente Toscane leur honnête métier. Mais elles accomplirent cette œuvre de salut aussi peu et d'aussi mauvaise grâce que possible. Conduites à Monte-Scudaio [1] pour couper la retraite aux Florentins, elles ne firent cette marche qu'avec une désespérante lenteur, sans défendre Porto-Pisano et Livourne, qu'évacuaient marchands et marchandises, que conquéraient, sans coup férir, les Florentins. Que n'eût pas fait une attaque résolue, puisque la proximité seule de ces lances contraignait bientôt les conquérants à la retraite? A marches forcées, en vingt-quatre heures, ils parcouraient trente-huit milles de mauvais chemins, et c'est seulement sur le territoire montueux de Volterre qu'ils se croyaient en sûreté [2].

Un si brusque retour d'une campagne si bien commencée, c'était le ridicule, sinon la honte. Henri de Montfort en perdit son commandement. Aucun auteur du temps n'élève contre lui la moindre plainte; mais il avait échoué. Comme le malade qui croit trouver quelque répit à se retourner sur son lit de douleur, les mobiles Florentins, au moindre malaise, cherchaient le changement. Ils venaient de renvoyer un Malatesta; ils en appellent un autre, Galeotto, oncle de Pandolfo, qui avait renom d'homme de guerre [3]. De plus, il était Ita-

---

[1] Montescudaio, à un demi-mille à l'ouest de la Cecina, non loin de Guardistalla, à l'extrémité la plus abaissée des montagnes qui courent de l'ouest au nord (Repetti, III, 527).

[2] Fil. Villani, XI, 90; Ammirato, XII, 641; Roncioni, l. XV, p. 875.

[3] C'est le jugement de Fil. Villani (XI, 97) et d'un autre contemporain qui l'appelle : « El valentre M. Galeotto, nostro franco capitano. » *Diario d'anonimo fiorentino*, curieux et important ouvrage, sans ombre de littérature, mais plein de vie et de naturel populaire, publié récemment dans les *Documenti di storia italiana*, par M. Alessandro Gherardi, avec une

lien et bon guelfe, deux conditions précieuses pour commander, en Italie, à ce ramassis d'hommes de toute nation. Les fautes, les ambitions inavouées de son neveu, ne le rendirent pas suspect. Lui-même, dit-on, loin de garder rancune de l'affront fait à sa famille, il intriguait pour l'effacer par sa propre nomination. Le 23 juillet, il partait de Florence pour Cascina, où se trouvait reporté, à six milles de Pise, le camp florentin [1]. Il y allait, sans tarder, donner la mesure de ses talents.

La chaleur étant extrême, les quatre mille cavaliers, les onze mille fantassins de son armée, avaient déposé les armes et ôté la selle à leurs chevaux. Ils étaient étendus à l'ombre, ou se baignaient dans l'Arno. Lui, vieux, relevant de la fièvre tierce, il gardait le lit. Nul ne veillait sur le camp. Manno Donati, un de ces magnats qui rachetaient le passé de leur caste en servant leur patrie, voit le péril, et se fait donner mission d'y pourvoir. Du côté de San-Savino, il barricada la route, il y plaça des soldats sûrs, Florentins, Arétins, montagnards du Casentino, arbalétriers génois [2].

Il était temps; Hawkwood avait reçu de Pise l'ordre d'attaquer. Cet Anglais, né d'un père marchand, quoique gentilhomme, élevé, selon les uns, dans la boutique d'un tailleur en Angleterre, selon les autres en France, auprès d'un oncle, dans les camps, était déjà si fameux qu'après le traité de Brétigny la compagnie blanche,

---

intelligence et un soin dignes de tous les éloges. Voy. t. VI, p. 297. — La nomination de Galeotto est du 12 juillet. Voy. *Provvisioni*, à cette date. Note de M. Gherardi au *Diario d'anonimo*, p. 297, note 3.

[1] *Diario del Monaldi*, p. 324; Fil. Villani (XI, 96). Le *Diario d'anonimo* (p. 297) dit le 24.

[2] Fil. Villani, XI, 97; *Cron. di Giov. Morelli*, p. 286, à la suite de Malespini, éd. de Flor., 1718; Donato Velluti, p. 104; Ranieri Sardo, c. cxxxi, p. 151.

pour l'attirer à soi, lui avait promis le sixième de tous les gains[1]. Il arrive, le 28 juillet, à San-Savino. Son dessein, pour combattre, était d'attendre l'après-midi, l'heure où la brise de mer chasserait sur l'ennemi la poussière des routes, où le soleil l'aveuglerait de ses rayons. Ses hommes, à lui, devaient, en effet, les avoir dans le dos, et par conséquent n'en pas être incommodés : mais comment eût-il empêché la poussière de les envelopper de ses tourbillons dans leur marche, dans le trajet de quatre milles qui sépare San-Savino de Cascina ? Pour obtenir un peu d'air respirable, il fallut laisser les chevaux, s'avancer à pied sous des armures pesantes, de sorte que ces gens étaient en sueur, exténués, quand ils parvinrent à la barricade florentine. Ils n'y fussent même pas parvenus, si le négligent Galeotto avait eu des éclaireurs. Mais point : on ne fut averti, au camp, de l'approche d'Hawkwood, que par les cris de guerre des siens et le bruit du premier assaut.

Troublé dans son intempestif repos par trois fausses attaques, le trop douillet capitaine donna l'ordre au sonneur de ne point sonner sans permission. Par bonheur, son inertie n'avait pas gagné ses lieutenants. Manno Donati fit un détour pour prendre de flanc les Anglais. Henri de Montfort, porte-enseigne des *feditori*, courut au secours des arbalétriers génois. L'un et l'autre, ils traversent au galop, ils achèvent de rompre les rangs déjà défaits des assaillants, et ils parviennent jusqu'aux voitures chargées de vin que Pise envoyait à ses champions échauffés.

Hawkwood sentit la bataille perdue. De l'arrière-garde,

[1] Fil. Villani, XI, 79; Ricotti, II, 145; Froissart, IX, 155, éd. Kervyn de Lettenhove, Bruxelles, 1869.

où il se trouvait, il revint à San-Savino, tandis que les Pisans, pleins d'une terreur superstitieuse, restaient exposés aux coups des vainqueurs : un des aigles qu'on nourrissait à Pise, s'étant échappé, était venu planer sur les deux armées, et, la force manquant à ses ailes, tomber dans le camp florentin, où sa capture parut promettre les faveurs du sort. Celles qu'on y avait déjà obtenues, il fallait les poursuivre, et Galeotto en recevait de tous le conseil : sous prétexte de ne rien compromettre, d'éviter les pièges et les embuscades, il fit sonner la retraite. Le 31 juillet, il rentrait à San-Miniato, avec trois cent vingt-sept prisonniers, entassés comme des poulets dans des charrettes. Sur une de ces quarante-deux charrettes se débattait l'aigle captif[1]. Aux portes de Florence, où ils furent conduits, chacun des prisonniers fut tenu, paraît-il, de payer dix-huit sous par tête, et de baiser les parties postérieures de Marzocco, le lion en pierre qui se trouvait sur la place San-Giovanni. On les jeta dans les prisons, on les condamna à exécuter des travaux publics[2]. La vengeance entendait être impitoyable pour tant d'affronts naguère endurés (24 août).

Les ressentiments qu'elle fit naître ne pouvaient néanmoins devenir ou rester longtemps un obstacle à la paix.

---

[1] Fil. Villani, XI, 97; *Diario del Monaldi*, p. 324; *Cron. di Giov. Morelli*, p. 286; D. Velluti, p. 105; *Cron. Pis.*, R. I. S., XV, 1045; *Cronichetta d'incerto*, publiée par Manni (*Bibl. scelta Silvestri*, t. 468, p. 258); Pucci, *Guerra Pisana*, cant. VI, ott. 41, dans *Del.*, VI, 254; Ammirato, XII, 643-645. — Le *Diario d'anonimo* (p. 297) dit seul que, le 31 juillet, les Florentins eurent San-Savino. Villani porte le nombre des prisonniers à 2000; Morelli, celui des morts et prisonniers tout ensemble, à 1500; Roncioni, qui est Pisan, réduit le chiffre de ces derniers à 500 (l. XV, p. 876).

[2] Notamment, sur la place de la Seigneurie, la *loggia* dite des Pisans, où s'assemblait le menu peuple. Voy. Ammirato, XII, 646.

Les vaincus étaient à bout de forces, et les vainqueurs savaient calculer. Aux cent soixante-dix mille florins déjà dépensés en ajouter vingt mille autres que réclamaient les mercenaires pour paie double et mois entier, récompense accoutumée du succès de leurs armes, c'était une opération de dupes, puisqu'on pouvait faire l'économie de cette somme en mettant fin à la guerre, en renvoyant les étrangers, s'ils se montraient mécontents[1]. D'ailleurs, la discorde qui se glissait dans les rangs de l'armée, l'inertie de Galeotto et les intrigues qu'elle faisait supposer, donnaient hâte d'en finir, puisqu'on le pouvait avec honneur[2]. Trois jours avant l'ignominieuse entrée des prisonniers dans Florence, une ambassade florentine était à Pescia pour négocier[3].

Ces négociations, sincères des deux parts, furent un moment troublées par les Visconti. Sans rompre avec Florence, ils avaient intérêt à la voir s'épuiser par la guerre, car sa puissance rendait vaines leurs convoitises sur le pays toscan. On a vu qu'ils arrêtaient au passage ses mercenaires[4]. Dans le même temps, ils en envoyaient à Pise. Pour détourner Pise de traiter, ils lui voulurent donner un maître qui fût leur esclave. Ils en suggérèrent la vile ambition à un marchand de naissance obscure, présomptueux, remuant et rusé, que les Pisans, ses compatriotes, leur avaient envoyé en ambassade. Giovanni d'Agnello, c'était son nom, avait promis, moyennant un prêt de trente mille florins, de mettre sa patrie sous

---

[1] 22, 23, 26 août 1364. Provision publiée aux documents du *Diario d'anonimo*, p. 485.

[2] Fil. Villani, XI, 100; Neri de Donato et *Cron. Pis.*, R. I. S., XV, 187, 1046.

[3] *Diario del Monaldi*, p. 324, 325.

[4] Voy. plus haut, même chapitre, p. 43.

leur protectorat[1]. Devenu doge et bientôt seigneur, quoiqu'il se fût engagé à se retirer au bout d'une année, il ne se montrait que la baguette d'or à la main et sous un dais, se faisant offrir toutes choses à genoux, comme le pape et l'empereur[2]. Déjà il avait cédé à Bernabò Pietrasanta, et, sans doute, il ne lui eût pas refusé Lucques, si les négociateurs pisans de Pescia, qui échappaient à son impudente autorité, n'eussent conclu la paix malgré lui, en cessant de résister aux prétentions florentines. Le plus grand de tous les biens n'était-il pas l'indépendance, la liberté?

A tout prendre, les clauses du traité (28 août) étaient équitables. Les Pisans restituaient Altopascio, Lignana, Sorano, Castelvecchio; les Florentins, Pava, Pecciole, Ghizzano. A la destruction était voué Castel del Bosco. Pise devait payer cent mille florins d'or, par dix annuités égales[3]; Florence, la moitié des gabelles aux portes de Pise. Cette réduction de moitié était une sensible faveur. De bien plus grandes auraient pu être le prix d'un traité de commerce consacrant l'abandon du port de Telamone, et le retour des marchands à Porto-Pisano. Mais la seigneurie ne voulait ni rompre ses engagements avec Sienne, quoique Sienne n'eût pas été très-fidèle[4],

---

[1] Voy. cette curieuse histoire dans Fil. Villani, XI, 101, et Ranieri Sardo, c. CXXXII, p. 152. La *Cron. Pis.* et Roncioni sont très brefs à cet égard.

[2] Fil. Villani, XI, 101.

[3] 30 août, 2, 5, 8, 19 septembre 1364. La cession est faite au nom de Giovanni d'Agnello, duc de Pise et de Lucques (*Riformagioni, Atti pubblici*, IV, t. XX).

[4] Le 15 mai 1361, un mémoire était présenté aux Douze de Sienne par Ranieri de Pace, ambassadeur florentin, exposant les infractions des douanes siennoises aux conventions de 1356 touchant Telamone (*Riformagioni, Atti pubblici*, XXI, t. XVIII). Le 7 novembre 1364, Tommaso Tornaquinci était envoyé à Sienne pour le même objet (*Sign. cart. miss.*, XII, 14).

ni rendre aux Pisans le transit, l'entrepôt des marchandises, indubitable source de richesse et de puissance. Les routes furent même soigneusement gardées, pour que la volonté des prieurs à cet égard ne fût pas méconnue[1]. Telle quelle, cette paix, confirmée au nom du Saint Siège par l'archevêque de Ravenne et le général des Franciscains, fut promulguée à Florence le 1er septembre. Urbain V en reçut bientôt des remercîments officiels[2], et, reportant au moine médiateur tout le mérite de l'heureuse issue, il le coiffait du chapeau de cardinal[3].

Chose étrange! c'est à Florence, où si résolûment on avait voulu la paix, qu'elle fut le plus mal accueillie[4]. La politique de la seigneurie n'eut point pour elle le sentiment public. Carlo Strozzi, le principal des négociateurs, vit, en sortant du palais, le peuple s'ameuter contre lui[5]. N'était-ce que le menu peuple? Les auteurs le disent, quoiqu'ils soient tous mécontents[6], sauf Filippo Villani[7]; mais une chronique récemment publiée nomme

[1] 2-14 septembre 1364. *Lettere alla signoria*, VI, 45, 119, et *Sign. cart. miss.*, XIII, 3, 4; Fil. Villani, XI, 102; Neri de Donato et *Cron. Pis.*, R. I. S., XV, 187, 1046; Ammirato le jeune, XII, 649.

[2] 23 février 1365. *Sign. cart. miss.*, XIII, 32. Doc. publié dans *Arch. stor.*, Append. VII, 412. — Le 15 septembre 1364, Urbain louait déjà Florence de cette paix et l'exhortait à une confédération italienne, pour chasser les compagnies d'aventure. Il revient encore sur ce sujet le 6 octobre 1364, le 8 juin 1365, etc. Voy. les doc. dans l'*Arch. stor.*, 1re série, XV, 81 sq.

[3] 18 septembre 1365. Ammirato le jeune, XII, 655.

[4] Fil. Villani, XI, 102.

[5] *Diario del Monaldi*, p. 325.

[6] Donato Velluti (p. 105, 106) dit cette paix faite « in dispiacere della maggior parte e della comunale gente »; il l'appelle « non onorevole ». N'oublions pas que plusieurs auteurs qui disent même chose ne font qu'une autorité, car, selon l'usage, ils répètent religieusement le plus ancien d'entre eux.

[7] Fil. Villani (XI, 102) parle de gens qui, « conoscendo il frutto e il bene della pace, riconobbe suo errore e rimase per contento ».

les promoteurs du mouvement. Ils sont au nombre de quatorze, et dix d'entre eux au moins sont des personnages considérables par la noblesse, l'ancienneté ou l'opulence de leurs familles : Rossi et Frescobaldi, Pazzi et Donati, Adimari et Gherardini, Infangati, Bandini, Medici. L'histoire de Bertrand et Raton n'est pas d'hier, et elle a ses variantes. Quand on a manqué les marrons, Bertrand ne se montre pas, et Raton paye pour lui. Deux têtes obscures tombèrent seules pour rétablir l'ordre[1]. Qui s'en étonne connaît mal la justice humaine.

Ainsi ramené au calme, à la réflexion, l'esprit public finit par comprendre les avantages réels de cette paix impopulaire[2]. La seigneurie en observait, d'ailleurs, fidèlement les clauses[3]. L'engagement de Bongart terminé[4], on ne le renouvela point. On laissa les Allemands partir pour la Pouille, qu'ils pillèrent tout l'hiver[5], ménagés toujours[6], mais affaiblis par leurs dissen-

---

[1] *Diario d'anonimo*, p. 298.

[2]   Ed è ver ch' n Firenze n'ebbe molti
   Che tenner che'l far pace fosse il peggio;
   Ed io per me fu' l'un di quegli stolti,
   Perocchè non vedea quel ch'ora veggio.
   (Pucci, *Guerra pisana*, cant. VII, ott. xi; *Del.*, VI, 258.)

[3] « Pacem celebratam vobiscum sic nostri moris est interdum inviolabiliter observare; quod si pro parte vestra feceritis, erit gratum. Cujus habita notitia confestim scripsimus Andree de Belmonte qui de territorio vestro cum brigata sua debet discedere et a dampnis omnino desistere, pacem fuisse firmatam seriosius numptiantes. Quod si non paruit, molestum gerimus. » On va lui envoyer des ambassadeurs pour le faire retirer. (5 septembre 1364. Les prieurs à Giov. d'Agnello. *Sign. cart. miss.*, XIII, 5 v°.)

[4] « Non fuit unquam moris nostri a promissionibus deviare, quinymo pro comuni nostro promissa illibata fide servamus et sic facere proponimus de presenti. Et pacta vobiscum cum vestra societate nuper firmata velut grata nobis tenaciter intendimus observare. » (18 septembre 1364. Les prieurs à Hennequin de Bongart. *Sign. cart. miss.*, XIII, 8 v°.)

[5] Fil. Villani, XI, 102. Ici finit cet auteur.

[6] « Per reverenzia di Dio.... e per contemplatione di lui che riputiamo

sions[1] et par la concurrence ruineuse d'Ambrogiuolo, ce bâtard de Bernabò Visconti, plagiaire de leurs détestables exploits. Ambrogiuolo ravageait de son côté les Abruzzes, avec une compagnie nouvelle, dite de Saint-Georges, qu'il venait de former, pour s'assurer par les armes la grande situation que lui refusait sa naissance. Pendant ce temps, Hawkwood partait pour la Lombardie[2]. Florence n'en avait point fini avec cet Anglais. Elle devait l'avoir encore pour ennemi et même s'en faire un ami ; mais, pour le moment, la Toscane était délivrée de ses parasites les plus incommodes, de cette vermine armée que la mollesse croissante des populations forçait, à l'approche du danger, d'appeler et d'entretenir. Respirer quelques jours dans une atmosphère plus calme était l'unique espoir qu'on pût se permettre en ce siècle d'alarmes continuelles et de barbarie militaire aux prises avec la civilisation en progrès.

caro amico e figliuolo, intendiamo fargli per lui e per la sua brigata quella cortexia de la quale si doveva contentare, come che siamo per le guerre e per li grandi dispendii molto disagiati e molto più impotenti che non si stima. » (16 juillet 1365. Instructions aux ambassadeurs auprès d'Hawkwood. *Sign. cart. miss.*, XIII, 40 v°.)

[1] En septembre 1364, Niccolò Buondelmonti écrit de San Miniato al Tedesco à la seigneurie que la discorde entre Anglais et Allemands lui a permis « a volere noi avere buon servigio e d'essere temuti da ciaschuno di loro. » (*Lettere interne alla signoria*, n° 47.)

[2] G. Stellæ Ann. gen., R. I. S., XVII, 1097; Neri de Donato, R. I. S., XV, 190; Ricotti, II, 149.

CHAPITRE II

URBAIN V ET CHARLES IV EN ITALIE
LES ALBIZZI ET LES RICCI

— 1365-1373 —

Urbain V invité par les Florentins à revenir en Italie (3 février 1365, 19 octobre 1366). — Crainte d'un nouveau voyage de Charles IV en Italie. — Mesures pour diminuer le pouvoir de la *parte guelfa* (3 novembre, 8 décembre). — Urbain V en Italie (31 mai 1367). — Ligue formée par le pape en dehors des Florentins (31 juillet). — Charles IV de nouveau en Italie (5 mai 1368), et à Lucques (4 septembre), à Sienne et à Rome (octobre). — Son retour en Toscane (28 février 1369). — Accord avec les Florentins et les Pisans (1er mars). — Liberté rendue à Lucques (6 avril). — Départ de l'empereur (3 juillet). — Attaque des Florentins contre San Miniato (11 août). — Ligue avec le pape (20 novembre). — Défaite des Florentins à Cascina (5 décembre). — Excursion d'Hawkwood sur le territoire florentin. — Prise de San Miniato al Tedesco par les Florentins (9 janvier 1370). — Défense de Pise contre Hawkwood. — Campagne de Lombardie. — Retour d'Urbain V à Avignon (septembre). — Paix entre Bernabò et la ligue (2 novembre). — Agitations intérieures. — Alliance momentanée des Albizzi et des Ricci (octobre 1371). — Pétition de Lapo de Castiglionchio et provision en faveur de la *parte* (27 janvier 1372). — Conjuration aristocratique contre les factions (mars 1372). — Réformes opérées : les dix de liberté, les sept de marchandise, etc. — Efforts de Migliore Guadagni pour réprimer les Albizzi (janvier 1373). — Revanche de la *parte* (mars). — Nouvelles luttes au sujet de l'*ammonizione* (mars 1374). — Guerre contre les Ubaldini (décembre 1372). — Leur soumission (5 mai, 28 septembre 1373).

Dans le repos relatif dont Florence jouit quelques années[1], sa politique s'efforçait de ramener à Rome le

---

[1] Pendant près d'une année, Florence cesse d'avoir une histoire, non parce que les historiens manquent, comme l'a cru Leo (l. VII, ch. III, t. II, p. 135), car Filippo Villani a des successeurs, auxquels Ammirato reproche de tout omettre entre la paix avec Pise et la seconde venue de Charles IV (XII, 653), mais parce que les faits font défaut : on peut le voir en dé-

Saint-Siège. Les succès du légat Albornoz profitaient à l'Église. S'il avait pu réduire les seigneurs sur le Patrimoine, ne pourrait-elle, à la tête des guelfes, chasser, comme écrivait la seigneurie, « les ennemis qui dévoraient la substance et buvaient le sang des Italiens[1]? » Son intérêt la rappelait en Italie. Qu'était devenue son indépendance au Comtat, enclave de ce royaume de France qui fournissait les papes et la plupart des cardinaux? Résister au roi très-chrétien, elle ne l'essayait même plus. En attendre des secours contre les compagnies, vaine chimère : dans l'anarchie désastreuse que ne réprimaient pas les lointains et impuissants Valois, le peuple d'Avignon, sous Innocent VI, avait dû par trois fois monter sur ses murailles pour les défendre, ou se racheter du pillage par de grosses contributions.

C'était, d'ailleurs, le sentiment général dans la péninsule qu'en y ramenant la cour pontificale on l'arracherait à la corruption. Tenue pour lieu d'asile comme les églises, confinant aux trois nations française, allemande, italienne, Avignon en recueillait l'écume, s'infectait d'un mal contagieux, méritait le nom de Babylone occidentale. Les mœurs des ecclésiastiques faisaient scandale. Pétrarque incessamment tonne à ce sujet[2],

pouillant les archives florentines. Les années suivantes sont elles-mêmes peu fécondes, jusqu'à la grande guerre dont il sera question au chapitre suivant.

[1] « Ytalicorum substantias et sanguinem deglutire demolientur. » 3 février 1365. (*Sign. cart. miss.*, XIII, 33.)

[2] Voy. notamment *Famil.*, IX, 6; XII, 2; XX, 9, 14; *Senil.*, VII, 1; IX, 1, 2; X, 2; XIII, 13; *Epist. sine titulo*, 8, 9, 12, 15. Le nom de Babylone est plusieurs fois dans cette dernière épître. Baluze a répondu en retournant l'accusation contre les papes résidant à Rome, et ce passage a fait mettre son livre à l'index. Voy. *Vitæ pap. Aven.*, t. I, préf., p. 4, et une note manuscrite au frontispice de l'exemplaire de la Bibliothèque nationale à Paris.

et ses plus modérés contemporains s'indignent comme lui.

Or, pour la première fois, depuis la « captivité de Babylone, » un pape jaloux de sa liberté occupait le siège de Pierre. On se rappelait, on se plaisait à redire qu'Urbain V, n'étant encore qu'ambassadeur à Naples, s'était écrié, en apprenant la mort d'Innocent VI, « que si, par la grâce de Dieu, il voyait le nouveau pontife revenir en Italie, sa véritable demeure, il mourrait avec joie le lendemain[1]. » Pour réaliser son rêve, loin de mourir, il n'avait qu'à vivre, puisque c'était lui qu'avait exalté le sacré-collège, à la place d'Innocent VI. Quoiqu'il fallût compter avec l'opposition de la France[2], et mener l'entreprise comme un complot, on pouvait espérer qu'il n'y renoncerait point : ardent à extirper la venimeuse race des Visconti, il manquait, pour le faire, de confiance dans ses légats, et il ne le ferait bien lui-même que de près[3].

Qu'il revînt donc en Italie, « comme dans ses pénates propres, où il trouverait liberté, honneur, sécurité, repos, grande gloire et continuelle exaltation[4], » voilà ce que lui criait Florence. Peut-être y eût-elle mis moins de zèle, si elle avait prévu ce qu'allait imaginer le pon-

---

[1] Matteo Villani, XI, 26.

[2] Dès le 24 décembre 1363, Nicole Oresme, au nom de Charles V, adressait à Urbain V et aux cardinaux un discours où il essayait de les retenir à Avignon, « ombilic du monde, en terre française, la plus religieuse de toutes depuis les Druides, » preuve que le projet de translation était connu. Trois ans après, autre harangue d'un nouvel envoyé de France, dont voici le début sous forme de dialogue : « Père, où vas-tu ? — A Rome. — Te faire crucifier de nouveau ? » — (Du Boulay, *Hist. Univ.*, IV, 398. J. V. Le Clerc, *Discours sur le XIVe siècle*, art. Papauté. *Hist. litt. de la France*, t. XXIV, p. 23. Cf. Capecelatro, I, 94, Mézières, 501.)

[3] Ammirato, XII, 658.

[4] 5 févr. 1365. *Sign. cart. miss.*, XIII, 33.

tife dans l'embarras. Irrité contre la République, qui, liée par ses accords avec les compagnies, le laissait seul contre les hobereaux de Romagne[1], craignant des seigneurs et des peuples gibelins un accueil hostile, il avait conçu le singulier dessein de se faire précéder par l'empereur Charles IV, sous le vain prétexte d'une croisade dont n'avaient cure ni le père des fidèles, ni son tudesque maréchal des logis[2]. Pour les séparer l'un de l'autre, pour priver d'un chef ceux que proscrivait la terrible *ammonizione*, Florence offrait au pape cinq navires, ou, s'il venait par terre, cinq cents cavaliers d'escorte, et les forces de toutes les villes toscanes. Ainsi soutenu, quel besoin avait-il de l'empereur? Mais il ne comprenait pas ou ne voulait pas comprendre. S'il acceptait les galères[3], il rassurait les prieurs sur le voyage impérial : de Charles n'aurait rien à craindre qui lui marquerait obéissance et fidélité, qui lui payerait le tribut ordinaire. Au besoin, ne pouvait-on compter sur les bons offices, sur les secours du Saint-Siége[4]?

Ce que valaient de tels secours, Florence ne l'ignorait point, elle si souvent requise de joindre ses armes redoutées aux impuissantes armes des légats ; mais que faire, puisque le pape s'obstinait, sinon obtenir contre l'empereur des garanties[5], sinon désarmer les com-

---

[1] Instruction aux ambassadeurs près du Saint-Siège, 9 et 20 août 1365. L'ambassadeur auquel est adressée la lettre du 20, c'est Boccace. *Sign. cart. miss.*, XIII, 42 sq., publiées dans *Arch. stor.*, Append. VII, 413-424.

[2] *Ann. eccl.*, 1365, § 1. T. XXVI, p. 110; Sismondi, IV, 374.

[3] 8 septembre 1366. *Capitoli*, XVI, 58.

[4] 22 septembre 1366. Le 24, Urbain V assurait que l'empereur, qui se proposait de venir avec lui, n'avait pas de vues hostiles contre les villes toscanes. (*Capitoli*, XVI, 59.)

[5] 19 octobre 1366. Doc. dans l'*Arch. stor.*, Append. VII, 428. — Cf. Lettres du 6 octobre précédent à Francesco Bruni, secrétaire de la commune,

plices qu'il pouvait trouver à l'intérieur de la ville ? Le zèle persécuteur et vainement refréné de la *parte* [1] lui en préparait tous les jours. De plus en plus formidable, elle avait rendu ses règlements sacrosaints : une provision récente interdisait tout recours au Saint-Siège, pour en obtenir dispense de les observer [2].

Le chef de la faction, c'était Piero des Albizzi. Lapo de Castiglionchio et Carlo Strozzi, ses lieutenants [3], le représentaient auprès d'Urbain V, sollicitaient de ce pontife la conclusion d'une ligue séparée. Ces résolus fauteurs de l'Église, leurs adversaires les appelaient *paperini*, jouant ainsi sur le mot *paterini*, ce qui était presque les accuser d'hérésie [4]. Eux, insolents comme des vainqueurs, ils portaient, en signe de reconnaissance, le béret d'Avignon, et leurs partisans, qui le portaient comme eux, criaient par les rues : *Vivano le berrette!* non sans ajouter : *muoiano le foggette!* c'est-à-dire meurent les bonnets à la vieille mode, les hommes de basse condition [5]. Alarmés, les bons citoyens réclamaient le bon ordre dans la cité [6]. Uguccione des Ricci résolut de leur donner satisfaction. Depuis que l'*ammonizione*, imaginée par sa famille, se retournait

pour se féliciter de la prochaine arrivée du pape et lui promettre tout secours par terre et par mer, et du 24 août au pape. *Sign. cart. miss.*, XIV, 6, 1.

[1] Voy. G. Capponi, I, 277, note 1.

[2] 11 décembre 1364. Voy. le texte de cette provision dans G. Capponi, I, 589, append. n° 6.

[3] Machiavel (III, 37 B) les désigne comme chefs de la faction.

[4] March. de Coppo, IX, 711 ; G. Capponi, I, 278-279.

[5] *Foggetta* ou *foggia*, partie du capuchon, vieille coiffure. — Marchionne dit que la barrette se mettait sur le capuchon, était facile à ôter, et remplaçait avantageusement les cheveux longs à la bavaroise, pour tenir chaud.

[6] Donato Velluti, p. 107.

contre lui et les siens, il en jugeait le scandale intolérable; il ne comprenait plus qu'on permît à quatre capitaines de la *parte*, sur six, de priver à perpétuité des offices un quelconque des citoyens, ses descendants et ses *consorti*. Prieur et *proposto* en novembre 1366, il fit décider : 1° de porter à neuf le nombre des capitaines de la *parte*, deux grands, cinq *popolani grassi*, deux membres des arts mineurs [1]; 2° d'exiger que toute accusation de gibelinisme réunît six fèves noires sur neuf; 3° qu'à ce vote participât un au moins des deux capitaines pris dans les arts mineurs [2]; 4° qu'après l'accusation portée on tirât de bourses *ad hoc* les noms de vingt-quatre citoyens, devant qui l'accusé pourrait se défendre, et qui voteraient ensuite avec les capitaines, la condamnation ne devant être valable que si elle réunissait vingt-deux fèves noires sur trente-trois votants [3]; 5° que tout accusé aurait droit de prouver par témoins qu'il était bon guelfe, même devant d'autres capitaines que ses accusateurs, sous cette réserve qu'en pareil cas il ne serait prononcé en sa faveur qu'à la pluralité de sept voix sur neuf [4].

Voilà, certes, des mesures protectrices, et qui pouvaient être efficaces : un moment l'*ammonizione* en fut

---

[1] D'abord à huit, le 3 novembre 1366. (*Provvisioni*, LV, 67.)

[2] « Ita quod saltem unus ex duobus capitaneis de aliquibus 14 minorum artium sit tali deliberationi presens, vel saltem requisitus ex parte propositi officii capitaneorum dicte partis. » (8 décembre 1366. *Provvisioni*, LV, 81.)

[3] Machiavel, III, 37 B. Donato Velluti (p. 111) écrit en mécontent : « E in questo modo si acconciò parte guelfa, e contentaronsi i ghibellini e non veri guelfi. »

[4] « Quod si postulatio que fieret de approbandis ad defensam fieret coram aliis seu ab aliis capitaneis dicte partis quam ab illis qui approbassent testes ad offensam, tamen talis approbatio possit fieri per septem ex dictis capitaneis et non per pauciores. » (8 décembre 1366. *Provvis.*, LV, 81.)

entravée [1], et les Albizzi en parurent déconcertés. Mais ils trouvèrent un biais pour tourner la loi nouvelle : ils n'avaient qu'à bien composer les bourses des vingt-quatre [2]. Ils le purent faire sans obstacles : ceux-là mêmes qui tentaient de restreindre la *parte* la ménageaient, l'associaient à l'État dans les actes publics [3], faisaient dans son palais même les réunions et les scrutins pour les plus grandes charges de l'État [4]. C'est en vain, d'ordinaire, qu'on s'épuise à remonter le courant.

Même insuccès au dehors. Si Urbain V s'acheminait vers l'Italie, il persistait, malgré les objurgations de la seigneurie, à y appeler Charles IV [5], et il n'y venait qu'en voyageur : il n'osait rompre en visière au parti puissant qui tenait pour Avignon [6]. Hawkwood, sollicité deux fois [7] de s'engager à la solde de Florence, refusait obstinément, sans s'arrêter dans sa marche vers le sud [8]. Que ne pou-

[1] March. de Coppo, IX, 695 ; D. Velluti, p. 106-114 ; Ammirato, XII, 656 ; G. Capponi, I, 277, 278.

[2] March. de Coppo, IX, 695 ; Ammirato, XII, 656.

[3] « Ob bonum publicum et in favorem partis guelfe. » (3 novembre 1366. *Provvisioni*, LV, 67.) Ces provisions furent confirmées par une autre du 26 mars 1367. (LV, 133 v°.) On annule certains actes des capitaines contre cette réforme.

[4] Dans un doc. de la *parte*, du 12 décembre 1366, on tient compte des dépenses faites « occasione scruptinei fiendi de prioribus artium et vexilliferi justitie, gonfalonieriorum societatum et XV bonorum virorum in palatio dicte partis de presenti anno. » (Citation de G. Capponi, I, 277, note 2.)

[5] Le 15 janvier 1367, la seigneurie en donnait avis aux Pérugins. (Doc. dans *Arch. stor.*, Append. VII, 428.)

[6] Ammirato, XIII, 665.

[7] Le 16 juillet 1365, des ambassadeurs avaient été envoyés à Hawkwood pour savoir à quelles conditions il entrerait au service de la commune. (*Sign. cart. miss.*, XII, 50.) Ayant échoué, le 13 août suivant on négociait avec le légat pontifical pour former une ligue contre ce *condottiere*. (*Ibid.*, 54.) 9 mars 1367. *Sign. cart. miss.*, XIII, 38 v°. *Arch. stor.*, Append. VII, 429.

[8] Un moment il avait hésité. « Ad quas respondemus quod quanquam gentibus de quibus vobiscum contulit D. l'offus amb. noster, egeremus instanter

vait-on craindre de ses desseins inconnus, de l'insubordination de ses gens[1]? Et avec quelles forces tiendrait-on tête à l'empereur?

Il fallait pourtant fournir au pape les galères promises, et, pour se les procurer, frapper à toutes les portes, courir de Provence et de Gênes[2] jusqu'à Naples. Grâce à la reine Jeanne, les galères nolisées furent promptement à Marseille : Urbain en voulait partir le 15 mai[3]; il prit la mer le 30 avril. Les cardinaux étaient presque tous du voyage, mais à contre-cœur. Malades par un temps superbe, au moindre mouvement de tangage ou de roulis, ils pleuraient comme des femmes. — O le méchant pape, s'écriaient-ils, le père inhumain qui conduit sur de telles terres ses malheureux fils[4]! — A Viterbe, où il était un mois plus tard (31 mai)[5], le pontife recevait les hommages de onze am-

et potius hodie quam cras vellemus, nichilominus sumus dispositi expectare per mensem infra quem placeat operari quod ipsas habeamus. » (5 avril 1367. La Seigneurie à Hawkwood. *Sign. cart. miss.*, XIV, 41.)

[1] « .... La molestia che fanno tali genti etiandio contra la volontà del capitano. » (21 avril 1367. La seigneurie à Doffo des Bardi, *Ibid.*, 44.) Cf. une lettre du 20 avril au card. Albornoz. (*Ibid.*, 42 v°.) A la même date, autorisation est donnée à Hawkwood « veniendi et transeundi ad territoria et per territoria nostra, pacifice tamen et absque inferenda molestia subditis com. Flor., » et lettre aux amb. de la Rép. à Pérouse pour qu'ils surveillent l'exécution de ces conditions : « Ingegnatevi di fare che non passino per nostro terreno come M. Gianni a più volte promesso.... mostrando il grande amore che dice portarci.... pur se non poteste questo fare, vadino per quello luogo che meno dampno faccino, sempre d'ogni luogo dove pongano campo mandandoci uno fante, sì che sappiamo i loro andamenti. » (*Ibid.*, 43 v°.)

[2] Ammirato, XIII, 658, 659.

[3] Lettre de la seigneurie à la reine Jeanne. *Sign. cart. miss.*, XIV, 30. Cf. Ammirato, XIII, 659.

[4] Pétrarque, *Senilia*, IX, 2.

[5] *Sign. cart. miss.*, XIII, 51. *Arch. stor.*, Append. VII, 429. Cette date semble donc certaine, malgré les auteurs qui montrent le pape à Porto Pisano le 1er juin, sur la plage de Corneto le 4, et le 13 seulement à Viterbe. Le

bassadeurs florentins, et l'offre de deux cents chevaux[1].

Mais déjà éclatait entre lui et la République le désaccord des vues, l'inévitable malentendu. Elle avait cru au projet de croisade, qui s'envolait en fumée; il s'était flatté de faire entendre, sans le dire, qu'il voulait une ligue contre les Visconti. Or, le traité de Sarzane liait Florence envers Bernabò : en y restant fidèle, elle parut au pape manquer de foi. L'indignation pontificale eut pour témoin le chroniqueur Marchionne, qui en rapporta l'écho à ses compatriotes[2]; mais ils n'en restèrent pas moins sur la réserve. C'est sans eux et même sans les autres Toscans, leurs satellites[3], que la ligue fut conclue entre le souverain pontife, l'empereur, le roi de Hongrie, la reine de Naples[4], les seigneurs de Padoue, de Mantoue, de Ferrare (31 juillet), dernier service rendu à l'Église par ce cardinal Albornoz, qui, en quatorze ans, lui avait reconquis tous ses domaines[5].

12 juin, il donnait avis de son arrivée à Viterbe et remerciait pour les galères. (*Capitoli*, XVI, 60.)

[1] 4 juin 1367. *Sign. cart. miss.*, XIII, 53. Une commotion à San Miniato forçait la seigneurie à réduire son offre de cinquante chevaux. (25 septembre, 9 octobre 1367. *Ibid.*, 78, 81.)

[2] March. de Coppo, IX, 701.

[3] Nous trouvons Florence et Sienne entretenant un *bargello* commun à leur commune frontière : « Nerio Soncini in fortia vestra per comunem barigellum pridie consegnato.... quia si in punitione sua et similium cessaretis, videmus non esse opus comunem barigellum tenere, quia frustra fatigamur oneribus expensarum. » (17 octobre 1367. Lettre de la seigneurie à la commune de Sienne. *Sign. cart. miss.*, XIV, 83.)

[4] Veuve de Louis de Tarente le 26 mai 1362, la reine de Naples épousait en troisièmes noces le fils du roi de Majorque, Jayme d'Aragon, mais sans lui accorder le titre de roi (Sismondi, IV, 377). Pour marier Louis de Navarre et Jeanne de Durazzo qui étaient cousins, elle avait besoin de dispenses pontificales : elle s'adresse à Florence pour les obtenir. (20 juillet 1367. Lettre aux ambassadeurs de Florence à Viterbe. *Sign. cart. miss.*, XIV, 64 v°.)

[5] *Vita Urbani V ex Bosqueto*, R. I. S., III, part. 2, p. 648. Albornoz mourait à Viterbe le 24 août 1367.

Combien différent de ce prélat guerrier était Charles IV ! Ignorant sans doute qu'il faut battre le fer quand il est chaud, un an entier il se fit attendre en Italie[1]. Quand il y parut, le 5 mai 1368, son vicaire le cardinal Guy de Montfort lui avait à loisir préparé les voies, en prodiguant les promesses[2], et il était suivi d'une armée considérable. Il ne sut profiter, faire usage de rien : en trois mois, il ne conquit pas le moindre château[3]. Hawkwood l'arrêta dans les plaines de Mantoue, en rompant les digues de l'Adige, et Bernabò par de riches présents lui acheta une paix si facilement consentie, que les contemporains crurent l'accord antérieur à la guerre, et ne virent qu'un simulacre dans les hostilités[4].

Insensible à la honte et ne gardant de toute son armée que douze cents hommes, Charles IV alors s'avança vers Lucques, qui l'appelait comme le Messie et attendait de lui sa délivrance, dût-elle la payer à prix d'or. Mais, s'il s'agissait d'un encan, pourrait-elle tenir tête à Pise ? Impopulaire dans cette ville où il était devenu doge à vie, puis doge héréditaire, Giovanni d'Agnello souhaitait

---

[1] Le 10 octobre 1367, Florence priait le seigneur de Padoue de l'aviser à ce sujet : « Digna relatu senseritis.... de quo tenentes magnificentiam vestram pleniorem quolibet alio habere notitiam. » (*Sign. cart. miss.*, XIV, 81.)

[2] Du 27 février 1368, Instrument de concorde avec Florence. Promesse faite par le card. Guy de Montfort de n'aliéner jamais Pise, Lucques, Sienne, San Miniato, Montepulciano, etc. (*Riformagioni, Atti pubblici*.) Ce prélat, évêque de Porto, était de la famille des comtes de Boulogne et d'Auvergne.

[3] *Chron. Est.*, R. I. S., XV, 494 ; Corio, *Storia di Milano*, P. III, p. 241 ; Sismondi, IV, 379. Son premier acte, daté de Conegliano, est postérieur au 6 mai. Voy. Huber, *Die Regesten des Kaiserreichs unter Kaiser Karl IV*.

[4] « Molti vogliono dire che innanzi che si muovesse dalla Magna, segretamente con lui fu in concordia per denari, e pure venne di concordia, però fece poco danno a M. Bernabò, ma venne per osservare quello avea promesso a papa Urbano. » (March. de Coppo, IX, 706.)

le titre de vicaire impérial, pour affermir son pouvoir. Il achète cette dignité en livrant à Markwald, évêque d'Augsbourg, Lucques, la précieuse conquête que les Pisans détenaient depuis le 6 juillet 1342[1]. Ce vil tyran peut bien, en se cassant la jambe[2], laisser ses ennemis libres de le renverser (16 septembre); mais la liberté de Pise ne profite pas à Lucques : Charles, son nouveau maître, y réside, tout entier à ses intrigues, à ses efforts pour extorquer partout de l'argent, pour ravoir les terres d'empire qu'occupaient les Florentins : il réclame Volterre, San-Miniato, Prato même[3], qu'il réclamait déjà du fond de son Allemagne, en disant avec l'Évangile : *Qui non est mecum contra me est*[4]. N'obtenant rien de la République, il conjure avec les mécontents jusque dans Florence; il les pousse à « courir » leur patrie sous les plis de la bannière impériale, mais il ne parvient qu'à les compromettre. La conjuration éventée, Antonio de Castel san Giovanni, qui en était l'âme, porte sa tête sur le billot[5].

On vient de voir en sa dernière explosion la misérable fin de l'idée gibeline. Désormais, les agitateurs s'inquiè-

---

[1] *Cron. Pis.*, R. I. S., XV, 1048; Ranieri Sardo, c. 138, 139, p. 158, 160; Roncioni, l. XV, p. 887; Tronci, p. 417; Beverini, p. 459 dans Sismondi, IV, 380. Selon Cianelli (I, 397), Markwald aurait chassé les Pisans de l'Agosta le 25 août.

[2] Sur la cause de cette chute, Ammirato (XIII, 665) ne s'accorde pas avec les Pisans, qui semblent devoir être crus de préférence.

[3] Le 21 février et le 27 avril 1368, Urbain V exhortait les prieurs à renoncer aux nouveautés qu'ils tentaient contre San Miniato, comme propres à faire renaître la guerre avec Pise, et, pour les empêcher, il envoyait l'évêque de Pesaro. (*Capitoli*, XVI, 62, 63.)

[4] March. de Coppo, IX, 708.

[5] *Spoglio di condanne criminali del potestà e del capitano*, 1340-1478. Codice strozziano, cl. 5. Le texte est rapporté par M. Fossati, p. 11, note 2.

teront peu de savoir si le sauveur qu'ils appellent est gibelin ou guelfe : établir, quel qu'il soit, un gouvernement sans contrôle, qui les opprime, s'il le faut, mais qui les venge, tel sera l'unique but de leurs menées : c'est la décadence qui commence et qui, de plus en plus, affaiblit, avilit ces hommes, autrefois fiers et vigoureux.

Qu'est devenue l'énergie des anciens jours? Le vulgaire et inconsistant César vient d'offenser grièvement Florence; il l'offense de nouveau, en faisant dévaster par le patriarche d'Aquilée, son frère, les domaines de la République; celle-ci pourtant lui prête seize cent vingt florins, contre sa couronne qu'il laisse en gage [1]. Juste mépris, si l'on veut, d'un si pitoyable adversaire; mais le mépris, chez les âmes nobles, a ses formes généreuses, qui ne se prêtent point aux mesquins calculs des banquiers prêteurs, des égoïstes marchands.

L'éloignement momentané de Charles IV n'était, pour Florence, qu'un court répit et peut-être un danger de plus. Il allait, laissant à Sienne un vicaire [2], s'aboucher avec Urbain V (14 octobre), solliciter de lui son pardon pour cette paix avec les Visconti qui avait ruiné les espérances de l'Église, s'assurer son concours contre la Toscane [3]. Il y parvint à force de platitude. On le vit s'avancer à pied au-devant du pape, prendre la haquenée par

---

[1] Plus tard, pour retirer sa couronne, Charles dut emprunter aux Siennois la somme qu'il devait aux Florentins. — 18 octobre 1369. Neri de Donato, R. I. S., XV, 200.

[2] Voy. Malavolti, Part. II, 1. VII, f° 130 sq.; Sismondi, IV, 383. Malatesta Unghero de Rimini, ce vicaire, s'intitulait « referendarius in Italiæ partibus et locum tenens imperatoris in Siena. » (Doc. dans *Arch. stor.* Append. VII, 430.)

[3] Boninsegni (p. 535) dit que Charles allait à Rome pour conférer avec le pape sur les affaires de Toscane, et que des ambassadeurs furent envoyés de Florence pour contrecarrer ses desseins.

la bride et la conduire jusqu'au Vatican, servir la messe pontificale comme diacre, avec le livre et le corporal[1]. Tant d'abjection n'inspirant que dégoût à la hautaine Rome[2], il dut s'en éloigner sans retard, et c'est vers la Toscane que le ramenaient ses engagements, comme ses intérêts.

Il s'était engagé, en effet, à vendre au Saint-Siège plusieurs villes de cette province ; mais trafiquer de la peau de l'ours est aussi ancien que le monde. Sienne était sur son passage ; il voulut commencer par Sienne (22 décembre). Les discordes qui la déchiraient semblaient la lui livrer : elles s'imposèrent silence pour le battre, pour l'expulser, pour défendre, à son de trompe, de lui fournir des vivres. Gardé à vue jusqu'à son départ, il pleurait, s'excusait, embrassait et baisait tout venant. J'ai été trahi, disait-il. S'en aller, il le voulait bien : mais comment faire, sans cheval, sans escorte, sans argent[3] ? L'argent ne coûtait guère alors pour chasser

---

[1] Les auteurs (voy. la note suivante) disent que Charles ne put apaiser le ressentiment du pape ; mais ils se trompent, car, le 13 octobre, Urbain V écrivait aux prieurs qu'ayant appris par lettres de l'empereur qu'ils avaient manqué envers lui à divers pactes et conventions, mais que par déférence envers l'Église, afin de rendre le bien pour le mal et de justifier sa cause devant le Saint-Siège, il était prêt à traiter cette affaire par amical accord et par voie de justice sommaire, lui, le pape, il louait l'attitude de S. M. I. et les exhortait, en hommes de sens, s'ils voulaient prévenir les pertes et périls qui les menaçaient, à seconder ces bonnes intentions et à envoyer des ambassadeurs munis de pouvoirs suffisants pour conclure. (*Capitoli*, XVI, 64.) Un mois auparavant (7 septembre) le pape invitait les Florentins à remettre à l'évêque de Lucques Santa Maria a Monte, Montopoli, Montecatini, Monsummano, indûment occupés par eux et qui appartenaient à l'église de cette ville (*ibid.*, 63). C'était encore servir indirectement l'empereur.

[2] *Vita Urbani V ex Bosqueto*, R. I. S., III, part. 2, p. 622 ; *Cron. d'Orvieto*, R. I. S., XV, 694. « E per certo, se io non ti avessi promesso da principio di scrivere de la sua venuta, non avrei intinto questa carta, perchè me ne vergogno, a suo servizio. » (*Cron. Rimin.*, R. I. S., XV, 912.)

[3] Neri de Donato, R. I. S., XV, 206.

un ennemi : à ce vaincu Sienne compte cinq mille florins et en promet quinze mille[1]. Le voilà donc poursuivant sa route ignominieuse, n'osant s'arrêter à Pise debout sous les armes et ardente à revoir ses regrettés Gambacorti[2]. Il se fait payer douze mille florins leur rappel, puis il rentre à Lucques (fin février 1369)[3], et donne une impulsion nouvelle aux déprédations incessantes de son frère, le prélat.

Mais de ces hostilités surannées on ne s'inquiétait guère; on savait, Charles présent, comment y mettre fin. Le 1er mars 1369, Pise lui comptait, pour sa part, cinquante mille florins d'or. A peine les a-t-il empochés, ce marchand couronné, ce fourbe impérial pousse les hauts cris, jure qu'il n'en a reçu que quarante, accuse les négociateurs d'avoir retenu les dix autres pour leur commission[4]. Qu'il mentît ou dît vrai, Florence doit, si elle lui veut fermer la bouche, donner sa garantie pour

---

[1] Neri de Donato, R. I. S., XV, 207. Cf. Malavolti, part. II, l. 7, f° 134 ; Leo, l. VII, c. 3, t. II, p. 158 ; Capecelatro, *Storia di S. Caterina di Siena*, I, 56-66 ; Sismondi, IV, 386-388. — Sismondi fait remarquer que le panégyriste Pelzel passe ces faits sous silence ; mais c'est moins par esprit d'adulation que par ignorance. Cet auteur ne sait rien des actes de son héros en Italie ; il parle à peine de la liberté rendue à Lucques, qui pourtant est à l'honneur de Charles IV.

[2] Pour intéresser Florence et Uguccione des Ricci à ce retour, Pise donna à ce dernier deux flacons d'un Malvoisie « très noble et propre à fortifier le pouls des malades, » lesquels flacons, au lieu de vin, contenaient des ducats, qu'il fit remettre à la seigneurie. (*Ricordanze di alcuni insigni personaggi di casa Ricci*, dans *Del. degli erud. tosc.*, XIV, 221-223.)

[3] *Cron. Pis.*, R. I. S., XV, 1052 ; Ranieri Sardo, c. 145-152, p. 164-169 ; Roncioni, l. XV, p. 891-895 ; March. de Coppo, IX, 706 ; Ammirato, XIII, 665 ; Marangoni, I, 749, 753 ; Tronci, p. 421-427 ; Cianelli, II, 1. Le 28 février 1369, un diplôme de Charles IV ratifiait la promesse du card. Guy de Montfort à Florence de ne pas aliéner Pise, Sienne, Lucques, de ne pas recevoir de gens suspects à San Miniato. (*Riformagioni, Atti pubblici*, XI, t. XLIV.)

[4] March. de Coppo, IX, 708 ; Neri de Donato, R. I. S., XV, 208 ; Ammirato, XIII, 666 ; Poggio Bracciolini, l. I, R. I. S., XX, 216.

cinquante mille nouveaux florins, payables en trois mois [1]. A ce prix, non seulement le patriarche d'Aquilée remet son épée au fourreau, mais encore Pise reconquiert le régime populaire, et reçoit la promesse qu'il ne lui sera plus imposé de seigneur. Bien plus, contre Pise aux mains des Gambacorti, Florence n'a plus sujet de poursuivre la guerre commerciale, de trafiquer à Telamone, où l'on ne parvenait que par des routes peu sûres. Ses marchands revinrent à Porto-Pisano ; ils tracèrent même, le long de l'Arno, une voie carrossable qui abrégea le trajet [2].

Toutefois, comme les peuples sont changeants, à l'égal des vents et des flots, comme l'amitié du jour n'implique pas l'amitié du lendemain, il fallait prendre contre Pise de sages précautions. La première, la principale, ce fut de lui susciter des ennemis à ses portes, en arrachant à l'empereur la liberté des Lucquois. Pour cent mille florins on obtint de ce prince besogneux une charte de délivrance qui provoqua dans Lucques des transports de joie [3]. Florence ne dépensait rien; elle

---

[1] Le doc., en date du 9 mai, est aux *Provvisioni*, LVII, 211.

[2] Ce traité fut conclu le 16 juin 1369. Chacune des deux républiques put entretenir au sein de l'autre un conseil pour rendre la justice. Les lettres ne devaient être ni retenues ni ouvertes. Pise s'engageait à payer 200 m. fl., si elle retenait les marchandises florentines. Voy. Ammirato, XIII, 667, 668. « Per il pagamento de' quali (denari) entrarono mallevadori i medesimi Fiorentini, includendo nell' accordo ancora la città di Lucca. » (Ammirato le jeune, XIII, 667.)

[3] L'acte est du 8 avril. On peut le lire dans Cianelli, II, 3 sq. Les chiffres varient dans les auteurs. La dépense totale de Lucques, en comptant les sommes antérieurement versées, les fêtes et réjouissances, paraît avoir été de 300 m. fl. *Ibid.* et plus haut dans le même Cianelli, I, 397. — De la même date, décret par lequel, pour punir Pise de ses graves attentats contre la majesté de l'empire, Charles révoqua tous les privilèges qu'il lui avait concédés (*Riformagioni, Atti pubblici*).

avait seulement négocié l'affaire, et elle recueillait la reconnaissance des Lucquois. C'est le pape qui comptait à l'empereur une moitié de la somme convenue. Pour l'autre, non versée encore, Charles conservait le droit d'entretenir un lieutenant et un vicaire « dans ce patrimoine particulier, comme il disait, dans ce verdoyant et délicieux jardin de l'empire[1]. »

Ce droit précieux, qui le rendait presque tiède pour le payement intégral, il le devait perdre l'année suivante, au mois de mars[2]. Mis en appétit de liberté, les Lucquois empruntèrent de toutes mains, et, enfin maîtres chez eux, ils démolirent cette funeste forteresse de l'Agosta qui ne servait qu'aux tyrans[3]. Recouvreraient-ils au dehors leurs anciennes possessions? Tel était désormais leur vœu le plus cher; mais ils devaient faire leur deuil de ce val de Nievole que, depuis 1338, détenaient les Florentins. Le moment eût été mal choisi pour invoquer la bulle impériale qui l'avait concédé à Lucques. Les forces manquaient, d'ailleurs, pour soutenir la revendication par les armes, et à un bout de terrain il était sage de préférer l'amitié de Florence. Dans un délicat dessein de flatterie, les Lucquois s'en approprièrent même les institutions communales, n'innovant que par l'interdiction bien inspirée des mots de guelfes et de gibelins. L'empereur parti[4], les monnaies seules, toujours frappées à son effigie, perpétuaient le souvenir de

---

[1] Voy. le doc. dans Cianelli, II, 21.

[2] Les documents se trouvent encore dans Cianelli, II, 40-45.

[3] Ammirato, XIII, 675, et Cianelli, II, 45, qui donne les textes.

[4] A la date du 12 juillet il est encore à Lucques, et le 14 il est à Bologne. Voy. Huber, *Die Regesten des Kaiserreichs unter Kaiser Karl IV.* La *Cron. Pis.* (R. I. S., XV, 1055), donne donc à tort le 3 comme date du départ, et Ranieri Sardo (ch. CLXI, p. 174) le 20.

l'ancienne sujétion[1]. Remplacer un maître par des protecteurs, c'était l'illusion flatteuse de la liberté.

Pour seconde précaution contre Pise, il fallait ramener dans la ligue guelfe l'important boulevard de San-Miniato. Un soulèvement des Mangiadori l'avait naguère livré à Charles IV[2]; mais Charles IV était loin, Pise n'élevait aucune prétention sur cette place, et le pape, accusé de la convoiter, s'en défendait[3]. Déjà, depuis le 11 août, une armée florentine campait sous les murs de San-Miniato[4]. La chute en semblait donc prochaine, quand Bernabò Visconti, agissant, disait-il, par ordre en sa qualité de vicaire impérial, se posa en médiateur.

Grande fut l'indignation à Florence. Le traité conclu avec le Lombard lui interdisait toute immixtion dans les affaires de Toscane, comme aux Florentins dans celles de Lombardie. Par égard pour lui, la République avait refusé d'entrer dans la ligue du pape et de l'empereur; elles s'était exposée aux plus graves périls, et sa récompense, c'était une hypocrite inimitié! Du coup, les Ricci, amis de Bernabò, perdaient la prépondérance, et les Albizzi, qui la recouvraient, justifièrent tout d'abord leur surnom de *paperini*, en concluant avec le pape (20 novembre), « pour la commune défense de l'Italie »,

---

[1] Cianelli, II, 45; Ammirato, XIII, 674; Malavolti, part. II, l. VIII, p. 135.

[2] Le 22 septembre 1367. Voy. plus haut, p. 66, et Ammirato le jeune, XII, 662. Les autres auteurs ne parlent pas de ce fait. Ammirato donne, d'après les documents, les principales clauses du traité conclu alors (27 octobre 1367); mais il ajoute que ce traité ne fut pas longtemps observé. On en peut voir le texte dans *Inventario e regesto dei capitoli del com. di Fir.*, V, 1.

[3] 25 juillet 1369. *Capitoli*, XVI, 67.

[4] March. de Coppo, IX, 711; Poggio Bracc., R. I. S., XX, 213; Ammirato, XIII, 669. A la date du 7 juin 1369, il y a une provision sur San-Miniato, où il est question de condamnations rapportées, suspendues, etc. *Provvisioni*, LVIII, 31.)

une ligue de cinq ans et même davantage. Les contractants s'interdisaient toute attaque contre l'empereur, la reine Jeanne, le roi de Hongrie et divers seigneurs. Ils partageaient la dépense pour la solde de six mille hommes, dont trois mille barbues. Ils réservaient le commandement à celui d'entre eux qui serait attaqué. Ils attiraient à eux Bologne, Pise, Lucques, les seigneurs de Padoue, les marquis de Mantoue et de Ferrare, le cardinal Guy de Montfort lui-même, quoiqu'ils fussent prêts, au besoin, à traiter en ennemi ce représentant suspect de l'empire en Toscane[1].

Sans hésitation et sans retard, Bernabò releva le gant. Sur son ordre, Hawkwood, qui défendait Pérouse contre l'Église, vint camper près du fossé Rinonico (fin novembre), et enlever Cascina aux Florentins. Le laisser faire, ne pas lâcher la proie pour l'ombre, attendre, dans des positions devenues inexpugnables par les eaux gonflées de l'Arno, que San-Miniato, épuisé par deux mois de siège, se rendît à merci, telle était la tactique qui s'imposait au capitaine de la République[2], et il en avait le sentiment; mais la seigneurie, qui prétendait diriger de loin les opérations militaires, lui rappela qu'il était à sa solde, l'accusa de lâcheté, le contraignit à perdre une bataille[3]. Ce fut du moins un avertisse-

---

[1] Ammirato le jeune, XIII, 671, qui donne d'autres conditions encore du traité; Poggio Bracc., R. I. S., XX, 217. Une provision du 24 novembre parle de conventions conclues le 20 octobre précédent avec diverses compagnies allemandes (*Provvisioni*, LVIII, 112).

[2] On ne voit pas bien si c'est encore Malatacca, de Reggio en Calabre, qui fut fait prisonnier, ou Bartolino de Losco (ou de Bosco), son compatriote. Les auteurs ne sont pas d'accord.

[3] March. de Coppo, IX, 713; *Cron. Pis.*, R. I. S., XV, 1055. La date précise n'est nulle part, mais le 6 décembre le vainqueur fait un mouvement en avant pour profiter de la victoire, et, le 7, Urbain V écrit aux

ment, dont Florence sut profiter. Cette fois, elle laissa Hawkwood multiplier les diversions, pousser jusqu'à ses portes (9 janvier 1370). Uniquement attentive à l'agonie de San-Miniato, elle achetait, pour en hâter la fin, la trahison d'un habitant. Patiemment, avec un couteau, cette âme vénale troue le mur où s'adossait sa maison; les assiégeants entrent homme par homme, et, deux jours après, la *rocca*, dernier réduit, tombe entre leurs mains[1].

La joie que fit éclater ce succès, les vengeances auxquelles il donna lieu, en attestent l'importance. Le traître Luparello reçut, avec le droit de cité, une pension pour lui et ses fils, une dot de cent florins pour chacune de ses filles[2]. Trois prisonniers, chefs de la rébellion, furent presque lapidés par la populace (13 janvier). Un d'eux ayant eu la tête coupée, comme on portait ignominieusement ses restes à Santa-Maria-Novella, sans cierges ni croix, des enfants renversent la bière, en retirent le cadavre, le traînent par les jambes, prennent la tête par les cheveux et jettent le tout dans l'Arno. Quatre autres coupables sont encore décapités : il fallait une leçon exemplaire[3]. San-Miniato *al Tedesco*,

---

Florentins pour les consoler de cette défaite, annonçant qu'il a ordonné à Egidio, évêque de Frascati et vicaire général du temporel de l'Église dans les provinces du Patrimoine, dans le duché de Spolète et en Toscane, de les secourir avec le plus grand nombre de gens qu'il pourra. (*Capitoli*, XVI, 71.) Voy. March. de Coppo, IX, 713; Ammirato le jeune, XIII, 672; Poggio Bracc., R. I. S., XX, 217.

[1] *Diario del Monaldi*, p. 325; *Diario d'anonimo*, p. 299; March. de Coppo, IX, 716; Ammirato, XIII, 673; Poggio Bracc., XX, 217. La *Cron. Est.*, R. I. S., XV, 492, met la prise de San-Miniato au 10 février. L'erreur est manifeste. Une provision du 25 janvier 1370 règle les conditions auxquelles San-Miniato abandonne aux Florentins le gouvernement de ses affaires. (*Provvisioni*, LVIII, 149.)

[2] Ammirato, XIII, 673.

[3] *Diario del Monaldi*, p. 326. Cf. March. de Coppo, IX, 717; Ammirato, XIII, 673; Boninsegni, p. 545.

érigé en vicariat de la République, devenu son plus solide rempart contre Pise, dut s'appeler désormais San-Miniato *fiorentino*, nom qui convenait mieux à San-Miniato *a monte*, cette colline gracieuse qui domine Florence, et dont on commence à gravir la pente dès la porte San-Niccolò[1].

La précieuse conquête des Florentins était pour Hawkwood le signal de la déroute. Rien ne lui réussit plus dans cette guerre. Sur l'ordre de Bernabò, son étrange seigneur[2], il tente un coup de main contre Lucques, puis contre Pise, et il y échoue[3]. Il se jette sur les Maremmes, on l'y poursuit, et, traqué partout, il n'a plus bientôt qu'à s'acheminer par le littoral vers la Lombardie, où les Florentins l'avaient précédé[4].

Reporter au nord, loin de la Toscane, le théâtre des hostilités, fut alors le triomphe de leur habile politique. Après avoir resserré les liens de leur ligue; obtenu du pape le chapeau de cardinal pour Piero Corsini, évêque de Florence et neveu de Piero des Albizzi[5]; arraché à Lucques, aux marquis d'Este, aux seigneurs de Reggio, des promesses de secours; interdit à tout citoyen d'aller dans un lieu dépendant des Visconti[6]; couvert Pise contre

---

[1] Ammirato, XIII, 673.

[2] Qu'il fût étrange, on peut le voir dans Goro Dati, l. 1, p. 13-15 (*Istoria di Firenze dall' anno* 1380 *all' anno* 1405, Flor., 1735). Sur ses cinq mille chiens et sa *cà dei cani*, voy. Fil. Calvi, *Il patriziato milanese*, p. 208. Milan, 1876, 2° éd.

[3] 15 février 1370. *Provvisioni*, LVIII, 163. Cf. Ranieri Sardo, c. CLXIX, p. 182.

[4] *Cron. Pis.*, R. I. S., XV, 1057; Ranieri Sardo, c. CLXVII, p. 180; Roncioni, l. XV, p. 903; Sozomène, R. I. S., XVI, 1090.

[5] L'usage était alors qu'un cardinal nommé abandonnât son siège épiscopal. Piero Corsini y était remplacé par Fra Angelo des Ricasoli, un autre Florentin. Voy. March. de Coppo, IX, 720, et Ammirato, XIII, 676.

[6] « Civitatem, terram, castrum vel locum que vel quod teneretur per

toute attaque[1] ; muni de pleins pouvoirs Ridolfo de Camerino, capitaine de guerre[2], ils envoyaient Lutz de Landau, fils ou neveu du fameux Conrad[3], tenir en Lombardie l'enseigne de la commune, dans le contingent florentin, plus considérable, à lui seul, que n'étaient ensemble ceux des autres alliés : Manno Donati, magnat rentré en grâce, avait, pour son compte, amené huit cents chevaux (février 1370). Mais les succès de Florence à la guerre manquaient toujours de lendemain. Manno meurt devant Reggio; Rosso des Ricci, qui le remplace, est battu et fait prisonnier au siège de la Mirandole[4]. Bernabò voit se rouvrir devant lui les chemins de la Toscane. Il pousse une pointe hardie vers Sarzane et Motrone[5]. Il est partout à la fois. Le succès redoublant son insolence, aux légats qui l'excommunient il fait avaler les bulles, leurs parchemins, leurs cordons de soie, leurs sceaux de plomb[6].

DD. Galeazzum et Bernabovem. » (17 mai 1370. *Provvisioni*, LVIII, 244.)

[1] Roncioni, l. XV, p. 904.

[2] « Ut que ad guerram pertinent possint liberius effectui mancippari. » (7 juin 1370, *Provvisioni*, LIX, 1.) Cf. Sozomène, R. I. S., XVI, 1089; Ammirato, XIII, 674.

[3] D'autres ont dit son frère, mais sans réfléchir que Conrad Virtinguer, frère germain de Lutz, combattait avec lui au service de Florence en 1376. Voy. Coluccio Salutati, *Epistolæ*, part. I, p. 53, ép. 14, du 3 décembre 1376, aux Pérugins. Flor. 1741. Lutz est une abréviation de Ludwig. On voit dans une provision du 15 février 1370 que Lutz avait été engagé avec dix lances et trente-deux archers. Suit une liste de 27 autres *condottieri*, dont un certain Gerhard de Landau avec 10 lances (*Provvisioni*, LVIII, 165). Un peu plus tard, Lutz réunit 5000 cav. et 3000 fantassins (*Cron. Pis.*, R. I. S., XV, 1063).

[4] March. de Coppo, IX, 720; Matth. des Griffoni, R. I. S., XVIII, 182; Poggio, R. I. S., XX, 219 ; Boninsegni, p. 549; Ammirato, XIII, 677. Cet événement est rapporté par Marchionne au mois de janvier 1370. Ammirato dit qu'il y avait de la neige.

[5] March. de Coppo, IX, 722.

[6] Andrea Gataro, *Ist. Padovana*, R. I. S., XVII, 162.

L'impie affront criait vengeance, mais le pape était découragé, dégoûté d'un pays où il ne connaissait plus le repos. Cédant aux obsessions de sa cour, et sous prétexte de réconcilier la France à l'Angleterre, en septembre il repart pour Avignon. Il se déchargeait sur les Florentins du poids de la lutte, et, pour la leur rendre possible, il les autorisait à lever six mille florins sur les ecclésiastiques[1]. Mort bientôt après, le 19 décembre, il était remplacé, le 31, par Pierre Roger, comte de Beaufort, cardinal diacre de Santa-Maria-Novella, un des légats qui avaient avalé les bulles de Bernabò[2]. C'est donc de Bernabò et des Visconti que Grégoire XI aurait dû être l'ennemi; c'est des Florentins qu'il le fut. On verra plus loin les causes comme les effets de cette haine imprévue entre le chef naturel des guelfes et la ville la plus guelfe qui fut jamais.

Florence, alors, ne prévoyait point une complication si grave; mais elle agissait comme si elle l'eût prévue. N'étant plus stimulée à la guerre par Urbain V, et voyant ses finances obérées[3], elle prêtait l'oreille aux ouvertures de Bernabò. La vipère milanaise avait trouvé le moyen de conclure la paix et de continuer indirectement la lutte, sans bourse délier : devenus inutiles et privés de leur

---

[1] 13 et 15 juillet 1370. Bulles d'Urbain V à Angelo, évêque, à l'abbé de Santa-Trinita et à Jacopo Cai, chanoine florentin, chargés par lui de prélever cette somme, afin que le pouvoir civil ne s'en fît pas un précédent (*Riformagioni, Atti pubblici. Capitoli*, XVI, 72).

[2] *Ann. eccl.*, 1370, § 26, t. XXVI, p. 195 ; Ciaconio (ou Ciacconi), II, 500 ; Fleury, *Hist. eccl.*, l. XCVII, c. xix ; Sismondi, IV, 405. March. de Coppo (IX, 754) dit qu'il était de sainte vie, et vierge encore le jour de son exaltation.

[3] « Quod pluribus pecuniis dicto communi hactenus prestitis per egregium et magnificum militem D. Francischum de Carraria, Dominum paduanum. » On vote qu'il lui sera payé 1600 fl. par an jusqu'à extinction de la dette (23 décembre 1370. *Provvisioni*, LIX, 192).

solde, que pouvaient faire les stipendiés de la ligue, sinon se jeter en bêtes de proie sur la Toscane[1]? Ce danger n'arrêta point la seigneurie : elle traitait le 2 novembre, et, le mois suivant, Lutz de Landau, revenu de Lombardie, obtenait son congé (22 décembre)[2]. Ne pouvant le retenir malgré lui, on exigeait du moins qu'il prît l'engagement de ne pas porter les armes contre la République, de n'en pas dévaster le territoire[3]; mais la belle garantie que la parole de ces gens d'aventure, et en particulier d'un homme qu'on réputait déloyal[4] !

Cette courte guerre, cette guerre sans éclat avait du moins grandi Florence, resserré ses relations avec des communes jadis rivales, établi ses droits à l'hégémonie en Toscane. La paix l'allait rendre, comme d'ordinaire, aux discordes civiles. Jamais les Albizzi n'avaient paru si puissants. Piero Corsini, neveu de leur chef, résidait, en qualité de cardinal, à la cour pontificale, et y soutenait activement les intérêts, les vues de sa famille[5], le dessein avoué d'établir le gouvernement oligarchique, sur le modèle de Venise ou de Rome[6]. Ces orgueilleux *popolani* resserraient chaque jour leur alliance avec les magnats. Ceux-ci n'étaient plus opprimés comme jadis[7];

---

[1] Poggio Bracc., R. I. S., XX, 220.

[2] *Chron. Est.*, R. I. S., XV, 493; Poggio, R. I. S., XX, 249; Ammirato, XIII, 677. Les documents, à la date du 10 novembre 1370, sont aux *Riformagioni*, *Atti pubblici*, LIX, t. XI.

[3] *Diario del Monaldi*, p. 528; Boninsegni, p. 550; Ammirato, XIII, 677.

[4] « Sempre fu tenuto poco leale, e per certo li soldati non sono più leali come soleano essere per lo tempo passato. » (*Cron. Pis.*, R. I. S., XV, 1063.)

[5] March. de Coppo, IX, 725.

[6] G. Capponi, I, 280.

[7] Par exemple, Bindo des Bardi était appelé à remplir les fonctions de podestat, puis nommé sénateur de Rome. La seigneurie écrivait au cardinal d'Espagne que Bindo ne pourrait accepter la seconde de ces charges, parce que le terme de la première n'était pas arrivé (21 août 1336. *Sign. cart.*

mais la défiance publique leur donnait parfois des sujets de mécontentement, et plus ils regagnaient de terrain, plus ils se montraient sensibles à la moindre injure[1] : ils y voyaient une vengeance des gibelins contre les meilleurs guelfes ; ils se déclaraient partisans de la *parte*, de l'*ammonizione*, des Albizzi.

Vraie ou simulée, leur irritation assurait à la *parte* leur connivence et lui permettait d'oser. Elle frappait tous ses ennemis, fussent-ils guelfes[2]. « Il semblait aux citoyens, écrit le chroniqueur Marchionne, qu'ils étaient vendus[3]. » Les Ricci ne faisaient plus équilibre à leurs adversaires : ambitieux de la domination, ils ne pensaient plus qu'à la partager[4]. Un d'eux, Uguccione, étant prieur en 1366, avait amoindri, nous l'avons vu, les fameux capitaines, en faisant porter leur nombre de six à neuf[5]. Gonfalonier de justice en septembre 1371, mais vieilli, désabusé, appauvri par quarante années de largesses, il ne répondit point aux espérances des ennemis de l'oligarchie et de l'*ammonizione*. Carlo Strozzi, son collègue dans la seigneurie, un des principaux parmi les Albizzi[6], obtint de sa faiblesse sénile un rapprochement entre les

---

miss., XIV, 2). De 1367 à 1375 les recueils des lettres missives de la seigneurie sont malheureusement perdus.

[1] Ainsi, Benghi Buondelmonti ayant été fait du peuple pour sa vaillante conduite devant Barga, une provision avait été rendue pour l'exclure de la seigneurie, portant que nul magnat fait du peuple ne pourrait être prieur que vingt ans plus tard, à moins qu'il ne changeât ses armes et ne refusât la *consorteria*. Voilà Benghi furieux, et avec lui tous les Buondelmonti, toute la vieille noblesse.

[2] « Andava a partito d'essere ammonito tale ch'era guelfo. » (March. de Coppo, IX, 725, 726.)

[3] « Alli cittadini parea quasi essere venduti. » (March. de Coppo, IX, 726.)

[4] March. de Coppo, IX, 725 ; Machiavel, III, 38 A ; Ammirato, XIII, 678.

[5] Voy. plus haut, même chap., p. 61.

[6] Il avait été ambassadeur auprès du Saint-Siège. Voy., à son sujet, plus haut, même chap., p. 60, 61.

deux factions, très menaçant pour les libertés publiques. Ceux des prieurs qui restaient jaloux de leur indépendance n'étaient plus en nombre ou manquaient d'énergie[1]. En janvier 1372, l'alliance hybride semblait indissolublement nouée. Rosso des Ricci était capitaine de la *parte*, et, comme tout néophyte, exagérait le zèle : il sévissait contre ceux qu'eussent épargnés ses collègues[2]. Ainsi quiconque avait jusqu'alors soutenu les Ricci et fondé sur eux son espoir, se voyait contraint de chercher dans d'autres voies le salut.

En attendant, la connivence des deux factions ennemies donnait des ailes aux entreprenants. Vivait pour lors à Florence un légiste déjà célèbre, vrai lettré de la Renaissance, Lapo de Castiglionchio. Il descendait des seigneurs de Quona, fort château du val de Sieve[3]. Appelé plusieurs fois aux offices, tour à tour ambassadeur[4], conseiller ou secrétaire de la seigneurie, capitaine de la *parte*, élu enfin un des deux « sages » à vie qu'elle entretenait[5], car il était guelfe passionné, il avait en

---

[1] Machiavel (III, 38 B) fait un noir tableau des mœurs de ce temps ; les provisions confirment pour ce moment précis : « Considerantes propter multiplicatam exbannitorum et malfattorum malitiam scelera que patrantur, ac etiam quod ex quibusdam hactenus gestis contra rectores com. Flor. per nonnullos offitiales cives civitatis predicte detrahitur securitati rectorum in faciendo justitiam prout debet. » (6 septembre 1371. *Provvisioni*, LX, 99.) « Quod sepe contingit quod petitiones seu provisiones deliberatas per priores, etc., postea ad consilia populi et comunis interdum precibus, interdum ineptis murmurationibus non proponi. » (15 octobre 1371. *Ibid.*, f° 133.) Cf. March. de Coppo, IX, 726, 727 ; Ammirato, XIII, 680-682.

[2] Ammirato, XIII, 681.

[3] Le tronc commun de Quona s'était divisé en deux rameaux, Castiglionchio et Volognano.

[4] Voy. plus haut, même chapitre, p. 60.

[5] Voy. *Vita di Lapo da Castiglionchio* par Mehus, p. 34-45, en tête de *Epistola o sia ragionamento di M. Lapo da Castiglionchio*, Bologne, 1753, et *Vita di Amb. Traversari*, p. 241.

outre des prétentions aristocratiques dont témoigne un écrit qu'il adresse à son fils : il entreprend d'y établir non seulement qu'il est d'antique et noble lignée, mais encore que la noblesse du sang ne se perd point par l'inscription aux rangs du peuple[1]. D'accord avec d'importants *popolani*, avec Simone Peruzzi, Giovanni des Magalotti, Salvestro des Medici et d'autres encore, il osa proposer une provision pour assurer à jamais la prépondérance de la *parte guelfa*, et, par elle, de l'aristocratie, de l'oligarchie[2].

Fort humble dans la forme, selon l'usage[3], la pétition était, au fond, fort impérieuse. Elle demandait qu'aucune provision qui toucherait, fût-ce indirectement, aux lois, statuts, privilèges, propriétés de la *parte*, ne pût être prise sans que les capitaines, convoqués au palais de la seigneurie, l'eussent approuvée à la pluralité des voix, et cela sous peine de nullité. Quiconque enfreindrait cette disposition devait payer deux mille florins d'or, être tenu pour gibelin et suspect à la *parte*, frappé enfin d'*ammonizione*, nonobstant toute exception, réclamation, espérance de restitution, de radiation, d'indulgence[4].

Rien n'était moins sûr que le vote de dispositions si exorbitantes. Pour l'obtenir, on avait admis à y prendre

---

[1] Cette épître, dont le titre est à la note précédente, est divisée en trois parties qui traitent longuement ce sujet et sont suivies d'une sorte de tableau de l'histoire florentine, reproduisant les traditions les plus erronées, et s'arrêtant à l'année 1269. — Suivent plusieurs documents. Le plus intéressant, ce sont les instructions données à Lapo et à ses collègues pour leur ambassade à Rome en 1366.

[2] Bernardo de Castiglionchio fait honneur à son père de l'initiative en cette affaire. Voy. le texte dans G. Capponi, I, 280, note 3.

[3] « Humiliter supplicatur. » (Voy. le texte de la pétition dans G. Capponi, I, 586. Append. n° 6.)

[4] *Ibid.*, p. 587, 588. Cf. March. de Coppo, IX, 730 ; Ammirato, XIII, 682.

part les capitaines, lesquels, dit Marchionne, menaçaient
« honnêtement » l'assemblée. Ils allaient droit à qui était
suspect d'émettre un vote contraire au leur. « Es-tu
guelfe? » s'écriaient-ils. L'interpellé, craignant l'*ammonizione*, s'excusait, et, au lieu d'une fève blanche,
prenait une fève noire. Bartolo Siminetti alla plus loin
encore dans l'intimidation. Dévoué corps et âme à la
secte, dont deux membres, Carlo Strozzi et Michele Castellani, l'avaient sauvé de la faillite des Guardi, il passa
dans les rangs pour recueillir les suffrages. — Nous voulons voir, dit-il arrogamment, d'où viennent les fèves
blanches. Qui les donne n'est pas guelfe[1]. — Son effron-
terie acheva de vaincre les résistances. La seigneurie ne
prit pas même la peine de libeller la nouvelle loi. Docilement et sans rien changer, elle reproduisit avec son
approbation le texte de cette pétition détestable, qui
faisait une même chose de la *parte guelfa* et de l'État
(27 janvier 1372)[2].

Maîtres de la victoire, les guelfes extrêmes, pour l'assurer, en voulurent user avec sagesse. C'est ce que tente
quelquefois, le plus souvent sans succès, la violence
triomphante. L'accord des Albizzi et des Ricci était impopulaire, parce qu'il supprimait toute liberté, la liberté
n'existant à Florence que par la division et l'antagonisme des partis : s'affranchir de l'un comme de l'autre,
former un groupe intermédiaire, qui se composa d'a-

---

[1] March. de Coppo, IX, 730; Ammirato, XIII, 682.
[2] « Totaliter approbata, admissa et acceptata fuit infrascripta petitio et provisio.... Quod dicta petitio et omnia in ea contenta procedant, admic-
tantur, firmentur et fiant, et firma et stabilita esse intelligantur et sint et observentur et observari possint et debeant et executioni mandari in omnibus et per omnia, secundum petitionis ejusdem continentiam et tenorem. »
(Texte dans G. Capponi, *ibid.*, p. 588.) Le doc. porte la date de 1371, mais c'est évidemment le vieux style.

bord de trente membres, et bientôt de cent[1], telle fut la conception de Lapo et de ses amis. Ils tenaient leurs conciliabules chez Simone Peruzzi, et Simone feignait d'être malade, pour les recevoir, sans tomber sous le coup de la loi qui interdisait les réunions secrètes de plus de douze personnes. Dénoncés à la seigneurie, quarante-huit de ces politiques, que les auteurs du temps appellent des conjurés, lèvent le masque, se réunissent ostensiblement à San Pier Scheraggio, et, de là, se rendent auprès des prieurs, les invitant à maintenir « la raison et la liberté[2] ».

Ce grand mot de liberté sonnait faux sur les lèvres des fauteurs de l'oligarchie; mais il donnait le change à une seigneurie d'hommes obscurs et naïfs[3]. Dans un conseil de cinq cents *richiesti*, aussitôt assemblé sur son ordre, et jugé trop nombreux par les oligarchiques Albizzi, Filippo Bastari, deux fois gonfalonier de justice[4], prit la parole pour justifier la réunion de San Pier Scheraggio, comme la démarche auprès des prieurs, et pour rappeler à ceux-ci que Florence avait été et devait être libre; que certains malveillants, s'étant faits chefs de sectes, vendaient leurs concitoyens comme esclaves. Nous nous sommes réunis, ajouta-t-il, pour être libres; eh! seigneurs, donnez-nous la liberté!

Qui donc vendait les citoyens comme esclaves, les hommes comme bêtes? Était-ce les Albizzi ou les Ricci?

[1] Avec les chefs déjà nommés, Simone Peruzzi, Lapo de Castiglionchio, Giovanni Magalotti, Salvestro des Medici, les auteurs citent Luigi Aldobrandini, Ghino Anselmi, Barna Turriani, Andrea Rondinelli, et même Giovanni des Mozzi, un des prieurs.

[2] March. de Coppo, IX, 731; Ammirato, XIII, 682 sq. Machiavel (III, 38 B) fait le discours de l'orateur.

[3] La seigneurie de mars 1372. Voyez les noms dans *Delizie*, XIV, 99.

[4] En 1350 et 1369. Voy. les tables de Reumont.

L'accusation, peut-être à dessein, ne distinguait pas entre eux ; mais eux, ils distinguèrent, ils se renvoyèrent le reproche. — Ce sont les Ricci, s'écria avec fougue un des plus jeunes parmi les Albizzi, c'est Uguccione des Ricci qui a conçu la pensée de vendre la ville : ne l'avait-il pas promise à Bernabò ? — Un démenti releva aussitôt cette imputation téméraire. — N'est-ce pas un Albizzi, répliqua Giorgio des Ricci, n'est-ce pas Checco qui a dit aux tyrans de Ferrare et de Padoue que sa maison était maîtresse de Florence comme les leurs de ces deux cités, à la baguette du commandement près ? — Rien d'irritant comme des récriminations fondées sur des commérages : la réunion en fut détournée de son but et toute discussion rendue impossible ; il fallut lever la séance et se séparer.

A la seigneurie dès lors il appartenait d'aviser. Elle sortit d'embarras par des moyens dilatoires qui sont de tous les temps : elle ordonna une enquête sur les faits dénoncés, elle nomma une commission pour aviser aux remèdes de concert avec les officiers publics[1]. Par sa composition, pour une grande part accidentelle, puisque aux membres choisis s'y joignaient les officiers publics désignés par le sort, en tout cinquante-six personnes, cette réunion se trouvait plus favorable aux Ricci, dont l'ambition cherchait des appuis populaires, qu'aux Albizzi, qui s'appuyaient sur la *parte* et ses odieux capitaines. Réprimer les Albizzi, telle fut la conclusion de la plupart des discours. On ne parlait de rien moins que

---

[1] La commission était de dix *popolani*, deux par quartier, plus deux magnats. Elle devait, pour délibérer, se réunir aux prieurs, à leurs collèges, aux gonfaloniers des compagnies, aux capitaines de la *parte*. La réunion se composait ainsi de cinquante-six personnes.

d'exclure des offices quatre-vingt-seize d'entre eux pour cinq ans ; mais il y a loin, comme on dit, de la coupe aux lèvres, et l'on ne frappa que trois des Albizzi, dont Piero, leur chef. Encore, pour tenir la balance égale, trois des Ricci, dont Uguccione, eurent-ils le même sort.

L'esprit de défiance éclate dans cette assemblée comme le désir d'équilibre : elle décida qu'on ne ferait ni guerre, ni paix, sauf contre les Ubaldini, sans une délibération des prieurs, réunis non seulement à leurs collègues, mais aussi aux neuf capitaines de la *parte*, aux cinq de la marchandise, à deux consuls de chaque art, à quatre-vingt-seize citoyens, six par gonfalon, ayant tous exercé quelqu'une desdites charges, sans qu'ils pussent jamais être deux de la même *consorteria*. Il fut défendu d'entrer au palais, sinon pendant les audiences publiques, et même d'en approcher à une distance de cent brasses, sous peine de cinq cents livres chaque fois. Une charge importante fut créée, celle des Dix de liberté. Ils avaient pour mission d'empêcher qu'il n'y eût des sectes, de veiller à l'administration de la justice, de prendre part aux votes sur la guerre et la paix. Nommés pour quatre mois, à partir du 1er mai suivant, sans doute ils remplirent bien leur office, car ils le rendirent durable. Deux d'entre eux étaient magnats, deux appartenaient aux arts mineurs, six aux arts majeurs, ou à la classe des citoyens qui n'exerçaient aucun art, et dont la tendance aristocratique réhabilitait le nom infamant de *scioperati* ou oisifs. C'était faire la part belle aux *popolani grassi*, parmi lesquels se recrutaient ces frelons de la ruche : pour fermer la bouche aux petites gens, on leur accorda que tout habitant injurié ou molesté par plus puissant que lui aurait le droit de réclamer l'inscription de l'offenseur au nombre des grands. Bien plus, la peine, une fois prononcée, devait être maintenue, alors même que les deux ennemis se seraient réconciliés, ce qui fut cause, selon Marchionne, de nombreux scandales dans la suite des temps[1]. Le même auteur ne blâme pas moins une autre satisfaction qu'on crut devoir au peuple : les cinq consuls de la marchandise s'en virent adjoindre deux nouveaux, pris dans les quatorze arts mineurs, et cette adjonction d'hommes de bas étage parut amoindrir, déshonorer une charge très estimée, même au dehors, composée, jusque-là, des marchands les plus riches, les plus pratiques, les plus considérés[2].

Machiavel, comme Marchionne, juge sévèrement ces réformes. En principe, dit-il, le nombre est plus apte à conserver une bonne organisation qu'à la trouver ; en fait, les cinquante-six réformateurs pensèrent plus à supprimer les sectes existantes que les causes qui en pouvaient faire naître de nouvelles, et ils n'atteignirent aucun de ces deux buts. Les Ricci souffrirent des innovations infiniment plus que les Albizzi, car ceux-ci, exclus comme eux du palais des prieurs, trouvaient toujours ouvert le palais de la *parte*, où ils pouvaient ourdir de nouveau leur trame et préparer leur suprématie, par une recrudescence d'*ammonizioni*[3]. Au fond, ils ne se croyaient pas sérieusement menacés. — On a bien fait, disait Piero des Albizzi, pourvu qu'on ne fasse pas davantage[4].

[1] March. de Coppo, IX, 731-733 ; Machiavel, III, 59 B ; Ammirato le jeune, XIII, 685. L'autorité véritable est ici Marchionne, qui fut un des premiers élus à l'office des Dix de liberté.
[2] March. de Coppo, IX, 734.
[3] Machiavel, III, 59 B ; Boninsegni, p. 556. — [4] Boninsegni, p. 555.

Il n'y avait donc qu'à « faire davantage, » ou même simplement à exiger l'application, le respect des provisions votées, pour que tout parût mal aux Albizzi. A cet égard, les cinquante-six étaient bien disposés : Machiavel n'a pas assez vu ou assez dit que le mouvement dont Lapo de Castiglionchio et ses amis étaient les réservés promoteurs, les avait bien vite laissés en arrière : au premier plan se trouvaient, pour l'heure, de vrais amis du peuple, déterminés contre ses ennemis. Le 12 avril, avant même qu'eussent pris fin les délibérations des cinquante-six, Bartolommeo Ridolfi avait été relégué parmi les magnats[1]. Le 18 septembre, ce fut le tour d'un plus gros personnage, de Francesco des Albizzi. Migliore Guadagni, qui avait attaché le grelot contre ce « mauvais citoyen[2], » son voisin, son rival à la campagne, se trouvant gonfalonier de justice en janvier 1373, résolut de poursuivre ses avantages. A lui comme à bien d'autres, l'exclusion des Albizzi, réduite à cinq années et à trois personnes, paraissait dérisoire. Les exclure tous à jamais en déchirant leurs cédules, voilà ce qu'il osa proposer et ce qu'il obtint[3].

Il en fut « porté au ciel[4] » et n'en prit que plus de hardiesse. Devenu l'âme de la seigneurie, il fit publier,

---

[1] *Diario del Monaldi*, p. 350.

[2] « Per malvagio e reo uomo che egli era. » (*Diario del Monaldi*, p. 350.)

[3] « Vobis D. Prioribus humiliter supplicatur pro parte popularium et artificum quatenus pro bono et pacifico statu dicte civitatis et popularium et artificum et pro conservanda et augenda libertate dicti populi et comunis, dignemini solempniter providere quod omnes et singuli de domo de Riccio per lineam masculinam sint prohibiti et inhabiles et habeant devetum ad qualibet offitia populi, communis et universitatis mercatorum. » (8 janvier 1373. *Provvisioni*, LXI, 143.)

[4] Ammirato, XIII, 687. « Per laqual cosa si crede non riaveranno lo stato per di qui a gran tempo. » (Monaldi, p. 351.)

pour rendre moins fréquents les meurtres et les blessures, que chacun aurait le droit d'arrêter les coupables, et recevrait en récompense, avec le privilège de porter des armes, une somme d'argent. C'était donner pour auxiliaires aux *famigli* trop peu nombreux des officiers de justice, la population tout entière, et tomber dans l'excès de la démocratie pour éviter ceux de l'aristocratie. Afin d'ôter aux agresseurs l'asile des églises, des couvents, des maisons contiguës, car il suffisait qu'une maison touchât à un lieu saint pour que les pires scélérats y fussent en sûreté, il fit décider que tout clerc qui leur en ouvrirait la porte se verrait fermer celle des prieurs et cesserait de recevoir les aumônes, les secours accoutumés[1]. Rien, assurément, n'était plus légitime; mais toucher aux clercs, même en leurs plus criants abus, c'est susciter contre soi des légions d'ennemis.

Que ces ennemis trouvassent un point d'appui dans la *parte*, et ils deviendraient invincibles, et ils lui donneraient à elle-même un surcroît de force dont ce redoutable instrument de règne n'avait nul besoin. Traquer la *parte* dans son repaire s'imposait donc aux courageux réformateurs, s'ils voulaient couper le mal dans sa racine. Mais c'était la plus périlleuse des entreprises. Un des prieurs, Piero Fastegli Petriboni[2], ayant proposé qu'aucune *ammonizione* ne fût valable désormais sans l'approbation de la seigneurie et de ses collèges, on vit aussitôt contre lui un déchaînement effroyable. Les capitaines et leurs adhérents l'accusent de vouloir

[1] Ammirato, XIII, 687.
[2] Les listes de Marchionne disent Piero Fastelli (*Del.* XIV, 114); Ammirato (XIII, 687), Pietro Petriboni; Boninsegni (p. 605), Piero Fastegli Petriboni.

détruire la *parte*, ils mettent en question s'il ne convient pas de lui trancher la tête. Ils l'assignent à comparaître devant eux le 1ᵉʳ mars, le jour même où il sortirait de charge, comme suspect d'être gibelin. Le jour fatal venu, ce prieur de la veille dut, la courroie au col, supplier ses accusateurs de lui laisser la vie. Il ne l'obtint qu'en subissant l'*ammonizione*, qui l'excluait à perpétuité du gouvernement, et cette rigueur parut presque un acte de clémence[1]. Vouloir qu'il n'y eût plus un État dans l'État, quel crime irrémissible aux yeux de la *parte* et de ses fauteurs ! Il méritait mille morts.

Cette puissance de la *parte*, au temps où elle semblait le plus menacée, est une des plus grandes singularités de l'histoire florentine. Loin de s'amoindrir, on voit s'augmenter chaque jour ce funeste ferment de discorde et de tyrannie. Ceux qu'il menaçait en viennent à le seconder. Les deux membres des arts mineurs qu'une réforme récente avait introduits dans le Conseil de la faction ne s'accordent même plus à combattre l'*ammonizione*. C'est miracle si Giovanni Magalotti, que nous avons vu participer à la réunion de San Pier Scheraggio contre les Albizzi et les Ricci, eut l'énergie vraiment civique de reprendre la proposition de Piero Fastegli. Membre de la seigneurie en mars 1374, il profita des jours où il la présidait, en qualité de *proposto*, pour réunir six cents *richiesti* et solliciter leur assentiment. Dans l'assemblée se trouvait Lapo de Castiglionchio, qui cumulait alors, avec ses fonctions de sage à vie, celles de capitaine de la *parte*[2]. Il défendit la cause qui lui était chère en un discours si long, contrairement à l'u-

---

[1] Ammirato, XIII, 687, 688 ; Boninsegni, p. 605.
[2] Voy. plus haut, même chap., p. 80.

sage, que le *proposto* lui dut imposer silence. Furieux, il assourdit alors le Conseil de ses vociférations indignées. — On ne pouvait plus, s'écria-t-il, parler en faveur de la *parte;* il n'en serait pas autrement, si Bernabò était seigneur de Florence. — Ce langage, ordinaire aux factions, aurait dû laisser froids des gens qui en avaient sans doute les oreilles rebattues ; mais il servait ou excitait les passions et fournissait un rôle à ceux qui, volontiers, se posent en conciliateurs. Un des prieurs, Manetto de ser Ricciardi, et le gonfalonier de justice, Lionardo de Beccanugi, exhortent Lapo à reprendre son discours, pourvu qu'il le fasse brièvement. D'autres encore parlèrent après Lapo, sans empêcher plus que lui l'assemblée de donner à la seigneurie tout pouvoir pour mettre un frein ou une fin à l'*ammonizione*.

Le coup pouvait être rude pour la *parte*, si les prieurs avaient agi sans retard, s'ils avaient délibéré au préalable, arrêté les moyens d'exécution. C'est la moitié du succès, aux heures de crise, que de prendre les devants. Toujours habiles, toujours résolus, les capitaines s'assurèrent cet avantage. Ils notent Magalotti comme suspect, ils inscrivent sur leurs registres Manetto, dont le seul mérite était d'avoir rendu la parole à Lapo, comme défenseur et bienfaiteur de la *parte*[1]. Ce qu'aurait fait la seigneurie, on ne peut le dire : il lui restait peu de jours à vivre, et une recrudescence de la peste lui imposait des soins plus pressants[2].

C'est ainsi que l'*ammonizione* put fleurir de plus

---

[1] Ammirato, XIII, 690. Marchionne ne souffle mot de cette curieuse séance.
[2] March. de Coppo, IX, 745.

belle, car rien, pas même la mort des leurs, n'en détournait les redoutables champions de l'oligarchie. Marchionne montre en termes exagérés quelquefois, mais toujours expressifs, les abus croissants de cette institution parasite et envahissante. « Qui avait, dit-il, dix livres à recouvrer pour marchandises vendues et ne les recouvrait pas, faisait mettre son débiteur au nombre des grands; qui trouvait dans ses papiers de famille la moindre créance, remontât-elle à son bisaïeul et à cent années, en exigeait le remboursement. Si le descendant direct du débiteur ne reconnaissait pas la dette, il le citait devant les Dix de liberté, embellissait l'affaire, parlait d'injures dites, de coups donnés, de couteau dégaîné. Pour éviter l'*ammonizione*, il ne restait plus qu'à payer. Qu'un citoyen se mît à table après être resté vingt-quatre heures sans manger, si un autre survenait qui dît : Ce pain est contre la *parte*, vite il se levait et quittait la table. » Instituée, dans le principe, contre les personnes vraiment coupables de meurtre, de blessures, de coups, d'obstacles apportés à la libre jouissance de la propriété individuelle, l'*ammonizione*, audacieusement détournée de son but, frappait les innocents de terreur. En janvier 1377, une autre seigneurie essayera de reprendre l'œuvre répressive de 1374; elle y échouera comme ses devanciers. Nul ne la soutiendra dans le public, car toute confiance est perdue dans ces honnêtes et courageuses tentatives [1]. On sent bien que, pour extirper le mal, il faudra quelque jour tout bouleverser. Longtemps on recule devant l'explosion, mais on ne reculera pas toujours. Ainsi se préparent, en tout temps comme

---

[1] March. de Coppo, IX, 766.

en tout pays, par l'aveuglement fatal des uns, comme par la colère longtemps contenue des autres, tant de révolutions légitimes à l'origine, bientôt décriées par leurs excès.

Pour les retarder, se joignent parfois, à la longue patience des opprimés, des évènements d'ordre divers, fléaux de la nature ou guerres extérieures. Nous aurons, dans le chapitre suivant, à nous étendre sur une de ces diversions puissantes, qui absorba, durant quelques années, toute l'activité des Florentins. Il nous sera permis de ne pas donner tant d'importance aux évènements de la guerre contre les Ubaldini, quoiqu'ils tiennent, dans les auteurs du temps, infiniment plus de place que les incidents de la vie intérieure, que les signes et symptômes du malaise social. En l'état où ces hobereaux étaient réduits, guerroyer contre eux n'est plus, en quelque sorte, qu'une affaire domestique. Incorporés au *contado* depuis 1360[1], ils ne vivaient plus qu'en vulgaires voleurs. On vole dans les « Alpes des Florentins[2], » disait-on par toute l'Italie. Il fallait en finir avec ce nid de brigands. Une provision institua huit « officiers des Alpes, » pour fortifier et défendre, dans le Mugello, les possessions de la République[3]. Mille florins d'or furent promis au meurtrier d'un quelconque des onze Ubaldini

---

[1] Voy. plus haut, même livre, ch. i, p. 15, 16.

[2] March. de Coppo, IX, 739.

[3] « Quod qualibet provisione in facto Castri Leonis bonum esset quod continue cives vacarent circa destructionem Hubaldinorum ;... quod ad finalem destructionem Hubaldinorum intendatur qui impotentes sunt respectu potentie communis. » (Doc. dans *Inventario e regesto dei Capitoli*, I, 179.) — « Il comune di Fir. deliberò di fare impresa contra loro per animo di disfarli dal mondo. » (*Cronichetta d'incerto*, éditée par Manni, dans *Biblioteca scelta Silvestri*, t. 468, p. 274.) Cf. March. de Coppo, IX, 739; Ammirato le jeune, XIII, 686.

nominativement désignés[1]. C'est hors du territoire florentin qu'on s'empare de leur chef Maghinardo[2], le plus valeureux et le moins pervers de cette race malfaisante, et la loi, en pareil cas, ne permettait point de le condamner à mort : malgré la loi, malgré le capitaine du peuple et l'exécuteur de justice qui voulaient l'observer, les gonfaloniers des compagnies, interprètes du sentiment public, exigent qu'il ait la tête coupée[3]. Il fallait un exemple, et l'exemple porta ses fruits. Les dernières résistances tombent, les derniers châteaux ouvrent leurs portes[4], les derniers des Ubaldini sont condamnés à habiter Florence. Seules, leurs femmes obtiennent de résider dans leurs montagnes : elles le durent à la requête des habitants[5].

Qui donc serait resté debout autour de Florence,

---

[1] Les noms de ces onze Ubaldini sont reproduits d'après la provision et dans le même ordre par le *Diario d'anonimo*, p. 299. L'histoire de 1360 semble recommencer, mais c'est pour bien peu de temps. Voy. Ammirato le jeune, XIII, 686. March. de Coppo (IX, 739) parle de 14 châteaux, mais le *Diario d'anonimo* (p. 302) en indique au moins 17 qui furent perdus. Caprile fut acheté 2500 fl. d'or, nets de toute gabelle. Le vendeur obtint, sa vie durant, une provision de 10 fl. d'or par mois et une de 5, pendant cinq ans, pour chacun de ses trois fils. Voy. les documents publiés à la suite du *Diario d'anonimo* par M. Al. Gherardi, *Doc. di storia italiana*, VI, 488. Cf. March. de Coppo, IX, 739 ; Ammirato, XIII, 688. — Ugolino avait demandé 5000 fl. La provision est du 18 janvier.

[2] Il avait été pris au château de Frassino. Voy. *Diario d'anonimo*, p. 300 ; March. de Coppo, IX, 739 ; Ammirato, XIII, 688. M. Gherardi conteste que cette sentence ait paru injuste aux Florentins.

[3] « Quod Maynardus de Hubaldinis mictatur ad carceres.... Et ex nunc dicatur sibi quod comune exiget ab eo quod juris esset, et si videtur amplius dicendum, id est, quod de anima cogitet, fiat. » (*Diario d'anonimo*, p. 300, texte et note 2 de Gherardi.)

[4] « E se no l'avesse dato, si gli sarebbe istato tagliato il capo. » (*Diario d'anonimo*, p. 301.)

[5] 10 novembre, 14, 23 décembre 1373. *Capitoli*, III, 231, 232, 242. Sur tous ces faits, que nous indiquons à peine, voy. *Capitoli*, II, 145, 148 ; *Diario d'anonimo*, p. 299, 302, et les doc. à la suite, p. 491 ; March. de Coppo, IX, 739 ; Monaldi, p. 331 ; Boninsegni, p. 557 ; Ammirato, XIII, 689.

quand les Ubaldini tombaient à genoux? Les ventes de châteaux, de territoires, sont à l'ordre du jour. Guido de Battifolle, dans le Mugello, Totto de Filippozzo, dans le val de Sieve, s'y résignent, quoique de mauvaise grâce[1]. Leur ambition n'est plus que d'obtenir un plus haut prix, et ils l'obtiennent par la corruption, par les présents[2].

Aussi bien sont-ce là, en Toscane, les dernières convulsions de la féodalité expirante. Pour terminer contre ses voisins la guerre sans merci qui remonte aux premières années de son existence communale, Florence, dans la seconde moitié du quatorzième siècle, n'a guère plus à tirer l'épée; il lui suffit de lever la hache et d'ouvrir sa bourse. C'est contre de plus lointains ennemis, désormais, qu'elle ira en guerre; et quand les ennemis lui feront défaut au dehors, c'est contre elle-même qu'elle tournera ses armes, pour trancher ce nœud gordien des questions sociales, qui résiste au fer comme à l'adresse, et reste, depuis la naissance du monde, l'énigme éternelle, l'éternel tourment des sociétés humaines.

[1] 20 avril, 13 juin 1374. *Capitoli*, II, 150.
[2] C'est ce que nous apprend March. de Coppo (IX, 740), un des quatre *ragionieri* extraordinaires élus pour diriger ces transactions. Cf. Ammirato, XIII, 691.

LIVRE X

CHAPITRE PREMIER

LA GUERRE DES HUIT SAINTS

— 1375-1378 —

Mésintelligence entre le Saint-Siège et les Florentins. — Ses causes (1374). — Griefs contre le légat de Bologne (1375). — Accord avec Hawkwood (juin). — Supplice de Ser Piero de Canneto (30 juin). — Rigueurs contre les ecclésiastiques (7, 10 juillet). — Ligue avec Bernabò Visconti (24 juillet). — Scrupules des Toscans. — Création des Huit de la guerre (16 août). — Pouvoirs et activité des Huit. — Adhésions à la ligue et révolte des villes pontificales (novembre-mars 1376). — La bannière de liberté. — Efforts contradictoires du Saint-Siège : négociations pour la paix et monitoires contre Florence (1er mars). — Bologne enlevée à l'Église (19 mars). — Les ambassadeurs florentins au consistoire (31 mars). — Condamnation de la République. — Situation intérieure. — Récompenses aux Huit. — Rigueurs des capitaines de la *parte.* — Interdit jeté sur Florence (11 mai). — Démonstrations religieuses. — Mission de sainte Catherine de Sienne auprès du pape. — Ambassade à la cour pontificale (2 juin). — La compagnie des Bretons en Italie (4 juin). — Préparatifs de défense des Florentins. — Ridolfo de Camerino marche au secours de Bologne (16 juillet). — Départ du pape pour l'Italie (13 septembre). — Situation et mécontentement à Florence. — Mesures financières des Huit contre les clercs (26 septembre). — Prise d'Ascoli (13 décembre). — Symptômes de dissolution dans la ligue. — Massacre de Cesena (3 février 1377). — Trêve des Bolonais avec le pape (20 mars). — Les Florentins quittent Bologne (26 mars). — Négociations avec le Saint-Siège (29 avril). — Défection de Ridolfo de Camerino (septembre). — Progrès du parti de la paix. — Mort et funérailles de Giovanni Magalotti (14 juillet). — Il est remplacé par Simone Peruzzi (17 juillet). — Ambassade pontificale auprès des Florentins (10 août). — Retour des ambassadeurs florentins (4 octobre). — Grand conseil (6 octobre). — Violation de l'interdit (8 octobre). — Procession de l'Impruneta (18 octobre). — Châtiments et récompenses. — Nouvelles négociations (novembre). — Progrès du parti de la paix (décembre). — Médiation de Bernabò. — Conférences à Sarzana (mars 1378). — Mort de Grégoire XI (27 mars). — Exaltation d'Urbain VI (7 avril). — Reprise des négociations (17 mai). — Conclusion du traité (28 juillet). — Le schisme (20 septembre). — Accord définitif entre Urbain VI et Florence.

L'heure était venue où Florence allait croiser le fer contre l'Église. C'est un fait nouveau dans cette histoire. Des auteurs superficiels s'en montrent surpris et prononcent le mot d'armes parricides. Avec plus de logique, ils seraient remontés des effets aux causes, et avec plus d'attention ils les auraient trouvées. Elles paraissent au grand jour dans les rapports de la République avec le Saint-Siège. A y regarder de près, il n'y a rien que de naturel dans cette imprévue évolution.

Le culte de Florence pour le chef des fidèles n'était que le dévouement d'une cité guelfe pour le chef des guelfes. Déviait-il de sa ligne traditionnelle, on voyait, on avait vu plus d'une fois les Florentins lui résister, secourir ses ennemis, braver l'excommunication et l'interdit. Ce n'est point par zèle religieux que ces marchands de libre esprit mettaient leurs armes et leurs trésors au service de la papauté. S'ils s'opposaient aux progrès de l'hérésie, ils ne chassaient point les hérétiques ; ils se scandalisaient peu de leurs croyances et de leurs pratiques ; ils toléraient, après la secte des patarins, celles des *fraticelli* et des flagellants[1]. Incrédules à tout miracle récent et non fondé sur la Bible[2], ils ne tarissaient pas en railleries. Au lit même de la mort,

---

[1] Voy. sur les flagellants *Diario di ser Giovanni di Lemmo*, p. 175, à la date de 1310 ; Lami, *Lezioni*, 613 sq. ; G. Villani, XI, 23 ; Ammirato, VIII, 395 ; Chron. du moine de Sainte-Justine de Padoue, publiée par Urstitius de Bâle, 1585 : le texte est donné en note dans l'*Histoire des Flagellants*, traduite du latin de l'abbé Boileau par l'abbé Grouet, anonyme. Amsterdam, 1701, p. 255.

[2] Voy. notre t. III, p. 315, 319, 320.

plus d'un négligeait de se confesser : un règlement de police, nous l'avons dit, avait dû subordonner la cure du corps à celle de l'âme, la médecine à la confession [1]. C'est le temps où les conteurs écrivaient, faisaient goûter leurs irréligieuses nouvelles, où le juif de Boccace devenait si plaisamment catholique par surprise de voir le catholicisme debout, malgré la cour pontificale et ses abominations [2].

La captivité de Babylone avait attiédi même le dévouement politique. Relégué au pays d'Avignon, le Saint-Siège y subissait l'influence du milieu et du voisinage. Trop éloigné des guelfes pour prendre souci de leurs intérêts, il était trop voisin du roi de France pour ne lui pas être docile, et facilement il s'entendait avec l'empereur, son séculaire ennemi. L'autorité pontificale ne s'imposait plus à l'Italie que par l'intermédiaire de légats, français pour la plupart, d'humeur altière, de cupidité insatiable, de mœurs dépravées [3], unique-

---

[1] Voy. le dernier chapitre de notre t. IV, p. 515. Cf. *Cronaca d'un anonimo*, Bibl. Magliab., cl. XXV, cod. 7. Citation de Fossati, p. 14.

[2] *Giorn.* I, nov. 2, t. I, p. 58.

[3] Il est facile sur ce sujet d'être accusé de déclamation ou de parti-pris ; mais voici le témoignage de sainte Catherine de Sienne : « Per cagione di mali pastori e governatori, sentendo il puzzo della vita di molti rettori i quali sapete che sono demoni incarnati. » (*Lettere*, n° 196, éd. Tommaseo, t. III, p. 114.) — « Che nel giardino della S. Chiesa voi ne traggiate li fiori puzzolenti, pieni d'immondizia e di cupidità, enfiati di superbia, cioè mali pastori e rettori che attossicano e imputridiscono questo giardino. » (Lettr. 206. *Ibid.*, III, 159.) — « Li vizii e li peccati, superbia e immondizia, le quali cose abondano oggi nel popolo cristiano e singolarmente ne' prelati e ne' pastori, e ne' rettori della S. Chiesa, i quali sono fatti mangiatori e devoratori dell' anime, non dico convertitori, ma devoratori. » (Lett. 218, *Ibid.*, III, 227.) Cf. *Vita di Gregorio XI*, R. I. S., III, part. 2, p. 651; Gazata, R. I. S., XVIII, 85; Graziani (*Arch. stor.*, 1ª ser., XVI, part. I, 219 sq.), etc. Voy. aussi le tableau intéressant que les Florentins tracent de ce gouvernement au roi de France, le 15 mai 1376. *Arch. stor.*, 3ª ser., t. VIII, part. I, p. 262. Doc. 223.

ment chargés de reconquérir les domaines de l'Église, trop ignorants du passé de la péninsule pour ne pas méconnaître les droits des villes qui tenaient à leur liberté sous le gouvernement populaire, ou à leur indépendance sous des seigneurs absolus. Quand le triomphant Albornoz présentait sur un char au pape son maître les clefs des villes qu'il avait soumises, il ne voyait certes pas en lui le protecteur d'une fédération de républiques. Quand il élevait des forteresses pour assurer ses conquêtes[1], on entendait partout un frémissement précurseur de l'orage. Florence surtout murmurait et grondait. Seule ou presque seule capable de tenir tête aux légats, elle faisait sa cause de la cause des communes replacées sous le joug, et pour les légats, pour le pape lui-même, elle devenait, elle était l'ennemi[2].

Guelfe plus que jamais, grâce à la *parte*, elle cessait de reconnaître le pape pour chef de la secte : telle fut alors la grande nouveauté. Il suffisait que la faction des Albizzi s'appuyât au Saint-Siège pour que la faction des Ricci s'en éloignât. A ses yeux le souverain pontife n'était plus que le soutien des grands, de l'aristocratie, du despotisme, un tyran comme tant d'autres, plus dangereux que les autres. Et ce n'était pas de la veille que s'accusait sur ce terrain l'antagonisme des deux factions : en 1367, on l'a vu, les Albizzi proposaient contre Milan l'alliance d'Urbain V; le cardinal Corsini, un des leurs, la procurait en cour d'Avignon, et les Ricci, très résolûment, la repoussaient[3]. Or derrière eux marchaient, de jour en

[1] Par exemple, à Pérouse. Voy. Pellini, part. I, l. VIII, et Bonazzi, p. 477.
[2] Quelques-unes de ces raisons ont été indiquées par Leonardo Bruni dans un discours direct (p. 184) qu'a résumé Sismondi (IV, 409), et par G. Capponi (I, 282). Machiavel (III, 39 B) est ici bien superficiel.
[3] Voy. plus haut, ch. précéd., p. 64, et Ammirato, XIII, 676.

jour plus nombreux, tout ce qui restait de gibelins, tous ceux qui se voyaient exclus des bourses, frappés ou menacés d'*ammonizione*, tout le menu peuple, étranger comme jadis aux affaires publiques, mais impatient plus que jamais de son exclusion, depuis que quelques arts mineurs, après l'avoir partagée, en avaient triomphé. Ainsi la balance avait cessé d'être égale entre les deux partis rivaux : si les Albizzi conservaient la force d'une position acquise et ancienne, les Ricci acquéraient celle du nombre, avec laquelle, tôt ou tard, il faut compter.

Sous le pontificat de Grégoire XI, s'était aggravé, entre Florence et l'Église, l'inévitable désaccord. Le mauvais gouvernement des légats, sainte Catherine de Sienne le reconnaît, poussait aux résolutions hostiles[1]. Après avoir tant souhaité le retour d'Avignon, les Florentins le redoutaient, pour des raisons économiques et politiques[2]. Ils refusaient d'entrer dans la ligue contre Bernabò pour une guerre « médiocrement juste, nullement nécessaire[3], » et ils en détournaient leurs alliés. Le nouveau pape en ressentait un vif courroux. Il leur reprochait, en outre, d'avoir secoué le joug des Albizzi, de vivre en mésintelligence avec ses légats, Gérard Dupuy, abbé de Montmayeur[4], et Pierre d'Estaing, car-

---

[1] « Poniamo che i Fior. scusa non abbiano nel male operare, nondimeno per le molte pene e cose ingiuste e inique che sostenevano per cagione dei mali pastori e governatori, lor pareva non poter far altro. » (Lettre 196 au pape. Éd. Tomm. III, 114.)

[2] Voy. les raisons économiques dans Pagnini, I, 54.

[3] « Bello quidem forte minus justo, sed saltem non necessario. » (Lettre de la seigneurie à Charles de Durazzo, dit de la Paix. Septembre 1375. *Arch. stor.*, 3ᵉ ser., t. VI, part. 1, p. 234, doc. 49.) Il faut dire que cette appréciation est d'un temps où Florence était déjà en lutte ouverte avec le Saint-Siège.

[4] On peut voir dans Gazata (*Chron. Regiense*, R. I. S., XVIII, 85), Sismondi (IV, 412), Bonazzi (p. 481), les excuses que Gérard Dupuy trouve

dinal de Bourges[1]. N'était-il donc pas légitime de s'affranchir d'une secte qui voulait confisquer toutes les libertés, comme de voir des ennemis dans ces légats qui promettaient de « mettre à mort les gens nouveaux, détenteurs inexpérimentés des offices, où ils tenaient indûment la place des bons citoyens qui en avaient la pratique[2]? » Ce dessein de redresseur intéressé des torts, un seul l'avouait, un seul peut-être l'avait conçu; mais il devenait, dans l'opinion, le dessein de tous. On ne tardait pas à le prêter au pontife lui-même, ou du moins à l'en rendre responsable : de nombreux témoignages, disait-on, établiraient son consentement[3]. Il passait pour vouloir étendre sa domination sur la Toscane[4], et il avait beau s'en défendre[5], on ne le croyait pas. Ses conquêtes tout autour ne présageaient-elles pas de prochains empiètements? Pérouse ayant été prise par ruse, puis fortifiée contre ses citoyens, on crut fermement que le même sort menaçait Florence. L'animosité devenait

aux déportements de son neveu. Ils sont caractéristiques de sa domination.

[1] Sismondi et Bonazzi disent cardinal de Burgos, mais Sozomène (R. I. S., XVI, 1095) l'appelle « abbas bituricensis, » et l'on voit dans Ciacconi (II, 571) qu'il avait été bénédictin, évêque de Saint-Flour, puis archev. de Bourges, créé cardinal par Urbain V.

[2] March. de Coppo, IX, 738.

[3] « Nolumus, ne nimis acerbe loqui videamur, ostendere de consensu summi pontificis processisse, quod quidem pluribus possemus testimoniis demonstrare. » (La seign. à Enrique II de Castille, 29 juin 1376. *Arch. stor.*, 3° ser., t. VIII, part. 1, p. 270. Doc. 268.)

[4] « Sparserunt illi jam ante inter se rumores in Gregorium Ætruriæ dominatum ab eo affectari. » (*Ann. eccl.*, 13 avril 1375, § 13, t. XXVI, p. 267.) Cf. Ammirato, XIII, 679.

[5] « Dicitur quod quidem ex vobis palam et sæpius, sed temere et minus vere protulerunt in populo quod dicta Ecclesia volebat terras Tusciæ occupare, cum hoc veritate careat, etc. » (*Ibid.*) Déjà en 1371, Grégoire XI écrivait dans le même sens aux Siennois pour les rassurer. Voy. sa lettre dans *Ann. eccl.*, 1371, § 7, t. XXVI, p. 201.

donc extrême, et l'ardent désir d'une rupture gagnait les plus timorés[1].

Parmi tant de griefs réels, c'est un grief imaginaire qui provoqua l'explosion. En 1375, résidait à Bologne le légat Guillaume de Noellet, cardinal de Saint-Ange, homme savant, timide et pacifique, loin d'être expert aux choses de la guerre comme le belliqueux abbé de Montmayeur[2]. Depuis quelques mois, une grave disette sévissait en Italie. Les Florentins, qui tiraient, chaque année, une partie de leurs grains du Bolonais et de la Romagne, n'en obtenaient rien cette fois. Ils dépensaient soixante mille florins à se pourvoir en Flandre, en Bourgogne, en Espagne, et, dure extrémité pour une ville chrétienne, chez les Turcs, aux îles des Sarrasins[3]. Dans leur colère, ils accusaient le légat[4], que disculpait une longue lettre du pape[5], et tout porte à croire ces

[1] « Per certo i Fior. voleano del tutto rompere. » (*Cron. di Bologna*, R. I. S., XVIII, 498.)

[2] « Vir antea vitæ quietis et pacis amator. (Bonincontri, R. I. S., XXI, 23.) Bonus homo et eruditus et doctus, licet pusillanimis et non expertus in rebus bellicis. » (Sozomène, R. I. S., XVI, 1093.) Cf. Boninsegni, p. 558.

[3] March. de Coppo, IX, 746.

[4] La seigneurie accuse formellement le légat (septembre 1375, lettre à Charles de Durazzo. *Arch. stor.*, 3ᵉ ser., t. VI, part. 1, p. 234, doc. 49.) Propos d'ennemis. Boninsegni (p. 559) et Ammirato (XIII, 692) de même, mais ce dernier ne sait pas si Noellet agissait de son chef ou par ordre du pape. Le P. Capecelatro (*Storia di S. Caterina da Siena*, Flor. 1863, t. I, p. 139, note 1), pour justifier le pape aux dépens du légat, tronque le texte d'Ammirato.

[5] « Non forte parvam habuit causam denegandi, videns terris nostris et prefate Ecclesie regimini suo commissis posse ex hoc non modicum periculum imminere.... Novissime per assertionem nobis factam etiam cum uramento perdilectos filios.... ambassiatores provincie nostre patrimonii beati Petri in Tuscia, qui affirmaverunt quod in terris dicti patrimonii erat non minor indigentia et penuria bladi et grani quam sit in civitate vestra... » (29 janvier 1375. Lettre publiée par Theiner, *Cod. dipl. Dominii temporalis S. Sedis*, t. II, p. 561.)

protestations véritables. La Romagne, en effet, souffrait elle-même ; ses ressources ne lui suffisaient point. Quelle apparence qu'avec son humeur et ses embarras Noellet en cherchât de nouveaux[1] ! L'Église était si loin de souhaiter une rupture, que, réduite, par le refus de concours des Florentins, à une trêve avec Bernabò, elle les invitait à y participer, par l'envoi de leurs ambassadeurs[2]. Mais que peuvent le raisonnement, la raison, l'évidence même, sur des esprits prévenus, sur des cœurs aigris !

Justement, à cette heure de misère et de crise (15 juin), Hawkwood rôdait autour du territoire florentin, avec ses brigands anglais[3], avec sa « compagnie sainte » comme il l'appelait depuis qu'elle avait servi l'Église[4]. Rendu libre par la trêve, il allait tout naturellement se jeter sur la riche Toscane : on accusa Noellet de l'y pousser[5]. En vain cet honnête légat en avisait

---

[1] Ce point a été mis en lumière par M. Al. Gherardi, *la Guerra dei Fiorentini con papa Gregorio XI*, mémoire dans l'*Arch. stor.*, 3ᵉ ser., t. V, part. 2, p. 42-44. Voy. une lettre du pape (16 juin 1375, *ibid.*, t. VI, part. 1, p. 209, doc. 4) se défendant contre les soupçons des Florentins.

[2] Le 4 juin 1375. Voy. l'instrument dans Dumont, *Corps dipl.*, t. III. Le P. Theiner (*loc. cit.*) a publié les pouvoirs envoyés au cardinal pour cet objet. Cf. *Ann. eccl.*, 1374, § 15, t. XXVI, p. 254, et *Cron. Bol.*, R. I. S., XVIII, 496. — Du 8 décembre 1374, une lettre de Grégoire XI aux prieurs, les exhortant à envoyer des ambassadeurs. Documents publiés par M. Al. Gherardi, *Arch. stor.*, 3ᵉ ser., t. VI, part. 1, p. 208, n° 1.

[3] « Anglicis latronibus. » (Lettre de la seigneurie à Ch. de Durazzo. *Arch. stor.*, 3ᵉ ser., t. VI, part. 1, p. 235, doc. 49.) Naturellement M. Trollope, qui ne connaît pas ce document, n'admet point que ses compatriotes fussent des brigands.

[4] *Cron. Bol.*, R. I. S., XVIII, 496.

[5] La seigneurie accuse formellement le légat : « Deceptos in verborum ambagibus et nichil tale verentes.... ac castrum nostrum Prati per proditionem occultam anglicis latronibus in predam tradere satagebant. » (A Charles de Durazzo, septembre 1375. *Arch. stor.*, 3ᵃ ser., t. VI, part. 1, p. 235, doc. 49.) — « Si seppe di vero come la gente cassa della Chiesa in vista facevano campagna a pitizione della Chiesa per sommuovare lo stato d'Italiani. » (Neri de Donato, R. I. S., XV, 245. Témoignage d'autant

la seigneurie ; en vain il lui insinuait qu'elle pourrait congédier ces hôtes incommodes, en leur comptant de cinquante à cent mille florins [1] : la seigneurie, défiante, crut qu'il voulait ruiner la République, et elle refusa net de financer [2]. Elle croyait à un accord des légats de Bologne et de Pérouse avec les Albizzi, peut-être même avec les Ricci [3], coupables à ses yeux d'être *popolani grassi*, comme leurs rivaux. Elle leur prêtait à tous le dessein d'armer, au nom de l'Église, contre le menu peuple affamé et ses représentants au pouvoir [4]. Avait-elle tort en ses ombrageux soupçons ? Il est certain, du moins, que des légats hostiles ne pouvaient, malgré leurs protestations hypocrites, voir de mauvais œil une invasion propre à occuper, à épuiser un peuple quinteux et remuant.

Contre les Anglais, Florence voulut garder les passages de Pistoia [5]. Y ayant échoué, il lui fallut suivre le conseil de Noellet. Pour s'éloigner, Hawkwood demandait deux cent vingt mille florins d'or : il traita pour cent trente mille [6]. Il se formait au trafic, il haussait, puis

---

plus important qu'il n'est pas d'un Florentin. « Comecche venisse in compagnia, era a petizione della Chiesa. » (Giov. Morelli, p. 288, à la suite de l'éd. de R. Malespini, Flor. 1718.) Le moderne Ricotti (II, 153) accuse pareillement, sinon l'Église, au moins le légat. Il y a pourtant une lettre du pape à la seigneurie (21 juin 1375, *Arch. stor.*, 3ᵉ sér., t. VI, part. I, p. 210, n° 5) où Grégoire XI met les Florentins en garde contre l'invasion possible de la compagnie.

[1] March. de Coppo, IX, 754 ; Ammirato, XIII, 692.

[2] « Vidono che non era altro che per voler mugnere di danari Firenze. » (March. de Coppo, IX, 751.)

[3] « S'intesero insieme, e chi disse di volontà della Chiesa, cioè del papa per introdotto della setta degli Albizzi i quali v'aveano il cardinale, e chi disse della setta dei Ricci. » (March. de Coppo, IX, 751.)

[4] Poggio Bracc., R. I. S., XX, 220.

[5] Fioravanti, p. 327.

[6] G. Morelli (p. 288) dit par erreur qu'on traita au prix de 220 000 fl.;

baissait ses exigences avec des gens qui savaient marchander[1]. Sur la somme promise, payable en quatre échéances mensuelles, de juin à septembre, les clercs furent tenus de fournir soixante-quinze mille florins[2]. Les petites gens de la seigneurie savaient les coffres cléricaux bien garnis et y puisaient sans scrupule, au risque d'exaspérer le pape, déjà contrarié de cet accord[3]. Moyennant une provision annuelle de douze cents florins, tant qu'il serait en Italie, Hawkwood concluait, en outre, une trêve de cinq ans avec la République (21 juin)[4]. De semblables traités avec Pise et Sienne le ramenaient bientôt vers Bologne[5], auprès de ce légat injustement suspect d'intriguer contre Florence[6]. « Les prêtres,

le chiffre de 130 000 est attesté par deux documents que publie M. Al. Gherardi (*Arch. stor.*, 3ᵉ ser., t. V, part. 2, p. 58, doc. 6, et t. VI, part. 1, p. 235, doc. 49), par la *Cronichetta d'incerto* (p. 278), Neri de Donato (R. I. S., XV, 245), Ammirato (XIII, 693), et Ser Naddo (Rinaldi) de Ser Nepo (Napoleone) de Ser Gallo de Montecatini (val de Nievole), citoyen florentin, notaire, *Memorie storiche cavate da un libro di ricordi*, de 1374 à 1398, dans *Deliz.*, XVIII, p. 3, ouvrage très inégal dans ses développements, mais écrit en quelque sorte au jour le jour.

[1] « Quantitatem postulat quam nunquam ipse nos crediderit soluturos. » (La seign. à Ch. de Durazzo, sept. 1375. *Arch. stor.*, 3ᵉ ser., t. VI, part. I, p. 235, doc. 49.) « M. Giovanni non credette che ellino s'accordassero a tanta somma. » (*Cron. Pis.*, R. I. S., XV, 1068.)

[2] Neri de Donato, R. I. S., XV, 245.

[3] « E dissesi che di questo lo papa ne fu dolente, perchè credette aver Firenze, sapendo non aveano da vivere. » (*Cron. Pis.*, R.I.S., XV, 1068.)

[4] March. de Coppo, IX, 751; Ammirato le jeune, XIII, 693. Voy. l'instrument dans l'*Arch. stor.*, t. VI, p. 210, n° 6, et d'autres pactes, p. 216, n° 8.

[5] March. de Coppo, IX, 751; Ricotti, II, 154; *Cronichetta d'incerto*, p. 278.

[6] Et cum conditionem oblatam amplecteremur omnibus admirantibus tot manifeste et occulte per ecclesiasticos impedimenta sunt prestita, quod nisi quia sine nulla inhonestate denegari non poterat, quicquid firmatum exliterat rumperetur. » (Lettre de la seign. à Ch. de Durazzo, sept. 1375. *Arch. stor.*, 3ᵉ ser., t. VI, part. 1, p. 235, doc. 49.) Aucun chroniqueur, aucun document, dit M. Gherardi, ne fait mention de ces pratiques ecclésiastiques postérieures à la venue des Anglais.

écrit Boninsegni, étaient joués, et jamais Florence n'avait mieux placé son argent [1]. »

Jouer les prêtres était pour lors une satisfaction vivement goûtée : de plus en plus ils devenaient la bête noire. Le nouveau pape lui-même, un des meilleurs d'Avignon, ne trouvait pas grâce devant les Florentins. Ne pouvant, comme à tant d'autres, lui reprocher ses mœurs, qui étaient pures [2], ils affectaient de le dédaigner comme « de petite complexion et tout maladieux [3]. » Si fort était le courant populaire, que les Albizzi n'osaient y résister, pour ne point encourir le reproche de trahison. Mais on connaissait trop leur tendance pour tenir compte de leur réserve : faire la guerre aux clercs, au Saint-Siége, c'était la leur faire à eux-mêmes, et l'explication vraie de cette campagne, sans motif en apparence, c'est la rivalité des partis [4].

Le calcul, ici, disparaît devant la passion. Il se découvre qu'un moine nommé Niccolò, et un notaire, ser Piero de Canneto, avaient projeté de livrer à Hawkwood, lors de son invasion, la ville de Prato. Le public aussitôt, et les chroniqueurs après lui, font de tous les deux les complices du légat de Bologne, et de ser Piero un prêtre, comme de Niccolò [5]. Ser Piero, pourtant, était si

---

[1] Boninsegni, p. 561.

[2] « Hic, ut famabatur, erat incorruptus carne. » (Zantfliet, dans Martène, *Amplissima collectio*, V, 294.)

[3] « Froissart, l. II, t. II, p 21, éd. du *Panthéon littéraire.*— « Vir debilis complexionis et frequenter languidus. » (Zantfliet, *loc. cit.*)

[4] C'est ce qu'a très bien vu M. Al. Gherardi. (*La guerra dei Fior.*, etc., p. 41.)

[5] « Ser Piero da Canneto fu attanagliato, nonostante che fosse prete. » (March. de Coppo, IX, 752.) Mais le procès dit : « Ser Pierum Puctii de Canneto notarium comunitatis Flor. et nunc habitatorem in terra Prati. » (Voy. *Arch. stor.*, 3ᵉ ser., t. X, p. 15.) Cf. Monaldi (*Diario*, p. 333), qui dit :

bien laïque, que son procès fut bâclé en peu d'instants. Mais c'est un prêtre que le peuple crut condamner à être promené par la ville, sous le poids des chaînes, déchiré avec des tenailles rougies au feu, enseveli la tête en bas dans une fosse, jusqu'aux genoux, les jambes sortant de terre pour être tranchées par le fer, de manière, disait la sentence, qu'il mourût entièrement, et que son âme fût séparée de son corps[1]. Elle l'était avant que le lugubre cortège, parti du palais communal, atteignît Santa-Reparata (30 juin)[2]. Avec le moine, il y fallut plus de façons, c'est-à-dire plus de délais; mais dix jours plus tard il subissait à son tour le même supplice[3], sauf, s'il faut en croire les *Annales ecclésiastiques*, qu'il était encore vivant quand on l'ensevelit « avec une cruauté digne de Néron[4]. »

Le premier pas fait, que pouvaient coûter les autres? Entre ces deux exécutions barbares, le 7 juillet, huit officiers étaient élus pour taxer les églises. On leur donnait ce nom significatif : « les Huit des prêtres. » Considérant les énormités que commettaient par orgueil et abus de pouvoir les parents des évêques de Florence et de Fiesole, notamment les oppressions et extorsions dont ils se rendaient coupables sous couleur de justice, défense

---

« Ser Piero da Canneto da Prato, notaio, che volle tradir Prato ad istanza della Chiesa, » et *Cron. d'incerto*, p. 278.

[1] *Arch. stor.*, 3ᵉ ser., t. X, p. 24.

[2] *Diario del Monaldi*, p. 333 ; *Cron. d'incerto*, p. 279.

[3] *Cron. d'incerto*, p. 279; *Diario del Monaldi*, p. 333; *Ann. eccl.*, 1375, § 2, t. XXVI, p. 278.

[4] « Tyrannidem exercuerunt in viros ecclesiasticos ac neroniana crudelitate religiosum virum terræ vivum infodere. » (*Ann. eccl*, 1375, § 15, t. XXVI, p. 267.) Dans le procès fait aux Florentins le 11 février 1376, Grégoire XI leur reprochait encore la mort du moine Niccolò. Voy. *Arch. stor.*, loc. cit., p. 247, doc. 198.

était faite à tout Florentin, même de naissance illégitime, d'accepter l'un ou l'autre desdits évêchés, sous peine d'être mis au nombre des magnats [1]. Quiconque dira ces mesures contraires à la liberté ecclésiastique payera mille florins d'amende. Toute licence de porter des armes est retirée aux clercs : nul ne pourra plus la leur accorder, sans expresse permission de la commune et du peuple. Or c'étaient auparavant les évêques qui l'accordaient [2].

Grégoire XI ne s'expliquait point ces rigueurs à outrance. Il ne tenait nul compte des « sottises » de ses légats irritant les Florentins, envoyant dans leur ville de « grands maîtres en construction de forteresses, » pour examiner où l'on en pourrait construire une qui la dominât [3]. Il croyait ou feignait de croire la République mécontente de la trêve par lui conclue avec Bernabò [4], tandis qu'en fait elle recherchait l'alliance de ce puissant seigneur, ennemi des prêtres et des papes d'Avignon, comme de la France qui les soutenait. En guerre avec eux depuis 1371, Bernabò bravait l'excommunication [5], et ne subissait la trêve qu'intimidé par les armes

---

[1] « Manifestum est consortes atque conjuncti ex stirpe dictorum episcoporum in potentiam et superbiam elati multa enormia sæpe conmictunt et oppressionem maxime popularium civium et comitatinorum civitatis prefate multeque extorsiones sub colore justitio exinde perpetrantur.... » (*Arch. stor.*, 3ᵉ ser., t. VI, part. 1, p. 218, doc. 12.)

[2] Ammirato le jeune, XIII, 693.

[3] « Questa sciocchezza fu palese, » dit Boninsegni (p. 560). Boninsegni n'est pas du temps, mais il recueillait un peu plus tard, de vive voix, les témoignages contemporains. Cf. Ammirato, XIII, 693.

[4] « Quærimus quid ad vos de pace vel treugua, cum de guerra nostra nunquam aliquid cogitare, nec in hoc etiam pacta ligæ, qua nobiscum eratis astricti, volueritis observare ? » (*Ann. eccl.*, loc. cit., p. 268.)

[5] « Di ciò (de l'excommunication) egli poco curava. » (*Cron. Bol.*, R. I. S., XVIII, 495.)

d'Hawkwood[1]. Quelque péril que pussent attirer sur la Toscane les progrès futurs du Visconti, Florence fermait les yeux : dans la politique prévaut toujours l'intérêt du moment.

Conclu aux derniers jours de juillet, le traité d'alliance ne parlait que de résister aux Anglais[2], et nullement de marcher contre le Saint-Siège. Bernabò faisait même cette expresse réserve que de quatorze mois, par respect pour la trêve, il ne chevaucherait sur les terres d'Église[3]. Mais le 10 août suivant, dans une missive à son allié, la seigneurie déchirait les voiles et déclarait sans détour que la ligue était formée contre le pape et l'empereur[4]. « Nous ne devenons pas des amis, ajoutait-elle ; nous devenons des frères. Nous ne sommes pas deux personnes d'intention commune ; nous ne formons qu'une volonté et qu'un corps[5]. » En quête d'autres alliés, elle

---

[1] *Cron. Bol.*, R. I. S., XVIII, 495, et *Ann. eccl.*, 1374, § 15, t. XXVI, p. 254.

[2] « Considerantes in que pericula nuper fuimus subito et improviso Anglice societatis adventu et quantum adhuc nobis ipsorum mora in partibus Tuscie merito sit formidabilis et suspecta. » (*Arch. stor.*, t. VI, p. 219, doc. 14.) Cf. *Cron. d'incerto*, p. 279, qui donne la date du 27. Ricotti (II, 155) rapporte par erreur cette ligue à l'année 1376.

[3] Une lettre adressée le 11 juillet 1375 par Bernabò à un de ses ambassadeurs pour la conclusion du traité stipulait que « non agatur quidquam contra formam treuge nuper firmate. » (trêve avec le pape, voy. plus haut, p. 733. Documents publiés par M. Gherardi à la suite du *Diario d'anonimo*, p. 495, note 1.) Cf. *Cron. d'incerto*, p. 279 ; Sozomène, R. I. S., XVI, 1095. Voy. la note précédente.

[4] « Quamvis in pactis ejusdem lige nulla fuerit de papa vel imperatore facta mentio singularis, nos tamen eamdem ligam ad ipsos papam et imperatorem et contra ipsos cum suis modis et capitulis extendi et intelligi tenore presentium declaramus. » (*Arch. stor.*, ibid., p. 222, doc. 22.)

[5] « Facti sumus non amici, sed fratres, non jam duo concordibus animis, sed prorsus, in unius voluntatis confluentia, corpus unum. » (28 juillet. *Ibid.*, p. 220, doc. 18.) L'acte n'a pas été retrouvé, mais on en trouve les principales conditions relatées dans l'instrument de la ligue avec Modigliana. (29 mars 1376. *Ibid.*, t. VII, part. 1, p. 240-247, doc. 197.)

annonçait aux seigneurs de Lombardie[1] que sept cent cinquante lances partiraient bientôt de Milan[2]. Des villes voisines elle demandait moins le concours que l'adhésion[3]. C'est qu'elle savait qu'aux yeux des fervents cette guerre naissante était un crime exécrable[4]. Galeazzo Visconti refusait de s'y associer. La reine de Naples s'en plaignait par orateurs[5]. Sainte Catherine de Sienne recommandait à tous de n'y point prendre part[6]. Deux longs mois d'hésitation chez les ordinaires amis de Florence mettaient l'espoir au cœur des malveillants : ils prophétisaient l'échec prochain de l'impiété.

Mais l'impiété avait pleine confiance. Maîtresse du pouvoir, elle en usait avec une décision surprenante. Elle créait, pour exécuter ses desseins, une magistrature spéciale, de nom déjà connu, les Huit de la guerre[7], ou, comme on disait souvent, les Huit de balie, tous vrais guelfes[8]. Cent soixante-six voix contre soixante-cinq dans

---

[1] *Arch. stor.*, t. VI, p. 220, doc. 16 et 17.

[2] Lettre aux communes toscanes, 28 juillet. *Ibid.*, p. 220, doc. 17. Il est difficile de dire le contingent de chacun des alliés et même le total. Non seulement la *Cron. d'incerto* (p. 279) et Ammirato (XIII, 694) ne sont d'accord ni entre eux ni avec les documents, mais encore les documents à trois jours de date (25 et 28 juillet) varient de 2000 à 2700 lances. Voy. doc. 14, 16, 17. Sozomène (R. I. S., XVI, 1095) et Boninsegni (p. 562) parlent de 1150 lances pour Bernabò, de 850 pour Florence et de 1200 arbalétriers, archers, etc.

[3] « In quam (ligam) si venire placuerit, vos ita taxabimus moderate quod exinde poterit vestra fraternitas merito contentari.» (*Ibid.*, p. 219, doc. 14.)

[4] Ammirato, XIII, 694.

[5] Voy. doc. 33, 47, 49.

[6] Lettres 168, aux Lucquois, et 196, au pape; Ed. Tommaseo, II, 469; III, 111.

[7] Voyez par ex. plus haut, même vol., p. 25, 42, 44. C'était un chiffre consacré, comme celui des Dix de liberté. Voy. encore *Consulte e pratiche*, 20 novembre 1362, t. VI, f° 43 v°.

[8] Machiavel (III, 40 A) dit pourtant : « Gli otto erano tutti nemici alla setta de' guelfi. » Pour la *secte*, il a raison.

le conseil du peuple, soixante-dix-huit contre trente-quatre dans le conseil de la commune, instituèrent cet office, dont devaient faire partie six membres des arts majeurs, un des arts mineurs et un magnat (14-16 août). Les gros *popolani* y étaient donc les maîtres, et la démagogie n'entrait pour rien dans cette création, dont une seigneurie populaire avait pris l'initiative. Munis de pouvoirs très larges dans leur sphère, mais très précisément limités pour les empêcher d'en sortir[1], les Huit ne devaient exercer aucun autre emploi. On les eut bientôt en si haute estime, que deux d'entre eux, désignés par le tirage au sort pour être prieurs en septembre, furent maintenus dans cette charge et tout ensemble dans celle qu'ils occupaient[2]. C'est ainsi qu'à bref délai Florence foulait aux pieds les lois qu'elle avait faites : l'important, à ses yeux, c'était que ses officiers pour la guerre fussent puissants. Or elle les protégeait en interdisant de les accuser ou de les dénoncer, comme de laisser, en cas de mort, tout vide dans leur sein, et elle accroissait leur autorité en leur permettant d'être membres du collège suprême dont leurs délibérations, pour être exécutoires, devaient obtenir l'assentiment[3].

Il faut dire les noms de ces officiers de combat, car ils reviendront plus d'une fois dans cette histoire, et ceux

---

[1] « Balia maggiore che avesse ancora uficio veruno. » (*Cron. d'incerto*, p. 280.) — « Con balia quanta per lo comune sene poteva dare a far guerra. » (Boninsegni, p. 562.) Longue était l'énumération des actes interdits aux Huit : ils ne pouvaient notamment frapper d'impôt aucun citoyen, lui accorder des immunités ou privilèges, le faire grand, le soumettre aux ordonnances de justice. Voy. *Arch. stor.*, p. 222-231 ; *Cron. d'incerto*, p. 280 ; March. de Coppo, IX, 752.

[2] Ces deux prieurs furent Giovanni de Mone (ou de Simone) et Matteo Soldi. Voy. March. de Coppo, IX, 750 ; *Del.*, XIV, 137.

[3] Voy. Al. Gherardi, *La guerra dei Fior.*, etc., p. 54.

qui les portent sont, aux yeux des contemporains, « les plus fameux, les plus sagaces, les plus vaillants hommes qu'eût jamais vus Florence[1]; » leurs actes sont plus considérables que tout ce qu'elle avait fait jusqu'alors[2]. Giovanni Dini, gros épicier ou apothicaire, et Alessandro des Bardi, magnat, représentaient, parmi les Huit, le quartier de Santo Spirito; Giovanni Magalotti et Andrea Salviati, Santa Croce; Tommaso des Strozzi et Guccio Gucci, de l'art de la laine, Santa Maria Novella; Matteo Soldi, marchand de vin, et Giovanni de Mone, marchand de blé, ce dernier des arts mineurs, San Giovanni[3]. Tels furent les hommes que la volonté publique chargeait de combattre le Saint-Siége, qu'elle prit bientôt pour favoris, et qu'elle appela, par une insolente ironie, les Huit Saints.

Leur coup d'essai les fit connaître. C'est au clergé qu'ils demandent le nerf de cette guerre contre son chef. Justes représailles, disaient-ils, du tort fait par les pasteurs de l'Église à la commune, en la forçant à financer avec Hawkwood. Trente mille florins furent exigés de dix-neuf dignitaires ecclésiastiques, dont l'évêque de Florence, l'évêque de Fiesole, l'abbé de Vallombrosa. Tous les autres clercs de la ville et du *contado* furent taxés à leur tour. On eut raison des récalcitrants en vendant leurs meubles et les biens mêmes de leurs églises[4]. Quatre-vingt-dix mille florins extorqués ainsi[5] servent à enrôler le Souabe Conrad Vertingher et ses mercenaires[6],

---

[1] G. Morelli, p. 288. — [2] March. de Coppo, IX, 752.

[3] *Diario d'anonimo*, p. 30; *Cron. d'incerto*, p. 283; March. de Coppo, IX, 752; Ammirato, XIII, 694.

[4] March. de Coppo, IX, 753.

[5] *Cron. d'incerto*, p. 279; March. de Coppo, IX, 752.

[6] Voy. doc. des 23, 24, 29 août, 27 septembre, *Arch. stor.*, loc. cit., p. 229, 258, n°° 29, 52, 60.

que Galeazzo Visconti abandonne bénévolement à la ligue impie[1], lui qui n'y osait adhérer[2]. Princes, seigneurs[3] et villes[4] ne l'osaient, du reste, pas plus que lui. La prompte apparition des lances de Bernabò pouvait seule les décider. Or Bernabò lui-même hésitait: ne voyait-il donc pas sa ruine imminente, s'il ne conjurait celle de la République[5]? Ces retards funestes rendaient le pape croyable, quand il affirmait que c'était lui qui avait conclu alliance avec le seigneur de Milan[6], qu'il prenait les Anglais à sa solde[7], qu'il rétablirait le Saint-Siège à Rome en novembre[8], et que, désireux de la paix, il la proposait à ses ennemis[9]. Cette paix, Florence ne la dési-

[1] La demande en avait été faite le 12 août. (*Ibid.*, p. 222, doc. 23.) Le 4 octobre on sollicitait encore que Conrad vînt accompagné de 50 lances. (*Ibid.*, p. 241, doc. 65.) Les auteurs du temps écrivent ce nom Victingher, Pintiquerre, Pittingherre, Quintigherre, Quintiquerre, etc. Il n'était pas capitaine général, car, le 12 octobre, la seigneurie se plaignait à la reine de Naples qu'elle ne licenciât pas Tommaso de San Severino, élu capitaine par les Florentins (*Ibid.*, p. 243, doc. 71.)

[2] 4 septembre. *Ibid.*, doc. 36.

[3] 5, 8 septembre. *Ibid.*, p. 231, 232, doc. 37, 39.

[4] La seigneurie à Ruggieri Cane, 31 oct. *Ibid.*, p. 247, doc. 87, et à Bernabò, 3 nov., p. 247, doc. 89. Ce Ruggieri était le seul homme connu qui eût de l'influence sur Hawkwood et sût comment le prendre. Aussi se servait-on de son intermédiaire, car on craignait que l'Anglais ne passât au service de l'Église Voy. la seign. à Bernabò, 8 sept. *Ibid.*, p. 282, doc. 41. Cf. Lettres du 12 sept. à Hawkwood, et du 24 à Giorgio Scali, p. 233, 237, doc. 44, 52.

[5] « Admodo quidem status vester et noster idem sunt; quorum unius ruina alterius erit occasus, et conservatio unius fiet alterius securitas et tutela. » (9 octobre. *Ibid.*, p. 242, doc. 70.) Cf. une autre lettre du 3 septembre, p. 231, doc. 35.

[6] « E sapete quanto questa novella vale a torre dall' animo a Pisani, a Lucchesi e a Sénesi che a nostra lega non vengano. » (La seigneurie à D. Aldighieri, 21 octobre. *Ibid.*, p. 244, n° 76.)

[7] Il lui en coûtait 30 000 florins par mois. 15 octobre. (Les Huit à Donato Aldighieri, amb. auprès de Bernabò, 18 octobre. *Ibid.*, p. 244, doc. 75.)

[8] 6 octobre. *Ibid.*, p. 241, doc. 66.

[9] 24 septembre. *Ibid.*, p. 237, doc. 53; Theiner, *Cod.*, etc., II, 588.

rait pas moins que lui, mais elle la déclarait impossible[1], elle n'y voyait que feinte pour semer la discorde[2], elle ne se flattait de l'obtenir sans embûches, d'ôter aux « barbares instruments du Saint-Siège » le pouvoir de nuire[3], que par le concours des villes toscanes et de Bernabò pour soulever les villes de l'Église.

Sagaces prévisions de la clairvoyance florentine! Bernabò se décide enfin, et tout paraît changé au pays toscan. Le contingent de la Vipère n'est pas encore à Sarzane[4], que Francesco de Vico, préfet de Rome, a soulevé Viterbe (18 novembre)[5]; Coluccio Salutati, le célèbre rédacteur des lettres de la seigneurie, le proclame pompeusement « libérateur de la patrie et de tout le Patrimoine[6] ». Qui blâmait la ligue en fait l'éloge[7].

---

[1] Lettres des 12, 16 octobre, à la reine de Naples. (*Ibid.*, p. 243, doc. 71.)

[2] « Nec vos ab hoc tam salubri proposito littere quas scimus ad universitatem vestram nuper destinatas a summo pontifice revocent. Venenosum siquidem ac perfidie plenum rescriptum illud agnovimus, simulans pacis teneri tractatum, de qua scimus nullum haberi colloquium. » (La seign. aux Pisans, 22 octobre. *Ibid.*, p. 244, doc. 78.) Cf. La seign. aux Siennois, 22 oct. *Ibid.*, p. 244, doc. 79.

[3] Voy. lettres à Bernabò, 11 et 13 novembre. *Ibid.*, p. 248, 249, doc. 92, 94. — « Non enim nobis cum Ecclesia negocium est, sed cum barbaris, cum exteris gentibus, qui apud suos vilissimis parentibus orti, turpissimeque nutriti, ut spolient, ut ditentur, quasi ad predam, in miseram Italiam per Ecclesie presules destinantur. » (7 décembre, *ibid.*, t. VII, part. 1, p. 213, doc. 105.)

[4] La nouvelle qu'il y était parvint à Florence le 22 novembre.

[5] Les Huit à D. Aldighieri. *Ibid.*, t. VI, p. 250, doc. 96.

[6] La seign. au préfet de Vico, 26 nov. *Ibid.*, p. 251, n° 99. Cf. 22 novembre, les Huit à D. Aldighieri, *ibid.*, doc. 96, 98, 100, 101. Bussi, *Storia di Viterbo*, p. 209. Coluccio était chancelier de la commune depuis le 25 avril 1375. Voy. Ammirato, XIII, 692; Sismondi, IV, 482.

[7] « Et nunc demum vulgo cognoscitur qualis sit nostra societas, qualis unio, qualis liga. Jam confuse sunt lingue maliloquorum, et nedum mordere desistunt, sed etiam magno cum pudore compelluntur ea que damnabant magnifice commendare. » (La seign. à Bernabò, 27 nov. *Ibid.*, p. 251, doc. 100.)

Sienne y entre pour quatre ans et fournira cent cinquante lances¹. Arezzo suit cet exemple². Pise et Lucques le suivront, à leur tour, dès qu'elles le pourront sans danger³, sous réserve, à vrai dire, de n'être tenues d'aucun secours en faveur de quiconque occupera des biens d'Église⁴. Moins scrupuleuse et plus énergique, Florence favorisait la rébellion, promettait l'appui de ses armes⁵, remontrait aux villes pontificales ce qu'elles enduraient de vexations, d'exactions, de servitudes honteuses⁶. Le conteur Franco Sacchetti écrivait contre le pape un sonnet et deux *canzone*⁷; l'auteur obscur d'une chronique récemment publiée, un petit poème en trente-neuf stances⁸, et bien d'autres, sans aucun doute, avaient taillé leur plume dans ce patriotique et belliqueux dessein.

La semence jetée au vent par le préfet de Vico tombait donc sur des terres bien préparées : en quinze jours elle avait germé. Le 5 décembre, Città di Castello se sou-

---

¹ 27 nov. L'acte aux archives de Sienne, *Capitoli e leghe*, ann. 1375.

² Neri de Donato, R. I. S., XV, 245.

³ Neri de Donato et *Cron. Pis.*, R. I. S., XV, 245, 1069; Ranieri Sardo, c. CLXXVI, p. 188; Marangone, p. 773. Le 5 décembre 1375, Pise refusait encore d'entrer dans la ligue. Voy. Roncioni, l. XVI, p. 921.

⁴ *Coluccii Epistolæ*, part. 1, p. 84, ep. 36, à la date du 31 mai 1377. Flor. 1741. — Pise se décide en janvier 1376 (*Cron. Pis.*, R. I. S., XV, 1071 ; Al. Gherardi, *La guerra dei Fior.*, p. 52); Lucques, le 12 mars suivant (Arch. de Lucques, *Capitoli e leghe*, 1376; Tommasi, *Sommario di Storia di Lucca*, dans l'*Arch. stor.*, 1ʳᵉ sér., X, 254).

⁵ « Gente quanta bisognasse. » (*Cron. d'incerto*, p. 280.) Cf. Ammirato, XIII, 694. Cela en septembre ou octobre.

⁶ « Fastidiosas vexationes, acerrimas exactiones et inhonesta servicia. » (Les Huit aux habitants de Città di Castello, 4 déc. Ibid., p. 212, doc. 103.)

⁷ *Rime di Franco Sacchetti contra papa Gregorio XI*, publiées par M. Giov. Sforza, Lucques, 1868.

⁸ C'est l'auteur du *Diario d'anonimo*. Ces vers, infiniment plus faibles que ceux de Sacchetti, sont aux p. 315-322.

lève, et, le 5, deux cents lances florentines y font leur entrée¹. Toscanella se rend au préfet. Corneto et Montefiascone se déclarent affranchies. Bolsena et Acquapendente « commencent à ne plus obéir. » Se prononcent à leur tour Urbino, Mercatelli, Massa Trebaria, Fabriano, Sasso Ferrato, Agobbio, Tuderte, Amelia, Chiusi, Forlì². Le peuple de Pérouse, non sans avoir communiqué son projet aux amis florentins³, crie autour de la citadelle où s'est enfermé, avec ses Anglais, le légat Gérard Dupuy : — Mort à l'abbé ! vive le peuple de Florence ! — C'est au cri de « Vive la commune de Florence ! et Vive la liberté ! » que Spolète chasse ses « gibelins », mot étrange pour désigner des mercenaires pontificaux⁴. Avec une habileté rare, les Huit avaient déterminé ce mouvement si général, en dissipant la crainte que concevaient quelques-uns de n'échapper au joug de l'Église que pour tomber sous le joug de la République : le 9 décembre, en remettant à Conrad Vertingher l'enseigne de la commune, ils en confiaient à Wilhelm Filimbach une autre, dite de la liberté, portant ce noble mot en grosses lettres blanches sur champ rouge⁵, et qui devait précéder tout

---

¹ *Arch. stor.*, 3ᵉ ser., t. VII, part. I, p. 212, doc. 104. Le doc. 103 est une exhortation aux habitants soulevés à secouer le joug.

² Ces évènements sont annoncés dans une lettre à Bernabò, le 7 décembre. *Ibid.*, p. 213, doc. 106. Voy. en outre : La seign. à Bernabò, 15, 19, 21, 23, 26 déc. *Ibid.*, p. 216-220, doc. 118, 123, 126, 131, 133. L'ordre des rébellions varie selon les auteurs, mais les documents font foi. Voy. dans le *Diario d'anonimo* (p. 304-328) bien d'autres rébellions, et dans Neri de Donato, R. I. S., XV, 247.

³ « Communicato consilio. » (Lettre à Bernabò, 10 déc. *Ibid.*, p. 214, doc. 110.) Le doc. 109 donne la date de la révolte. Cf. Graziani, p. 220. L'abbé évacua la citadelle le 31 décembre. Voy. doc. 139, p. 222; Graziani, p. 224, et *Diario d'anonimo*, p. 305.

⁴ *Diario d'anonimo*, p. 304, et note 4 de Gherardi.

⁵ *Cron. d'incerto*, p. 280; March. de Coppo, IX, 753; *Chron. Placentin.*, R. I. S., XVI, 520. Ce dernier auteur (suivi par Sismondi) et Monaldi di-

corps d'armée florentin allant au secours des villes révoltées[1]. « Ces lettres blanches, dit le chroniqueur de Bologne, détruisirent l'État de l'Église[2]. » Faisant mieux encore, les Huit refusèrent la soumission des villes qui se voulaient donner à Florence[3], et même ils ne permirent nulle part à leurs concitoyens d'accepter les emplois qui leur étaient offerts[4]. Voilà certes une grande, une forte politique; et elle est l'œuvre des petites gens ou de leurs amis.

C'est sur leur conseil que la seigneurie reçoit les rebelles dans la ligue, les dispense de toute taxe, s'engage à les défendre, à ne conclure sans eux aucune paix[5]. Entrer dans la ligue est la condition préalable pour obtenir assistance : quiconque n'en fait point partie, on le laisse attaquer[6]. En dix jours, l'Église avait ainsi perdu quatre-vingts villes ou châteaux[7], semblable au mur sans ciment qu'une pierre retirée fait écrouler tout entier.

Que les alliés pussent tenir la campagne, vingt ou trente jours encore, aux frontières ecclésiastiques, et ils

---

sent en lettres d'or. Manni relève l'erreur (note à la *Cron. d'inc.*, p. 281).

[1] *Diario d'anonimo*, p. 304, et note 6 de Gherardi.

[2] « E queste lettere aveano guastato lo stato della Chiesa. » (*Cron. Bol.*, R. I. S., XVIII, 501.)

[3] *Cron. d'incerto*, p. 280. Quelques villes se mirent volontairement sous le gouvernement d'un seul : par exemple, Viterbe sous le préfet de Vico, Forlì sous les Ordelaffi, Urbino sous le comte Antonio de Montefeltro, etc. Voy. Gherardi, *La guerra dei Fior.*, p. 63, qui indique les sources.

[4] 19 décembre, à Città di Castello. *Arch. stor.*, 3ᵉ sér., t. VII, part. 1, doc. 122.

[5] *Arch. stor.*, loc. cit., doc. 157, 197.

[6] C'est ce qu'on faisait savoir à Recanati le 7 février 1376. *Ibid.*, doc. 156.

[7] *Chron. Est.*, R. I. S., XV, 499. Selon *Cron. Rimin.* (R. I. S., XV, 914) 64 villes et 1577 châteaux. Les Malatesti de Rimini restèrent seuls fidèles à l'Église.

supprimeraient l'ennemi¹, « cette lie des nations, ces légers Français qui prétendaient dominer sur les graves Italiens². » Mais les troupes florentines étaient disséminées dans le Patrimoine de l'Église pour aider aux rébellions; mais les Anglais, grossis de ceux que la citadelle évacuée de Pérouse rendait disponibles, pouvaient, faute de mieux, tenter une diversion contre Florence³, car Hawkwood seul était tenu, par la provision qu'elle lui payait, à ne pas pénétrer sur son territoire⁴. Bernabò, malgré d'incessantes objurgations⁵, ne renouvelait pas, n'augmentait pas son contingent, et Grégoire XI citait les Florentins, pour le 11 février suivant, à son tribunal.

C'était toujours chose grave qu'un procès même sans fondement devant le Saint-Siége accusateur et juge. A la République il reprochait d'avoir rompu une ligue conclue avec lui pour en conclure une autre contre lui; d'avoir occupé les biens des églises de Lucques, d'Arezzo, de Volterre, de Pistoia; fait des ordonnances contre l'inquisition des hérétiques et contre l'acceptation par tout Florentin des évêchés de Florence et de Fiesole; mis à mort Niccolò, moine, sous la fausse accusation de trahison contre Prato; tenu des pratiques occultes pour pousser à la révolte les cités pontificales; créé, pour faire la guerre au pape, une balie de huit citoyens; affirmé faussement que Pérouse n'appartenait pas à

---

¹ 10 déc. *Arch. stor.*, loc. cit., p. 214, doc. 110.
² « Gentibus que sunt fex suorum et extrema corruptio omnium nationum. Quid erat aspicere Italie gravitati presidere gallicam levitatem! » (La seign. aux Pérugins. 7 déc. *Ibid.*, p. 215, doc. 111.)
³ 21, 26 déc. Les Huit à Bernabò. *Ibid.*, p. 219, 220, doc. 126, 133.
⁴ Voy. plus haut, p. 103, 104, 112, et Gherardi, *La guerra dei Fior.*, p. 67.
⁵ 27, 30 nov.; 15, 19, 21, 26 déc., doc. 101, 102, 118, 123, 126, 133, et beaucoup d'autres.

l'Église; occupé contre tout droit Volterre, San-Miniato, Pistoia, Prato, Fiesole; dit et affirmé que les Florentins ne pouvaient bien vivre sans excommunication; pressuré, injurié le clergé; donné ordre aux Huit de la guerre, dits les Huit Saints, de vendre les biens des églises; mis aux fers divers nonces apostoliques et ouvert leurs lettres; incarcéré notamment l'évêque de Narni et un maître Luca de Florence, de l'ordre des *Umiliati*, en habit et tonsure de clerc; exercé enfin de rudes persécutions contre le cardinal-légat de Pérouse et l'évêque de Bologne[1].

A cette longue énumération de griefs, où les imaginaires se mêlaient aux réels, les anciens aux nouveaux, et dont un, la prise de Fiesole, remontait à l'année 1125, Florence répondait en se faisant humble. Elle intercédait par ambassadeurs auprès des cardinaux, protestait de son zèle pour l'Église, représentait que, si quelques-uns étaient coupables, il ne fallait pas frapper tout le monde, et que, si tous le paraissaient, Sa Béatitude, vicaire du Christ, devait user de clémence[2]. Mais, en même temps qu'elle chargeait trois légistes de suivre le procès[3], la seigneurie le dénonçait à Bernabò comme surprenant, cruel, abominable, comme une œuvre de colère, atroce envers des chrétiens, et qui le paraîtrait même envers des schismatiques et des infidèles[4]. Elle se

---

[1] Ces griefs sont ici dans l'ordre où les met la défense présentée le 31 mars 1376 par les Florentins. Voy. *Arch. stor.*, loc. cit., p. 247, doc. 198.

[2] *Ibid.*, p. 226-235, février et mars 1376, doc. 153, 173, 174, 176, 177, 178.

[3] C'étaient Alessandro de l'Antella, Donato Barbadori, docteurs ès lois, et Domenico de Silvestro, notaire de la commune. 3, 4, 5, 8 mars. *Ibid.*, p. 230, 232, 235, doc. 171, 176, 177.

[4] 29 févr. La seign. à Bernabò. *Ibid.*, p. 230, doc. 169.

plaignait des dispositions pacifiques de Galeazzo[1], et fournissait des secours aux habitants d'Ascoli contre Gomez Albornoz, neveu de l'ancien légat, « monstre ennemi du nom et du sang italien[2]. »

Était-ce duplicité, hypocrisie, mensonge? Nullement. L'Église, pouvoir spirituel, devait être ménagée; et, pouvoir temporel, elle affectait de souhaiter la paix. Dès le mois de janvier 1376, Grégoire XI avait sollicité la médiation de la reine de Naples et du doge de Gênes. Niccola Spinelli de Giovenazzo, sénéchal du Royaume, et le légiste génois Bartolommeo Giacoppi, négociateurs désignés, proposaient de laisser en liberté Pérouse et Città di Castello, à condition que les Florentins ne molesteraient pas Bologne, si chère au pape, comme clef de l'Apennin et source annuelle, source précieuse de deux cent mille florins d'or[3].

Rien d'actif alors comme la chancellerie pontificale[4]; mais elle manquait d'habileté, de netteté, ainsi que la politique qui lui dictait ses dépêches. L'Église voulait-elle

---

[1] 25 février, 9 mars. *Ibid.*, p. 229, 231, doc. 167, 172.
[2] 6 mars. La seign. à la reine de Naples. *Ibid.*, p. 232, doc. 175.
[3] *Cron. Bol.*, R. I. S., XVIII, 498; Ammirato, XIII, 695, 696. On peut voir les propositions pontificales dans Gherardi (*La guerra dei Fior.*, p. 75). Elles ne sont pas les mêmes que dans Ammirato.
[4] Lettres à la République pour la rassurer sur les intentions des représentants du Saint-Siège en Italie; obstacles apportés à l'accession des villes à la ligue; instances à l'empereur, qui y répondait en enjoignant aux Florentins de ne plus favoriser les rébellions (Nuremberg, 26 mars. *Arch. stor.*, loc. cit., p. 237, doc. 188); menaces réitérées à ceux-ci, à Giordano Orsini, à d'autres, s'ils ne s'y opposaient; invitation au doge de Gênes de tenir une galère prête pour le retour du pape, à la reine Jeanne de mettre à sa disposition le plus grand nombre d'hommes d'armes possible, à Niccola Spinelli d'incarcérer quiconque enrôlait pour les Florentins, à Francesco de Carrare d'aider le card. de Sant'Angelo pour la conservation de Bologne. Voy. Theiner, *Cod.*, II, n°ˢ 566, 584, 581, 589, 590, 592, 593, 594, et Gherardi, *La guerra dei Fior.*, p. 71.

la paix, il fallait supprimer, ajourner tout au moins, les monitoires. Voulait-elle la guerre, il fallait marcher droit sur Florence, pour la forcer au rappel de ses garnisons, puis occuper les villes évacuées. Elle ne fit ni l'un ni l'autre. Loin de là, par la publication des monitoires (1er mars), elle rendit la négociation impossible. Arrivés le 13 mars dans Florence en émoi, les négociateurs désarçonnés recevaient des Huit leur congé dix jours plus tard[1].

C'est le moment que Pise et Lucques choisissent pour entrer dans la ligue[2]. Grâce à la fermeté florentine, les monitoires avaient manqué leur effet, même sur les tiers. Le 19 mars, sans attendre la rupture des pourparlers de paix, le comte Antonio de Bruscoli, avec un millier d'hommes et l'étendard de la liberté, était lancé contre Bologne dégarnie des troupes d'Hawkwood en expédition[3]. De nuit, les Bolonais ouvrent leurs portes, criant : « Vive la liberté ! vive la commune de Florence ! » Arrivent Vertingher, pour renforcer le corps d'occupation, et quatre Florentins pour réformer le gouvernement. Bologne entre dans la ligue[4], et une trêve de seize mois, que consent Hawkwood pour racheter ses fils et ses capitaines, laisse à ce peuple tout loisir de consolider

---

[1] *Diario d'anonimo*, p. 306.

[2] « Heri (12 mars) per Dei gratiam conclusimus ligam cum Pisanis et Lucanis. » (Les Huit à Bernabò, p. 236, doc. 183.)

[3] Le légat les avait envoyés à l'attaque du château romagnol de Grana juolo.

[4] *Cron d'inc.*, p. 281; *Cron. Bol.*, R. I. S,, XVIII, 500; Matth. des Griffoni, R. I. S., XVIII, 186. Le *Diario d'anonimo* (p. 307) dit que les Florentins entrèrent à Bologne le 26 mars. Il est en contradiction avec les précédents et aussi avec les documents. Le 22 mars, la seigneurie félicite les Bolonais, qu'elle appelle « vere digni italica gloria. » (*Arch. stor.*, loc. cit., p. 237, doc. 187.)

sa liberté renaissante[1], comme aux Florentins de fêter l'heureux événement[2]. Le jour de saint Benoît, qui en ramenait l'anniversaire, devint jour férié[3]. Les Huit Saints étaient heureux, et ils méritaient leur bonheur.

Ils avaient pourtant leurs embarras, dont le moindre n'était pas leur procès en cour d'Avignon. Sommés d'y comparaître avec quarante-deux de leurs concitoyens[4], ils faisaient naturellement défaut, mais s'en excusaient par l'organe des trois ambassadeurs, comme retenus dans une prison[5]. Au jour fixé (31 mars), l'avocat fiscal, Jacopo de Ceva, n'en requit pas moins qu'il fût passé outre[6]. Déjà l'on donnait lecture des pièces, quand un prêtre de l'assistance vint à tomber du haut mal. Aussitôt, Donato Barbadori, un des orateurs florentins, s'écria : — Écartez-vous, que le Saint-Père voie ! — On s'écarte, et lui, s'adressant à Grégoire XI : — Messire, dit-il, regardez ! vos familiers et clients commencent à tomber en défaillance, avant que soit lu l'injuste arrêt ; que sera-ce, quand il l'aura été ? Au nom du ciel, ne prononcez pas une si inique condamnation ! — Malgré l'étonnement général, malgré la colère du pape qui se contenait à peine de lui faire affront, Donato, en veine d'indignation et d'éloquence, ne s'arrêtait plus. Prêt,

---

[1] *Cron. Bol.*, R. I. S., XVIII ; March. de Coppo, IX, 756. Le P. Capecelatro (I, 148) dit que la révolte de Bologne fut une grande infamie des Florentins. Il a un moyen commode de le prouver : il met ce fait, qui est du 19 mars, avant la promulgation du monitoire, qui est du 1er.

[2] *Diario d'anonimo*, p. 306.

[3] Provision des 28 et 29 mars. *Arch. stor.*, loc. cit., p. 239, doc. 190.

[4] Voy. les noms, *ibid.*, p. 247, doc. 198, du 31 mars 1376. Le doc. 199 est l'acte d'excommunication. Il a été publié en partie par Lünig, *Cod. Ital. dipl.*, I, 1087.

[5] Doc. 198. Ils étaient partis le 8 mars. (*Diario d'anonimo*, p. 306.) Voy. leurs noms plus haut, p. 118, n. 3.

[6] Lettre accusatrice du pape, *Ann. eccl.*, 1376, §§ 1-6, t. XXVI, p. 278, 280.

disait-il, à souffrir la mort plutôt que de se taire sur l'injustice [1], il épilogua sur les détails : il releva les griefs surannés et mal fondés ; il montra que, sur l'occupation de Fiesole, de Prato, de San-Miniato, de Volterre, la République ne devait de comptes qu'à l'empereur ; il releva la bévue de l'instrument, qui confondait les Huit de la guerre et les Huit des prêtres ; il insista sur les méfaits des légats en Italie, et il conclut à la nullité du procès.

L'obtenir était une chimère, après la conquête de Bologne, nouveau et sensible grief du Saint-Siège. Il fallut donc se restreindre, demander du temps pour prouver véritables les allégations de l'orateur [2]. Mais cela même, on ne l'obtint pas. La sentence fut prononcée et lue. Grégoire excommuniait les contumaces, mettait Florence sous l'interdit, révoquait tous les priviléges, confisquait tous les biens, les livrait en proie à qui voudrait et pourrait s'en emparer. Il faisait défense à tous particuliers, princes et communautés, d'entretenir commerce avec les Florentins frappés d'anathème, comme fauteurs d'hérésie, sommés de comparaître, le 31 mai, pour se disculper de ce péché [3]. En attendant, il les déclarait infâmes, privés du droit d'hériter et de transmettre leurs biens. Leurs maisons devaient être détruites ; leurs débiteurs n'étaient tenus à rien payer ; leurs fils et descendants se voyaient privés de toute dignité, de tout bénéfice ; eux-mêmes, dans les jugements, n'obtiendraient plus créance pour leur témoi-

---

[1] March. de Coppo, X, 836.
[2] *Arch. stor.*, loc. cit., doc. 198.
[3] A cette date nul ne se présentant, les Florentins furent déclarés hérétiques et fauteurs d'hérétiques. (*Ibid.*, doc. 221.)

gnage, et contre eux seraient prochainement invoquées les armes des empereurs, des rois, des princes, des républiques, en un mot, de l'entière congrégation des fidèles[1]. Chassés de toutes les parties du monde chrétien, dépouillés de tout ce qu'ils y possédaient, les marchands de Florence, s'ils n'obéissaient au décret d'expulsion, seraient réduits en servitude, « de manière que les larmes du châtiment inspirassent à leurs descendants une perpétuelle terreur[2]. »

Deux choses étaient graves dans ce luxe inouï des foudres pontificales : l'interdit qui allait porter le trouble dans la cité, devenir une arme aux mains des mécontents; la spoliation à l'étranger, trop agréable à la cupidité des princes pour n'être pas pieusement exécutée[3]. Les ambassadeurs ne s'y trompèrent point. Au sortir du consistoire, Donato Barbadori en appela au Christ comme au juge suprême[4]. Mais c'était peu de protester à la face du ciel; il fallait protester aussi à la face de la terre, et nul notaire n'osait rédiger l'acte. A force de chercher, on en découvrit un, originaire du Piémont; encore pensa-t-il payer cher son audace : traqué par les gens d'Église, chassé d'Avignon et de partout, il ne trouva d'asile qu'à Florence, où on le fit citoyen[5].

Florence apprit par sa ruine le poids des colères sacrées : six cents et plus de ses marchands étaient

---

[1] *Arch. stor.*, loc. cit., doc. 199.

[2] « Sic quod pœnales eorum fletus cedant perpetuo ipsorum posteris ad terrorem. » (*Ann. eccl.*, 1376, § 5, t. XXVI, p. 280.)

[3] March. de Coppo, IX, 754.

[4] Ammirato, XIII, 698; Poggio Bracc., R. I. S., XX, 233. Le doc. 198 mentionne le fait, mais sans dire celui des orateurs qui fit entendre l'exclamation.

[5] Doc. 198; Ammirato le jeune, XIII, 698.

chassés d'Avignon. Haïs comme usuriers, persécutés à l'égal des Juifs, victimes des pirateries sur mer et des confiscations sur terre hors de l'Italie[1], ils ne reprenaient qu'en Italie leur revanche, mais du moins ils l'y reprenaient entière. Galeotto Malatesta y était seul dévoué au Saint-Siége, et ne pouvait tenir tête à la ligue[2]. Les légats n'ayant ni les talents d'Albornoz, ni ses ressources pour payer les mercenaires, Hawkwood ne travaillait que pour lui. S'il mettait Faenza à feu et à sang pour plaire à l'évêque d'Ostie, il vendait au marquis d'Este la ville rebelle, et il empochait quarante mille florins[3].

Les Huit pouvaient donc braver et ils bravaient la tempête. Le 12 avril, avant que les ambassadeurs fussent revenus d'Avignon[4], ils nommaient capitaine général pour trois mois Ridolfo de Varano, qu'ils avaient déjà vu à l'œuvre[5], qu'ils chargeaient de procurer le mal et la mort des mauvais pasteurs[6]. Une provision rendue sur l'initiative de la seigneurie défendait à tous officiers

---

[1] Neri de Donato et *Cron. Pis.*, R. I. S., XV, 248, 1070 ; Poggio Bracc., R. I. S., XX, 253. Le 2 mai, Grégoire XI fait armer à Marseille deux galères qui, le 20, s'emparent d'un navire contenant des laines françaises appartenant à des Florentins et des marchandises milanaises, ce qui donne aux Huit un motif de pousser Bernabò à des démonstrations belliqueuses. Voy. *Diario d'anonimo*, p. 308, et note 3 de Gherardi, et *Arch. stor.*, loc. cit., p. 264, doc. 231, 233.

[2] Voy. Amiani, *Memorie storiche di Fano*, p. 296-300. Fano, 1751, et Gherardi, *La guerra dei Fior.*, p. 70.

[3] Aux derniers jours de mars. *Cron. Bol.*, R. I. S., XVIII, 501. Muratori, *Antich. Estensi*, II, 140, dit 20 m. fl. et ajoute : « D'autres disent 60. » L'acquéreur ne garda pas Faenza. Trois mois plus tard, Astorre Manfredi, aidé de Bernabò et des Florentins, s'en emparait par trahison. (*Cron. Est.*, R. I. S., XV, 501 ; Muratori, *Ann.*, 1377 ; *Antich. Est.*, II, 149.)

[4] Ils n'en devaient revenir que le 5 mai. *Diario d'anonimo*, p. 306.

[5] *Arch. stor.*, 3e sér., t. VIII, part. 1, p. 205. Ridolfo devait entrer en charge le 16 mai. Sur les services antérieurs de Ridolfo, voy. plus haut, p. 25, 26, 29, 76.

[6] « A male e morte de' mali pastori. » (*Diario d'anonimo*, p. 306.)

de procéder contre les personnes condamnées par le pape, sous peine d'être privés de leur emploi et d'avoir la tête coupée[1]. Une autre accordait aux Huit Saints honneurs et récompenses[2]. Le 30 avril, veille du jour où ils devaient sortir de charge, on remit à chacun, en grande pompe, deux tasses et une coupe en argent, douze cuillers et un couteau valant cent florins. On leur conféra la dignité de chevaliers, avec le droit de porter toutes armes, eux et leurs descendants, et d'y graver, ainsi que sur un bouclier et une bannière qui leur furent offerts, le mot de liberté[3]. Bien plus, une décision brusquement prise les confirmait, dès le lendemain, dans leur balie, pour continuer virilement la guerre[4].

C'était la première manifestation d'une volonté persistante qui devait les proroger de terme en terme pendant dix-huit mois encore[5], et assurer à la politique florentine cet esprit de suite auquel se prêtaient mal de trop démocratiques institutions. Les opposants sont exclus

[1] 22, 23 avril. « Sub pena amputationis capitis et privationis officii quam incurrat ipso facto et privationis salarii. » (*Ibid.*, p. 260, doc. 207.)

[2] 19, 22, 23 avril. *Ibid.*, doc. 208.

[3] Filippo Rinuccini, *Ricordi storici*, p. 34; Gherardi, *La guerra dei Fior.*, p. 84 et note 2; *Diario d'anonimo*, p. 307; *Diario del Monaldi*, p. 334; *Cron. d'incerto*, p. 285; Ammirato, XIII, 698.

[4] « Et quod Octo prosequantur viriliter incepta. » (*Consulte e pratiche*, dans Gherardi, *La guerra dei Fior.*, p. 75, n. 1.)

[5] Le fait de leur maintien en charge n'est pas douteux, quoiqu'on ne le trouve expressément énoncé ni dans les documents ni dans les auteurs. Marchionne parle d'eux comme faisant des actes publics avant la date du 12 juillet, où l'on trouve qu'ils furent confirmés (doc. 282; Monaldi, p. 334; Boninsegni, p. 580) à partir du jour où finira leur balie. Le 14 juin, il est dit dans les conseils : « Quod hortentur Octo balie ad conducendum, etc. » (*Consulte e pratiche*, XVI, 52.) Ils furent confirmés ensuite de six mois en six mois. (29 et 30 oct. 1376, 4 et 6 juillet 1377, 14 et 15 octobre 1377. Doc. 316, 364, 578.) Il est clair qu'on n'attendait pas l'expiration de leurs pouvoirs pour les renouveler. C'est ce qui explique la date d'octobre, donnée aussi par Ammirato le jeune (XIII, 702), et même celle de juillet.

des conseils ou y gardent le silence, s'ils n'y sont les premiers à prêcher l'énergie. Une ligue de cinq ans « et pas davantage » avec les rois de Hongrie, de Pologne et tous autres [1], est négociée pour contrecarrer les négociations du pape avec Galeazzo, les seigneurs de Lombardie, les princes étrangers [2], l'empereur [3]. On met à prix la tête de Gomez Albornoz, tyran d'Ascoli, on offre de prendre à la solde de la commune non seulement de gros *condottieri*, comme Hawkwood, mais encore les moindres, chefs de trois lances, par exemple, et de deux fantassins [4].

Chose étrange, toutefois! S'il n'osait parler de paix, le parti de la paix se maintenait compacte et se faisait craindre. Guettant l'heure de dévoiler leurs sentiments, les capitaines de la *parte*, d'accord avec les Albizzi, poursuivaient leurs ennemis par l'*ammonizione*, et les Huit Saints, si puissants pour la guerre, étaient contre eux sans puissance. Les citoyens « crevaient de peur [5], » mais ils disaient : « Vous faites bien ! » car les plus guelfes pouvaient être frappés. Le moyen de passer pour « guelfissime, » c'était « d'aboyer sur les places et dans les palais. » Quand les capitaines traversaient la rue, plus de gens ôtaient leur capuchon ou leur barrette qu'on ne faisait pour les seigneurs [6]. « Cette teigne maudite de l'*ammonizione*, écrit Marchionne de Coppo, rongeait à tort et à travers, chaque jour davantage. On

---

[1] 24 avril. *Arch. stor.*, loc. cit., p. 261, doc. 209.
[2] Doc. 167, 172, 179, 182, 183, 189, 191, 192. Gherardi, *La guerra dei Fior.*, p. 75.
[3] Doc. 189. On n'a en ce genre qu'une lettre de l'empereur, mais on a les réponses des Florentins, qui permettent d'affirmer qu'il y en eut d'autres sur ce sujet (Gherardi, *loc. cit.*, p. 80, n. 7).
[4] 25 avril. *Arch. stor.*, loc. cit., p. 261, doc. 212.
[5] « Di ciò crepavano e tutto per paura. » (March. de Coppo, IX, 755.)
[6] *Ibid.*

commençait à dire hautement que les hommes de la balie gâtaient Florence et repoussaient la paix; que Florence n'en pouvait plus, et qu'il n'y avait d'autre remède que l'*ammonizione*. On pressait les capitaines d'y recourir. Avaient-ils condamné un citoyen, celui-ci, descendant l'escalier du palais de la *parte*, trouvait au seuil une bande de jeunes gens qui l'accompagnaient de leurs murmures, de leurs grimaces, jusqu'à sa demeure, lui criant aux oreilles : — Va maintenant faire la guerre à l'Église[1]. — La publication de l'interdit (11 mai)[2] venait, par surcroît, porter le trouble dans les consciences timorées. On voyait l'évêque, un Ricasoli, déserter son siège. Il y tenait beaucoup, cependant, car, pour ne le point perdre, le jour où une loi en écartait, comme de celui de Fiesole, tout Florentin[3], il avait changé ses armes et abandonné le nom de sa famille pour le nom étranger de Serafini. Son sacrifice n'en paraissait donc que plus significatif, et, aux yeux de certains, plus méritoire[4]. Les amis de la *parte* et de l'Église l'en félicitaient hautement. C'était, par voie indirecte, faire de l'opposition aux Huit Saints.

N'osant souffler mot contre les capitaines, c'est contre

---

[1] March. de Coppo, IX, 765. Cet auteur ajoute : « E peggio gli parea lo scorno che il danno. » Cf. Ammirato, XIII, 709.

[2] *Diario d'anonimo*, p. 308; Ser Naddo, *Del.*, XVIII, 4. Pise était frappée en même temps, à cause des Gambacorti, amis des Florentins qui y commandaient. Voy. *Cron. Pis.*, R. I. S., XV, 1071.

[3] Voy. plus haut, p. 107.

[4] Sainte Catherine de Sienne le félicite de sa soumission à l'Église. Lettre 242. Ed. Tomm., IV, 329. Sur le fait du changement de nom et d'armes, voy. L. del Migliore, et Tommaseo, Lettres de Cath., II, 139, n. 2. Ughelli (III, 156) dit que Ricasoli administra l'église de Florence jusqu'en 1383. Il ne tient pas compte de son éclipse et des faits qui s'y rattachent. En 1383, il fut appelé en jugement à Rome par ses ennemis, pensa être condamné, et fut transféré à Faenza, puis à Arezzo.

les prêtres qu'exhalait sa fureur une population acharnée à la guerre. « Il faudrait les brûler, ces loups rapaces ! » s'écrie un chroniqueur, un contemporain [1]. Apprend-il que Grégoire XI est arrivé à Porto-Lungone, ce vœu s'échappe de son cœur irrévérencieux : « Puisse-t-il s'y noyer [2] ! » Les Huit appellent le pape « pêcheur d'hommes dans les armes et œuvres de Satan [3]. » Mais on distinguait soigneusement la religion de ses ministres. « Dans la ville et le *contado*, dit notre chroniqueur, habitant d'Oltrarno, qui écrit au jour le jour, l'on s'abstient de chanter la messe, de nous donner le corps du Christ. Nous ne l'en voyons pas moins de cœur, et Dieu sait que nous ne sommes ni sarrasins ni païens. Nous sommes et serons vrais chrétiens, élus de Dieu. Amen [4]. »

Cette foi sincère exagérait ses démonstrations, spirituelle réponse à l'interdit. Tous les soirs, aux églises, on prêchait, on priait, on chantait des laudes, et il y avait affluence. Partout des cierges, à tout instant des processions, où plus de vingt mille personnes suivaient les saintes reliques en psalmodiant à tue-tête. Nombre de jeunes gens riches, jusqu'alors peu zélés, se déclaraient convertis, se retiraient ensemble à Fiesole, prodiguaient les aumônes, couchaient sur la paille, sur la terre nue, convertissaient les pécheresses, les emmenaient sur la montagne. Si la piété, comme dit Marchionne, était cent

---

[1] « Vorrebbesi ardere loro, lupi rapaci ! » (*Diario d'anonimo*, p. 310.)
[2] 24 novembre. « Cosi poss' egli affogare ! » (*Ibid.*, p. 325.)
[3] « In armis et in operibus Sathane piscator hominum. » 26 mai. Les Huit à Bernabò. *Arch. stor.*, loc. cit., p. 264, doc. 231.
[4] *Diario d'anonimo*, p. 308. L'auteur lui-même dit qu'il était d'Oltrarno : « Si feciono di qua d'Oltrarno, a guardia di noi (p. 360). » C'était un bon et honnête citoyen, ennemi de tout désordre.

fois plus vive qu'auparavant [1], on voyait bien l'intention d'humilier le pape en se montrant plus dévots que lui [2].

C'était, d'ailleurs, lui forcer la main pour la levée de l'interdit. S'y refuserait-il? On trouverait, à le lui avoir demandé, l'avantage de le mettre dans son tort, sans compter celui de donner satisfaction aux fervents, et de marquer à peu de frais un certain esprit de conciliation, de soumission [3]. Les Huit chargèrent de leur requête une jeune fille, alors en odeur de sainteté, dont on a lu deux fois le nom précédemment. Agée de vingt-neuf ans, fille du teinturier Jacopo Benencasa, Catherine de Sienne [4] passait pour écrire à merveille en langue vulgaire [5]. Des extases où son corps devenait insensible [6] paraissaient aux peuples une preuve qu'elle recevait les illuminations d'en haut. Grégoire XI partageait ce sentiment : sans croire aux lumières personnelles de la femme, il la jugeait

[1] March. de Coppo, IX, 757 ; *Cron. d'incerto*, p. 288. Ce dernier auteur confond ces démonstrations avec celles de même nature qui eurent lieu l'année suivante.

[2] « Era questa cosa si dilatata che ben parea che volessero vincere e aumiliare il papa, e che volieno essere ubbidienti alla Chiesa. » (March. de Coppo, IX, 757.)

[3] Tommaseo a bien compris que tel était le but des Huit. Voy. Lettres de S. Cath., t. III, p. 278, note.

[4] Elle était née en 1347. Voy. Capecelatro, I, 4.

[5] March. de Coppo, IX, 773. Voy. la vie de Catherine par Fra Raimondo de Capoue, son confesseur, éditée par Girolamo Giglio ; celle déjà citée du P. Capecelatro et l'étude mise par Tommaseo en tête de l'édition des lettres de la sainte.

[6] Un certain Stefani Macconi, qui a écrit la légende de Catherine (Lettre à la suite de ses œuvres), parle en témoin oculaire d'une dame d'Avignon qui aurait enfoncé une aiguille dans les pieds de la Siennoise en prière extatique, sans qu'elle s'en aperçût, quoique le sang coulât et qu'ensuite elle pût à peine marcher. Voy. Capecelatro, I, 176. Catherine aurait-elle été hystérique ? Voy. dans la *Revue des Deux Mondes*, 15 janvier 1880, le curieux travail de M. Ch. Richet, *Les Démoniaques d'aujourd'hui*.

propre à transmettre celles du ciel. — Ce n'est pas un conseil que je te demande, lui disait-il un jour, c'est la volonté de Dieu [1]. — Plus sceptiques, les prélats d'Avignon doutaient des rapports de Catherine avec la divinité, et même de sa vertu [2].

Ce qu'en pensaient les Huit, on ne saurait le dire ; mais, tout en usant de son crédit, ils suspectaient assez sa compétence pour la faire suivre de trois ambassadeurs, dont le chef, Pazzino Strozzi, avait vu ses marchandises pillées par les galères de l'Église [3]. Le but était donc profane et mercantile, tout autant que sacré [4]. Sur la paix, cependant, les instructions restaient muettes, car les Huit demandaient à Bernabò ce que devraient faire les ambassadeurs, si par hasard la curie leur en parlait [5]. Ils ne reçurent que plus tard des ordres sur ce point [6].

Catherine était arrivée le 28 juin en terre d'Avignon [7]. Vingt-deux disciples l'accompagnaient [8], escorte quelque peu compromettante pour une fille de son âge. Aussi l'entourage pontifical ne lui épargna-t-il pas les méchants propos. Dans ses audiences, son confesseur, Fra Raimondo de Capoue, traduisait au pape, en latin, les paroles qu'elle prononçait en toscan vulgaire [9] : ces pontifes français du Comtat ignoraient entièrement la langue de leur ancien siège. Que sa mission fût tout officieuse

---

[1] Capecelatro, I, 216.
[2] Ibid., p. 176.
[3] Voy. plus haut, p. 124, note 1.
[4] 10 et 26 mai. Doc. 220, 230. Confirmation le 31 mai. Doc. 256.
[5] Sincèrement ou non, Bernabò répondait qu'il agréerait tout accommodement qui ne dévasterait pas l'Italie. Doc. 221, 228.
[6] 3-5 juillet. Voy. Doc. 273, p. 271, et *Diario d'anonimo*, p. 309.
[7] Lettre 230. Tomm., III, 283. Cette lettre, une des rares qui soit datées, porte la date du 28 juin 1376.
[8] Capecelatro, I, 164. — [9] Ibid., p. 166.

et seulement préparatoire, l'ardente Siennoise le savait[1] ; mais encore convenait-il qu'elle ne fût pas désavouée. Or, on la voit se plaindre aux Huit de ce qu'ils la font paraître menteuse [2], de ce qu'ils « gâtent sa semence » par de nouvelles taxes sur les ecclésiastiques [3]. Les ambassadeurs, partis en même temps que ceux qu'on envoyait au roi de France [4], eussent fait une plus utile besogne, si on les eût écoutés. Mais c'est à peine s'ils avaient obtenu un sauf-conduit, s'ils ne furent pas maltraités [5]. Leurs conférences avec Bertrand de Chanac, archevêque de Bourges, et avec Pierre d'Orgemont, évêque de Térouanne [6], n'eurent pas plus de succès [7] que les lettres dont la seigneurie poursuivait ces prélats [8]. Le vicomte de Turenne, frère du pape, faisait obstacle aux négociations, pour devenir par la guerre seigneur de Florence [9]. Tel est du moins le but que lui prêtaient les Florentins. Rentrés dans leur patrie le 22 septembre, les ambassadeurs rapportaient des paroles de Grégoire fort peu conciliantes. On aurait la paix, disait-il, quand il serait à Rome [10]. Et un autre jour : — Ou je dé-

[1] Capecelatro (I, 168, 171, note 2) donne les textes.
[2] Lettre 230. Ed. Tomm., III, 280.
[3] « Io mi lagno fortemente di voi se egli è vero quello che di qua si dice, cioè che voi abbiate posta la presta ai chierici.... Voi con le vostre preste e novelle m'andate guastando ciò che si semina. » (*Ibid.*, p. 281, 283.)
[4] Ils étaient partis le 2 juin, et l'ambassade au roi de France le 3. Cette dernière était réputée devoir durer 120 jours. 960 fl. d'or étaient alloués pour les salaires (21 mai. *Reg. delle delib. degli otto di balia*, p. 86. Note 1 de Gherardi à la p. 309 du *Diario d'anonimo*). Ces ambassadeurs étaient Nofri des Rossi et Donato Barbadori (Doc. 237, p. 265).
[5] March. de Coppo, IX, 759.
[6] Plus tard de Boulogne.
[7] « Poco profetto feciono. » (March. de Coppo, IX, 759.) « Non credo che il papa ci faccia troppo a piacere. » (*Diario d'anonimo*, p. 343.)
[8] *Sign. cart. miss.*, t. XVII, p. 57 v°, 64 v°.
[9] March. de Coppo, IX, 759. — [10] *Cron. d'incerto*, p. 287.

truirai Florence, ou Florence détruira la sainte Église[1]. — Vaine et puérile menace! L'histoire est pleine de ces mots tranchants qui engagent et compromettent tous ceux qui les hasardent, mais dont on n'apprécie que par l'événement le peu de sagesse.

En tout cas, les Florentins étaient avertis, et ils n'avaient plus qu'à se défendre, qu'à « mettre dans la lutte leur avoir et leurs personnes, jusqu'à l'âme et à Dieu[2]. » Depuis longtemps déjà, le souverain pontife préparait l'attaque. Loin d'écouter Catherine et Pétrarque, qui lui conseillaient de venir en Italie sans armes, le crucifix aux mains[3], vrai moyen, disait la sainte fille, d'obtenir que « les grands loups redevinssent agneaux[4], » il avait envoyé en Italie deux nouveaux légats, Francesco Tebaldeschi, cardinal de Sainte-Sabine, pour la légation de Rome, la Campanie, la Maremme, le Patrimoine, le duché de Spolète ; Robert de Genève, cardinal des Douze Apôtres, pour la Romagne et la Marche d'Ancône[5]. Ce dernier, malgré sa robe, était capitaine général d'une compagnie[6] dite des Bretons, mais où les Gascons dominaient, et que ses chefs[7] avaient conduite au pays d'Avignon, le jour où la trêve entre le prince de Galles et le

---

[1] « O io disfarò al tutto Firenze, o Firenze disfarebbe la santa Chiesa. » (*Diario d'anonimo*, p. 523.)

[2] *Ibid.*

[3] Lettre de s. Cath., 229. Ed. Tomm., III, 278. Voy. le texte, avec l'indication de celui de Pétrarque dans G. Capponi, I, 291, note.

[4] Lettre 229, p. 278.

[5] *Ann. eccl.*, 1376, § 8, t. XXVI, p. 281. Robert de Genève partait pour l'Italie le 27 mai, avant même que les ambassadeurs florentins se missent en route pour Avignon.

[6] Capecelatro, I, 165 ; Gherardi, *La guerra dei Fior.*, p. 83.

[7] Silvestre de Bude, Jean Malestroit, Bernard de la Salle, un des vainqueurs dans cette célèbre journée de Brignais (1361) qui avait redoublé l'effroi causé par les compagnies. Voy. Ricotti, II, 160 ; H. Martin, V, 235.

roi très chrétien (juin 1375) ôtait tout prétexte à piller le plantureux, mais trop dévasté royaume de France. Quoique renommés pour leurs rapines et leurs cruautés, Grégoire XI avait pris ces aventuriers à sa solde. Eux, avec une jactance toute gasconne, ils lui avaient promis d'être à Florence pour la Saint-Jean prochaine, c'est-à-dire en moins d'un mois. Sur une plaque de plâtre, ils avaient un plan en relief de cette ville; ils l'étudiaient en disant : — Ici, nous ferons la forteresse; ici, l'hôtel du vicomte [1]. — Leur objectait-on que ce n'était pas une place où l'on pénétrât de vive force? — Si le soleil y entre, répondaient-ils, nous y entrerons bien, nous aussi [2] !

Leurs propos, comme leur approche, semblaient aux légats un gage de victoire. Gomez Albornoz, qui commandait pour l'Église dans la Marche, faisait fabriquer une bannière blanche, où se lisaient ces mots fanfarons: *Ahora se vedras que puede mas, o los Berton o libertas* [3]. A son entrée dans Asti, la menaçante compagnie ne comptait pas moins, suivant les auteurs, de huit mille hommes; on en portait même le chiffre à douze [4]. C'est la seigneurie florentine, toujours rapidement informée, qui avertissait Bernabò de leur voisinage, en l'invitant à leur refuser passage dans ses États [5]. La chose était d'importance pour gagner du temps, car la République n'avait encore ni soldats ni capitaine. Nommé le 12 avril,

[1] Le vicomte de Turenne, frère du pape, dont il vient d'être question à la p. 131.

[2] March. de Coppo, IX, 759; Sozomène, R. I. S., XVI, 1096; Ammirato, XIII, 695.

[3] On verra maintenant qui peut le plus, les Bretons ou la liberté. (Andrea Gataro, *Chron. Patavinum*, R. I. S., XVII, 220.)

[4] 8000 selon *Cron. d'incerto*, p. 284; 10 000 selon Poggio (R. I. S., XX, 227); 12 000 selon Ricotti (II, 160).

[5] 4 juin, *Arch. stor.*, loc. cit., p. 265. Doc. 238.

Ridolfo de Camerino se faisait attendre[1], et l'on pouvait craindre que les villes révoltées contre l'Église ne fissent leur soumission.

C'est alors qu'il fait bon voir les Huit à l'œuvre. Ils font face à tout à la fois. Ils somment Ridolfo de faire diligence et d'amener avec lui des gens d'armes en nombre[2]. Ils obtiennent une trêve d'un mois de Galeotto Malatesta, qui espérait tout des combats[3]. Pour maintenir en Lombardie le théâtre de la lutte[4], pour séparer d'Hawkwood les Bretons[5], ils subissent les exigences inacceptables de l'Anglais[6], ils lui promettent l'oubli des injures, des maux passés[7], et, ce qu'il prisait davantage, le maintien, sa vie durant, de cette provision annuelle qu'on lui avait votée pour la durée seulement de son séjour en Italie[8].

En apprenant comment la République payait ses amis, les Bretons inclinaient, eux aussi, à préférer sa solde sûre à celle de l'Église[9]. Leurs offres étaient connues; mais, pour les accepter, il fallait l'assentiment des con-

---

[1] March. de Coppo, IX, 760. Voy. plus haut, p. 124, n. 5.

[2] 20 juin. *Arch. stor.*, loc. cit., p. 267. Doc. 252.

[3] Doc. 232. Voy. plus de détails sur les relations de Florence avec les amis de l'Église dans Gherardi, *La guerra dei Fior.*, p. 84.

[4] « Fiat potius defensio in Lombardia vel in territorio Bononiensium quam in Tuscia. » (*Consulte e pratiche*, XVI, 52.)

[5] 14, 20 juin. (*Ibid.*)

[6] « Quia res omnes denegabiles postulant et nos in intolerabiles sumptus inducunt. » (17 juin. *Arch. stor.*, loc. cit., p. 266. Doc. 246.) « Quod fiat quicquid fieri potest quod habeatur concordia cum D. J. Haucud.... Quod omnino per omnem modum habeatur brigata Anglicorum. » (20 juin, *Consulte e pratiche*, XVI, 52 v°.)

[7] 20 juin. *Arch. stor.*, loc. cit., p. 267. Doc. 250.

[8] 10 juillet. *Ibid.*, p. 271, doc. 278. Ce privilège fut confirmé quinze ans plus tard. Doc. 415.

[9] Les Huit écrivent à Bernabò qu'on pourra peut-être s'accorder avec les Bretons, « qui se offerunt ad stipendia nostra venturos. » (20 juin. *Ibid.* Doc. 251.)

seils, et les conseils, en prolongeant leurs délibérations quelques jours[1], laissent échapper l'occasion. Perdant patience, les Bretons avancent, sans que Bernabò, hésitant à rompre avec le Saint-Siège, leur dispute le passage. Les Anglais s'accordent avec eux; Bologne est sollicitée de suivre cet exemple[2]; les princes étrangers poursuivent de leurs observations, de leurs menaces, le peuple audacieux qui s'obstine dans une guerre sacrilège[3]. Tout semble perdu, et, de fait, rien n'est perdu. Andrea Salviati, un des Huit, part pour Milan; il arrache à Bernabò la promesse d'engager cinq cents Bretons, à frais communs avec Florence, d'opposer aux autres des gens du duc de Bavière et du duc d'Autriche, d'envoyer en Toscane des mercenaires nombreux[4]. En même temps les alliés sont rappelés au devoir[5]. Ridolfo, enfin arrivé[6], part avec huit cents lances pour Bologne, dont la corruption et la force ébranlaient la fidélité (16 juillet)[7].

[1] « Quod habeatur concordia.... cum Britonibus. » (20 juin. *Consulte e pratiche*, XVI, 52 v°.) Lapo de Castiglionchio (21 juin) : « Quod circa omnia provideant tamquam si D. J. Haucud debeat nobis esse contrarius. » (*Ibid.*, p. 53 v°.) Filippo Corsini (23 juin) : « Et quod omnino non sperent in verbis D. J. Haucud. » (*Ibid.*, p. 55 v°.) Les *consulte* des jours suivants sont encore pleines de ces affaires.

[2] 22-23 juin. *Arch. stor.*, loc. cit., p. 268. Doc. 259, 260, 261, 262.

[3] A Enrique II le Magnifique, roi de Castille et de Léon, la seigneurie répond en s'étonnant de ses menaces; elle énumère les services qu'elle a rendus à l'Église et les offenses qu'elle en a reçues (29 juin. *Ibid.*, p. 270. Doc. 268). Le 12 juillet, on l'invite à se porter médiateur, s'il tient tant à la paix, et on se plaint que les marchandises florentines aient été volées dans son royaume (*Ibid.*, p. 272. Doc. 281).

[4] 22-23 juin. *Arch. stor.*, loc. cit. Doc. 259, 260, 264. — 246, 251, 267, 271, 275.

[5] Doc. 261, 265.

[6] Le 7 juillet, la seigneurie écrit à Bernabò que Ridolfo entrera à Florence le lendemain (*Ibid.*, p. 271, doc. 275). Le *Diario d'anonimo* (p. 310) et March. de Coppo (IX, 760) disent qu'il arriva le 10, et la *Cron. d'incerto* (p. 284) le 14.

[7] Voy. sur ces promesses les doc. 247 et 262, datés de la seconde moitié

En tout, les Huit Saints disposaient de deux mille lances, et les trois cents de Lutz de Landau envoyées par Visconti[1] ne pouvaient, à cause de sa trêve avec l'Église, être employées qu'à la garde des villes[2]. Il fallait pourtant assiéger Gomez Albornoz dans Ascoli, faire campagne dans le duché de Spolète, comme dans le Patrimoine[3]. Le sentiment public exigeait donc qu'on dégarnît les provinces pontificales, pour mieux secourir Bologne; mais les Huit croient qu'il faut tenir l'ennemi loin de Florence, et que de la liberté d'Ascoli dépend celle de la Marche[4] : c'est pourquoi ils ne feront aucune concession; ils continueront à disséminer leurs faibles troupes, pour envoyer partout des secours[5]. Ils maintiennent une ferme discipline et châtient l'opposition active : ils font pendre au gibet un capitaine suspect de trahison[6]; ils condamnent dans sa personne, dans ses biens, l'évêque de Pesaro, avec ses parents jusqu'au troisième degré, pour s'être rendu au camp des Bretons, pour y avoir parlé des Florentins comme hérétiques et excommuniés[7]; ils prohibent les réunions des religieux

de juin. — Sur le chiffre des forces envoyées, *Cron. Bol.*, R. I. S., XVIII, 505.

[1] *Sign. cart. miss.*, XV, 76, note 2 de Gherardi à la p. 311 du *Diario d'anonimo*. Un doc. du 3 septembre montre la commune payant à un aubergiste 39 florins pour le logement et l'entretien de Lutz. Voy. le texte dans Ricotti, II, 154.

[2] Neri de Donato, R. I. S., XV, 240; March. de Coppo, IX, 760.

[3] March. de Coppo, IX, 760.

[4] Doc. 296.

[5] Doc. 253, 254, 255, 263, etc. Gherardi, *La guerra dei Fior.*, p. 87.

[6] C'est ce qu'ils firent pour un capitaine génois qui voulait livrer à Hawkwood le château de Granajuolo en Romagne. Voy. *Diario d'anonimo*, p. 310, et note 4 de Gherardi. — Le 16 septembre, on exécute un traître qui avait livré le château de Castelleone aux Ubaldini (*Ibid.*, p. 323).

[7] *Diario d'anonimo*, p. 311; Sozomène, R. I. S., XVI, 1098; Boninsegni, p. 572. — Cet évêque, nommé Angelo de Bibbiena, fut, en 1381, privé de

dans leurs églises, où se pouvaient nouer et cacher des conjurations[1].

Cependant, contre les Bretons en marche, les passages de l'Apennin fortifiés et gardés n'inspiraient qu'une médiocre confiance. Les *contadini* avaient reçu ordre de se retirer dans les châteaux, avec leur bétail et leurs récoltes. On savait redoutable ce Robert de Genève, ce cardinal boiteux, aussi laid d'âme que de corps[2], — « homme du diable, » dit le chroniqueur bolonais, « plus bourreau que légat, » ajoute l'annaliste de l'Église[3]. On venait de le voir, tout en écrivant aux Florentins qu'il n'était venu que pour la paix[4], passer au fil de l'épée, pour terrifier Bologne, les habitants de Montegiorgio âgés de plus de six ans[5]. Il ne terrifiait pas pourtant Ridolfo de Camerino. Enfermé dans Bologne, entre le féroce cardinal et la faction remuante qui voulait rappeler les Pepoli, Ridolfo ne bougeait, et comme Robert lui en faisait honte : — Je ne sors point, répondait-il, pour que vous n'entriez pas[6].

C'était le plus sûr. Ayant échoué par la terreur, le

---

son évêché par Urbain VI, pour avoir adhéré à l'antipape Clément (Gherardi, préf. au *Diario*, p. 227).

[1] Poggio Bracc., R. I. S., XX, 253; Ammirato, XIII, 599.

[2] Ricotti, II, 161.

[3] « Uomo del diavolo. » (*Cron. Bol.*, R. I. S., XVIII, 505.) — « Carnificis quam legati apostolici munere digniorem. » (*Ann. eccl.*, 1376, § 10, t. XXVI, p. 283.)

[4] *Arch. stor.*, loc. cit. Doc. 276. Les Huit lui répondent que Florence est reconnaissante de sa bienveillance, mais qu'elle ne peut poser les armes, tant qu'il s'agit de défendre sa liberté. (*Ibid.*)

[5] Ammirato, XIII, 699, 700. Ce château était situé à 12 milles de Bologne.

[6] *Cron. Bol.*, R. I. S., XVIII, 504; Sozomène, R. I. S., XVI, 1099; Poggio, R. I. S., XX, 255; Ammirato, XIII, 701. Ce dernier rapporte longuement l'histoire d'un défi singulier où un Florentin et un Siennois triomphèrent de deux Bretons. Le fait se trouve mentionné aussi dans *Diario d'anonimo*, p. 313, et Malavolti, l. VIII, part. II, f° 143 v°.

monstre mitré joua la mansuétude. Il offrit aux Bolonais, pour prix de leur soumission tant désirée, le pardon de l'Église. Mais ici encore il rencontrait Florence et ses représentants. La République en entretenait deux à Bologne, les changeait de temps à autre[1], et pesait par eux sur l'élection des magistrats[2]. Si c'était marquer peu de respect pour l'indépendance et la liberté d'une alliée, ces biens, chimériques en temps de crise, ne pouvaient que par la victoire devenir une réalité : la sujétion au Saint-Siège eût ramené la servitude. Un conseil populaire, tenu en présence d'Alamanno Cavicciuli et de Marchionne de Coppo, ambassadeurs de Florence[3], répondit fièrement que les Bolonais voulaient vivre en liberté, être amis et frères des Florentins. Le cardinal en fut au comble de la fureur. — Je n'aurai de contentement, s'écriait-il, qu'après m'être lavé mains et pieds dans le sang des Bolonais[4].

Il l'eût fait comme il le disait ; mais la victoire n'était pas à ses ordres. Bologne sur ses gardes exilait ou décapitait ceux de ses citoyens qui conjuraient en sa faveur et en faveur des Pepoli[5]. Les portes restaient fermées, et le territoire florentin était moins accessible que, des deux parts, on ne l'avait supposé[6]. Les Bretons ne pouvaient étendre leurs mains crochues que sur des localités pauvres et sans défense dans la Marche et la Romagne.

[1] *Cron. d'incerto*, p. 284.
[2] *Arch. stor.*, loc. cit. Doc. 269, 285, 294, 295, 299.
[3] Gherardi, *La guerra dei Fior.*, p. 91.
[4] *Cron. d'incerto*, p. 285 ; Poggio, R. I. S., XX, 235 ; Sozomène, R. I. S., XVI, 1099.
[5] *Cron. d'incerto*, p. 285 ; *Diario d'anonimo*, p. 514 ; *Cron. Bol.*, R. I. S., XVIII, 507 ; March. de Coppo, IX, 763 ; Sozomène, R. I. S., XVI, 1099 ; Ammirato, XIII, 701.
[6] *Cron. d'incerto*, p. 285. Ammirato (XIII, 701) prétend que Florence

Dépités d'un butin misérable, ils brûlaient tout, enlevaient femmes et filles, passaient au fil de l'épée jusqu'aux enfants à la mamelle. Quand un de ces bourreaux présentait au légat son fer rouge de sang, le légat bénissait le fer, absolvait le meurtrier, et lui faisait d'autant plus fête qu'il avait tué plus d'ennemis[1].

Grégoire XI, s'il eût aimé le sang, pouvait bénir ses serviteurs; mais il préférait le triomphe et se lassait de l'attendre. Il résolut de partir pour l'Italie. Depuis longtemps il y pensait[2], sans oser mettre à exécution son dessein. Ne disait-on pas que, pour avoir tenté ce voyage, Urbain V avait péri par le poison[3]? Sur vingt-six cardinaux dont se composait le Sacré-Collège, vingt et un, nés Français, faisaient chorus avec le roi de France et les sires des fleurs de lis pour empêcher le départ. — Père saint, disait le duc d'Anjou, vous allez en pays et entre gens où vous êtes petitement aimé, et laissez la fontaine de la foi et le royaume où l'Église a plus de voix et d'excellence qu'en tout le monde[4]. — Ces conseils, que ne savait pas repousser sa naturelle timidité, et l'ardent désir de réconcilier la France avec l'Angleterre, pour les armer contre les infidèles[5], avaient longtemps retenu le

---

avait trouvé moyen de corrompre les deux chefs bretons, Jean Malestroit et François de Bude.

[1] *Cron. Bol.*, R. I. S., XVIII, 505; Ghirardacci, l. XXV, t. II, p. 351.

[2] *Ann. eccl.*, 1375, § 3, t. XXVI, p. 262. Brefs à Piero Gambacorti et au doge de Venise, dans Theiner, II, 564, 570.

[3] *S. Antonini Chronicorum Opus*, t. III, tit. 22, Lyon, 1587; Capecelatro, I, 205.

[4] Froissart, l. II, t. II, p. 21, éd. du *Panth. litt.* Le 5 septembre, la seigneurie remerciait le roi de France d'avoir écouté la dispute entre les orateurs florentins et un nonce du pape sur le procès fait à la République, et d'en avoir suspendu la publication dans son royaume (*Arch. stor.*, loc. cit., p. 275. Doc. 300).

[5] Voy. *Ann. eccl.*, 1375, § 22, t. XXVI, p. 371.

pontife en terre d'Avignon ; mais, à la fin, ses intérêts personnels, comme les pressantes instances de Pétrarque et de Catherine, l'emportèrent dans son esprit[1]. Il s'éloignait le 8 septembre[2], malgré son père qui, les yeux pleins de larmes, essayait de le retenir au seuil de son palais[3].

Les lenteurs habituelles à ce temps, les vents contraires, la mer mauvaise, prolongèrent trois mois un voyage qui devait durer dix jours[4]. Florence émue, mais non découragée, savait bien que le pape venait en ennemi. — S'il a convoqué nos ambassadeurs à Rome pour le 30 novembre, écrivait la seigneurie[5], il ne pourra être amené à la paix que par la ruine de sa puissance[6]. Ses propositions sont telles, que s'il tenait notre ville assiégée, ou

---

[1] Voy. Lettres 206, 211 de Catherine. Ed. Tomm., III, 162, 185; Baluze, *Vitæ pap. Aven.*, I, 437. Cristofano Guidini, notaire de Sienne et contemporain, croit que c'est la sainte qui a procuré le retour du Saint-Siège à Rome : « Tanto adoparò che la corte si partì da Vignone. » (*Memorie di ser Cristofano Guidini da Siena, scritte da lui medesimo nel secolo XIV°. Arch. stor.*, 1re sér., IV, 37.)

[2] Ranieri Sardo, c. CLXXVIII, p. 191. D'autres auteurs disent le 13, mais la date du 8 est probable, parce que c'est un jour consacré à la Vierge et considéré comme de bon augure.

[3] Capecelatro, I, 222.

[4] Dix jours après le départ, la seigneurie croyait déjà Grégoire en Italie. Lettre à Bernabò, 23 sept: *Arch. stor.*, loc. cit., p. 275. Doc. 304. Le pape resta à Marseille jusqu'au 2 octobre. Il n'est à Porto Pisano que le 7 novembre ; à Livourne il séjourne du 8 au 16. Assailli par une tempête, il est encore à Piombino le 25. Il est à Rome le 13 janvier 1377. Voy. Ranieri Sardo, c. CLXXVIII, p. 191. Cet auteur le fait partir d'Avignon dès le 8 septembre. Voy. aussi l'itinéraire du pape par un de ses compagnons de voyage, R.I. S., III, part. 2, p. 704.

[5] Sigismondo Tizio, *Storie ms.*, t. IX. Citation de Burlamacchi et de Capecelatro, II, 10.

[6] « Ut cum se viderit nudatum potentia et vana intentione que eidem exhibetur a plurimis perfrustratum, se ad pacem debitam animet et disponat; quam ab eo, nisi fractis suis viribus, numquam poterimus extorquere. » (23 sept., à Bernabò, *Arch. stor.*, loc. cit., p. 275, doc. 304.)

s'il y avait pénétré en vainqueur, elles paraîtraient encore déshonnêtes, cruelles, honteuses, impossibles[1]. — Il exigeait, en effet, trois millions de florins, prêt, disait-il, au martyre de saint Barthélemy, plutôt que d'en rien rabattre[2]. C'était tenir la dragée bien haute ; mais l'ambassade florentine, par sa raide attitude, n'avait fait que l'irriter[3].

Ses exigences semblaient d'autant plus dures que la gêne régnait à Florence. On y était réduit aux expédients. On demandait du temps aux créanciers de l'État[4], compromettant ainsi le crédit public. On empruntait aux citoyens; on disait cette source inépuisable[5], et elle s'épuisait. Au dehors, le trafic persécuté était aux abois. Chassés de partout, même de Rome et de Naples, qui avaient résisté tout d'abord à l'injonction pontificale[6], même de Lucques, qui faisait partie de la ligue[7], les marchands de retour propageaient le découragement, et causaient, disent les contemporains, un mal incalculable[8]. Les secrets fauteurs du Saint-Siège reprenaient

---

[1] « Que si urbem nostram obsidione cinctam longo affligisset (sic) bello, aut intra menia victor dominaret, inhonesta forent postulatu, crudelia jussu, et impossibilia ac turpia, si quis recte respiciat, observata.... » (24 sept., au doge de Gênes. Ibid., p. 275, doc. 305.)

[2] « Non puduit tria milia milium florenorum pretextu emendationis hujusmodi postulare.... Prius passurum se beati Bartholomæi martirio deformari quam modificationes hujusmodi consentiret. » (28 sept. La seig. au roi de Hongrie, ibid., p. 276. Doc. 307.) Lettres de même teneur à l'empereur et au doge de Venise.

[3] « Aveano dato materia al santo padre non di pace, ma di più turbazione. » (Lettres de sainte Catherine, n° 234. Ed. Tomm., III, 293.)

[4] Arch. stor., loc. cit. Doc. 216, 270, 279.

[5] 10 févr. Les Huit à Bernabò. Jamais, disent-ils, Florence n'a eu autant de facilité à trouver de l'argent (Ibid., p. 227. Doc. 159).

[6] 1er et 15 août 1376. Ibid., p. 273. Doc. 287, 288, 292.

[7] Ibid. Doc. 286.

[8] March. de Coppo, IX, 765.

confiance à vue d'œil, exploitaient à l'envi les déprédations bretonnes, la paix conclue entre l'Église et Galeazzo[1], les menaces du pape, sa prochaine arrivée, et par leur opposition, impuissante encore, mais taquine, irritante, ils poussaient les Huit Saints plus avant dans leur voie. Pressés d'argent, c'est aux clercs que ces officiers en demandent de nouveau : dans leur pensée, « la liberté ecclésiastique avait pour limite la liberté des peuples[2]. » Quoique les Huit des prêtres continuassent d'exercer leur charge[3], qui consistait à lever les impôts frappés sur le clergé le 8 juillet 1375[4], un nouvel office est créé pour six mois, avec mission de vendre les biens des églises. Ce sont les officiers des *livelli* ou du cens[5]. Au nombre de huit, ils comptent dans leurs rangs six *popolani*, et deux membres seulement des arts mineurs[6]. La démocratie restait donc obstinément bourgeoise, dans cette crise où l'on prétend voir déjà se déchaîner les petites gens.

---

[1] Le 19 juillet 1376, à Oliveto, diocèse de Bologne, où se trouvait le camp des Bretons. L'acte est dans Dumont, *Corps dipl.*, III, ann. 1376.

[2] « Sic observandam ecclesiasticam libertatem quod libertas naturalis populorum nihilominus non lædatur, sic fore pro fidei conservatione statuendum quod fideles cum calomnia non plectantur. » (Lettre adressée à Galeotto Malatesta. Coluccii ep. 78, citée par Vitale, *Storia diplomatica de' Senatori di Roma*, II, 529.)

[3] Le 26 novembre il en est encore question (*Arch. stor.*, loc. cit., p. 278. Doc. 325).

[4] *Ibid.* Doc. 12. Voy. plus haut, p. 106, 107.

[5] « Officiales livellariorum. » (26 sept. 1376. *Ibid.*, p. 275, doc. 306.) A la nomination de leurs successeurs les deux offices furent réunis sous le nom d'*ufficiali dei livellari e dei preti* (7 mars 1377. *Ibid.*, p. 281. Doc. 339).

[6] M. Gherardi (*La guerra dei Fior.*, p. 99, note 2) renvoie à un *Registro d'alienazione di beni ecclesiastici*, n° 355, arch. de Flor. — Pour tous les détails de cette situation intérieure, nous n'avons pu mieux faire que de suivre le substantiel résumé qu'en a donné, d'après les documents qu'il a publiés ou indiqués, cet auteur aussi intelligent que consciencieux et modeste.

Tous les biens immeubles des églises et des personnes d'église, tous leurs droits mêmes sur ces biens durent être soigneusement relevés, puis vendus par le nouvel office. L'acquisition en était, au besoin, rendue obligatoire sous des peines pécuniaires et personnelles; la commune s'engageait à protéger les acquéreurs[1]. Là-dessus, de vives plaintes, qui font rapporter cet article coercitif, puis une rareté de transactions libres qui le fait rétablir[2]. Comme les clercs tournaient la loi par des ventes simulées, aucune ne sera désormais valable sans l'approbation des officiers du cens[3]. Comme de vives plaintes s'élevaient sur la spoliation des églises, on déclara inaliénable la part de leurs biens jugée nécessaire à l'entretien décent des établissements et des personnes ecclésiastiques[4]. C'étaient là bien des tâtonnements : mais comment ne pas tâtonner quand on établit, malgré d'opiniâtres résistances, une taxe nouvelle, et qu'on ne ferme pas l'oreille aux justes réclamations?

Cent mille florins, au minimum, voilà ce que les Huit entendaient retirer de ces ventes forcées[5], exigence nullement excessive, si l'on pense aux sommes que recevaient Hawkwood et tant d'autres *condottieri*[6]. Mais ce qui ôte aux mesures prises tout caractère oppressif, c'est que la commune s'engageait à payer, en novembre de chaque année, aux anciens possesseurs, 5 pour 100 des biens aliénés, jusqu'à l'entière restitution de ces biens. Et pour que celle-ci ne fût pas un vain mot, toutes les ventes faites durent être enregistrées; les églises, les personnes

---

[1] *Arch. stor.*, loc. cit. Doc. 306. — [2] *Ibid.* Doc. 312.
[3] *Ibid.* Doc. 320. Le doc. 330 donne un modèle de ces actes de vente.
[4] *Ibid.* Doc. 306, 312. — [5] *Ibid.* Doc. 312.
[6] Gherardi, *La guerra dei Fior.*, p. 100.

dépouillées, devenaient légitimes créancières de l'État¹. Il ne s'agissait donc que d'un emprunt forcé, et non, comme les intéressés se plurent à le dire, d'une confiscation². S'il y eut scandale, c'est que le clergé prétendait se dérober aux devoirs civiques, jouir de mille privilèges, sans supporter aucune charge; c'est qu'il jetait les hauts cris quand on touchait, si peu que ce fût, à l'oint du Seigneur, aussi violent devant la menace qu'aisément résigné devant le fait accompli.

Dans le trouble croissant des esprits, pourrait-on relever les courages que déjà l'on sentait abattus ? Les Huit l'essayèrent. Sachant combien les fêtes plaisaient aux Florentins, ils annoncèrent que, « le 7 décembre suivant, au nom de Dieu, aurait lieu une joûte en l'honneur d'une belle damoiselle, appelée Madonna Liberté. Chacun serait admis à jouter pour l'amour d'elle. Le vainqueur recevrait une belle lance et une belle guirlande, à l'honneur du peuple, de la cité de Florence et de la *parte*³. » Ce dernier mot de la proclamation trahissait,

---

¹ *Arch. stor.*, loc. cit. Doc. 306, 313. Toute cette affaire n'est bien connue que depuis la publication des documents par M. Gherardi et du mémoire qui les classe, qui les relie entre eux. On peut voir, dans les notes de Burlamacchi aux lettres de sainte Catherine de Sienne et dans Capecelatro (I, 166), combien on était mal fixé à cet égard. Seul, selon son habitude, Ammirato le jeune donne des renseignements exacts dans leur brièveté. Voy. XIII, 702.

² Autre preuve de modération ou de prudence chez les Huit Saints : Pour répondre à l'expulsion des Florentins par le pape, ils interdisent aux marchands, leurs compatriotes, de résider à la cour pontificale, en quelque lieu qu'elle fût; mais cette interdiction est limitée à deux mois, et le cardinal Corsini, dont les bons offices pouvaient être utiles, en est excepté dès les premiers jours (18, 20 oct. 1376. *Ibid.*, p. 277, doc. 314). Cf. Ammirato le jeune, XIII, 701. La guerre finie, les marchands obtenaient la levée de cette ruineuse interdiction, maintenue pendant toute la durée des hostilités (27 août 1378. *Ibid.* Doc. 396).

³ *Diario d'anonimo*, p. 325. Aucune mention de ce fait, qui n'est pas

chez les maîtres du jour, une secrète faiblesse : qui en est réduit à ménager un ennemi implacable, ne peut tarder d'être à sa merci.

Déjà l'on parlait partout hautement de la paix[1]. — La guerre, disait en pleine consulte Leonardo des Beccanugi, portant la parole au nom des gonfaloniers, la guerre détruit les villes, surtout quand elle est à l'intérieur en même temps qu'à l'extérieur[2]. — Les succès n'enivrent plus personne. Ascoli tombe[3], Bolsena se soulève contre l'Église et entre dans la ligue[4], qu'importe? Si les Huit Saints sont maintenus dans leur balie, ils reçoivent de pleins pouvoirs pour traiter avec le pape[5]. C'est un mandat impératif, et ils le sentent, car ils nomment sans retard trois ambassadeurs à cet effet (29 novembre)[6]. Seulement, ils en retardent le départ, sous prétexte que Grégoire n'est pas encore sur son siège à Rome[7]. C'était leur manière de concilier leur obéissance au vœu public avec leur sentiment personnel.

sans importance, ne se trouve ni dans les autres auteurs, ni dans les documents. On ne sait même pas si la fête eut lieu.

[1] Voy. *Arch. stor.*, loc. cit. Doc. 284, 289, 298, 319, 348 et autres. Sainte Catherine écrit au pape alors qu'il est à Corneto (Lettr. 252. Éd. Tomm., III, 362). Florence remercie, prie qu'on ne se lasse pas (Doc. 284, 289, 298, 301, 306, 310, 315, 318).

[2] « Cum notorium sit bello urbes annichilari et maxime intestino, et cum commune bellum gerat extrinsecus et ab intus et cum petitionibus et cum admonitionibus decertatur, quod ad tollendum scandala ad utramque partem pro salute Reip. provideant. » (11 décembre, *Consulte*, XVI, 113 v°.)

[3] Ser Naddo, p. 4; *Cron. d'incerto*, p. 286; *Diario d'anon.*, p. 326; Gherardi, préf. au *Diario*, p. 228; Boninsegni, p. 566; *Arch. stor.*, loc. cit. Doc. 297, 311; Coluccio Salutati aux Pérugins. 3 Déc. Part. I, ép. 14, p. 52.

[4] *Cron. d'incerto*, p. 286; Ammirato, XIII, 703.

[5] 26, 27 novembre. *Arch. stor.*, loc. cit., p. 278. Doc. 322; *Cron. d'incerto*, p. 287; Ammirato, XIII, 702.

[6] *Arch. stor.*, loc. cit., p. 279. Doc. 324.

[7] 31 décembre. *Ibid.*, p. 279. Doc. 328, 329.

Mais tout a une fin, même les voyages des papes. Le 17 janvier 1377, Grégoire XI était à Rome[1]. C'est en vain que diverses lettres des Florentins l'y avaient précédé pour persuader aux bannerets de la ville éternelle[2], soit qu'il n'y arriverait jamais[3], soit qu'ils ne devaient pas sacrifier une liberté qu'on ne leur pourrait rendre[4], tandis qu'ils la pouvaient défendre avec les trois mille lances qu'offrait la République[5]. Cette offre et ces conseils n'eurent d'autre effet que de transformer les libres Romains en sujets peu commodes : si les bannerets déposèrent aux pieds de Grégoire la baguette de leur commandement, ils la reprirent le lendemain[6]. C'est à Rome toujours que le Saint-Siège avait eu le moins de partisans.

On vit du moins ceux qu'il avait ailleurs relever la tête. Tel fut l'effet de son retour. A Florence, les âmes dévotes supportèrent plus impatiemment les censures ecclésiastiques. Hors de Florence, les villes de la ligue

---

[1] Itinéraire de Grégoire XI, R. I. S., III, part. II, p. 704.

[2] On appelait ainsi les chefs, les porte-bannières des treize quartiers de Rome (Fragment d'un ms. du Vatican imprimé dans *Antiq. ital.*, II, 856).

[3] « Post peregrinationes et classis ostentationem, sic inhesit Massilie, quod sine dubio expectaturus videatur hiemis violentiam, quam in excusationem navigationis pretendat; mox interpalustrem suum Avinionem, quasi sedem propriam, aditurus.... Et proh dolor! Si veniat non pacificus, sed furore bellico comitatus accedet, vobis nichil, nisi bellorum vastitatem presentia sua, ut certissima novimus, pariturus. » (12 oct. 1376. *Arch. stor.*, loc. cit., p. 276. Doc. 309).

[4] 25 décembre. Voy. cette lettre, qui est de Coluccio Salutati, dans l'éd. Rigacci de ce secrétaire, part. I, ép. 17, p. 58, et dans Vitale, *Storia diplomatica de' senatori di Roma*, II, 327.

[5] Vitale, *ibid.*, p. 330.

[6] « Ut regerent secundum quod prius voluerunt.... De quo nec immerito fuit ipse territus et turbatus, videns se fuisse deceptum et illusum. » *Vita Gregorii XI a Bosqueto edita*, R. I. S., III, part. II, p. 652. Sismondi, IV, 425. — Theiner (cod. n° 606) rapporte en entier le concordat entre le pape et les Romains : il porte la date du 21 décembre.

commencèrent à s'apercevoir qu'elles n'étaient pas libres.
« De la liberté que les Florentins nous ont donnée, écrivait le chroniqueur bolonais Della Pugliola, Dieu en garde les chiens[1] ! » Lucques et Pérouse s'enhardissent à offenser une cité qui les opprime[2]. Pise et Sienne envoient des ambassadeurs à Rome[3]. Le préfet de Vico voit les progrès du mal, craint d'être abandonné et tremble pour ses conquêtes[4]. Un congrès de la ligue[5] a eu beau déclarer obligatoires pour tous les décisions des Huit[6], les confédérés trouvaient un continuel prétexte à la désobéissance, à la faiblesse, dans les insuffisants secours que Florence leur envoyait[7].

Grégoire XI connaissait cette lassitude, ces sourdes résistances, et il en devenait plus inflexible dans les négociations. Elles n'étaient plus, au dire des ambassadeurs, « ni possibles, ni honorables. » De la République l'Église exigeait, en quatre ans, onze cent mille florins ; des confédérés cinq cent mille, et il ne serait plus permis de leur porter secours dans leurs révoltes[8]. Florence en eût

---

[1] « La libertà che ci diedero i Fior. e i nostri cattivi cittadini fu favoreggiata per modo che Dio ne guardi i cani. » (*Cron. Bol.*, XVIII, 544.)

[2] *Arch. stor.*, loc. cit. Doc. 321, 326.

[3] *Ibid.* Doc. 321, 343 ; Ranieri Sardo, c. CLXXVIII, p. 193.

[4] « O si fallimur, quam dolemus ! » — Exclamation du préfet rapportée dans une lettre à lui adressée par Col. Salutati, part. I, ep. 30, p. 74.

[5] Ammirato, XIII, 702 ; *Consulte e pratiche* citées par Gherardi, *La guerra dei Fior.*, p. 108, n. 4. Convoqué en septembre 1376, le congrès s'était réuni le 16 décembre suivant.

[6] *Cron. d'incerto*, p. 287 ; Ammirato, XIII, 702.

[7] « Nonne nos neglecto nostro periculo, quamvis circa nos duo hostium validi exercitus et tota potentia Ecclesiasticorum obvolverit, ad vos longe majorem quantitatem gentium quam debemus transmisimus et ad vestram defensionem continue retinemus?... Quid est dicere quod nisi terras vestras nostris gentibus impleatis, quod de ipsis securi vivere non potestis? » (Col. Salutati au préfet de Vico. 19 mars 1377. Part. I, ep. 30, p. 74.)

[8] La seigneurie au roi de Hongrie, 23 mars 1377. *Arch. stor.*, loc. cit.,

perdu tout crédit dans la Toscane, où l'on ne recherchait son amitié que par besoin de sa protection[1]. Comment donc eût-elle subi ces conditions léonines? Elle avait à sauvegarder les traditions, les nécessités de sa politique séculaire. Un soudain revirement s'accomplit dans les *consulte :* les Huit y furent loués de leur énergie, exhortés à la persévérance[2].

Justement, une tuerie atroce venait fort à point apprendre aux peuples ce qu'ils pouvaient attendre des mercenaires de l'Église et de ses légats. Le massacre de Cesena, succédant à celui, tout récent encore, de Faenza[3], causait partout, redoublait plutôt un vif sentiment d'horreur. Dans cette ville non prise d'assaut, mais ouverte aux Bretons pour leurs quartiers d'hiver (1er février), on avait vu des exactions et des violences sans nom; une lutte de deux jours pour la défense des biens, des foyers, des familles; Hawkwood, appelé à la rescousse par le cardinal de Genève, et, quoiqu'il s'engageât à obtenir sans combat la soumission des citoyens, invité par lui à verser du sang, du sang, parce que telle était sa volonté; puis, les gens immolés comme bêtes, les enfants à la mamelle passés au fil de l'épée, saisis par les pieds pour

---

p. 282. Doc. 343; Col. Salutati omnibus colligatis, 10 mars. Part. I, ep. 26, p. 68.

[1] Cette clause est hors de doute : « Quinetiam omnino volebat, post dictum tempus, sibi fore licitum contra nostros colligatos arma summere ; et eos, precluso nobis omni subventionis arbitrio, bellaciter infestare. » (Doc. 343.)

[2] « Quod octo balie de eorum processibus sunt multum commendandi, et quod ipsi viriliter insistant ad bellum, et quod non timeant ex quo viderint apparari, sed sperent in Deo, et non preservent expensam, quod nunc agitur de libertate Florentinorum. »·(Bonaccorso Lapi au nom des gonfaloniers. *Consulte,* XVI, 116). Cf. *Cron. d'incerto,* p. 288 ; Neri de Donato, R. I. S., VX, 252 ; Ammirato, XIII, 703.

[3] Voy. sur le massacre de Faenza Ricotti (II, 155) qui donne les sources.

leur briser la tête contre les murs; leurs mères déshonorées allant au loin cacher leur honte ou avorter et mourir dans les broussailles. Un seul contemporain, le notaire ser Naddo, limite à deux mille cinq cents le nombre des morts; la plupart le portent à cinq mille.

L'indignation fut profonde, et, comme il sied à des Italiens, démonstrative. Pérouse fit célébrer l'office des morts dans ses églises, ordonna des messes, des cierges, une pompe funèbre pour les innocents immolés. Toutes les villes toscanes en guerre avec l'Église suivirent cet exemple[1]. Florence fit mieux, elle réfuta les excuses dont on couvrait le massacre : « Quelle apparence, écrivait la seigneurie, de croire à la révolte d'une population infortunée qui voyait se dresser sur sa tête deux inexpugnables citadelles, pleines de Bretons et d'Anglais[2] ! » Ces lettres accablantes affectaient, par un reste de respect, de ne pas rendre le souverain pontife responsable[3];

---

[1] Neri de Donato, R. I. S., XV, 252, 253; *Cron. d'incerto*, p. 288; *Diario d'anonimo*, p. 334, avec une grave erreur de date; Ser Naddo, p. 5; *Chron. Est.* et *Chron. Rimin.*, R. I. S., XV, 500, 917; Matth. des Griffoni et *Cron. Bol.*, R. I. S., XVIII, 189, 510; *Ann. Foroliv.*, R. I. S., XXII, 189; *S. Antonini Chronicorum Opus*, t. II, cap. 1, § 4. T. III, p. 382. Ce prélat rejette tout l'odieux sur les Bretons et ne dit pas un mot à la charge du cardinal. Poggio, R. I. S., XX, 256; Leon. Bruni, l. VIII, p. 186; Ammirato, XIII, 704; *Cesenæ historia*, *authore Scipione Claramontio*, sans millésime. Les principales autorités sont la lettre de la seigneurie, Neri de Donato et la *Cronichetta d'incerto*.

[2] Lettres de la seigneurie à Pérouse, Arezzo, Fermo, Ascoli, Sienne, etc. 8 févr. *Arch. stor.*, 1ʳᵉ série, XV, 46, et doc. 332 de Gherardi, p. 280; à Bernabò, 10 févr. Doc. 333, p. 280; aux princes, 21 févr., dans *Ann. mediol.*, R. I. S., XVI, 764; *Arch. stor.* Doc. 335, p. 280, et nuova serie, t. VIII, part. II, p. 11. Dans ce dernier recueil, à la suite de cette lettre, se trouve un dialogue en latin par un contemporain sur ce massacre (p. 17-30). 25 mars, aux Romains. Doc. 347, p. 283. La traduction de cette lettre a été publiée dans *La potestà temporale dei papi giudicata da Fr. Petrarca, da Coluccio Salutati e da Giovanni de' Mussi* (Flor., 1860).

[3] « Nec harum rerum humanitatem summi pontificis accusamus, cui hac

mais, en gardant le silence, il parut prendre sa part de responsabilité. « Si, par un bref rendu public, écrit M. Gino Capponi, il avait condamné Robert de Genève, celui-ci n'aurait pas réussi, plus tard, à porter le schisme dans l'Église[1]. » Quoi qu'il en soit, l'immensité du scandale devait, semble-t-il, tourner au profit de la cause florentine. « Personne, suivant l'annaliste de Bologne, ne voulait plus croire au pape, ni aux cardinaux, parce qu'en effet, ces choses n'étaient pas croyables[2]. »

Par malheur, ce fut l'affaire d'un jour. Les impressions, en Italie, ont plus de vivacité que de durée, et la politique a ses exigences qui font taire les révoltes du cœur. C'est au loin qu'un roi de Hongrie peut impunément refuser argent et armes au Saint-Siège[3] ; plus près, le Saint-Siège paraît plus redoutable : Gênes, qui lui avait refusé de chasser les Florentins[4], lui promet de le faire dans un délai de quarante jours[5]. Bologne sent faiblir son courage et parle tout haut de soumission[6]. A Florence même on ose de nouveau réclamer la paix[7], malgré les belliqueux qui refusaient d'envoyer des ambassadeurs à Rome[8], malgré Marchionne de Coppo,

---

et alia plurima que tacemus, cordialiter credimus displicere. » (Lettre citée, p. 16, dans l'*Arch. stor.*)

[1] *Stor. di Fir.*, I, 292.
[2] *Cron. Bol.*, R. I. S., XVIII, 510.
[3] Nouvelles rapportées par Simone Peruzzi, ambassadeur, rentré à Florence le 8 janvier 1377. *Diario d'anonimo*, p. 52
[4] Remerciement de la seigneurie au doge de Gênes (*Arch. stor.*, loc. cit., p. 278, doc. 319). Le refus est du 3 nov. 1376.
[5] *Ibid.*, p. 281, doc. 337. 25 février 1377.
[6] Les 6 et 10 février 1377, il est question d'envoyer des ambassadeurs à Bologne pour prévenir le coup (*Consulte*, XVI, 119, 120).
[7] « Per omnem modum queratur pax bona, honorabilis et tuta, pro communi et colligatis. » (5 mars, *ibid.*, p. 126.)
[8] « Quod postquam pax haberi non potest, octo balie procurent que sunt

qui demandait, dans les *consulte*, qu'on fît taire, qu'on punît ceux dont les propos troublaient l'esprit public[1].

On était pour lors au mois de mars, et le tirage au sort venait de donner aux Bolonais des *anziani* du parti des Maltraversi, hostiles à la liberté. Le 17, ces officiers provoquent un soulèvement, font arrêter les chefs des Raspanti, leurs adversaires, et demandent au cardinal de Genève une trêve, préliminaire d'une paix séparée avec l'Église[2]. C'était pour la cause florentine un coup funeste : des ambassadeurs courent à Bologne, « pour rétablir la concorde parmi les habitants. » Mais à l'auberge de la Lune on se rue sur leurs bagages, et on les pille : « Meurent les traîtres ! » s'écrie-t-on de toutes parts. Peu s'en fallut que les « traîtres » ne fussent massacrés. Ils s'éloignent, et, à leur suite, les troupes que la République entretenait à Bologne. « Bologne, dit le contemporain anonyme qui nous donne la plupart de ces détails, ne sait ce qu'elle veut. Elle nous coûte le cœur du corps, et cela ne lui suffit pas[3] ! »

Cela ne lui suffisait pas, en effet. Lasse de souffrir, elle voulait cette paix séparée qui allait, conséquence inévitable, rejeter la guerre sur le territoire florentin[4]. Aux objurgations les plus pressantes[5] elle répondait par

---

balie viriliter et per modum talem quod ad pacem veniatur. — Quod pratica pacis non rumpatur, non tamen mittantur oratores in curiam, quod esset impedire pacem. » (7 mars. *Ibid.*, p. 129.)

[1] « Provideant quod locutiones male que fiunt per civitatem sedentur, et oblocutores puniantur. » (*Ibid.*, p. 135 v°.)

[2] *Cron. Bol.*, R. I. S., XVIII, 511, 512. 20 mars 1377.

[3] *Diario d'anonimo*, p. 329 ; M. Griffoni, R. I. S., XVIII, 189.

[4] « Primo quidem hanc treguam limen et ostium credimus ad concordiam pleniorem.... Deinde ex hoc putamus belli pondus in nostrum territorium convertendum. » (La seign. à Bernabò, 19 mars. *Arch. stor.*, loc. cit., p. 281. Doc. 341.)

[5] Même date, *Ibid.*, p. 282. Doc. 342.

d'aigres paroles[1]. Il était temps d'agir et de faire face au danger. Florence désormais ne marchandera plus avec Hawkwood. Le voyant dégoûté de l'Église, depuis que le cardinal de Genève a pris la direction de l'armée, elle lui promet, pour ses huit cents lances et ses cinq cents archers, vingt-quatre mille quatre cents florins mensuels, payables un tiers par Bernabò, le reste par les autres confédérés. C'était une solde annuelle de trois cent mille florins, la plus considérable qu'on eût encore consentie[2]. De plus, l'Anglais recevait en mariage une fille du seigneur de Milan[3]. Le 10 avril, l'accord était conclu pour une année, et, dès le lendemain, la seigneurie en informait ses alliés[4] : « Bonne nouvelle, écrit notre anonyme, qui désarme le pape et fortifie Florence[5]. »

Il y eut bien quelques déceptions : en arrivant, le 1ᵉʳ mai, pour prendre possession de sa charge, Hawkwood

---

[1] « Satis pungenter. » (Lettre de la seigneurie, 9 avril, en réponse à celle des Bolonais du 6.) Ils sont invités à laisser là les reproches, afin qu'on ne croie pas qu'il y a discorde entre eux et les Florentins. (*Ibid.*, p. 283. Doc. 349.)

[2] *Ibid.* Doc. 352, 360, et Col. Salutati aux Pérugins, 2 juin, part. II, ep. 65, p. 175. Cf. March. de Coppo, IX, 764; Sozomène, R. I. S., XVI, 1102. M. Gherardi (*La guerra dei Fior.*, p. 109) allègue plusieurs documents pour avancer que les Florentins payèrent fort peu de chose. Si cela est vrai, cela tint uniquement à ce que la guerre ne dura pas autant qu'on aurait pu le craindre, car les lettres de la seigneurie parlent toujours de *rata, pecunia vestro communi tangens, ratam contingentem communi vestro* (Col. Sal., ep. 42, 44, 45, p. 94, 97, 98, en date des 2 et 6 août). La part de chaque commune confédérée se trouve dans Col. Salutati, part. I, p. 84, ep. 36 aux alliés, le 31 mai. Il en résulte, si cette liste est complète, que la contribution de Florence était de 25 954 florins.

[3] Voy. un doc. relatif à ce fait et une note explicative dans Osio, t. I, p. 191.

[4] *Arch. stor.*, loc. cit., p. 284. Doc. 352.

[5] « Ed è buona novella, in però ch'ài disarmato il papa e la sua forza, ed ài afforzato te. » (*Diario d'anonimo*, p. 330.)

n'amenait que deux cent quinze lances et quatre-vingt-dix archers. « Cela, je le sais, dit Marchionne, moi qui les fis inscrire à Bologne[1] ! » Mais on dissimula, et l'on attendit, sans lésiner sur les payements. Même on repoussa la proposition de négocier, pour les faire, un emprunt auprès de Bernabò. Avec une fierté dont elle n'avait pas toujours fait preuve, la République, sous les Huit, ne voulait pas qu'on la crût dans le besoin[2].

On dissimulait aussi avec Bologne. On affectait de la tenir toujours pour adhérente à la ligue ; on lui reprochait de ne point payer sa part de la solde des Anglais[3]. Sachant que le cardinal n'observait pas loyalement la trêve[4], on en espérait la prochaine rupture, dans le moment même où s'échangeaient les signatures pour la paix[5], à la veille du jour où 1208 voix contre 67 allaient, dans les conseils de Bologne, ratifier un traité désastreux pour Florence[6]. Ce qu'on désire, on le croit si aisément !

Sans sa vieille alliée de tous les temps, que pouvait la République ? On voit aussitôt les hostilités se traîner et

---

[1] March. de Coppo, IX, 764.

[2] « Quod de accipiendo a D. Bernabove mutuo florenos 30 milia nullo modo fiat pro honore comunis.... Quia fama noceret multum, quia videretur quod comune esset in maxima necessitate. » (*Consulte* du 14 avril, citée par Gherardi, note 4 à la p. 330 du *Diario d'anonimo*.)

[3] *Arch. stor.*, loc. cit., p. 286. Doc. 361. 2 juillet 1371.

[4] *Cron. Bol.*, R. I. S., XVIII, 513.

[5] *Arch. stor.* loc. cit., doc. 363. La paix est confirmée par bulle du 20 août. Doc. 374. Les documents ne disent point ce qu'affirment les auteurs (*Cron. d'incerto*, p. 289 ; Boninsegni, p. 597), que les Bolonais stipulèrent de n'être pas obligés à prendre les armes contre les Florentins et leurs alliés. Cette remarque a été faite par M. Gherardi, *La guerra dei Fior.*, p. 110, 111. S'il fallait en croire le *Diario d'anonimo* (p. 339), la nouvelle de la paix entre Bologne et l'Église ne serait venue à Florence que le 5 octobre, sans doute apportée par les ambassadeurs qui revinrent le 4 de la cour pontificale (voy. plus bas, p. 162). En ce cas, on aurait tenu secret le traité définitif.

[6] Ghirardacci, l. XXV, t. II, p. 364.

languir[1]. Ceux qui veulent y mettre fin, redoublent de prières, de laudes, de litanies, de processions où prennent part les femmes et les enfants avec les hommes et les clercs; où l'on porte en tête crucifix, bannières des églises, gonfalons des compagnies, tableaux représentant la vierge Marie et les saints[2]; où nombre de gens se flagèllent en l'honneur des habitants du paradis, et supplient le Dieu tout-puissant d'ouvrir aux pécheurs le cœur de messire le pape, afin qu'il lui plaise envoyer la sainte paix[3]. Spectacle répugnant pour le libre et laïque esprit de la seigneurie, des Huit et de leurs amis! Les propositions se croisent pour y mettre un terme[4]; mais si l'on peut couper court à des simagrées ridicules, il n'en faut pas moins céder au vœu public, pousser sur la route de Rome une nouvelle ambassade, composée, cette fois, de citoyens expérimentés, considérables, dont deux au moins, Simone Peruzzi et Lapo de Castiglionchio, sont chers à la *parte*[5], preuve que, cette fois, c'est sérieusement qu'on négocie. La reine de Naples est priée d'intervenir[6], le pape de se montrer père vraiment affec-

[1] Le *Diario d'anonimo* est plein des détails de cette guerre obscure.
[2] *Cron. d'incerto*, p. 288. — [3] *Diario d'anonimo*, p. 331.
[4] « Super negociis battutorum providéatur quod comitatini aliquo modo in civitatem non veniant, et quod cives non adunentur nec vadant se battendo, sine consciencia dominorum. — Super coadunationibus frustatorum dixit quod aliqui ipsorum dicunt quod extra civitatem comitatini possint se frustare, et in civitatem intrare non audeant; circa cives autem Decem libertatis se informent, et si viderint aliquid esse periculi providéatur, alias dimittantur in devotione sua. Alii dicunt, cives permittantur se frustare et disciplinam facere sicut placet eis. » (Avis des gonfaloniers et des *buonuomini*, dans la *consulte* du 11 mai 1377. Cité par Gherardi, note 2 à la p. 331 du *Diario d'anonimo*.)
[5] *Arch. stor.*, loc. cit., p. 284. Doc. 353, 358. Les autres ambassadeurs sont Pacino Strozzi, Alessandro de l'Antella, Benedetto Alberti. 29 avril 1377.
[6] *Arch. stor.*, loc. cit. Doc. 355.

tueux[1]. Il le faut bien : de toutes parts, à l'étranger comme à Florence, éclate un vif désir d'apaisement. Les princes se relâchent des rigueurs qu'exigeait le Saint-Siège contre la République[2], et notre chroniqueur anonyme, qui n'a pas assez d'outrages contre les clercs, « loups rapaces, déloyaux et traîtres, » émet, dans ses notes prises au jour le jour, le souhait formel que les négociations aboutissent[3].

Elles auraient abouti, si un intrus, un de ces importants qui gâtent toute chose, ne s'était venu mettre à la traverse. Un certain Ubaldino, Florentin et prieur de San Stefano *a ponte*, prit sur lui de promettre au pape plus d'argent que les ambassadeurs n'étaient autorisés à lui en offrir. Ceux-ci eurent beau déclarer qu'ils avaient seuls mission de parler au nom de la commune, le mirage emporta Grégoire au pays des rêves, et Florence en éprouva une cruelle déception. « Ce Messer Ubaldino, dit notre chroniqueur populaire, il faudrait l'écorcher vif; il nous a gâté les affaires de notre État. Dieu l'en récompense[4] ! »

Une circonstance imprévue, quoique toujours à prévoir, vint donner un corps au rêve. Grâce à une défection, le souverain pontife crut tenir la victoire. Occupé de ses

---

[1] *Arch. stor.* loc. cit. Doc. 356.

[2] Le 4 juin, la seigneurie remercie le roi d'Angleterre, le duc de Lancaster, le roi de Léon, le doge de Gênes de la faveur accordée aux Florentins résidant sur leurs domaines (*Ibid.*; p. 285. Doc. 357).

[3] « Dicesi che si crede che ci sarà accordo. Voglia Iddio. » (13 juin. *Diario d'anonimo*, p. 332.)

[4] *Diario d'anonimo*, p. 333. M. Gherardi (Préface à cette chronique. p. 229, 230) donne des détails sur cet Ubaldino, élu évêque de Cortone, en 1391, par Boniface IX, à la demande de la République de Florence. Cette intervention, affirmée par Ughelli (I, 627), lui paraît suspecte envers un si mauvais serviteur.

intérêts propres plus que de ceux des Florentins, Ridolfo, leur capitaine, après avoir repris Camerino à son frère[1], Fabriano aux Bretons[2], gardait pour lui ces deux places, malgré les injonctions des Huit, malgré les termes de la ligue qui ordonnaient que les places prises fussent rétablies dans leur liberté. En froid dès lors avec les Huit et avec la seigneurie, blessé d'ailleurs de l'engagement d'Hawkwood, qui le reléguait au second rang[3], activement sollicité par la diplomatie pontificale, qui faisait luire à ses yeux le vicariat de Tolentino et de San Ginesio, si ces localités revenaient à l'Église[4], il passa au service de la cause qu'il combattait la veille[5], et reçut du pape le commandement des Bretons pour harceler les Florentins aux frontières[6].

A Florence, comme à Rome, cet incident fâcheux rendait la parole et l'énergie aux partisans de la guerre. Ridolfo est privé du droit de cité[7], déclaré traître dans toutes les villes de la ligue[8], remplacé sans retard par Lutz de Landau, qui vient l'assiéger dans Macerata[9].

[1] *Diario d'anonimo*, p. 328. 2 mars 1377.
[2] La nouvelle de la prise de Fabriano par mille Bretons était venue à Florence le 28 novembre 1376. Voy. *Diario d'anonimo*, p. 325; *Cron. d'incerto*, p. 289; Amnirato, XIII, 705; Scevolini, *Storia di Fabriano*, 98, dans Gherardi, *La guerra dei Fior.*, p. 111.
[3] Bonincontri, R. I. S., XXI, 27.
[4] *Arch. stor.*, loc. cit. Doc. 331. Gherardi, *La guerra dei Fior.*, p. 111.
[5] A la date du 2 juin 1377, il n'avait pas encore rompu avec Florence, car son frère Venanzio s'y vient plaindre de lui, et on lit dans une consulte du 5 juin : « Quod dolendum est de discordia.... et ideo cum omni remedio procuretur concordia inter eos. » (*Diario d'anonimo*, p. 332, et note 7 de Gherardi.)
[6] *Cron. d'incerto*, p. 289; Poggio, R. I. S., XX, 237; Leon. Bruni, VIII, 188 ; Bonincontri, R. I. S., XXI, 25.
[7] *Arch. stor.*, loc. cit., p. 288. Doc. 375.
[8] *Cron. d'incerto*, p. 289.
[9] Col. Salutati, ep. I, 64, p. 151. Comiti Lutio. 1ᵉʳ oct. 1377.

Pour les Huit Saints il n'est plus question de rentrer dans la vie privée, comme ils voulaient faire le 1ᵉʳ juillet[1] à l'expiration de leur charge, pour n'être pas un obstacle aux vœux pacifiques de leurs concitoyens[2]. Bien plus, quelques jours après, « était allé en paradis[3] » un d'entre eux, Giovanni Magalotti[4], en grand renom pour son jugement droit, son patriotisme, sa résistance à l'*ammonizione*[5]. Quoiqu'il fût excommunié, ainsi que ses collègues, il avait reçu les derniers sacrements, faveur refusée, l'année précédente, à Antonio Sacchetti, un des Huit des prêtres. En son honneur on suspendit les ordonnances contre le luxe des funérailles[6], et il fut enseveli en grande pompe à Santa Croce[7], qui était déjà le Panthéon florentin.

C'était une bravade, autant qu'une pieuse marque de regret et de reconnaissance; mais admirons comme chez ce peuple avisé les témérités n'excluaient jamais la prudence ! A Magalotti mort, il faut un successeur; qui désigneront ces Huit, partisans déclarés de la guerre, ennemis résolus de la *parte ?* Qui ? Simone Peruzzi, grand

---

[1] Boninsegni, p. 590.

[2] Voy. doc. 364. Le 17 août 1375 ils avaient été élus pour un an. Voy. le premier livre de leurs délibérations aux archives florentines. Le 14 et le 16, les conseils avaient donné à la seigneurie l'autorisation nécessaire (doc. 24). Le 12 et le 13 juillet 1376, ils avaient été confirmés pour six mois (doc. 282), et c'est à partir de cette date qu'on les avait réélus par semestre, les 29 et 30 octobre 1376 (doc. 316), les 4 et 6 juillet 1377 (doc. 364), et enfin les 14 et 15 octobre 1377 (doc. 378) par anticipation, ce qui les conduisait jusqu'au 17 août 1378.

[3] *Cron. d'incerto*, p. 289. 14 juillet 1377.

[4] *Arch. stor.*, loc. cit. Doc. 367; March. de Coppo, IX, 776.

[5] En février 1374. Voy. chap. précédent, p. 720.

[6] Monaldi, *Diario*, p. 535; *Arch. stor.*, loc. cit. Doc. 113. Note 3 de Gherardi à la p. 534 du *Diario d'anonimo*.

[7] 15 juillet. Monaldi (*Diario*, p. 535) les décrit longuement. Il en est parlé dans notre t. III, p. 404. Cf. Ammirato, XIII, 706.

fauteur de la *parte*, très zélé par conséquent pour la paix, et ambassadeur auprès du pape pour la conclure [1]. Ce fut un gage donné aux uns, tandis qu'on donnait satisfaction aux autres, mécontents d'un tel choix [2], en ne faisant au pape que des ouvertures qui « couvraient son front de rougeur. » On lui demandait pour les rebelles de l'Église l'impunité durant six années et le droit de renouveler leurs accords avec la ligue. On lui offrait, par compensation, pendant cette même période, un tribut de cinquante mille florins. Comme cette offre lui paraissait insuffisante, dérisoire, les ambassadeurs se retranchaient, pour n'en pas faire de plus acceptables, derrière leurs instructions. Ils prétendaient bien en attendre de nouvelles, mais ils n'en recevaient point, et Grégoire, se tenant pour joué, perdait patience [3].

Il prit alors une résolution énergique et franche qui lui fait honneur : il voulut saisir de la question le peuple florentin. Un franciscain, Lodovico de Venise, et un augustin, Jean de Bâle [4], vinrent en son nom à Florence, chargés d'y lire, en assemblée du peuple [5], un bref où

[1] Voy. plus haut, p. 154.

[2] « Fu grande danno, e sì perchè fu buono uomo e sì perchè in luogo suo fu eletto Simone di Rin. Peruzzi, il quale per isdegno fu principio di guastare la città di Firenze. » (March. de Coppo, IX, 776.) — L'auteur du *Diario d'anonimo*, qui suit plutôt les fluctuations de l'opinion, dit : « Credo che farà buon uficio » (p. 334). Gherardi (n. 4) dit que Simone Peruzzi était un instrument de la *parte*. Le 18 juillet, les conseils approuvent son élection pour six mois, à commencer le 17 août. *Arch. stor.*, loc. cit., p. 287. Doc. 36.

[3] « Dicentes se ad ampliora non habere mandatum, sed de die in diem aliud expectare ; de cujus quidem missione nulli hucusque rumores per nos sunt habiti nec habentur, et sic per verba ducimur sine fructu. » (Bref du 15 juillet, à la suite du *Diario d'anonimo*, p. 497, et dans *Arch. stor.*, loc. cit., p. 287. Doc. 368).

[4] *Arch. stor.*, loc. cit., p. 286. Doc. 366 ; Ser Naddo, p. 8 ; *Diario d'anonimo*, p. 335 ; Ammirato, XIII, 707.

[5] « Vos autem convenimus, o popule, qui tanquam pusillus grex ad exci-

était exposé l'état des choses, avec toutes les récriminations et habiletés de la rhétorique pontificale. Le pontife y rappelait l'ancien zèle des Florentins et les bienfaits de l'Église; il y déplorait les graves offenses que l'on avait récompensées ; il y accusait les Huit d'une cupidité effrénée, d'une ambition aveugle ; il les rendait responsables des maux présents, promettait d'être clément, si l'on posait les armes, si l'on implorait son pardon, et menaçait de nouvelles peines, si l'on s'obstinait à mal faire[1].

Plutôt que de convoquer le peuple, dont elle redoutait les impressions naïves, la seigneurie préféra réunir une assemblée, nombreuse d'ailleurs, de *richiesti*, hommes choisis parmi les plus éclairés. Avec eux, une surprise de l'esprit était moins à craindre, et l'on se flattait, en outre, qu'ils garderaient le secret, illusion peu sensée, mais dont la perte fut si fortement sentie qu'on menaçait bientôt d'écorcher vifs les bavards et d'exposer leur peau aux portes du palais[2]. La réunion fut d'avis que le bref pouvait être lu aux prieurs, puis, s'ils le jugeaient bon, aux conseils, mais dans le cas seulement où il ne contiendrait ni excommunications, ni protestation quelconque[3]. Il n'en contenait point ; malheureusement, ses

---

dium temporale et eternum ducimini per predictos. » (Bref du 15 juillet, *loc. cit.*)

[1] Bref du 15 juillet, *loc. cit.*

[2] « Quod si fieret decoriatio unius, non esset nimis. » (*Consulte* du 13 août.) — « Utinam decorietur unus et ejus pellis ponatur ante palatium in exemplum. » (*Consulte* du 4 septembre. Gherardi, préf. au *Diario d'anonimo*, p. 230.) On ne sait pas de quels révélateurs il s'agit. M. Gherardi croit que ce pourrait être ce prieur Ugolino dont il a été question plus haut. Mais c'est peu vraisemblable, car il avait proposé indûment et non révélé. Nous croirions plutôt qu'il s'agit de Simone Peruzzi, car nous le verrons plus bas (p. 190, texte, et 191 n. 1) accusé d'une indiscrétion qui ne devait pas dater du jour même.

[3] « Quod littere legantur in consilio, postquam fuerint lecte Dominis,

violentes attaques contre les Huit lui ôtèrent toute autorité, toute efficace. Les propositions pontificales furent jugées et déclarées pleines de venin [1].

La seigneurie y répondit que les Huit avaient été élus d'un commun accord pour protéger la liberté contre de graves périls; qu'ils l'avaient protégée et non opprimée; qu'ils ne cherchaient ni à tromper le peuple, ni à faire leurs profits. En rappelant qu'on les nommait populairement les Huit Saints, elle montrait assez ce que pensait de leurs mérites la ville presque entière. Quant à la paix, que la Curie proposât des conditions raisonnables, et elles ne seraient pas repoussées. Ces mêmes Huit étaient donc invités à poursuivre les pourparlers; mais on ne dissimulait pas que le succès en paraissait douteux [2]. Dans tous les cas, c'est à Rome que les négociations étaient pendantes, et les ambassadeurs pontificaux n'avaient plus rien qui les retînt à Florence : ils en partirent le 17 août [3].

Vainement ceux de la République prolongèrent leur séjour à Rome jusqu'au 4 octobre [4] : s'ils offraient de payer jusqu'à sept cent mille florins en six années [5], Grégoire XI en réclamait plus d'un million, et, par surcroît, « des choses si grandes qu'elles étaient impossibles

---

salvo quam si continerent excomunicationem vel protestationem aliquam, non legantur. » (13 août. Doc. 373 de l'*Arch. stor.*, loc. cit., p. 287, qui contient les divers avis qui se firent jour dans cette réunion.)

[1] « Expositis per oratores et scriptis, plena sunt veneno. » (*Consulte*, XVII, p. 28 v°.) Cf. *Diario d'anonimo*, p. 335.

[2] *Ibid.* Il y a au même volume bien d'autres *consulte* sur ce sujet. Cf. Poggio Bracc., R. I. S., XX, 238.

[3] Voy. *Arch. stor.*, loc. cit., p. 286. Doc. 366.

[4] *Diario d'anonimo*, p. 432, et note 3 de Gherardi.

[5] G. Capponi (I, 294) dit 70 000, mais sans doute par erreur d'impression. Voy. Col. Salutati, *Ep.* Part. I, ép. 70, 78, p. 164, 178.

à faire¹, » notamment que cent citoyens de Florence, désignés par lui, et cent des autres villes toscanes se rendissent à sa cour, afin de lui demander pardon ². Les lettres des ambassadeurs qui transmettaient à la seigneurie ces « avides et déshonnêtes demandes, » furent lues en consulte le 4 septembre. Elles y provoquèrent un vif sentiment d'indignation. « Plutôt que de céder à des clercs, tous voleurs, traîtres, loups homicides et rapaces, pour défendre le peuple, la commune, la liberté, la *parte*, les Florentins étaient prêts à se manger les uns les autres³. » Jacopo Sacchetti, abordant l'épineuse question des voies et moyens, proposa « d'exprimer les clercs jusqu'à la lie, pour leur arracher de l'argent, et de recourir ensuite à la bourse des citoyens⁴ ». Cet énergique conseil fut goûté et adopté. Le 2 octobre, les Dix des prêtres⁵ publièrent que, dans trois jours, tout ce qu'il y avait à Florence et sur le territoire, de moines, de clercs, de nonnes, verserait ce million de florins qu'exigeait le souverain pontife, et cela non pour le lui

---

¹ *Cron. d'incerto*, p. 290.

² Col. Salutati, 26 oct. 1377. *Ep.* Part. I, ép. 78, p. 179.

³ « Onde fu pe'nostri cittadini consigliato pel popolo e comune e libertà e di parte guelfa che innanzi ch'ottenere il mandato o vero addomandamento di sua chiesta ingorda e disonesta, innanzi manicare l'un l'altro che venire al loro giogo, imperochè sono tutti ladri e traditori e micidiali lupi rapaci. » (*Diario d'anonimo*, p. 336.)

⁴ « Quod usque ad feces premantur clerici pro pecunia, et postea recurratur ad bursas civium. » (*Consulte* dans Gherardi, préf. au *Diario d'anonimo*, p. 232.)

⁵ Ils n'étaient d'abord que huit, mais le 31 juillet, ayant eu à remplacer un d'eux, Marchionne de Coppo, qui s'en allait podestat à Montecatini, on en avait nommé trois, ce qui portait leur nombre à dix. Voy. Gherardi, *La guerra dei Fiorentini*, p. 115, note 7. Cette modification fut maintenue dans l'élection d'une nouvelle série, le 17 septembre (*Arch. stor.*, loc. cit. Doc. 377). De mars 1377 à janvier 1378 il y eut quatre séries (*Ibid.*, doc. 339, 387). L'office fut ensuite supprimé.

remettre, mais pour « obtenir par une rude guerre une meilleure paix[1]. » Comme par le passé, les biens des récalcitrants furent vendus, et l'achat en devint obligatoire[2].

Le 5 octobre, vingt-quatre heures à peine après le retour des ambassadeurs, un grand conseil fut tenu pour ouïr leur rapport. « Y vint qui voulut[3] ». Quand ils eurent de vive voix confirmé leurs missives, et rappelé les dix-sept demandes du pape[4], un cri unanime s'éleva dans l'assemblée : — Mettons-y notre avoir et nos personnes, qu'il ne nous reste plus qu'à marcher, et mort au loup rapace, au tyran cruel[5] ! — La discussion s'ouvrit ensuite et dura plusieurs jours. Vanni de Quarata recommande de limiter les dépenses, pour éviter les murmures[6] ; Donato Barbadori, Ristoro Canigiani, de célébrer l'office divin, malgré l'interdit, et de maintenir à leur poste les Huit de la guerre, malgré leur condamnation comme hérétiques[7]. Tous les orateurs des collèges opinent dans

---

[1] *Cron. d'incerto*, p. 290. G. Capponi (I, 294) croit que les deux adversaires, également peu disposés à la paix, voulaient rejeter l'un sur l'autre l'odieux du refus. Par leurs actes, les Florentins paraissent peu occupés de ce soin. Au contraire, ils souhaitaient de plus en plus la paix, mais ils ne voulaient l'acheter ni trop cher, ni au prix d'une humiliation.

[2] *Cron. d'incerto*, p. 291 ; *Diario d'anonimo*, p. 339.

[3] *Consulte*, XVII, 41 ; *Cron. d'incerto*, p. 290.

[4] M. Gherardi dit qu'on ne voit pas, dans les *Consulte*, trace de ces demandes. Il est parlé de quelques-unes dans une lettre des Florentins à Galeotto Malatesta. Col. Salutati, part. I, ép. 69, à la date du 9 octobre.

[5] *Diario d'anonimo*, p. 339.

[6] « Quod postquam pax haberi non potest, Domini procurent pecuniam et limitentur expense.... Et quod habendo pecuniam, Domini, Collegia et Octo providant ita quod sine murmuratione habiliter habeatur. » (*Consulte*, XVII, 42.)

[7] D. Barbadori : « Quod in nomine Domini celebretur divinum officium, et incipiatur die Jovis, et procuretur quod ibidem sint plures episcopi. Et quod religiosi venerabiles et magistri predicent pro comuni. Et provideant conservationem Octo officialium balie, qui dicuntur pro heresi condemnati. »

le même sens¹. Aucun des partisans du pape n'osait plus élever la voix.

En conséquence, le jeudi 8 octobre, jour de la fête de Santa Reparata, on recommença de chanter la messe et les vêpres, d'administrer les sacrements, le tout au son des cloches, pour que nul n'en ignorât². Comme on avait remarqué des abstentions nombreuses, surtout dans le clergé, un conseil de *richiesti* réclama, dès le lendemain, que tous les clercs et religieux fussent contraints à célébrer lesdits offices, sous peine d'être chassés de leurs églises et dépouillés de leurs biens³, tous les fidèles d'y assister sous peine d'être expulsés de la ville, du *contado*, du territoire, et de « n'y avoir plus rien à faire » ; quant à ceux qui obéiraient, on leur promettait toute sorte de faveurs⁴. Dans cette réunion, comme dans les précédentes, nul n'ose contredire, et, détail significatif, celui qui propose ou soutient ces mesures au nom des ambassadeurs, c'est Lapo de Castiglionchio, âme damnée de la *parte*⁵. Qu'était donc devenu son zèle pour la paix et pour l'Église ? C'est avec son assentiment qu'on décide qu'il ne sera plus envoyé d'ambassadeur au pape, qu'il ne lui sera plus donné « ni argent ni médaille⁶. » En se

---

(*Ibid.*) — R. Canigiani : « Cras dicentur vespere et postea misse, et interdictum non observetur. » (*Ibid.*)

¹ *Ibid.* Cf. *Diario d'anonimo*, p. 340 ; March. de Coppo, IX, 772, 774 ; *Cron. d'incerto*, p. 290 ; Ser Naddo, p. 6.

² *Diario d'anonimo*, p. 340 ; *Cron. d'incerto*, p. 290.

³ Proposé par Matteo de Federico, Donato Barbadori, Filippo Cionetti, Domenico Sandri, Fuligno des Medici, etc. *Consulte*, XVII, 43 v°, 45.

⁴ « Quod clerici qui obediunt veniant in pace facienda et habeant omnem gratiam. » (Proposé par Domenico Sandri, *ibid.*)

⁵ « Quod deliberatio facta circa celebratores divini officii prudentissima est, et quod provideant ita quod observetur. Et quod viriliter fiat bellum ad quod Octo Balie sollicitentur. » (*Ibid.*, 45 v°.)

⁶ *Consulte*, ibid. ; *Diario d'anonimo*, p. 340.

mettant dans son tort, le Saint-Siège avait forcé à lui rompre en visière, pour l'heure et par prudence, ses plus zélés partisans.

Le 10 octobre, un ban de la seigneurie portait à la connaissance de tous ces énergiques résolutions[1]. Huit jours plus tard, on faisait venir en ville le tableau vénéré de Santa Maria in Pruneta, petite localité du *contado*, au sud de Florence, et on le conduisait en grande procession au palais des seigneurs. Tous les religieux étaient allés à la rencontre, portant le crucifix et la tête de San Zanobi, « notre avocat devant le Christ, » dit le contemporain anonyme. Sur la *ringhiera* on avait élevé un autel. La messe y fut célébrée en plein air, et un sage moine prêcha ensuite, « disant de bonnes et hautes paroles en l'honneur du Dieu tout-puissant et de la victoire[2] ».

Peu de personnes, à ce moment, désobéissaient à la commune, en se tenant à l'écart. On ne voulut pas tolérer qu'elles donnassent le mauvais exemple. Aux clercs qui avaient déserté leurs églises, un terme de deux mois fut fixé pour en reprendre la direction (23 octobre). Toute résistance serait punie de mille florins pour chacun, de dix mille pour un évêque, à prendre, non sur les biens

---

[1] Ce ban manque dans les *Deliberazioni dei signori;* mais le *Diario d'anonimo* (p. 340) en donne une analyse conforme à ce qu'on vient de voir dans la *consulte*. Ammirato (XIII, 709) le rapporte au 22 octobre; mais à cette date, comme au 20 et au 23, il ne s'agit que d'une confirmation dans les conseils. Voy. *Arch. stor.*, loc. cit., p. 289. Doc. 381.

[2] *Diario d'anonimo*, p. 341. M. Gherardi (*La guerra dei Fiorentini*, p. 116) tient pour une grande faute la violation de l'interdit. On ne voit pas pourtant, malgré l'existence d'un parti de l'Église à Florence, que cet acte ait empiré la situation des Florentins. Il ne faut pas juger de ces choses d'après les sentiments modernes qui savent si bien séparer le temporel et le spirituel.

de leurs églises, mais sur leurs biens propres[1], argument qui fut décisif, sauf envers Angelo des Ricasoli : obstiné comme on l'est dans sa race, il refusa fièrement de remonter sur son siège épiscopal[2]. Ce n'est pas tout : défense fut faite aux ecclésiastiques, sous peine de cinq cents livres, de s'éloigner, à l'avenir, sans la permission des prieurs, et l'on promit que ceux qui obéiraient seraient inscrits sur un registre, afin que la commune, le cas échéant, les défendît à ses frais. Cette mesure protectrice fut même étendue à tous les officiers ou citoyens condamnés depuis 1374 par le pape ou ses légats. Ils devaient être maintenus dans leurs biens et droits, nonobstant les procès intentés par le Saint-Siège ; la paix ne pourrait être conclue avant qu'il les eût annulés ou révoqués. Quiconque accepterait de lui un bénéfice confisqué ou en mettrait un tiers en possession, s'exposait à la peine de mort[3]. Quiconque l'emploierait à lui nuire recevrait d'insignes faveurs[4].

En plus d'un cas, on ne s'en tint pas à ces mesures générales : des personnes nominativement désignées furent honorées de récompenses ou flétries de châtiments. Quelques-uns des Ordelaffi obtinrent droit de cité à Florence pour s'être emparés de Forlì[5] ; Donato Barbadori, pour « ses longues et graves fatigues », cinquante florins d'or avec le privilège de porter des armes offen-

---

[1] 22, 23 octobre. *Arch. stor.*, loc. cit., p. 289. Doc. 381.

[2] Ammirato le jeune, XIII, 709. — Note de Tommaseo à la lettre 242 de sainte Catherine, t. IV, p. 329.

[3] Provision du 17 octobre, approuvée par les conseils les 22 et 23 octobre. *Arch. stor.*, loc. cit., p. 289. Doc. 380. — Ammirato le jeune, XIII, 709.

[4] *Arch. stor.*, loc. cit. Doc. 383, 384.

[5] *Ibid.*, p. 288. Doc. 376.

sives et défensives[1]. Ridolfo de Camerino, battu par Lutz de Landau (29 octobre), chassé jusque dans Tolentino, où il faillit être pris[2], fut ignominieusement peint dans le palais du podestat, pendu par un pied à la potence, ayant à gauche une sirène, à droite un basilic, et, sur la tête, une grande mitre, la mitre d'infamie. Un diable lui mettait la corde au cou, et cependant ses bras écartés faisaient encore un geste de mépris pour Florence et, tout ensemble, pour l'Église[3]. Sa réponse, au reste, ne se fit point attendre. Il se fit peindre, à son tour, sur ses domaines, dans une attitude qu'expliquera suffisamment l'inscription suivante, placée au-dessous de cette peinture : *Io sono Ridolfo da Camerino, leale signore di terra, che caco in gola agli Otto della guerra*[4]. Ce grossier personnage occupait fort, alors, les conseils. On y proposait de confisquer ses biens[5]; on le frappait à la fois dans son avoir et sa personne[6]. Les vicissitudes d'un prochain avenir lui réservaient une réparation qu'à coup sûr il ne méritait pas.

Mais que peuvent les résolutions des hommes contre la force des choses? Elle les pousse malgré eux, elle les contraint aux plus involontaires, aux plus étranges contradictions. Tandis qu'en renouvelant une fois de plus,

---

[1] 22 octobre. *Ibid.*, p. 289: Doc. 382.

[2] Col. Salutati, ep. 2, p. 63. 8 nov. 1377; *Diario d'anonimo*, p. 342; *Cron. d'incerto*, p. 292; *Cron. Est.*, R. I. S., XV, 494; Ammirato, XIII, 708.

[3] *Diario d'anonimo*, p. 340; *Cron. d'incerto*, p. 292; Bonincontri, R. I. S., XXI, 27; Boninsegni, p. 586; Ammirato, XIII, 705.

[4] Bonincontri, R. I. S., XXI, 27.

[5] « Sciatur si aliquis habet pecuniam ejus, vel ubi sunt sue bestie, et totum veniat in comune. Et quod hoc preterquam pictura sit secretum. » Consulte du 5 octobre, dans Gherardi, préf. au *Diario d'anonimo*, p. 233.)

[6] *Diario d'anonimo*, p. 342. 4 novembre 1377.

et par anticipation, les pouvoirs des Huit de la guerre, Florence marquait le dessein de poursuivre les hostilités tout au moins jusqu'au 17 août 1378[1], elle hébergeait des ambassadeurs pontificaux à destination de la France[2], et accueillait favorablement Jean de Bâle qui revenait, au nom du pape, proposer Viterbe, Pise ou Piombino pour ouvrir de nouvelles négociations (8 novembre)[3]. Elle avait pourtant juré de ne rien entendre, avant que le Saint-Siège eût révoqué ses condamnations[4]; mais, comme nous l'apprend Marchionne, « on ne payait plus volontiers[5]. » Les capitaines le voyaient bien, et ils redoublaient d'*ammonizione* contre les fauteurs de la guerre. En un an, de mars 1377 à mars 1378, ils en frappent soixante-neuf[6]. Catherine l'illuminée leur servait d'instrument[7] : prodiguant révélations et miracles, exorcisant les possédés, résolvant, sans aucune notion des lettres antiques, les difficultés de l'Écriture[8], ne prenant pour toute nourriture que le Saint-Sacrement,

---

[1] *Arch. stor.*, loc. cit. Doc. 378; *Cron. d'incerto*, p. 129; Ammirato, XIII, 709; Gherardi, *La guerra dei Fiorentini*, p. 115, note 6.

[2] 25 octobre-4 novembre. *Diario d'anonimo*, p. 341, 342.

[3] *Ibid.*, p. 343.

[4] Amaretto Mannelli, au nom des douze *buonuomini*, dit : « Quod sicut inceptum est, magister Johannes de Basilea remittatur, praticet et conferat cum Octo, et rogentur quod si possent aliquid habere quod sit pacis, quod procurent et adnitantur. » (*Consulte.* Cf. Gherardi, *La guerra dei Fior.*, c. VIII, p. 112 sq.)

[5] « Perocchè la guerra era incominciata a rincrescere, ed il pagare si facea mal volentieri. » (March. de Coppo, IX, 774.)

[6] *Ibid.* March. de Coppo donne deux fois (IX, 770, 775) la liste des *ammoniti* du 4 septembre 1377 au 23 mars 1378, preuve de l'importance que paraissaient avoir et le fait et le nombre des citoyens frappés. Cf. ser Naddo, p. 6.

[7] March. de Coppo (IX, 773) nomme ces zélés : Niccolò des Soderini, Bindo Altoviti, Piero Canigiani.

[8] Ammirato, XIII, 710.

elle tonnait sur la violation de l'interdit et ramenait quelques âmes faibles à l'observer de nouveau[1] ; elle provoquait docilement en public ses cauteleux inspirateurs à réveiller la furie de l'*ammonizione*, et eux, ils affectaient de prendre pour d'infaillibles prophéties ses moindres paroles, où, par un excès contraire, leurs ennemis ne voyaient que méchanceté, qu'hypocrisie[2]. Beaucoup, qui maudissaient l'oppression, s'y résignaient par amour de la paix[3]. Leur adhésion, tacite mais croissante, permettait à ces tyrans, quand expirait leur charge, de se faire décerner les mêmes honneurs que naguère aux Huit Saints, un pennon et un bouclier, qui leur furent apportés au son des trompes, « pour enflammer quiconque prendrait cet office, à en remplir les devoirs franchement (22 novembre)[4]. »

La discorde, par surcroît, se mettait au parti de la guerre. Affaibli par la perte de Bologne, par la défection de Ridolfo, il voyait en désaccord les ambassadeurs revenus d'Anagni[5], et en progrès les clercs qui désarmaient la haine par leur résignation habile devant l'in-

[1] « Et gratia divina tanta est per eam operata quod ubi cum maximo contemptu sedis apostolicæ fregerant interdictum, ad ipsius virginis exortationem iterum assumpserunt atque servaverunt. » (Stefano Maconi, annotations à la vie de Catherine, ms. chez les chartreux de Pontignano, cité par Burlamacchi, note à la lettre 126, et Capecelatro, II, 19, note 1.) Ammirato (XIII, 715) dit que la seigneurie avait décidé qu'on recommencerait à observer l'interdit.

[2] « Fu introdotta molte volte alla parte a dire ch'era buono l'ammonire, acciocche alla parte si provvedesse di levare la guerra, di che era costei quasi una profetessa tenuta da quelli della parte, e dagli altri ipocrita e mala femmina. » (March. de Coppo, IX, 773.)

[3] On peut lire dans G. Capponi (I, 287) quelques lignes de Buoninsegni, qui se fait dans un temps postérieur l'organe de ces mécontents.

[4] « Per infiammare bene chiunque vi fosse a fare l'ufficio tratto francamente. » (March. de Coppo, IX, 771.) Cf. Ammirato, XIII, 710.

[5] Ammirato, XIII, 709.

terdit violé[1]. La puissance excessive des Huit commence à donner de l'ombrage; on les soupçonne belliqueux à outrance uniquement pour se protéger contre leurs ennemis. Le bruit se répand que l'empereur vient au secours du Saint-Siège[2], et, pour résister, la confiance est médiocre en cet Hawkwood, comblé pourtant de présents et d'honneurs[3] : « Dieu lui fasse la grâce de ne pas nous offenser, » écrit notre anonyme[4]. Les Huit eux-mêmes recommandent la circonspection envers ces étrangers[5], qui ne savaient tenir en place et repartaient à peine arrivés[6].

Le revirement est complet dans les *consulte* : Lapo de Castiglionchio, jetant son masque, proclame l'ennemi invincible en fait et en droit; il demande la dissolution de la ligue pour faciliter un accord[7]. Donato Barbadori,

---

[1] Voy. notamment le *Diario d'anonimo*, presque à toutes les pages. On y voit la haine des prêtres et tout ensemble le désir de la paix avec eux.

[2] « Quod imperator se preparat ad adventum, et ideo Domini sollicitent de hoc scire veritatem, ita quod provideatur (*Consulte* du 26 novembre). Quod certe videtur et dicitur imperatorem in Italiam descensurum, et ob id quod pax est comuni necessaria » (11 décembre). — « Quod Domini et Octo provideant diligenter circa adventum imperatoris, ita quod libertas populi florentini conservetur. » (19 décembre. *Consulte*, XVII, 61 sq.) Voy. aussi Gherardi, note 4 à la p. 345 du *Diario d'anonimo*.

[3] On le loge à l'évêché (7 déc.), on lui fait des présents de cire, de draps de soie et de laine, de douceurs; on lui sert ainsi qu'aux siens un somptueux repas dans le palais de la seigneurie (*Diario d'anonimo*, p. 344).

[4] *Ibid.*

[5] « Et quia ipsi sunt ad nostra stipendia diutius permansuri, regantur et fiat cum eis taliter quod non turbentur, quoniam si equitant inviti, parum faciant gratum comuni, imo forte contrarium. » (Citation de Gherardi, note 1 à la p. 345 du *Diario d'anonimo*.) « Et quod videtur quod D. J. Haucud non sit contentus de comuni, procuretur per omnem modum quod sit contentus. » (*Consulte* du 1ᵉʳ décembre, XVII, 58 v°.)

[6] Voy. sur leurs incessantes allées et venues le *Diario d'anonimo*, p. 345, 346, 347, 349. Les faits de guerre sont incessants, mais insignifiants. On en peut voir le détail dans cet auteur et dans la *Cronichetta d'incerto*.

[7] « Quod civitas est in magno periculo quod bellum geritur cum hoste

jusqu'alors si énergique contre l'Église, confesse que la guerre est présentement nuisible, ruineuse, et qu'il faut, par tous les moyens, procurer la paix [1]. La paix, selon Carlo Strozzi et d'autres, est nécessaire pour sauver la liberté [2]. Elle doit être chère à tous, dit Pacino Strozzi, mais surtout aux Huit [3]. C'est à peine si le sentiment contraire trouve, dans ces assemblées, un timide représentant : « Trop vouloir la paix, murmure Filippo Cioni, est un obstacle à la paix. On a fait pour l'obtenir tout ce qu'on pouvait faire [4]. »

Sans aucun doute on pouvait faire plus; mais on avait fait quelque chose. Peu de jours auparavant, le 20 décembre, Alessandro de l'Antella et Simone Peruzzi étaient partis en ambassade auprès de Bernabò [5], qui, depuis deux mois, offrait en vain sa médiation [6].

---

invincibili.... tamen maximus remanet in facto et in jure. Et ideo pax sine intermissione procuretur. Et quia prorogatio lige manifestum est impedire pacem, ideo bonum est quod prorogatio non fiat. » (*Consulte*, XVII, 65.)

[1] « Quod bellum quod ad presens geritur est dannosum, sumptuosum et periculosum, et ideo pax modis omnibus procuretur. » (*Ibid.*)

[2] « Quod pax est comuni necessaria propter omnes respectus.... Et quod Octo balie procurent circa pacem habendam, que sola erit conservatio libertatis. » — Un autre : « Quod cum libertas populi florentini a pace sola pendeat. » (*Ibid.*)

[3] « Quod pax esse debet cordi omnibus civibus et maxime officio Octo. » (*Ibid.*)

[4] « Quod nimium velle pacem esset impedimentum pacis. Et quod hucusque circa eam factum est tantum quantum fieri potest. » (*Ibid.*) Le 28 décembre, autre *consulte* dans le même sens (*Ibid.*, f° 67 v°).

[5] *Diario d'anonimo*, p. 345.

[6] « Recepimus a Bernabove litteras cum copia quorumdam capitulorum.... Denique quoniam cognoscimus fore damnosum si aliquid ex parte nostra obferatur quomodo libet vel tractetur, nobilitatem vestram affectuosissime deprecamur quatenus vice nostri comunis nihil omnino tractare placeat vel obferre. » (Col. Salutati, 26 oct. Part. I, ep. 70, p. 164.) Les ambassadeurs sont de retour le 19 janvier, sans avoir pu s'entendre avec Visconti, et, le 20, les Dix des prêtres publient que tout acheteur des biens ecclésiastiques pourra en user librement, y bâtir, les vendre, les donner. A s'y oppo-

Grégoire XI était, de son côté, prêt à l'admettre. Malgré la défection de Ridolfo et du préfet de Vico [1], qui lui permettaient de combattre avec plus d'avantage, et par conséquent de redoubler d'exigences, il était las d'une lutte si prolongée, comme des vains efforts de ses ambassadeurs [2]. L'heure lui semblait, d'ailleurs, venue de marcher vers le but où tendaient, depuis 1373, tous ses vœux [3], d'extirper certaines hérésies, de pacifier, après l'Italie, l'Europe, de réunir tous les chrétiens contre le terrible Amurat, qui, joint aux Tartares, menaçait la Hongrie, et, s'il s'en emparait, s'allait trouver au cœur de la chrétienté [4].

Les ambassadeurs pontificaux s'acheminèrent donc, comme ceux de Florence, vers Milan [5], où l'astucieux et peu sûr Bernabò [6] se laissait supplier de cette médiation précédemment dédaignée [7]. Persuadé enfin que la Répu-

---

ser, l'on eût risqué mille livres d'amende ou sa tête. Voy. *Diario d'anonimo*, p. 346, 347.

[1] Voy. sur ce dernier fait Bussi, *Storia di Viterbo*, p. 211, dans Gherardi, *La guerra dei Fior.*, p. 119. — Les Florentins s'en plaignent à ses parents les Ptolémées. Voy. Col. Salutati, 1er janvier 1378. Part. II, ep. 31, p. 105.

[2] Aux derniers jours de 1377, il envoyait encore l'évêque d'Urbino. Voy. Ammirato, XIII, 712.

[3] « Audimus.... quod civitates Constantinopolitana et Thessalonicensis et aliæ terræ quas possides de præsenti quasi ab eisdem Turchis inclusæ in magno dicuntur periculo remanere. » (Grégoire XI à Jean Paléologue. *Ann. Eccl.*, 1373, § 1, t. XXVI, p. 231.)

[4] Capecelatro, I, 103.

[5] « Summum Pontificem ad D. Bernabovem suos speciales nuntios direxisse, suggerendo quod paratus erat ad pacem cum ipso nobiscum. » (Col. Salutati, 29 janvier 1378, aux alliés, part. II, ep. 34, p. 111.)

[6] « Quod ipse in secreto posset esse cum papa in concordia. » (*Consulte*, XVII, 80 v°.)

[7] « Ipse autem D. Bernabos multis respectibus se in hoc tanquam mediatorem ingerere renuebat, sed tandem victus precibus oratorum nostrorum hoc onus assumpsit. » (Col. Salutati, *loc. cit.*, p. 111.)

blique parlait au nom de toute la ligue¹, il désigna, pour siège des négociations, Sarzane, qui lui appartenait. Un mois plus tard (3 mars) s'y rendaient comme syndics Pacino Strozzi, Alessandro de l'Antella, Benedetto Alberti, avec deux des Huit, Andrea Salviati et l'inévitable Simone Peruzzi². Il leur était enjoint de conclure, avant le 24 juin suivant³, la paix et non une trêve, « subtilité de Bernabò⁴, » toute trêve étant à l'avantage de celui qui la demande⁵. A défaut d'une paix solide, disait-on une fois de plus, mieux valait la guerre qu'un passager accommodement⁶.

Satisfaction, à cet égard, fut-elle donnée au désir des Florentins? On peut le croire : d'une part, à l'archevêque de Narbonne, parent du pape, à l'évêque de Pampelune, au cardinal d'Amiens, syndics de l'Église⁷, s'étaient joints ceux de la reine de Naples, du roi de France, de la République de Venise⁸, qui, ne partageant point les pas-

---

[1] « Et per oratores nostros fuit responsum et alios colligatos paratos esse similiter versa vice. » (*Ibid.*, p. 110.)

[2] *Diario d'anonimo*, p. 350.

[3] *Arch. stor.*, loc. cit., p. 291, doc. 388 ; *Diario d'anonimo*, p. 349 ; Ser Naddo, p. 9 ; Col. Salutati, 4 mars. Part. II, ep. 47, p. 135.

[4] « Quod treugua que petitur videtur sibi quod sit subtilitas D. Bernabóvis. » (Piero Canigiani, 5 mars, *Consulte*, XVII, 85 v°.)

[5] « Quod treugua quoties petitur nisi propter utilitatem et necessitatem petentis. » (Benghi des Buondelmonti, ibid., f° 86.)

[6] Piero Canigiani : « Quod nullo modo treugua que petitur fiat, quod esset confusio comunis. Et quod si oratores persisterint (*sic*) in proposito dicte treugue, Octo faciant viriliter bellum usque ad portas alme urbis. » Ghino Bernardi : « Quod ista treugua est magni periculi et videtur eis quod si consentiatur pro aliquo tempore de prorogatione in prorogationem ad tempus longissimum protrahetur, et multis rationibus valde dannosa. Et ideo nullo modo fiat. » (*Ibid.*, 83 v°-85.)

[7] Le 6 mars, ils étaient de passage à Poggibonzi, se rendant à Sarzana. Voy. *Diario d'anonimo*, p. 350.

[8] Sozomène, R. I. S., XVI, 1104. Les auteurs contemporains ne font pas mention des ambassadeurs français, mais Coluccio Salutati les nomme et dit

sions de la lutte, ne pouvaient avoir d'objections à la paix. D'autre part, dès le 26 mars, il n'est plus question de trêve dans les *consulte;* on y recommande de tout faire pour la paix, en se conformant aux conditions fort dures de Bernabò[1]. Or payer avec leurs alliés huit cent mille florins, dont la moitié à leur charge, restituer, dans le délai d'un an, tous les biens confisqués aux églises, abroger les ordonnances rendues contre l'Inquisition, réintégrer le Saint-Siège en possession des villes révoltées, voilà la pilule amère que ce douteux ami faisait avaler aux Florentins[2].

Grande fut donc leur joie, quand ils apprirent la mort soudaine du pape (27 mars), qu'ils croyaient en parfaite santé[3]. Partout ils allumèrent des feux de réjouissance. Le bruit courut qu'une main mystérieuse était venue frapper à la porte San-Friano, en criant *ulivo*[4] : c'était l'usage que tout messager annonçant une victoire, promesse de paix, prononçât ce mot et portât à la main une branche d'olivier. Sans doute, la réunion annoncée du conclave ne pouvait que retarder les choses, car elle rappelait à Rome les légats et imposait de surseoir aux

qu'ils furent reçus à Florence du 12 au 17 avril. (6 mai. Part. II, ep. 61, p. 169, au roi de Hongrie.) Il en est aussi parlé dans les *consulte* des 8, 14, 15, 17 avril (XVII, 101 v°); mais on peut croire qu'ils n'arrivèrent pas à temps pour prendre part aux négociations, bientôt interrompues par la nouvelle de la mort du pape, connue à Florence le 1er avril. Voy. *Diario d'anonimo*, p. 352.

[1] « Quod omnia fiant ut pax habeatur et a voluntate D. Bernabovis nullatenus discedatur. » (Ghino Bernardi, *Consulte*, XVII, 92.)

[2] *Consulte*, XVII, 92-94 v°; March. de Coppo, IX, 780; Ammirato, XIII, 713; Gherardi, *La guerra dei Fiorentini*, p. 121.

[3] « Morì quasi di fatto, che non stè ammalato. » (Neri de Donato, R. I. S., XV, 258.) En fait, il avait la pierre. Voy. Sismondi, IV, 429.

[4] *Diario d'anonimo*, p. 352; *Cron. d'incerto*, p. 294; Ammirato, XIII, 713.

négociations[1]; mais qui pouvait dire si, avec un pape nouveau, italien peut-être, en tout cas non séparé de Florence par des haines aigries, il ne serait pas plus facile d'asseoir, sur des bases plus équitables et plus avantageuses, un accord sérieux, définitif?

L'histoire est connue de l'orageux conclave qui, le 7 avril 1378, donna pour successeur à Grégoire XI Bartolommeo Prignano, archevêque de Bari[2]. Il était âgé de soixante ans, et d'origine toscane[3], savant et pieux mais d'un caractère détestable, propre à lui créer les plus graves embarras. Il ne convenait entièrement à personne, ni à la faction des limousins, ni à leurs adversaires, qui suivaient le cruel Robert de Genève, ni aux italiens, assez nombreux sinon pour faire la loi, du moins pour incliner la balance, et dont quelques-uns, les Romains, souhaitaient un pape de la ville éternelle[4]. Mais, par là même, chaque parti pouvait porter ses voix sur un prélat qui n'était à la discrétion de personne, et c'est ainsi qu'Urbain VI parvint au trône pontifical.

Son attitude, comme son élection, permettait aux Florentins de venir à résipiscence. En marquant le dessein de rester à Rome, de créer des cardinaux italiens, de

---

[1] Sozomène, R. I. S., XVI, 1104.

[2] Voy. Thomas de Acerno, *De creatione Urbani VI*, R. I. S., III, part. II, p. 720; Baluze, *Vitæ pap. Aven.*, I, 1043; March. de Coppo, IX, 782. Sismondi (IV, 431) a fait ce récit avec beaucoup de détails et d'intérêt.

[3] Du château de Linari, *contado* de Florence, à 17 milles de la ville, d'où son aïeul avait été chassé comme gibelin. (March. de Coppo, IX, 782.) — Du château de Perignano, territoire pisan. (Ammirato, XIII, 713). Selon Ammirato, l'aïeul d'Urbain VI était de Perignano, son père Napolitain.

[4] Voy. les précédents et *Vita Greg. XI ex Bosqueto*, R. I. S., III, part. II, p. 654.

conclure la paix « non pour de l'argent, mais pour l'amour de Dieu[1] », il rassurait la péninsule, et semblait condamner les exigences pécuniaires de son prédécesseur. Aussi, dès le 20 avril, la seigneurie et les Huit envoyaient-ils à leurs confédérés l'invitation d'éviter toute hostilité nouvelle, de ne plus fomenter la révolte dans les États de l'Église, « attendu que la divine Providence avait élevé sur le siège apostolique un homme juste, un Italien de qui l'on pouvait espérer la paix[2] ». Cette invitation, cet ordre, la République l'avait donné « par respect de Sa Sainteté et non pour autre cause[3] » : les cardinaux Orsini et Corsini étaient chargés de le lui dire. L'aliénation des biens ecclésiastiques fut sensiblement ralentie. Plus d'un, dans les *consulte*, demandaient même qu'on s'en abstînt tout à fait[4].

Peu de jours après (25 avril), étaient élus huit ambassadeurs, pour aller à Rome honorer le nouveau pontife. Quatre d'entre eux avaient mission de négocier la paix avec lui[5]. De ce nombre Donato Barbadori et Alessandro de l'Antella, plus aptes que personne à renouer des négociations dont ils avaient tenu dans leurs mains tous les fils[6]. Comme ils faisaient, selon l'usage, leurs prépa-

---

[1] « Voglio fare pacie non per danari, ma per amore di Dio. » (*Diario d'anonimo*, p. 353). Cf. Th. de Acerno, R. I. S., III, part. II, p. 725.

[2] « Vir justus et a sanguine italico nullatenus alienus, a quo speramus pacem vobis et nobis dari. » (Col. Salutati à Simeotto des Orsini et Giovanni Sciarra. Part. II, ep. 58, p. 161.)

[3] « Nos hoc solum ob reverentiam suæ sanctitatis et non ob aliam causam providisse. » Col. Salutati, ep. 59, p. 162.)

[4] *Consulte*, XVII, 107 sq. Le dernier acte de ce genre qu'on trouve est du 5 juillet 1378. Voy. Gherardi, *La guerra dei Fior:*, p. 122.

[5] *Arch. stor.*, loc. cit. Doc. 389, 390.

[6] *Diario d'anonimo*, p. 354. Ammirato (XIII, 715) donne les noms des huit ambassadeurs.

ratifs avec lenteur, un grand conseil de *richiesti* fut tenu le 15 mai, où l'on ne parla d'autre chose que de hâter leur départ, fallût-il les contraindre[1]. Ce coup de fouet les mit en route dès le surlendemain[2]. Un vœu pacifique les accompagnait, échappé à la plume du plus belliqueux de nos chroniqueurs : « A qui veut la guerre, qu'on puisse mettre dans sa maison un feu qui ne s'éteigne jamais. Amen[3]. »

C'est que le trafic en souffrance ne permettait plus d'atermoyer, ni les désordres profonds de la place publique de guerroyer au dehors. Les pourparlers se poursuivirent sans relâche, et, cette fois, ils devaient aboutir. Urbain VI, de son côté, se faisait trop d'ennemis, par ses rudes paroles dans le sacré collége[4], et par sa fermeté parmi les princes[5], pour ne pas rechercher l'amitié des villes et des peuples. Le 18 juillet, arrivait enfin à Florence l'heureuse nouvelle que, le 12, avaient été posées les bases de la paix. A l'idée qu'on pourrait enfin, sans sacrilège, tenir les églises ouvertes, y entendre la messe en toute conscience, la population se livra aux plus vives démonstrations de joie[6]. Le 28, eut lieu à

---

[1] Note 6 de Gherardi à la p. 354 du *Diario d'anonimo*.

[2] *Diario d'anonimo*, p. 354 ; Ser Naddo, p. 10 ; March. de Coppo, IX, 783.

[3] *Diario d'anonimo*, p. 355.

[4] A l'un il dit, en plein consistoire : « C'est assez parlé » ; à l'autre. « Tais-toi, tu ne sais ce que tu dis. » Il appelle le cardinal Orsini un sot. A Jean de la Grange, cardinal évêque d'Amiens, revenant de sa légation de Toscane, il reproche d'avoir volé l'argent de l'Église, et s'attire cette réponse : « Tu tanquam Barensis mentiris. » Voyez Th. de Acerno, R. I. S., III, part. II, p. 725, *Ann. Eccl.*, 1378, § 45, t. XXVI, p. 532, et sur tous les griefs des cardinaux, Sismondi, IV, 441.

[5] Il refusait à la reine de Naples certaines demandes, au roi de France de revenir dans le comtat. Voy. Gherardi, *La guerra dei Fior.*, p. 122.

[6] *Diario d'anonimo*, p. 565, 566 ; Ser Naddo, p. 11 ; Gino Capponi l'au-

Tivoli la signature du traité. Nous n'en saurions passer sous silence les principales conditions :

1° Les alliés de Florence sujets de l'Église qui voudraient y être compris devront se présenter, dans le délai de deux mois, devant le pape, pour y apposer leur signature. Contre ceux qui ne le voudraient pas, l'Église ne pourra prendre les armes avant deux ans et deux mois. Si elle les prend, sans qu'ils aient eux-mêmes commencé les hostilités, Florence aura le droit de leur porter secours.

2° Le bénéfice de la paix ne s'étendra pas aux alliés des Florentins non sujets de l'Église, en lutte avec elle avant la présente guerre. Ceux-là seuls qui auront pris publiquement part à celle-ci seront réputés alliés de l'une ou de l'autre des parties contractantes.

3° Les Florentins et leurs alliés sont tenus, sur la demande du pape, de supprimer, dans les deux mois, toutes ordonnances contre la foi catholique, l'office de l'Inquisition et la liberté de l'Église.

4° Les uns et les autres restitueront, avant la fin de janvier 1379, tous les biens meubles et immeubles confisqués aux églises.

5° Les Florentins payeront à l'Église 250 000 florins, à raison de 25 000 par mois.

6° Ils lui restitueront, ainsi que leurs alliés, toute ville ou terre lui appartenant et qu'ils détiennent.

7° L'une des deux parties contractantes ne pourra faire, contre l'autre, trêve, confédération ou guerre. Si quelqu'un des officiers de l'Église y contrevient, le souverain pontife le cassera et donnera à la commune lésée toute assistance possible.

8° Les Florentins et leurs alliés sont relevés de toutes censures.

9° Les parties contractantes s'engagent à observer ces clauses, sous peine de 50 000 florins d'or, et, pour les Florentins et leurs alliés, de retomber sous le coup des censures apostoliques[1].

Bien autrement douces étaient les conditions du rude pontife que celles de son doux prédécesseur. Florence obtenait en somme le principal de ce qu'elle réclamait

---

cien, *Tumulto dei ciompi*. (*Biblioteca scelta Silvestri*, *Cronichette antiche*, t. 478, p. 309.)

[1] *Arch. stor.*, loc. cit., p. 292. Doc. 392. On peut lire une analyse de ce traité dans Gherardi, *La guerra dei Fior.*, p. 123-125.

dans ces interminables négociations[1]. « Aussi, s'écrie joyeusement le chroniqueur Giovanni Morelli, depuis cent ans, nous n'avions pas reçu une aussi bonne nouvelle[2]. » Dès le lendemain, 29 juillet, était levé provisoirement l'interdit qui pesait sur Florence[3]. Mais quoi! encore du provisoire! A quand donc le définitif? Tant que les bulles d'absolution ne lui seraient pas parvenues, tant que la paix n'aurait pas été promulguée, la République restait inquiète, sous les armes, pressant Urbain VI d'en finir[4]. Pour en finir, Urbain VI attendait qu'elle eût licencié et mis à la solde de l'Église le comte Lutz, avec les gens de Bernabò[5]. Il craignait, en donnant toute satisfaction aux Florentins, de les trouver ensuite moins disposés à le satisfaire lui-même. Ceux-ci, par une défiance semblable, tenaient à recevoir les bulles et le commissaire pontifical, avant d'envoyer les gens d'armes[6], au risque de rallumer le feu prêt à s'éteindre[7].

Qui céderait le premier? Ce fut le pape, accablé, comme

---

[1] Voy. plus haut, p. 158.
[2] *Diario del Monaldi*, p. 543.
[3] *Arch. stor.*, loc. cit., p. 292. Doc. 593.
[4] « Firmata fuit pax nostra…. summus pontifex quasdam bullas nobis debet transmittere, et nos eidem intra dies paucos tradere 25 m. flor. post perfectionem quorum dici poterit vero pacem esse firmatam. Et ob id in vobis relinquemus guerram facere aut non. » (Col. Salutati, 2 août. Part. II, ep. 68, p. 179.) Les amb. flor. à Rome sont invités à presser l'expédition des bulles (22, 25 sept., 6 oct. *Ibid.*, ep. 84, 86, 87, p. 199, 205, 206.) Aux mêmes, 14 oct. La bulle est arrivée, mais non le commissaire, « sanza il quale le bolle non vagliono cosa alcuna. » (*Ibid.*, ep. 88, p. 208.) Aux mêmes, 5 nov.: on les invite à procurer l'accord de Città di Castello avec le pape et à hâter leur retour. (*Ibid.*, ep. 91, p. 212.) C'est le dernier mot de Coluccio Salutati sur cette affaire.
[5] 26 août. *Arch. stor.*, loc. cit., p. 292. Doc. 595.
[6] Col. Salutati, part. II, ep. 88; *Consulte*, XVIII, 18, 20, 21, 22, 27, 30, indications de Gherardi, *La guerra dei Fior.*, p. 125.
[7] Col. Salutati, part. II, ep. 85, 87 et autres. Voy. le détail de ces offenses dans *La guerra dei Fior.*, p. 125, note 7.

il l'était, des plus graves embarras. Depuis les derniers jours de juin, les cardinaux de la faction adverse, grossie de ceux qu'il avait imprudemment irrités, se trouvaient dans Anagni, avec l'appui du préfet de Vico, révolté de nouveau contre l'Église, et des Bretons soumis à Robert de Genève. Oubliant la cruauté de ce méchant homme pour ne se souvenir que de ses talents, ils le donnaient pour successeur à Urbain VI (20 septembre), dont ils venaient d'annuler l'élection (9 août). Ainsi commençait le grand schisme d'Occident. Les membres italiens du Sacré-Collège, qui n'avaient pas pris part à ce conclave illégal, se dispersaient à l'envi. Naples, l'Espagne, la France reconnaissaient l'antipape, sous le nom de Clément VII. Il y avait deux souverains pontifes, il n'y avait plus d'autorité pontificale[1].

C'est pour ne pas livrer à son rival la Toscane et l'Italie, que, le 24 septembre, quatre jours après l'élection factieuse qui le lui avait suscité, Urbain VI donnait les bulles si impatiemment attendues à Florence[2]. Déjà il y avait envoyé l'évêque de Volterre et un moine augustin, pour absoudre les habitants[3]. Le 23 octobre, la paix fut publiée. Des illuminations attestèrent la joie publique. A la suite d'une procession solennelle, des actions de grâces furent rendues sous les sombres voûtes de Santa-Reparata, la vieille cathédrale, que l'on commençait à nommer Santa-Maria del Fiore, Sainte-Marie de la Fleur[4].

Malgré leur satisfaction profonde, les Florentins n'eurent point hâte de remplir leurs engagements. Gênés, sans

---

[1] Sismondi, IV, 443. — [2] *Arch. stor.*, loc. cit. Doc. 399.
[3] *Ibid.* Doc. 397.
[4] *Diario d'anonimo*, p. 387; Ser Naddo, p. 26; Ammirato, XIV, 738. Ce dernier met au 29 (peut-être par faute d'impression) les actions de grâces.

aucun doute, après tant de dépenses, et dans le chômage forcé des discordes civiles, mais aussi profitant des circonstances qui ne permettaient pas à Urbain VI de se montrer exigeant, ils trouvaient économique et commode de le payer en respects. La restitution des biens ecclésiastiques, qui devait être faite avant la fin de janvier 1379, fut singulièrement retardée : le premier tirage annuel n'eut lieu que le 12 septembre 1380[1]. Ces restitutions durèrent plusieurs années[2]. Le payement même de l'indemnité de guerre traîna en longueur et se fit fort irrégulièrement : en 1409, la commune n'était pas libérée encore[3]; elle avait obtenu de fréquentes prorogations[4].

Ainsi se termina cette longue et mémorable guerre, soutenue par les Florentins avec tant d'énergie et de constance contre le chef tout ensemble de la religion qu'ils professaient et de ce parti guelfe auquel ils se faisaient honneur d'appartenir. Cette énergie, cette constance, sont la gloire de huit bourgeois, dont quelques-uns de fort petit état, de ces Huit Saints qui étaient le seul pouvoir durable, tandis que tous les autres changeaient incessamment autour d'eux. Le mérite du peuple florentin, ce fut de reconnaître le talent où il se trouvait, et de le soutenir contre toutes les attaques. C'est que dans la politique des Huit il voyait la sienne, dont ils n'étaient que l'expression concentrée, que l'organe intelligent et courageux.

[1] *Arch. stor.*, loc. cit., p. 294. Doc. 403, 404.
[2] Voy. Gherardi, *La guerra dei Fior.*, p. 127, note 3. Il renvoie aux documents.
[3] *Arch. stor.*, loc. cit. Doc. 416.
[4] *Ibid.* Doc. 398, 400, 408, 409, 412; Gherardi, *La guerra dei Fior.*, p. 128.

Si ce fut, pour des guelfes, dévier de leurs principes que d'attaquer le Saint-Siège, c'est du Saint-Siège qu'était venu l'exemple de cette infidélité : la captivité de Babylone avait complètement changé ses vues en déplaçant ses horizons. La domination de ses légats français n'équivalait point à la sienne, et qui peut dire si ces trois années de guerre ne contribuèrent pas pour beaucoup au retour de la papauté en Italie? A ce point de vue donc, l'indomptable commune n'avait pas perdu sa peine; mais la lutte lui avait coûté trois millions de florins, sans compter la ruine de ses marchands, proscrits, persécutés partout où s'étendait l'autorité spirituelle de l'Église. C'était payer cher l'hypothétique avantage d'en avoir le chef plus près de soi; chez un peuple qui savait compter, la balance des profits et pertes dut amener de mélancoliques réflexions.

Domenico Boninsegni veut même que cette guerre ait provoqué les discordes violentes et les révolutions stériles qui ont rendu fameuse l'année 1378[1]; mais sur ce point il se trompe, parce qu'il voit les événements de trop près. Les passions sociales étaient, nous l'avons vu, nées bien auparavant; de bien autres souffrances les alimentaient, les développaient chaque jour. La guerre des Huit Saints y fut une diversion, plutôt qu'elle ne les excita. Si elle eut sur l'impétueux torrent de la discorde quelque effet immédiat, c'est à la manière des digues impuissantes qui rendent les débordements plus redoutables, pour les avoir un moment retardés.

[1] D. Boninsegni, p. 367. On peut lire ce texte dans G. Capponi, I, 287, 288.

CHAPITRE II

LE TUMULTE DES CIOMPI

— 1378 —

Empiètements des capitaines de la *parte*. — Abus de l'*ammonizione*. — Un des Huit Saints *ammonito* (22 avril 1378). — Causes du mécontentement général.. — Intrigues pour exclure Salvestro des Medici de la seigneurie. — Seigneurie du 1er mai. — Ses réformes (21 mai-3 juin). — Condamnation illégale de deux citoyens par les capitaines de la *parte* (14 juin). — Pétition présentée à la seigneurie (18 juin). — Efforts de la *parte* pour en empêcher le vote (19 juin). — Démission offerte par Salvestro des Medici. — La pétition acceptée. — Expédition populaire contre les maisons des chefs de la *parte* (22 juin). — Incendies et pillages. — Nouvelles déprédations réprimées (23 juin). — Mesures réparatrices (24-26 juin). — La balìe des quatre-vingts organisée en *consorteria*. — La nouvelle seigneurie (1er juillet). — Agitation des arts mineurs. — Provision votée à leur demande (9, 10 juillet). — *Consulte* des jours suivants. — Démission des Huit Saints refusée (18 juillet). — Constitution de la faction des *ciompi* (19 juillet). — Conjuration découverte. — Interrogatoire de quelques conjurés. — Mouvement populaire (20 juillet). — Les incendies. — Les chevaliers faits par le peuple. — Sa retraite à San Bernaba. — Attaque du palais du podestat (21 juillet). — Pétitions des arts et du menu peuple adoptées par la seigneurie et le Conseil du peuple. — Alarmes populaires. — Exigences nouvelles et vote des pétitions par le Conseil de la commune (22 juillet). — Meurtre de ser Nuto. — Parlement et Balìe pour la réorganisation des pouvoirs publics. — Les trois arts du menu peuple et la seigneurie populaire (23 juillet). — Ses actes. — Malaise général. — Mécontentement d'une partie des vainqueurs. — Soulèvement et pétitions de la populace (28 août). — Retraite des *ciompi* à Santa Maria Novella. — Organisation de leur faction : les Huit de Santa Maria Novella. — Tirage au sort de la nouvelle seigneurie (29 août). — Préparatifs de la lutte (30 août). — Demandes des *ciompi* et sortie de Michele de Lando (31 août). — Dispersion et fuite des *ciompi*. — Installation de la nouvelle seigneurie (1er septembre). — Réformes préparées à San Pier Scheraggio et adoptées en assemblée à parlement.

Dans la seconde moitié du quatorzième siècle, un mal profond travaillait l'Europe entière. Partout la portion du peuple qui produit plus qu'elle ne consomme, aspirait à consommer suivant ses besoins, et, pour en fixer l'étendue, commençait à n'admettre plus d'autre juge qu'elle-même. Lui imposer des règles à cet égard, comprimer par là son naturel essor, c'était se déclarer son ennemi. Elle avait donc pour ennemis dans les monarchies la noblesse féodale, à Florence la bourgeoisie parvenue, inséparable désormais de ces nobles si longtemps proscrits. En France, où les bourgeois de Paris représentaient encore les intérêts populaires, et les défendaient avec Étienne Marcel, on venait de voir les paysans méconnaître la juste mesure de cette lutte démocratique dont dépendait leur sort, et se soulever avec une précipitation confuse contre leurs oppresseurs immédiats [1]. En Angleterre, s'il n'y avait ni jacquerie, ni soulèvement contre les pouvoirs établis, Wiclef persuadait aux pauvres que la propriété vient de Dieu, et qu'ils avaient, en conséquence, le droit d'ôter leurs biens aux riches pêcheurs. En Italie, avec Cola de Renzo, tribun à Rome, avec Gabriele Adorno, marchand plébéien, proclamé doge par les Génois (1363), le menu peuple obtenait d'éphémères triomphes. Dans toute tyrannie de seigneur, s'élevant sur les ruines des libertés communales, il voyait même une revanche et comme une indirecte victoire. Pour fouler aux pieds ses maîtres de la veille il soutenait le maître du jour, et, dans l'ivresse de la vengeance, il s'imaginait respirer plus librement [2].

---

[1] Voy. nos deux ouvrages : *Étienne Marcel, prévôt des marchands*, dans la collection municipale de *l'Histoire de Paris*, 1874, in-4°, et *la Démocratie en France au moyen âge*, 1873, 2 vol. Voy. aussi S. Luce, *la Jacquerie*, Paris, 1860.

[2] Ce rapprochement a été très judicieusement fait par M. Fossati dans la thèse qu'il a soumise à l'Institut royal de Florence.

De toutes les villes d'Italie, la moins mûre pour cette satisfaction avilissante, c'était Florence. Y appelait-on un seigneur, ce n'était que dans des circonstances graves et pour un temps très court, qu'abrégeait, à l'occasion, un soulèvement universel. L'éternelle, mais intermittente guerre des petits contre les grands, des pauvres contre les riches, des opprimés contre les oppresseurs y prenait, en cette heure de crise, une forme particulière que peut seule expliquer ce qu'on a lu de cette histoire. Chaque classe voulait pour soi le pouvoir, dans un dessein avoué de représailles et de réformes. Suivant qu'on y participait ou qu'on en était exclu, différaient les moyens d'action. Les uns manipulaient les bourses, pour y substituer aux noms ennemis des noms amis; les autres cherchaient, dans des tumultes sans danger pour leur extrême misère, les moyens de pêcher en eau trouble. La rivalité des grandes familles, parmi lesquelles il y en avait toujours deux dominantes, fournissait aux factions des chefs, et à ces chefs des cohortes passionnées. Les noms des Albizzi et des Ricci, comme jadis ceux des Buondelmonti et des Uberti, des Cerchi et des Donati, dissimulaient le fond des choses sous une surface toujours agitée et qui rappelait le passé : pour les esprits superficiels, c'est-à-dire pour presque tout le monde, la bataille continuait entre guelfes et gibelins. Combien Machiavel eût-il trouvé de précurseurs dans sa patrie pour comprendre qu'il ne s'agissait plus dès lors que de remédier au grave et croissant malaise d'une société peu solide sur ses mobiles fondements?

Ce qui en faisait l'instabilité, c'était d'abord la répartition inégale, arbitraire des charges publiques. Tel était peut-être le plus ancien et le plus sérieux sujet d'irritation. Ce n'est pas qu'on n'eût essayé, et plus d'une fois, nous l'avons vu, d'établir un cadastre, de faire l'évaluation des immeubles, ce qu'on appelait l'*estimo*; mais les riches, craignant d'y perdre, en faisaient, invariablement chaque fois, échouer la tentative[1]. De plus, la gestion financière des prieurs, si souvent habile au point de vue politique, était vexatoire pour les contribuables. Toutes les dépenses militaires, restant en dehors des prévisions annuelles du budget, en formaient un second d'une lourdeur extrême, car il fallait payer les hommes d'armes, les vivres, le matériel, les transports, garder, entretenir, réparer les forteresses. Incessamment renouvelées, ces charges supplémentaires se répartissaient par quartier, trop souvent en toute hâte, et, ce qui les rendait plus intolérables, au gré, au caprice des répartiteurs [2].

Quelle source de vexations et d'injustices dans une ville où le riche de la veille était le pauvre du lendemain! Les capitaux, les fortunes s'y déplaçaient avec une facilité sans pareille. Si le trafic, la banque, les jeux de bourse, déjà connus [3], donnaient parfois d'immenses bénéfices [4], ils causaient aussi d'immenses pertes. De familles anciennement opulentes, il ne s'en trouvait plus. Le petit-fils ne possédait déjà plus les biens de l'aïeul [5]; il vivait pauvrement de la culture du sol, dans

---

[1]. Voy. Matteo Villani, V, 74; Pagnini, t. I; Canestrini, *La scienza e l'arte di Stato, desunta dagli atti della Repubblica e dei Medici*, 1re partie. Flor. 1862. Le 1er vol. seul a paru, par suite de la mort de l'auteur.

[2] Voy. plus de détails dans Pagnini, I, 16, et Capponi, I, 329.

[3] Le texte probant sur l'existence des jeux de bourse est dans March. de Coppo, IX, 727. G. Capponi l'a rapporté. (I, 331.)

[4] Niccolò Alberti laissait en mourant 340 000 fl. d'or, soit 7 600 000 livres italiennes. Voy. Fossati, *Il tumulto dei ciompi*, p. 13, note 2.

[5] Cavalcanti, *Storie*, I, 416, II, 463, dans G. Capponi, I, 331.

le *contado* où d'incessantes guerres, où des impôts croissants consommaient sa ruine, où le luxe insolent des parvenus excitait sa jalousie, humiliait sa fierté.

A ces causes de perturbation sociale s'en ajoutaient d'autres encore, soit accidentelles, comme les largesses du duc d'Athènes et de son entourage, comme les biens acquis, à la suite de la peste, par héritage ou par vol, soit permanentes, comme l'imprévoyance générale, celle surtout des petites gens, qui n'épargnaient pas leur bien, acquis sans peine ou même avec peine, et qui le dépensaient en parures et festins [1].

Ainsi, dans cette Florence où l'on rêvait d'égalité, l'inégalité était partout. La hiérarchie des arts prouvait bien qu'on l'y reconnaissait nécessaire; mais elle n'en choquait pas moins, parce que les limites entre eux ne restaient pas immuables. Du moment que les arts moyens avaient obtenu leur part dans la vie publique, pourquoi refuser aux arts mineurs le même avantage? Et si les arts mineurs l'obtenaient à leur tour, ne voyait-on pas s'avancer derrière eux les métiers réputés vils? Ces métiers ne demandaient pour eux-mêmes que le nom et la dignité d'arts; mais qu'ils l'obtinssent, et leur ambition se porterait aussitôt à la conquête des droits civiques. Or, ils étaient presque innombrables : on n'en comptait pas moins de vingt-cinq relevant de la laine, entre autres les teinturiers et les cardeurs, corporations puissantes par le nombre de leurs membres [2],

---

[1] « Di così grande e disusata carestia il minuto popolo di Firenze non parve che sene curasse, e così di più altre terre, e questo avvenne perchè tutti erano ricchi e de' loro mestieri guadagnavano ingordamente... E così festeggiava e vestiva e convitava il minuto popolo come se fossero in somma dovizia e abbondanza d'ogni bene. » (M. Villani, III, 56, ann. 1362.)

[2] Capponi l'ancien énumère quelques-uns de ces métiers dépendant de

par leur organisation modelée sur celle des arts. Dès l'année 1300, soixante-douze de ces métiers étaient gouvernés par des consuls, et, en 1343, ils en avaient tous reçu du duc d'Athènes. On les leur avait bien retirés à la chute de ce despote démagogue, mais il en était resté des souvenirs, des regrets, un mécontentement avoué.

Enfin, ces humbles et frémissants « sujets » des arts n'étaient pas les derniers dans l'échelle des déshérités : il y avait encore les *braccianti*, qui, pour un modique salaire, prêtaient le secours de leurs robustes bras; il y avait les *ciompi*, comme on les appelait[1], qui accomplissaient, au service de la laine, les plus abjectes besognes, qui n'avaient pas de consuls, qui étaient soumis à un officier dur et partial, punis de l'amende, frappés même de verges[2], comme ces esclaves qu'on rencontrait encore dans les rues de la libre Florence[3]. Sentant le besoin qu'on avait d'eux pour la prospérité des grandes industries, ces misérables nourrissaient d'amères ran-

la laine, « scardassieri, pettinatori, vergheggiatori, tintori, conciatori, cardaiuoli, pettinagnoli, levatori e altri bomboni che sono sottoposti all'arte della lana. » (*Tumulto dei ciompi*, dans la *Bibl. scelta Silvestri*, t. II, p. 68, *Cronichette antiche*, p. 311. Muratori a aussi publié cet ouvrage, au t. XVIII des R. I. S. Capponi avait alors de quinze à dix-huit ans.)

[1] L'origine du mot *ciompi* n'est pas certaine. Selon March. de Coppo (VIII, 575), le menu peuple entendant les Français du duc d'Athènes dire : *Compère, allons boire* (Marchionne écrit : *Compar, allois a boier*) répète ces mots en estropiant le premier : *Ciompo, andiamo a bere*, transformation assez vraisemblable si l'on pense à l'aspiration que les Toscans mettent sur la lettre c. « E quasi erano tutti ciompi, cioè compari. » Cf. Ammirato, IX, 464, XIV, 728. M. Abel Desjardins (p. 27, note 2) pour expliquer le mot *ciompi* met entre parenthèses *gueux*. C'est un sens qu'il n'a pu avoir qu'après les excès des hommes qui portaient ce nom.

[2] Santa Rosa, *Il tumulto dei ciompi*, cap. 3, dans la *Raccolta di opere utili*, Turin, 1843; Fossati, p. 40.

[3] Voy. *Ricordi di Guido dell' Antella, Arch. stor.*, nuova serie, t. IV, part. I, et Fossati, p. 40 et note 2.

cunes, des haines vigoureuses contre les âpres marchands qui gagnaient sur leur travail comme sur les acheteurs [1].

Pour ces exploités du dernier échelon, le but, l'unique but, c'était alors de vivre moins malheureux. La question économique ou sociale, comme on dit aujourd'hui, pouvait seule les pousser à la révolte. Ils ne prenaient parti dans la question politique, dans la lutte des factions, que parce que, invariablement, l'une d'entre elles leur promettait monts et merveilles, leur laissait du moins espérer un avenir plus prospère. N'avaient-ils pas vu quelques métiers devenir des arts, quelques arts primitivement exclus de la vie publique y obtenir accès? Ils trouvaient leur point d'appui dans ces derniers des arts qui voyaient relever contre eux-mêmes les barrières que leurs bras avaient renversées, et aussi dans ceux qui, sans avoir légalement perdu leur rang, craignaient incessamment de le perdre. Ce sont ceux-ci que battait surtout en brèche le redoutable bélier de l'*ammonizione*. Sous les plus frivoles prétextes, sans atteindre personne dans ses biens ou sa liberté, les chefs de l'aristocratie retiraient aux chefs populaires l'exercice des droits civiques, impérieux besoin de quiconque en avait joui, nécessaire moyen d'action que nul autre ne pouvait remplacer. Quiconque en est privé, dit, dans Machiavel, un personnage de comédie, ne trouve pas un chien pour lui aboyer après, n'est bon qu'à aller aux enterrements, aux mariages, à baguenauder tout le jour sur le banc du *proconsolo* [2].

Pour tout dire, l'intérêt pécuniaire, non moins que l'ambition ou la vanité, poussait les Florentins à désirer

---

[1] « Del lavorio che si viene dodici, ne danno otto. » (Capponi l'ancien, p. 312.)
[2] *Mandragola*, acte II, sc. III, p. 447 B.

la vie publique, et, par elle, le pouvoir, car qui l'exerçait ne se croyait point tenu à répartir équitablement les charges : il n'avait cure que de les alléger pour soi et les siens[1]. S'élever, s'élever sans cesse, tant qu'on n'était pas monté au faîte, telle était donc l'aspiration universelle. Défendre les positions conquises ou conquérir les positions enviables, voilà ce qui divisait Florence en deux partis sans appellation officielle, mais qu'on retrouve partout. La courte durée des emplois ne décourageait point les convoitises : on tenait moins à commander soi-même qu'à transmettre le commandement à des amis. L'intérêt de caste dominait l'intérêt personnel, parce qu'il en était la plus sûre garantie.

Puissant dérivatif à l'esprit de discorde, la guerre contre le Saint-Siège en avait retardé l'explosion. Mais sa trop longue durée usait l'enthousiasme populaire et permettait aux oligarchiques fauteurs de l'Église de rompre le redoutable faisceau des Huit Saints. A la mort de Giovanni Magalotti[2], les capitaines de la *parte* avaient introduit dans ce collège ennemi de leur personnes, opposé à leurs vues, Simone Peruzzi, leur âme damnée. En attendant de pouvoir mieux faire, ils continuaient de prêcher la paix, d'épurer les bourses, de compléter leur propre organisation. Ils se donnent un gonfalonier et un conseil de quarante-huit personnes (20 mars 1378)[3].

---

[1] « Sempre parve da gran tempo che chi ha fare il parti guarda a farla a se buona. » (March. de Coppo, XII, 931.) Cf. G. Capponi, I, 328, qui a sur ce sujet de fort judicieuses réflexions. Il est juste pourtant de dire que tous ne s'enrichissaient pas dans les emplois, au contraire; entre autres, Donato Velluti : « Ebbi molti uffici e ambasciate di mio onore, i quali mi feciono assai danno alla borsa e sviamento di mia arte (p. 84). »

[2] Voy. chap. précédent, p. 157.

[3] « Questo fu à fine di mal fare con esso, come innanzi apparirà. » (March. de Coppo, IX, 778.)

Par une interprétation abusive de la loi, le légiste Lapo de Castiglionchio fait admettre que la balie est donnée pour un an aux capitaines, sûr moyen de lutter avec avantage contre des seigneuries de deux mois, et à armes égales contre les Huit prorogés. La portée de ces réformes n'échappait pas aux contemporains : « Qui était seigneur de la *parte*, écrit Marchionne, l'était aussi de Florence, et messer Lapo conservait pour lui une balie viagère [1]. »

Il fallait voir ces hommes impuissants à empêcher la guerre prendre leur revanche par l'*ammonizione*. Du 15 octobre 1377 au 14 juin 1378, Monaldi énumère soixante-quatre *ammoniti* [2]; d'autres en portent le nombre à quatre-vingt-dix [3]. Or, des familles entières, les Tolomei, les Mozzi, les Covoni, les Soldani, par exemple, ne comptent que pour un [4], et l'on trouve près de deux cents familles frappées en deux ans [5]. Bientôt on osa davantage. Le 22 avril, on frappe un des Huit, Giovanni Dini, apothicaire ou épicier [6]. Cette fois, le scandale fut grand, car les Huit étaient réputés inviolables. C'est Simone Peruzzi, dit-on tout bas, qui est l'instigateur de ce coup d'audace : accusé de trahir les secrets de la balie, une allusion mordante de Dini à cet égard l'avait blessé,

---

[1] « E M. Lapo serbò la balia a se a vita. » (March. de Coppo, IX, 778.) C'était du moins son intention. On verra plus loin qu'il devait finir ses jours dans l'exil. Cf. *Diario d'anonimo*, p. 347; Ammirato, XIII, 712.

[2] *Diario del Monaldi*, p. 337, 340.

[3] *Ricordi di Filippo Rinuccini*, dans G. Capponi, I, 327. Cf. Ammirato, XIII, 714.

[4] *Diario del Monaldi*, p. 337-340. Dans le *Diario d'anonimo* (p. 353) il est parlé d'un Nofri des Antellesi, *ammonito*, dont le nom est suivi de cette mention : « e tutti que' del lato suo. »

[5] G. Morelli, p. 289.

[6] *Arch. stor.*, loc. cit., p. 292. Doc.591; *Diario d'anonimo*, p. 553; Ammirato, XIII, 713. Ne pas confondre avec d'autres Dini frappés d'*ammoniizione* le 30 octobre 1377 et le 12 février 1378.

et il se vengeait[1]. On murmurait donc, mais, en somme, on laissait faire ; même, par une inexplicable faiblesse, on tolérait, sans opposition, que Dini, privé de sa charge par l'*ammonizione*, y fût remplacé par Niccolò Gianni, fauteur de la *parte* comme Peruzzi[2]. Encore deux ou trois proscriptions de ce genre, et l'esprit serait changé dans le collège des Huit Saints. Ce but, on le supposait aux capitaines[3], et non sans apparence, en les voyant exclure par l'*ammonizione* ceux de leurs adversaires dont les noms sortaient des bourses pour les emplois publics[4]. Bien plus, ne condamnaient-ils pas à avoir la tête tranchée des citoyens uniquement accusés d'avoir adressé une pétition à la seigneurie ? Et l'on ne saurait dire qu'une telle rigueur, pour un acte licite, fût dans le goût du temps : elle paraissait « si étrange, si abominable[5] », que le podestat refusait d'exécuter la sentence, et qu'il y substituait l'amende, la prison, si effrayé d'ailleurs de sa passagère énergie, qu'il recommandait les condamnés à la clémence des capitaines qui les avaient frappés[6].

Plus fermes, les Huit Saints étaient loin encore de mettre bas les armes, et autour d'eux se ralliaient les mécontents, les principaux de la faction populaire, Salvestro des Medici[7], Tommaso Strozzi, Benedetto Alberti,

---

[1] « Maledetta sia la morte di Giov. Magalotti, che da lui non uscì mai niuno segreto », avait dit un jour G. Dini. (March. de Coppo, IX, 781.)

[2] 11 mai. *Arch. stor.*, loc. cit., p. 292. Doc. 591.

[3] « E dicesi che guardavano di ammonire alcuni altri per mettere in luogo di loro i simili. » (March. de Coppo, IX, 786.)

[4] *Diario d'anonimo*, p. 353 ; *Diario del Monaldi*, p. 340.

[5] March. de Coppo, IX, 779.

[6] Id., *ibid.*; Ammirato, XIII, 713.

[7] Il a été question de Salvestro plus haut, p. 20, et t. IV, p. 412, n. 2. Salvestro et Silvestro sont deux formes également employées par les con-

Giorgio Scali, hommes considérés, qui remplaçaient désormais Uguccione et Rosso des Ricci, vieillis, fatigués, hors de combat. Trouvant en face d'eux, avec les capitaines de la *parte*, les chefs de la faction aristocratique, Piero des Albizzi, Lapo de Castiglionchio, Carlo Strozzi, Bettino Ricasoli, ils se tenaient nuit et jour sur leurs gardes. Pour un rien on prenait les armes, et les conséquences de la moindre bagarre pouvaient devenir graves. Les documents en rapportent une qui peut donner quelque idée des autres. Deux citoyens ont rencontré une bande de mercenaires. Ils se prennent de querelle avec eux. Des boutiques voisines accourent les artisans avec les outils de leurs métiers, et voilà bientôt quatre mille personnes aux prises[1], si le rédacteur officiel n'exagère pas. Les mercenaires, « ces ravisseurs de femmes[2] », se retranchent dans les maisons; par les fenêtres, ils en jettent le mobilier sur la tête des assaillants qui les veulent livrer aux flammes. C'en était fait de la paix publique, sans l'intervention du podestat[3].

Parmi les chefs populaires, Salvestro des Medici était alors le plus en vue. De tout temps, en tout pays, les esprits peu éclairés ont besoin d'une idole. Celle du jour tirait de ses ancêtres une part de son importance. La famille des Medici, originaire du Mugello, riche et honorée dès le douzième siècle, comptait, au quatorzième,

---

temporains. La première avait fini par prévaloir. Dans une provision, on lit : « Salvestro, tunc Silvestro. » (*Provvisioni*, LXVIII, 5. Voy. ce texte dans Gino Capponi (*Stor. di Fir.*, I, 598.)

[1] « Numero quatuor millium et ultra. » (28 avril, *Provvisioni*, LXVII.) L'affaire avait eu lieu le 22 avril, le soir même du jour où Giovanni Dini était *ammonito*.

[2] « Quod stipendiarii reprehendantur de rumore facto et quod actentaverint rapere mulieres. » (*Consulte*, XVII, 24 avril.)

[3] *Ibid.* Voy. Fossati, p. 12, 13.

parmi les premières de la bourgeoisie, sans que personne, néanmoins, prévît encore à quelles grandeurs elle était réservée. Mais Salvestro devait beaucoup à lui-même. Il s'était rendu populaire, en 1360, par son empressement à conduire aux prieurs son frère, révélateur repentant d'une conjuration tramée contre la liberté[1]. En mai 1370, on l'avait vu gonfalonier de justice[2], et son passage au pouvoir ne l'avait point amoindri. Était-il ambitieux ? Peut-être ; mais non à tout prix, car, dépassé plus tard par le mouvement populaire, il sut rentrer dans l'ombre et s'effacer[3]. Le plus probable, c'est qu'il était un second Giano della Bella, porté comme Giano aux réformes, médiocre comme lui, mais donnant comme lui, par certaines qualités du caractère et à la faveur des circonstances, l'illusion du talent.

Quoi qu'il en soit, la faction des Albizzi et des capitaines lui faisait l'honneur de le redouter. Or, les bourses étant presque épuisées, son nom restait seul dans la bourse spéciale des gonfaloniers de justice[4], pour le quartier de San Giovanni, dont le tour était venu de fournir ce magistrat. Salvestro devait donc, on le savait, occuper ce poste important. Sans doute le gonfalonier n'était pas encore, comme on le répète depuis des siècles, le chef de la seigneurie ; mais disposant de la force

[1] Ammirato, XIII, 714.
[2] Voy. les listes de March. de Coppo et de Reumont.
[3] Tommaseo est très-dur pour Salvestro, en qui il voit un homme prêt à tout, ne pouvant inspirer confiance à personne. Voy. *Moti fiorentini del 1378*, dans *Arch. stor.*, nuova serie, t. XII, part. 1, p. 25. Faire remonter jusqu'à lui l'odieuse ambition de sa famille, c'est assez naturel, mais ce n'est peut-être pas juste. On en jugera par les faits.
[4] Le fait de cette bourse spéciale n'est pas douteux. Donato Velluti (p. 75) dit expressément qu'il fut mis « nella borsa de' gonfalonieri di giustizia. »

publique, il grandissait à vue d'œil, et s'acheminait au premier rang.

Que devait faire le parti de l'oligarchie en prévision des deux mois où la force, où le pouvoir allait être aux mains de ses ennemis? s'y résigner, pour peu qu'il eût le respect de la loi, des institutions établies; mais la pensée n'en vint à personne. Les capitaines étaient d'avis de repousser toute réforme par les armes. Lapo de Castiglionchio voulait même en prévenir la tentative par une action immédiate. On préféra, sur le conseil de Piero des Albizzi, attendre la Saint-Jean. La fête patronale attirant en ville la foule des *contadini*, pourraient entrer, mêlés à eux et sans être remarqués, les colons et serviteurs que leurs maîtres feraient venir de la campagne. Avec leur aide, tandis que les prieurs seraient aux processions, aux cérémonies religieuses, ou à la maison des Alessandri, pour voir courir le *palio*[1], on pourrait s'emparer du palais presque vide, donner la chasse aux *ammoniti*, remettre l'État aux mains de soixante personnes selon le cœur de la *parte*[2].

Ce coup de main semblait facile, pourvu que le rebouté Salvestro ne tînt pas le gonfalon de justice. Comment donc l'empêcher de le prendre? Le frapper d'*ammonizione* était un moyen; mais on le connaissait pour guelfe avéré, et il comptait beaucoup d'amis. Artisan d'intrigues et toujours fertile en expédients, Lapo de Castiglionchio en suggéra un fort ingénieux : c'était

---

[1] Les Alessandri étaient une branche des Albizzi. Alessandro et Bartolommeo, fils de Niccolò des Albizzi, avaient obtenu de prendre ce nom, peut-être pour échapper au danger qu'il y avait à être de cette famille, peut-être par inimitié pour une partie de leurs parents. Voy. Ammirato le jeune, XIII, 686.

[2] March. de Coppo, X, 792.

d'exclure du collége des *buonuomini*, par l'*ammonizione*, le cordier Maso de Neri. Comme il était du quartier de San Giovanni, on devrait lui substituer un habitant du même quartier; comme les bourses des *buonuomini* n'étaient guères moins vides que celle du gonfalonier, il y avait apparence que celui qui en sortirait au tirage appartiendrait à la très-nombreuse famille des Medici; comme les *buonuomini* étaient en charge depuis le 15 mars, le successeur de Maso serait installé parmi eux sans retard, avant le 1er mai, avant que Salvestro eût reçu le gonfalon de justice, et la présence d'un de ses parents dans les colléges l'en exclurait lui-même, d'après la loi du *divieto*.

Rien de mieux combiné, pourvu que le tirage au sort remplaçât Maso par un Medici; mais s'il était fait avec loyauté, il en pouvait, à tout prendre, être autrement. Cette incertitude, cette chance d'échec suffit à ébranler quelques-uns au Conseil de la *parte*, et permit aux amis de Salvestro d'y prendre l'avantage. Ils traînèrent les discussions en longueur, et Maso ne fut frappé que le 30 avril, sur le soir. Or le lendemain, dans la matinée, s'installait la nouvelle seigneurie; le temps manquait donc à la seigneurie sortante pour remplacer, parmi les *buonuomini*, la victime de la *parte*, et Salvestro, gonfalonier en exercice, donnait le *divieto*, loin de le recevoir [1].

[1] *Diario d'anonimo*, p. 353; March. de Coppo, IX, 787, 792; Ammirato, XIII, 714; Fossati, p. 17; Santa-Rosa, *Il tumulto dei Ciompi*, dans la *Raccolta di opere utili*. — Le 28 juin, on voulut rétablir Maso, mais on n'y réussit pas, parce qu'il n'eut que 41 voix contre 38, et qu'il en fallait les deux tiers. (*Ordinamenti della Balia degli ottanta*, dans Fossati, p. 17, note 3.) — La seigneurie du 1er mai était composée comme suit : Francesco Falconi, Niccola Alberti, Piero de Fronte, *lanajuolo*, Francesco de Spinello, *vaiaio*, Lorenzo Boninsegna, Simone Gherardi, Simone de Bar-

Incontinent, ses collègues et lui se mirent à l'œuvre. Leur tâche était, dans l'ordre économique, d'alléger au peuple les rudes souffrances de la disette et de la guerre; dans l'ordre politique, de préparer la paix avec le Saint-Siège, de s'accorder avec les capitaines ou de les soumettre. On les voit acheter et distribuer des grains, se pourvoir de farine, prohiber l'exportation de la viande [1], prescrire la stricte observation de l'interdit, que réclamait, au nom du pape, Catherine de Sienne [2], se faire inviter par les *consulte* à convoquer les capitaines pour leur « recommander les guelfes, et les avertir de ne pas faire d'injustices, de procurer l'union des citoyens [3]. »

Sur tous les autres points, les prieurs font ce qu'on faisait avant eux, et méritent qu'on loue leur prudence [4]. Sur ce dernier, ils sont bien timides; mais les capitaines semblaient rendre les armes. Sortant de charge le 20 mai, ils écartaient les propositions énergiques, donnaient à entendre qu'on userait avec plus de réserve de l'*ammonizione*, qu'on supprimerait ces pétitions secrètes qui désignaient aux prieurs de prétendus gibelins à mettre parmi les grands [5]. Il fallait voir quels seraient

---

tolino, *calzolaio*, Piero Ghetti, *spadaio*; Salvestro des Medici, gonf. Voy. March. de Coppo, IX, 785, et Fossati, p. 15, n. 1.

[1] Voy. les textes dans Fossati, p. 18, n. 1.

[2] Gherardi, *La guerra dei Fior.*, p. 122; Capecelatro, II, 16-25.

[3] 3 mai : « Domini provideant circa unitatem et concordiam et quod habeant capitaneos et recommendent eis guelfos, et rogent et moneant quod non faciant injustitiam alicui et quod intendant ad unionem civium. » — 10 mai : « Domini habeant capitaneos et Decem libertatis cum collegiis, et consulatur inter ipsos de uniendo cives ; et quod super hoc teneatur consilium Requisitorum, non multorum sed bonorum civium. » (*Consulte*, XVII, dans Fossati, p. 21, n. 2, et Gherardi, note 5 à la p. 353 du *Diario d'anonimo*.) Cf. Ammirato, XIII, 714.

[4] « Per non dare a tedio a' citadini. » (*Diario d'anonimo*, p. 554.)

[5] Dom. Ristorus de Canigianis pro capitaneis partis : « Offerunt se

leurs successeurs avant de livrer un sérieux assaut.

Les noms de ces successeurs déplurent sans doute [1], car, à peine en charge, ils voient monter contre eux le flot menaçant des pétitions publiques. On réclame d'eux maintes concessions, comme de la seigneurie maintes réformes. On veut qu'ils ne puissent frapper dans une même maison deux personnes à la fois ; que le tambour où la *parte* recevait les dénonciations soit supprimé ; que les prieurs soient tenus de donner suite aux plaintes criminelles, sauf le cas où, dans les deux jours, un conseil de deux personnes par collège, tirées au sort, les autoriserait à faire autrement [2]. On réclame une protection efficace pour le pouvoir de Salvestro, le populaire gonfalonier [3]. On demande que les ordonnances de justice soient remises en vigueur [4] ; que « l'inepte et absurde procédure pour faire des grands » soit abolie [5]; que toute personne dénoncée à cet effet soit citée dans les trois

---

vacaturos circa unionem guelforum, rogantes quod Domini provideant circa petitiones criminales falsas et petitiones civiles, ita quod dari non possint. »
— Nicolaus de Soderinis pro Requisitis : « Domini provideant circa petitiones, ita quod criminales non dentur nisi vere, et civiles nullo modo. » (Doc. à la suite du *Diario d'anonimo*, p. 500.)

[1] Ce sont : Giovanni Biliotti, gonfalonier ; Tommaso Brancacci; Bettino Ricasoli; Bese Magalotti; Jacopo di Jacopone Gherardini, *lanaiuolo* ; Bernardo d'Andrea, *corazzaio* ; Ghino di Bernardo ; Taddeo des Agli; Jacopo Risaliti. (March. de Coppo, X, 789 ; *Diario d'anonimo*, p. 355.)

[2] Voy. les textes à la suite du *Diario d'anonimo*, p. 501, et dans Fossati, p. 21, n. 3.

[3] « Et provideatur taliter quod juridictio et balia gonfalonierii justitie non minuatur. «(*Consulte* du 27 mai, dans Fossati, p. 21, n. 3.)

[4] Fossati, p. 21, d'après les documents, dit que la décision fut ajournée ; Ammirato (XIII, 714) que, le 3 juin, les ordonnances de justice furent rétablies.

[5] « Actendentes ineptam et absurdam praticam que inolevit circa observantiam reformationum que loquuntur de faciendo magnates et sopramagnates. » (*Provvisioni*, LXVII, 33, à la suite du *Diario d'anonimo*, p. 502, et dans Fossati, append. n° 2, p. 92.)

jours et jugée dans le même délai, au scrutin secret ; que nul ne puisse être *ammonito*, s'il n'est vraiment gibelin, ni accusé de ce chef plus de trois fois[1]. La seigneurie ne pouvait qu'admettre ces pétitions, qu'elle avait peut-être suggérées[2]. Les nouveaux capitaines eurent beau faire de même, on ne crut point à leur sincérité, qu'allaient bientôt démentir leurs actes[3]. Irrité, d'ailleurs, de longue date, le peuple attendait non pas qu'ils s'amendassent, mais qu'ils fussent châtiés[4].

Cette satisfaction pleine de périls, les prieurs hésitaient à la donner. Ils reculaient devant la guerre civile et se sentaient responsables. Objet de tant d'espérances, ils n'y avaient jusqu'alors que faiblement répondu, et ils n'étaient plus en charge que pour quinze jours. A leur tour ils ressentaient l'impuissance des pouvoirs expirants. C'était donc l'heure, pour les capitaines, de reprendre l'offensive. Depuis un mois et demi, ils n'avaient point fulminé l'*ammonizione*, et ils trouvaient le temps long[5]. Même chez eux, ils n'étaient pas absolument les maîtres, car ils devaient compter avec leur Conseil des Vingt-Quatre, lequel, élu cette fois sans fraude, prétendait exercer son contrôle, plutôt qu'opiner du bonnet. Mais que ne peut une forte résolution ! Par trois votes

[1] *Ibid.* Cette provision est votée en conseil du capitaine par 151 voix contre 72 ; celle du tambour par 212 contre 11. En conseil du podestat, le 5 juin, 116 contre 43 pour la première, 138 contre 11 pour la seconde. (*Ibid.*) Cf. Ammirato, XIII, 714.

[2] 3 juin. *Diario d'anonimo*, p. 355, 356.

[3] Voy. Machiavel III, 40 A ; G. Capponi, I, 335.

[4] Ammirato, XIII, 714, 715.

[5] Divers auteurs, Machiavel, Capponi, voient dans ce réveil des capitaines le désir de préparer le coup monté pour le 24 juin. C'eût été s'y prendre trop tôt. En dix jours la seigneurie aurait eu le temps de déjouer leurs projets. La postérité seule a voulu rapprocher deux choses fort distinctes.

successifs, le Conseil a refusé d'exclure des offices deux citoyens qu'y appelait le tirage au sort : un artisan de la laine et un marchand de rognures de cuir [1]. Comme on ne pouvait ouvrir un quatrième scrutin, puisque défense venait tout récemment d'être faite de mettre plus de trois fois *a partito*, c'est-à-dire sur la sellette, une même personne [2], les capitaines, peu soucieux de la légalité, en provoquent l'audacieuse violation. Furieux de se heurter à des consciences scrupuleuses, un de ces officiers, Bettino Ricasoli, qui, pour deux jours *proposto*, présidait en cette qualité la réunion [3], ferme résolûment la porte, et, prenant la clef : — Personne ne sortira, dit-il, que ces deux hommes ne soient condamnés. — On plia devant cette violence, on vota de nouveau ; mais il ne fallut pas moins, dit on, de vingt-trois tours de scrutin pour que les tyrans du vote obtinssent satisfaction. Était-il donc si difficile, puisque les opposants restaient en nombre, d'exiger que la porte fut rouverte ? Le peu d'intérêt qu'inspiraient les victimes désignées [4] explique seul la tiédeur d'une résistance qui ne se prolongeait que par respect pour la loi.

Dans le public, l'indignation n'en fut pas moins vive et moins générale. On ne pardonnait ni l'illégalité, ni

[1] Leurs noms et leurs professions ne sont pas exactement les mêmes dans les auteurs. Mais le *Diario d'anonimo* (p. 356) et Ammirato (XIV, 716) s'accordent.

[2] Voy. la page précédente.

[3] Les magistratures de la *parte* étaient empruntées à celles de la commune ; or, tels étaient les priviléges du *proposto*. Voy. notre t. II, p. 375. Cf. Machiavel, qui écrit *preposto* et ajoute : « Il qual grado in quel tempo che dura fa uno quasi che principe della città (III, 40 B). » Sismondi (IV, 448) est plein d'erreurs à ce sujet.

[4] La preuve de ce peu d'intérêt est que plus tard, quand le peuple fut absolument maître, ces deux condamnés ne purent obtenir la pluralité légale des trois quarts des voix pour être relevés de leur condamnation.

la faiblesse. On raillait la seigneurie, dont le pouvoir était réduit à rien [1], et Salvestro des Medici, dont on s'était promis merveilles. — Nous arrangerons cela, répondait Salvestro, quand je serai *proposto* [2]. — Il devait l'être le vendredi 18 juin. Il avait donc trois jours encore pour se concerter avec ses amis. Dans un conciliabule secret [3], la résolution fut prise de réclamer, par voie de pétition, que les prieurs fissent exécuter les ordonnances de justice. Mais on savait cinq d'entre eux favorables à la *parte* [4]. Pour vaincre leur opposition prévue, le lendemain, de bonne heure, la cloche convoquait le Conseil du peuple au palais, dans la salle du rez-de-chaussée, tandis que la seigneurie et ses collèges s'assemblaient au-dessus, dans la salle ordinaire de leurs réunions [5]. C'était tout ensemble exercer une indirecte pression sur les votes douteux, et se tenir prêt à ratifier les décisions prises, avant qu'on s'y pût opposer par la brigue ou le désordre de la rue. La précaution était utile, sinon régulière : elle déconcertait trois cents fauteurs de la *parte*, qui venaient de se réunir à tout événement [6].

Salvestro, ayant reçu la pétition, en donna lecture à ses collègues de la seigneurie. Elle débutait par des mots significatifs, indice manifeste d'une situation nou-

---

[1] « L'uficio de' nostri signiori ci erano per acca. » (*Diario d'anonimo*, p. 356.)

[2] March. de Coppo, X, 789; Ammirato, XIV, 716; Fossati, p. 23, qui renvoie aux documents.

[3] March. de Coppo, X, 790; G. Capponi l'ancien, (*loc. cit.*, p. 297); Ammirato, XIV, 717.

[4] Les mêmes, G. Capponi, *Stor. di Fir.*, I, 336; Gherardi, préf. au *Diario d'anonimo*, p. 242.

[5] *Diario d'anonimo*, p. 357.

[6] March. de Coppo, X, 790; *Diario d'anonimo*, p. 357; Fossati, p. 25.

velle : « Au nom des *popolani* marchands et artisans de la ville, des pauvres et des faibles de la campagne et du territoire, qui veulent vivre en paix de leur travail ; pour résister à la puissance effrénée des magnats, leur ôter la possibilité d'offenser lesdits faibles, comme de renverser l'État populaire et la liberté ; pour permettre aux *popolani* d'exercer les offices dans l'intérêt public et faire revivre la cité par la justice [1], » les pétitionnaires demandaient à la seigneurie de remettre en vigueur, une année seulement [2], tous les statuts, réglements, provisions contre les magnats, et surtout les ordonnances, sans faire tort à l'Église ni à l'université des guelfes.

Pour modestes et limitées qu'elles fussent, ces demandes se heurtèrent, au sein des colléges, à une énergique opposition. Bonaccorso de Lapo s'en fit l'organe, au nom des *buonuomini*, vu « l'état présent des choses et celles

[1] « Pro parte popularium mercatorum et artificum civ. Flor., nec non pauperum et impotentum comitatinorum et districtualium civitatis ejusdem et omnium quiete et suo labore et substantia vivere volentium, ut resistatur ineffrenate potentie magnatum, et ut tollatur possibilitas impotentes offendendi et popularem statum et libertatem pervertendi, et ut populares possint securius ac liberius vivere et officia pro utilitate publica exercere, et ut civitas, comitatus et districtus Flor. reviviscat justitia.... » (*Provvisioni*, LXVII, 49 v°.) Cette provision a été publiée par M. Gherardi à la suite du *Diario d'anonimo*, p. 504, et par M. Fossati, Append. n° 3, p. 94-95. Cf. l'ordonnance du 3 juillet 1315 appelée « Charte aux Normands. » (*Ordonnances des rois de France*, I, 583, et notre ouvrage *la Démocratie en France au moyen-âge*, I, 66, 67.) Leo (l. VII, c. III, t. II, p. 450, note 2) qui n'a pas connu les documents, veut que le mot *possenti*, qu'il trouve dans le discours prêté à Salvestro par Capponi l'ancien, s'entende du *popolo grasso*, à qui l'on aurait voulu étendre les ordonnances de justice. C'est une hypothèse sans fondement. Une innovation si grave n'aurait pas passé inaperçue dans l'histoire. D'ailleurs, le texte de la pétition dit, en parlant des ordonnances : « que quoquo tempore viguerunt. »

[2] « Et quod predicta durent.... solummodo per unum annum proxime secuturum. » (*Ibid.*)

qu'on prévoyait[1]. » Ses paroles trouvèrent tant d'écho que le rejet était certain[2]. Salvestro, dans un transport de colère, descendit d'un bond au rez-de-chaussée. — Seigneurs, dit-il aux gens des arts qui composaient le Conseil du peuple[3], j'ai cherché à mettre l'accord et l'unité dans votre ville. On n'a pas voulu que je fisse ce bien. Je vous dis donc que je ne suis plus gonfalonier de justice. Arrangez-vous comme vous pourrez[4]; moi, je m'en vais à ma maison[5].

A ces mots, si grand fut le tumulte, qu'il attira dans la salle d'en bas les prieurs et leurs collèges. — Ceux qui ne veulent pas, criaient les gens des arts, il faut les mettre en pièces[6]! — Benedetto de Carlona, cordonnier en pantoufles, saisissait Carlo Strozzi à la poitrine, et lui disait : — Carlo, Carlo, les choses iront autrement que tu ne penses; votre suprématie doit disparaître. — Strozzi, en homme prudent, ne répondait rien : il comptait sur ses amis, dont il était entouré. Aussitôt, Benedetto Alberti, s'approchant de la fenêtre, jette à la foule, dont regorgeait la place, ce mot d'ordre : — Criez vive le peuple! — On lui répond : vive le peuple et la liberté! A ce cri, trop souvent précurseur de l'émeute, les arti-

[1] « Quod, considerato presenti statu et rebus que parantur, eis videretur ab ista provisione penitus abstinendum. » (Délibération des *Consulte*, dans Gherardi, préf. au *Diario d'anonimo*, p. 242, 243.)

[2] « La petizione non si vincea tra' collegi. » (March. de Coppo, X, 790.)

[3] « Isciese giù di sotto nel consiglio. » (*Diario d'anonimo*, p. 357.) « Scese giù nella sala dov'era il consiglio. » (March. de Coppo, X, 790.)

[4] « Fatevi con Dio » (*Diario d'anonimo*, p. 357), « ce que dit celui qui part à ceux qui restent » (*Vocabolario* di P. Fanfani), locution intraduisible. « Allez au diable » s'en rapproche, mais est trop fort.

[5] *Diario d'anonimo*, p. 357. Cf. Capponi l'ancien (p. 298) qui paraphrase ce petit discours.

[6] « Chi non vuole, fatelo tagliare a pezzi. » (March. de Coppo, X, 790.)

sans ferment leurs boutiques et courent aux armes[1]. Dans leur effroi, prieurs et colléges reçoivent la pétition, « de quoi, dit un contemporain, ils seront, Salvestro et eux, éternellement loués[2]. » Le vote d'en haut, porté en bas au Conseil du peuple, y est aussitôt confirmé, mais par 166 voix seulement sur 239 votants. Ainsi, jusqu'en cette assemblée populaire, l'opposition était si forte, que, neuf fèves blanches de plus, et on n'atteignait pas la pluralité légale des deux tiers[3]. La violence seule, ou du moins l'intimidation, l'avait procurée, funeste exemple qui déshonorait une cause juste et qui ne devait pas être perdu.

Un moment on put croire que les guelfes de la *parte* en appelleraient aux armes. A la voix des capitaines, s'étaient réunis, couverts de cuirasses, armés de couteaux, l'épée sous les plis de leurs vêtements, tous les magnats chefs de famille, Piero des Albizzi, Lapo de Castiglionchio, Niccolò Soderini, Bartolo Siminetti, et beaucoup d'autres, bientôt rejoints par Carlo Strozzi et ses fils[4]. Adoardo des Pulci proposait de produire au dehors le gonfalon de la *parte* pour en rallier tous les fidèles. Mais Forese Salviati fit prévaloir l'avis de gagner du temps[5]: l'effet des ordonnances, remises en vigueur pour une seule année, ne pouvait être que de priver des offices une vingtaine de personnes ; c'était peu pour tout mettre à feu et à sang[6]. Du Conseil de la commune,

[1] Capponi l'ancien, p. 298; March. de Coppo, X, 790.
[2] *Diario d'anonimo*, p. 357.
[3] *Provvisioni*, LXVII, 49 sq., dans Fossati, app. n° 3, et p. 26, et dans Gherardi, préf. au *Diario d'anonimo*, p. 243.
[4] March. de Coppo, X, 790. Cet auteur donne toute une page de noms.
[5] *Diario d'anonimo*, p. 357.
[6] « Quando seppono che pel consiglio s'era vinto che a' grandi fussono

d'ailleurs, qui devait, selon l'usage, voter le lendemain, et où les grands avaient accès, ne pouvait-on espérer le rejet de la pétition, presque obtenu de l'autre conseil exclusivement populaire? Agir sur les douteux, leur forcer la main, telle était la tactique qui s'imposait au parti.

Ainsi fut fait. On y consacra toute la matinée[1]. Buondelmonti, Adimari, Cavicciuli encombraient en armes l'escalier de la *parte*, poursuivant de leurs invectives, de leurs menaces, les *popolani* qui en montaient ou descendaient les degrés, tirant même contre eux le fer nu : — Nous verrons, s'écriaient-ils, qui nous chassera de Florence! — Ils avaient le verbe haut dans leur citadelle, où nul n'osait les attaquer; mais ils se faisaient illusion sur leur puissance au dehors. S'ils fussent sortis dans la rue, disent les auteurs du temps, le peuple les eût mis en pièces[2]. Dans le Conseil de la commune, qu'ils croyaient à leur discrétion, la pétition fut approuvée par 105 voix contre 50[3].

Le peuple s'en réjouit outre mesure. Il y vit « un grand bien qui ressuscitait toutes les familles de Florence, qui séparait les loups des brebis, qui rétablissait la liberté, car nous étions, dit notre chroniqueur anonyme, les féaux des magnats, des faux-juges, des sangsues, des crapauds, des scorpions, des tarentules, des serpents

---

riposti gli ordini della giustizia non per più che un anno, ciascuno si tornò a casa e stavano a vedere e a dire quello che seguisse. » (Capponi l'ancien, p. 299.) — « Per venti privati d'ogni uficio dentro e fuori. » (March. de Coppo, X, 790.)

[1] « I capitani mandavano la mattina per gli consiglieri, e pregavanli che non lasciassero vincerla. » (March. de Coppo, X, 790.)

[2] *Diario d'anonimo*, p. 357 ; *Diario del Monaldi*, p. 340.

[3] *Provvisioni*, LXVII, 49 sq., dans Fossati, append. n° 3 et p. 26, et dans Gherardi, préf. au *Diario d'anonimo*, p. 243.

venimeux de toute sorte. Vive Salvestro de messer Alamanno et sa compagnie, aujourd'hui et toujours[1] ! »

Une chance pourtant restait aux vaincus du scrutin : c'était, à leur tour, de recourir à la violence, pour empêcher l'exécution des mesures votées. Aussi, contre leur résistance possible, fit-on bonne garde, même la nuit, dans les rues[2]. En vain les prieurs se montraient-ils résolus à ne point abuser de la provision du 18; en vain voulaient-ils reléguer tout au plus quelques *popolani* dans la classe des grands, à seule fin que force restât à la loi. Les syndics qu'une consulte leur avait adjoints, à raison d'un par art (20, 21 juin), pour éclairer leurs décisions[3], étaient si divisés qu'ils empêchèrent de rien conclure[4]. De là une mauvaise humeur, une inquiétude croissantes. Sur la place encombrée[5] on ne voyait que visages sombres; on n'entendait parler que de punir les séditieux capitaines[6]. Un rien mettait toute cette foule en émoi. Comme elle apercevait un messager montant au palais, où il venait donner des nouvelles de la guerre, elle crut qu'il en apportait des quartiers suspects. On dut divulguer l'objet du message, pour calmer les artisans et les renvoyer au travail[7].

Ils n'y revenaient, malheureusement, que d'un esprit distrait, tout occupé des affaires publiques. Ils s'atten-

---

[1] *Diario d'anonimo*, p. 358. — [2] Capponi l'ancien, p. 299.

[3] Selon Capponi l'ancien, cette élection eut lieu le 20; mais une *consulte* de ce jour parle de ces syndics à élire. L'élection dut avoir lieu le lendemain, car, dès le 23, on voit un des syndics parler pour les artisans. Voy. Gherardi, préf. au *Diario d'anonimo*, p. 243.

[4] Capponi l'ancien, p. 299; March. de Coppo, X, 792.

[5] *Diario d'anonimo*, p. 358.

[6] *Diario del Monaldi*, p. 340; Ser Naddo, p. 10.

[7] *Diario d'anonimo*, p. 358. Le messager venait simplement annoncer que toutes les forteresses de Fabriano étaient prises.

daient à un prochain appel de leurs chefs, puisque paraître en armes sur la place de la seigneurie était l'unique moyen d'imposer le respect, comme le mépris, de la loi. Le mardi 22, sur l'ordre on ne sait de qui, mais probablement de Salvestro[1], les gonfalons des compagnies furent conduits devant le palais. Aux cris ordinaires : Vive le peuple! Vive la liberté! On ajoutait celui-ci : — Jetez nous les traîtres en bas[2]! — Les traîtres, c'étaient ceux des prieurs et de leurs colléges qu'on suspectait de pactiser avec la *parte*. Clameurs et menaces coupent court à toute hésitation. La seigneurie et ses conseillers, à l'unanimité des trente-sept personnes présentes[3], « voulant assurer la liberté et la paix du peuple florentin, particulièrement des marchands, des artisans, de tous les impuissants, et préserver du joug de la crainte et de la servitude ceux qui veulent bien vivre[4], » annulent les dispositions antérieurement prises[5], pour l'*ammonizione*, à la requête des capitaines de la *parte*, et interdisent à tout magnat de voter dans un scrutin inté-

---

[1] Les contemporains ne savent pas si ce mouvement fut provoqué. March. de Coppo (X, 792) ne se prononce pas. L'ordre venu d'en haut n'est pas douteux, puisque cette manifestation fut aussi bien réglée que celle du 18 avait été tumultueuse ; mais il n'émana point de la seigneurie, qui était divisée ; il dut émaner de ceux de ses membres qui s'appuyaient au peuple, notamment de Salvestro. Capponi l'ancien dit qu'il fut donné par « quelques citoyens. »

[2] March. de Coppo, X, 792 ; *Diario d'anonimo*, p. 359.

[3] « Nemine discordante. » (*Provvisioni*, LXVII, 53 sq. Doc. publié par M. Fossati, append. IV, p. 96.)

[4] « Dni priores actendentes et providere volentes ad libertatem et statum pacificum, tutum et tranquillum dicti populi et comunis, et precipue mercatorum et artificum et omnium impotentium, et volentes quod nullus sit vel esse possit qui bonos et pacificos cives et seu artifices vel alios quoscumque bene vivere volentes possit sub colore quocumque tenere in timere seu quodam modo sub servitutis jugo subjectos.... » (*Ibid.*)

[5] Le 28 janvier 1371.

ressant un *popolano*, sous peine de nullité pour l'opération[1]. C'était simplement revenir aux plus anciennes, aux plus chères traditions de Florence. Si ce retour semblait une concession faite aux petites gens, c'est qu'ils restaient seuls fidèles aux haines, aux défiances séculaires, tandis que la crainte de leurs progrès rapprochait de plus en plus, chaque jour, *popolani grassi* et magnats.

Les deux conseils allaient-ils ratifier ces décisions, ce qui était nécessaire pour qu'elles fussent valables? Après les faibles majorités des jours précédents, on en pouvait douter: il fut donc résolu de peser sur les votants par une démonstration armée, qui n'atteignit son but qu'en le dépassant. L'apparition des arts en armes suffit pour arracher à toutes les mains des fèves noires[2]; mais ce vote presque unanime ne suffit pas pour ramener chez eux tous ces artisans. Loin de là, dociles aux injonctions de meneurs inconnus[3], ils s'ébranlèrent, ayant en tête le gonfalon des fourreurs et peaussiers[4]. Ils se dirigeaient vers cette place où s'élevaient, au débouché du pont

---

[1] « Quod nullus magnas possit in aliquo scruptinio seu nominatione vel alio quocumque actu de aliquo vel contra aliquem popularem seu de populo civitatis, seu vocem vel fabam reddere.... » (*Ibid.*).

[2] Le vote fut rendu à la presque unanimité : 202 voix contre 2 dans le conseil du capitaine; 117 contre 6 dans celui du podestat. (*Ibid.*) Ces chiffres écrasants, opposés à ceux de la veille, prouvent bien que le vote fut enlevé par l'intimidation.

[3] Un ms. accuse formellement Salvestro des Medici et Benedetto Alberti : « Di tutte queste cose (incendies et vols) fu causa l'autorità di Salvestro de' Medici e Benedetto Alberti che chiamò il popolo dalle finestre del palagio. » (Ms. Marucell. scaff. c., dans Fossati, p. 88.) Mais cette accusation d'un chroniqueur ennemi manque d'autorité. On ne voit pas que Salvestro et Benedetto eussent besoin de l'incendie et du pillage. Il faut voir là l'intervention nouvelle de meneurs véritablement populaires.

[4] March. de Coppo, X, 792 ; Capponi l'ancien, p. 500.

Rubaconte, les maisons de Lapo de Castiglionchio, de ses *consorti*, de ses amis. Ils y mirent le feu, en expiation de tant d'*ammonizioni*, et, à la faveur du désordre, commença le pillage. Si Lapo, homme avisé, avait, la nuit précédente, mis en sûreté ses biens meubles les plus précieux, et sa personne même, sous le froc monacal, qui lui permit de s'échapper au dehors, d'autres maisons fournirent un abondant et riche butin, celles de Carlo Strozzi, de Bartolo Siminetti, de Niccolò Soderini, de Benghi Buondelmonti, des Cavicciuli, des Guadagni, des Corsini, des Ridolfi.

Évidemment, de nouveaux acteurs venaient d'entrer en scène. Des arts bourgeois peuvent bien marcher en tête de l'odieuse expédition; mais ils y sont poussés en avant, comme pour couvrir ceux qui viennent après eux. On les a gagnés à un châtiment sévère contre quelques ennemis, et ils voient dépasser le programme convenu sans pouvoir arrêter à moitié du chemin les pillards qu'ils sont censés conduire. Mis en appétit, loin d'être rassasiés, ces gens couraient aux prisons des *Stinche*, à la voix de Baldo Altoviti, qui y avait deux neveux incarcérés. Ils les délivrent et, en même temps, les prisonniers pour dettes, les voleurs, les criminels[1]. Et la seigneurie reste impassible; elle ne semble occupée qu'à forcer Boninsegna Machiavelli à boire, en signe de réconciliation, avec les Scali dont il attendait l'attaque, armé jusqu'aux dents[2]. C'était peut-être pour elle un moyen de masquer son impuissance, dont elle rougissait.

Sont-elles du moins finies, ces hideuses scènes? Nul-

[1] March. de Coppo, X, 792; *Diario d'anonimo*, p. 359; Capponi l'ancien, p. 300.
[2] March. de Coppo, X, 792; *Diario d'anonimo*, p. 359.

lement. Le lendemain [1], sur un mot d'ordre sans doute, la multitude se rue contre les couvents, la plupart fort riches, enrichis encore de nombreux biens mis en dépôt pour les sauver du pillage. Dans ce fait sera, aux yeux des uns le motif, aux yeux des autres le prétexte de cette nouvelle journée : à des adversaires exécrés on ne voulait pas laisser les asiles réputés inviolables. Non secourus, tant l'assaut est imprévu et général, les moines tentent en vain de résister. Un ou deux y perdent la vie. Argent, joyaux, vêtements, mobiliers disparaissent pour une valeur de cent mille florins et plus. Puis, s'exaltant dans sa fureur jusqu'à en devenir stupide, le monstre populaire s'abat sur les orangers et les vignes, parure des jardins [2], en s'acheminant vers San Spirito, le luxueux monastère que la crapule d'Oltrarno désignait aux pillards.

C'en était trop : les arts virent enfin où on les menait, et la seigneurie sortit de sa torpeur. Un de ses membres, Piero de Fronte, monte à cheval ; il tient dans ses mains l'enseigne de la liberté. A ses côtés chevauche Niccolò Rinucci, du collège des *buonuomini*. Tous deux, ils se portent à la rencontre des bandes en marche. Ils les dispersent et font pendre par la gorge cinq voleurs de reliques : le sacrilège paraît plus grave que le vol de biens privés [3]. Plus loin, il est vrai, se reforment les

---

[1] Les auteurs ne sont pas d'accord sur les dates de ces événements. Capponi l'ancien met tout au 22 ; March. de Coppo au 22 et au 23, mais confusément. Nous suivons l'ordre du *Diario d'anonimo*, plus soigneux des dates, quoique non impeccable.

[2] *Diario d'anonimo*, p. 359 ; Capponi l'ancien, p. 301 ; March. de Coppo, X, 792 ; *Storia di Firenze dalla sua edificazione sino al 1397*, ms. de la Marucelliana, scaff. c., cité par Fossati, p. 52.

[3] *Diario d'anonimo*, p. 359 ; March. de Coppo, X, 790 ; Capponi l'ancien, p. 301.

bandes. Elles assaillent les maisons d'Antonio Ridolfi, de Giovanni Biliotti, gonfalonier de la *parte*, et jusqu'à la chambre de la commune où étaient les comptes, les réserves du trésor : de tels lieux exercent sur les misérables soulevés l'attraction de l'aimant. Détruire la richesse ou les signes de la richesse, c'est pour eux une joie ineffable : ils croient avoir tout fait, la poule vivant encore, quand ils ont supprimé quelques œufs d'or. Mais c'est sottise et scélératesse perdues : avec les prieurs, les arts font désormais bonne garde. Défendre l'État et les autres citoyens, n'est-ce pas se défendre soi-même¹? Tout le monde est en armes : les voleurs d'un côté, les honnêtes gens de l'autre². La seigneurie, qui a la charge de la police, depuis que le podestat n'est plus qu'un instrument, enjoint aux *contadini*, gens suspects, d'évacuer la ville. La menace de perdre un pied ne les effrayant point, celle de perdre leurs biens les détermine au départ³. Autorisation est donnée de mettre à mort quiconque serait trouvé volant ou emportant un objet volé⁴, et quatre voleurs, flamands, dit-on⁵, — car beaucoup venaient, de ce pays, exercer à Florence le métier de tisserands⁶, — furent pendus, un par quartier, aux fenêtres grillées, aux colonnes des *loggie*, pour ne pas perdre de temps à dresser des gibets.

¹ *Diario d'anonimo*, p. 359. — ² *Diario del Monaldi*, p. 342.

³ De même, pendant la Révolution française, il avait été défendu, sous peine de mort, de passer dans un certain pré, et l'on y passait toujours. Cela fut défendu sous peine de cinq francs d'amende, et personne n'y passa plus.

⁴ « Fosse lecito di uccidere ed impiccare chiunque andasse rubando. » (Ms. Marucell. dans Fossati, p. 53.) Cf. *Diario del Monaldi*, p. 342.

⁵ *Diario d'anonimo*, p. 359, 360; *Diario del Monaldi*, p. 342. March. de Coppo (X, 792) dit qu'ils étaient cinq, tous étrangers.

⁶ Voy. G. Capponi. *Stor. di Fir.*, I, 338.

Une juste terreur mit donc fin au pillage. On savait, pour l'avenir, comment défendre la propriété. Néanmoins, on entrevoyait avec épouvante le lendemain. Pour la première fois que la basse plèbe jetait sérieusement dans la balance le lourd poids de ses outils, elle procède non seulement par l'incendie, dont ses maîtres lui ont si souvent donné l'exemple, mais aussi par le pillage qu'ils s'interdisaient, et par des destructions aveugles, inutiles, qui devaient répugner à leur esprit calculateur [1].

Contre tout retour offensif, Salvestro des Medici avait, dès la veille au soir, fait adopter la panacée des cas difficiles. Balie générale de réformer l'État avait été donnée aux prieurs, aux collèges, aux capitaines de la *parte*, aux Dix de liberté, aux Huit de la guerre, aux vingt-un syndics des arts, réunis en une seule et hybride commission de quatre-vingt-quatre personnes. C'est sur le refus de quatre d'entre elles que cette grande commission fut appelée la balie des Quatre-vingts (*ottanti*), nom que lui a conservé l'histoire [2]. Sa tâche était exclusivement réformatrice [3]; mais ses délibérations ayant lieu

---

[1] « E ciò vedemmo fare perchè la gente minuta avea presa troppa baldanza. » (*Diario del Monaldi*, p. 342.)

[2] Voy. l'acte dans Fossati, append. n° 5, p. 97. Au n° 6 on trouve marqués d'une astérisque les noms de ceux qui refusèrent d'entrer dans la commission de réforme. Cf., p. 33, n. 3. Voici les chiffres exacts : Prieurs et gonfalonier, 9 ; gonfaloniers des compagnies, 16 ; *buonuomini*, 12 ; capitaines de la *parte*, 9 ; Dix de liberté, 9 (*sic*) ; Huit de la guerre, 8 ; syndics des arts, 21. Voy. March. de Coppo, *Delizie*, etc., XV, 145, et *Diario d'anonimo*, p. 505. L'original n'existe pas. On n'en a retrouvé que des fragments, qui ont été réunis ensuite.

[3] « Considerantes murmur et scandalum incoatum in civ. Flor. maxime propter quedam que minus discrete geruntur circa gubernationem et regimen com. Flor. et circa gubernationem et regimen partis guelfe. » (Doc. dans Fossati, append. n° 5, p. 97.)

sous la pression, en quelque sorte, de la place publique, elles perdaient de leur majesté, et prenaient un caractère militant.

Quoiqu'ils fussent loin d'être unanimes, les *ottanti* trouvèrent dans leur sein une majorité suffisante pour agir. Tandis que les arts réclamaient certains offices et menaçaient de « s'armer contre l'état du peuple »; tandis que derrière les barricades reluisaient les piques, et qu'au débouché des ponts l'on avait l'œil sur l'irruption toujours redoutée de ce turbulent Oltrarno [1] qui réunissait les deux extrêmes de la population florentine, la noblesse la plus mal famée et la populace la plus méprisable, les ordonnances de justice furent remises en vigueur, non plus pour un an, mais pour vingt; les magnats étaient exclus de tous les offices [2], qui pour deux ou dix ans, qui pour sa vie entière, et aussi de tous les scrutins sur ou contre un *popolano*, sauf dans le conseil de la commune, où ils continuaient d'être admis; aux arts était accordée la condamnation d'une vingtaine de citoyens des plus haïs [3], ceux-là surtout dont on avait, la veille, officiellement brûlé les maisons. Les uns sont proclamés grands, notamment Carlo Strozzi et Piero des Albizzi; d'autres qui l'étaient déjà, *sopragrandi*, c'est-à-dire marqués d'une flétrissure plus grave encore, chassés du conseil même de la commune [4]. Divers sont confinés à trente milles ou déclarés rebelles. De ce

[1] *Diario d'anonimo*, p. 360.
[2] « Hinc ad viginti annos proxime secuturos.... Intelligantur et sint privati omnibus et singulis officiis. » (24 juin. Doc. dans Fossati, append. n° 6, p. 100.)
[3] Le *Diario d'anonimo* (p. 360) dit qu'ils furent 22, et il en énumère 26; March. de Coppo (X, 795) en donne 23.
[4] Voy. Fossati, p. 56 et note 3.

nombre est Lapo de Castiglionchio. Quant à ses fils et *consorti*, on se borne, comme par grâce, à les reléguer parmi les grands. Tous les bannis devront évacuer la ville et le territoire; nul ne pourra les retenir « à peine du feu », ni leur ouvrir les boutiques ou travailler pour eux, à peine de cinquante livres d'amende [1]. De l'interdiction, rendue générale, de porter les armes, ne sont exceptés que Benedetto de Carlona et son frère, « qui se sont audacieusement et virilement employés pour la conservation et augmentation de la liberté et du bon état du peuple et de la commune [2] », beau privilège vraiment dans une ville où tout le monde, alors plus que jamais, vivait sous les armes! Pendant quatre années, sans autre forme de procès [3], l'exécuteur et tout officier de justice pourront procéder rétrospectivement contre les prévaricateurs, les condamner au double de ce qu'ils auront pris ou reçu durant la dernière période décennale, remettre enfin au dénonciateur la moitié des sommes indûment perçues [4]. Ces voleurs de l'administration ne méritaient pas plus d'égards que les voleurs de l'émeute; mais qu'ils tombent rarement sous le coup d'une juste répression! Avoir voulu les châtier est l'honneur de la balie des Quatre-vingts.

Restait de donner quelque satisfaction à ces *ammoniti* qui prenaient, comme il est naturel, une active part à des mouvements populaires où se pouvait assouvir leur vengeance. Seront revisés tous les procès d'*ammoni-*

---

[1] *Diario d'anonimo*, p. 361; Capponi l'ancien, p. 303.
[2] 25 juin. Doc. dans Fossati, append. n° 6, p. 100.
[3] « Etiam breviter summarie et de plano et sine strepitu et figura judicii. » (25 juin. Doc. dans Fossati, append. n° 6, p. 100.)
[4] *Ibid.*

zione faits depuis le 1er septembre précédent, fût-ce contre des personnes mortes depuis [1], car le *divieto* qui les avait frappées s'étendait à leurs descendants. Il fut limité à trois années, après lesquelles, de dix ans encore, ceux qui rentraient en grâce ne pourraient obtenir, dans chaque office, que le quart des emplois [2]. Quels ménagements pour les iniquités de la *parte*, et quelle preuve de sa puissance redoutée, comme du désir de ne pas porter brusquement la perturbation dans l'État ! Plus libre de régler l'avenir que d'annuler le passé, la balìe donnait à tout *ammonito* futur le droit d'en appeler, dans les trois jours, à la seigneurie. Le *proposto* du moment y était tenu à convoquer les colléges, avec vingt-un consuls des arts, tirés au sort dans vingt-une bourses, pour prononcer sur l'affaire aux deux tiers des voix [3]. Mais les plus hardis auraient voulu qu'on remît dès lors dans les bourses pour les offices les noms des *ammoniti* [4].

---

[1] « Tam viventibus quam defunctis. » (Provision dans *Delizie*, etc., XV, 148.)

[2] « Habeant devetum ab omnibus officiis pro tempore et termino trium annorum proxime venturorum.... Intra terminum decem annorum incipiendorum finitis tribus annis de quibus supra fit mentio.... non plus quam sit quarta pars oficialium officii ad quod eligeretur. » (*Ibid.*) Cf. Capponi l'ancien (p. 302) qui dit sept. 1357, par erreur d'impression pour 1377.

[3] Doc. dans Fossati, append. n° 6, p. 101. Capponi l'ancien (p. 302) ajoute que les capitaines de la *parte* doivent être prévenus, pour qu'ils puissent, un jour à l'avance, faire opposition devant les prieurs.

[4] 27 juin. « Et quod Domini faciant monitos imbursari. » (*Consulte*, XVII, 129). Le même jour, on décrétait une urne de vote dite de la liberté : « Unum bossolum magnum quod vocetur bossolum libertatis, in quod quidem bossolum fabe que recolligentur in ipsis consiliis, et quolibet vel aliquo ipsorum, in aliis bossolis, ut est moris, possint et debeant vacuari antequam alibi evacuentur. Et deinde ipsis omnibus aliis bossolis in ipsum magnum bossolum vacuatis, debeat magnum ipsum bossolum vacuari in bacinum in ipsis consiliis retinendum, ut moris est. » (Doc. dans Fossati, app. n° 6, p. 104.) L'urne de la liberté était comme un sablier opaque. Les boules, jetées par en haut, se mêlaient en bas, après avoir passé par le défilé

Ceux-là, on les appellerait aujourd'hui des radicaux, des intransigeants.

C'est ainsi qu'en l'an de grâce 1378, Florence célébrait la Saint-Jean, sa fête patronale. Selon l'expression naïve d'un contemporain, les mesures prises « l'avaient guérie à jamais [1] ». Il faut croire pourtant que plus d'un craignait une rechute, car les artisans, gros et petits, évacuaient leurs marchandises en lieux sûrs; ils n'ouvraient que la porte basse de leurs boutiques sans chalands; jour et nuit, ils étaient sur pied. Quant aux riches, ils remplissaient leurs maisons de serviteurs appelés du dehors; ils se fortifiaient chez eux et derrière les barricades [2]. Ils se préparaient à résister aux décisions des Quatre-vingts. Quel moyen de rendre ces décisions efficaces? Depuis des siècles, Florence n'en connaissait qu'un, en ses heures de crise : à une secte en opposer une autre. Alléguant ses occupations nombreuses [3], la balie désigna donc Spinello de Luca Alberti, renommé

du milieu. Cette innovation avait pour but de respecter mieux le secret du vote (pro majori honestate et ut voluntates consiliariorum.... minus pateant et magis sint etiam in occulto). Auparavant, on mettait les boules en petit nombre dans de petites urnes portées à la ronde, en sorte qu'on pouvait assez bien voir comment chacun avait voté. Voy. Fossati, p. 34, 35.

[1] « Salvestro e loro collegi ànno sanicata Firenze per sempre. » (*Diario d'anonimo*, p. 360.)

[2] Capponi l'ancien, p. 303.

[3] « Adeo occupati et impediti quod non possint usquequaque superesse ad executionem omnium agendorum, sed fortius distrahantur et occupentur ad providendum circha reductionem civitatis et civium in quietem et tranquillitatem et ad obviandum ne qua novitas insurgat contra statum com. Flor., cumque experimento noscatur quod ad libertatem popularem.... utile est ipsis popularibus assistere favoribus, privilegiis et gratiis opportunis, ut idem reddantur audaciores ad tutelam populi et ad promovendum salutaria populari libertati, et ut idem appetentes populi quietem et salutem turbare et inquietare velle impedire compescantur et terreantur. » (Doc. à la suite du *Diario d'anonimo*, p. 506.)

pour son intégrité[1], et ser Stefano Becchi, homme de loi, pour « confédérer et unir en *consorteria* ou coterie de liberté les citoyens qu'ils voudraient, en leur accordant priviléges et grâces [2], afin qu'en tous lieux ils se pussent réunir pour le maintien de leur dite *consorteria* et pour la répression de tous ceux qui voudraient attenter à la liberté populaire [3] ». La *parte guelfa* avait constitué un État dans l'État; pour lui résister, on l'imitait.

Les deux délégués eurent bientôt bâclé leur œuvre. Ils restreignirent l'association aux membres de la balie; ils en exclurent même quelques-uns d'entre eux : Bettino Ricasoli, l'impérieux *proposto* qui mettait les votants sous clef, et Taddeo des Agli, autre capitaine de la *parte*, Alessandro des Bardi, un des Huit de la guerre, magnat comme les précédents, et Carlo Strozzi avec les siens. Mais étroite à la base, la *consorteria* s'élargissait aussitôt : en faisaient ou devaient faire partie tous les enfants nés ou à naître de ses membres, tous leurs descendants, tous leurs consanguins et les descendants de ceux-ci. On exigeait d'eux le serment, prêté sur l'Évangile, de se traiter, les uns les autres, en vrais et affectionnés parents [4]. Énormes étaient leurs privilèges : ils

---

[1] A sa mort, il ne laissa pas de quoi faire les frais de ses funérailles. Voy. Giov. Morelli, p. 288.

[2] « Unire, confederare, et consortes facere et consortiam inducere illos.... cives populares quos volent et eis videbitur pro bono publico expedire et eisdem concedere benefitia, privillegia, franchigias, prerogativas et gratias. » (Doc. cité, p. 506.) « Consorteria libertatis. » (*Ibid.*)

[3] « Pro conservatione et statu predictorum sic unitorum.... et pro repressione omnium.... emulari volentium populari libertati. » (*Ibid.*)

[4] « Se ad invicem tractare ut consortes et tanquam de eadem domo, agnatione et consortaria nati et sibi invicem assistere et favere. » (*Ibid.*, p. 507.)

pouvaient marcher en armes, avec les emblèmes de la liberté, le soir et la nuit, seuls ou en compagnie, avec ou sans flambeaux. Nul officier, nul recteur, était-il dit, ne les pourra molester, sous peine de cinq cents livres chaque fois. Quiconque les frappera d'*ammonizione*, payera mille livres dans les dix jours ou aura la tête coupée. Quiconque les blessera avec effusion de sang, sera déclaré grand et rebelle. Toute offense à leur égard sera punie du double de la peine ordinaire. Leurs pétitions, présentées en aussi grand nombre qu'ils le voudront[1], seront soumises par la seigneurie, le jour même ou le jour suivant, à l'examen, au vote des *consulte* et des conseils. Ils auront le droit, mais non l'obligation, de se réunir dans le palais communal, comme dans celui de la *parte*[2], où sera conservée la bourse contenant leurs noms[3]. C'est dans le palais de la *parte* que les seigneurs en tireront les chefs au sort tous les quatre mois, au nombre de quatre, un par quartier, et un seulement, sur les quatre, pris parmi les arts mineurs.

Voilà donc tout ce que savait faire le parti démocratique pour résister à l'aristocratie ! Il constituait une aristocratie nouvelle, armée jusqu'aux dents ! Quant au menu peuple, que l'histoire a jusqu'à présent rendu responsable des événements qui s'accomplissaient alors, il n'est question de lui, aux provisions des Quatre-vingts, que pour l'absoudre, moyennant restitution, des incendies et pillages[4], ce qui n'était pas même une faveur ou

[1] « Quas et quot et quotiens volent. » (*Ibid.*, p. 509.) — [2] *Ibid.* p. 508.
[3] « Que bursa seu sacchulus custodiatur et stet in capsa in domo partis guelfe. » (*Ibid.*, p. 509.)
[4] Sont absous tous les échappés des *Stinche*, tous ceux qui auront volé du 18 au 29 juin, pourvu qu'en juillet ils restituent ce qu'ils ont pris. Voy. Fossati, p. 36.

une indulgence d'exception : dans tous les temps on en avait vu des exemples. L'évolution qui s'accomplit ne sort donc pas encore du cercle des classes moyennes. Les classes inférieures, discréditées par les violences sans excuse d'une populace inepte, donnent leur concours au-dessus d'elles, sans apparence de vues égoïstes et d'immédiate ambition. Comme on l'a dit, « le menu peuple aide, il n'est pas aidé[1]. »

Prévoyait-on qu'il voudrait bientôt davantage, ou l'effroi qu'inspiraient ses pilleries, comme ses dévastations, tenait-il en suspens tous ceux qui possédaient? Ce qu'il y a de certain, c'est que la confiance ne revenait pas. Catherine de Sienne avait beau montrer, quoiqu'elle fût favorable à la *parte*, la peur plus grande que le mal[2] ; les bourses avaient beau donner, pour la seigneurie du 1er juillet, des noms rassurants[3], on ne se rassurait point : les boutiques restaient fermées ; Florence n'était toujours qu'un camp[4]. Aux prieurs sortants s'adresse tout hommage. Ils ont restitué, au moment du départ, cinquante-deux familles dans leurs droits[5] : on oublie aussitôt les déceptions qu'ils ont causées ; Salvestro est reconduit en pompe à sa maison ; l'on court les rues pour le voir, pour

---

[1] Fossati, p. 37.
[2] « E non mirate per lo scandalo che sia venuto in questa città... ; la divina bontà ha proveduto che del gran male non è stato grande male. » (Lettre 291. Ed. Tommaseo, IV, 68.)
[3] « Parve che per quella tratta tutta la città si rallegrasse e confortasse, perchè parve loro che fossono uomini pacifici e quieti e che amassero il riposo della città. » (Capponi l'ancien, p. 303.) Les prieurs sont : Tommaso Brancacci, Brancazio Borsi, maréchal ; Pierozzo Pieri, Zanobi Orlandi, Mariotto Davanzati, Alamanno Acciajuoli, Niccolò Canacci, Guerriante Marignolli, Luigi Guicciardini, gonfalonier. (*Ibid.*, et March. de Coppo, X, 794, *Diario d'anonimo*, p. 361.)
[4] Capponi l'ancien, p. 303.
[5] Le *Diario d'anonimo* (p. 361) donne les noms.

lui faire révérence[1]. Les nouveaux prieurs entrent en charge sans que les cloches sonnent, ce qui jamais ne s'était vu. C'est dans la salle du conseil, à huis-clos, et non, comme de coutume, en plein air, sur la *ringhiera* du palais, qu'ils prêtent serment[2]. Portés au faîte par les hasards du tirage au sort, ils se sentaient impopulaires et impuissants avant de prendre le pouvoir : triste présage pour les jours subséquents.

Ce sont les anciens *ammoniti* qu'on accuse d'avoir entretenu l'agitation, attisé le feu de la discorde. Quoique rentrés en grâce, ils se plaignaient de rester temporairement exclus des offices. Ils voulaient une réhabilitation complète, des vengeances contre leurs oppresseurs, et ils s'indignaient que la seigneurie hésitât à en prendre l'initiative et l'odieux. La rumeur publique leur imputait d'insinuer d'une part aux incendiaires, aux pillards, aux ravageurs de couvents, qu'une fois le calme rétabli, on reviendrait sur le pardon accordé à leurs méfaits[3]; d'autre part, aux *ciompi* succombant à la tâche, mal payés et mal nourris, battus sans droit de doléance, que les privilégiés, honteux d'avoir eu peur, transformeraient le châtiment en cruautés sans merci. Quel miracle si la révolte ainsi fomentée n'éclatait pas, quand, aux portes mêmes, Sienne en donnait l'exemple[4], quand des prieurs lents et circonspects manquaient d'autorité comme d'énergie pour ôter aux mécontents leur prin-

[1] Boninsegni, p. 616.
[2] Capponi l'ancien, p. 303, 304.
[3] *Ibid.*, p. 306-308. Cf. Machiavel, III, 42 B.
[4] Voy. le récit de ces mouvements des *ciompi* ou *scardassieri* de Sienne dans Neri de Donato (R. I. S., XV, 224) aux premiers jours de juillet. « Volevano essere maestri e pagare secondo l'ordine del com. di Siena e non per quello dell' arte, e volevano uccidere de' loro maestri di lana e altri. »

cipal grief, leur grief avoué, en imposant à tous le respect des plus récentes lois !

Là est, en effet, pour les arts, pour leurs *capitudini*[1] comme pour les *ammoniti*[2], le mot d'ordre du prochain combat. Tandis que la paix continue provisoirement de régner dans les rues[3], et que l'aristocratie hésitante semble disposée à quelques concessions par rapport aux *ammonizioni*[4], Giovanni Cambi, en pleine *consulte*, signale, comme symptôme croissant d'anarchie, « les capitaines de la *parte* ne tenant aucun compte des provisions[5]. Que les seigneurs, ajoute-t-il, fassent donc en sorte de montrer qu'ils le sont[6] ! » S'ils ne le montrent pas, les artisans ne parlent de rien moins déjà que de créer pour eux-mêmes des gonfalons et des chambres d'armes, d'annuler ainsi les gonfalons des compagnies[7], de gouverner, en d'autres termes, puisqu'ils ne sont pas gouvernés !

[1] « Super murmurationibus capitudinum deputentur quatuor optimi cives qui super hoc vigilent. »·(*Ibid.*)

[2] « Quod eis videtur quod adhuc civitas non sit bene tranquilla.... Et quod Domini procurent scire inter quas artes fiant colloquia que fieri dicantur. Banniatur quod admoniti dent petitiones suas. » (*Consulte*, XVIII, 2. Doc. publié après le *Diario d'anonimo*, p. 511.)

[3] Capponi l'ancien va beaucoup trop loin en disant que « pareva che mai in Firenze fusse stata niuna novitade.... e così stette in riposo e quiete sanza nullo mormorio dieci giorni (p. 304). »

[4] « Quod ipsi sentiunt multas murmurationes inter cives maximi periculi.... Et maxime quod provideatur quod quilibet monendus a citatione habeat terminum unius diei naturalis.... Et quod in recursu monendorum fiat lex quod monitio non valeat nisi confermentur per priores et collegia.... ita tamen quod sint presentes sexaginta. » (*Ibid.*) C'est Simone Peruzzi qui parle ainsi.

[5] « Quod habeantur aliqui ex capitaneis et dicatur eis quod celeriter exequantur ea que ordinata fuerunt. » (*Ibid.*)

[6] « Et quod domini procurent et ostendant se velle esse dominos civitatis. » (*Ibid.*, p. 512.)

[7] « Quod considerato quod artifices tractant facere gonfalones et cameras armorum, quod est evacuare officium gonfaloneriorum, Domini habeant

Ces infortunés seigneurs faisaient pourtant de leur mieux, et l'on ne pouvait toujours le méconnaître[1]. Il était sage à eux de faire la sourde oreille, quand on leur proposait de créer un office nouveau pour veiller sur les murmures, un « défenseur vaillant et probe, avec une suffisante compagnie de cavaliers et de fantassins[2] », superfétation ridicule qui n'eût fait que doubler le podestat, le capitaine du peuple, l'exécuteur et le gonfalonier de justice. Il était nécessaire peut-être d'ordonner que les boutiques fussent ouvertes, qu'on fît des barricades de sûreté, que les condamnés des 26 et 30 juin sortissent de la ville[3]. Il était utile certainement d'obtenir des capitaines de la *parte* que les bourses fussent refaites, qu'on en exclût les personnes compromises, qu'on n'y mît qu'une fois chaque nom[4]. Ce n'en sont pas moins autant d'indices d'une situation anormale qui empirait à tout instant. Contre la pression du dehors, la seigneurie est sans force. Essaye-t-elle de résister ? Les arts mineurs ordonnent ouvertement de fermer les boutiques, de prendre les armes, de déployer les gonfalons, de marcher au premier signal (vendredi, 9 juillet)[5], et aussitôt tout plie, elle d'abord avec ses collèges, en adoptant les

consules et aliquos optimos artium, quibus dicant et ostendant periculum et effectum harum collationum. » (*Ibid.*) Cf. Ammirato, XIV, 722.

[1] « Quod domini sunt commendandi de factis per ipsorum officium heri. » (*Consulte* du 6 juillet. Giovenco Ugoni au nom des gonfaloniers. *Ibid.*)

[2] *Consulte*, XVIII, 2, doc. après *Diar. d'anon.*, p. 511. Dans une consulte du 10 juillet, on revient sur cette proposition de créer un défenseur avec 100 *famigli* et 20 chevaux, un juge et des notaires, « qui in civitate habeat baliam ad reprimendum audaciam improborum. » On alla même jusqu'à proposer deux défenseurs. (Doc. à la suite du *Diario d'anonimo*, p. 513.)

[3] *Diario del Monaldi*, p. 343.

[4] Doc., *ibid.*, p. 511, 512, et *Diario d'anonimo*, p. 362.

[5] *Diario del Monaldi*, p. 343 ; Capponi l'ancien, p. 305 ; Ammirato, XIV, 722.

pétitions présentées, en faisant sonner les cloches pour convoquer les conseils ; puis les conseils à leur tour, même celui de la commune, où les nobles sont harangués, pour leur intimer le vote qu'on attend d'eux, par quelques artisans sages et par les Sept de la marchandise[1]. Quand les pouvoirs publics eurent passé sous les fourches caudines, « tout tumulte disparut, dit le contemporain Monaldi, et le gouvernement fut aux mains des arts mineurs[2]. »

Était-ce vrai? Pouvait-on dire que le centre de gravité se déplaçât? Il faut, pour en juger, connaître dans le détail cette pétition devenue loi. La voici résumée d'après les documents officiels :

1° Nul *popolare* ayant été ou dont le père, l'aïeul, un autre ascendant en ligne masculine, aura été prieur, gonfalonier de compagnie, capitaine de la *parte*, consul des arts ou même notaire d'un de ces offices depuis 1312[3], ne pourra être *ammonito*, à moins que, la veille, les seigneurs, les collèges, les Dix de liberté et un délégué de chaque art l'aient décidé au scrutin. En ce cas, la sentence devra être rendue dans les trois jours.

2° Nul ne pourra être proposé pour l'*ammonizione* que par trois collèges des capitaines de la *parte*, et, dans chacun de ces collèges, que trois fois seulement, ni frappé de cette peine sans avoir été cité trois jours d'avance, afin qu'on se puisse défendre en personne ou par procureur et en produisant trois témoins. Toute délibération des capitaines à cet égard devra être notifiée dans les deux jours

---

[1] « Ubi non obtineretur, Domini dicant super ea dulciter et favorabiliter quantum possunt. Et quod si ter posita non obtineretur, ipsi offerunt fabas suas ad deliberandum eam de novo. Et quod tum Domini mittant pro aliquibus artificibus prudentibus et pro Septem mercantie, qui in concilio proloquantur in favorem petitionis. » (*Consulte* du 10 juillet. Giov. Cambi au nom des gonfaloniers. Doc. à la suite du *Diario d'anonimo*, p. 512.)

[2] « Perchè al tutto è levato ogni romore e rimase la città in pace.... e lo stato viene nell'arti minute. » (*Diario del Monaldi*, p. 343.)

[3] Ammirato (XIV, 722) dit 1310, Capponi l'ancien (p. 504) 1320. Le document fait foi. Mais pourquoi 1312 au lieu de 1313, qui du moins est une date importante, par la mort d'Henri de Luxembourg ?

aux prieurs, qui, dans les trois jours suivants, devront procéder comme il est dit à l'article 1er.

3° Les prieurs en exercice seront compris dans la *consorteria* récemment formée pour fortifier les Quatre-vingts.

4° Seront annulées les bourses faites par la *parte* au temps de Lapo de Castiglionchio. Interviendront, pour les refaire avec elle, les Sept de la marchandise et un membre de chacun des vingt-et-un arts[1].

5° Nul ne pourra être envoyé au-delà des frontières (*confinato*) à la demande des capitaines, sans une délibération des seigneurs et des collèges.

6° Les capitaines ne pourront frapper d'*ammonizione* aucun officier étranger[2].

7° Une *ammonizione* antérieure ne pourra être invoquée comme précédent contre le citoyen qu'on voudrait frapper de nouveau, non plus que les offices qu'il aurait acceptés ou exercés avant d'être rétabli dans ses droits.

8° Aux scrutins des seigneurs et des collèges pourront être appelés, comme *arruoti*, les consuls passés ou présents des arts.

9° Les grands, excepté ceux qui seront du Conseil de la commune, ne pourront nulle part, même à la *parte*, donner des fèves contre les *popolani*.

10° Aux scrutins pour les offices de la commune pourront être portés ceux que présenteront les gonfaloniers des compagnies, et, pour les offices des arts, ceux que présenteront les consuls des dits arts.

11° Aucune provision contraire aux dispositions précédentes ne pourra être prise.

12° Le scrutin pour élire les vingt-quatre conseillers de la *parte* pourra porter sur quiconque aura été ou se trouvera consul des arts.

13° Aucune personne immatriculée dans un art, mais ne l'exerçant pas, ou ne le faisant pas exercer en son nom, au moment de la formation des bourses, ne pourra y être mise pour cet art[3].

---

[1] C'était introduire vingt-huit votants nouveaux dans un collège de trente-trois membres.

[2] C'est une protection accordée notamment au podestat, au capitaine du peuple, à l'exécuteur de justice, tous étrangers.

[3] *Provv.* LXVII, 57 sq.; Fossati, append. n° 7, p. 105, et Gherardi, notes à la p. 365 du *Diario d'anonimo*. Cf. l'analyse donnée par ce chroniqueur, p. 363, 364, Capponi l'ancien, p. 304, et Ammirato, XIV, 722. Cap-

Telle était cette pétition qu'appellent démagogique ceux qui en parlent sans l'avoir lue. Elle réglait une fois de plus, au lieu de le supprimer, le dangereux droit d'*ammonizione;* elle essayait d'entraver l'arbitraire abusif, la tyrannie révoltante des capitaines de la *parte*, non en proposant des mesures nouvelles, mais en imposant l'observation de la loi, telle que l'avaient édictée les Quatre-vingts; elle donnait de la force aux seigneurs en exercice par leur admission dans la *consorteria;* elle accordait enfin aux membres effectifs et supprimait aux membres fictifs des arts quelques facilités pour leur élection aux offices. Sur ce dernier point seulement les petites gens gagnaient quelque chose, puisqu'ils cessaient d'être inhabiles aux emplois; mais leurs ennemis restaient maîtres de les exclure des bourses, qu'ils formaient seuls ou presque seuls. Quant aux arts mineurs, ils allaient être, comme par le passé, en minorité sensible dans les offices, loin d'y devenir les maîtres. L'assertion de Monaldi n'est qu'une boutade de *popolano* mécontent. C'est que la mauvaise humeur régnait en haut et en bas, dans la bourgeoisie, irritée que l'on concédât trop, et parmi « les voraces, les coquins[1] », furieux de ne pas obtenir assez.

Malheureusement, il suffit des coquins et des voraces pour troubler la paix publique, et ils y sont toujours prêts. Le 11 juillet dans la nuit, au nombre d'une cen-

---

poni l'ancien parle d'une pétition présentée le 11 ; le *Diario d'anonimo* n'en parle point, quoiqu'il rapporte les événements de ce jour. Les documents sont muets; mais du 10 au 20 juillet il y a évidemment une lacune. Faut il croire à une erreur de Capponi ou à une pétition supplémentaire? On ne sait. En tout cas, le silence du *Diario* prouve que la chose n'aurait pas été importante.

[1] « Ghiottoncelli. » (*Diario d'anonimo*, p. 365.) Le mot a les deux sens.

taine, ils recommencent les exploits dont ils auraient dû rougir. Peu inventifs de leur nature, ils se portent sur les couvents et aussi sur les maisons de débauche[1], en font l'escalade pour les piller ou s'y réjouir, détruisent arbres et vignes, quand on ne les repousse pas à coups de pierres et de flèches. D'autres, pendant ce temps, tiennent des assemblées secrètes, se concertent pour exiger, la menace à la bouche, de nouvelles proscriptions. Contre eux manquent tout ensemble l'énergie et le talent. Les prieurs ont besoin qu'on les pousse aux résolutions fortes, à armer suffisamment le capitaine du peuple[2], à réduire le nombre de leurs *richiesti* pour concentrer davantage le pouvoir exécutif, et à comprendre parmi eux quelques bons artisans[3], ce qui paraît propre à contenter leur parti[4]. Pour refaire, conformément à la pétition approuvée, les bourses de la *parte*, longue opération de sept jours, ces faibles prieurs ne vont-ils pas choisir le couvent des *Servi*, envahi la nuit

---

[1] Le *Diario d'anonimo* (p. 565) nous apprend qu'ils envahirent un « murato » (construction entourée de murs) de Niccolaio Alberti, « ch'ivi si tenea bordello ».

[2] « Quod habeatur capitaneus populi et dicatur quod de die et de nocte persequatur conspiratores et facientes adunatas, et vadat armatus, et detur sibi societas, et fiat augmentum familie, sicut Dominis videbitur. » (*Consulte* du 12 juillet. Niccolò Boni au nom des *buonuomini*. Doc. à la suite du *Diario d'anonimo*, p. 513.) Cf. un autre fragment de la même consulte dans Fossati, p. 45, note 1. Giovenco Ughi, au nom des gonfaloniers, demande les mêmes choses en partie dans les mêmes termes.

[3] « Quod pro bono statu civitatis oportet quod collegia sint unita, et provideatur super tenendis secretis.... et quod numerus civium sit parvus et inter ipsos sint aliqui boni artifices, et fiat cito. » (*Consulte* du 16 juillet, XVIII, f° 5. Doc. à la suite du *Diario d'anonimo*, p. 513.)

[4] « Super murmurationibus.... Domini habeant singulariter consules et sindicos cujuslibet artis et aliquos optimos artifices de illa arte non plures quatuor, et cuilibet arti de per se in presentia collegiorum dicantur verba oportuna ad quietem. Et dicatur quod quando aliquid volunt, conferant cum Dominis et ipsi providebunt. » (*Ibid.*, p. 514. Niccolò Boni au nom des *buon-*

précédente, exposé encore à quelque mauvais coup? Ils ont besoin d'être encouragés et on les décourage : on leur recommande, quand ils parlent d'exclure des offices ceux qui veulent détruire le présent état de choses, d'y procéder avec modération et bienveillance[1] !

Il y a des heures, dans la vie des peuples, où tout tourne contre leur repos, même ce qui semblerait devoir l'assurer. Indicible est la joie des arts mineurs, quand ils voient (17 juillet) désignés par le sort pour être capitaines de la *parte*, un artisan de la soie, un marchand de vin, un boucher, à côté d'un Bardi et d'un Cavalcanti[2]; mais l'avènement de ces hommes « sages et discrets », comme les appelle Ammirato[3], ne fait qu'enhardir ceux qui ne sont ni sages ni discrets. Par la nouvelle des préliminaires de paix avec le Saint-Siège (18 juillet)[4], les Florentins ne recouvrent la disposition de leurs forces que pour les tourner contre eux-mêmes. Les Huit Saints restent en place pour apurer les comptes, pour régler avec les mercenaires, avec les villes alliées, et ils avivent la discorde. Les petites gens redoutent de la seigneurie plus libre un prochain châtiment de leurs déprédations passées, car le pardon n'était promis qu'à ceux qui restitueraient avant le mois d'août, et très peu avaient restitué. Ils tremblent en voyant appelé, entouré d'un nombre inusité de *famigli*, ser

---

uomini.) Giovenco Ughi, au nom des gonfaloniers, admettrait jusqu'à huit bons artisans « pro qualibet arte ». (*Ibid.*)

[1] « Quod Domini fortificent rectores, ita quod eorum banna timeantur. Et.... quod illi qui affectant destruere presentem statum removeantur ab officio et lacerentur pro aliquo tempore, procedendo in hoc moderate et benigne. » (*Ibid.* Jacopo Bernardi, au nom des Dix de liberté.)

[2] *Diario del Monaldi*, p. 343; Capponi l'ancien, p. 306, 309.

[3] Ammirato, XIV, 722.

[4] Voy. chap. précédent, p. 176

Nuto de Città di Castello, connu pour *bargello* sévère, pour inflexible exécuteur[1]; mais ils ne voient d'autre refuge que dans l'audace, et ils se préparent à oser.

Le jour même, lit-on dans une lettre du temps, « certains chefs du menu peuple, entendez par là tous les gens soumis à l'art de la laine et à d'autres arts, gens qui travaillent à la journée, cherchaient à faire entre eux des conciliabules[2] ». Au Ronco, obscur cul-de-sac en dehors de la porte San Pier Gattolini, ils jurent de se défendre mutuellement, d'obtenir la même promesse de leurs parents, amis et pareils; ils nomment des syndics chargés de se tenir à l'affût des injures et violences qui seraient faites à quelqu'un des leurs, pour lui venir en aide[3]. A l'hôpital des prêtres de la rue San-Gallo, ils traitent de politique plus que d'organisation sociale; ils insinuent que les Huit de la guerre ont été maintenus uniquement pour inonder la ville de barbares, aux frais du trésor; ils déclarent trop onéreuses les conditions de la paix, que les victoires d'Hawkwood permettaient d'obtenir meilleures. Les prieurs, à leurs yeux, veulent humilier Florence, opprimer le peuple, faire revivre les grands[4].

---

[1] Capponi l'ancien, p. 311, 312.

[2] Lettre de Giovanni des Medici, père de Cosimo l'ancien, publiée dans les *Delizie*, etc., XVII, 163. Cette lettre, très précieuse par les détails qu'elle fait connaître, avait été donnée par le P. Ildefonso de San Luigi sans le nom de l'auteur. C'est M. Gherardi qui l'a découvert. Cette lettre est la troisième d'une série du même, qui n'a pas été retrouvée jusqu'à présent. Voy. note 2 à la p. 367 du *Diario d'anonimo*. G. Capponi (*Stor. di Fir.*, I, 346) se sert de cette lettre, mais il ne sait qui l'a écrite et il hésite à la croire contemporaine. Il se l'est sans doute fait trop rapidement lire, puisque Giovanni dit : « J'y étais ». Il faudrait donc croire à l'œuvre d'un faussaire; or le regrettable Passerini avait retrouvé le manuscrit.

[3] Capponi l'ancien, *loc. cit.*

[4] Fossati, p. 46.

Il n'y avait pas, dans tout ce bavardage, un grain de raison ; mais le danger n'en était que plus grand. La multitude aveugle ne combat jamais avec plus d'ardeur que pour des mots ronflants qu'elle ne comprend pas. C'est à partir de ce jour, on peut le dire, que les *ciompi* forment une classe spéciale, ont des chefs particuliers, et, sans se détacher de la faction contraire aux Albizzi, commencent à croire qu'avec des adversaires résolus et des protecteurs qui ne le sont pas, ils seront réduits à conduire de leurs propres mains leurs aventureuses affaires. Pour le moment ils suivent encore leurs anciens chefs, qui ne croient pas devoir ou qui n'osent encore se séparer d'eux.

Ces réunions, ces plaintes, ces complots, la seigneurie les connaissait. Elle voyait « la ville en ébullition, les visages assombris, les *capitudini* du menu peuple promettant, pour le 20 juillet, des incendies et un grand changement[1] ». Un des meneurs, Simoncino, dit le Bugigatto[2], ayant été remis en son pouvoir, au palais, devant l'autel de la chapelle, des indications précieuses lui furent arrachées sur les griefs et le but de ses complices. Il nomma quelques-uns des chefs, Giovanni Dini, celui des Huit Saints qu'on avait si audacieusement *ammonito*, Guglielmo et Andrea, paveurs, Maso, cordier. Quant aux autres, comme il prétendait ne s'en point rappeler les noms, la torture lui rendit la mémoire[3],

---

[1] *Diario del Monaldi*, p. 343.

[2] Ce mot signifie petit trou, petite chambre. Voy. le vocabulaire de P. Fanfani.

[3] Capponi l'ancien, p. 312, 313. M. Gherardi (préf. au *Diario d'anonimo*, p. 249) estime peu vraisemblable ce récit ; mais il avoue que tous les auteurs l'ont admis et il ne donne aucune raison qui l'infirme. La lettre de Giovanni des Medici nous paraît le confirmer implicitement, ainsi que le texte

ainsi qu'à trois autres conjurés, qu'on venait d'appréhender de nuit dans leur lit[1]. Sous l'étreinte de la douleur ils livrent le nom de Salvestro des Medici et le plan de la révolte : les cloches de San Friano et du Carmine, dans Oltrarno, puis de proche en proche toutes celles des églises devaient sonner le tocsin; les points de réunion étaient San Spirito, San Stefano, San Pier Maggiore, San Lorenzo ; deux mille deux cents hommes en tout avaient rendez-vous devant les trois premières églises, un nombre indéterminé devant la quatrième[2].

Convoquée avant la fin de la nuit et mise au fait de ces révélations, la consulte montra jusqu'en ces régions supérieures la division des esprits. Tandis que les *buonuomini* veulent qu'on procède avec douceur, qu'on mande au palais les gens dénoncés, plutôt que de les y conduire de vive force[3], les gonfaloniers des compagnies, les chefs des arts réclament la rigueur et tout ensemble le secret, la réunion des artisans armés sous prétexte d'une revue, les boutiques ouvertes, des arrestations et des interrogatoires, sans en excepter Salvestro des Medici[4]. Cette fois, la molle seigneurie se rangea du

de la note 4 de la page 229. Le mot « examinatum » ne peut se rapporter qu'à Simoncino.

[1] « E furono quattro presi (la notte) e messongli al tormento, e confessarono tutto l'ordine haveano preso. » (Lettre de Giov. des Medici, *Del.*, XVII, 165.) Cf. ser Naddo, p. 12 ; *Diario d'anonimo*, p. 366.

[2] Capponi l'ancien, p. 314; *Diario d'anonimo*, p. 366.

[3] « Dixit idem quod gonfalonerii, salvo quod non fiat aliqua captura per vim, sed requirantur nominatim per magistratos, et non fiat aliquis apparatus armorum. Et quod mittatur indilate per Salvestrum. » (*Ibid.*)

[4] « Quod nominati per examinatum omnes seu illi qui possunt haberi capiantur et ponantur in manibus capitanei populi, ita quod sciatur fundamentum totius rei. Et quod tum habeatur consilium super examinatione ipsorum. Et quod Octo faciant parare gentem armorum, et quod artifices currant ad gonfalones. » (*Consulte* du 19 juillet, XVIII, 10, et dans Fos-

côté des résolus. Elle appelle sur la place ses deux cent quatre-vingts lances, demande des renforts aux communes et châteaux du voisinage, appréhende et interroge l'idole populaire. Salvestro reconnut avoir eu vent du complot, mais prétendit y être étranger. S'il ne l'avait pas révélé, c'est qu'il le tenait pour peu redoutable. Fallait-il châtier le personnage équivoque qui, manquant de hardiesse pour conduire un mouvement, réservait son astuce pour en profiter? Plusieurs le voulaient; mais l'avis prévalut de le réprimander « honnêtement [1] », soit parce que les preuves manquaient, soit pour ne pas s'attaquer à un homme considérable, que soutiendrait une famille déjà si puissante, véritable légion.

Ménagements inutiles! Le secret même, qu'on avait jugé nécessaire, était aussitôt éventé. Cette nuit-là, par hasard, Niccolò, l'horloger de la commune, réparait l'horloge du palais [2]. Du haut de la tour, il put voir, à la lueur des torches, donner la question aux conjurés qu'on interrogeait, car la corde était suspendue au mur méridional du *bargello*, à l'extérieur. Sa tâche terminée [3], il

---

sati, p. 48, note 2.) « Quod preparetur gens armorum et sub pretextu mostre sit in platea in aurora diei. Et quod interim procuretur quod habeantur omnes nominati, et subito habeatur Silvester D. Alamanni. Et quod nullus mercator aliquis cesset, sed stent apothece aperte et juretur secretum. » (*Consulte* du 19 juillet, XVIII, 10, et dans Fossati, p. 48, n. 2.)

[1] « Onestamente. » (Capponi l'ancien, p. 316.)

[2] L'horloge avait été établie le 25 mars 1353. (Ms de la Magliabechiana, cité par Fossati, p. 49.) A la date du 20 novembre 1353, il y a une provision où l'horloger est nommé « Niccolao Berardi populi S. Fridiani, civi florentino. » (*Provvisioni*, XLI, 80.) Le 21 juin 1358, le « magister orologiorum » est Giovanni Pacini, de Milan. (*Provv.*, XLVI, 107.) Ou Niccola Berardi n'est pas le maître horloger, ou il avait repris son emploi après juin 1358, à moins qu'il ne s'agisse d'un autre horloger du même nom.

[3] Nous supposons l'ouvrage terminé, car s'il était parti après avoir vu

revint dans son quartier populeux de San Friano, apportant la nouvelle que les seigneurs « faisaient une boucherie[1] ». La multitude prit au pied de la lettre cette forte hyperbole. Demander la liberté des quatre détenus fut dès lors, pour la rébellion, un mot d'ordre bien trouvé[2].

Chargée de lui tenir tête, la seigneurie voyait le désert se faire autour d'elle. Des deux cent quatre-vingts lances qu'elle attendait, elle en vit arriver à peine quatre-vingts (20 juillet)[3] ; encore ces hommes étaient-ils tous à pied[4]. Des seize gonfaloniers, quatre seulement sortirent de leurs maisons ; encore évitèrent-ils de se rendre devant le palais. Un peu plus tard y parurent ceux du lion d'or et du vair : s'y voyant seuls, ils retournèrent chez eux pour leur propre défense. Les prieurs restaient entourés presque uniquement d'ennemis. Hostiles leur étaient, dit-on, plusieurs des Huit Saints, et, en outre, Benedetto Alberti, Salvestro des Medici qu'ils venaient de s'aliéner, Benedetto de Carlona le cordonnier, Calcagnino l'aubergiste, devenus des personnages, les *ammoniti*, les facteurs des arts mineurs, et beaucoup même des arts majeurs[5]. Ceux qui connaissaient les trames ourdies contre eux ne leur en soufflaient mot[6]. Ainsi, attaqués par les

---

donner la question, la nuit n'aurait pas été assez avancée pour que la *consulte* pût avoir lieu, ainsi que l'interrogatoire de Salvestro, avant la prise d'armes populaire.

[1] « I signori fanno carne. » (Capponi l'ancien, p. 315.)

[2] March. de Coppo, X, 795.

[3] Capponi l'ancien dit 80 (p. 315) et 85 (p. 317).

[4] *Ibid.*, p. 315.

[5] Capponi l'ancien, p. 315, 319. « Tutti i fattori di tutte l'arti minori e molti delle maggiori. » (March. de Coppo, X, 795.)

[6] « Coll'arte e colle capitudine volevano correggiere coloro ch'avieno voluto guastare Firenze. E sentendo le capitudine questo fatto voler fare, non ne dicievano nulla co' nostri signiori. » (*Diario d'anonimo*, p. 366.) « I

partisans de l'aristocratie, ils n'étaient pas défendus par ceux de la démocratie : tel est l'ordinaire et mérité châtiment des caractères indécis.

Sous ces fâcheux auspices s'annonçait une orageuse journée. Giovanni des Medici, témoin oculaire, en rapporte, dans une lettre, le début. « Des soldats armés, dit-il, se trouvaient sur la place. Il s'éleva un léger murmure, et moi qui étais là, je ne saurais dire comment. On criait : *Serra, serra*[1] *!* et chacun fuyait. Bientôt retentit le tocsin aux Camaldules[2], puis à San Pier Gattolini, à San Giorgio, et, sur la rive droite, aux églises de la rue San Gallo, à Sant'Ambrogio, et en beaucoup d'autres lieux[3]. » A ce signal, on se rassemble, on accourt sur l'éternelle place. Cent cinquante hommes arrivent de San Pier Maggiore; trois cents débouchent de la rue Vaccherecia. — Vive le peuple! criaient-ils. Vivent les arts ! Rendez-nous les prisonniers, ou nous brûlons le palais ! — Les maigres lances qui l'auraient dû défendre ne bougeaient point. Elles disaient même aux insurgés : — Donnez-nous de vos enseignes et de vos citoyens ; nous vous aiderons, pourvu que le peuple soit avec nous[4]. — Quelques flèches sont lancées contre le palais, qui ne lâchait point sa proie. Déjà l'on apportait des étoupes, quand une voix, s'élevant de la foule, lui donna une autre direction : — Chez le gonfalonier de justice[5] ! — cria-t-elle, et ce mot suffit.

signori niente ne sapieno, che non era loro detto nulla. » (Capponi l'ancien, p. 308.)

[1] C'est-à-dire pressez-les, entourez-les, tenez ferme.
[2] Quartier d'Oltrarno.
[3] Lettre de Giov. des Medici, *Del.*, XVII, 164.
[4] Capponi l'ancien, p. 315, 317; *Diario d'anonimo*, p. 366; Ser Naddo, p. 12.
[5] *Diario d'anonimo*, p. 366. Ser Naddo (p. 12) dit à tort qu'ils n'al-

Avec la docilité aveugle des multitudes, tout ce monde s'ébranle aussitôt, ayant en tête une vieille bannière du duc d'Athènes, où était peint l'ange exterminateur. On traverse le pont; on arrive, dans Oltrarno, aux maisons des Guicciardini, dont une appartenait au gonfalonier. Les flammes en font un monceau de ruines [1], comme de celle de Tommaso Deti, qui était en face, et que nul, pourtant, n'avait désignée à la vengeance populaire. On ne leur pouvait demander plus de discernement qu'à la foule même.

La leçon profiterait-elle aux prieurs? On l'allait bien voir, car les incendiaires revenaient à leur point de départ, et, de nouveau, réclamaient les prisonniers. Il fut question de mettre ceux-ci en pièces avant de les rendre; mais le gonfalonier, de sang-froid malgré son ressentiment, fit décider qu'on les restituerait en vie et sans y toucher. Tous n'étaient pas au palais; il en fallait aller prendre quelques-uns chez les officiers étrangers [2]. La maison de l'exécuteur étant la plus voisine, c'est là que se porte la foule. Elle y voit appendu le gonfalon de justice avec son immense croix de gueules sur champ de soie blanche; l'exécuteur s'en faisait une protection contre l'incendie. Déjà sur elle commençaient à pleuvoir les pierres quand, tout à coup, s'arrêtent ceux qui les lançaient des fenêtres; ils ont reconnu à son vêtement rouge et au massier qui le précède, Guerriante

---

lèrent chez le gonfalonier qu'après que les prisonniers eurent été rendus. A cet égard, March. de Coppo (X, 795) et Giov. des Medici (*Del.*, XVII, 164) confirment expressément l'anonyme. — Ammirato (XIV, 726) de même.

[1] Capponi l'ancien, p. 315; *Diario d'anonimo*, p. 366; March. de Coppo, X, 795.

[2] Lettre de Giov. des Medici, *Del.*, XVII, 164; Capponi l'ancien, p. 315; *Diario d'anonimo*, p. 366.

Marignolli, un des prieurs, s'avançant avec Benedetto Alberti, Benedetto de Carlona et Calcagnino, pour obtenir sans résistance et sans lutte ce que le peuple réclamait. Ce n'est donc pas une expédition de malfaiteurs qui s'avance, et il serait dangereux de blesser ces favoris de la multitude[1]. A la multitude seule profite l'accalmie. Libre d'envahir la maison qu'elle assiège, elle s'y empare non seulement des détenus, mais aussi du gonfalon de justice[2]. En le promenant par la ville, elle rallie les simples à cet emblème de l'autorité, et elle en couvre ses excès.

Guerriante et ses compagnons approuvaient cependant[3]. Pleins d'illusions, ils persuadaient à la seigneurie, comme à eux-mêmes, que l'unique but des perturbateurs était de « purger le péché de l'*ammonizione*[4] », et qu'il suffisait de contenir la vengeance dans certaines limites[5]. Mais qui fixera ces limites, et qui empêchera de les dépasser? Est-ce y rester que de mettre le feu aux maisons de Niccolaio des Albizzi, de Domenico Ugolino, marchand fort cruel envers ses facteurs, puis aux écritures publiques dans le palais de la Laine[6]? Voici que chez Michele de Vanni sont jetés dans le feu tous les

---

[1] Capponi l'ancien, p. 317; Ammirato, XIV, 726.

[2] Lettre de Giov. des Medici, *Del.*, XVII, 164.

[3] « Con consentimento di quelli i quali abbiamo detto ch'erano stati mandati fuori a trattare accordo con questi minuti. » (Capponi l'ancien, p. 317.)

[4] « Rapportavano che coloro volevano in tutto purgare il peccato dello ammunire..., e che fatto, uno poco resterebbono. » (Capponi l'ancien, p. 320.)

[5] Ammirato (XIV, 726) prétend que Salvestro et Benedetto Alberti excitaient le peuple au lieu de le calmer; mais aucun contemporain ne le dit, et il est bien probable que le contraire est vrai, comme la suite semble le prouver.

[6] Capponi l'ancien, p. 318; Ser Naddo, p. 12; Ammirato, XIV, 726.

objets qu'on y saisit : lits, draps, perles, argent, jusqu'à un morceau de viande et un poulet. Tout brûler, c'est permis, c'est ordonné même; mais il est défendu de rien prendre : l'homme du peuple qui ne veut rôtir le poulet que pour s'en régaler, reçoit un coup d'épée dans les reins [1]. Proscrire, empêcher le pillage, les incendiaires y mettent leur honneur ; ils se flattent de justifier ainsi l'illégale mission qu'ils se sont donnée. « Il ne fut fait, dit expressément Giovanni des Medici, aucune roberie, aucun mal aux personnes [2] ». L'accidentel dommage souffert par Tommaso Deti, dans l'incendie des Guicciardini, conseillait même de démolir dorénavant plutôt que de brûler. Ainsi est-il fait pour la maison de Bonaccorso Lapi [3]. Les innocents ne payeront plus pour les coupables, disons mieux : pour les victimes désignées. Le feu ne fait rage qu'où l'on ne craint pas trop qu'il s'étende : au quartier de San Spirito, chez les Ridolfi, chez Filippo Corsini, chez Coppo del Cane ; sur la rive droite, chez Andrea Baldesi, gonfalonier du Lion blanc, incriminé pour avoir répondu à l'appel des prieurs; chez Simone Peruzzi, odieux, nous l'avons vu, pour avoir désigné à l'*ammonizione* un des Huit Saints [4] ; chez Beccanugi, dit Moscone, parce qu'il a tué ou blessé, pour défendre

---

[1] March. de Coppo (X, 795) dit avoir vu de ses yeux ce qui se passe à la maison de Michele. Capponi l'ancien dit, de son côté : « Vi mise fuoco sanza che nulla rubasse (p. 318). »

[2] Lettre de Giov. des Medici, *Del.*, XVII, 164.

[3] *Diario del Monaldi*, p. 344 ; Lettre de Giov. des Medici (*Del.*, XVII, 165), qui dit Lapo Giovanni au lieu de Buonaccorso Lapi.

[4] « E questo gli ferono fare gli altri suoi compagni. » (Capponi l'ancien, p. 319.) Cf. Ammirato, XIV, 727. Les noms des brûlés concordent à peu près dans ces auteurs et ser Naddo (p. 12), March. de Coppo (X, 795), Monaldi (p. 344), Giovanni des Medici (p. 164) ; mais Capponi est le seul qui donne l'itinéraire avec quelque précision.

la maison Baldesi, l'insurgé qui tenait le gonfalon de justice[1]; chez Lionardo Beccanugi, parce qu'il est le père de Moscone, et quoiqu'il se soit signalé, gonfalonier en 1374, contre la tyrannie des capitaines[2].

A ce jeu redoutable d'une justice sommaire, s'exaltent les énergumènes et se forcent ces craintifs moutons qui hurlent avec les loups pour n'en pas être mangés, « ces chiens hargneux, qui aboient plus qu'ils ne mordent », ces êtres funestes qui font plus de mal par leurs provocations que d'autres par leurs actes, et qui se croient sans tache parce que le sang n'a pas souillé leurs mains[3]. On entend l'armurier Simoncino de Biagio crier à tue-tête : — Feu et sang ! — D'autres poussent ce cri sauvage : — Au gibet ser Nuto et ser Piero des *Riformagioni*[4] ! — L'un était le nouveau et sévère *bargello* dont nous avons parlé; l'autre le secrétaire de la seigneurie, instrument réputé actif de ses conseils. Aux potences bientôt dressées sur la place, on propose déjà de pendre, avec ces deux boucs émissaires, les *popolani grassi*[5]. Ridicule par son exagération, la menace ne pouvait que rester vaine. L'instant d'après, au surplus, un autre courant traversait l'air ; les petites gens ne pensaient qu'à créer des chevaliers[6]. Le grotesque mêlé au tragique, n'est-ce pas la trame même du drame humain ?

Ce fut, au jugement de ceux qui en eurent le spectacle,

---

[1] Lettre de Giov. des Medici, *Del.*, XVII, 164.
[2] Capponi l'ancien, p. 318 ; Ammirato, XIV, 726.
[3] Voy. Tommaseo, *Arch. stor.*, nuova serie, t. XII, part. 1, p. 29.
[4] Lettre de Giov. des Med., *Del.*, XVII, 164.
[5] *Diario d'anonimo*, p. 367. Capponi l'ancien (p. 320) dit que ces potences avaient été dressées pour les voleurs.
[6] Lettre de Giov. des Medici, *Del.*, XVII, 165.

la plus étrange chose du monde[1]. Il était déjà singulier qu'une démocratie bourgeoise se fût approprié la plus féodale des distinctions et y mît un prix extrême; combien ne l'était-il pas davantage qu'une démocratie populacière suivît les mêmes errements! Bien plus, c'est hors de ses rangs, c'est à des hommes considérables par leur fortune et leur nom qu'elle confère le ceinturon de chevalerie. Elle pousse d'abord sur la *ringhiera* Salvestro des Medici, à qui Rosso des Ricci et Arrigo Pace, chevaliers, donnent, l'un l'épée, l'autre les éperons. Lui, tout honteux, il voulait se faufiler dans le palais, s'y cacher auprès des seigneurs. On ne le lui permet point. On le veut ramener en triomphe, à sa maison, et on le juche sur un cheval. Se dérober à l'ovation, il ne le peut; il essayera du moins de la rendre utile. La demeure des Corsini était, dans ce moment même, dévorée par les flammes; il s'y achemine pour la sauver et on l'y suit, mais il n'y arrive que pour contempler des ruines[2]. La mort dans l'âme, il dut rebrousser chemin et se prêter à la fantaisie populaire : chevalier d'une heure, consacrer lui-même des chevaliers.

On lui présenta Tommaso Strozzi, un des Huit Saints, brouillé à mort avec sa hautaine famille[3], et il l'arma. Tous les Huit! s'écrie au même instant une voix. L'idée plaît, et l'on se met en quête de ces officiers. On en trouve cinq, dont Simone Peruzzi, la bête noire, qui ve-

---

[1] « E fu il più nuovo e strano viluppo che mai si facesse. » (March. de Coppo, X, 795.) « E fu il più nuovo giuoco che si vedesse mai. » (Lettre de Giov. des Medici, *Del.*, XVII, 165.)

[2] Lettre de Giov. des Medici, *Del.*, XVII, 165; *Diario d'anonimo*, p. 366; Ammirato, XIV, 727.

[3] « Partes animo hauserat acerbas, ut etiam gentibus agnatisque suis inimicus esset atque infestus. » (Leon. Bruni, IX, 197.)

naît de voir brûler sa maison[1]. N'importe : il sera chevalier comme ses collègues, et après lui bien d'autres, riches ou pauvres, persécuteurs ou victimes[2]; le tout est de les avoir à portée et que l'idée en vienne à quelqu'un. On les enlève de terre, et on les fait passer à bras tendus par dessus les têtes : c'est plus tôt fait que de leur frayer un passage. Aux plus illustres noms de Florence est infligée cette faveur : Scali et Alberti, Oricellari et Tornaquinci, Covoni et Cocchi, Altoviti et Salviati, Aldobrandini et Baldovinetti, Spini et Magalotti, Rinuccini et même Albizzi[3]. Beaucoup, répugnant à la mascarade, ne cèdent qu'à leur corps défendant[4]. Ceux qui se soumettent sans résister, c'est pour ne pas attirer par un refus l'incendie sur leurs demeures[5], ou, si elles sont déjà brûlées, pour constater publiquement qu'ils rentrent en grâce et obtenir comme une réparation[6]. Parmi les

---

[1] Lettre de Giov. des Medici, *Del.*, XVII, 165 ; March. de Coppo, X, 795. Ce dernier ajoute le nom d'Andrea Salviati, qui était aussi des Huit; mais Giovanni des Medici dit Forese Salviati. Cf. Sozomène, R. I. S., XVI, 1109.

[2] Capponi l'ancien, p. 320. « Et ragionate che tutti gli ammoniti che si lassorono trovare di punto di nome di esser ricchi, furon presi e fatti cavalieri. » (Lettre de Giov. des Medici, *Del.*, XVII, 165.)

[3] Voy. à cet égard les auteurs, Ser Naddo (p. 12), March. de Coppo (X, 795), et une provision ultérieure, du 16 octobre, qui donne les noms de vingt-huit de ces chevaliers. Elle se trouve à la suite du *Diario d'anonimo*, p. 525. Nous ne citons, pour plus de certitude, que les noms contenus au document officiel. M. Fossati (p. 52, n. 1) renvoie en outre à divers mss. des bibliothèques florentines.

[4] « Et multi etiam ex ipsis civibus cohacti et inviti et per vim tunc milites facti fuerunt.... nec servari potuerunt debite solempnitatis. » (Provision du 17 sept. à la suite du *Diario d'anonimo*, p. 521.) Cf. lettre de Giov. des Medici, p. 165.

[5] « E chi avesse fatto resistenzia, era minacciato d'essere arso. » (Capponi l'ancien, p. 320.) « Molti seno facessero per paura di non essere arsi e rubati. » (March. de Coppo, X, 795.)

[6] March. de Coppo, X, 795; lettre de Giov. des Medici, *Del.*, XVII, 165; Machiavel, III, 44 A ; Ammirato, XIV, 727. Que Guicciardini eût reconquis

soixante-un chevaliers qu'on fit alors[1], ne se trouvent que deux plébéiens, deux *ciompi*, le boulanger Meo del Grasso et le cardeur Guido Bandiera, à qui l'on fit, en outre, apparemment pour qu'ils pussent soutenir leur dignité nouvelle, une provision de deux mille florins d'or[2].

C'est cette part dérisoire que le peuple accorde aux siens, c'est cette inconséquence d'honorer le soir ceux qu'on a châtiés dans la matinée, ce sont enfin les incidents de la scène qui la rendirent étrange et burlesque aux yeux des contemporains. Quant au droit populaire de créer des chevaliers, chose non moins étrange ! nul ne le contestait, et le plus récent historien de Florence le proclamait hier encore[3]. Si cette question est pour nous sans intérêt, il faut reconnaître la lueur de bon sens qui éclairait, comme d'instinct, les cervelles du menu peuple en révolution : au risque de relever d'une main l'aristocratie qu'il abaissait de l'autre, il tentait de reconstituer la milice chevaleresque, pour donner une plus ferme assiette à l'État réformé selon ses vœux.

la faveur populaire, c'est ce qui résulte d'une pétition où l'on trouve ces mots : « Che nessuno arso o disfatto per furore del popolo non possa havere offitio mai, eccetto Luigi Guicciardini. » Voy. *Del.*, XVII, 171, n° 24. M. Gherardi conteste qu'on ait fait chevaliers ceux dont on avait brûlé les maisons, parce que ni le *Diario d'anonimo*, ni ser Naddo ne nomment ni Guicciardini, ni Peruzzi. Mais comment leur silence, qui peut être d'omission, pourrait-il prévaloir contre des affirmations positives de contemporains ?

[1] C'est le chiffre de Giov. des Medici. Plus bas (p. 169) il donne une liste de 53 et ajoute : « qui finisce il numero de' cavalieri, e alcuno ce ne manca, ma pochi. » Ammirato (l. XIV) dit 61 à la p. 737, et 64 à la p. 727. C'est à ce dernier chiffre que s'arrêtent en général les auteurs modernes, qui n'ont pas connu la lettre de Giov. des Medici ou n'en ont pas tenu compte.

[2] March. de Coppo, X, 795 ; Ammirato, XIV, 727.

[3] Voy. Gino Capponi, *Stor. di Fir.*, I, 344.

La nuit venue, ceux qui gardaient la place et ceux qui couraient la ville se retirèrent, soit dans leur Oltrarno, si facile à défendre, grâce aux têtes de pont, soit au quartier San Lorenzo, en un lieu que les auteurs nomment Belletri, et où s'élevait la maison, le « palais » d'Étienne de Broye, un Français chanoine à Florence[1]. C'est là que leurs chefs déposèrent le gonfalon de justice, dont ils étaient maîtres, et qu'ils se réunirent pour délibérer, tandis qu'environ six mille hommes bivouaquaient tout autour[2]. Dans le nombre, plus d'un n'était venu là qu'à contre-cœur, pour échapper au soupçon d'être autre part, et pour protéger ainsi ses biens[3]. Ce motif secret, l'entraînement moutonnier, la fièvre démagogique faisaient affluer les adhérents[4]. Les meneurs se sentaient le vent en poupe : ils surent oser. A tous les arts ils envoyèrent l'ordre, sous peine du feu, de les rejoindre avec leurs gonfalons. Cette sommation inattendue jeta les patrons dans une perplexité extrême : ils commençaient à se repentir d'avoir poussé dans la bagarre leurs facteurs, trop enclins à crier vive le menu peuple[5] ! Quelques-uns refusèrent d'obéir ; d'autres, non sans hésiter, envoyèrent leur gonfalon, mais escorté seulement de six hommes ; d'autres enfin, par effroi, se précipitèrent dans le gouffre les yeux fermés[6].

[1] Gherardi, note 1 à la p. 387 du *Diario d'anonimo*.
[2] Lettre de Giov. des Medici, *Del.*, XVII, 166 ; Capponi l'ancien, p. 321 ; Chron., ms. citée en note à la p. 367 du *Diario d'anonimo*.
[3] « Infra i quali ve n'era assai che non v'erano volontari, ma davano seguito per loro conservazione. » (Capponi l'ancien, p. 321.)
[4] « Molti cittadini si venono a proferere loro la notte, e d'esere co' loro, a ciò che voleseno fare. » (Chron. ms. citée en note à la p. 367 du *Diario d'anonimo*.)
[5] March. de Coppo, X, 795.
[6] « Per tema chi v'andò e chi vi mandò ; e andovvi tale gonfalone con

Il faudrait n'avoir jamais vu de révolution, pour s'étonner de ces défaillances. La postérité juge aisément des choses après et d'après l'événement. Mais ceux qui l'ignorent ne peuvent agir que sous la pression d'un de ces trois mobiles : leur conscience, l'intérêt personnel, le calcul des probabilités. Or, rien de complexe et d'inextricable comme la situation des Florentins. La lutte engagée avait des causes si sérieuses, des motifs si légitimes qu'on avait vu, dans le principe, une partie des *popolani grassi*, et non la moins honnête, tendre la main au menu peuple pour lui assurer quelques-unes des satisfactions qu'il réclamait, comme pour réprimer avec son aide les empiétements de l'oligarchie. A quel moment précis ceux de la démagogie furent-ils assez manifestes pour qu'on dût se détacher d'elle? On pouvait s'y tromper, et plus d'un s'y trompa. Dans le creuset surchauffé est-il donc si facile de séparer les éléments en ébullition?

En préparatifs d'attaque et de défense se passèrent la nuit et la matinée du lendemain (21 juillet). C'est tout ce que permettait, même le jour venu, une pluie torrentielle. Les prieurs se fortifiaient au palais communal, se ravitaillaient de pain, de vin, de vinaigre, de viande salée, de sel, de fromage, et aussi de pierres en grand nombre. Ils devançaient à Santa-Croce une expédition populaire dont ils avaient eu vent, et qui devait y brûler les bourses du tirage au sort; ils les ramenaient sans

meno di sei uomini. » (March. de Coppo, X, 795.) Cf. Ammirato, XIV, 728. La chron. citée à la note précédente dit aussi que les uns vinrent et les autres non, mais elle prétend que les arts mineurs seuls avaient été convoqués, ce qui est peu vraisemblable, et en contradiction avec Marchionne qui dit : « Si mandarono a tutte l'arti. » Ammirato (XIV, 728) comme ce dernier.

encombre, impudemment accusés de vol par la multitude, pour cet acte préservateur [1].

De leur côté, les chefs du peuple, avec plusieurs des Huit de la guerre et des syndics des arts qui avaient répondu à leur appel, décidaient d'établir au palais du podestat le siège de leur gouvernement [2], puis de présenter aux seigneurs une pétition que ceux-ci ne pourraient repousser [3]. Informé du projet, le podestat Ugolino, marquis de Monte Santa Maria [4], se mit en état de défense. Seul avec ses *famigli*, car les mercenaires de la République guerroyaient en Romagne, et les soixante-dix qu'on en put faire revenir arrivèrent deux heures trop tard [5], il faisait pleuvoir flèches et pierres sur la foule ameutée, qui menaçait de le mettre en pièces [6], qui garnissait d'arbalétriers le clocher de la *Badia* voisine, pour mieux soutenir le combat. Tout le quartier agitait ses capuchons, faisant signe aux assiégés de se rendre, s'ils voulaient sauver leur vie. En effet, les assiégeants, se servant comme boucliers des bancs enlevés aux auberges d'alentour, entassaient devant les portes des étoupes enflammées, se frayaient par le feu un passage, et forçaient ainsi à la soumission le podestat.

Par dignité, c'est aux arts et non aux *ciompi* que ce

---

[1] Capponi l'ancien, p. 321.
[2] « Forse per havere una residenza pubblica. » (Ammirato, XIV, 728.)
[3] Lettre de Giov. des Medici, *Del.*, XVII, 166. Selon Sozomène : « In dicta nocte creaverunt 30 sindicos populi infimi inter quos fuerunt aliqui eorum amici de artibus majoribus. » (R. I. S., XVI, 1109.)
[4] Ou Santa Maria a monte. *Lib. off. forens.* Ammirato (XIV, 728) l'appelle Giovanni de Piero des marquis del Monte.
[5] Capponi l'ancien, p. 323; Ammirato, XIV, 728.
[6] « Che poi non vorebono altro che carne di lui. » (Chron. ms. en note à la p. 367 du *Diario d'anonimo*.)

vaillant homme voulut rendre son palais[1]. Il stipula pour lui et les siens la vie sauve ; pour la chambre de la commune, qu'on n'y toucherait point. On y toucha pourtant ; c'était comme une manie. Les écritures y devinrent la proie des flammes, le mobilier en fut jeté par les fenêtres. Aux fenêtres on appendit le gonfalon de justice, avec les gonfalons des arts, tant majeurs que mineurs, sauf celui de la laine : cet art, réputé aristocratique, avait refusé, la veille, de se rendre à Belletri sur l'injonction des révoltés. Au sommet de la tour flottait la bannière des forgerons, reconnaissable aux tenailles, emblème de cette industrie[2]. Mis en appétit, le menu peuple courut ensuite aux demeures du capitaine du peuple et de l'exécuteur. Tout ce qu'il y trouva fut brûlé[3].

Maîtres de ces maisons, et surtout du *bargello*, véritable forteresse, les chefs populaires crurent pouvoir traiter de puissance à puissance avec la seigneurie, lui soumettre, ou, pour mieux dire, lui imposer des pétitions « justes et raisonnables[4]. » Ces pétitions étaient au nombre de trois, une des syndics des arts et deux du menu peuple. Concordantes sur quelques points, elles différaient sur plusieurs[5]. L'accord ne paraît entier que dans les

---

[1] Ammirato, XIV, 728.

[2] Chron. ms. citée. Elle dit que le podestat put se retirer sans qu'il lui fût fait aucune vilenie ; le *Diario d'anonimo* (p. 367) dit au contraire qu'il fut dépouillé et tué avec ses *famigli*. Mais l'inexactitude de ce dernier auteur, sur ces deux journées, ne permet pas de s'arrêter à son témoignage. Aucun autre que celui de la chronique citée ne donne de détails sur cet assaut, confirmé d'ailleurs par Giov. des Medici (*Del.*, XVII, 166), March. de Coppo (X, 795), Ammirato (XIV, 728).

[3] Lettre de Giov. des Medici, *Del.*, XVII, 166.

[4] Capponi l'ancien, p. 323.

[5] Ces pétitions sont les trois premières du registre LXVIII des *Provvisioni*, p. 1-13. Les chroniqueurs ne parlent que d'une ou de deux. La première a été publiée par Gino Capponi (*Stor. di Fir.*, I, 594, append. VIII);

demandes relatives aux personnes qu'on veut honorer de privilèges, ou envoyer dans la classe des grands, reléguer au delà des frontières[1]. Pour ces exigences mesquines ou haineuses, objet principal de la troisième pétition, les arts trouvaient bon de pousser en avant ce *popolo minuto*, *minutissimo*, comme l'appelle Giovanni des Medici[2], qui se compromettait à l'aveugle, sans compromettre encore ses alliés.

La pétition des arts était la plus importante, parce qu'elle touchait aux intérêts généraux. Les auteurs en ont parlé avec si peu d'exactitude, ils en ont tiré des conclusions si mal fondées, que nous la devons résumer d'après les documents. Elle demandait :

1° Que les provisions précédentes sortissent leur plein effet[3].

2° Que quiconque, depuis l'année 1357, spontanément ou par ordre des capitaines de la *parte*, avait renoncé aux offices de la commune, de ladite *parte* ou de quelqu'un des arts, pût y être rétabli.

3° Que les citoyens *ammoniti* depuis 1357, comme gibelins ou suspects à la *parte*, fussent réintégrés dans tous leurs droits.

4° Que les capitaines de la *parte* ne pussent se faire remplacer pour voter dans les conseils du peuple et de la commune, où ils avaient accès.

5° Que de nouvelles bourses fussent faites pour le conseil de la commune, où l'on introduirait par quartier dix noms de *popolari* de plus qu'il n'y en avait auparavant.

6° Que dans le livre de la *parte* et dans un autre à conserver au

---

et par Fossati aux appendices ; la seconde (première des *minuti*) par le même Fossati, de part et d'autre avec quelques suppressions.

[1] On demande que Niccola des Bardi, Bertacchino des Frescobaldi, Bettino des Ricasoli, soient faits de grands supragrands ; que Piero des Albizzi et deux des siens, Bartolo des Siminetti et Niccola des Soderini, soient relégués et confinés pour dix ans. Quant à Carlo Strozzi, il y aura une délibération spéciale sur la durée de sa confination. (Troisième pétition, deuxième du menu peuple, *Provvisioni*, LXVIII, p. 9-13.)

[2] Lettre dans les *Delizie*, loc. cit.

[3] Voy. même chapitre, p. 222.

palais des prieurs, il fût écrit, pour perpétuer la mémoire du fait, que Lapo de Castiglionchio et sa séquelle[1] ont été bannis comme dévastateurs, violateurs et traîtres de la *parte guelfa*.

7° Que quiconque serait privé des offices de la commune, le fût par là même des offices de la *parte*, et aussi du droit de porter des armes.

8° Que ceux dont les maisons avaient été brûlées dans les troubles de juin et de juillet fussent, pour dix ans, privés des offices de la commune et de la *parte*[2].

9° Que Rosso et Uguccione, frère et fils de feu Ricciardo des Ricci, fussent rétablis dans tous leurs droits auxdits offices.

10° Que toutes les écritures et bourses, tous les registres et scrutins antérieurs au mois de juillet fussent déchirés et brûlés dans les cinq jours, en présence des capitaines de la *parte*, des collèges, etc.

11° Que nul ne pût désormais exercer plus d'un office de la commune à la fois[3].

12° Que toutes les ordonnances sur les injures d'une classe à l'autre fussent appliquées.

13° Que Giovanni Dini, qui avait toujours été bon guelfe, fût relevé de ses condamnations, et rétabli parmi les Huit de la guerre.

14° Qu'il en fût fait de même pour Giorgio Scali, ses *consorti*, descendants et agnats, injustement *ammoniti*.

15° Que Giovanni de Mone, honorable citoyen florentin, toujours zélé au service de la commune, et récompensé déjà du ceinturon de chevalier, obtînt, sa vie durant, trois cents florins annuels, à prendre sur les redevances que payaient, au *mercato vecchio*, les bouchers, les marchands de viande et de volaille.

16° Qu'Alessandro des Bardi, grand, un des Huit de la guerre, fût fait *popolare*, avec ses fils et descendants.

17° Que les capitaines de la *parte* remissent dans les cinq jours aux seigneurs le gonfalon royal, fait en février précédent, quand Lapo de Castiglionchio était desdits capitaines, et qu'ils n'en pussent jamais avoir un autre semblable.

18° Qu'avant le 15 août, il fût acheté, aux frais de la commune,

---

[1] Et sui sequaces.

[2] « Excepto Smeraldo Stroze de Strozis. » — Suivent deux paragraphes sur des personnes que nous omettons. L'ordre des matières était, on le sait, le moindre souci du moyen âge.

[3] Les fonctions du conseil de la marchandise, des conseils du peuple et de la commune, ne sont pas considérées comme offices de la commune.

jusqu'à concurrence de cinq cents florins, une boutique qui appartînt à l'art et aux consuls du menu peuple, pour leurs réunions.

19° Que Spinello Alberti, Stefano Becchi, Benedetto Landi et les autres qui avaient aidé Salvestro des Medici, jouissent des privilèges accordés audit Salvestro par les ordonnances de juin[1].

On voit assez, par la teneur de cette longue pétition, quel en était le but et quelle la portée. Si la rancune et l'inconséquence y ont leur part, il est clair que pour ceux qui ont tenu la plume, et qui jouissaient déjà de leurs droits civiques, l'*ammonizione* a été non le prétexte, mais une des principales causes du mouvement. Ils restreignaient, en effet, les pouvoirs des capitaines de la *parte*, qui faisaient un scandaleux abus de cette arme dangereuse, et ils récompensaient les principaux adversaires que cet abus avait rencontrés. Ils donnaient leur revanche aux Ricci contre les Albizzi, principaux soutiens desdits capitaines et chefs de la faction oligarchique. Ils renforçaient, dans une proportion notable, l'élément populaire au seul conseil où les grands eussent accès. Quant à ceux qui n'avaient point de droits, une seule clause les concernait, d'une importance, il est vrai, capitale, puisqu'elle leur donnait rang parmi les arts.

Les petites gens qu'on élevait ainsi se restreignaient, dans leur propre pétition, à ce qui leur était personnel. Il n'est pas sans intérêt de suivre leur pensée, trop coutumière de s'annoncer, plutôt que de s'énoncer, par de confuses violences. Voici donc quelles étaient leurs requêtes :

1° Qu'on supprimât l'officier étranger de la laine qui avait autorité sur eux.

2° Qu'on abrogeât l'article de l'ordonnance rendue en juillet 1356, qui condamnait à avoir la main coupée quiconque ne payerait pas

---

[1] *Provvisioni*, LXVIII, p. 5-9. Voy. Gino Capponi, I, 594-599, et Fossati, append.

dans les dix jours l'amende à lui infligée pour homicide, blessure grave ou autre méfait de ce genre.

3° Que le menu peuple eût désormais deux de ses membres parmi les huit seigneurs, trois parmi les douze *buonuomini*, quatre parmi les seize gonfaloniers, et de même le quart dans tous les offices, sans qu'on en pût augmenter l'effectif, pour modifier cette proportion.

4° Que le menu peuple eût une maison, huit consuls pris dans son sein, et un notaire, tous tirés au sort dans des bourses constituées par scrutin, lesquels auraient mêmes attributions que ceux des vingt et un arts.

5° Qu'aucune punition ne pût être infligée pour méfaits commis depuis le 18 juin jusqu'au présent jour.

6° Que tout nom du menu peuple mis dans les bourses pour la seigneurie, le fût aussi dans les bourses pour les collèges.

7° Qu'après six mois écoulés, on ne pût plus édicter un emprunt forcé sans avoir fait un *estimo*[1].

8° Que tout créancier inscrit sur les livres des *monts* de la commune fût remboursé, dans les douze ans, du capital prêté, sans toucher d'intérêt à partir de ce jour.

9° Que ser Piero de ser Grifo, ses fils et *consorti*, fussent exclus à perpétuité de tous les offices.

10° Que toutes les condamnations fussent rapportées, sauf celles qui avaient eu pour objet la rébellion, la trahison, la prévarication, un faux.

11° Qu'avant deux ans nul du menu peuple ne pût être appréhendé pour dettes.

12° Que Guido Bandiera, un des deux plébéiens faits chevaliers, reçût, pour honorer la chevalerie, deux mille florins d'or sur les biens des rebelles.

13° Que l'office des quatre préposés à l'abondance des viandes fût supprimé.

14° Que Salvestro des Medici, qui avait tant fait et s'était tant exposé pour la liberté de Florence, pour l'honneur et le maintien des marchands et des artisans[2], reçût, sa vie durant, les boutiques du

---

[1] M. Simonin (*Une insurrection ouvrière à Florence, en* 1378, dans le *Journal des Économistes*, déc. 1873, p. 445) dit que l'*estimo* réclamé, c'était pour établir l'impôt sur le revenu. Rien n'est moins sûr. La répartition des taxes étant fort inégalement faite, en tous les temps on avait réclamé une nouvelle estimation.

[2] « Considerato quantum nobilis hodie miles D. Silvester de Medicis, pro

ponte vecchio, avec le droit de les louer pour tout le temps et à tous les prix qu'il voudrait.

15° Que trente-deux consuls du *popolo minuto* fussent institués[1].

16° Que les gens du menu peuple et ceux des arts mineurs pussent être gonfaloniers de justice à leur tour et aux mêmes conditions que les autres citoyens.

17° Qu'avant le 20 août eût lieu le scrutin pour constituer les bourses du menu peuple, auquel scrutin prendraient part les prieurs, les collèges, les vingt et un consuls des arts, les trente-deux syndics du menu peuple et soixante-quatre *arruoti* à élire par ces syndics, à raison de deux pour chacun[2].

18° Qu'aucun de ceux qui venaient d'avoir leur maison pillée ou brûlée ne pût être chevalier du peuple, à la réserve de Luigi des Guicciardini, le gonfalonier de justice[3].

Dans le pêle-mêle de cette pétition, dans ce désordre commun à tous les documents du moyen âge, il est aisé de reconnaître des vues distinctes, le but et les moyens. Ce que veulent les menus artisans, c'est d'améliorer leur condition sociale. Pour y parvenir, ils aspirent à être quelque chose dans l'État; ils repoussent l'oppression dans l'exercice de leurs humbles métiers; ils réclament une répartition plus équitable des impôts; ils prétendent au quart des emplois publics; ils exigent des récompenses pour leurs principaux défenseurs, et en

statu libero et populari populi et comunis Flor. et pro honore et manutentione mercatorum et artificum laboravit, quibusque periculis audacter et viriliter se subjecit.... » (*Provvisioni*, LXVIII, p. 1 sq., et Fossati, append.)

[1] Les noms se trouvent dans la pétition. On y remarque ceux de Michele de Lando, du quartier de San Pier Maggiore, et d'un notaire, ser Andrea de ser Guidone Corsini. Sozomène dit que parmi ces syndics il y avait « aliqui eorum amici de artibus majoribus. » (R. I. S., XVI, 1109.)

[2] « Eligendos per ipsos triginta duos, videlicet duos per quemlibet ipsorum. »

[3] *Ibid*. Nous omettons quelques articles de peu d'intérêt. M. Gherardi (préf. au *Diario d'anonimo*, p. 250-252) montre avec soin combien tous les auteurs avaient analysé avec inexactitude ces pétitions, dont ils ne savent pas même au juste le nombre.

particulier pour Salvestro des Medici, en qui ils reconnaissent leur chef. Rien de violent d'ailleurs; aucune marque qu'ils aient soif de représailles. Trompés souvent, ils prennent quelques précautions contre la tromperie, mais ils croient encore à la bonne foi. C'est quand, à tort ou à raison, ils auront perdu cette illusion dernière, qu'on les verra se scinder en deux fractions désormais ennemies, les uns qui se résignent plutôt que de se séparer de leurs concitoyens honorables, les autres qui s'en séparent, acharnés à la poursuite du but, dussent-ils n'avoir d'appui que dans ces malfaiteurs qui, en se mettant à leur suite, ont déshonoré leur précédente victoire.

Les pétitions furent apportées au palais par quelques insurgés, qu'escortaient les gonfalons des arts et les artisans en armes. Leurs clameurs s'élevaient jusqu'au ciel. Prendre du temps pour délibérer à loisir, les seigneurs l'auraient dû, ne fût-ce que par dignité; mais ils n'étaient pas des héros, et il faisait une chaleur accablante. Ils allèrent aux voix avec leurs collèges et votèrent en bloc tout ce qu'on leur demandait. Puis, sans retard, la cloche communale convoqua le Conseil du peuple : on n'y vit contre la première pétition que deux opposants; contre la seconde que dix[1]. Les arts et le peuple étaient contents. Ils promirent à la seigneurie que, le lendemain, quand le Conseil de la commune aurait voté à son tour, chacun poserait les armes et retournerait au travail[2].

Ce fut un malheur, en de si graves conjonctures, que ce retard de vingt-quatre heures, exigé de temps immé-

---

[1]. Sur 172 et 164 votants. Lettre de Giov. des Medici, *Del.*, XVII, 166 ; Capponi l'ancien, p. 326 ; Fossati, append.
[2] Capponi l'ancien, p. 327.

morial par la loi pour la convocation du second conseil.
L'anarchie seule en pouvait profiter. On vit les *ciompi*
annoncer à son de trompe que quiconque porterait un
manteau serait puni de mort, sans autre forme de procès[1].
Sur le soir, se répandit le bruit que Migliore Guadagni,
qui commandait pour la République dans le val de Nievole, revenait à Florence, rappelé par la seigneurie[2], et
qu'il y amenait quatre ou cinq mille hommes[3]. On oublie
aussitôt qu'il était ennemi des Albizzi, par conséquent
ami du peuple[4], et que le sort avait déjà désigné son
successeur[5]. On ne voit plus qu'une démonstration
armée, qu'un rappel prématuré, audacieux empiétement
sur la prérogative des Huit Saints. Ceux-ci, piqués au
jeu, lui envoient défense d'avancer davantage, et les
fanti de la seigneurie se laissent enlever, dans les rues,
les clefs des portes, qu'on craignait qu'ils ne fermassent
pas. Toute la nuit, on y fit bonne garde, comme on eût
fait contre un ennemi[6].

On redoutait alors toutes choses et tout le monde, les
seigneurs, les officiers publics et surtout ce Conseil de la
commune qui s'allait réunir (jeudi 22 juillet). L'intervention des grands y rendait improbable la majorité
légale des deux tiers. Les petites gens accoururent donc
d'instinct pour peser sur la délibération, avec les gonfalons
des arts et le gonfalon de justice, dont ils étaient toujours
détenteurs. Mais ils accoururent trop tôt : intimidés, les

[1] *Diario d'anonimo*, p. 267.
[2] Lettre de Giov. des Medici, *Del.*, XVII, 166 ; *Diario d'anonimo*, p. 267 ; Capponi l'ancien, p. 327.
[3] Lettre de Giov. des Medici, *ibid.*
[4] Voy. Ammirato, XIV, 686, 687.
[5] Lettre de Giov. des Medici, *Del.*, XVII, 172.
[6] *Diario d'anonimo*, p. 368 ; Capponi l'ancien, p. 327 ; lettre de Giov. des Medici, *Del.*, XVII, 166.

membres du Conseil hésitaient ou tardaient à venir[1]. Ce fut l'occasion d'imprévues et séditieuses exigences. — Qu'on brûle les bourses, s'écrient quelques-uns, et qu'on en fasse de nouvelles ! — La pétition populaire avait obtenu pour les moindres arts deux prieurs, qui devaient être nommés à l'expiration de la seigneurie en exercice ; voilà qu'on les veut à l'instant, qu'on désigne même ceux des seigneurs qui doivent se retirer pour faire place aux représentants de la multitude[2]. A la fin, pourtant, le conseil retardataire s'était trouvé en nombre. Il délibérait au bruit des clameurs du dehors, qui empêchaient d'entendre la lecture des pièces. La délibération, au demeurant, n'était plus que formalité pure : 164 voix contre 10, dans cette assemblée suspecte, confirmèrent le vote des précédentes en faveur des pétitions[3]. Ces pétitions étaient provisions désormais ; elles avaient force de loi. Pour la première fois, Florence venait de faire quelques concessions, d'assurer quelques avantages à ses plus humbles enfants, et la violence, une insurrection véritable, avaient seules pu l'y contraindre. Pourquoi aussi voulait-elle à tout jamais fermer la porte plusieurs fois entr'ouverte par où avaient passé les arts moyens, puis quelques-uns des arts mineurs ? Et quoi d'étonnant si les moindres métiers profitèrent des circonstances pour la rouvrir, disons-mieux, pour l'enfoncer à leur profit ? La légalité en souffrait ; mais souffrir est presque partout et presque toujours le destin de la légalité.

Ceux-là mêmes qui en étaient les représentants officiels,

[1] « Brevemente penandosi troppo a raunarsi. » (Lettre de Giov. des Medici, *Del.*, XVII, 166.)

[2] *Diario d'anonimo*, p. 368 ; Capponi l'ancien, p. 329. Ce dernier seulement met le fait hors de sa place.

[3] Capponi l'ancien, p. 327 ; Ammirato, XIV, 729 ; Fossati, append.

la sentent vaincue et n'en tiennent plus compte dans l'universel désarroi. Guerriante Marignolli, ce prieur qui portait, la veille, sa peu correcte médiation devant la maison assiégée de l'exécuteur, vient, sous prétexte de haranguer les mutins, — car il avait la langue bien pendue[1], — leur faire révérence sur la place[2] : il s'excuse de n'avoir pu ce qu'ils désiraient et se met sous leur protection. Eux, flattés de tant de bassesse, ils reconduisent à son logis, avec honneur, ce déserteur du devoir[3]. Les statuts exigeaient qu'aucun membre de la seigneurie, durant tout leur office, ne quittât le palais. S'en éloigner dans un pareil moment, c'était donc violer les statuts, et, tout ensemble, dénoncer des collègues. Aussi Guerriante fut-il compris à demi-mot : — Qu'ils descendent tous et qu'ils s'en aillent! s'écrie le peuple. Nous ne voulons plus qu'ils soient seigneurs! Mais que les Huit restent[4]! — Cette prétention inouïe est apportée en séance de la consulte par Tommaso Strozzi, justement un de ces Huit qu'on donnait pour héritiers à la seigneurie. — On ne parle de rien moins, dit-il, que de brûler les maisons des seigneurs qui feraient résistance, de tuer sous leurs yeux leurs femmes et leurs enfants, de les tailler eux-mêmes en pièces[5].

---

[1] « Che fu si buono guerrieri che a parole fu il primo. » (March. de Coppo, X, 795.)

[2] « Fare riverenza alla brigata. » (*Diario d'anonimo*, p. 368.)

[3] Lettre de Giov. des Medici, *Del.*, XVII, 167.

[4] Capponi l'ancien, p. 328. Nous en usons librement avec cet auteur, précieux pour les détails, mais qui, écrivant de mémoire, brouille visiblement l'ordre des faits.

[5] *Diario d'anonimo*, p. 368; Capponi l'ancien, p. 328. Ce dernier dit que le peuple répétait une leçon : « Tutte queste minacce usavano com'era loro insegnato dire. » (p. 329.) — Ammirato prétend (XIV, 729) que le peuple demandait le départ des prieurs parce qu'il ne voulait plus de cette sorte de gouvernement. Cela est si peu vrai qu'à peine les seigneurs partis il

Les magistrats menacés résistaient néanmoins, par sentiment tout ensemble de leur devoir et de leur droit, mais avec larmes, en se tordant les mains, en se frappant le visage, en gémissant sur leurs familles. Devant eux, les Huit, impassibles, gardaient un silence peu rassurant[1]. Leurs amis, loin de soutenir ou de relever leur courage, les suppliaient de sauver leurs jours par la fuite; ils montraient par les fenêtres Niccolò de Carlona et la foule envahissant le palais, les *fanti* de la seigneurie eux-mêmes ne s'y opposant pas, car ils étaient à la discrétion des Huit Saints.

C'est Luigi Guicciardini, le faible gonfalonier, qui donna le signal de la débandade. Pour mieux dire, il détala sans avertir personne, et se mit sous la protection de Tommaso Strozzi, qui le fit conduire en lieu sûr. Les autres, voyant fuir *buonuomini* et gonfaloniers des compagnies, couraient affolés de droite et de gauche, montaient les escaliers qu'ils croyaient descendre pour sortir au dehors. Deux d'entre eux criaient bien haut qu'ils ne s'éloigneraient point. Ils firent comme les autres. Alamanno Acciajuoli, qui partit le dernier, fit remettre les clefs à l'aubergiste Calcagnino, *proposto* des arts[2]. Juste retour des choses d'ici-bas! En 1343, une seigneurie de grands avait été chassée du palais par les *popolani*; en 1378, c'est une seigneurie de *popolani* qu'expulse le menu peuple[3]. L'illégalité, la violence, ne faisaient que se déplacer, et les plus coupables n'étaient pas

en nommait d'autres pour le temps qui restait à courir de cette seigneurie.

[1] Capponi l'ancien, p. 528-530; Ammirato, XIV, 729.

[2] Capponi l'ancien, p. 530; lettre de Giov. des Medici, *Del.*, XVII, 167; March. de Coppo, X, 795; ser Naddo, p. 13.

[3] Ammirato (XIV, 730) met ce rapprochement dans la bouche des prieurs expulsés. Voy. sur le fait, notre t. IV, p. 334.

ceux qui répétaient, trop à l'aveugle, une funeste leçon.

Débarrassés des prieurs, les Huit Saints se croyaient maîtres. Ils allaient bientôt être détrompés. On a dit qu'ils tenaient, dans cette affaire, le fil conducteur [1]. Sans doute, avec Salvestro, avec Alberti et bien d'autres encore, ils s'étaient servis du *popolo minuto* pour refréner le *popolo grasso* dont ils faisaient presque tous partie, sans en partager les préjugés et l'égoïsme; mais ils se croyaient sûrs d'arrêter leur armée dans sa marche ascendante, et jamais l'idée ne leur était venue que les *ciompi* pussent dominer. Ceux dont ils soutenaient la cause, dont ils étaient vraiment les chefs, grâce à leur popularité de la guerre, ce sont les artisans médiocres, les nouveaux enrichis, cette partie de la classe moyenne encore trop éloignée des grands pour avoir pu jamais pactiser avec eux. Hostiles à l'oligarchie des Albizzi, les Huit ne faisaient qu'un avec les Ricci, qui s'effaçaient derrière leur grande renommée [2]. Ils ralliaient ce parti intermédiaire qui se flatte d'arrêter les révolutions en marche et qu'on accuse de les avoir provoquées, qu'on rend responsable de tous les maux.

Leur illusion fut de croire que, restés seuls au palais, ils y pourraient à leur gré reconstituer la seigneurie. Déjà ils avaient fait savoir à Giorgio Scali qu'il était prieur [3]. Mais le bruit en fut promptement répandu. Or, quoique les Scali eussent passé des rangs de la noblesse dans ceux du peuple; quoique Giorgio lui-même, pour avoir, gonfalonier en 1374, contribué à rendre une loi

---

[1] « Tutte queste cose aveano condotte a loro volere e proposito. » (Capponi l'ancien, p. 331.)

[2] M. Fossati (p. 60) a bien jugé cette situation, sur laquelle paraît se tromper Capponi l'ancien.

[3] Capponi l'ancien, p. 331.

défavorable aux magnats[1], et surtout parce qu'il était une des victimes de l'*ammonizione*[2], dût plaire aux petites gens, il leur déplaisait par son caractère ferme jusqu'à la dureté. Il ne parlait, en effet, que de les châtier, d'envoyer contre eux des hommes d'armes, accompagnés, au besoin, de la hache et du billot[3].

Contre un prieur de cette sorte protestèrent donc les agitateurs qu'il menaçait : ils s'enhardirent jusqu'à s'écrier qu'ils voulaient être prieurs eux-mêmes. Comme ils avaient des amis au palais, la porte leur en est ouverte, et ils s'y précipitent. A leur tête est un homme aux pieds nus dans de grossières sandales, qui a enlevé au revendeur Betto de Ciardo et qui tient triomphalement le gonfalon de justice. Ce personnage nouveau qui entre en scène avait une large face avec de beaux traits, un front proéminent, l'œil vif et profond, le nez aquilin de la race étrusque[4]. Ainsi le dépeignent ses contemporains. Dans sa jeunesse il avait exercé en Lombardie le métier des armes[5]. S'étant fait, depuis, cardeur de laine, il était facteur ou contremaître d'une boutique de cet art appartenant à Alessandro de Niccolaio, un des Albizzi,

---

[1] Voy. March. de Coppo, IX, 748, 755, et Gino Capponi, *Stor. di Fir.*, I, 350.

[2] « Nota admonitionis fuerat inusta, qua ille injuria acerbatus satiari vindicta non poterat. » (Leon. Bruni, IX, 197.)

[3] « Quod considerato periculo quod imminet, subito gens armorum, podites et equites, sint in platea armati. Et quod rectores vadant scrutando per civitatem ; et si oportuerit, faciant ante se portari cippum et mannaiam. » (20 décembre 1378. *Consulte*, dans Fossati, p. 61, note 5.) Ces paroles sont d'un temps un peu postérieur, mais elles peignent le caractère.

[4] Capponi l'ancien, p. 331. Ms. Strozz., cl. XXV, cod. 556, dans Fossati, p. 59. Il y a deux exemplaires de cette chronique. Le n° 556 est une copie ; le n° 557 est l'original, que cite de préférence M. Gherardi.

[5] Leon. Bruni, IX, 190. Le portrait de Michele est dans l'hôpital des batilani (spedale pe' vechi de la chompangnia de' batilani), chapelle des ciompi, via delle Ruote. C'est une copie très ancienne. Voy. sur cet hôpital d'intéressants détails dans Simonin, *loc. cit.*, p. 462-464.

qui, par haine de sa famille, en avait quitté le nom. Ce facteur, nommé Michele, fils d'Orlando ou de Lando, commandait, sous les ordres du patron, à un certain nombre d'artisans ou manœuvres, et il était, de plus, un des trente-deux syndics ou consuls du menu peuple institués en vertu de la pétition du 21[1]. Sa femme et sa mère vendaient, aux environs des *Stinche*, de la poterie, des herbes, des choux[2]. Il appartenait donc au peuple, qui allait faire de lui son favori d'un jour, et par là tromper la postérité sur le rôle de cet apparent meneur, qui ne fut guère qu'un instrument.

C'est à tort, en effet, que Machiavel voit en Michele de Lando la tête et l'âme de ce nouveau mouvement. Nul peuple ne souhaitait moins que les Florentins d'alors l'unité d'un commandement personnel. Ils étaient en assez petit nombre pour que leur cité formât comme une personne, et les plus illustres d'entre eux n'eurent jamais dans l'État la décisive prépondérance que leur attribue l'histoire. Ce facteur de la laine n'est, comme tant d'autres, qu'un atome; mais cet atome est porté en avant, plus vite que d'autres, par son impétuosité propre qui l'a poussé parmi les premiers, comme par celle d'un courant qui entraîne jusqu'aux indécis.

Tandis que « maints jeunes gens montaient à la tour pour donner le branle aux cloches et attester la victoire qui leur livrait le palais à l'honneur de Dieu[3] », dans la

---

[1] Voy. même chap., p. 248, note 1.

[2] March. de Coppo, X, 796. Chron. ms. dans Gherardi, préface au *Diario d'anonimo*, p. 253, n. 2. Cf. p. 256. Lettre de Giov. des Medici, *Del.*, XVII, 167. — On le dit aussi charcutier, potier, du métier de sa mère. Il paraît que les *stovigliai* ou potiers étaient une branche du métier des *pizzicagnoli* ou charcutiers. Voy. Gherardi, *ibid.*, p. 256.

[3] Ms. Strozz. dans Fossati, p. 62, note 3.

salle d'audience où Michele avait pénétré le premier, ceux qui marchaient à sa suite le proclamèrent sans plus de façon gonfalonier de justice et seigneur. C'était la récompense de sa hardiesse. Comme ils ne lui désignaient pas de collègues, il se trouva un instant maître absolu de Florence[1]; mais, par une première marque de bon sens, il ne voulut pas, du moins, rester sans conseillers. Il fit appeler Salvestro des Medici, Giovanni Dini, avec d'autres citoyens agréables aux arts et au menu peuple[2]. Ni ceux-ci ni ceux-là ne sont les « viles bêtes » dont parle si dédaigneusement Ammirato[3]. Ce sont, pour la plupart, des hommes considérables de la classe moyenne. Leur tort, si c'en est un, était de soutenir les intérêts populaires. Dès ce moment, il est vrai, ils ne les soutiennent que sans paraître devant le public. Simples conseillers, ils se font petits, ils accompagnent silencieusement Michele, quand ce gonfalonier d'aventure vient au son des trombes, sur la *ringhiera*, faire reconnaître et acclamer son pouvoir[4]; mais ils n'en sont pas moins ses vrais inspirateurs : rien ne se fait que sur leur avis, que d'accord avec eux.

Ce n'en était pas moins la révolution de la populace. Pure de sang jusqu'alors, elle cherchait sa victime expiatoire. En parcourant le palais du podestat, quelques-uns y trouvèrent, « avec bien d'autres choses, les cordes achetées pour pendre les pauvres gens qui avaient volé dans les précédents incendies[5]. » Nul doute, ce sont les

---

[1] Capponi l'ancien, p. 331 ; Ser Naddo, p. 13 ; lettre de Giov. des Medici, *Del.*, XVII, 167.

[2] *Diario d'anonimo*, p. 368 et préf. p. 254, note ; Passerini, *Gli Alberti di Firenze*, I, 119.

[3] Amm., XIV, 760. — [4] Ms. strozz. Foss., p. 62, n. 3. — [5] *Ibid.*, note 1.

instruments de ser Nuto, de ce cruel *bargello*, appelé, au début de cette période, par Lapo de Castiglionchio et les siens, pour mettre à mort les quatre prisonniers de la seigneurie [1]. Ser Nuto sentait trop sa vie menacée pour n'avoir pas disparu en même temps que les seigneurs. Revêtu d'une cuirasse de la commune, le visage et la tête rasée, il s'était réfugié dans une auberge de la rue de Venise, derrière le palais [2]. Un de ses *fanti* le vendit au prix de tout l'argent qu'on trouverait sur lui. A l'approche du danger, le malheureux s'était jeté sous un lit; ceux qui le cherchent l'y découvrent, l'en tirent, triomphent de sa résistance à coups de poignard et d'épée, puis l'emmènent couvert de blessures, en le soutenant par les aisselles. Lui, redoutant d'être pendu, il demande qu'on l'achève, et son vœu est exaucé. Un terrible coup de hache lui fend la tête et lui coupe presque le bras. Au loin rejaillissent sa cervelle et son sang. C'est un cadavre qu'on traîne aux potences, qu'on y pend par les pieds, qu'on met en pièces, comme trente-cinq ans auparavant celui d'Arrigo Fei, créature du duc d'Athènes. Chacun en prend un morceau, « pesant moins d'une once », dit Marchionne [3], et le promène, piqué à sa lance, dans la ville et les faubourgs. Au gibet, il ne restait plus qu'une jambe, coupée à la hauteur du genou. Quatre florins d'or et qua-

---

[1] *Diario d'anonimo*, p. 368. Lettre de Giov. des Medici, *Del.*, XVII, 167. Machiavel dit (III, 45 A) que c'est pour gagner du temps et organiser son gouvernement que Michele donna ordre de rechercher Nuto; mais il subit la légende qui n'avait pas tardé à faire du cardeur un homme d'État. Cette légende paraît déjà dans Buoninsegni, dont la chronique va jusque vers 1410 seulement. Voy. cet auteur, p. 622.

[2] Cette rue porte encore aujourd'hui le même nom.

[3] March. de Coppo, X, 795.

rante sous de monnaie trouvés dans l'escarcelle de la victime, furent fidèlement remis au *fante* qui l'avait livrée. Avec celle-là, il suffit d'une autre, d'un des incendiaires, pour apaiser la soif du sang[1]. C'était peu, à tout prendre, pour un peuple en révolte ; mais les détails horribles attestent ou confirment un honteux progrès de la férocité dans les mœurs. Si les Florentins du treizième siècle tuaient leurs ennemis, ils n'en mettaient pas, du moins, les cadavres en lambeaux.

Pendant ce temps, Michele de Lando ne restait point inactif. Docile aux bons conseils, il voulait un gouvernement régulier pour le rendre légitime. Dans l'assemblée à parlement, convoquée au son des cloches, il se faisait donner, ainsi qu'aux syndics des arts, aux Huit Saints et aux personnes notables dont il s'entourait, balie de nommer des prieurs, des gonfaloniers, des *buonuomini*, en remplacement de ceux qui étaient nominalement en charge, qui s'étaient éclipsés et dont on ne voulait plus [2].

---

[1] *Diario d'anonimo*, p. 368 ; lettre de Giov. des Medici, *Del.*, XVII, 167 ; Machiavel, III, 45 B ; Ammirato, XIV, 781. Les détails précis et curieux ne sont que dans les deux contemporains. Les autres chroniqueurs disent à peine un mot de ce fait.

[2] March. de Coppo, X, 796. Les auteurs mettent en général ce parlement au lendemain. M. Gherardi relève l'erreur (préf. au *Diario d'anon.*, p. 253, n. 3). Ils ne parlent point ou parlent à peine de la nouvelle balie où Michele de Lando se laisse annuler. Cette balie pourtant fut effective. Ses actes, quoique avec des intermittences, durèrent jusqu'à la fin d'août. On en peut voir la preuve dans des documents des 28 juillet, 6 et 9 août, où on lit : « ad executionem cujusdam provisionis facte per illos della Balia procedere intendentes (doc. à la suite du *Diario d'anon.*, p. 516, 517). » Cf. la préface de M. Gherardi, p. 254 note, où sont relevées les erreurs des anciens et modernes auteurs sur ces faits et leur physionomie. Il n'y est point parlé de M. Simonin, sans doute parce que le savant éditeur ne l'avait pas sous les yeux ; mais dans ce récit, un des plus récents, les erreurs ne sont pas moins graves que partout ailleurs. Le premier coupable c'est Machiavel, avec son idée qu'un peuple ne peut faire quelque chose qu'à la condition d'être mené par un chef unique.

Ne bougeant point du palais, il gardait les clefs, écrivait des lettres, expédiait des ordres [1]. Il conservait ainsi les dehors du pouvoir; mais il était, dès lors, comme noyé dans la balie. C'est au nom des syndics et consuls des arts, en même temps qu'au sien, que sont lancées toutes les proclamations. Ces personnages, ces officiers, forment avec lui comme une seigneurie provisoire qui remplace la seigneurie fugitive et dispersée. On les voit mettre leurs soins à pacifier la ville [2], ordonner que chacun ait, la nuit, des lumières aux fenêtres [3], fermer les portes de Florence, pour que les grands n'y puissent faire entrer leurs alliés de l'extérieur, défendre aux dits grands de paraître sur la place, sous peine d'être mis en pièces; et au nom du peuple de se rendre coupable d'aucune vilenie envers les officiers publics, d'aucun vol ou incendie en quelque lieu que ce soit [4]. Rétablir l'ordre est le plus impérieux besoin de tout gouvernement, fût-il né du désordre.

Mais il fallait aussi donner satisfaction au menu peuple. Jalouse sans doute de diminuer la responsabilité en l'étendant, la balie fit appel aux Neuf de la marchandise, aux Dix de liberté. Aidée de leurs lumières, elle répartit en trois arts les plus humbles métiers [5]. Le grand nombre de ceux qui relevaient de la laine furent compris dans le premier de ces arts. Ils formaient neuf mille hommes, et avaient pour emblème l'ange

---

[1] March. de Coppo, X, 796.
[2] *Diario d'anonimo*, p. 369; Voy. d'autres preuves indiquées dans Fossati, p. 63.
[3] Giov. Morelli, p. 290.
[4] *Diario d'anonimo*, p. 369; Lettre de Giov. des Medici, *Del.*, XVII, 167.
[5] March. de Coppo, X, 798.

exterminateur, portant dans ses mains l'épée et la croix. Le second art se composa des teinturiers, foulons, faiseurs de peignes à carder, tisseurs de soie et de drap : sur leur gonfalon, un bras blanc en champ vermeil, et une main tenant une épée où était gravé le mot de Justice. Le troisième réunit les tondeurs, ravaudeurs, laveurs, chaussetiers, faiseurs de pourpoints, de bannières, d'ornements d'église : un bras du Christ vêtu de rouge, sortant du ciel et tenant un rameau d'olivier, était la caractéristique de leur humble gonfalon. Ces deux derniers arts ne comptaient ensemble que quatre mille hommes [1]. Le premier, par conséquent, en comptait à lui seul plus du double, ce qui donne une idée de son importance. La nature des métiers qui montaient en grade, qui naissaient à la vie publique, permet à peine de comprendre pourquoi, jusqu'alors, ils en avaient été exclus. Comment le tisseur, le chaussetier, le fabricant d'ornements d'église étaient-ils jugés inférieurs à tant d'autres artisans qui travaillaient comme eux de leurs mains, et n'en étaient pas moins, depuis longtemps, compris dans la hiérarchie des arts ? Il y a là, pour nous

---

[1] Doc. à la suite du *Diario d'anon.*, p. 517. Ms. Strozz. dans Fossati, p. 68, note 2, et Gherardi, préf. au *Diario d'anon.*, p. 255, n. 1; March. de Coppo, X, 797. Ce chiffre de treize mille hommes en tout paraît un peu exagéré à M. Gherardi. La date de cette constitution des trois arts *minutissimi* ne nous est pas donnée; mais elle paraît résulter clairement de la place que lui assigne Marchionne, qui en parle, à la rubrique 798, comme d'une chose faite au moment où se réunit la balie. Divers documents cités par M. Fossati (p. 69) parlent de ces trois arts, mais, de quelques mots qui y sont contenus, cet auteur conjecture que la création des trois arts ne fut pas simultanée. Rien n'est moins certain. Les mots « electionem nuper factam » peuvent se rapporter à un fait remontant à trois semaines, et ceux-ci « saranno per unirsi a loro » peuvent se référer à une modification de la répartition des métiers entre ces trois arts. March. de Coppo (X, 797) parle de semblables remaniements.

qui en jugeons à distance, des distinctions inexplicables. Mais expliquons-nous davantage pour quels motifs, aux yeux des Florentins, l'industrie nécessaire du boulanger était, et est encore, assure-t-on, de tous les métiers le plus vil?

Les trois nouveaux arts obtinrent, dans le collége qui allait élire les prieurs, la part du lion. Ils y furent représentés, si l'on doit en croire Marchionne, par soixante-cinq de leurs membres, tandis qu'aucun autre art ne l'était seulement par trois des siens [1]. On proposait les noms tout haut, et l'on votait sur chacun d'eux par fèves noires ou blanches, comme pour constituer les bourses. Ce n'était donc point le tirage au sort, comme à l'ordinaire; c'était une élection à l'ancienne mode, dans toutes les règles. Les petites gens y firent la loi. En vain les ambassadeurs de Pérouse et de Bologne leur conseillaient-ils de réserver la moitié des offices aux arts majeurs et aux *scioperati*, ces gens qui n'exerçaient aucun métier, puis de partager l'autre moitié entre les arts mineurs et les trois nouveaux arts [2]. Ceux-ci, sur les neuf membres de la seigneurie, s'en firent attribuer cinq, et comme le populaire Benedetto de Carlona, élu pour les arts mineurs, ne pouvait que marcher d'accord avec les cinq prieurs du menu peuple, à eux six ils devaient former, contre l'opposition d'ailleurs peu probable des trois autres, la majorité légale des deux tiers [3].

---

[1] « Sessanta cinque vi furono delle tre arti aggiunte, che di niuna ve n'ebbe tre. » (March. de Coppo, X, 798.)

[2] Ammirato, XIV, 732.

[3] Voici en entier la composition de cette seigneurie :
Santo-Spirito : Giovanni des Capponi, lanajuolo (arts majeurs); *Leoncino de Francino*, cardeur (menu peuple);

Les conséquences ne se firent pas attendre de ce vote léonin. On allait voir ces prieurs, joints à deux cent vingt *richiesti* de leur bord, décider qu'à l'avenir les trois groupes d'arts, majeurs, mineurs et nouveaux, fourniraient chacun trois membres de la seigneurie, le gonfalonier devant leur appartenir à tour de rôle, et que la même proportion serait observée pour tous les colléges [1]. C'était, sous une apparence d'égalité et de modération, faire aux nouveaux arts une part plus large que ne le permettaient les idées admises, car, s'ils formaient par le nombre le tiers de la population virile, Florence, ainsi que Rome antique, comptait, non par personnes, mais par universités. En se plaçant à ce point de vue, que trois arts semblassent considérés comme le tiers de vingt-quatre, quoi de plus révoltant pour les anciens privilégiés? Les nouveaux, par compensation, étaient satisfaits. « Cette répartition, sans distinguer entre riches et pauvres, lit-on dans un manu-

---

Santa Croce : *Spinello de Borsi* (menu peuple); Salvestro de Compiobbesi, chaufournier (arts mineurs);

Santa Maria Novella : *Salvestro de Giovanni*, teinturier (menu peuple); Bonaccorso de Giovanni, cardeur (menu peuple);

San Giovanni : Giovanni de Bartolo, épicier ou apothicaire (arts majeurs); Benedetto de Carlona, faiseur de sandales (arts mineurs);

Michele de Lando, gonfalonier de justice, pour le menu peuple et le quartier de San Giovanni. (*Priorista* authentique, rapporté par Gherardi, note 2 à la p. 369 du *Diario d'anonimo*.) M. Fossati manque d'exactitude sur ce point parce qu'ayant pris sa liste dans les *Deliberazioni de'signori e collegi*, où ne se trouve pas la qualité des personnes, il tente de l'éclairer par Capponi l'ancien, qui ne fait que l'obscurcir. On peut voir la liste des gonfaloniers de compagnies et des *buonuomini* dans une note au *Diario d'anon.*, p. 370. Les noms des quatre seigneurs qui étaient syndics des arts sont, ici, imprimés en italiques. Voy. la liste des syndics dans Fossati, p. 117, append. n° 9.

[1] Le ms. Strozz. cité par Fossati (p. 68, note 1) rapporte ce fait à la date du 29 juillet; March. de Coppo (X, 798) au 28 août. Il importe peu, car c'est toujours la même seigneurie.

scrit du temps, contenta beaucoup de gens qui jamais n'avaient eu part aux offices, quoiqu'ils eussent part aux dépenses[1]. » La roue de la fortune, en tournant, avait fait justice, aux yeux d'un grand nombre. Quelle faute que de compromettre ce triomphe du principe par les conséquences qu'on en tirait! C'est peu de vaincre : le tout est de durer.

La seigneurie, élue le 23 juillet, entra en fonctions le 24[2]. Benedetto de Carlona en fut, par le hasard du tirage au sort, le premier *proposto*[3]. L'initiative appartenait donc pour trois jours, un siècle en de pareilles conjonctures, à un personnage résolu du parti dominant. Le pouvoir dictatorial de Michele cessait après trente-six heures[4], quoiqu'il restât gonfalonier de justice. Les

---

[1] « Et chosi si fece il buono squittinio, che contentò molta gente, i quali non avevano mai avuto parte d'ufficio e sempre erano stati alle spese. » (29 juillet. Ms. Strozz. dans Fossati, p. 68, n. 1.) Cet acte, à peine postérieur de quelques jours et que nous révèlent cette chronique et March. de Coppo (X, 798), explique les confusions des contemporains et les erreurs des modernes qui ne voient pas leur désaccord, comme Sismondi, ou ne parviennent pas à s'en rendre compte, comme Leo. Capponi l'ancien ne parle pas de l'élection léonine du 23, parce qu'elle n'eut d'effet que pour quelques jours, et Machiavel ne tient compte que de celle-là, probablement parce qu'il ignorait la seconde. Voilà, selon nous, la seule explication possible de tant de contradictions parmi les auteurs les plus rapprochés des faits et qui semblaient devoir être les mieux informés.

[2] « Quorum officium sumpsit initium die 24 mensis julii et durare debet per totum mensem augusti. » (*Deliberazioni de' signori e collegi*. Juillet-août 1378, p. 1, dans Fossati, p. 66, n. 2.)

[3] *Ibid.*, n. 3.

[4] Ce pouvoir n'avait duré que du 22, à trois heures de l'après-midi, jusqu'au 24 dans la matinée. C'est la postérité, Machiavel en tête, qui a fait de Michele un héros, un chef de parti. Divers contemporains l'appellent « le gonfalonier de justice », sans même le nommer. L'erreur vient : 1° de ce que deux fois dans sa courte carrière il eut l'honneur de porter le gonfalon, d'abord des insurgés, puis du gouvernement ; 2° de ce qu'on s'obstine à voir dans le gonfalonier le chef de la seigneurie qui était, on l'a vu, le *proposto*, nommé seulement pour quatre jours. De notre temps, son nom a été donné à une rue. Nous tenons de M. Ubaldino Peruzzi, alors syndic de Florence,

actes de ceux qui gouvernent désormais officiellement avec lui ne nous sont connus que par des documents encore inédits ou récemment publiés, et par un chroniqueur tout nouvellement découvert [1]. Les rappeler ici est donc un devoir d'équité historique, si l'on ne veut se borner, comme tous les auteurs, à juger ce gouvernement éphémère par les brutalités de la rue, et lui intenter un procès de tendance.

Exécuter les provisions prises en vertu des pétitions du 21, faire régner l'ordre dans la ville, assurer au peuple les satisfactions que sa victoire l'invitait à réclamer, telle était, avec le soin des affaires extérieures, la tâche compliquée qui s'imposait à des hommes sans expérience. C'est aux mesures d'ordre et de police qu'ils étaient le mieux préparés, car il leur suffisait de suivre les traditions, en les retournant contre ceux qui les avaient établies.

Le podestat, le capitaine du peuple, l'exécuteur de justice furent maintenus dans leur charge[2], et deux citoyens par quartier, nommés pour contraindre à conclure entre eux paix ou trêve ceux que divisaient des inimitiés[3]. En donnant à tous l'ordre accoutumé de

---

qu'une députation populaire était venue demander cette mesure à la municipalité. « C'est fait, répondit M. Peruzzi ; mais vous le demandez parce qu'il était le chef des *ciompi* ; nous l'avons décidé parce qu'il les a battus. » Des deux parts on en était encore à la légende.

[1] Les documents et le *Diario d'anonimo* ne disent pas toujours les mêmes choses ; mais on sait d'une part combien il s'est perdu de documents ; de l'autre, combien les chroniqueurs sont ou inexacts ou incomplets. Il faut puiser aux deux sources en les comparant. On ne s'explique pas pourquoi Capponi l'ancien coupe court ici à son intéressante narration, puisqu'il vécut assez pour écrire un commentaire sur l'acquisition de Pise en 1406.

[2] 24 juillet, *Diario d'anonimo*, p. 370 ; ser Naddo, p. 15.

[3] 5 août. « Inducendos et etiam cogendos. » (Doc. à la suite du *Diario d'anon.*, p. 516.)

poser les armes, d'ouvrir magasins et boutiques, de reprendre le travail[1], on va jusqu'à fixer la somme de travail à fournir : l'art de la laine, suspect de battre en brèche par le chômage les pouvoirs établis, devait fabriquer deux mille draps par mois[2]. Il est défendu de transporter des objets mobiliers d'une maison à l'autre, de faire du bruit[3], de poursuivre qui que ce soit pour les méfaits des derniers temps[4], de rien dire contre le menu peuple, l'État nouveau, la seigneurie nouvelle, investie du droit de punir à son gré ce délit[5]. Le coupable, quel qu'il soit, sera frappé dans son avoir et sa personne; chacun peut accuser de ce chef, chacun est tenu d'ajouter foi aux accusations[6]. Comme Florence semble vide, tant il est sorti de notables avec leurs familiers[7], ceux qui se trouvent au dehors dans un rayon de dix milles rentreront avant dix jours, sous peine d'être faits grands, et, s'ils le sont déjà, supragrands[8]. Dans la même vue, on aurait dû, semble-t-il, rappeler les confinés : par une contradiction d'ailleurs explicable on en accroît bientôt le nombre. Le 27 août, trente ennemis de l'actuel état de choses prendront la route de l'exil, vers des lieux

---

[1] 24 juillet. *Diario d'anonimo*, p. 370.

[2] Cron. Marucell. Scaf. c, dans Fossati, p. 66.

[3] 25 juillet. *Diario d'anon.*, p. 371.

[4] Même date. — *Delib. de' sign. e coll.* Doc. à la suite du *Diario d'anon.*, p. 515, et dans Fossati, p. 67, n. 5.

[5] 1ᵉʳ août. *Diario d'anonimo*, p. 372.

[6] 6 et 14 août. *Diario d'anon.*, p. 372, 374.

[7] « Considerantes quamdam provisionem firmatam noviter per illos della balia, in qua in affectu disponitur et tractatur.... quod civitas hec florida floridis civibus minime derelinquatur, et cum maxime audiverint quod quam plurium et maxima copia civium notabilium quasi derelinquentes urbem, ad comitatum et ad alias partes se cum suis familiis transtulerunt, et ob hoc videbatur florentina civitas quodam modo viduata. » (*Libro di deliberazione*, etc., p. 16, dans *Diario d'anon.*, p. 373, n. 1.)

[8] *Diario d'anonimo*, p. 372, 373.

dont, à vrai dire, une faveur inusitée leur laisse le choix[1]. Parmi eux, Carlo Strozzi, Simone Peruzzi, Piero des Albizzi, Benghi des Buondelmonti, Bettino des Ricasoli[2]. Déjà hors du territoire, Lapo de Castiglionchio et son fils sont déclarés rebelles, et voient tout ce qu'ils possèdent vendu aux enchères[3], acheté par la commune elle-même[4]. La confiscation attend tous les « confinés » qui, dans la résidence par eux choisie, ne se présenteront pas à dates fixes devant les officiers publics. Ces rigueurs, il faut le reconnaître, n'atteignaient que les chefs.

Pour contenir les subalternes, il y avait urgence à réorganiser les forces communales. Mille arbalétriers furent engagés pour un an dans toutes les classes[5], à raison de deux cent cinquante par quartier. Ils formaient quarante groupes ou pennons, auxquels commandaient quarante connétables. Chaque quartier avait son capitaine populaire[6]. La défiance habituelle aux pouvoirs nouveaux ayant fait congédier la plupart des mercenaires, ceux qui furent retenus durent subir pour chefs deux artisans de bas étage, dont les aptitudes au commandement étaient douteuses pour le moins. De même, les gonfaloniers, les porte-bannières, les gardes, etc., furent

---

[1] « Furono dati i confini dove chiesono andare i confinati. » (Monaldi, p. 346.)

[2] *Diario d'anon.*, p. 376 ; Ser Naddo, p. 18 ; March. de Coppo, X, 799. Ammirato (XIV, 752) dit 31. Les trois chroniqueurs donnent la liste avec le lieu de relégation. Ces listes sont les mêmes avec quelques variantes.

[3] Ms. Strozz. dans Fossati, p. 71 ; *Diario d'anon.*, p. 376.

[4] « Entrò ogni suo bene in comune. » (Ms. Strozz., *ibid.*)

[5] Ammirato (XIV, 731) dit seul que ces arbalétriers étaient du menu peuple.

[6] 25, 28, 29 juillet. *Diario d'anonimo*, p. 371. Doc. à la suite, p. 546, et dans Fossati, append. n° 10, p. 109. Le ms. Strozz. dit qu'ils étaient 1500, qu'on leur donna 12 bannières par quartier et que cette opération fut faite en trois jours. Ammirato (XIV, 731) dit 1200.

placés sous les ordres d'un homme obscur. Le petit nombre des châtelains, des podestats du dehors qu'on ne voulut pas casser aux gages, durent comparaître et faire renouveler leur commission. La seigneurie changea jusqu'aux musiciens[1].

Voir au pinacle ses amis et hors des emplois ou du sol natal ses ennemis, était pour le peuple un premier sujet de joie. Il en eut d'autres : on ne les lui marchandait pas. Tous les priviléges que s'était arrogés la *consorteria* furent supprimés, et, sous telle ou telle forme transférés aux nouveaux maîtres[2]. Déjà il s'agissait d'allouer un salaire aux syndics des arts, et de substituer leur autorité réformatrice à celle des seigneurs[3]. Les bourses furent brûlées et l'on entreprit d'en faire d'autres[4], longue opération qui dura jusqu'au 21 août. On en célébra la fin au chant du *Te Deum*, au son des cloches et par des banquets[5]. Réjouissances non sans motifs, car des bourses reformées on avait exclu, sans sourciller, tout nom odieux au menu peuple[6].

Ajoutons quelques mesures encore qui flattaient ses passions ou servaient ses intérêts. Les bannis du régime précédent obtinrent l'autorisation de séjourner à Florence jusqu'au 15 août, afin de poursuivre la levée de leurs

---

[1] *Deliberazioni de' signori e collegi*, 25 juillet, 6 août, dans Fossati, p. 70, 71.

[2] *Diario d'anonimo*, p. 376. Voy. le texte plus bas, p. 271, n. 2.

[3] Ammirato, XIV, 732.

[4] 24, 26, 31 juillet, 6, 9 août. Ser Naddo, p. 15-17 ; *Diario d'anonimo*, p. 371, 372. Doc. à la suite, p. 515-517.

[5] Ms. de la Magliab. dans *Diario d'anon.*, p. 375, note 3. « Ciascuno, dit l'auteur de cette chronique, si confettò d'un confetto che si chiama zucata, e poi sì si beve, e vidi io e asagiai di ciò, sedendo tutto lo scuttino a vedere. »

[6] 26 juillet. *Delib. de' sign. e coll.*, dans Fossati, p. 67, n. 6.

condamnations, sans que personne les pût molester[1]. Le même délai fut laissé aux débiteurs pour payer leurs dettes[2]. Chacun eut la liberté, durant six mois, d'introduire du grain ou de la farine, avec exemption de toute gabelle. Le prix du sel fut diminué[3]. Quelques réparations particulières furent accordées : trente florins à tel officier dont les biens avaient été pillés; cent trente à l'exécuteur, vingt à ses acolytes, pour les dommages par eux soufferts[4]. Les petites gens prisent trop ces indemnités pécuniaires, pour admettre que personne y puisse rester indifférent.

Quelques-uns de ces actes sont réguliers; d'autres accusent leur origine révolutionnaire. Mais au dehors, où l'on n'en souffrait point, on voyait dans la seigneurie démagogique un gouvernement comme un autre. De fait, elle se montrait attentive aux questions si graves que le schisme soulevait en cour de Rome. Elle écrivait lettres sur lettres au pape pour régler en détail les conditions de la paix[5]. Après mûre délibération, elle accordait, sur la demande de Bernabò, le passage et dix mille florins à la compagnie de San Giorgio[6], contre promesse de ne pas combattre les Florentins avant dix-huit mois, et même de ne s'enrôler nulle part sans leur consentement. Par là elle évitait la jonction redoutée de

---

[1] 25, 31 juillet. *Delib. de' sign. e coll.*, dans *Diario d'anonimo*, p. 370, et Fossati, p. 66.

[2] 27 juillet. *Ibid.*, p. 371.

[3] 24 juillet. *Delib. de' sign. e coll.*, dans *Diario d'anon.*, p. 370, et Fossati, p. 66.

[4] 28 juillet. Doc. à la suite du *Diario d'anon.*, p. 515.

[5] « Et videant quid possit fieri in complacentiam S. Patris. Quod subveniatur S. Pontifici prout a D. Bernabove fuit postulatum. » (12 août. *Consulte*, XVIII, 13.)

[6] 6 août. *Consulte*, XVIII, 11.

ces aventuriers italiens avec les mercenaires d'Hawkwood et de Lutz. Elle tâchait même de procurer un accord entre ces *condottieri* et le Visconti[1]. Cette prudente politique inspirait la confiance. Les relations avec les cités voisines, où dominait soit la noblesse, soit la bourgeoisie, n'étaient ni interrompues, ni troublées. On voyait les ambassadeurs de Forlì, d'Urbino, de Faenza présenter diverses requêtes au gouvernement du menu peuple, et, le croirait-on? lui demander de l'argent[2].

C'est à l'intérieur de Florence qu'était tout le mal. La confiance qu'ils inspiraient à autrui, les Florentins ne l'avaient pas en eux-mêmes. Les mécontents s'obstinaient à s'éloigner, et les rappelait-on, ils ne revenaient qu'en petit nombre. En dépit d'ordres formels, quantité de boutiques restaient fermées, et celles qui s'ouvraient ne travaillaient point. L'art de la laine, tenu, nous venons de le voir, à fabriquer deux mille draps par mois[3], n'en chômait pas moins, sur le commandement de ses chefs, pour affamer les subordonnés indignes qui avaient triomphé d'eux[4].

Ainsi les *ciompi* mouraient de faim; beaucoup d'entre eux, à bout de ressources, n'étaient pas loin d'en demander au vol[5]. Les distributions de grains[6] ne pouvaient

---

[1] 15 août. *Consulte*, XVIII, 14. Ms. Magliab., dans Fossati, p. 72, n. 3. Du 15 août au 1ᵉʳ septembre il n'y a plus de consulte.

[2] 11 août. *Consulte*, XVIII, 12. Ms. Magliab. dans Fossati, p. 72, n. 3..

[3] Voy. plus haut, p. 266.

[4] « La lana non volea fare nulla. » (March. de Coppo, X, 799.) « Quod ars lane laboret et sciatur quare non. » (15 août. *Consulte*, dans Fossati, p. 72, n. 2.) Le témoignage de Marchionne, un modéré, confirme ici très-utilement celui de la seigneurie intéressée.

[5] « Il popolo arrabbiato di fame... non avieno di che manicare; tutti di cercavano di volere rubare. » (March. de Coppo, X, 799.)

[6] Voy. sur les grains diverses mesures dans le *Diario d'anon.*, p. 372-375.

être qu'un palliatif. D'ailleurs, elles coûtaient gros, comme les mercenaires, et il fallait lever des impôts, contracter des emprunts, quoique la démagogie, selon son détestable usage, eût promis de s'en abstenir; il fallait user de rigueur pour les percevoir; irriter par là le mécontentement parmi les plus fermes et presque les seuls appuis de la seigneurie. Ceux-ci ne lui pardonnaient pas son impuissance à faire exécuter les provisions populaires, notamment celle qui interdisait le cumul. Rien ne les offusquait autant que de voir une sorte d'aristocratie se former dans leur sein, leurs chefs d'un jour s'arroger le droit de porter des armes, se donner un écu héraldique[1], s'unir en *consorteria* avec tous les priviléges, toutes les immunités qui avaient si promptement discrédité celle des Quatre-vingts[2]. — Vous n'aurez aucune part aux offices, disaient les plus hargneux à leurs camarades. Ces gens-là garderont tout pour eux; ils vous donneront la becquée avec la cuiller vide. Trouvons donc moyen de les jeter à bas[3]! — Ces indignes suggestions avaient principalement prise sur les *ciompi* de la laine[4], chez qui était endémique une jalousie haineuse, qu'ils étendaient maintenant à leurs anciens fétiches, aux Huit Saints, à Salvestro des Medici, Giovanni de Mone, Michele de Lando, accusés par eux de trahison. C'est autour de nouveaux et obscurs meneurs

---

[1] Un lion d'or sur champ azur, tenant dans ses pattes l'enseigne du peuple et ayant sur la poitrine l'écu de la Liberté. (Ms. Strozz. dans Fossati, p. 73.)

[2] « Si levò un romore sentendo tutte l'arte come i sindachi e signori si avieno fatto tra loro cierte provigione ; essi d'avere salari, essi di portare l'armi, essi farsi consorti e fare un' arme. » (*Diario d'anonimo*, p. 376.)

[3] 25 août, ms. Strozz. dans Fossati, p. 73. Cf. Machiavel, III, 45 B.

[4] La preuve en est que, le 1er septembre, ils furent les seuls dont l'art fut supprimé.

que se font désormais leurs conciliabules[1], où se préparait dans l'ombre un nouveau et inexcusable pas en avant.

Un mois s'écoula encore sans qu'on l'osât faire. La seigneurie semblait gouverner sans obstacles, car le calme régnait à la surface; mais le trouble était au fond. Sentant venir l'orage, elle essayait de le conjurer par d'impuissantes rigueurs. On la voyait, un beau jour, pour des propos inconsidérés, jeter en prison quatre citoyens. Sur ces quatre, trois, Luigi Cavalcanti et Jacopo Sacchetti, qui n'étaient point du menu peuple, et même un pauvre peintre badigeonneur, qui en était, intéressaient peu la populace; quant au quatrième, Fino Tosi, il comptait au nombre de ses éphémères favoris. Sur les instances de bruyants protecteurs, on finissait par le relâcher, lui tout seul, malgré les syndics des arts, qu'indignait cette faiblesse[2]. Elle avait bien l'avantage d'ôter tout prétexte immédiat à un soulèvement sans motifs; mais quoi! le soulèvement était résolu, on sut fort bien se passer de prétexte.

Le samedi 28 août, dans l'après-midi[3], les petites gens se réunirent en armes à San-Marco, sous l'enseigne de l'ange exterminateur. Ils étaient trois mille tout au moins[4]. De là, ils se rendirent sur la place, conduits par Betto de Ciardo, plébéien jusqu'alors inconnu, et par Luca de Panzano, magnat trop connu, qui, ayant eu des malheurs, s'était donné à eux. Ce Luca de Panzano était du moins une figure originale, et il convient de le

---

[1] 15 août. *Consulte*, XVIII, dans Fossati, p. 73; ser Naddo, p. 19.

[2] March. de Coppo, X, 799; ms. Strozz. dans Fossati, p. 74.

[3] Cette date est celle du *Diario d'anonimo* (p. 576), de ser Naddo (p. 19), de Monaldi (p. 545). March. de Coppo et le ms. Strozz. disent le 27.

[4] Ser Naddo, p. 19.

faire connaître. Issu de l'ancienne famille des Firidolfi et allié aux Ricasoli[1], il avait été gonfalonier de justice en mars 1369. Il savait parler, car, dès 1363, il prenait la parole dans les *consulte*[2], et même écrire, car on a conservé des fragments d'une chronique dont il est l'auteur[3]. Il y raconte une expédition qu'il avait faite à Prato, le 13 juin 1350, avec cinq amis et seize serviteurs, pour mettre à mort Carlo Gherardini, audacieux coup de main qui l'avait placé haut dans l'estime des turbulents, et peut-être même des autres[4], de Pandolfo Malatesta, par exemple, qui, étant capitaine à Florence, le consacrait un jour chevalier[5]. Ses brutales passions étaient venues

---

[1] Les Ricasoli sont une branche des Firidolfi. Voy. Gino Capponi, *Stor. di Fir.*, I, 352.

[2] Voy. *Consulte*, VII, 92 v°; IX, 2; XI, 132 v°. Séances des 18 juin 1363, 28 avril 1365, 22 juillet 1368.

[3] On peut les voir sous ce titre : *Frammenti della Cronaca di M. Luca di Totto da Panzano*, dans le *Giornale degli Archivi toscani*, V, 61. Le manuscrit original et complet n'a pas été retrouvé.

[4] Voici les principaux détails de cette campagne privée : Carlo Gherardini était à dîner dans une église. On l'y assiège. Il se réfugie dans le clocher, qui était très-fort, garni de pierres et de traits. Ne pouvant l'y atteindre, on met le feu par dessous. La toiture brûle, et plus de cinq mille personnes accourent des environs pour voir ce beau spectacle. Ser Nuto, le *bargello*, était venu de son côté. Il réclame son droit de capturer Gherardini ; mais on se moque de lui, et il cède avec beaucoup de courtoisie, de quoi, écrit Luca, nous lui sommes toujours restés reconnaissants. Les assaillants manquaient de flèches ; ils en envoient demander aux prieurs qui leur en fournissent, et des armes par surcroît. On peut donc croire que Carlo Gherardini était non seulement un ennemi de Luca, mais aussi un ennemi public, un proscrit. Au coucher du soleil, il se décida enfin à descendre par la corde de la cloche. Il était à quatre brasses du sol, quand un de ses adversaires, qui montait au clocher, coupe la corde. L'infortuné tombe, on le frappe de toutes parts, à la gorge, aux tempes, et « on l'envoie en paradis ». Son corps, celui d'un de ses amis, rebelle comme lui, sont pendus et mis en pièces. Quatre jours plus tard, la seigneurie procurait la paix de cet exécuteur volontaire de ses hautes œuvres et de tous les Firidolfi avec les Gherardini. (*Frammenti della Cronaca*, etc., *loc. cit.*, p. 64-66.)

[5] En mars 1361. *Ibid.*, p. 70.

interrompre sa brillante carrière. Accusé d'avoir rendu sa bru enceinte, une plainte de sa victime l'avait fait reléguer parmi les grands[1]. Il s'agissait pour lui de redevenir *popolano*, et les moyens violents ne lui répugnaient pas. Voilà comment il se trouvait à la tête de la populace, séduite par son hardi caractère, peut-être aussi par ses méfaits. Ce qui surprend, on l'a déjà remarqué[2], c'est qu'il ne se soit pas trouvé des magnats en plus grand nombre, pour profiter avec lui de l'occasion. Rien ne montre mieux à quel point ils étaient abaissés et résignés à leur sort[3].

Les bandes que conduisait cet homme taré débouchèrent bientôt sur la place. — Nous ne sommes pas contents de ce que vous avez fait! — criaient-elles aux syndics et aux seigneurs. — Eh bien! dites ce que vous voulez, fut-il répondu au nom de la seigneurie, et nous le ferons! — Comment la seigneurie eût-elle résisté? Partout elle voyait des *ciompi* jusque parmi ses arbalétriers, dans ses collèges, dans ses rangs mêmes : deux des prieurs et le gonfalonier de justice ne l'étaient-ils pas? Or, nul alors, si ce n'est les *ciompi*, ne montrait de hardiesse et d'énergie. Pris au dépourvu, toutefois, ces gens ne savaient comment énoncer leurs exigences nouvelles; ils n'y avaient pas réfléchi. Dans leurs rangs, heureusement pour eux, se trouvaient un notaire, ser Agnolo Latini, qui savait rédiger les actes,

---

[1] March. de Coppo, X, 801.

[2] Gino Capponi, *Stor. di Fir.*, I, 352.

[3] Voici un curieux exemple de cet abaissement : Bartolommeo Ridolfi avait été fait grand le 12 avril 1372. Le 5 décembre 1375 on pendait un de ses neveux qui avait volé une maison de la *via Maggio* au point d'emmener plusieurs ânes chargés et des hommes portant quatorze sacs pleins d'effets mobiliers. (*Diario del Monaldi*, p. 330-334.)

et un maître d'école, Guasparre de Ricco, « qui enseignait à lire aux enfants [1] ». Ce dernier était renommé dans la plèbe, amie de toute rébellion, pour avoir été, vingt-cinq ans plus tôt, livré à l'inquisiteur comme patarin [2]. Au nom de ceux qui l'entourent, ser Agnolo demande : que les syndics des arts soient cassés et exclus des offices pour dix ans; que les chevaliers n'en puissent plus obtenir; que les Huit de la guerre n'aient plus, par mois, que cinq livres de salaire au lieu de quinze; que les revenus du *Ponte vecchio* soient ôtés à Salvestro des Medici, et ceux du *Mercato vecchio* à Giovanni de Mone; que ceux qui ont erré soient confinés; que la nouvelle *consorteria* soit annulée, comme la précédente; qu'on ne connaisse plus des méfaits commis jusqu'à ce jour; que pendant deux ans aucun pauvre des menus arts ne puisse être appréhendé au corps pour dette inférieure à cinquante florins; que Luca de Panzano soit fait du peuple; que Betto de Ciardo, l'autre chef des réclamants, obtienne dix florins par mois, des armes pour lui et pour un compagnon [3]. — Cette fois, il n'y avait pas à s'y méprendre : c'était bien le *popolo minutissimo*, pur de tout alliage, qui élevait la voix.

Sur la *ringhiera*, à côté de ser Viviano, notaire des *Riformagioni*, avait pris place Guasparre, le maître d'école. Au fur et à mesure que se produisaient les propositions, il en prenait note, non sans un grand embarras, car tel ou tel s'avançant, lui criait : — Écris, Guasparre, je veux ceci ! — Et moi, vociférait un autre, je veux cela ! — Comme les demandes étaient souvent

---

[1] Ms. Strozz. dans Fossati, p. 74.
[2] En 1353. March. de Coppo, X, 800.
[3] March. de Coppo, X, 800; Ms. Strozz. dans Fossati, p. 74.

contradictoires, comme il ne pouvait tout écrire, on tirait l'épée, on la lui mettait à la gorge, on effaçait avec les doigts l'encre toute fraîche, ou l'on déchirait la feuille, pour la remplacer par une feuille toute blanche. Au milieu de ce bruit, de ces clameurs qui se croisaient, de ces violences qui se succédaient, « on se fût cru en enfer ». Pour se débarrasser de cette foule démoniaque, ser Viviano s'époumonnait à crier que, la consulte étant finie, aucune décision valable ne pouvait être prise; qu'au surplus leurs pétitions avaient été acceptées par la seigneurie et qu'elles seraient votées le lendemain dans les conseils, ce qui eut lieu en effet[1].

La promesse en avait suffi pour apaiser momentanément le menu peuple, « le peuple de Dieu[2] », comme il aimait à s'appeler, comme l'appellent les documents. Ce qui suivit le montre dans sa mobilité accoutumée. Plusieurs d'entre eux s'occupaient d'ôter à Luca de Panzano ses éperons d'or d'ancien chevalier et de le faire chevalier du peuple, quand apparaissent les *lanajuoli*. Ils portaient en tête leur gonfalon, et voulaient l'arborer sur la *ringhiera*, à côté de ceux des autres arts. A l'instant est déchirée en mille morceaux l'odieuse bannière. Une flèche lancée contre le gonfalonier de la laine le blesse même grièvement au côté. Mais en voyant ce jeune homme gisant par terre, le trait encore dans son flanc,

---

[1] March. de Coppo, X, 800. Cf. Machiavel (III, 45 B), qui a le tort de donner dans toutes ces choses le premier rôle à Michele de Lando, tandis que, d'après les documents contemporains, il joue un rôle fort effacé. La provision qui dut consacrer ces pétitions ne se retrouve pas; mais il en est fait mention, pour l'annuler, dans une autre du 1ᵉʳ septembre, sans donner la date du jour. (*Balie*, n° 19, dans Fossati, p. 75.)

[2] March. de Coppo, X, 804; *Diario d'anonimo*, p. 576. Gino Capponi, *Stor. di Fir.*, I, 353, cite en note une provision du 11 septembre où il est dit : « Illi de illa tertia arte populi minuti sive populi Dei. »

puis emporté sur une planche par ses compagnons attristés, les plus endurcis s'attendrissent, renoncent à leur opposition, admettent le gonfalon de la laine, et ce fut le point de départ d'une réconciliation imprévue entre toutes les branches de cet art important [1].

Un si heureux accord ne faisait pas le compte de Luca de Panzano. Pour pêcher en eau trouble, il lui fallait de nouveau agiter la mer populaire. Par quels moyens il entraîna ses adhérents, on ne le sait, mais on le devine : il dut faire appel à leurs plus détestables passions. Les conduisant à la maison du capitaine du peuple, puis à la prison de la *Scala*, qui remplaçait les *Stinche* dévastées, il en retire divers prisonniers, dont Sacchetti, Cavalcanti et le badigeonneur [2]. Celui-ci, quelques-uns l'emmenèrent sur la *ringhiera*. — Remercie, lui commande-t-on, Dieu et le peuple de Dieu qui t'ont délivré ! — On lui fait baiser la bannière de l'ange et promettre d'ouvrir une boutique de l'art de la laine, valant trois mille florins. Les promesses coûtant peu, il s'engage pour une de six mille. Tous aussitôt de s'écrier : — C'est un bon homme ! Voilà pourquoi on lui voulait faire du mal [3] ! — Et on l'accompagne, comme en triomphe, à son logis. Lui, pour se soustraire à ces tendresses importunes, il ouvre sa cave. On voit bien qu'il connaissait son monde [3].

— Buvez, rafraîchissez-vous, dit-il, tandis que j'irai un peu me reposer. — On boit, pour se refaire du soleil d'août, et il s'échappe par une porte de derrière. — Ce « bon homme, » incarcéré bien à la légère, était homme

---

[1] *Diario d'anonimo*, p. 376.
[2] Voy. les textes dans la note à la p. 374 du *Diario d'anonimo*.
[3] « Questi chiedeano poco altro che bere, tra perchè ne sono usi e per lo caldo e l'arme. » (March. de Coppo, X, 801.)

de sens : il craignait une populace ivre de désordre comme de vin; il savait quel état faire de ses fugitifs engouements.

Luca de Panzano, entre temps, dirigeait sa course calculée vers la maison de la *parte*, dont il voulait prendre le gonfalon. Les clefs ne se trouvant pas, il enfonce la porte; mais ici, brusquement, s'arrêtent ses succès. Son entreprise paraît suspecte. N'en voyant pas bien les motifs, on suppose les plus divers. Aux avisés il paraît clair que le gonfalon populaire de l'ange va être éclipsé par l'aristocratique gonfalon de la *parte*. Luca se souvient donc de son origine? il veut donc s'en targuer tout en redevenant *popolano*? Des rangs épais de la foule s'élève déjà cette accusation, si souvent meurtrière : — C'est un traître[1] ! — Peu s'en fallut que l'idole ne fût mise en morceaux. Le patricien déclassé dut prendre la fuite, disparaître. Le lendemain, on ne le trouva plus. Bien lui en prit. « L'eût-on trouvé, dit un contemporain, je crois qu'il aurait ressenti une autre chaleur que celle du soleil[2] ».

La nuit imposait à tous une trêve de quelques heures; mais les séditieux sentaient le péril qu'ils courraient à se séparer. Ils restèrent en permanence à Santa Maria Novella. Au prieur de ce couvent ils demandèrent, avec un asile, des moines de bonne vie, propres à leur consoler l'âme et le corps, à leur conseiller des choses utiles et bonnes. Était-ce là, comme on l'a cru, une marque d'hypocrisie? Nullement : ces gens aveugles et emportés étaient, pour la plupart, sincères : ils croyaient exercer

---

[1] « Il popolo cominciava già a dire : E'ci vuol tradire. » (*Diario d'anonimo*, p. 377.)

[2] *Diario d'anonimo*, p. 376, 377; March. de Coppo, X, 801.

un droit en vengeant leurs injures, comme en essayant d'améliorer leur condition[1]. Les perturbateurs de parti pris, les scélérats qui s'étaient glissés parmi eux ne formaient dans leurs rangs qu'un appoint ; mais, en pareil cas, c'est cette lie du peuple qui donne le ton, qui parle haut, qui prêche d'exemple, et l'histoire fait volontiers les autres à leur image. Il y a peu de chroniqueurs qui ne croient et ne disent que les gens soulevés voulaient « courir » et dévaster Florence, dépouiller les propriétaires, les poursuivre jusque dans la campagne, voler et tuer « tous » les bons citoyens, murer les débouchés des rues pour s'y faire des réduits[2], puis vendre la patrie soit au marquis de Ferrare, soit à Bartolommeo Smeducci de San Severino, un des tyrans de la Marche, qui était alors dans la ville, sollicitant une *condotta* ou commandement militaire ; après quoi ils se seraient enfuis avec leur butin[3].

Évidemment, l'esprit de parti, l'esprit de généralisation hâtive prêtaient au grand nombre les desseins de quelques-uns, et il est bien difficile, en de telles accusations, de démêler le faux du vrai ; on peut admettre cependant que celle de vouloir un seigneur était fon-

---

[1] M. Simonin croit que cette demande de moines fut faite par moquerie (p. 454). Gino Capponi connaît et comprend mieux les idées, les caractères de ce temps-là. Voy. t. I, p. 353.

[2] Ms. Strozz. dans *Diario d'anon.*, p. 379, note ; *Diario del Monaldi*, p. 347 ; March. de Coppo, X. 804 ; Sozomène, R. I. S., XVI, 1111 ; Ammirato, XIV, 734.

[3] Cette accusation d'un traité avec Bartolommeo pour lui livrer la ville, fut examinée, le 4 septembre, après la défaite des *ciompi*, dans un grand conseil de *richiesti*. Les uns doutent et demandent qu'on examine ; les autres nient, et demandent un sauf-conduit pour Bartolommeo. Voy. les textes dans *Diario d'anon.*, p. 377, note 3. March. de Coppo tient ce projet pour vraisemblable, « perocchè l'avieno onorato e ben veduto. » (X, 804.) La raison peut paraître insuffisante.

dée[1]. N'est-ce pas au pouvoir absolu d'un seul qu'en tout temps et en tout pays aboutissent, après les déceptions de la lutte, les chimères malsaines des petites gens? Quant aux autres griefs des classes éclairées, ils n'étaient pas exempts d'exagération : chez le gros de leurs adversaires, de leurs vainqueurs sans lendemain, péchait l'intelligence plutôt que la volonté. Ces hommes de premier mouvement ne voyaient qu'injustice dans le nombre insuffisant de prieurs qu'on leur avait accordé, que défection dans la docilité sensée de Michele de Lando aux conseils des politiques[2]. Sans doute leur résolution était funeste d'avoir des chefs vraiment à eux, pour peser sur le pouvoir, sinon pour l'exercer; mais l'était-elle plus que celle de créer ces exécrables capitaines de la *parte*, quintessence de l'aristocratie bourgeoise, qui constituaient comme un État dans l'État, et dont les excès d'arbitraire avaient provoqué la terrible crise où Florence se débattait? C'est l'ordinaire injustice des factions de se renvoyer réciproquement tous les torts, au lieu de voir dans les siens propres une provocation à ceux d'autrui.

Jusqu'alors, la populace florentine n'avait eu à sa tête que des chefs d'émeute. Dans sa retraite de la nuit, elle put se donner, avec ou sans le conseil des moines de bonne vie, huit chefs de gouvernement et les flanquer d'un conseil de seize personnes, une par compagnie ou gonfalon, à élire tous les deux mois[3]. Elle décida sans sour-

---

[1] « Questi otto volevano signore. » (Ms. Strozz. dans *Diario d'anon.*, p. 379, note.)

[2] M. Fossati (p. 76) discute longuement les raisons de l'attitude prise par Michele de Lando. Il nous paraît avoir donné trop à la conjecture et supposer sans preuve des motifs cupides, intéressés.

[3] M. Fossati (p. 77, n. 1) donne les noms des Huit de S. M. Novella d'après les documents.

ciller que ces Huit et leurs assistants se réuniraient au palais de la seigneurie et que toute délibération des seigneurs leur devrait être soumise avant de l'être aux collèges et aux conseils. Si énorme que fût la prétention, les seigneurs ne crurent point qu'ils la pussent dédaigner : ils n'étaient pas sur un lit de roses. Ils envoyèrent au couvent dominicain deux négociateurs qui en furent pour la honte[1]. Mal accueillis, on leur fit attendre deux heures une audience, et ils durent s'en retourner comme ils étaient venus. L'insurrection ne discutait pas, elle dictait ses lois.

Très-vif en était le dépit des seigneurs. — Allez aux Huit de Santa Maria Novella! — disaient-ils imprudemment à Bartolommeo de San Severino, qui les harcelait pour leur faire accepter ses services[2]. Aveugles qui envoyaient à des gens suspects de vouloir un maître l'aventurier qui rêvait de tyrannie! Après l'imprudence, la faiblesse. C'est dans l'ordre : par l'une on croit réparer l'autre. Le 29 août, devaient, selon l'usage, être tirés des bourses neuf noms pour une nouvelle seigneurie, car Michele de Lando et ses collègues n'avaient été nommés que pour tenir la place de celle qui s'était dispersée devant l'émeute, jusqu'au jour où expireraient ses pouvoirs. Mais que dirait l'émeute si le sort ne désignait pas ses préférés? Infailliblement elle contesterait la sincérité du tirage. C'est pourquoi l'on crut devoir, contre toutes les règles, opérer sur la place, pleine de gens armés. Aussi à chaque nom qui sortait des bourses, l'assistance exprimait-elle son approbation ou son blâme.

---

[1] March. de Coppo (X, 802) dit deux des Huit de la guerre; Ammirato (XIV, 752) deux consuls ou artisans.

[2] March. de Coppo, X, 802.

— Bon! bon! — s'écriaient des voix par centaines, ou : — Nous ne le voulons pas; déchirez-le! — Et cela, souvent par caprice, sans seulement connaître celui dont le nom était proclamé [1]. L'opération par là prolongée dura ainsi tout le jour. Quelque régularité paraît toutefois dans ce pêle-mêle : chacun des trois groupes d'arts obtint les trois prieurs que lui attribuait la provision récemment adoptée. Le seul privilège nouveau qu'emporta le menu peuple, grâce à ses tumultueuses clameurs, c'est qu'on prit dans ses rangs le gonfalonier de justice [2]. Ce n'était pas, il est vrai, peu de chose. Dans cet officier, jadis le dernier des prieurs et comme leur instrument, on s'habituait, surtout depuis que Salvestro en avait occupé le poste, à voir le chef, sinon nominal, au moins effectif et permanent de la seigneurie [3].

Par le tirage au sort des prieurs et des gonfaloniers de compagnies [4], les pouvoirs publics n'en avaient pas moins repris quelque vigueur. Il semblait que la force initiale de ceux qui allaient entrer se communiquât à ceux qui allaient sortir. Les Huit de Santa Maria Novella qui venaient de peser sur l'élection ne s'opposaient pas

---

[1] March. de Coppo, X, 803; Ammirato, XIV, 733.

[2] « A cui era toccato per furia e volontà il gonfaloniere di giustizia. » (March. de Coppo, X, 805.) Voici les noms : Agnolo Tigliamochi, *lanajuolo*; Michele Carelli, tonnelier; Benincasa de Francesco, tondeur de draps; Giovanni d'Ugolino, forgeron; Taddeo de Neri, brodeur; Giovanni de Domenico, cardeur; Domenico de Gilio, marchand; Francesco de Michele, forgeron; Bartolo de Jacopo, dit Baroccio, cardeur, gonfalonier de justice. (March. de Coppo, X, 803.)

[3] Les listes officielles continuent à donner au gonfalonier le dernier rang parmi les prieurs; mais les auteurs contemporains commencent à le mettre au premier. Voy. d'une part March. de Coppo, et de l'autre le *Diario d'anonimo*.

[4] Voy. la liste d'après le *priorista* authentique dans les *Delizie*, etc., XV, 45.

à ce que la transmission des pouvoirs se fît selon les us et aux dates ordinaires. A ceux qu'ils laissaient bénévolement en place jusqu'à la dernière heure, n'en redoutant aucune résistance, ils demandèrent par délégués d'être admis dans le gouvernement comme un rouage nouveau. C'était, ils n'y réfléchissaient pas, fournir l'occasion de leur rendre injure pour injure, de repousser leurs délégués comme ils avaient repoussé ceux de la seigneurie. Celle-ci, en effet, répondit que, le mercredi 1ᵉʳ septembre, on sonnerait à parlement pour l'installation des nouveaux seigneurs, qui régleraient toutes ces choses. Tenaces comme les gens sans dignité, les *ciompi* envoient aussitôt deux de leurs Huit réclamer de l'ancienne et de la nouvelle seigneurie la promesse jurée que cette introduction d'un office populacier dans le mécanisme gouvernemental serait positivement soumise à l'adoption du parlement. Les prieurs sortants persistaient à s'échapper par la tangente et à dire qu'ils en délibéreraient ; mais voyant que les émissaires des *ciompi* refusaient de s'éloigner sans une promesse formelle, et sentant bien « qu'on voulait faire d'eux des esclaves [1], » ils se réunirent furieux dans la chapelle et jurèrent sur le crucifix de tenir secrètes leurs résolutions [2], énergie méritoire à cette heure de péril où l'on commençait d'attaquer les gens inoffensifs, où le vol, où le meurtre semblaient à craindre pour la nuit [3].

On en fut quitte pour la peur ; car des deux parts on s'observait. Chacun sentait approcher la fin. La seigneurie multipliait autour d'elle ces récompenses, ces

---

[1] « E i priori fossero loro schiavi. » (March. de Coppo, X, 803.)
[2] *Ibid.*, et ms. Strozz. dans Fossati, p. 78, n. 4.
[3] *Diario d'anonimo*, p. 377 ; *Diario del Monaldi*, p. 345.

compensations qui sonnent le glas funèbre des pouvoirs expirants. Le 30 août, Leoncino de Francino, un des prieurs, reçoit huit florins d'or pour une robe à lui volée ; Spinello Borsi, son collègue, un florin seulement, pour une épée et un casque qu'il a perdus ; Silvestro de Compiobbesi dix pour un bouclier[1]. Le 31, est approuvée la dépense, votée dès le 3 du même mois, de 363 florins d'or et 21 sous, pour offrir « au magnifique et vertueux homme, Michele Lando, gonfalonier de justice », une coupe en argent, un cheval, un casque, un pennon, un bouclier, aux armes du peuple florentin[2]. En même temps, Benedetto Alberti, un des chefs du premier mouvement populaire, réduit comme ses amis à en combattre l'abusive extension, était chargé de réunir au dehors tous les honnêtes citoyens, tous les riches marchands qui s'étaient enfuis hors de la ville[3], et de les ramener au secours du gouvernement. On se proposait d'appendre à la *ringhiera* les gonfalons des arts, et de faire occuper par les gonfaloniers les issues de la place. Si les *ciompi* refusaient de remettre, eux aussi, leurs en-

[1] Ces payements sont au nombre de 19. Doc. à la suite du *Diario d'anonimo*, p. 517, 518.

[2] Doc. à la suite du *Diario d'anon.*, p. 518 ; March. de Coppo, X, 803. La date du 3 août pour la décision relative à ces récompenses montre que les auteurs contemporains se trompent quand ils disent qu'elles furent données à l'occasion d'un complot de la dernière heure auquel Michele et d'autres auraient prêté les mains. La seigneurie établie ne conjure plus alors ; c'est contre elle qu'on conjure. Voy. une chron. citée dans le *Diario d'anon.*, p. 378, note. March. de Coppo dit qu'on assurait à Michele pour un an la charge de podestat de Barberino. Selon le *Diario d'anonimo*, p. 381, le pennon, le cheval, la barbue sont un don de la *parte*. L'auteur ajoute : « E feciono bene, che n'è ben degnio di quella e di maggior fatto. »

[3] Perocchè tutti se n'erano iti in contado, e chi in castella, e sgombro le loro case, di che i mercatanti ancora la loro mercatanzia chi in fortezze e chi in Pisa e chi in Bologna avea mandato. » (March. de Coppo, X, 804.)

seignes, ce serait pour les compagnies le signal de leur courir sus [1].

Plieraient-ils? On ne savait. Le fait est que dans les périlleux loisirs du chômage, leur tête avait travaillé au grand dam de la raison. Ils ne voyaient plus qu'eux dans la ville. D'heure en heure croissaient leurs exigences : ils voulaient que leurs consuls, assistés de dix conseillers, pussent exclure qui ils voudraient des offices de la commune et des arts [2]. C'était restaurer à leur profit l'odieuse *ammonizione*, remplacer les maîtres par les apprentis, s'assurer le règlement du travail et des salaires, établir, en un mot, une aristocratie d'en bas, pire cent fois que l'aristocratie d'en haut, renversée le mois précédent. Pour triompher dans ces nouveaux desseins, ce n'était plus assez de partager le pouvoir avec la seigneurie : il fallait la soumettre, et, si elle résistait, l'écraser, la supprimer [3]. Ces insensés se croyaient en droit de le faire. Ils croyaient à un complot du *popolo grasso* pour leur ôter l'honneur et l'état ; ils en voyaient les instigateurs dans les Huit Saints, et jusque dans ce gonfalonier de justice dont l'élévation avait été le signe sensible de leur victoire [4]. Michele de Lando est accusé, sans l'ombre d'une preuve, de s'être laissé corrompre. Les honneurs, les présents, l'emploi de podestat à Barberino, qui sont

[1] Ms. Strozz. dans Fossati, p. 78, 79, et *Diario d'anonimo*, p. 378. Ce manuscrit met par erreur ces faits au 25 août. March. de Coppo, X, 804.

[2] March. de Coppo, X, 804. C'est à la suite de ces imputations vraisemblables que cet auteur en ajoute d'absurdes qu'on a vues plus haut, p. 279.

[3] Monaldi n'est donc ni exact ni juste quand il dit : « Non sapevano quello si volessero. » (*Diario*, p. 346.)

[4] « Fu ordinato per tutte l'arti e per tutti i cittadini di popolo grasso di volere disfare e di volere torre l'onore e lo stato al popolo minuto. Ragionosi e questo tratatto ordinorono gli otto della guerra e col confaloniere della giostizia. » (Ms. Strozz. à la p. 378 du *Diario d'anon.*, note.)

ou seront la récompense de sa sagesse, on y veut voir le prix de sa vénalité[1]. Qui ne reconnaît là l'esprit soupçonneux de la démagogie? Que ces gens fussent ou non de bonne foi, le *popolo grasso* avait-il tort de croire Florence perdue s'ils y dominaient[2]? Aussi bien, devant le danger public, il oubliait ses préférences, il se rapprochait de ses anciens adversaires, il prêtait main-forte aux pouvoirs établis contre lui, et cette conduite est tout à son honneur. Il aurait pu, en effet, ce qui n'est point sans exemple, s'unir à la populace soulevée, pour renverser ces chefs du parti intermédiaire qui l'avaient lui-même renversé.

Le 31 au matin, les arts étaient en armes sur la place, pour défendre les prieurs et Florence même[3]. Giorgio avait reçu la garde de la tour du palais[4]. De leur côté, les *ciompi*, rassemblés sur trois points, à Santa Maria Novella, à Sant'Ambrogio, à San Friano, attendaient le signal d'opérer un mouvement concentrique. Avant de donner ce signal, leurs Huit voulurent tenter une dernière sommation, et mal leur en prit. Deux d'entre eux, Marco de ser Salvi, fils d'un homme de loi, et Domenico de Tuccio, surnommé Tambo[5], viennent réclamer des prieurs le serment de les admettre jour et nuit aux délibérations. Comme les prieurs ne se montraient pas tous : — Où es-tu? — criaient-ils insolemment en appelant les absents par leurs noms. Ils parlaient en maîtres[6], et nul

---

[1] « Primamente feceno contento lui di danari. » (Ms. Strozz., *ibid.*)
[2] « Diamo tutte l'arte del freno a' denti a costoro, altrimenti Firenze e noi siamo disfatti. » (*Diario d'anonimo*, p. 377.)
[3] *Diario d'anonimo*, p. 377.
[4] Sozomène, R. I. S., XVI, 1111.
[5] *Diario d'anonimo*, p. 383.
[6] March. de Coppo, X, 804.

n'osait leur faire résistance ; chacun à son tour jurait entre leurs mains. Seul, Michele de Lando ne put supposer tant d'ignominie. Le sang lui affluant au cerveau, il sort précipitamment de la salle, échange quelques rapides paroles avec Tommaso Strozzi, et rentre, l'épée nue, en s'écriant : — Où sont les traîtres ? — A sa vue, les deux émissaires des *ciompi* détalent prudemment. Lui, il se lance à leur poursuite, les rejoint en haut de l'escalier, en blesse l'un au bras, l'autre à la tête. Celui-ci roule jusqu'en bas, et entraîne dans sa chute un moine qui montait du vin. Tombant de toute sa hauteur sur les marches de pierre, l'infortuné moine y trouve la mort. Dans son sang et dans le vin mêlés, on ramasse l'homme de Santa Maria Novella, et, pour lui sauver la vie, ainsi qu'à son collègue, on les enferme sous l'escalier [1].

C'était peine perdue : Michele ne pensait plus à eux. Déjà, dehors, il se mettait en quête d'autres ennemis. Il s'avançait, le gonfalon de justice aux mains, suivi par Benedetto de Carlona, qui tenait l'étendard de la liberté [2].
— Vivent le peuple et les arts ! s'écrie-t-il. Mort à qui veut un seigneur ! Ces Huit voulaient un seigneur [3] ! — Toujours mobile, la populace qui entend son chef de la veille parler ainsi de ses chefs du jour, prend peur de

---

[1] Ms. Strozz. dans Fossati, p. 80.
[2] Sozomène (R. I. S., XVI, 1111). Cela paraît plus naturel que l'assertion du ms. Strozz. (dans *Diario d'anon.*, p. 379, note) qui met le gonfalon de justice aux mains de Benedetto, en sorte que Michele n'aurait pas porté ce qui était le principal insigne de sa charge, et qu'il tenait toujours à la main pour se faire suivre par le peuple, quand il sortait du palais dans les cas graves.
[3] C'était l'accusation que portait le parti relativement modéré contre les violents de Santa Maria Novella. On lit dans un vieux manuscrit : « Dicendo che gli Otto (di S. M. Novella) volevano signore. » (Ms. Strozz. dans Fossati, p. 78, n. 4.)

ces derniers, craint « d'en être dévorée[1] », se prononce contre eux, et suit le fougueux facteur, dans sa marche vers la rive gauche de l'Arno, principal repaire des bêtes fauves[2]. Toutes les cloches de la ville étaient en branle, car chacun des deux partis, où il était dominant, sonnait le tocsin. Les gens d'Oltrarno s'avançaient vers la place; mais le gonfalonier ne les rencontra point sur sa route, et il revint sans avoir vu d'ennemis[3]. C'est de son impétueuse colère contre d'anciens compagnons et de sa promenade belliqueuse, que Florence lui a gardé dès lors une gratitude grosse d'une légende sans autre fondement.

Même sur la place, où les deux courants se rejoignirent, on évitait d'en venir aux mains. Ayant désormais le nombre et la force, comme le prouvaient leurs gonfalons, se déployant sur la *ringhiera*, aux fenêtres du palais, aux débouchés fortement occupés des rues[4], les arts et les compagnies attendaient des seigneurs un signal qui ne venait point, et, en attendant, entrecroisaient des clameurs contradictoires : — Jetez en bas ces deux des Huit qui veulent un maître! — Non, ne les jetez pas!

---

[1] « Et tantum omnes artifices erant contra dictos Octo baliæ quod eos comedissent. » (Sozomène, R. I. S., XVI, 1111.)

[2] *Diario d'anonimo*, p. 377, et ms. Strozz., *ibid.*, p. 379, note.

[3] Ce mouvement en sens contraire est fort obscur dans les auteurs contemporains, mais nous avons cru l'y reconnaître, et Machiavel l'avait déjà compris ainsi : « La plebe, quasi in quel tempo che Michele si mosse, partì ancora ella per tre in piazza, ed il caso fece che ciascun fece diverso cammino, talchè per la via non si scontrarono. » (III, 46 A.) Gino Capponi (I, 356) envoie Michele vers S. M. Novella.

[4] Ms. Strozz. dans *Diario d'anon.*, p. 379, note; March. de Coppo, X, 804. Ammirato (XIV, 734) est très-inexact sur toute cette histoire des *ciompi*, et M. Simonin, en le suivant, se laisse entraîner à ses erreurs. Sozomène (R. I. S., XVI, 1111) n'est pas beaucoup plus conforme aux contemporains.

qu'on s'assure s'ils sont fautifs, et qu'on fasse justice ! — La seigneurie voulait gagner vingt-quatre heures pour laisser le temps d'arriver aux gens du dehors. Mais quelle apparence que tant d'hommes armés restassent tout un jour en présence sans bataille; que ceux qui voulaient rétablir l'ordre et qui en retrouvaient le pouvoir, attendissent patiemment les excès qu'ils avaient hâte de prévenir !

Au milieu de la place flottait encore l'insolente bannière de l'ange, celle du premier des trois nouveaux arts formés du menu peuple. Qu'elle fût remise, comme l'avaient été toutes les autres, voilà ce qu'exigeait le sentiment public à son réveil. Un des prieurs, Leoncino de Francino, avec deux des gonfaloniers et deux des *buonuomini*, s'avança pour en faire la demande formelle. Des paroles grossières l'accueillirent, qui portèrent au comble l'irritation. — Il faut chasser, criait-on, ces rebelles hors de la place ! — Nous verrons qui s'en chargera ! — répondent, tête haute, les *ciompi* menacés. Et sans même attendre qu'on les attaque, profitant de ce que leurs adversaires se sont éloignés un peu pour chercher à l'ombre des maisons un abri contre le soleil, ils tendent leurs arcs et lancent leurs flèches sur le palais. Ce fut la goutte d'eau qui fait déborder le vase. Les téméraires sont rejetés, une partie vers le *Mercato nuovo*, l'autre vers San Pulinari, où ils ne parviennent que sous une grêle de pierres[1]. A leurs blessés, à leurs morts mêmes, on voyait dans cette fuite le chemin qu'ils avaient suivi[2].

---

[1] March. de Coppo, X, 804; *Diario d'anonimo*, p. 378; ms. Strozz., *ibid.*, p. 379, note.

[2] Vingt morts et trente blessés, selon le *Diario d'anonimo* (p. 378); six morts et dix-huit blessés, selon March. de Coppo (X, 804).

Plusieurs des *ciompi*, innocents de l'attaque, restaient cois sur la place. Un d'eux, un tailleur de pierres, s'étant avisé de rompre ce silence et de crier en énergumène : — Du sang ! à mort ! — Tais-toi comme les autres ! — lui dit Buonaccorso Pitti, qui se trouvait à son côté. Par un coup d'épée réplique le brutal manœuvre ; mais la blessure est sans gravité, la riposte ne se fait pas attendre, et il tombe mort. — C'est bien fait ! — s'écrie-t-on de toutes parts, et il ne s'en parla plus[1]. Quelques heures plus tôt, ces légitimes représailles eussent armé tous les bras pour un combat acharné.

Grâce à ce retour de faveur et de fortune, la seigneurie put, avant de déposer ses pouvoirs, prendre des mesures pour la nuit. Le repos n'en fut troublé que par les défenseurs de l'ordre. Sur le simple soupçon que les vaincus cherchaient à se rejoindre[2] pour mettre le feu à la ville[3], ils sonnent le tocsin, frappent aux portes, enjoignent aux citoyens endormis de se lever et de donner la chasse aux perturbateurs. Dans les rues, on ne rencontra que quelques pauvres femmes, qu'on ne se fit faute d'attaquer et d'outrager[4].

De perturbateurs, il n'y en avait plus d'autres que cette police officieuse et trop zélée. Pleins d'amertume envers la seigneurie populaire qui les « trahissait » en ne les suivant pas jusqu'au bout de leurs folles exigences[5],

---

[1] *Cronaca di Buonaccorso Pitti*, p. 20. Flor. 1720. C'est le premier fait intéressant de cette chronique, qui fut commencée en 1410.

[2] March. de Coppo, X, 804 ; ms. Strozz. dans *Diario d'anon.*, p. 380.

[3] « Che volieno mettere fuoco e affocare la terra. » (*Diario d'anonimo*, p. 378.)

[4] Les mêmes.

[5] « Que' traditori signiori chiamati per la loro arte e membri d'arte di lana. » (Ms. Strozz. dans *Diario d'anon.*, p. 380.)

les *ciompi* se tenaient pour morts et s'enfuyaient « lâchement[1] », à la faveur des ténèbres, les uns par l'Arno, les autres en escaladant les murailles. Ils se dispersèrent dans le *contado*, ou cherchèrent au loin, à Pise et ailleurs, un plus sûr refuge. Vainement on leur donna la chasse hors de la ville : on ne fit main basse que sur les raisins. On y mit, il est vrai, tant d'ardeur, qu'aux campagnards fut épargné le soin de faire la vendange[2]. L'ennemi public avait disparu. Reparaîtrait-il? La crainte, à cet égard, était partout, et il fallait user de prudence : une proclamation appela devant le palais tous les citoyens en armes sous leurs gonfalons respectifs. Quiconque n'obéirait pas pourrait être impunément mis à mort, et serait condamné dans son avoir comme dans sa personne[3]. C'était mettre loyalement une force respectable à la disposition de la seigneurie qui, ce jour-là même, 1er septembre, prenait le pouvoir.

Comme la précédente, elle s'installa, signe du trouble persistant de toutes choses, sans qu'on fît sonner la cloche, sans aucune des cérémonies d'usage. Le gonfalon de justice fut remis au gonfalonier nouveau, qui était des *ciompi*, non pas en public et sur la *ringhiera*, mais sans témoins, dans la salle d'audience. Quand les prieurs sortants eurent reçu le serment de ceux qui prenaient leur place, ils dirent, en se retirant, à ceux des arts majeurs et mineurs : — « Vous êtes six; les autres, des menus arts, ne sont que trois; sachez donc être les maîtres[4].

---

[1] « Non di bono cuore. » (ms. Strozz. dans *Diario d'anon.*, p. 380.)
[2] *Ibid.*; Monaldi, p. 346, 347 ; March. de Coppo, X, 804; Sozomène, R. I. S., XVI, 1112.
[3] *Diario d'anonimo*, p. 378, 379.
[4] « Siete sei e questi sono tre; fatela, voi. » (March. de Coppo, X, 805.)

— Il était clair, en effet, que l'union presque forcée des deux principaux groupes d'arts suffirait pour annuler légalement le troisième. Mais les hommes en armes qui occupaient la place ne firent pas ce calcul si simple. En voyant le successeur de Michele arborer à la fenêtre la bannière des *ciompi* parmi les autres, ils s'écrièrent : — A bas cette bannière! Chassez ces coquins! — Ils furent obéis. La bannière jetée en bas, ils la foulent aux pieds, la déchirent, en jettent au vent les morceaux[1]. On expulse du palais les deux cardeurs membres de la seigneurie, Giovanni de Domenico et Bartolo de Jacopo, le gonfalonier de justice, qui, malgré le métier qu'il faisait, était « homme de bonne condition[2] ». Quand il parut sur la place, il trouva en face de lui l'auteur de la chronique déjà citée qui prend seul, devant la postérité, le parti des petites gens. Ce chroniqueur lui met la main sur le bras, l'emmène à son propre logis, et le conduit en sûreté hors de Florence[3]. Nul obstacle à ce sauvetage : chasser et non tuer ces manants qui venaient si tristement de donner leur mesure, tel était le désir du parti triomphant.

Quel était ce parti? Non pas encore celui de l'aristocratie, qui voyait venir son jour et qui savait l'attendre, mais celui qui réunissait les arts mineurs aux arts majeurs, celui dont les chefs, Salvestro des Medici, Giorgio Scali, Benedetto Alberti, portaient la responsabilité des

[1] March. de Coppo, X, 805; ms. Strozz. dans *Diario d'anon.*, p. 384, note 2.

[2] Ainsi parle March. de Coppo, contemporain (X, 806). Machiavel a donc tort quand il dit : « Erano due di tanto vile ed infame condizione. » (III, 46 A.) On chasse ces hommes parce qu'ils sont du parti vaincu, nullement parce qu'ils sont infâmes.

[3] Ms. Strozz. dans *Diario d'anon.*, p. 384, n. 2.

précédents tumultes, pour n'avoir pas eu l'énergie de les prévenir ou de les réprimer. Les choses en revenaient à leur point de départ, mais ce n'était qu'un jour sans lendemain[1].

En attendant, parmi les sept prieurs qui restaient en charge, un seul désormais réprésentait les *ciompi*; il ne pouvait rien contre l'accord momentané des six autres. Ceux-ci avaient hâte de mettre à profit la victoire. Avec les *capitudini* des vingt et un anciens arts, ils prennent les résolutions suivantes, dont quelques-unes ont une importance qui frappera tous les yeux.

1° Ces résolutions prévaudront sur toutes les lois et ordonnances, sur tous les statuts antérieurs.

2° Bartolo de Jacopo, gonfalonier de justice, et Giovanni de Domenico, prieur, seront remplacés dans la seigneurie par des gens de leur quartier.

3° Il n'y aura plus que vingt-trois arts. L'art des cardeurs est supprimé[2].

4° Ceux qui en faisaient partie sont écartés des offices et des bourses, comme frappés de *divieto*.

5° Sont exceptés et peuvent avoir des offices, même de la *parte*, Ghiotto Lotti de Secciano, Michele de Lando, Baldo Lapi, Ciardo de Berto, Lorenzo Cambini.

6° Est rapportée la provision d'août qui privait des offices, pour dix ans, les syndics des arts.

7° Il y aura désormais quatre prieurs des sept arts majeurs et cinq des seize arts mineurs. Le gonfalonier sera pris alternativement dans les deux ordres, mais en commençant par les arts mineurs.

---

[1] « Bene alle maggiori parve essere male trattati; ma per non far nuova quistione, che non era tempo, lasciarono fare così. » (March. de Coppo, X, 805.)

[2] Voici la qualification officielle des deux arts du menu peuple qui sont maintenus : « Una ars tintorum et conciatorum et aliorum membrorum, et alia, ars farsettariorum, sartorum et cimatorum et aliorum membrorum. » (Provision du 11 septembre. Voy. le texte dans G. Capponi, I, 599, append. VIII.)

8° Il y aura cinq *buonuomini* des arts majeurs et sept des mineurs ; sept gonfaloniers de ceux-là et neuf de ceux-ci.

9° Les prieurs et officiers sortants se retireront sans salaire, sauf Michele de Lando, qui recevra ce qu'on lui a promis, Giovanni de Giorgio Scali, syndic et référendaire de la commune, ser Coluccio Salutati, chancelier de ser Viviano, scribe des *Riformagioni* et des Huit de la guerre[1].

10° Les Huit de Santa Maria Novella sont privés de toute autorité.

11° Toutes les ordonnances rendues depuis le 1er juillet contre l'incarcération pour dettes sont rapportées.

12° Nul ne pourra exercer plus d'un office de la commune en même temps.

13° Nul ne pourra être recherché, puni, molesté pour aucun délit commis le 31 août, sauf les Huit de Santa Maria Novella.

14° Les prieurs et collèges reprendront leurs fonctions, continueront de voter aux deux tiers des voix, recevront les honneurs accoutumés.

15° Sont supprimées les *consorterie*, les autorisations de port d'armes, avec les autres privilèges concédés depuis juillet.

16° Les conseils du peuple et de la commune sont affranchis de tous les statuts qui entravaient leur pouvoir.

17° La seigneurie actuelle pourra, cette fois seulement[2], prendre parmi les citoyens guelfes, qu'ils soient magnats ou *popolani*, autant de conseillers qu'elle voudra pour siéger dans lesdits conseils.

18° Le conseil du peuple sera convoqué sur l'ordre du capitaine au son de la cloche et par crieurs. Le scrutin n'y sera pas nécessaire. Y interviendront obligatoirement au moins six des prieurs et le gonfalonier de justice, onze des gonfaloniers, huit des *buonuomini*. Y pourront intervenir le proconsul de l'art des juges et notaires, les consuls des arts, les conseillers de la marchandise, les capitaines et autres officiers de la *parte*.

---

[1] Les Huit de la guerre traînent leur office désormais obscur jusqu'au 29 octobre suivant. A cette date, ils demandent leur congé pour la fin de novembre : « In tantum quantum auctore Deo civitas Flor. sue libertatis timore et laqueo est soluta, cumque ubi non est egritudo medela superflua reputatur.... exacto mense novembris proximo.... » (*Provvisioni*, 29 oct. 1378, LXVIII, 76.) Cette fois, la demande fut admise. Ils étaient restés trois ans en charge. Cf. Monaldi, p. 349.

[2] « Pro ista unica vice dumtaxat ».

19º Nul officier de la commune ne pourra procéder contre les prieurs, leur notaire ou leur scribe[1].

Ces articles, où paraissait le prudent dessein de ne pas retirer aux arts mineurs ce qu'ils avaient si laborieusement conquis, ne furent point contestés par les *popolani* qui, dans la seigneurie, représentaient les arts majeurs. Aucun d'entre eux n'osa même laisser paraître leur commun déplaisir. C'était assez, pour une fois, de rejeter hors de la vie publique les gens de rien qui s'y étaient si brutalement introduits. La cloche de la tour et les hérauts convoquèrent sur la place l'assemblée à parlement. Cette procédure n'était point régulière, car on aurait dû, auparavant, réunir les deux conseils; mais en ce moment-là rien n'était régulier : on supprimait deux rouages de la machine, par hâte d'en finir, et au risque de tout faire éclater. Les détenteurs du pouvoir s'en excusaient sur ce que « tout était brisé et sans ordre », sur la raison d'État et le salut public[2].

L'assemblée était si nombreuse qu'elle en parut presque

---

[1] *Balie*, cl. II, dist. 4, n° 2, 1ᵉʳ sept. 1378. Ce document, en très-belle écriture, est le premier du volume. C'est l'instrument de la convocation et réunion du parlement. M. Gherardi en a donné le commencement et la fin à la suite du *Diario d'anonimo*, p. 519 ; M. Fossati (p. 82-85) en a fait une analyse à peu près semblable à la nôtre, sauf que nous avons supprimé quelques articles de peu d'importance, par exemple que l'ordre des délibérations restera le même, ou que les conseils du capitaine et du potestat sont maintenus. Nous en avons dit assez pour montrer qu'on se croyait le droit de tout changer, mais qu'on n'en usait qu'avec réserve.

[2] « Cum ad presens propter novitates occursas populus fere in aliquo ordine non existat et totum regimen sit in suis membris et fere in omnibus aliis conquassatum et sine ordine, et necesse sit quasi totam remp. reformare, alias in perdictione et ruina videtur. Ideo.... cum alius modus non videretur.... » (Doc. à la suite du *Diario d'anon.*, p. 519.) — « Niuno ordine di parlamento si fece come si deé fare. » (March. de Coppo, X, 806.)

innombrable[1]. Chacun y tenait l'épée à la main[2]. Gaddo des Accorimbeni d'Agobbio, capitaine du peuple, en prit, selon son droit, la présidence. Autour de lui, sur la *ringhiera*, se tenaient assis les sept membres restants de la seigneurie[3]. Il fit demander par ser Viviano, le notaire des *Riformagioni*, si l'assistance réunissait les deux tiers du peuple florentin. — Oui, oui! — fut-il aussitôt répondu sans que nul prît la peine de compter et de vérifier, sans qu'aucune voix s'élevât pour contester cette assertion hasardée. Ser Viviano lut alors en langue vulgaire les articles écrits en latin que venaient d'adopter les seigneurs et leurs *richiesti*. A chaque article lu, il demandait, sans laisser le temps de réfléchir ni de respirer, si l'on avait bien compris, si l'on approuvait. Et toujours revenait l'invariable affirmative, en sorte que la réponse « paraissait » unanime[4]. « Personne n'aurait osé dire non, par crainte de la mort[5]. »

La terreur planait donc sur ce triomphe des modérés, ou, pour mieux dire, du parti intermédiaire, car la modération n'était alors ni la réalité, ni même l'idéal. Comment l'eût-on seulement souhaitée dans une atmosphère de violence? Il faut du temps au fleuve débordé pour rentrer dans son lit. La crise aiguë, d'ailleurs, n'était point terminée. Ce qui disparaissait de la scène, au 1er septembre, c'était ces aveugles *ciompi* qui faisaient

---

[1] « Maxima quantitate hominum dicti populi, quorum numerus fere innumerabilis. » (Doc., *ibid.*)
[2] March. de Coppo, X, 806.
[3] « Septem ex numero novem de officio DD. priorum. » (Doc., *ibid.*)
[4] « Per dictum populum et universam adstantium multitudinem prout comprehendi potuit responsum fuit quasi una voce et una inspiratione ad omnia et singula interrogata et sine temporis intervallo. » (Doc., *ibid.*)
[5] « Niuno avrebbe osato dire nò per la vita. » (March. de Coppo, X, 806.)

eux-mêmes obstacle à leurs aspirations les plus légitimes, en ébranlant, en abandonnant leurs chefs primitifs. Les remplacer par d'autres pour aller plus vite, c'était tout retarder, tout compromettre.

Que ces chefs eussent quelque peu oublié le gros de leur armée pour songer surtout aux intérêts de leur groupe, sinon à leur propre intérêt, on ne saurait ni le nier, ni s'en étonner : c'est l'éternelle histoire des révolutions. Mais comment ne vit-on pas qu'en s'élevant ils élevaient ceux dont ils s'étaient jusqu'alors appuyés? Ce rôle subalterne n'avait pas été sans profit pour les humbles cardeurs. Le 22 juin, la balie des Quatre-vingts ne s'occupait encore d'eux que pour leur assurer l'impunité des précédents incendies. Le 9 juillet, leur pétition les montre ambitionnant une part bien modeste encore aux affaires : la présence d'un seul des leurs aux scrutins pour reconstituer les bourses. Le 21 du même mois, ils prétendent davantage, ils tendent à l'égalité. Ce même jour, la pétition des arts reconnaît en eux un des éléments constitutifs de la cité et soutient leurs revendications. Et les voilà aussitôt qui prennent ombrage de ce qui les sert, de ceux qui les guident! Leurs évolutions sont incessantes, et à chacune ils changent de chef, passant des Ricci à Salvestro des Medici, à Michele de Lando, à Luca de Panzano, à des chefs collectifs sortis de leur sein, c'est-à-dire du néant, ces Huit de Santa Maria Novella qui n'étaient rien et dont ils ne parviennent pas à faire quelque chose. Par leur mouvement insensé du 28 août ils se perdent, faute de « donner temps au temps », comme disaient nos ancêtres, le temps ne respectant rien de ce qu'on fait sans lui.

Moins pressés parce qu'ils avaient moins à conquérir,

et plus habiles parce qu'ils voyaient de plus près les conditions de la vie publique, les arts mineurs échappent, pour le moment, à la défaite des *ciompi*. Au 1er septembre, ils restent dans la place. On reconnaît leur droit, loin de les écarter. La part qu'on leur fait n'est pas, sans doute, proportionnelle à leur nombre : ils sont seize et n'ont que cinq prieurs, quand les sept arts majeurs en ont quatre, de sorte que l'union même ne peut assurer aux plus nombreux la majorité légale des deux tiers ; mais ils s'en tiennent prudemment à ce qu'ils ont obtenu, et ne font effort que pour le conserver, car de loin ils voient venir et grossir l'orage qui les privera des droits, des privilèges dont ils se montrent dignes.

Désormais, en effet, entre les petits, qui naguère ne comptaient pas, et les grands, qui depuis longtemps ne comptaient plus, les anciens *popolani* préfèrent les grands. A ces ennemis séculaires ils donnent accès dans les conseils. C'est, disent-ils, pour une fois seulement, et ils sévissent même à nouveau contre Lapo de Castiglionchio, ce bouc émissaire[1] ; mais quoi de plus dangereux qu'un précédent établi, de plus difficile à fermer qu'une porte entr'ouverte où l'on se rue pour passer ! Même nécessaires, au surplus, les réactions franchissent vite les bornes de la justice. En France, une jacquerie de six semaines a pour châtiment une contre-jacquerie de six mois. A Florence, les cardeurs une fois hors de

---

[1] « Quocunque et undecunque et quantumcunque bannitus vel condepnatus seu rubellis occiderit vel occidi fecerit seu vivum reppresentaverit hominem seditiosum, pestiferum et inimicum et rebellem populi et comunis Flor. et partis guelfe pro premio et mercede habeat florenos auri mille.... » (25 octobre 1378. *Provvisioni*, LXVIII, 52.)

combat, on y voudra mettre les arts mineurs : on leur
retirera les droits civiques par eux si péniblement obtenus. On refusera de voir ce qu'a vu et que proclame
pourtant Ammirato, le courtisan des Medici, ce qui, au
surplus, n'est rare nulle part, que les représentants des
déshérités, quand ils sont parvenus au pouvoir, s'y
transforment, y font preuve d'autant de sagesse que ceux
qui les y ont précédés, ou, tout au moins, d'autant de
zèle pour défendre contre de nouveaux compétiteurs les
priviléges conquis [1].

Ces priviléges, rappelons-le, étaient politiques autant
que sociaux. Sans doute, la lutte de « l'ouvrier contre le
patron, » du « salaire contre le capital » est au fond des
choses; mais dans une ville libre et démocratique comme
Florence, si le progrès politique des classes est un moyen
pour réaliser le progrès économique, le moyen a par lui-
même presque autant de prix que le but : l'honneur y
est engagé, en même temps que l'intérêt. La question
n'est pas d'être bien ou mal gouverné : elle est de gouverner soi-même, tout ensemble pour réaliser les améliorations en vain réclamées, pour assouvir une traditionnelle soif de vengeance, pour s'enrichir par l'amende
ou la confiscation, en un mot pour être oppresseurs, et
non plus opprimés.

Il ne faut pas s'y tromper : que l'aristocratie mar-

---

[1] « Quelli che prima haveano favorito i ciompi et essi stessi erano stati
di quel numero e di quell'ordine..., non parea che fossero più quelli dessi,
anzi come sdegnando la memoria della prima loro ignobilità, voleano essere
riconosciuti per amici dell'arti, e con le parole e con l'opere accennavano
d'haver a schifo e horrore le sceleratezze seguite. E veramente si è veduto
sempre per isperienza allora gli huomini biasimar alcuni gradi, quando son
disperati di poterli conseguire, ma se una volta vi pervengono, non è alcuno
che quelli più tenacemente difenda. » (Ammirato, XIV, 757.)

chande, mieux inspirée, eût accordé les augmentations de salaire et les diminutions de travail qu'on pouvait attendre d'elle, les artisans, satisfaits sur ce point, auraient mis en avant d'autres exigences. Relevés à leurs propres yeux, ils eussent voulu l'être aux yeux d'autrui, sans qu'on pût leur refuser longtemps ce qu'avaient obtenu les arts mineurs, une part dans la vie publique, une place au soleil. On n'eût gagné que d'éviter les violentes secousses; mais c'était là, il faut le dire, un avantage considérable, et qui valait bien quelques efforts de sagesse.

D'ailleurs, rappelons-le en terminant, le « tumulte des *ciompi* » ne fut pas exclusivement l'œuvre des *ciompi*. Il se compliqua des anciennes querelles, dont il fut une déviation. Il se rattache à la lutte des Ricci contre les Albizzi, qui perpétue, en faussant le sens des mots, l'antagonisme suranné des guelfes et des gibelins. Les Albizzi ayant pour eux les magnats, quoi d'étonnant si les Ricci recherchent l'appui de la plèbe; si, pour l'obtenir, ils prêtent l'oreille à ses doléances, s'ils en poursuivent la satisfaction? Ils se sont fixé une limite, se jurant bien de ne la point dépasser; mais cette limite recule sans cesse et ils marchent avec elle, jusqu'au jour où, devant le ridicule, l'absurde, l'odieux, ils se retournent, font face au flot montant et lui signifient de ne pas aller plus loin. S'ils l'arrêtent, c'est quand le flot a épuisé toute sa force, contre des résistances de jour en jour plus nombreuses et plus énergiques.

Mais s'arrêter soi-même dans l'enivrement de la victoire, discerner ce qu'il faut laisser debout et ce qu'il convient d'abattre, ne pas remonter trop haut le courant, voilà où échouent la plupart des hommes, voilà où allaient échouer les *popolani* florentins. Ils devaient, à bref délai, et après bien des vicissitudes encore, ramener leur patrie en arrière, dans ses voies traditionnelles, pour le plus grand profit d'une étroite oligarchie, en attendant que la démocratie vaincue trouvât une funeste vengeance dans le despotisme des Medici.

CHAPITRE III

GOUVERNEMENT ET DÉFAITE DES ARTS MINEURS

— 1378-1382 —

Réaction modérée. — Réorganisation des pouvoirs publics. — Grande consulte (4 septembre 1378). — Rétablissement de l'ordre et réformes urgentes dans le gouvernement (7 septembre-18 octobre). — Agitations nouvelles. — Complot réprimé (23 décembre). — Seigneuries modérées (janvier et mars 1379). — Seconde conjuration découverte (7 avril). — Exécutions. — Troubles fomentés par les *popolani grassi* (juillet, octobre). — Troisième conjuration découverte (12 octobre). — Supplice de Giannozzo Sacchetti (15 octobre). — Mesures de rigueur contre les exilés (4 novembre). — Coup de main sur Figline (1er décembre). — Châtiment des coupables. — Quatrième conjuration réprimée (19 décembre). — Mesures d'administration intérieure et nouveaux sujets de mécontentement (1380). — Affaires extérieures. — La Toscane envahie par les gens de Charles de Durazzo et la compagnie de Saint-Georges (avril 1380). — Charles à Arezzo (14 septembre). — Meurtre de Giovanni de Mone. — Paix avec Charles (9 octobre). — Nouveaux complots (janvier-mars 1381). — Pétition séditieuse aux prieurs et exécutions (8 octobre). — Dénonciation de Scatizza (7 janvier 1382). — Le capitaine du peuple renonce à sa charge (13 janvier). — Il y est maintenu par les prieurs (15 janvier). — Mouvement de réaction contre le parti dominant. — Exécution de Giorgio Scali (17 janvier). — Balie de réformer le gouvernement (20 janvier). — Réformes accomplies contre le menu peuple et les arts mineurs. — Proscriptions (février-mars). — Fin d'une génération.

Accomplie en une demi-journée, la révolution qui faisait rentrer les *ciompi* dans leur néant ramenait Florence à la juste mesure, au bon sens, à la raison. Ce n'était pas une de ces réactions forcenées qui vont d'un coup aux antipodes de la veille et se donnent pour tâche d'en détruire l'œuvre jusqu'en ses fondements. Tout le monde, sauf des vaincus qui avaient mérité de l'être, se montrait satisfait : ceux qui avaient pris, en juin, l'initiative du mouvement, parce qu'ils ressaisissaient le pouvoir; les arts mineurs, parce que leurs conquêtes ne semblaient pas menacées; les fauteurs de la *parte* et de l'oligarchie, parce qu'ils escomptaient l'avenir. Un esprit rare de conciliation présidait aux actes de la vie publique : dans les bourses furent mis autant de noms des seize arts mineurs que des sept arts majeurs, fait sans exemple, et tous ceux que donna le tirage au sort furent acceptés, sans égard au nombre dans chaque ordre et aux proportions entre eux[1]. On pouvait, dès lors, sans exciter de murmures, compléter les offices, nommer un prieur et le gonfalonier de justice, qui manquaient à la seigneurie, deux gonfaloniers de compagnies[2], les podestats et vicaires du dehors, les Huit de garde, ancienne charge restaurée pour veiller à la sûreté publique (2 septembre)[3]. Le sort, intelligent quelquefois, avait désigné pour prieur Giorgio Scali, du parti populaire, et pour gonfalonier de justice le fripier Francesco de Chele, des arts mineurs[4].

Dans ces conditions meilleures, il était facile de ramener la confiance, la sécurité. Une tête tombe? c'est celle d'un Florentin qui a tué un Flamand mal famé[5]. Cinq

---

[1] « Si missero tanti delle sedici arti quanti delle sette a guazzo insieme, e a cui toccava la sorte e potea essere che più volte toccava alle sedici. » (March. de Coppo, X, 806.)

[2] Ser Naddo, p. 23.

[3] C'était l'ancien office des consuls et capitaines de concorde. Ser Naddo, p. 22; March. de Coppo, X, 807.

[4] Ser Naddo, p. 22; March. de Coppo, X, 806; *Diario d'anonimo*, p. 381; Ammirato, XIV, 735.

[5] Ser Naddo, p. 22; Monaldi, p. 347; *Diario d'anonimo*, p. 381. — « Incontinenti fiat executio contra homicidam qui est in manibus potestatis. » (*Consulte* du 2 septembre, à la p. 381 du *Diario d'anon.*, note 4.)

cents livres sont promises à quiconque amènera un offenseur vivant; deux cents à qui l'amènera mort. « Nous étions pis jusqu'à présent, écrit un de nos chroniqueurs anonymes, que des esclaves vendus; désormais que chacun se garde de blesser ou de tuer[1]! » On recommence à prendre l'avis des *consulte*, qui, depuis cinq mois, n'obtenaient pas tant d'égards[2]. Si l'on y voit des orateurs ne recommander la sévérité qu'envers les chefs de la multitude[3], Benedetto Alberti, un des chefs de ce parti moyen qui n'entendait se soumettre ni aux *popolani* ni aux *ciompi*, se prononce pour la rigueur des châtiments, pour les démonstrations de force, envers l'art de la laine inactif, comme envers les coupables pris ou à prendre[4]. Salvestro des Medici, après une longue

---

[1] *Diario d'anonimo*, p. 381, 382. Le témoignage de cet auteur récemment publié est d'autant plus précieux ici que les délibérations des seigneurs et collèges manquent jusqu'en août 1380.

[2] « Die 4 sept. priores congregaverunt maximam multitudinem civium petendo consilium quomodo res publica debet gubernari; quod multum placuit civibus, quum per septem menses præteritos hoc non fuerit factum, maxime causa D. Lapi de Castiglionchio et aliorum qui monendo cives tyranizabant. » (Sozomène, R. I. S., XVI, 1112.)

[3] Simon Blaxii : « Fiat justicia de illis octo. De aliis habeatur potius misericordia quam observetur rigiditas. — Donato Ricchi : quod celeriter capita illorum qui fecerunt novitates puniantur; cetere multitudini parcatur, sed auferantur arma, et hoc fiat celeriter. Anglici non conducantur. — Pacinus Luce : quod gravis justicia fiat de subversoribus civitatis et maxime de capitibus. De illis qui non sunt capti provideatur de captura et banniantur. De aliis habeatur misericordia. Et quod apothece non aperiantur donec eis fuerint ablata arma. — Tommaso de Mone comme le précédent, et quod qui fugerunt aut stant ad scandala committenda expellantur. » (*Ibid.*, f° 18 v°-20.)

[4] « Quod comune fortificetur gentibus ita quod populus possit facere resistentiam contra quoslibet.... Et quod celeriter fiat justicia de captis culpabilibus.... quod gentes teneantur in locis oportunis ita quod resistatur ne fiant adunationes vel conspirationes. Et ad hoc ut ars lane laboret deputentur aliqui cives qui tollant omnem questionem et obstaculum. Et quod revocentur boni cives quibus minatum fuit. » (*Consulte*, XVIII, f° 18.)

éclipse, reparaît à son tour sur la scène, dont l'avait écarté, au sortir de la seigneurie, le *divieto* réglementaire ; mais il s'étudie à rester au second plan. Prend-il la parole, rien de banal comme ses conseils. — Que les citoyens, dit-il, déposent leurs haines et s'unissent ; sur le reste, que les seigneurs et les colléges y pourvoient [1]. — C'était parler pour ne rien dire, en habile homme qui avait flatté ou ménagé les petites gens dans leur victoire, et qui les ménageait encore dans leur défaite. De cette tactique astucieuse provient le crédit persistant de cet équivoque personnage, et le premier éclat d'un nom depuis si célèbre, le commencement d'une fortune inouïe, qui ne devait accroître la renommée de Florence qu'en la courbant sous le joug [2].

Les conseils qu'écoute la seigneurie, ce sont ceux de Benedetto Alberti. Elle fait venir les gens de Gangalandi, de Colle, de San-Miniato, du val de Nievole, de Firenzuola (7-10 septembre) [3], dont l'appui lui permettra de désarmer les suspects [4]. Elle crée deux *bargelli* avec cent hommes d'armes, tant à pied qu'à cheval [5]. Elle

---

[1] *Ibid.*, f° 18 v°. Ce langage, Salvestro le tient encore le 15 septembre : « Quod pro statu civitatis efficaciter justicia ministretur. Super aliis negociis D. Bernabovis Domini, collegia et Octo balie provideant prout crediderint utilitati publice expedire. (*Ibid.*, f° 76.)

[2] Pignotti et Inghirami (VII, 628), pour expliquer l'effacement de Salvestro, disent qu'il était trop juste pour abuser du pouvoir et trop avisé pour ne pas connaître la mobilité populaire. Tommaseo ne voit en lui qu'un ambitieux et un intrigant, plus renard que lion ; M. Trollope suppose (t. II, 250) qu'il était infirme ou malade. Les documents où nous le voyons parlant avec réserve dans les conseils et prêchant la conciliation montrent l'homme prudent, qui veut être habile.

[3] *Diario d'anonimo*, p. 383.

[4] Le 16 septembre, cette opération n'était pas terminée encore. (*Ibid.*, p. 384.)

[5] March. de Coppo, X, 807.

remet au marquis de Santa Maria, rétabli dans ses fonctions de podestat, les deux délégués des *ciompi*, qui étaient encore en prison sous l'escalier du palais (5 septembre). Leur mort était inévitable. Le chroniqueur des vaincus prétend qu'elle aurait pu être évitée; que le podestat, le capitaine, l'exécuteur, ne la voulaient point; qu'on leur dut forcer la main [1]; que le supplice, sans autre forme de procès [2], causa un grand déplaisir à beaucoup de gens [3]. Il transforme même en martyrs déclamateurs ces victimes expiatoires d'une mauvaise cause, qui déclarent mourir contentes, quoique à tort, si la paix en doit résulter pour Florence [4]. Mais c'est la voix dans le désert. Les autres chroniqueurs restent implacables, celui-là même qui s'est montré le plus hostile aux prêtres, aux grands, aux *popolani*. « *Ciompi* voleurs et traîtres, s'écrie-t-il; *ciompi* fourbes, malfaiteurs, homicides, assassins [5]! » Il n'est rien de tel, pour pousser à la colère, que la perte des illusions.

Quelques jours plus tard [6], trente-sept contumaces, qu'ont dénoncés les deux misérables, sont cités devant le podestat, entre autres Luca de Panzano, magnat par châtiment, démagogue par ambition, Anibaldo des Strozzi, le seul vrai magnat de la liste, ser Agnolo Latini,

---

[1] « Certi cittadini andarono a lui e disono che li guastase. » (Ms. Strozz. dans le *Diario d'anon.*, p. 383, n. 1.)

[2] « Sanza legiere condannazione peroche non avieno procieso adosso. » (*Ibid.*)

[3] « A molta gente ne pareva molto male. » (*Ibid.*)

[4] « Sapi Idio come noi moriamo a grandisimo torto, e se per noi si de' raconciare la terra, moriamo contenti. » (*Ibid.*)

[5] « Ciompi ladri e traditori e rubatori e micidiali e assassini e ghiontoncegli e malfattori ! » (*Diario d'anonimo*, p. 384.)

[6] Le 14 septembre, selon Monaldi (p. 347); le 17, selon le *Diario d'anon.* (p. 384).

notaire des Huit de Santa Maria Novella, maître Andrea, médecin des *Stinche,* Guido Bandiera, fait chevalier par les *ciompi,* Baldo de Niccolò, croquemort. Dixhuit furent condamnés à avoir la tête coupée, s'ils ne se présentaient en personne, les autres à des peines moindres [1]. Deux seulement comparurent, parce qu'ils pouvaient établir leur innocence : aussi furent-ils renvoyés absous [2].

Peu à peu tout rentre dans l'ordre sous un régime réparateur. Les bannières des arts disparaissent des fenêtres du palais, où restent seules celles des autorités publiques [3]. Les deux arts infimes qu'on n'avait pas supprimés avec l'art des *ciompi* ont désormais leur part bien déterminée dans les bourses et scrutins [4]. Les capitaines de la *parte* seront au nombre de onze, dont deux magnats, quatre des sept arts majeurs et des *scioperati* [5], cinq des seize arts mineurs. Pour cet office comme pour les autres de la *parte,* institués en vue de l'*ammonizione* [6], la mise en bourse aura lieu au palais des prieurs, et c'est uniquement le tirage au sort, pure formalité quand on ne veut user de fraude, qui conti-

---

[1] March. de Coppo, X, 807 ; Monaldi, 347, 348 ; *Diario d'anonimo,* p. 384.

[2] Sozomène, R. I. S., XVI, 1113. Cet auteur porte à 42 le nombre de ceux qui furent condamnés.

[3] Donato Aldighieri pro capitudinibus : « Omnia signa data per alios quam per populum et comune Florentie reducantur in Palatium, et fiant asperrime leges quod nemo possit alia signa quam comunis vel audeat erigere. » (*Consulte* du 10 sept. dans *Diario d'anon.,* p. 384, n. 2, et le *Diario* même, à cette page.) Cf. Sozomène, R. I. S., XVI, 1113.

[4] « Ad concordiam artium et artificum civ. Flor. et maxime minorum artium. » (Provision du 11 septembre. Texte dans G. Capponi, I, 599, append. VIII.)

[5] Ce sont, on se le rappelle, les *popolani* qui n'exercent aucun art.

[6] « Qui solent seu debent extrahi ad monitiones. » (*Ibid.,* p. 601.) Ainsi, même en ce moment, on n'essaye point de supprimer *l'ammonizione,*

nuera d'être fait au palais de la *parte*[1]. Le délai de deux ans qu'avaient obtenu les petits débiteurs est supprimé[2], et par là se relève le crédit public. On recommence à payer les intérêts aux créanciers du *Monte*, dont les deniers, qui valaient 15 pour 100, s'élèvent en peu de jours à 24[3]. Soixante-quatre citoyens reçoivent mission de faire l'*estimo*, afin de répartir plus équitablement les impôts. Sont restitués à Salvestro des Medici les revenus du *Ponte vecchio*, et à Giovanni de Mone ceux du *Mercato vecchio*, que les *ciompi*, au mépris des services rendus et de la foi publique, avaient voulu leur enlever[4]. A défaut de la liberté, semblait du moins vouloir régner la justice.

Le 28 septembre, en effet, fut votée une grande provision qui confirmait le nombre proportionnel de membres accordé aux différents groupes d'arts dans les principaux offices, et qui imposait, pour les offices secondaires, la même proportion. Les conseils du peuple et de la commune durent être à l'avenir composés : le premier de quarante membres par quartier, moitié des arts majeurs, moitié des mineurs, cent soixante en tout, sans préjudice, bien entendu, des *capitudini* et autres officiers, membres de droit; le second, où les magnats avaient toujours accès, en dut recevoir dix par quartier, en tout quarante contre les cent soixante *popolani* des

---

instrument de règne; on se borne à en ôter le privilége à une coterie impopulaire.

[1] *Ibid.*, p. 600-602.
[2] Voy. chapitre précédent, p. 247, n° 8 de la pétition du menu peuple.
[3] Voy. chapitre précédent, p. 275.
[4] March. de Coppo, X, 807; Gino Capponi, I, 358. Marchionne dit par inadvertance Tommaso de Mone pour Giovanni. Capponi a corrigé cette erreur.

différents arts qui en faisaient partie avec eux [1]. Si faibles qu'y fût le nombre des magnats, cet ordre de proscrits ne pouvait qu'en être satisfait, puisque la pétition du 21 juillet avait prétendu diminuer encore leur rôle dans ce conseil, en y introduisant dix *popolani* de plus par quartier [2].

Quelques jours plus tard, le 18 octobre [3], les chevaliers du « peuple de Dieu » recevaient ordre de déposer leurs insignes, mais uniquement pour éliminer certaines gens de basse extraction, et remplir, en confirmant les autres, les formalités omises dans une cérémonie hâtive autant que tapageuse [4]. Trente-un d'entre eux, appartenant tous aux plus grandes maisons de Florence [5], reçurent une consécration nouvelle. Dans la formule du serment qu'on leur fit prêter venait d'être introduite l'obligation de s'opposer avec énergie à toutes personnes qui machineraient une sédition ou un tumulte [6]. Au jour fixé, les chevaliers, en costume de gala, se réunirent dans l'église des *Servi*, et vinrent

[1] Provision du 28 septembre 1378. Texte dans Gino Capponi, I, 602, append. VIII. Ammirato le jeune (XIV, 756) donne comme toute nouvelle cette organisation des deux conseils, au lieu de dire quelles modifications furent apportées à l'organisation ancienne. C'est qu'il a analysé machinalement le document, sans distinguer ce qu'il contient d'ancien et de nouveau.

[2] Voy. chapitre précédent, p. 244, n° 5 de la pétition.

[3] Une provision du 16 octobre fixe ce jour. Voy. à la suite du *Diario d'anon.*, p. 522.

[4] « Suspicantes et dubitantes ut in futurum aliquo tempore revocetur vel revocari possit in dubium.... quod ob defectum dictarum solempnitatum.... ipsi non sint vel censeri non debeant veri et legittimi milites. » (Provision du 17 septembre 1378, à la suite du *Diario d'anon.*, p. 521.)

[5] Voy. chapitre précédent, p. 237, 238.

[6] « Se opponere viriliter toto eorum posse contra omnes personas.... tractantes seditionem vel tumultum. » (Provision des 23 et 25 septembre, à la suite du *Diario d'anon.*, p. 522.)

processionnellement sur la place, au pied de la *ringhiera*. Les prieurs qui s'y trouvaient avec leurs collégues firent remettre à chacun par le podestat une lance, un pennon, un bouclier aux armes du peuple, et leur donnèrent à dîner. On s'abstint, eu égard aux circonstances, des joutes et autres fêtes d'usage en pareil cas; mais cette chevauchée, cette pompe, tinrent lieu de fêtes à un peuple qui en était sevré depuis si longtemps, et qui les aimait par-dessus tout [1].

Pour la seigneurie issue de la tempête, c'était le chant du cygne. Celle qui la devait remplacer le 1er novembre fut tirée au sort, sans tricherie, le 28 octobre [2]. Florence allait avoir pour seigneurs un maître maçon, un corroyeur, un coutelier, un chapelier, un sellier, un aubergiste, avec Dinozzo de Stefano, dont les listes n'indiquent pas la profession, et deux hommes de nom connu, Luigi Aldobrandini, Andrea Salviati, ce dernier gonfalonier de justice [3]. Le contentement populaire et surtout une infatigable vigilance maintinrent jusqu'au 20 décembre la paix des rues [4]: les auteurs du temps ne disent rien ou disent des riens [5]. Mais la paix ne régnait pas dans les esprits. Il fallait bien que l'opposition grondât sourdement, puisque les *consulte* ne parlaient que de

---

[1] *Diario del Monaldi*, p. 348, 349 ; Ammirato, XIV, 757.

[2] March. de Coppo, X, 808. Ser Naddo (p. 26) dit le 23 ; mais ce n'est probablement qu'une faute de copie ou d'impression. L'usage constant était de faire cette opération dans les deux ou trois derniers jours de la seigneurie sortante.

[3] *Diario d'anonimo*, p. 388; March. de Coppo, X, 808; Ser Naddo, p. 26.

[4] « Al loro tempo si fece la guardia de' priori di giorno e di notte in piazza, e sempre guardarono anche i cittadini la notte. » (Ser Naddo, p. 26.)

[5] Voy. *Diario d'anonimo*, Ser Naddo, March. de Coppo. Boninsegni dit formellement (p. 634) que du 1er novembre jusqu'au 20 décembre il n'y eut rien.

punir. Elles recommandaient sans doute de ménager les petits ; malheureusement beaucoup ne savaient au juste s'ils seraient ou non tenus pour petits : de là maints conciliabules dans le *contado* entre gens inquiétés ou inquiets.

Y obvier par un grand déploiement de forces, et en tranchant la tête à quiconque déblatérait contre l'État, voilà ce que proposaient hardiment Piero Strada et Tommaso Strozzi [1]. En ne les écoutant point, en retardant d'agir, on laissa s'aggraver le péril. Les mécontents eurent tout loisir de conjurer. Quand la seigneurie en eut vent, le 20 décembre, quand elle apprit que, sous couleur de défendre la *parte* nullement attaquée, ils devaient les uns s'assembler sur la place des *Spini*, d'autres occuper les portes, pour introduire, dans la nuit de Noël, leurs complices du dehors [2], elle s'empressa de réunir la consulte. Salvestro des Medici et les Huit de garde y firent leur rapport. La faiblesse y élève encore la voix, sous couleur de prudence [3] ; mais les conseils de l'énergie y sont seuls écoutés. Giorgio Scali, chef alors, avec Tommaso Strozzi, du parti dominant, en revient à sa panacée, la hache

---

[1] Piero Strada : « Quod ad tollendum murmurationes.... omnes gentes communis teneantur in civitate et faciant unam monstram. » — Tommaso Strozzi : « Quod diligenter inquiratur contra oblocutores et dicentes contra statum vel pretendentes aliquid in causam ruine. Et quod sine fundamento audeat talia dicere cujuscunque conditionis existat, decapitetur preveniendo usque ad ultimum qui talia verba dixerit. » (*Consulte*, XVIII, 51.)

[2] March. de Coppo, X, 810 ; Ammirato, XIV, 738.

[3] Piero Strada : « Auditis relationibus D. Silvestri et octo officialium custodie quod per omnem modum prudenter circa custodiam et quam celerrime fiat monstra stipendiariorum. Quod hoc potest prodesse et nullo modo nocere. Et quod provideatur circa unionem civium. » — Feocius Pimator : « Quod non retineant suspectos comunis et mittantur exploratores ad locos oportunos.... quod non receptent cives suspectos statui. Et quod prudenter similiter in comitatu.... » (20 déc. *Consulte*, XVIII, 59.)

et le billot promenés partout [1], et l'onctueux Salvestro, après avoir prêché l'union, se voit réduit à changer de ton, à demander qu'on punisse ceux qui la troublent [2]. Satisfaction lui est aussitôt donnée. Dans la nuit du 22 au 23, la seigneurie fait arrêter messer Ghirigoro Cardinali, de cette ancienne famille des Tornaquinci, qui, admise dans les rangs du peuple, avait quitté son nom pour le nom personnel d'un de ses membres. Il n'en fallut pas davantage pour intimider au dedans les conjurés [3].

Restaient ceux du dehors, qui avaient leurs coudées franches. Ils ignoraient que la seigneurie fût sur ses gardes, et ils comptaient, en tout cas, que le soulèvement éclaterait à leur approche. De Sienne et de Pise s'avançaient les bannis, les confinés et bien d'autres. Sur les hauteurs de San-Miniato *a monte*, qui dominent Florence, ils devaient rejoindre Luca de Panzano, prêt à y faire sonner les cloches pour donner à ses amis de la ville le signal de lui ouvrir la porte San Giorgio. Mais Luca n'était pas au rendez-vous. Arrivé, le 27, à Santa Maria Impruneta, il avait trouvé devant lui le Défenseur avec soixante chevaux, que suivaient bon nombre d'hommes de pied, et il rebroussait chemin en lui lais-

---

[1] « Quod considerato periculo quod imminet, subito gens armorum, pedites, equites sint in platea armate, et quod rectores vadant scrutando per civitatem, et, si oportuerit, faciant portare cippum et mannaiam. Et quod octo custodie cum stipendiariis vadant per civitatem. Et quod cras teneatur maximum consilium super presenti materia. Et banna mittantur per civitatem quod nemo audeat facere novitates. » (*Consulte*, XVIII, 60.)

[2] « Quod antequam dicedatur detur effectus quod executori duplicetur familia et deputentur sibi quatuor cives presentis status. Et inquiratur ne procedat novitas de culpabilibus et puniantur. Et provideatur quod quilibet habeat partem suam ita quod civitas sit unita. » (*Ibid.*)

[3] Ser Naddo, p. 27; March. de Coppo, X, 810.

sant cinq prisonniers[1]. Ces malheureux et Ghirigoro des Cardinali eurent la tête coupée (28, 30 décembre); diverses peines, en même temps, étaient infligées à soixante-dix-huit citoyens[2]. Sur la liste des condamnés se lisent des noms significatifs, ceux des Rossi, des Albizzi, des Ridolfi, des Pulci, des Magalotti, des Bardi, des Brunelleschi, des Gherardini, des Vecchietti, des Medici, des Adimari, des Peruzzi, et mainte famille y figurait pour plus d'un des siens[3]. Il est donc clair que les fauteurs de l'oligarchie sont pour une bonne part dans ce mouvement, où l'on n'aurait dû, ce semble, voir que les *ciompi* vaincus et proscrits. Rien de moins rare, à tout prendre, que cette alliance des plus grands avec les plus petits, quand les grands ne sont pas les maîtres et que les petits ont perdu l'espoir de le devenir par eux-mêmes. Ceux-ci se livrent alors, ils se font instruments,

---

[1] *Diario d'anonimo*, p. 389; Ser Naddo, p. 27; Buonaccorso Pitti, *Cronica*, p. 22. Ce dernier, éclaireur des renforts de Pise, raconte qu'il tomba aux mains de quelques hommes du Défenseur. Il se nomme alors et se déclare ami, dans l'espoir, s'il marche avec eux de compagnie, de saisir au vol l'occasion pour leur échapper. Mais il ne peut, car la route est étroite et mauvaise; il arrive bientôt devant le chef. Celui-ci, le voyant revêtu de sa cuirasse et un épieu à la main, lui demande où il va. — J'ai une inimitié privée, répond Pitti; je suis sorti de Florence à la fermeture des portes, je vais à San Casciano. — Soit; mais pour plus de sûreté je t'emmène. — J'en suis charmé, — dit le prisonnier, et, sans sourciller, il chevauche à côté de son interlocuteur. Pas l'ombre d'inquiétude sur son visage, d'hésitation dans son attitude. — Eh bien! va-t-en au diable! — lui dit bientôt le Défenseur persuadé. Pitti profite de la permission, mais sans se presser tant qu'il est en vue. Plus loin, il pique des deux, rejoint ses compagnons et les ramène vers Pise, à travers mille dangers. Arrivé à Pontedera, où il n'en courait plus aucun, il se prit à trembler rétrospectivement. Depuis trois jours il n'avait fermé l'œil. (*Ibid.*, p. 23.) Voy. plus haut, p. 290, un mention de ce personnage hardi et résolu.

[2] Ser Naddo, p. 27; March. de Coppo, X, 810; *Diario d'anonimo*, p. 389.

[3] Les Rossi en comptaient trois, les Albizzi trois, les Ridolfi deux. Voy. March. de Coppo, X, 810, *Del.*, XV, 66-69.

se flattant encore, avec une naïveté incurable, de croquer les marrons qu'ils auront tirés du feu.

Il n'y eut point d'autres poursuites pour cette affaire : trop nombreux étaient les coupables ou ceux qu'on supposait tels[1]. Ces rigueurs suffisaient, du reste : elles rouvrirent les boutiques, elles inspirèrent « la terreur aux méchants et le courage aux bons[2] ». Si Filippo des Rossi eut encore la tête coupée (10 janvier 1379)[3], ce fut sur l'ordre de la nouvelle seigneurie, que l'histoire appelle seigneurie de l'union. Tous ses actes officiels commencent par ces mots : *Pro unione civitatis*[4]. Giovanni de Mone y tenait le gonfalon de justice. C'était ce marchand de blé que les revenus du *Mercato vecchio* avaient récompensé de ses services, que le « peuple de Dieu » avait honoré de la chevalerie, et la réaction triomphante confirmé dans cette dignité. Lui et ses collègues, « tous hommes de bonne condition et pacifiques, dit Marchionne, firent bonne et vigilante garde, attentifs à connaître les intentions des habitants[5] ». Aux deux tiers des magnats, affranchis des ordonnances de justice, ils accordent une place dans chaque office au dedans et le quart de tous les offices au dehors[6]. Aux arts majeurs, qui n'y avaient que quatre places sur neuf, ils concèdent part égale. Si l'on trouve encore trop d'artisans dans les emplois[7], on

---

[1] March. de Coppo, X, 810; Boninsegni, p. 635; Ammirato, XIV, 739.

[2] Pierus Strada : « Quod aperiantur apothecæ et quod detur terror malis et audacia bonis. » (25 décembre. *Consulte*, XVIII, 62.)

[3] Ser Naddo, p. 27; March. de Coppo, X, 811.

[4] « Pro unione civitatis. Unionem, pacem et tranquillum statum liberi et guelfi populi florentini indefessis animis prosequentes. » (Provision du 24 janvier 1379, LXVIII, 117. Voy. *Diario d'anon.*, p. 394, n. 4.)

[5] March. de Coppo, X, 811, 812.

[6] March. de Coppo, X, 811.

[7] « Questo agguagliare vi misse molti minuti che non lo meritavano

s'en console en pensant que c'est pour « le mal et la mort des *ciompi*[1] ». Donner à tous des satisfactions pour les réunir contre les ennemis de tous, tel est le dessein manifeste de cette politique dite de l'union, qui fut aussi celle de la seigneurie suivante, et qui obtint une générale approbation[2]. Ce n'est pas sans plaisir qu'on vit, le 1er mars, siéger dans la suprême magistrature un Corsini, un Strozzi, un Ardinghelli, à côté d'un faiseur de pourpoints, d'un corroyeur, d'un banquier, d'un artisan de la laine, d'un marchand de blé, d'un marchand ou fabricant de savon[3]. Le tirage au sort avait donné, par hasard, un vivant et fidèle emblème de la coalition des classes et des partis.

Tout eût été pour le mieux, si les coalitions n'avaient l'existence fragile. Sous l'apparent accord persistait la rivalité des arts. Les sept arts majeurs ne se pouvaient

---

ma i buoni uomini pure v'intrarono, comecchè questo agguagliare non fosse buono.... Di ogni arte v'erano i fattori più che maestri, e così era la città e cittadini in male stato e male contenti.» (March. de Coppo, X, 811.) Dans l'office des Neuf de la marchandise, cinq places, comme il était naturel, appartenaient et continuèrent d'appartenir aux arts majeurs.

[1] « Oggi a dì 23 di febbraio si compiè di fare lo squittino a male e a morte de' ciompi. » (*Diario d'anonimo*, p. 592.)

[2] « Questi priori trovarono in pace la città, e come intrarono nello uficio, molto si confortarono il comune degli cittadini, perocchè mostrarono essere d'ogni generazione di gente, cioè di famiglia, e d'ogni generazione di buoni mercatanti e artefici, ad ogni persona si confortò della loro estrazione. (March. de Coppo, X, 814.) Fecione buono uficio a onore di Dio. » (*Diario d'anonimo*, p. 592.) On a peine à comprendre comment l'esprit de parti entraîne Gino Capponi à ne pas tenir compte de ces témoignages et à condamner ces seigneuries auxquelles prenaient part les arts mineurs. Si elles furent troublées, elles le furent moins que celles de l'oligarchie précédente, puisque les contemporains voient dans cette période un temps de paix.

[3] *Diario d'anonimo*, p. 592. La liste de March. de Coppo (X, 813) manque d'exactitude. M. Gherardi y relève une erreur de nom et on y voit l'artisan de la laine qualifié notaire, quoique les notaires et les juges ne fussent pas admis dans les bourses pour la seigneurie.

consoler de n'avoir pas plus de places dans les offices que les seize arts mineurs. Ils ne voulaient pas voir que, dans une démocratie, l'égalité sur ce point était encore pour eux un privilége. N'osant déclarer au grand jour le motif vrai de leur mécontentement, ils en alléguaient de supposés : ils accusaient les anciens *ammoniti* de faire cause commune avec les gibelins, de conseiller, de conduire comme par la main les gens des arts mineurs que le sort avait poussés aux emplois[1]. De là une conjuration nouvelle[2], ourdie par les mêmes hommes qu'en décembre précédent[3], dirigée par le prieur de San Lorenzo, Pagno des Strozzi, moins compromis qu'eux. De détestables promesses et leur imagination surexcitée avaient persuadé aux exilés *ciompi* qu'ils pourraient entrer dans la ville par le lit de l'Arno, s'en emparer en soulevant leurs anciens compagnons, mettre en pièces et dépouiller tous ces *grassi* qui les avaient bannis, se rendre maîtres du pouvoir, mener la vie à leur guise, en un mot, être tous riches[4]. Un jeune prêtre d'Ognissanti, *frate* Andrea,

---

[1] « Si dicea che gli ammoniti erano ristretti insieme con gli ghibellini e con certi che li favoreggiavano, li quali si diceva che consigliavano quella gente la quale avea gli ufici, cioè li minori delle sedici arti, e a costoro facieno fare ciò ch'essi volieno, ed eglino sanza loro consiglio nulla facieno. » (March. de Coppo, X, 814.)

[2] « Del quale trattato parve a buoni uomini ed alli mercatanti ed artefici che avessero torto di muoversi, perocchè nel vero gli uficii assai bene erano raccomunati secondo lo stare ch'erano, e non era stato possibile allora fare più. » (*Ibid.*)

[3] « Uno trattato lo quale era conseguente a quello ch'era di dicembre prossimo passato e quasi quella medesima brigata. » (*Ibid.*)

[4] « Intraremo per l'Arno dentro da Firenza, e traremo al remore cum gli altri, et per certo abi che toremo la terra e taglieremo a pezzi e ruberemo tutti quegli grassi che z'anno tenudo fora de casa, et seremo segnori di quella terra, e menaremola a nostro modo e seremo tutti ricchi. » (Propos tenus aux portes de Bologne par des exilés à Andrea de Sale. Condamnation de celui-ci. *Quaderno delle sentenze del capitano del popolo*, dans *Diario*

devait donner, en allumant une torche au *campanile* de San Lorenzo, le signal, aussitôt répété sur les divers clochers[1], de se répandre à travers la ville en criant : Vive le peuple! vive la *parte guelfa!* de piller et de voler, seul moyen connu pour que tous devinssent riches. Ses bavardages éventèrent la mine. Avertis à temps, les seigneurs purent fermer les portes sur les exilés qui arrivaient de Sienne, de Pise, de Bologne[2], et prévenir ainsi l'explosion (Jeudi-saint, 7 avril).

Les coupables du dehors leur échappaient, mais à leur merci étaient ceux du dedans : ils allaient payer pour tous. Le 16 avril, Cante des Gabbrielli, d'Agobbio, capitaine du peuple, faisait pendre trois obscurs conjurés[3]. Le 17, était appréhendé au corps l'ancien prieur Leoncino de Francino, et le 22, Checco de Piero, natif de Poggibonzi, boute-feu des incendies d'antan. Depuis le 9 mai jusqu'au 14 juin, des prières et des intrigues retinrent la hache suspendue sur ces deux têtes ; mais il fallut en finir, car le bruit se répandait que la justice, plus expéditive d'ordinaire, favorisait une évasion[4]. Le fait n'aurait eu rien d'invraisemblable : ne voyait-on pas Marco Strozzi, un des seigneurs, faire disparaître son parent, Pagno, le chef de la conjuration? C'est donc ainsi

---

d'anon., p. 395, n. 4.) — Un autre, Antonio de Benello, parcourt le *contado* et la Romagne, disant : « Andremo in Firenze ed a rubare ed a ardere, e saremo tutti ricchi. » (*Diario d'anonimo*, p. 396.)

[1] March. de Coppo, X, 814, 821 ; *Diario d'anonimo*, p. 392.

[2] March. de Coppo, X, 814 ; *Diario d'anonimo*, p. 394.

[3] « Antonium Niccolai, populi S. Petri majoris alias vocatum Falsia, Palmerium Luchi populi S. Laurentii, Bernardum Bernardi populi S. Petri majoris. » (*Quaderno delle sentenze del capitano del popolo*, dans *Diario d'anon.*, p. 394, n. 4.)

[4] *Diario d'anonimo*, p. 395, 598 ; March. de Coppo, X, 814 ; Ammirato, XIV, 740.

que les mailles du filet se relâchaient pour les gros poissons, se resserraient pour les petits[1]!

Suspect d'y avoir prêté les mains et jaloux de recouvrer sa popularité, Cante des Gabbrielli déploie une rigueur qui ne prouvait rien, mais qui fit illusion : il fait mourir au gibet trois hommes du peuple encore, dont un presque enfant, fils d'une marchande d'herbes, pour avoir voulu « gâter l'état de Florence[2] ». Il condamne quinze citoyens par contumace; il appesantit sans miséricorde sa lourde main sur les criminels et délinquants d'ordre commun[3]. Tel natif de Signa a blessé un revendeur, il a beau crier vive le peuple! sa tête tombe sans retard[4]. Telle servante a tué son maître en lui administrant un clystère d'argent sublimé, on la conduit au bûcher en la promenant par la ville sur une charrette, en lui déchirant les chairs avec des tenailles ardentes[5]. La chronique anonyme qui nous révèle tant de détails inconnus est pleine, du 1ᵉʳ mai au 10 octobre, de ces inexorables condamnations[6]. Pour la moindre rixe, même

[1] March. de Coppo, X, 814; Ammirato, XIV, 739. Dans la *consulte* du 18 juillet, on voit les deux courants, l'un recommandant, surtout envers Pagno, la rigueur, l'autre inclinant à ne pas le tuer comme prêtre : « Quod circa hominem illum qui dicitur sacerdos captus, quod capitaneus ipse et sua curia provideant. — Quod fiat justitia cum misericordia. — Quod sacerdos pro veritate reperienda teneatur et non occidatur. Quod omnes culpabiles puniantur. — Quod quilibet culpabiles in tractatu rigide puniantur. » (*Consulte*, XVIII, 125.)

[2] *Quaderno delle sentenze del capitano del popolo*, dans le *Diario d'anonimo*, p. 395, n. 4, et 396.

[3] « Et quia parum esset ferre condempnationes nisi debite executioni mandarentur committimus.... » (Doc. à la suite du *Diario d'anon.*, p. 525.)

[4] 13 juin 1379. *Diario d'anonimo*, p. 598, note 1.

[5] « Ponatur in carretta et ducatur per loca publica civ. Flor. et per dicta loca cum tenaglis ardentibus carnes ejus adtenaglentur, et quod sic adtenaglata ducatur ad locum justitie consuetum et ibidem publice igne comburatur. » (20 août. Doc. à la suite du *Diario d'anon.*, p. 525.)

[6] Voy. le *Diario d'anonimo*, de la p. 397 à la p. 401.

sans armes, le châtiment qu'édicte Cante, c'est d'avoir les deux mains coupées [1]. Et Florence applaudissait; elle prorogeait pour six mois dans sa charge ce rude capitaine [2]. — Dieu lui donne longue vie! — écrit notre chroniqueur [3]. Les sociétés trop éprouvées aiment les grands justiciers.

Là pourtant, quoi qu'on en dise, n'est point le salut. Il sert peu de châtier les mécontents, si l'on ne supprime les sujets de mécontentement. De mai à octobre, les seigneuries ont beau se recruter surtout parmi les petites gens des métiers, être par conséquent agréables au peuple [4], elles n'en vivent pas moins sur des charbons ardents. Elles craignent tout : le « scandale », si l'on publie l'*estimo* terminé [5]; les *popolani grassi*, qui ne peuvent se résigner au partage du pouvoir; les *ciompi*, irrités de leur exil comme de leur défaite. Aux révélateurs de complots elles promettent cinq cents florins, le droit de porter des armes, la permission de rentrer, s'ils sont bannis [6]. Elles limitent aux voisins d'un incendié le droit de seconder, pour éteindre le feu, les *famigli* des officiers publics [7]. Cédant à ceux qui crient haut et souvent, elles donnent force de loi à une pétition insidieuse qui réclamait l'interdiction des offices contre tout habitant non citoyen [8]. Comment ne virent-elles pas, ce que voyaient bien les péti-

[1] *Diario d'anonimo*, p. 399.
[2] *Provvisioni*, LXIX, 85.
[3] *Diario d'anonimo*, p. 400.
[4] Voy. les listes dans March. de Coppo, X, 816-819.
[5] Boninsegni, p. 636.
[6] Provision du 9 mai, adoptée par les conseils le 23 et le 24. Voy. *Diario d'anonimo*, p. 397 et note 4.
[7] *Diario d'anonimo*, p. 398.
[8] Juillet 1379. March. de Coppo, X, 818; Boninsegni, p. 636.

tionnaires, que c'était, pour flatter une vieille manie, frapper les principaux appuis du gouvernement populaire, et tout ensemble de l'industrie, du trafic, ces artisans qu'attirait du dehors la certitude d'un travail actif et continu, d'un salaire médiocre, il est vrai, mais assuré? Elles le virent à la fin, par la faute des perturbateurs de haut rang qui essayaient de monter les têtes : — Il en ira de ce fait, disaient-ils aux pauvres gens, comme de l'*ammonizione* : chacun dénoncera comme étrangers ses ennemis [1]. — L'imprudence reconnue, la réparer était facile à une seigneurie non engagée. Le remède, par exception, était dans la mobilité des pouvoirs. En toute hâte [2], septembre corrige juillet : la preuve par témoins, admise pour constater qu'une personne est étrangère, le sera également pour établir qu'elle ne l'est pas ; et, si l'accusation est fausse, l'accusateur sera condamné [3], sages correctifs qui, s'ils « déplurent à plus d'un [4] », réjouirent les artisans et ramenèrent la paix [5].... pour quelques jours.

La paix, en effet, dans cette période troublée, durait juste le temps de refaire au dehors la trame des complots. Les exilés étaient perpétuellement induits en tentation par les compagnies d'aventuriers qui rô-

---

[1] « Grande mormorio.... era per più generato che per gli artefici.... alcuni mali contenti dello reggimento davano a vedere agli artefici, per generare scandalo. Questo fatto andrà come dello ammonire in male uscire. E molte altre cose metteano loro a vedere, perchè si guastasse ogni bene e venissesi a romore. » (March. de Coppo, X, 818.)

[2] « Come intrarono. » (March. de Coppo, X, 820.)

[3] « Che dove si potea provare per testimoni di fama, egli non si poteano poi riprovare.... feciono che si riprovassero ; e se erano riprovati per quella medesima prova, rimanea condennato l'accusatore. » (*Ibid.*)

[4] « E ciò fu a molti dispiacere. » (*Ibid.*)

[5] « Corressono per modo detta petizione che uscì il sospetto agli artefici, e rimase la città in buona pace. » (Boninsegni, p. 637.)

daient autour d'eux. Allemands, Anglais, Bretons et Gascons [1] se voyaient imités, suivis, combattus par des Italiens, par cette compagnie de Saint-Georges qu'Alberico de Barbiano commandait à peine âgé de vingt-huit ans, qu'Urbain VI et Catherine de Sienne poussaient contre les étrangers [2], et en qui Florence saluait, avec un naïf enthousiasme, « les vrais vicaires du Christ, champions de la patrie et de la justice, dignes libérateurs de l'Italie [3] ». Contre ces vicaires-là, bientôt démasqués, contre leurs émules de Milan, de Vérone, de Bologne, de Romagne [4], réunis en une compagnie de l'Étoile par Ettore Manfredi, et qui portait sans vergogne le massacre sur le territoire génois [5], il n'y avait

[1] 25 mai 1379. Lettre aux Bolonais. *Sign. cart. miss.*, XVIII, 13. — 27 mai, à Hawkwood. *Ibid.*, f° 15. — 10 juillet, à Charles de Durazzo, f° 33. — 30 juillet, à Bernabò, f° 53 v°. — 20 septembre, aux Bolonais, f° 64. — 6 octobre, aux Génois, f° 71.

[2] *Cron. Bol.*, R. I. S., XVIII, 510; Ste Catherine, lettre 219; Ammirato, XIV, 749; Ricotti, II, 171-175.

[3] « Quid potuit nobis et toti Italie jocondius aut gloriosius intimari quam felicem et invictam societatem vestram, non anglico, non theutonico milite conflatam, sed italici nominis, tantum assumpsisse roboris et virtutis quod bellum veri vicarii J. Christi populique romani Britonum et Vasconum ferocitatem uno congressu adeo feliciter domuisse.... Pro justitia pro patriaque pugnantes adhuc merebimini liberatores Italie nominari. » (11 mai 1379 à la compagnie italienne. *Ibid.*, f° 8.) — Voy. le texte intégral de cette lettre à l'append. n° 1.

[4] « Que inscribitur della Stella, ex dominorum mediolanensium et veronensium gentibus aggregatam. » (10 juillet 1379, à Ch. de Durazzo. *Ibid.*, f° 33 v°.) Cf. Ricotti, II, 178.

[5] « Per Lombardiam amicabiliter transeuntem, demum magnif. fratrum nostrorum januensium territorium hostiliter invasisse, magna, ut fertur, cum ipsorum strage, utpote qui non viderentur ipsorum impetum formidare. » (10 juillet, à Ch. de Durazzo, *ibid.*, f° 33 v°.) Aux premiers jours d'octobre, les Génois infligèrent à la compagnie de l'Étoile une éclatante défaite. — 6 octobre, félicitations aux Génois. *Ibid.*, f° 71. — Cf. G. Stella, R. I. S., XVII, 1112; *Cron. Bol.*, R. I. S., XVIII, 520, Neri de Donato, R. I. S., XV, 265; *Cron. Est.*, R. I. S., XV, 504; *Chron. Placent.*, R. I. S., XVI, 541; Bonincontri, R. I. S., XXI, 34; Ricotti, II, 178.

de défense pour les Florentins que dans le bras d'Hawkwood [1]; aussi cherchaient-ils à réconcilier ce *condottiere* avec son beau-père Bernabò, qui pouvait doubler sa force [2]. Mais toute négociation est lente; les conjurations seules savent presser le pas, et l'histoire des conjurations, c'est pour lors l'histoire même de Florence.

En Lombardie se trouvait un certain Giannozzo Sacchetti, frère du célèbre conteur, et poète lui-même [3], récemment évadé des *Stinche*, où, sur l'ordre de l'évêque, ses dettes l'avaient fait incarcérer [4]. Il arrivait les poches pleines de joyaux que lui avait confiés un de ses compagnons de cachot, gagné par l'hypocrite austérité d'un vaurien qui prodiguait les génuflexions, se nourrissait mal et dormait sur le sol nu. Le dépôt vendu, il rejoignait, muni du nerf de la guerre, Benedetto Peruzzi, ami exilé de l'éternel conspirateur Lapo de Castiglionchio [5], courtisan assidu, à Padoue et devant Trévise, de Charles de Durazzo, chef des Hongrois contre Venise, dans la guerre de Chiozza [6].

---

[1] « Quantum in favorem nostri comunis Vestra fuit Nobilitas operata, quantumque caritatis fervorem erga nos ostenderitis, non in apparatu comertioque verborum sed per effectum operis circa nostra negocia diligenter, utiliter et optate quantum fieri potuit laborando... Dilectionem vestram sinceris affectibus amplectentes, persolutis debitis actionibus gratiarum nos et totum nostrum comune vobis offerimus. » (27 mai 1379, à Hawkwood. *Sign. cart. miss.*, XVIII, 15.) Cf. du 29, à Astorgio, *ibid.*, f° 16 v°.

[2] 30 juillet 1379, à Bernabò. *Ibid.*, f° 44 v°.

[3] Il avait fait des sonnets, des *canzoni*, des laudes sacrées que M. Gherardi (préf. au *Diario d'anon.*, p. 264) trouve fort belles. Une a été publiée par M. Francesco Palermo, *Rime di Dante Alighieri e di Giannozzo Sacchetti* (Flor. 1857) avec un discours où cet éditeur essaie vainement de purger Sacchetti des accusations portées contre lui.

[4] *Diario d'anonimo*, p. 399.

[5] « Lapo.... il quale sempre contro al comune, si dice, facea. » (March. de Coppo, X, 821.) Cf. *Diario d'anonimo*, p. 400; Ammirato, XIV, 741.

[6] G. Capponii, I, 362; Sismondi, IV, 467

Ce jeune capitaine était petit-fils du prince de même nom dont la mort avait vengé, en 1348, celle d'André de Hongrie, l'infortuné mari de la reine Jeanne. Dernier rejeton de la féconde race d'Anjou, il devait hériter du royaume de Naples, et tout ensemble du royaume de Hongrie. Le vieux roi Louis l'y avait appelé pour le former à l'art militaire et lui inculquer sa haine envers la criminelle courtisane qui continuait de trôner dans le sud. Depuis qu'il avait repassé les Alpes à la tête d'une armée, et qu'il manœuvrait dans la Marche trévisane, tous les yeux étaient fixés sur lui, tous les ressentiments, toutes les ambitions recherchaient le secours de ses armes. Urbain VI le sollicitait de mettre fin au règne de Jeanne, qui s'était prononcée pour l'antipape [1]. La seigneurie florentine l'encourageait à vaincre [2], le félicitait de ses victoires, lui donnait le titre nullement mérité de bienfaiteur de la République [3]. Des bannis le provoquaient à traverser la Toscane en se dirigeant vers le Royaume, l'assuraient qu'à son approche Florence secouerait le joug des petites gens, lui promettaient, redevenus les maîtres, de l'aider dans sa grande entreprise. D'autres, à Bologne, serraient de près son sénéchal, Giannuzzo des comtes Guidi de Salerne, qu'on appelait aussi Giannuzzo de Protogiudice [4], et qui, formant l'avant-garde, devait, le premier, paraître en armes sur le ter-

---

[1] Giannone, l. XXIII, c. III, t. III, p. 241; Sismondi, IV, 467.
[2] « Quid letius posset nobis occurrere quam Claritudinem Vestram qui estis post regiam majestatem illius sacratissimi sanguinis quem post Deum veneramur in terris stipes unicus in quo regiam progeniem speramus per Dei clementiam propagari. » (26 juin 1379. *Sign. cart. miss.*, XVIII, 23.)
[3] « Benefactor noster singularissime. » (10 juillet 1379. *Ibid*, f° 35 v°.)
[4] March. de Coppo, X, 847. C'est aussi le nom qu'il porte dans les documents.

ritoire de la République, si Charles en prenait la résolution. Les Siennois, de leur côté, intriguaient pour rétablir à Florence le gouvernement de la populace, et l'établir du même coup à Sienne [1]. Un Florentin, Nanni d'Anselmo, fauteur zélé de l'oligarchie, les poussait à s'emparer d'un château quelconque de la République. Si grande était, selon lui, la fermentation, qu'il n'en faudrait pas davantage pour rendre « aux guelfes » la prépondérance.

Il y avait donc entente, pour le moins tacite, des *ciompi* avec les plus nobles citoyens. On vit même entrer dans l'accord une partie des *popolani* dont la condamnation venait d'être supprimée [3]. Tant d'ingratitude révoltait contre eux la conscience publique. On leur prêtait les plus noirs desseins [4], sans être en état d'y faire obstacle. Benedetto Peruzzi avait le vent en poupe, quand, au mois de septembre, il trouva dans

[1] March. de Coppo, X, §25.

[2] « Ingegnati di pigliare qualche castello di quelli di Firenze, perochè non fia sì piccolo romore che e' guelfi riavranno loro stato. » (Doc. Magliab. dans Gherardi, préf. au *Diario d'anon.*, p. 263.)

[3] In qua simul omnes nostre civitatis exules cunctique nostri status emuli consenserant. Nec tantum manifesti rebelles in hujus vere devote civitatis excidium convenerunt, sed nobilissimi cives, et de illorum numero quos a confinibus hujus populi clementia revocarat. » (Lettre de la seigneurie au roi de Hongrie, 30 décembre 1379. *Sign. cart. miss.*, XVIII, 95 v°.)

[4] « Non solum hujus reip. regimen occupare, concives opprimere et partam multo sanguine nobisque relictam a nostris majoribus libertatem in sevam tirannidem commutare, sed etiam horribile dictu jugulare cives optimos disponebant, artium et artificum conventus honestissimos quibus resp. nostra cum tranquillitate dirigitur tollere, totam urbem rapinis exponere, cunctaque cedibus bonorum et habitaculorum incendiis deformare. Et ut conatum tanti sceleris honestarent, sub sanctissime partis guelfe tam glorioso nomine quam vexillo cujus se principes credi volunt.... conjuraverunt cum magnis civibus sub vexillo regio, cum gentibus quas sub Vestre nomine Majestatis.... D. Karolus ad summi pontificis auxilia destinabat. » (*Ibid.*)

Sacchetti un instrument propre aux missions secrètes.
— Pour rendre les exilés plus grands que jamais, lui disait-il, quatre cents lances de Saint-Georges suffiront. Seulement, il faut, pour les solder, deux mille florins, qu'on ne trouvera qu'à Florence, auprès des « archiguelfes[1] »; et qui pourrait mieux que lui les leur soutirer[2]? — Ingénieux comme sans scrupules, ce méprisable agent s'est bientôt donné deux fausses lettres de créance, adressées aux guelfes sous le nom de Charles[3], et un sceau aux armes de ce prince[4], sceau si bien fait que le

---

[1] March. de Coppo, X, 821.

[2] Le discours de Benedetto Peruzzi est rapporté dans le procès original qui lui fut intenté ainsi qu'à Sacchetti. Il mérite de trouver place ici : « O Zanoccio, io te so dire che ce ne sono le maiore novelle del mondo, che per certo tu vedrai che li ussiti di Firenza reintraranno in Firenza, a despetto de chi non vorrà, e reaveranno lo stato e seranno magiori in Firenza che mai fossoro. E perchè tu ne sii certo, io cum plu altri de questi rebelli et exbanditi avemo ordinato de conducere fino in numero de 400 lancie e con esse veneremo...: Ell' è de besogno che nui abbiamo duo millia firini, azò che possamo meglio sostenere queste lanze.... Et però io voglio che tu vadi subito a Firenza e rechedi quelli nostri amici li quali a te parrà e da ordene cum loro che abbiamo i dicti due millia firini et che egli se aviseno cum amici et cum fanti et omne loro podere che le predicte cosse possa avere effecto. » (Quaderno d'inquisizioni del capitano, oct.-déc. 1379, 15 octobre, dans Diario d'anon., p. 402, n. 4.)

[3] Procès dans le Diario d'anonimo, p. 402, n. 4.

[4] Le fait a été contesté quant au sceau par Marchionne de Coppo (X, 827, XII, 995, Del., XVII, 84), quoique cet auteur ait dit ailleurs (X, 821) que Giannozzo était bon graveur sur pierres, mais admis par Boninsegni (p. 637), et par Ammirato (XIV, 741) qui l'impute à Benedetto Peruzzi, à qui il prête ce talent. M. Palermo et M. Gherardi (note à la p. 403 du Diario d'anonimo) se rangent à l'avis de Marchionne, et l'on peut bien admettre que les aveux de l'accusé dans les tourments ne sont pas probants contre lui; mais les lettres de la seigneurie sont bien accusatrices, alors et plus tard : « Nec putet aliquis hec a nobis fingi. Stant littere, stat sigillum illud lapideum, stat etiam illius inhumani hominis spontanea et manifesta confessio. » (Lettre au roi de Hongrie, 17 octobre, Sign. cart. miss., XVIII, 75 et note, p. 403 du Diario d'anon.) — « D. Canti de Gabriellibus : Clarissime princeps, Karolus de Dyrrachio pluries maxima cum instantia postulavit quatenus lapidem illum quem damnabilis memorie nostre Zanoczus de Sacchettis in

prince s'y fût trompé lui-même, ainsi que l'artisan[1]. Puis il part pour la Toscane, et va chercher un gîte, pour nouer ses intrigues, pour soulever mécontents et pillards[2], dans le *contado*, chez Bonifazio Peruzzi.

Par malheur pour les conjurés, Florence avait, au camp de Trévise, des ambassadeurs clairvoyants, Tommaso Strozzi, toujours sur la brèche, Donato Barbadori, célèbre par son énergie en cour pontificale, Marco de Benvenuto, marchand de savon. Par eux avertis, les Huit de garde mettent la main sur Bonifazio Peruzzi et son hôte (12 octobre). Aussitôt, les plus compromis de prendre la fuite[3], et Franco Sacchetti, le spirituel conteur, d'insister en pleine consulte pour « que le capitaine du peuple fît justice de tous et de Giannuzzo, qui, ayant péché contre sa patrie, était digne de mort[4] ». La bouche d'un frère aurait pu seule défendre ce criminel intrigant ; elle venait de prononcer son arrêt. Le 15 octobre, il eut la tête coupée. Son complice moins compromis en fut quitte pour deux mille florins d'or, au grand déplaisir des petites gens, qui se répandaient en imprécations contre les protecteurs puissants, contre le capi-

---

forma sui sigilli, sicut novistis, sculpserat, ad ipsum transmittere deberemus. » (22 août 1380. *Sign. cart. miss.*, XIX, 35.) Voy. encore la note suivante.

[1] « Manibus propriis in lapide quodam secretum sigillum.... D. Caroli adeo proprie figuravit quod non solum extraneos sed sigillatorem prefati principis et ipsum eumdem facile decepisset. » (Lettre au roi de Hongrie, 17 oct.)

[2] « Cepit plurimorum civium non guelforum tantum qui soli patriam regunt, sed cupidorum prede gratia facere novitatem, animos pertentare. » (Lettre au roi de Hongrie, 17 oct.)

[3] March. de Coppo, X, 821 ; Ammirato, XIV, 742.

[4] Franco Sacchetti : « Quod capitaneus faciat justiciam contra omnes et contra Giannoczum qui, cum in patriam peccaverit, mortis supplicio dignus est. » (12 oct. 1379. *Consulte*, XX, 21.)

taine et les prieurs coupables de faiblesse, perdus désormais d'impopularité[1]. Avec quelque patience, cependant, le peuple eût reconnu la peine fort sérieuse. Tout Peruzzi qu'il était, Bonifazio ne peut, en sept jours, trouver que par emprunts la somme à payer. Il en fut ruiné, ne se releva point, mourut même de chagrin, dit-on, peu de mois plus tard, laissant huit fils en bas âge et une fille fiancée, dont le mariage fut rompu, faute de lui pouvoir compter sa dot[2]. Les révolutions sont fécondes en désastres domestiques, dont l'histoire ne parle pas.

Charles de Durazzo avait-il trempé dans le complot? Florence n'en savait et n'en voulait rien savoir. Avant même de recevoir la lettre par laquelle le roi de Hongrie en disculpait son héritier[3], elle sentait bien qu'il le fallait ménager, pour qu'il ne passât point par la Toscane. « Quelque amour qu'il eût de la paix, écrivait au vieux monarque la seigneurie, il ne pourrait empêcher, à son approche, le soulèvement d'hommes que poussait aux extrêmes la misère ou leur turbulence naturelle[4] ». Pour prévenir cet imminent danger, il fallait solliciter les Bolonais de refuser eux-mêmes le passage aux troupes

---

[1] *Diario d'anonimo*, p. 402; March. de Coppo, X, 821; Ammirato, XIV, 742.

[2] Le 9 août 1380. *Diario del Monaldi*, p. 354. — « Opportuit ipsum Bonifatium distrahere pro solvendo de suis bonis utiliora et etiam mutuo acquirere, in tantum quod inde demum, dolore afflictus, infra annum defunctus est, relictis octo filiis parvulis, cum parva substantia. Et quod durius est, estat filia nubilis, viro jam promissa, et cum dos ibi deficiat, illi tradi non potest; obmissis aliis necessitatibus quas patitur dictus numerus filiorum. » (Pétition adressée à la seigneurie par les fils et héritiers de Bonifazio Peruzzi, 21 novembre 1382, dans *Diario d'anonimo*, p. 404, n. 1.)

[3] 21 novembre 1379. *Sign. cart. miss.*, XVIII, 95.

[4] « Scimus enim quod quantum in ipso est nostri foret status quietis et pacis diligentissimus custoditor. Sed irrequietos cives quos vel inopia cogit tentare res novas vel impellit ambitio compositam et ordinatam patriam

royales, mettre, à tout hasard, la frontière et la ville en état de défense, gouverner surtout avec justice. — Où est la justice, disait en consulte Rosso des Ricci, là est aussi la paix[1].

Ce qu'on appelait justice alors, c'était la rigueur. C'est sous cette forme que, dans le désordre de ses délibérations suprêmes[2], la seigneurie sortante la pratiquait. Elle confinait pour un an, au delà d'un rayon de cent milles, une trentaine de citoyens suspects, qui seraient déclarés rebelles, s'ils rompaient leur ban. Qu'ils le rompissent, elle y comptait, pour confisquer leurs biens et remplir le trésor[3]. Aussi ne put-on, sans une pression violente sur le Conseil de la commune, en obtenir le nécessaire assentiment[4]. Mais, ce défilé franchi, l'exécution devenait facile. La seigneurie nouvelle en avait la charge, et elle n'y pouvait faillir, composée, comme elle l'était, d'un teinturier, d'un menuisier, d'un aubergiste, d'un artisan de la laine, d'un fabricant de courroies, d'un marchand de draps en morceaux, du chroniqueur Marchionne de Coppo, qui devaient être d'accord contre les deux autres, *scioperati* peut-être, car leur profession n'est pas indiquée[5]. Elle relègue Lapo de Castiglionchio et Benghi Buondelmonti à deux cents milles, le double du minimum exigé par la loi; Luca de Panzano et son

---

perturbare, non posset quantacunque conaretur instantia continere. Et nos manifeste videmus ipsos in eorum innata perfidia ex suo adventu occasionem futuris motibus assumpturos. Removeatur itaque causa et cessabit effectus. » (Lettre au roi de Hongrie, 17 oct.)

[1] 24 octobre 1379. *Consulte*, XX, 25 v°.
[2] 28 octobre : « Fu un grande bisbiglio nel palagio di nostri signori co' loro collegi e co' loro consiglio. » (*Diario d'anonimo*, p. 405.)
[3] March. de Coppo, X, 822.
[4] Boninsegni, p. 638 ; Ammirato, XIV, 742.
[5] March. de Coppo, X, 823.

fils à Faenza ; son frère à Rome, avec ser Nofri, le notaire des *Riformagioni*[1] ; Pagno des Strozzi à Bologne, Guerriante Marignolli à Borgo San Sepolcro, Benedetto Peruzzi à Gênes. Bien d'autres eurent le même sort, tous des plus illustres familles, sauf un seul, qui tient, à vrai dire, le premier rang sur la liste de proscription, le cardeur Guido Bandiera, jadis chevalier du peuple de Dieu[2].

Plus habile et plus patient que ses compagnons, Lapo de Castiglionchio, attendant l'heure propice à la revanche, feignait de juger son rôle fini et de se résigner à son sort[3]. Mais eux ne désespéraient point de violenter la fortune. Les uns suivaient Charles de Durazzo dans sa marche vers la Toscane et Rome. D'autres manœuvraient à Sienne pour s'emparer, sur le territoire de Volterre, des châteaux qu'y possédait ou protégeait Florence[4]. Ser Nofri, dans la province de Poppi, d'où il était natif, où il avait tous ses biens, enrôlait des mercenaires et tentait sur Figline un hardi coup de main[5], que déjouait heureusement l'avis loyal des Siennois[6].

Tout est bien qui finit bien ; mais en quel état d'abais-

---

[1] Ser Nofri était fils du fameux ser Piero des *Riformagioni*.

[2] *Diario d'anonimo*, p. 405.

[3] « Quod D. Lapus de Castiglionchio decretis patrie in animum induxerit obedire, multis rationibus contentamur. » (3 déc. 1379. La seigneurie au seigneur de Padoue. *Sign. cart. miss.*, XVIII, 91.)

[4] March. de Coppo, X, 824 ; Ammirato, XIV, 742. Que les confinés fussent en mouvement, on ne le voit dans aucun auteur ; mais les noms de ceux qui conduisirent la tentative sur Figline sont justement les leurs. On est donc fondé à affirmer que la plupart n'avaient pas accepté leur nouvelle condamnation.

[5] 1er ou 2 décembre, date est donnée par le procès fait aux conspirateurs. Voy. Gherardi, préf. au *Diario d'anon.*, p. 262. — Le *Diario* même (p. 405) dit le 5 décembre, et March. de Coppo (X, 824) qui était prieur, un jour de novembre. Mais il écrit de mémoire.

[6] March. de Coppo, X, 825, 826 ; ms. Magliab. dans Gherardi, préf. au *Diario d'anonimo*, p. 263.

sement était donc la République, pour qu'un simple notaire osât ainsi s'armer contre elle, et pût trouver des appuis [1]? Que de représentations à faire aux alliés, pour stimuler leur vigilance [2], que de châtiments à infliger, si l'on voulait punir « tous les coupables [3] » ! Cante d'Agobbio, le capitaine du peuple, prononce vingt condamnations ; Bertaldo de Gênes, le défenseur du *contado* seize, et, dans le nombre, celle de Luca de Panzano [4]. Mais c'est peu, pour les ombrageuses gens des menus arts. Leurs *capitudini* mandent et gourmandent Cante des Gabbrielli : cet homme si sévère, ils le trouvent bénin. Il prétend ne procéder que contre des coupables [5]. Fort bien, mais qu'est-ce à dire? ne sont-ils pas coupables, ceux que la voix publique désigne comme tels?

On a tort quand on se fâche, et pourtant les alarmes étaient fondées : la conjuration, de plus en plus vaste, enveloppait Florence de ses filets. Trop de Florentins honorables gémissaient dans l'exil, pour que leurs compatriotes en nombre ne maudissent pas le régime qui les menaçait d'un sort pareil, qui mettait en jeu leur

[1] « Apparve questo non potere essere.... sanza appoggio degli altri cittadini. » (March. de Coppo, X, 825.)

[2] 3 décembre. Lettres aux Arétins pour les féliciter d'écouter les conseils de la Rép. et pour les engager à persévérer; aux Pérugins pour leur promettre des secours et les exhorter à se tenir prêts. (*Sign. cart. miss.*, XVIII, 87 v°, 88.)

[3] Bernardus Matthæi : « Quod omnes culpabiles acerrime puniantur et auferantur omnia bona ab istis tractatoribus. — Picino Picini : Quod culpabiles puniantur. — Giorgio Scali : Adversus inobedientes et malos qui venerunt ut auferrent et rebellarent Fighinum, graviter et aspere puniantur cum ruina et destructione bonorum. Et quod omnes populi unde transiverunt acriter puniantur. » (8 décembre. *Consulte*, XX, 48 v°.)

[4] March. de Coppo, X, 826; *Diario d'anonimo*, p. 405.

[5] March. de Coppo, X, 826; Ammirato, XIV, 743.

fortune et leur tête[1]. Le soupçon planait donc sur tous, et les maîtres du jour ne pouvaient se fier à personne. La recherche des suspects en faisait découvrir jusque dans des serviteurs jadis fidèles et dévoués. Donato Barbadori, revenu de Trévise avec ses collègues d'ambassade, est dénoncé par eux comme les ayant exclus d'un dîner qu'il avait eu le tort d'offrir aux principaux bannis. Le fait, étant indéniable, ne put être qu'excusé : tout ce qui n'est pas défendu, dit Donato, est permis, et les bannis n'ont pas voulu manger avec Tommaso Strozzi, leur ennemi, avec Marco, le marchand de savon[2]. S'il en faut croire Ammirato, Barbadori devait ce repas à des amis dont il avait gagné l'argent au jeu[3]. Mais jouer familièrement avec des proscrits n'est pas plus le fait de qui représente le gouvernement proscripteur, que de leur donner à dîner.

On eût peut-être épargné l'imprudent, en souvenir de ses anciens services ; la persistance des intrigues et des complots lui devait coûter la vie. De toutes parts, arrivait la nouvelle d'une prochaine prise d'armes. Hawkwood offrait (10 décembre) de révéler pour cinquante

---

[1] Buonaccorso Pitti rapporte qu'en avril 1380, il fut insulté, à Pise où il vivait en exil, par un marchand florentin, Matteo Corbizzi. Pitti le menace, s'il continue d'attaquer les bannis, de lui « ensanglanter la chemise. » L'autre persistant, au lieu de mettre sa menace à exécution, il s'éloigne ; mais dans une petite ville comme Pise, on se rencontre. « Je pars demain pour Florence, dit Matteo à haute voix, et j'y ferai prendre des mesures contre qui m'a menacé. » Pitti lui met la main à la poitrine, et lui dit : — Qu'ai-je à faire avec toi ? — Niccolò des Bardi, qui était avec Pitti, porte à Matteo un coup sur la tête dont il mourut le lendemain. Il faut fuir pour échapper aux vengeances, à la justice. Les deux amis vont à Vérone rejoindre Charles de Durazzo. Pour ce voyage, Pitti n'achète pas moins de neuf chevaux. L'exil ne l'avait pas ruiné. (Buonaccorso Pitti, *Cronica*, p. 25, 26.)
[2] March. de Coppo, X, 827.
[3] Ammirato, XIV, 743.

mille florins les plans et les noms; pour vingt mille, les plans sans les noms. Chargé de la négociation, Guccio Gucci, un des Huit Saints, traitait au plus bas prix, par générosité ou par économie, laissant à la seigneurie le soin de découvrir les conjurés, et aux conjurés une chance de salut [1]. C'était déjà beaucoup d'apprendre que *ciompi* et *popolani grassi*, ralliés sous des bannières aux armes du peuple florentin et de la *parte guelfa* [2], trouvaient leur point d'appui à Bologne, dans les forces hongroises, se proposaient d'entrer dans Florence, le jour de la Saint-Thomas (21 décembre), avec les *contadini* conduisant au marché les porcs de leurs maîtres, comptaient se réunir aux quatre extrémités de la ville, y mettre le feu à quatre maisons, du consentement des propriétaires [3], massacrer Tommaso Strozzi, Giorgio Scali et bien d'autres, notamment les *ammoniti*, s'emparer du palais, au cri de vivent le peuple et la *parte !* rappeler enfin les exilés.

Ce plan connu, le nom de ceux qui l'avaient tracé ne resta plus longtemps un mystère. D'un certain Lorenzo de Giovanni, surnommé Nencio l'aveugle, qu'elle avait incarcéré avec divers suspects, la seigneurie apprit que tous les confinés de l'année précédente, sauf trois, prenaient part au complot, que Charles de Durazzo en avait connaissance, et qu'il tenait dans ses mains les sceaux de vingt-sept familles florentines. Les plus compromis étaient hors d'atteinte; mais on pouvait dans la ville châtier plus d'un de leurs complices. Le lundi matin,

---

[1] March. de Coppo, X, 828; Ammirato, XIV, 744.

[2] Sur ces bannières, on avait peint un bras, une main tenant une épée nue, mais brisée, symbole de la défaite.

[3] « Di consentimento di cui era. » (March. de Coppo, X, 829.)

19 décembre, tout le monde y était sous les armes. Tommaso Strozzi et Benedetto Alberti commandaient aux arts majeurs, Benedetto de Carlona et le teinturier Lorenzo de Donato aux arts mineurs. Qui donc, avec ces chefs aimés, aurait refusé de marcher [1]? On les suivit dans leur recherche des coupables, qu'ordonnait la consulte, non sans autoriser les artisans à s'ériger, au besoin, en justiciers [2].

Plus d'un gros poisson fut pris dans ce coup de filet : les deux Barbadori, qui étaient dans la ville ; Piero des Albizzi, Filippo Strozzi, Jacopo Sacchetti, qui y revenaient à l'expiration de leur peine ; Carlo Mangioni qu'y envoyait le podestat de Barberino. Pour quelques-uns, ce fut une chasse plutôt qu'une pêche : on vit Sacchetti poursuivi se sauver en pourpoint sur les toits, y prendre une entorse, et, ne pouvant aller plus loin, disparaître dans la voisine *Badia*. On l'y découvrit sous un tas de grains [3]. Quel regret, pour ces libérés, de n'avoir pas écouté ser Piero des *Riformagioni*, et, après avoir remercié la seigneurie, pris en hâte le chemin de Naples, où la reine Jeanne leur promettait bon accueil [4] !

D'autres, qu'on n'avait pas pris, étaient désignés par le peuple à la vindicte publique, Nanni d'Anselmo par exemple, qui passait pour avoir conseillé d'empaler les

---

[1] « Acciocchè se fusse assalita la piazza, non avessero la scusa che ebbono l'altra volta di non conoscere i cittadini. » (March. de Coppo, X, 830.)

[2] Alexander Benedicti : « Quod Domini provideant ita quod juste puniantur omnes culpabiles, cujusque conditionis sint. Et quod fiat ita quod omnia sentiantur a captis. Et quod procuretur habere quot plures culpabiles haberi possint. Et ubi non fieret per rectores, justicia fiat per cives et artifices quibus hoc committatur. Et quod istud delictum radicitus extirpetur. » (19 déc., *Consulte*, XX, 54.)

[3] March. de Coppo, X, 850 ; Ammirato, XIV, 745.

[4] Chron. Magliab. dans préf. au *Diario d'anon.*, p. 263.

artisans, afin qu'ils ne gouvernassent pas comme ils faisaient[1]. Justice! justice! criait-on de toutes parts. Mais justice de quoi, puisqu'il n'y avait pas eu commencement d'exécution? Le podestat, le capitaine, l'exécuteur déclaraient ne pouvoir sévir que contre les exilés compromis, s'ils leurs tombaient sous la main. S'avance alors vers la seigneurie Benedetto Alberti, avec quatre de ses hommes des arts majeurs: au nom de tous il lui signifie que si l'on ne fait prompte justice, le peuple la fera par le fer et le feu.

Entendre, c'est obéir, dit le proverbe arabe. Une commission de douze membres[2] fut aussitôt nommée. Après en avoir délibéré tout le jour et toute la nuit, elle enjoignit aux officiers étrangers de donner satisfaction au peuple avant l'heure de none, trois heures après midi (21 décembre). Ce délai expiré, quatre délégués des gens de la place recevaient balie d'agir par eux-mêmes. Accusé de vouloir fuir après l'évasion des prisonniers, l'inflexible Cante fléchit à la fin : il soumit longuement à la torture de la corde Filippo Strozzi et Nanni d'Anselmo, qui, dans les affres de la douleur, avouaient ce qu'on voulait[3].

Le lendemain 22, commencèrent les exécutions. Sur l'ordre du podestat, Francesco de Castel San Giovanni, Carlo Mangioni, un serviteur de celui-ci, ont la tête

---

[1] Innanzi che sia pochi dì sarà messo un zaffo in culo agli artefici d'acciaio per modo che' non reggeranno com' e' fanno. » (March. de Coppo, X, 833.) Cf. Boninsegni, p. 638; Ammirato, XIV, 745.

[2] Cette commission se composait de deux *capitudini* des arts, deux capitaines de la *parte*, deux des Neuf de la marchandise, deux des Dix de liberté, deux gonfaloniers, deux des douze *buonuomini*. (March. de Coppo, X, 833.)

[3] March. de Coppo, X, 833, 834.

coupée[1]. C'étaient de petites gens, de ceux que le peuple aurait voulu épargner[2]; mais quoi? il avait réclamé si longtemps l'égalité! On la lui donnait à rebours. Réduit à suivre l'exemple de son collègue, il faut bien que le capitaine fasse mourir ceux qu'il a torturés. Tandis qu'il fait, selon l'usage, lire leur condamnation sur l'escalier de son palais, une femme « folle » pousse un grand cri, et ce fut une panique. Ceux qui ont des armes serrent leurs rangs et se mettent en défense ; les autres, se croyant attaqués, s'enfuient, s'étouffent, s'écrasent aux issues étroites, sont foulés aux pieds des chevaux. Deux en moururent. Quand tout le reste eut disparu, on ne voyait plus, aux alentours, que bonnets, souliers et sandales. Abandonnés de leurs gardiens, les prisonniers avaient pris la fuite; mais les portes ont été fermées, car le capitaine sent bien qu'on lui demandera des comptes : il ressaisit ses deux victimes, et fait tomber leur tête sur le mur extérieur, donnant sur la place, lieu ordinaire des exécutions[3].

Qu'il était loin de compte, s'il se flattait d'avoir apaisé la furie populaire! — Aux autres! aux autres maintenant! — hurle à ses oreilles une populace mise en appétit. A ce cri sauvage, reprennent leur ressort sa compassion refoulée, ses scrupules de légalité. Les « autres » c'étaient cinq citoyens détenus, mis à la corde pendant la nuit, et qui, nonobstant, n'avaient rien avoué. Or, la loi, qui permettait de condamner sur des

---

[1] *Diario d'anonimo*, p. 407 ; March. de Coppo, X, 834 ; Ammirato, XIV, 746.

[2] « Intendeano che al presente non fosse morto niuno di quelli poveri. » (March. de Coppo, X, 835.)

[3] March. de Coppo, X, 834 ; *Diario d'anonimo*, p. 407.

aveux arrachés par la torture, ne permettait pas, sans aveux préalables, le dernier supplice. — Faites-les donc mourir, vous ! répondait le capitaine. Quant à moi, si je ne les trouve coupables, je ne le ferai point ! — Eh bien ! disaient entre eux les gens du peuple, il sera taillé en pièces avec les siens, et l'on mettra le feu à leurs maisons[1].

A ce capitaine menacé ne manquait point l'appui des prieurs[2], et la lutte allait s'engager, quand les prisonniers la rendirent inutile. Craignant pour leurs proches, craignant surtout de « mourir comme des chiens », c'est à dire d'être pendus, ils aspiraient à la faveur d'être décapités[3]. Pour l'obtenir, ils confessèrent « d'avoir parlé avec divers, en vue de troubler l'état présent[4] ». Vrai ou faux, cet aveu rendait leur condamnation possible, sinon nécessaire, et Cante leur signifia de « recommander leur âme à Dieu ». Par commisération, toutefois, il voulut encore obtenir des ordres. La seigneurie les lui refusa : elle faisait son office, à lui de faire le sien[5]. Chacun, en ces jours terribles, fuyait la responsabilité.

Mis au pied du mur, Cante fit décapiter, selon leur vœu, Jacopo Sacchetti, Cipriano Mangioni, Bartolo Simi-

---

[1] March. de Coppo, X, 854 ; Ammirato, XIV, 746.

[2] « I priori s'erano posti in cuore che non si facesse più, ed erano forniti di gente, ed aveano buono animo, e li buoni uomini li confortavano, e prometteano di aiutarli. » (March. de Coppo, X, 855.)

[3] En plusieurs endroits du *Diario d'anonimo*, on trouve que décapiter au lieu de pendre, c'est faire grâce. « Mandògli a tagliare il capo, imperochè egli fu fatto di gracia (p. 395). »

[4] « Confessarono avere parlato chi con uno e chi con un altro per turbare lo stato presente. » (March. de Coppo, X, 855.)

[5] « I priori rispuosero ch'eglino per loro stavano in palagio, allo reggimento della città e mantenere lo stato, ed a fare lo loro uficio, ed il capitano lo suo. » (*Ibid.*)

netti, Piero des Albizzi[1], ce personnage si insolemment heureux que ses amis, jadis, lui envoyaient, pour fixer la roue de la fortune, un clou caché sous des friandises, dans une tasse en argent[2]. L'exécuteur, dans le même temps, faisait périr Donato Barbadori. Tous les cinq, en mourant, rétractèrent leurs aveux, protestèrent de leur innocence et parvinrent à jeter dans l'esprit public un doute[3] dont profitèrent, en même temps que leur mémoire, quelques-uns des détenus : Bartolommeo Barbadori, frère de Donato, fut remis en liberté[4]. Si l'on frappe encore (24 décembre), ce sont des têtes obscures, Nencio l'aveugle, par exemple, qui sut mourir sans faiblesse : — Faites, dit-il, ce que vous voudrez. La toile est ourdie, elle se tissera. Je suis content de mourir pour la *parte guelfa*. Ce que j'ai fait, si c'était à refaire, je le ferais[5] !

La conjuration n'était donc pas un fantôme d'esprits effrayés. Elle avait même ceci de particulièrement grave que l'insuccès des précédentes ne l'avait pu décourager[6], et que les desseins les plus divers, les plus pervers, se cachaient sous les revendications soi-disant réparatrices de la *parte*. « Ces hommes, écrit Marchionne, qui cherchaient à renverser l'État n'étaient pas plus guelfes

---

[1] *Ibid.* et *Diario d'anonimo*, p. 407. Ser Naddo (p. 30) espace entre le 22, le 23 et le 24 les exécutions; mais on ne peut croire à son exactitude absolue, car il omet complètement le supplice de Barbadori.

[2] March. de Coppo, Ammirato, XIV, 747.

[3] « E certamente di M. Donato, se fu colpevole, gran peccato fu di lui che in tanto errore venisse,... e se non fu colpevole, gran danno ne fu. » (March. de Coppo, X, 836.)

[4] *Ibid.*, *Diario d'anonimo*, p. 407; Ser Naddo, p. 31.

[5] March. de Coppo, X, 839.

[6] « Tractatus qui hic erat per dei gratiam taliter est oppressus quod quamvis magnus et periculosus fuerit... » (Lettre de la seigneurie aux Pérugins, post-scriptum. 20 décembre 1379. *Sign. cart. miss.*, XVIII, 91 v°.)

que les autres. Sous couleur de *parte guelfa*, ils provoquaient un soulèvement pour faire le mal. Ils abominaient la ville de se laisser conduire par les gibelins ; mais ils ne disaient pas vrai, car elle était conduite par des guelfes, sous le nom de la *parte guelfa*. Si quelques noms de gibelins sortaient des bourses, les guelfes y étaient dans la proportion de vingt pour un[1]. »

Quand il écrivait ces lignes, Marchionne était prieur ; mais, quoique intéressé, son témoignage est véritable, puisqu'il se montre partout sévère aux petites gens, puisque les villes voisines, Bologne, Arezzo, Pérouse, Sienne, Pise, mettaient obstacle aux desseins des conjurés, envoyaient aux Florentins des lances pour les combattre[2]. Trop sommaire peut-être et trop rigoureuse, la répression était donc légitime. Le malheur, c'est qu'elle ne résolvait rien, c'est qu'elle créait de nouveaux dangers. On allait tirer au sort une nouvelle seigneurie (fin décembre) : qu'arriverait-il, si les prieurs entrants étaient parents ou amis des condamnés ? Des représailles étaient à craindre, fruit amer d'institutions fondées sur

[1] March. de Coppo, X, 839. Sismondi (IV, 471) a fort mal compris tout cela. Il croit que cette conspiration avait été formée uniquement par des hommes obscurs, et il reproche à la seigneurie de « se souiller du sang le plus pur de la nation. » Ce qu'il a bien senti, c'est que cette seigneurie avait la haine de la basse populace autant que des anciens guelfes, ou pour mieux dire de ceux qui aspiraient à l'oligarchie.

[2] March. de Coppo, X, 831, 832. — « Gentes unde nobis parabatur excidium, post concessam licentiam continuistis, concedentes eis tali conditione recessum quod ex ipsis nichil oporteat formidare. Vos huic ordini non contenti juramenta quod non nos offenderent exegistis, tam instrumentis solennia quam sigillis. Vos emulos nostros, imo parentis patrie proditores, ne possent in Tusciam accedere, vetuistis. Vos conjurationis conscios vel suspectos per magistratus vestros fecistis examinandos cum diligentia detineri. Vos gentium vestrarum subsidia ad consolationem nostri populi destinatis. » (La seigneurie aux Bolonais. 24 décembre. *Sign. cart. miss.*, XVIII, 94.) Dans une autre lettre du même jour, la seigneurie écrivait aux Bolonais et

le hasard. De là mille propositions illégales ou violentes.
Les uns menacent de mettre en pièces les nouveaux
seigneurs, s'ils ne sont pas à leur goût. D'autres, pour
prévenir l'effusion du sang, veulent retirer des bourses
et déchirer les noms suspects. De cet avis sans pudeur
sont les quatre chefs de la force publique sur la place, le
teinturier Lorenzo de Donato, le cordonnier Benedetto
de Carlona, et, ce qui est plus fâcheux, Benedetto Alberti,
Tommaso Strozzi, véritable chef du gouvernement à
cette date[1]. Plus sages, les prieurs sortants, avec un
grand conseil de *richiesti*, décidèrent que rien ne serait
changé aux usages (26, 27 décembre), et le sort, cette
fois, récompensa la sagesse.

Les deux principaux noms qu'amena le tirage, furent
ceux de Giorgio Gucci, fils d'un des Huit Saints, resté
populaire dans sa retraite, et de Simone de ser Matteo
Biffoli, fils d'un homme de loi. Les autres étaient un
fourreur, un cardeur, un artisan de la laine, un tondeur, un marchand d'huile, un fabricant de cuirasses.
Le gonfalon de justice passait aux mains d'un boucher[2].
Le cap des tempêtes venait donc d'être doublé ; mais ne
faudrait-il pas le doubler encore en mars, en mai, en
juillet, tous les deux mois ?

La seigneurie de janvier 1380 se flatta de conjurer
le danger. Son premier soin fut d'assurer l'ordre, en
poursuivant, en recherchant les conspirateurs[3], en rete-

---

aux Pérugins que les gens de Charles de Durazzo machinaient contre Bologne
et Pérouse la même chose que contre Florence. (*Ibid.*, f° 93.)

[1] Ammirato (XIV, 747) a très-bien signalé l'importance toute particulière
de ces deux hommes.

[2] March. de Coppo, X, 841.

[3] Feocius Casini : « Quod pro status conservatione fiat justicia, non parendo
alicui. » (5 janvier 1380. *Consulte*, XX, 61.) Cf. *Diario d'anonimo*, p. 407.

nant Cante des Gabbrielli, réputé homme d'énergie, malgré sa faiblesse d'un jour. « Dieu sait, écrivait-elle aux habitants d'Agobbio qui le réclamaient pour apaiser leurs propres troubles, Dieu sait combien il nous serait préjudiciable et dangereux qu'il s'absentât, même pour le temps le plus court[1] ! » Cinquante-neuf *popolani* sont ensuite exclus des emplois, vingt par leur incorporation dans la classe des magnats, trente-neuf par le *divieto*, proscription temporaire, qui n'infligeait aucune note d'infamie[2]. Ainsi disparaîtront de la scène politique des hommes de nom connu, Acciajuoli et Albizzi, Altoviti et Barbadori, Biliotti et Gherardini, Guicciardini et Guadagni, Machiavelli et Mancini, Peruzzi et Ridolfi, Soderini et Strozzi, Vecchietti et... deux cordonniers. L'aristocratie a des fidèles jusque dans les rangs de ses adversaires naturels.

Par une sorte de compensation, et comme pour prouver qu'on poursuit des coupables, des suspects, non toute une classe sociale, vingt grands sont faits *popolani*, recouvrent tous leurs droits, à la condition, déjà imposée en 1361 par la haute bourgeoisie, de prendre un nom nouveau. Dans le nombre se trouvent, avec des citoyens de familles notables, un boucher, un batteur de laine, un peintre, un chaufournier, gens de peu, qu'un châtiment avait relégués au rang des nobles parias[3]. Essentiellement personnelle, cette faveur obli-

---

[1] « Novit Deus quam prejudiciale, quantum discriminis nobis foret si etiam pro minimo tempore se absentaret. » (3 janvier 1380. *Sign. cart. miss.*, XVIII, 99 v°.)

[2] 10 janvier 1380. Les noms se trouvent dans March. de Coppo, X, 843, *Del.*, XV, 132.

[3] 21, 22 janvier. March. de Coppo, X, 843. Cf. *Diario d'anonimo*, p. 408 avec quelques variantes. Ammirato le jeune (XIV, 748) indique ces chan-

geait à renier *consorti*, parents, enfants même. Le 14 février, fut supprimée cette dure condition[1]. C'étaient, à tout prendre, des cœurs humains que ces gens des arts mineurs.

L'équité veut qu'on les juge par leurs actes, et non sur la condamnation sommaire, nullement motivée, dont l'histoire les a frappés. Ces actes sont loin d'être inattaquables. Plusieurs dénotent l'inexpérience; peu ou point, des sentiments pervers, de mauvais desseins. Ici, nous ne distinguerons plus la seigneurie de janvier

gements de noms, qu'il n'est pas inutile de reproduire, pour se reconnaître dans la suite :

Les Agolanti s'appellent	Fiesolani;
— Buondelmonti,	Montebuoni;
— Foraboschi,	Pannocchini;
— Franzesi,	Della Foresta;
— Manetti,	Foresti;
— Pulci,	Ponzardi;
— Soldanieri,	Romaneschi di Porta Rossa;
— Squarcialupi,	Fipopoli;
— Tedaldini,	Da Rainieri;
— Tosinghi,	Della Porta;
— Adimari se divisent en	Franceschi del Corso, Boccaccini, Ruberti;
— Agli,	Liberali, Cari, Filippeschi;
— Bardi,	Dalla Collina, Dal Palagio, Dal Piccone, Angiolotti, Sinibaldi da Lapeggio, Gualterotti;
— Cavalcanti,	Cavalleschi, Malatesti, Popolani;
— Donati,	Bellincioni, Amerighi.
— Frescobaldi,	Rinieri, Da Callerotta, Da Montecastelli;
— Gherardini,	Piovaneschi, Da Montericordoli;
— Pazzi,	Accorti, Aghinolfi, Dalfini, Ghinozzi;
— Ricasoli,	Bindacci, Fibindacci;
— Rossi,	Stoldi, Rosolesi, Lotteringhi da Viviano, Dolcini, Acoppi da Montignoso;
— Tornaquinci,	Jacopi, Marabottini, Giachinotti, Tornabuoni, Cardinali, Pellegrini.

[1] « Et sic omnibus videretur filios refutare et ab ipsis separari. » (Note 3 à la p. 409 du *Diario d'anonimo*.) Le 13 février, une provision (LXIX, 238) fait *popolari* plusieurs grands.

des seigneuries suivantes, car elles se ressemblent, par le fait du hasard ou grâce aux précautions prises. Devant la postérité comme devant leurs contemporains, ces petites gens sont solidaires entre eux.

Ils étaient loin d'innover toujours. Ils tombaient souvent dans l'ornière, créant des magistratures nouvelles, au lieu d'étendre les attributions des magistratures existantes, déjà trop nombreuses[1], soumettant à un examen toute personne condamnée depuis le 1er septembre, pour déclarer rebelles les coupables, et reléguer les non coupables durant deux années encore[2]. Dans ces classifications arbitraires, souvent iniques, ils laissaient percer le bout de l'oreille, en reléguant les petits exilés moins loin que les gros. Mais pour être juste, il faut reconnaître que ce nouvel examen était une sorte d'appel, un adoucissement aux sentences rendues, puisqu'il ne s'agissait que de les maintenir ou de les réduire, en aucun cas de les augmenter.

On reproche aux arts mineurs d'avoir confisqué les biens de ceux qu'ils déclaraient rebelles[3]. N'était-ce donc pas un procédé de gouvernement aussi vieux que Florence ? Cet argent, loin d'enrichir les maîtres du jour, passait aux mains des clercs. On leur avait promis, en concluant la paix avec l'Église, une restitution prochaine de leurs biens : mais la chose traînant en longueur, beaucoup de clercs, misérables avec leur rente à cinq pour cent, refusaient l'absolution à tout acquéreur; et les acquéreurs forcés se retournaient vers la seigneurie, pour qu'elle leur procurât le bienfait des

---

[1] March. de Coppo, X, 843 ; Ammirato le jeune, XIV, 748.
[2] Ammirato le jeune, XIV, 748.
[3] C'est ce que fait Gino Capponi, I, 365.

sacrements. Que faire? contraindre les prêtres, il n'y fallait point penser; restituer le capital en entier, pas davantage. Sept mille florins furent consacrés, malgré la gêne du trésor, à désintéresser par voie de tirage au sort les détenteurs des biens ecclésiastiques, et ces biens retournaient à leurs anciens propriétaires, les clercs, s'ils cessaient de refuser aux mourants les secours de la religion. L'expédient fut efficace, il n'était point s maladroit (12 juin) [1].

Certains autres le furent davantage, ou, du moins, lésèrent trop d'intérêts pour ne pas soulever une vive opposition. Marchionne s'en est fait l'écho. C'est à ce moment et à ce sujet qu'il commence à se séparer de ses anciens amis. Il ne lui pouvait plaire de voir réduire la valeur du florin, dans l'intérêt des menus artisans qu'on payait en sous (27 octobre) [2]; qu'était néanmoins ce remaniement, au prix de ceux qu'opéraient chaque jour les rois? Non moins blâmables lui semblèrent les mesures prises pour alléger le fardeau de la dette publique, et cependant les financiers modernes en adoptent de semblables et les proclament légitimes. Quelques mots d'explication sont nécessaires : ils nous aideront à comprendre le mécanisme des finances florentines.

Une loi ancienne, mais toujours en vigueur, condamnait à avoir la tête tranchée quiconque proposerait de porter à plus de cinq pour cent l'intérêt des sommes qui formaient le capital du *monte*. Comme le trafic donnait davantage, la République ne trouvait plus à emprunter. Pour faciliter les emprunts, ser Piero des *Riformagioni* avait eu, en 1362, l'idée de tourner la

---

[1] March. de Coppo, XI, 857.
[2] March. de Coppo, XI, 877; Ammirato, XIV, 753.

loi, d'inscrire sur le livre de la dette, pour trois cents florins, celui qui en prêterait cent, en d'autres termes de lui servir quinze pour cent d'intérêts. C'est ce qu'on avait appelé le *monte dell' uno tre*, ou du trois pour un. La combinaison ayant paru bonne, on y était revenu, en la modifiant, au temps de la guerre contre San-Miniato. On inscrivit alors, pour deux cents florins, le prêteur de cent, et on lui servit l'intérêt à dix. Ce fut le *monte dell' uno due*, ou du deux pour un. De là, des charges très-lourdes, une situation aussi intolérable que difficile à modifier. Les provisions constitutives des *monti* interdisaient, en effet, d'y toucher. Le gouvernement des arts mineurs n'en crut pas moins qu'il le pourrait faire, comme l'avait fait par deux fois celui des arts majeurs. Mais sur le baudet, de tout temps et partout, on crie haro, quand il imite le lion.

Les prieurs et leurs colléges reçurent le droit de suspendre pour un mois, à la majorité légale des vingt-cinq fèves, les pénalités portées contre qui toucherait aux *monti*. Il fut décidé ensuite que les créanciers de la commune ne recevraient plus que cinq pour cent, et ne seraient par conséquent tenus pour créanciers que de ce qu'ils avaient réellement prêté [1]. Pour ne pas compromettre le crédit public, les prêteurs étrangers furent sagement exceptés de cette réduction [2]. Elle n'en devait pas moins produire une économie annuelle de soixante mille florins d'intérêts, résultat considérable, obtenu par des moyens honnêtes, puisqu'on revenait à la vérité. Mais moralement et financièrement bonne, la mesure était légalement discutable, et politiquement funeste, à

[1] March. de Coppo, XI, 883; *Diario d'anonimo*, p. 422.
[2] Ammirato, XIV, 753.

force d'être inopportune. Les gouvernements qui se fondent doivent tenir grand compte des circonstances ; ils ne vont pas sans péril au bout de leur droit. Contre un pouvoir mal assis, tous les intéressés se soulevèrent, créanciers primitifs, qui voyaient modifiées les conditions de leur prêt; spéculateurs qui avaient vendu terres, maisons, boutiques, pour placer à un intérêt alléchant leurs capitaux réalisés ; acheteurs d'anciennes créances à un taux plus élevé que le taux d'émission, parce que retirer moins de quinze ou de dix, mais plus de cinq, pouvait passer encore pour un bon placement. La perturbation fut extrême, tant les sommes étaient importantes, tant était grand le nombre des gens lésés[1].

Ainsi s'aigrissait, par des griefs tout personnels, une hostilité d'abord politique. De telles atteintes à la propriété, voilà, disait-on, le fruit naturel d'un régime où l'on voyait, dans les bourses, mille noms populaires au lieu de trois cents *popolani*, et, dans le palais, des cardeurs, des bouchers, des teinturiers, des tondeurs et autres gens de même farine[2]. Les riches citoyens qui parlaient ainsi, marquaient mieux encore leur opposition par une émigration volontaire : sous prétexte d'économie, ils se retiraient à la campagne, où l'on ne donnait pas à dîner, où l'on ne payait aucun droit sur les voitures, le bois, le porc, le vin, le sel[3]. Au fond, ce qu'ils se

[1] « E non credo che già cento anni niuna così gran cosa si facesse colle fave come questa, perocchè la somma era grande dé' denari e la quantità degli uomini e femmine grande. » (March. de Coppo, XI, 883.)

[2] March. de Coppo (XI, 882) et Ammirato (XIV, 753) avouent sans détour que tels étaient les motifs du mécontentement. Ce n'est donc pas une hostilité provoquée par une mauvaise gestion.

[3] Le sel coûtait 6 livres à Florence et 3 seulement dans le *contado*; le porc payait 2 livres d'entrée et le vin 50 sous le *cogno*. (March. de Coppo, XI, 882.)

proposaient, c'était d'affamer la ville par une diminution sensible des recettes de ses gabelles. Pour mettre fin à cette taquinerie misérable, on pouvait exiger d'eux la résidence ou imposer le *contado*. On préféra le second moyen, comme moins tyrannique, et même, par esprit de modération, la taxe portée ne le fut que pour les mois d'hiver, du 1er novembre au 1er mai, alors que des boudeurs seuls pouvaient résider aux champs (12 novembre). Beaucoup rentrèrent[1], ce qui prouve qu'on avait frappé juste; mais ils n'en furent que plus irrités.

Ceux que leur pauvreté laissait froids aux questions de finances, c'est-à-dire les humbles artisans, principal support des pouvoirs populaires, ces pouvoirs les indisposaient par des fautes sans gravité qui paraissaient graves à leurs intelligences bornées. L'usage et la loi obligeaient les prieurs à manger seuls. Par exception, l'on avait toléré qu'ils reçussent à leur table jusqu'à trois ou quatre invités dans une semaine; ils en recevaient maintenant, matin et soir, trente, quarante, davantage même. Leur nourriture, qui coûtait jadis un florin, nécessitait des crédits supplémentaires. Ce fut un tel scandale, qu'une provision de décembre frappa de deux cents livres d'amende quiconque mangerait avec la seigneurie, à moins d'une décision spéciale, prise par elle à la pluralité des six fèves[2]. Elle restait maîtresse de ses invitations, mais elle dut les restreindre.

Les avait-elle étendues pour le plaisir de la bombance? Si l'on peut le soutenir, il semble plus croyable qu'elle cherchait à se faire des amis. Ses faiblesses pour

---

[1] « Di che molti tornarono in città. » (*Ibid.*) Cf. *Diario d'anonimo*, p. 421.

[2] March. de Coppo, XI, 885.

les petites gens ne sauraient être niées. C'est pour leur complaire qu'elle ne rétablissait point la loi, abolie par les *ciompi*, qui ordonnait de couper la main à tout condamné pour blessures n'ayant pas payé l'amende dans les dix jours, en sorte qu'on tuait pour un rien, pour une injure dite au jeu[1]. C'est en vue de contenter l'art des teinturiers, cardeurs et tondeurs, que fut relevé, en ce qui les concernait, le maximum, fixé par la loi, des prix de vente et de main d'œuvre, si bien qu'on mécontentait à la fois les autres industries, les patrons et les acheteurs[2]. Mais de pauvres gens, d'esprit étroit et novice, avaient trop besoin de trouver dans leur situation améliorée un signe sensible de leur victoire, pour comprendre que des satisfactions non partagées détachaient d'eux leur compagnons de misère, et, d'amis, les faisaient ennemis. Giorgio Scali et Tommaso Strozzi, que Machiavel accuse d'une tyrannique insolence[3], faisaient de leur mieux, au contraire, pour retenir sur la pente ceux qu'ils étaient censés conduire, mais ils y échouaient complètement.

Dans une ville « malade de tant de nouveautés[4] », ce qui retardait la révolte, c'est qu'il fallait solidement nouer les fils du dedans à ceux du dehors. C'est toute une

---

[1] Contre ces intolérables désordres, on essayait vainement de quelques mesures partielles, anodines. March. de Coppo (XI, 864) en cite des exemples.

[2] Li discepoli erano consoli e non gli maestri; erano compagni da beffe, e fu tanto la cosa innanzi che le botteghe per paura assentirono a discepoli. » (March. de Coppo, XI, 887.) Le témoignage de Marchionne est doublement précieux, car il sait les choses et il est seul à les dire. Il n'y a presque rien sur tout ce qui précède dans ser Naddo et dans le *Diario d'anonimo*.

[3] Machiavel, III, 47 A.

[4] « Era inferma la città [per le novità d'interno. » (March. de Coppo, XI, 887.)

partie de l'histoire florentine qui se développe parallèlement, en quelque sorte, aux troubles intérieurs dont on vient de voir et dont il faut interrompre le récit, pour reprendre les choses un peu plus haut.

En attendant à Bologne que les « traîtres » de Florence fussent prêts[1], Giannuzzo de Protogiudice, chef de l'avant-garde hongroise[2], protestait de ne vouloir point envahir le territoire de la République, à moins de quelque incident imprévu (décembre 1379); mais l'incident était dans ses prévisions, car il refusait de s'engager par serment[3]: il préparait même la jonction de ses lances et de ses Hongrois[4] avec la compagnie italienne de Saint-Georges et les exilés florentins de Niccolò des Bardi[5].

Quoique « les chiens qui aboient mordent rarement », ce sont les propres expressions de la seigneurie[6], elle se prémunissait contre leurs morsures, promettait cent lances aux Bolonais[7], faisait rappeler par Marchionne de Coppo à la compagnie de Saint-Georges, ses engagements

---

[1] « D. Jannottus de Prothojudice capitaneus gentium predictarum tamdiu dissimulando continuit quamdiu fuerunt ex parte proditorum nostrorum omnia preparata. » (*Sign. cart. miss.*, XVIII, 95 v°, 97 v°.)

[2] Voy. plus haut, même chap., p. 323.

[3] « Prestare sacramentum modis omnibus renuerunt, Jannotto asseverante quod nos offendere nullatenus intendebat, subjungens verbum pregnantis astutie quod nostrum non erat territorium intraturus, nisi forsan aliquid novum et impremeditatum, ibi dum pergeret, eveniret. » (*Sign. cart. miss.* Ibid.)

[4] *Cron. Bol.*, R. I. S., XVIII, 521.

[5] « De Ferraria discedens Ravennam appulit, Romandiolamque peragrans D. Johannotto Prothojudici ut caput nostrorum rebellium se conjunxit et alia multa que tacere putamus honestius attentavit. » — En conséquence la seigneurie repousse les instances des Bolonais qui intercédaient pour lui. (11 juin 1380. *Sign. cart. miss.*, XIX, 11.)

[6] « Latrantium canum est raro mordere. » (La seigneurie aux Bolonais. 29 janvier 1380. *Sign. cart. miss.*, XVIII, 113.)

[7] Ibid.

valables jusqu'au 17 août, et « au moindre prix possible » en sollicitait de nouveaux[1]. Mais les pourparlers duraient encore (26 mars 1380), que déjà la jonction redoutée était faite sur le territoire d'Arezzo. Après avoir rançonné les principales villes de la Toscane[2], aventuriers et Hongrois, cédant aux sollicitations des *ciompi* et autres bannis[3], se jetaient sur le domaine florentin. Le 31 mars, ils déployaient dans le val de Strove, à cinq milles de Florence, vers Colle, la bannière de la *parte* et l'étendard royal de Hongrie, celui-ci orné des lis de France. Ils pillaient et brûlaient le *contado*, persuadés, comme le promettaient les rebelles, que la ville allait se soulever[4]. Ces rebelles qui prétendaient « être les guelfes[5] », qui se disaient « chassés non par le peuple entier, mais par une poignée d'hommes[6] », montraient

---

[1] « Per lo meno pregio io potessi. » (March. de Coppo, X, 846.) A la rubrique suivante, cet auteur rapporte les conditions qu'il devait proposer et les noms des capitaines de la compagnie. Ils sont tous Italiens, dont un, Giovanni d'Agnello, peut-être le fils de l'ancien tyran de Pise, et trois Pepoli de Bologne.

[2] La seigneurie aux Bolonais et aux Siennois. 9, 13, 17 mars 1380. *Sign. cart. miss.*, XVIII, 125-127.

[3] « Quorumdamque Theutonicorum cohorte.... — Si tamen cives appellari merentur qui excidium patrie machinantur spe et umbra nominis D. Karoli de Dyrachio. » (La seigneurie au seigneur de Padoue, 3 avril 1380. *Sign. cart. miss.*, XVIII, 134.) La date est donnée par cette lettre : « Cepit die ultima mensis martii in nostro territorio debacchari. » Voy. aussi la lettre au roi de Hongrie, 4 avril, f° 135 v°. March. de Coppo, X, 849; XI, 850, 851.

[4] March. de Coppo, XI, 851; *Diario d'anonimo*, p. 411.; Neri de Donato, R. I. S., XV, 266; *Cron. Pis.*, R. I. S., XV, 1077; Pellini, I, 1244. Les chiffres des sommes versées par les villes sont à peu de chose près les mêmes dans ces auteurs.

[5] « Eranvi tutti gli usciti di Firenze. E così pianamente se n'andavano dicendo : noi siamo li guelfi di Fir. e vogliamo tornare in casa nostra con amore. » (Neri de Donato, R. I. S., XV, 266.) — *Cron. Pis.*, R. I. S., XV, 1077.

[6] « Ut arbitramur, spe vana delusus (Giannuzzo) utpote qui sibimet cer-

les portes prêtes à s'ouvrir devant qui paraîtrait à deux milles des murailles, et, si elles ne s'ouvraient pas, s'engageaient à compter huit mille florins[1].

Florence montra bien la vanité de ces vanteries. Infidèle à la vieille tactique, elle n'assista même pas impassible à la dévastation de ses campagnes. Elle n'attendit même pas que Hawkwood, son capitaine, arrivât avec ses deux cents lances qui coûtaient mille florins par mois[2], ou que Bologne envoyât les secours promis[3]. Le 2 avril, à l'aube, tandis que par ordre se fermaient les boutiques[4], la seigneurie lançait sur la Lastra, où était l'ennemi, Éverard de Landau et trois cents cavaliers. D'un élan tumultueux, ces hommes reprennent le butin, font quelques prisonniers, rejettent le reste vers Empoli et Lucques. Deux cents lances de plus, et ce succès devenait une victoire : le vainqueur ne les eut point[5]. L'hypocrite Giannuzzo put donc se reformer à loisir, prodiguer, comme par le passé, « paroles mellifues, protestations d'amitié[6] ». Il tenait toujours pour paroles d'Évangile les fanfaronnades des proscrits.

tissime persuaderet hunc populum illos rebelles et exules summis desideriis exoptare, qui ne credat illos fore potentes in patria quos omnibus odiosos non contraria factio, non, ut asserunt, paucorum manus, sed universus populus expulit et pro quiete sua maxima concordia relegavit. » (La seigneurie au roi de Hongrie, 4 avril 1380. *Sign. cart. miss.*, XVIII, 137.) A la même date, lettre à Charles de Durazzo, et le 6 avril au pape sur le même sujet. (*Ibid.* et f° 138 v°.) La lettre à Ch. de Durazzo a été publiée à la suite du *Diario d'anonimo*, p. 526.

[1] March. de Coppo, XI, 851 ; *Diario d'anonimo*, p. 411.
[2] March. de Coppo, XI, 852.
[3] La seigneurie aux Bolonais, 2, 3 avril 1380. *Sign. cart. miss.*, XVIII, 133.
[4] « Anno fatto saviamente chi l'ordinò. » (*Diario d'anonimo*, p. 410.)
[5] *Ibid.*, p. 410, 411, et March. de Coppo, XI, 851.
[6] « Ille semper simulatamente verbisque mellifluis respondendo, fingendo se longius ire, verboque se amicum ostendens, realiter concordiam

Que son maître le rappelât, c'était le salut. Ardente à l'obtenir, la seigneurie écrivait à Charles de Durazzo, au roi de Hongrie. Elle humiliait, il faut bien le dire, la dignité républicaine au pied du trône, répétant ce qu'avaient écrit bien anciennement plusieurs de ses devancières, que Florence était « non florentine, mais royale, ayant été restaurée par l'empereur Charlemagne, réformée par Charles Ier, conservée par ceux de sa race [1] ». Faisant, du reste, bonne contenance, elle se vantait de vaincre « avec le secours du Seigneur Dieu Sabaoth [2] », lequel lui apparaissait enfin sous les espèces d'Hawkwood, arrivé de la veille et reparti aussitôt contre l'ennemi [3]. Trois jours après (6 avril), se sentant protégée contre tout péril immédiat, elle déclarait rebelles, pour avoir envahi le *contado*, porté le fer et le feu contre leur patrie, trente-huit bannis dont un « soldat », un batteur de laine, un forgeron, un cardeur, un médecin, hommes de nom obscur, à côté d'hommes portant des noms connus : Rucellai, Cavicciuli, Velluti, Medici, Peruzzi, Brunelleschi, Marignolli, Beccanugi, Pulci, Gherardini,

---

multis tergiversationibus recusavit. » (La seigneurie au roi de Hongrie, *loc. cit.*)

[1] « Cum fateri nos oporteat civitatem hanc non florentinam sed regiam, ab inclite recordationis imp. Karoli magni clementia reparatam, reformatam a Karolo primo et a Serenitate Vestra ac ceteris ex eodem sacro sanguine descendentibus conservatam. » (La seign. au roi de Hongrie, *loc. cit.*) Ces protestations ne sont pas nouvelles ; mais il semble que sous la plume des arts mineurs, stimulés par une nécessité présente, elles manquent, plus encore que les précédentes, de dignité.

[2] « Tantam fovemus ex parte nostra justitiam tantique roboris fecimus apparatum, quod spem certam reponamus in Domino Deo Sabaoth nos illum cum omnibus copiis suis delere magna cum gloria, felici pugna confundere, et Marte judice viribus nostri quem ordinamus exercitus superare. » (*Ibid.*)

[3] March. de Coppo, XI, 852, 853 ; *Diario d'anonimo*, p. 412.

Mangioni, Rossi, Buondelmonti, Bardi, Albizzi[1], pêle-mêle édifiant de grands et de petits, de l'aristocratie noble et marchande, avec la plus infime partie de la population florentine. D'en haut et d'en bas, d'un commun accord, on donnait l'assaut à ce gouvernement intermédiaire des arts mineurs, coupable, aux yeux des uns, d'avoir voulu s'élever, aux yeux des autres de ne les avoir pas élevés avec soi.

Gagner du temps, c'était tout profit pour les pouvoirs établis. Là est leur politique, et ils la suivent avec ténacité. Par leurs négociations, ils obtiennent du pape qu'il invite Giannuzzo à ne plus molester la Toscane[2]; de Charles une lettre de rappel pour ce capitaine[3]; du roi de Hongrie que Charles passerait loin de Florence en s'acheminant vers le Royaume[4]; des Bolonais un secours respectable[5]. Mais rien ne réussit à qui doit périr. Rappel, promesses, secours arrivent tard. Giannuzzo, rejeté du territoire florentin, y peut revenir en deux jours, car il reste en Toscane[6], d'où ses accords avec Sienne, Pise et Lucques ne permettaient point de le chasser[7]. De ces villes avec Bologne et elle-même, Flo-

---

[1] March. de Coppo, XI, 851; *Diario d'anonimo*, p. 411, qui donne quarante et un noms.

[2] La lettre du pape, en date du 3 avril, est dans les *Sign. cart. miss.*, XVIII, 142.

[3] « Gravem in perpetuum nostre penam indignationis. » (Lettre de Charles de Durazzo aux prieurs, en date du 12 avril à Bude, leur annonçant ce rappel. *Ibid.* f° 155.)

[4] 14 avril. March. de Coppo, XI, 861; *Diario d'anon.*, p. 416.

[5] « Quid fuit videre tot cum gentibus gloriosa vestra vexilla civitatem nostram intrare! » (La seigneurie aux Bolonais. 6 mai. *Ibid.*, f° 139 v°.)

[6] Réponse de la seigneurie à Charles. 16 mai. *Ibid.*, f° 156.— « Possunt territorium nostrum in biduo facili reversione contingere. » (19 mai. *Ibid.*, f° 151.) Cf. 3 mai. *Ibid.*, f° 149 v°.

[7] Le 29 avril, la seigneurie reproche ces accords aux trois commu-

rence souhaitait de former un faisceau[1]; mais quelle apparence d'y réussir à l'heure où Charles de Durazzo approchait avec ses effrayants Hongrois, où Urbain VI prêchait la croisade contre la reine de Naples et poussait tous les Italiens à se croiser[2]!

Ce qui, pour le moment, sauva Florence, ce qui amena même les villes toscanes dans sa ligue avec Bologne et Pérouse[3], c'est que Jeanne, afin d'évincer du trône Charles de Durazzo, venait d'adopter Louis, duc d'Anjou, frère de Charles V de France et tuteur de Charles VI[4]. Certes, la couronne aux fleurs de lis était alors trop ébranlée pour être d'aucun secours au prétendant nouveau; mais de loin elle paraissait puissante encore, et Charles de Durazzo lui faisait l'honneur de la craindre. Dans ces conditions aggravées, loin de menacer la République, il en sollicitait, par l'organe de l'évêque de Raab (18 juillet)[5], l'alliance ou tout au moins des

---

nes. « Si fuisset, ut decuit, tota Tuscia corpus unum, si se conjunctam potentia sicut fieri poterat terribilem ostendisset, non irruissent profecto gentes ille. » (*Ibid.*, f° 146 v°.)

[1] *Ibid.*, f° 147.

[2] *Ann. eccl.*, 1380, § 1-3, t. XXVI, p. 404. Sur les craintes qu'inspirait la venue de Charles, on peut voir de nombreuses lettres de la seigneurie, notamment 5 juin, 1er, 11, 28 août, 13 septembre 1380. *Sign. cart. miss.*, XIX, 8, 28-31, 36, 39 v°, 42 v°. Les Hongrois sont appelés « gens barbara, inhumana, inculta et nullis legibus vel moribus assueta, amicos et inimicos sine differentia tractans. » (28 août, aux alliés toscans. *Ibid.*, f° 36.)

[3] Ligue conclue le 22 juillet, promulguée le 24. *Capitoli*, XII, 247-255; *Diario d'anonimo*, p. 415. March. de Coppo (XI, 863) dit le 18, et ajoute que Bologne ne tarda pas à se retirer de la ligue. Cf. Boninsegni, p. 643.

[4] Par lettres patentes du 29 juin 1380, Jeanne présentait Louis d'Anjou à ses sujets comme son fils et son successeur. (*Ann. eccl.*, 1380, § 11, t. XXVI, p. 409.)

[5] C'est la date du *Diario d'anonimo*, p. 414. M. Gherardi (préf. p. 265) la croit probable, parce que le 20 on tint « consilium magnum. » Mais March. de Coppo (XI, 862) dit le 28. — Raab en Hongrie; en latin Jurinum. March. de Coppo (XI, 873) dit Guerino; Ammirato, Chiavarino, rivière de

renforts, des subsides, un prêt de quarante mille florins[1].

D'alliance, de renforts même, il n'en pouvait être question : l'on n'aide pas un ennemi contre un ami[2]. D'argent, on en pouvait disputer, et l'on en disputa, car au prix d'une forte somme le prince, pensait-on, éloignerait de son entourage les rebelles florentins[3]. L'avis prévalut cependant de lui tout refuser[4]. Pour lui rendre la pilule moins amère, on lui envoya quatre chevaux, quatre pièces de drap d'or, quatre d'étoffes de soie, quatre d'écarlate, une table incrustée d'argent, valant ensemble trois mille florins (18 août). Mais il refusa tout. Il voyait bien, dans ces présents mêmes, que les embarras allégués du trésor n'étaient qu'une défaite. Ce qu'il voulait, c'étaient les moyens de conquérir un trône et de s'y maintenir[5].

Gênes; mais Ildefonso de San Luigi (*Del.*, XVI, 22) a relevé l'erreur de ce dernier. Voy. note 1 à la p. 418 du *Diario d'anonimo*.

[1] March. de Coppo, XI, 862; *Diario d'anonimo*, p. 414.

[2] « Propter devotionem quam habet comune ad illum sanguinem. » (Tomm. Strozzi, Salv. Medici, *Consulte* du 23 juillet. Voy. préf. au *Diario*, p. 265.)

[3] 27 juillet. Benedetto Alberti : « Quod D. Karolus repellat a se emulos et suspectos.... et ad hoc praticandum mittatur ad ipsum ambasciata. » — Alexander Benedicti : « Quod nichil fiat directe vel quidem indirectum contra reginam. » — Uguccione des Ricci : « Quod maximum periculum est venire in indignationem D. Karoli. » — Jacobus Barthi : « Quandiu tenet nostros contrarios, non fiat id quod petit. » — 5 août. Uguccione Ricciardi : « Quod de dono faciendo D. Karolo provideatur magnifice. » — 9 août. Matteo Bonaccursi : « Fiat excusatio de subsidio dato regi Loysio. » — 10 août. Benedetto Alberti : « Quod bonum est concordiam fieri cum D. Karolo, sed nullo modo gentes dentur eidem. De pecunia non subveniatur in forma honesta. Et tunc fiat responsio gratiosa. Et fiat tamen quod ipse expellat exlititios et quod non recipiat aliquam terram confinati. » — Silvester Medici : « Quod fiat concordia cum D. Karolo per modum honestum. Et quod nulla gens eidem detur. »(*Consulte*, XXI, 20-34.)

[4] March. de Coppo, XI, 862; *Diario d'anonimo*, p. 414.

[5] *Diario d'anonimo*, p. 416; March. de Coppo, XI, 867. L'énumération

N'ayant plus de ménagements à garder, il marcha droit vers Agobbio. De là, pour aller au sud, son chemin était par Arezzo[1], sur le sol inflammable d'une ville « constant obstacle au bonheur de l'Italie[2] », où les Boscoli, les Albergotti, l'évêque étaient prêts à recevoir l'envahisseur, pour régner avec son appui[3]. Florence menacée[4] envoyait sans retard un de ses citoyens les plus autorisés, Giovanni de Mone, rallier les Arétins à la résistance. Elle déclarait Charles ennemi public (14 septembre), recherchait l'alliance de tous ses adversaires, de Jeanne, de Bernabò, du roi de France, et même du « pape Clément »; c'est Salvestro des Medici qui nomme ainsi l'anti-pape[5]. Mais déjà « l'ennemi public » était reçu dans Arezzo avec les honneurs royaux. Derrière lui marchaient Lapo de Castiglionchio, Tommaso Cavalcanti et cent cinquante lances[6]. Enhardis par la pré-

de ces présents contient toute une page du document publié à la suite du *Diario*, p. 528, où l'on voit une provision du 30 août ordonnant de payer les sommes dues aux gens qui ont fourni ces présents. Dans les *consulte* des 27 août et 3 septembre, on délibère sur ce qu'on en fera, si on les remettra à ceux qui les avaient fournis et à qui on ne les avait pas encore payés, si on les vendra pour en verser le prix aux mains des officiers de l'abondance, à cause de la disette, si on les gardera pour les envoyer de nouveau à Charles, quand on sera parvenu à conclure la paix avec lui. Voy. préf. au *Diario*, p. 266.

[1] March. de Coppo, XI, 869.
[2] « Arezzo sempre ha impedito il buono vivere d'Italia. » (March. de Coppo, XI, 907.)
[3] B. Pitti, *Cronica*, p. 26; March. de Coppo, XI, 869; Boninsegni, p. 643.
[4] « Per la presura d'Arezzo s'intese assai chiaro che contro alle promesse fatte.... intendeva anche di sottomettersi Firenze. » (Boninsegni, p. 643.)
[5] 14 sept. Donato Ricchi : « Procuretur unio cum omnibus inimicis dicti. — Tommaso Strozzi : « Quod D. Karolus est inimicus istius status. » — Reccho Guacci : « Quod D. K. est hostis publicus. » — Silvester Medici : « Fiat concordia cum regina, D. Bernabove, papa Clemente, Rege Francie et omnibus aliis. » (*Consulte*, XXI, 60.)
[6] March. de Coppo, XI, 869; *Diario d'anonimo*, p. 416. — « Cum putaretur

sence de leurs chefs comme par ce déploiement de forces, trois des exilés florentins, Tommasino de Panzano, Luigi Beccanugi, dit Moscone ou la grosse mouche, Bartolommeo de Prato surnommé Boccanera ou la bouche noire[1], osèrent porter la main sur Giovanni de Mone, l'ambassadeur de leur patrie, et l'étendre mort à leurs pieds[2]. Une telle violation du droit des gens, jamais les Florentins, même en leurs plus grandes colères, ne se l'étaient permise[3]. Charles en parut indigné; il fit défendre aux meurtriers de se présenter devant lui[4], et, en adressant à la République l'expression de son regret, il marqua même le dessein, probablement peu sincère, de les châtier[5].

Il eût sagement fait de s'y tenir, s'il voulait calmer Florence. Le courroux, l'agitation y étaient extrêmes. On y parlait, pour éviter des désordres, de ne recevoir

ab omnibus ad urbem accedere vel in regnum, ad civitatem Aretii retrocessit. » (La seigneurie à la reine de Naples, 12 octobre. *Sign. cart. miss.*, XIX, 58.)

[1] Ce dernier était des Gherardacci, nom que ses descendants changèrent en celui de Bocchineri. Ce fut un des plus fameux condottieri de son temps. Rentré à Florence en 1382, il y fut généralissime des armées. (Note 3 à la p. 26 de B. Pitti.) — Cf. *Calendario pratese*, ann. IV, p. 46-67, une monographie de ce personnage, avec documents, par M. Cesare Guasti.

[2] Sur la date, il ne saurait y avoir de doute. Dans une *consulte* du 15 septembre, Franscesco Cambi dit : « Quod Domini provideant per omnem modum quod occisio D. Johannis Monis puniatur, et honoretur sua memoria. » (*Consulte*, XXI, 63 v°.)

[3] « Questa fu tenuta la più sconcia cosa che mai fosse fatta, perocchè mai non fu più morto ambasciadori per Fiorentini. » (March. de Coppo, XI, 870.)

[4] B. Pitti, *Cronica*, p. 26.

[5] Recepimus Sublimitatis Vestre litteras quibus devotioni nostre tam benigne quam humaniter nuntiatis in leto introitu *vestre* civitatis Aretii displicibile vobis scandalum accidisse.... adhibitam diligentiam in captura et optimam vestram intentionem in pena huic infidelis et nequam hominis (ut vestra repetamus vocabula) subnectendo. » (La seigneurie à Charles. 17 septembre. *Sign. cart. miss.*, XIX, 47.)

que de nuit le cadavre de la victime[1]. Croyant l'attentat prémédité, pour provoquer la guerre et le retour des rebelles[2], on sommait le prince de chasser bien loin les hommes coupables ou capables d'un tel forfait : *crimine ab uno discite omnes*, lui écrivait-on[3]. Sans attendre la répression princière, la seigneurie réprimait elle-même dans la mesure de son pouvoir : elle ordonnait de détruire les maisons des assassins, de vendre à l'encan tout ce qui s'y trouvait. S'ils n'étaient morts ou tués avant un an, leurs *consorti*, y compris ceux qui n'avaient pas encore vu le jour, devaient être déclarés rebelles. Qui les tuerait ou amènerait vifs eut promesse de trois ou quatre mille livres, et, s'il était banni, de cinq cents florins, avec levée de sa condamnation[4]. Ces provocations, qui nous révoltent, ne révoltaient alors personne ; elles étaient dans les coutumes florentines. Un an ne s'était pas écoulé qu'elles portaient leurs fruits : Tommasino de Panzano fut assassiné, à Sienne, par son cousin Giovanni, fils du fameux Luca, jaloux de rentrer en grâce. Lapo de Castiglionchio, supposé instigateur ou complice, pensa mourir empoisonné, à Rome, par un de ses serviteurs, et ce serviteur, tandis qu'on lui arra-

---

[1] 17 sept. Simon Blaxii : « Quod corpus Johannis Monis feratur Flor. de nocte, ne fiat tumultus. » (*Consulte*, XXI, 65.)

[2] « Nec putet Vestra Sublimitas hoc impremeditato facinore vel subito motu repentinaque iracundia perpetratum.... putantes hac sola via se posse redire in patriam, quam suis demeritis perdiderunt, scientes quod nostrum populum injuriarum publicarum semper fuisse gravissimum punitorem.... ad bellum nos possent verisimiliter commovere. » (La seign. à Charles, *loc. cit.*)

[3] *Ibid.* C'est ainsi que le rédacteur des lettres de la seigneurie modifie le texte de Virgile.

[4] *Consulte*, XXI, 65 v°; Gherardi, note 2 à la p. 417 du *Diario d'anonimo*. Le 28 septembre, fut fait à Giov. de Mone, dans Santa Reparata, un solennel service funèbre. (*Ibid.*, p. 417.)

chait les chairs avec des tenailles ardentes, déclara qu'il avait commis son crime pour complaire à Tommaso Strozzi[1].

L'indignation, toutefois, ne donnait point le change aux Florentins sur leur intérêt véritable. S'ils se préparaient à la guerre, ils voulaient la paix[2]. Hawkwood partait en observation pour Montevarchi avec douze cents lances[3]; les Huit de la guerre étaient rétablis et réunis en un seul office avec les Huit de garde[4]; mais en même temps on instituait l'office nouveau des Huit de la paix[5], et une ambassade se rendait auprès de Charles (18, 19 septembre)[6]. Du territoire de Sienne, où il avait pénétré, ce prince lançait ses Hongrois sur celui de Florence; mais partout devant lui il rencontrait Hawkwood[7]: si bien qu'après avoir usé ses dents sur la lime, le serpent se résignait à négocier de bonne foi[8]. Comme l'argent

---

[1] March. de Coppo, XI, 889, 890.

[2] « Quamvis de presenti per populum et comune Flor. ordinetur pro defensione et securitate sui status et sue libertatis, si opus erit, ad guerram intendere.... tamen ejus voluntas et propositum et pacem querere est, in pace vivere et bellando pacificum esse, ac ex guerra pacem continuo expectare. » (*Provvisioni*, 1380, p. 130, dans *Diario d'anon.*, p. 417, note 1.) Dans les *consulte* des 24, 29 sept., 3, 5 oct. (XXI, 68-74) tous ceux qui opinent concluent à la paix, tout en conseillant de se fortifier.

[3] Boninsegni, p. 643 ; Ammirato, XIV, 752.

[4] Le nom officiel des deux offices réunis fut : *Gli otto della balia e della guardia*.

[5] « De et super quacumque guerra seu briga que mota fuerit seu moveretur dicto aut per dictum comune, tractare pacem et concordiam et de pace et concordia conferre et colloqui ac audire quoscumque volentes de ipsa dicere, ratiocinari.... » (Provision citée, *Diario*, p. 417, n. 1.)

[6] *Diario d'anonimo*, p. 416. Le 27 septembre, un sauf conduit est demandé pour ces ambassadeurs. (*Consulte*, XXI, 68 v°.)

[7] Lettre de la seigneurie à la reine Jeanne. 12 octobre. *Sign. cart. miss.*, XIX, 58. — Le 20, le 22, le 23, le 30 septembre, les prieurs écrivaient aux Bolonais, aux Pérugins, aux Pisans pour leur signaler l'invasion hongroise et demander des secours. (*Ibid.*, f°° 49 v°, 50 v°, 53.)

[8] « Postquam viderunt se non posse sine cede et sanguine in nostris

lui faisait défaut[1], une trêve de cinq jours fut bientôt suivie de la paix[2]. Le 9 octobre, furent échangées les signatures dans la maison qu'habitait l'ennemi sur le territoire siennois[3].

Florence s'engageait à ne donner aide ni faveur à la reine Jeanne, à Otton de Brunswick, son mari, à ses sujets et alliés, ainsi qu'à ne faire ni guerre ni complot contre les terres de Charles, notamment contre Arezzo et Agobbio. En retour, Charles s'obligeait à interdire aux troupes royales toute attaque contre la République, à en être le protecteur, comme jadis ses ancêtres; à en attendre la permission pour pénétrer sur les territoires de la ligue toscane; à n'occuper de châteaux dans la province que ceux qui lui seraient librement remis par les rebelles d'Arezzo, et à ne point recevoir près de lui ou sur ses terres les rebelles florentins nommément désignés dans l'acte, à les punir même, s'ils ne fournissaient caution de ne rien tenter contre leur patrie[4].

Par un autre acte du même jour, Florence avançait à Charles de Durazzo quarante mille florins; mais avec quelles outrageantes précautions! C'est le capitaine hon-

---

finibus debacchari, tunc demum cepta sunt concordie vera colloquia que ante id tempus multa fuerant tergiversatione distracta. » (*Ibid.*)

[1] B. Pitti, *Cronica*, p. 27.
[2] March. de Coppo, XI, 872; *Diario d'anonimo*, p. 418.
[3] Gherardi, note 1 à la p. 419 du *Diario d'anonimo*; March. de Coppo, XI, 874. Des obscurités de rédaction avaient fait perdre quelques jours. — 5 octobre. Joannes Dini : « Quod capitula sint ita clara quod comune non possit decipi. » — Tomas Strozzi : « Quod eis displicet (aux Huit de Balie) quod non fiat clare pactum de terris que olim fuerunt Aretinorum et nunc tenentur per com. Flor., ne detur Aretinis materia novitatum inferendarum. » (*Consulte*, XXI, 75 v°.)
[4] Voy. Gherardi, note 1 à la p. 419 du *Diario d'anonimo*. — Lettre de la seigneurie au roi de Hongrie, 29 octobre. *Sign. cart. miss.*, XIX, 69. — *Diario d'anonimo*, p. 418; March. de Coppo, XI, 873; Ammirato, XIV, 752.

grois de ses troupes qui recevra les payements échelonnés dans un délai de deux mois. C'est le roi de Hongrie qui est l'emprunteur. C'est lui qui restituera, dans les cinq ans. Les Hongrois, de leur côté, s'engageront, par un acte public, à ne pas molester la commune, et à en évacuer sans retard le territoire, par les voies qu'elle leur indiquera [1].

C'était la défiance poussée jusqu'à l'injure. Le prince de sang royal qui la subissait pour remplir sa caisse, ne rentrait donc qu'assez peu fier dans Arezzo [2]. « Nous étions là, écrit Buonaccorso Pitti, nous tous exilés de Florence, à qui il avait promis de chevaucher jusque sous les murs de cette ville. Nous nous plaignîmes énergiquement à lui; Lapo de Castiglionchio portant la parole. Il répondit, la tête basse et en pleurant, qu'il avait agi par nécessité. Il s'engagea, s'il conquérait le Royaume, à nous remettre dans notre maison. Peu de jours après, il partit pour Rome [3] ». Quelques uns des bannis le suivirent, s'attachant en désespérés à sa fortune; la plupart se séparèrent de lui, prétextant leur bourse vide, l'impossibilité

---

[1] Gherardi, note 1 à la p. 419 du *Diario d'anonimo*. — Lettres de la seigneurie à la reine Jeanne, 12 octobre, et au roi de Hongrie, 29 oct. *Sign. cart. miss.*, XIX, 58, 69. Il y a d'autres actes relatifs à cet accord. Canestrini en a publié un dans l'*Arch. stor.*, 1ª serie, XV, 72. Cf. *Diario d'anonimo*, p. 418.

[2] « Revertitur Aretium cum 1400 lancearum vel circa satis invalido comitatu. » (La seign. à la reine de Naples, 12 octobre. *Sign. cart. miss.*, XIX, 58.)

[3] Buonaccorso Pitti, *Cronica*, p. 27. — « Cunctorum rebelles semper auribus ei instant, contra gloriosum illud suum agnomen pacis.... Non obstantibus promissionibus per eum factis atque prestitis juramentis, tantum valent apud ipsum impura consilia sicut tenetur et debet, nedum nostros rebelles et exules non expellit, sed ipsos confovet et acceptat. » (La seign. au roi de Hongrie, 29 oct. *Sign. cart. miss.*, XIX, 69 v°.) Charles entra à Rome le 14 septembre. Voy. *Diario d'anonimo*, p. 421.

de subvenir à leurs dépenses. C'était dégoût plutôt que pénurie : Buonaccorso Pitti, un de ceux qui lâchent pied, trouvait de l'argent pour voyager en France, en Belgique, en Angleterre, pour jouer gros jeu dans ces pays[1]. L'exemple de la désertion donné, les Hongrois s'en autorisèrent : on les vit se retirer dans la direction de Pise et de Gênes[2]. Panurge connaissait bien les mœurs des moutons.

Quand, après un long séjour dans la ville éternelle, Charles de la Paix, comme on l'appelle dès lors, en partit pour conquérir Naples[3], il laissa aux Romains, en qualité de lieutenant, Lapo de Castiglionchio. Dans Florence indignée courut le bruit qu'en apprenant ce choix, les bannerets avaient envahi le palais des sénateurs, criant aux oreilles de Lapo : — Nous ne voulons pas que tu gâtes Rome, comme tu as gâté ta patrie. Sors à l'instant de la ville, ou nous te mettons en pièces ! — On ajoutait même que Lapo avait eu hâte d'obéir[4]. Mais c'était pure légende : Lapo mourut à Rome, et rien n'indique qu'il l'eût quittée ou qu'il y fût revenu[5]. L'imagination vive des Florentins faisait de leur désir un rêve, de leur rêve une réalité.

Avec Charles de Durazzo, bientôt vainqueur d'Otton de

---

[1] A vrai dire, Pitti avait l'humeur voyageuse, car revenu à Florence en mai 1382, quand il eut appris le retour des exilés, il repartait en septembre de la même année, et assistait le 27 novembre à la bataille de Roosebeke. (*Cronica*, p. 27-29.) Voy., à la p. 35 de sa chron., de nouveaux voyages.

[2] Les Huit à Bernabò, 9 octobre. *Sign. cart. miss.*, XIX, 57.

[3] Il avait été couronné le 2 juin 1381 par Urbain VI comme roi de Sicile et de Jérusalem. Il partit le 21 du même mois. March. de Coppo, XI, 896; *Diario d'anonimo*, p. 425. Voy. la bulle dans *Ann. eccl.*, 1381, § 2-23, t. XXVI, p. 420, et Lünig, 1147 sq.

[4] *Diario d'anonimo*, p. 426.

[5] Il mourut le 27 juin 1381 d'après Mehus. Voy. Gherardi, notes 1 et 2 à la p. 426 du *Diario d'anonimo*.

Brunswick (20 août 1381) et meurtrier de l'impudique Jeanne (12 mai 1382)[1], ils n'avaient plus de motifs pour éviter de se prononcer. Ils prodiguent à Charles III les protestations de dévouement[2]; ils disent, comme en parlant au roi de France, leur ville « plus royale que florentine[3] ». Et cependant, Arezzo continuait d'appartenir au nouveau maître de Naples[4] : en son nom y commandait, avec sa compagnie de Saint-Georges, le comte de Barbiano, qui avait fait « de cette cité royale, écrivait la seigneurie, une caverne, le domicile des violents[5] ». Mais une politique prudente ne permettait pas de rendre le maître responsable des méfaits de son délégué.

Bien avant que ces affaires de l'extérieur, désormais peu intéressantes, contraignissent ainsi Florence à faire de nécessité vertu, tout s'y hâtait vers le dénouement de la crise intérieure[6]. A chaque conjuration étouffée en

---

[1] Giannone, l. XXIII, c. v, t. III, p. 251 ; Sismondi, IV, p. 473-475; Boninsegni, p. 646.

[2] « Quid enim devotioni nostre jocundius, quid vel letius potuisset occurrere quam videre prefatum serenissimum principem gloriosam memoriam Karoli primi progenitoris vestri eodem Dei favore paribusque victoriis ne dicamus majoribus renovare. » (La seign. au roi de Hongrie, 23 sept. 1381. *Sign. cart. mis.*, XIX, 175 v°.)

[3] « Populus iste non tam florentinus quam regius. » (La seigneurie à Charles III, 16 novembre 1381. (*Ibid.*, f° 189 v°.)

[4] « Non sine maxima turbatione percepimus novitates que in *vestra* civitate Aretii pridie sunt exorte. » (La seign. à Charles III, 25 novembre 1381. *Ibid.*, 192 v°.)

[5] « Ex urbe regia factam esse speluncam et domicilium violentorum. » (La seign. à Bernabò, 1er décembre 1381. *Ibid.*, f° 196 v°.) Cette lettre et les suivantes donnent des détails sur les commotions d'Arezzo et de son territoire qui inquiétaient Florence. Voy. Lettres du 10 décembre 1381, du 4 janvier 1382, etc. *Ibid.*, f°s 201, 207, etc.

[6] Les lettres de la seigneurie nous la montrent pourtant très occupée non seulement des désordres d'Arezzo, mais encore de la guerre qu'Hawkwood fait pour son compte à Astorgio des Manfredi. Voy. lettres des 23 décembre

succédaient incessamment d'autres, redoutables parce qu'elles ne connaissaient pas le découragement. En 1381, « cette race maudite des *ciompi*, dans son dépit d'être privée des offices, s'entendit à Bologne, où ils s'étaient réfugiés en grand nombre, tant pour vivre grassement que parce l'art de la laine y était fort répandu. Leurs chefs parurent être Matteo Tinghi et Adoardo des Pulci[1] ». Un Pulci chef des *ciompi*, voilà qui atteste une fois de plus l'union monstrueuse des plus petits avec les plus grands, destinée à durer tant que les grands auront besoin des petits, à être rompue le jour où de perfides meneurs pourront briser leur vil instrument. Et ce gouvernement des arts mineurs, où les magnats, où les *popolani* instigateurs des *ciompi* affectent de voir le règne de la populace, de la canaille, et qu'ils accusent avec véhémence de conduire tout droit au règne des *ciompi*, ce gouvernement, que fait-il? Ayant découvert la conjuration, il ménage les hommes de familles considérables, il ne fait tomber la tête que de deux citoyens obscurs (6 février)[2]. On le voit (23 juin) célébrer avec des joutes, en faisant courir le *palio*, les noces de Luchino Visconti[3] avec la fille de Carlo Strozzi, un des plus haïs parmi les exilés[4]. Jadis, les noirs se bornaient à tolérer parmi eux Gemma Donati, la femme de Dante proscrit ; ils n'avaient garde de la fêter.

1380, 15, 26 janvier, 24, 27 février, 24 mars, 27, 30 avril, 3, 16, 19 mai, 1ᵉʳ août 1381. *Ibid.*, f°⁹ 87-170.

[1] March. de Coppo, XI, 888.

[2] *Ibid.* Le *Diario d'anonimo* (p. 423) dit le 7; Boninsegni (p. 646) passe ce complot sous silence, et on n'en voit pas trace dans les *Consulte*.

[3] Banni de Lombardie, réfugié à Florence, fils douteux de cet autre Luchino jadis seigneur de Milan.

[4] *Diario del Monaldi*, p. 354; Gino Capponi, I, 373.

Ménagements inutiles, condescendance dangereuse qui mettaient en soupçon les amis et ne ralliaient pas les ennemis! Contre des gens si conciliants, que n'osera-t-on pas? De toutes parts leur territoire est envahi. Chaque jour arrive la nouvelle de quelque complot dans les places voisines[1]. Faut-il y croire? Rien de plus douteux. Mariano des Albizzi a écrit secrètement qu'il en révèlera un, si sa condamnation est rapportée. Mais n'est-ce pas une invention de sa part pour la faire rapporter? Il n'a dénoncé personne; des placards sur les murailles dénoncent pour lui, demandent la mort de cinquante citoyens, incriminent pour leur inertie ou leur ineptie les prieurs et la Huit de balie, de guerre et de garde[2]. La mèche éventée, le révélateur nie audacieusement d'avoir rien voulu révéler, et la seigneurie qui détient ses lettres probantes, les brûle par amour de la paix[3].

Cette paix, suivant Ammirato, de mai à octobre elle ne fut point troublée[4]. Il aurait dû ajouter qu'à tout instant on craignait l'explosion. Nous voyons, durant

---

[1] 10 décembre 1381, 4 janvier 1382. *Sign. cart. miss.*, XIX, 201-209. — « Licet videatis nos in tantis fluctuare periculis tantamque stragem nobis et nostro territorio preparatam. » (9 déc. 1381. La seign. aux Bolonais. *Ibid.*, f° 200.) Cf. March. de Coppo, XI, 891.

[2] March. de Coppo, XI, 892 ; *Diario d'anonimo*, p. 423. M. Gherardi (note 1 à la p. 424) dit que les *Consulte* confirment ces faits. On y voit le 6 avril Michele de Lando, portant la parole au nom des Neuf de la marchandise et des *Capitudini*, dire : » De oblocutionibus dolent, et puniantur oblocutores. Et teneatur unum Consilium pro excusatione Dominorum et Octo. »

[3] March. de Coppo, XI, 892.

[4] « Ventura Brunetti non hebbe nel suo gonfalonierato (mai-juin) a travagliarsi in cosa alcuna, se non a fare infami quelli due mesi, che un oliandolo fosse per quel tempo risieduto nel più sommo luogo della Rep. (XIV, 758.) — Si viveva quietamente » (p. 759).

cette courte période, murer la porte San Giorgio, au bruit d'un complot « de ceux qui avaient volé au temps des *ciompi* et qui voulaient voler encore » (10 mai)[1], multiplier les diligences, naître et grandir le soupçon contre de nouveaux dénonciateurs[2]; nous voyons la discorde entre les prieurs et les Huit paralyser leur action[3]. Octobre venu, que verrons nous de plus? Une pétition des mécontents enhardis, qui demandent que les anciens *ammoniti*, naguère rétablis dans leurs droits, soient de nouveau pour un temps écartés des offices. Afficher le dessein de remonter ainsi le courant, c'était déjà grave; ce qui l'est plus encore, c'est la menace, si les pouvoirs publics ne cèdent, « d'employer la force, comme faisaient les *ciompi*[4] »; c'est surtout le fondement trop réel de la prétention élevée.

Par crainte de cette persécution et par désir d'assurer leurs droits, peut-être aussi par esprit de vengeance, les anciens *ammoniti* en étaient venus à former, comme la *parte guelfa*, une sorte de secte dans l'État[5]. A leur tête marchaient Tommaso Strozzi ulcéré des calomnies dont on l'avait abreuvé quand il était des Huit Saints, et

---

[1] « Cierti mal uomini che ruborono al tempo de' ciompi. Ora vorrebbono rubare. » (*Diario d'anonimo*, p. 424.)

[2] Ad conspirationem status viriliter attendatur, et caute et diligentissime super relatis veritas investigetur. » (*Consulte* du 10 mai 1381, XXI, 138.) — « Domini mittant hodie pro potestate et collaterali, et rogent et sollicitent eum quod diligenter inquirat veritatem ; et quod ille qui informavit Octo custodie examinetur, et si malitiose informavit puniatur, alias misereatur sibi. » (*Consulte* du 11 mai. *Ibid.*, note 8 à la p. 424 du *Diario d'anonimo*.)

[3] Ammirato, XIV, 754.

[4] March. de Coppo, XI, 897. Cf. Ammirato, XIV, 755.

[5] « Per paura di loro medesimi; per le offese fatte ne' tre anni passati degli sbanditi e dei morti, per gli trattati predetti, vivendo in gelosia o bugia. » (March. de Coppo, XI, 901.)

Giorgio Scali encore frémissant de l'injure subie quand on l'avait frappé d'*ammonizione*[1]. Issus tous deux de puissantes familles, ils groupaient autour de leurs rancunes et de leurs haines des clients de toute condition, mais surtout des deux arts nouveaux, race criarde, pourvue, grâce à eux, du privilège de porter des armes, et qui en abusait pour réclamer des victimes à l'avènement de chaque seigneurie. Leur citadelle c'était l'office des Huit de balie, qui tenait les prieurs en échec. Mais le trouble moral qu'ils semaient dans la ville éloignait d'eux les gens sages, entre autres Marchionne de Coppo, qui les condamne dans sa chronique, et Benedetto Alberti, jadis leur ami[2].

Puissants encore, la seigneurie n'en devait pas moins les défendre contre des menaces au grand jour[3]. Ses conseils l'exigeaient, « pour donner satisfaction au peuple[4] ». Un tisseur, un cordonnier, furent donc mis à

---

[1] Sozomène, R. I. S., XVI, 1121; Ammirato, XIV, 756; Boninsegni, p. 648. Dans les *consulte* de ce temps là, notamment du 18 octobre 1381 au 9 janvier 1382, Giorgio Scali prend très souvent la parole sur les sujets les plus divers. (*Consulte*, XXII, 63 v°-109 v°.) S'il est tyran, du moins il n'est pas sanguinaire : le 18 octobre, il dit : « Quod diligenter et per omnem rigiditatem reperiantur culpabiles et conscii. Et postea puniantur etiam misericorditer. » (f° 65 v°-67.)

[2] March. de Coppo, XI, 897. Cf. Ammirato, XIV, 755.

[3] « Si scoperse un trattato in Firenze, il quale si disse che faceva.... » (Ser Naddo, p. 34.) Ce qui est douteux, ce sont les meneurs du complot. M. Gherardi (préf. au *Diario d'anon.*, p. 269) dit pourtant : « Checchè si fosse della verità del trattato », mais il parle d'un grand conseil de *richiesti* tenu pour cette affaire, « tanto grande che per molto tempo non si trova l'uguale nei libri delle consulte. » La chose était donc sérieuse.

[4] Giovanni Cambi, au nom des gonfaloniers : « Et quod rectores solicitentur scrutari pro armis, et quod prima nocte fiat similiter ita quod nullus tumultus oriatur, et quod Domini moneant illos qui videntur velle ad arma venire et corripiant ita quod stent pacifici. » (*Consulte* du 8 oct., XXII, 58.) Andrea Betti, au nom des gonfaloniers : « Et quod culpabiles puniantur ita quod sit satisfactio populi. » (*Consulte* du 10 oct., f° 59.) — Giovanni

mort (14 octobre), bientôt suivis de deux autres hommes sans nom. Des contemporains les crurent innocents[1]; mais on se prend à douter qu'ils le fussent, quand on voit les *consulte* y regarder de très près, exiger même la mise en liberté de Piero de Giovanni, gonfalonier du lion d'or[2]. Colléges et seigneurie ne se départent point de leur modération trop méconnue. Leur donne-t-on, pour huit jours, balie de priver des offices, de faire passer parmi les grands qui ils voudraient? Lapo Rucellai en subit seul le déshonneur. La montagne enfante une souris. S'ils frappent du *divieto*, pour dix ans, les fils, pères, frères de tout citoyen condamné comme rebelle, pour avoir troublé l'État durant les trois dernières années ; s'ils ne font exception que pour Franco Sacchetti, le *novelliere*, ainsi récompensé d'avoir pris parti, dans les *consulte*, contre son frère le conspirateur[3], ce sont de ces mesures qui étaient le programme obligé des luttes civiles, et qu'on laissait évidemment à l'état de lettre morte sur le parchemin, puisqu'on avait besoin de les y remettre toujours. Au fond, la pensée unique qui revient sans cesse, c'est « de rétablir l'union entre les

---

Cambi, au nom des gonfaloniers : « Ad punitionem culpabilium procedatur. » (*Consulte* du 11 oct., f° 59 v°.)

[1] « Credo che di quello che furono morti i sopradetti morti sieno istati innocienti e sanza colpa.... Credo che il sopradetto (Antonio Barducci) morisse innociente e sanza colpa. » (*Diario d'anonimo*, p. 431.) Cet auteur ne s'indigne point : « Iddio gli abbi l'anima sua e di tutti coloro che sono morti martiri sanza colpa. » (*Ibid.*)

[2] Voy. *Consulte* des 15, 20, 21, 29 octobre (XXII, 61-72), car non seulement le 29 tous ceux qui prennent la parole demandent que Piero, reconnu innocent, soit remis en liberté, mais encore on le voit parler lui-même dans une *consulte* du 14 novembre suivant. (*Ibid.*, f° 81 v°.) Cf. Boninsegni, p. 646 ; Ammirato, XIV, 755.

[3] Voy. même chap., p. 326 ; March. de Coppo, XI, 900 ; Ammirato, XIV, 755.

citoyens, de manière que la ville puisse être appelée une cité[1] ».

Décevante chimère des temps de révolution! Les hommes mêmes du gouvernement, Strozzi et Scali, avaient à leurs ordres des espions, des agents provocateurs, des batteurs d'estrade, qui, sous le nom de *scorridori*, faisaient métier de dénoncer. On en met deux dans la classe des grands? un troisième, pour les venger, accuse Coluccio Salutati, le docte chancelier de la République, dont la vie se passait au grand jour, dans le palais, sous les yeux des prieurs, et Giovanni Cambi, gonfalonier du vair, « cher, bon, honoré citoyen de Florence[2] », dont le crime était d'avoir chez lui quelques uns de ses serviteurs[3], arrivés de la campagne pour mener ses porcs à la boucherie[4].

Une seigneurie nouvelle venait d'entrer en charge (1ᵉʳ janvier 1382). Composée comme les précédentes d'hommes des métiers, un artisan de la laine, un marchand de vin, un boucher, un changeur, un chapelier, un cordonnier, un teinturier, et deux marchands de *calimala*[5], elle cédera bientôt à l'influence de ces deux derniers, qui représentent dans son sein l'élite des tra-

---

[1] « Quod Domini dent operam ad unionem civium sicut ipsis videbitur ita quod hec civitas vere possit ab unitate civium civitas appellari. » (*Consulte* du 28 novembre 1381. XXII, 91.)

[2] Ser Naddo, p. 36.

[3] « Che en casa Johanni Cambi erano readunati certi fanti e che perciò sopra di questo li decti signori rimediassero. » (Fragment du procès original dans la préf. au *Diario d'anonimo*, p. 270.)

[4] « Aveva in casa sua cierti foresi ch'avieno menati morti suoi porci. (*Diario d'anonimo*, p. 434.) —Nullos enim ille domi habuerat præter familiam propriam et villicum qui, ut fit, rure porcum adduxerat. » (Leon. Bruni, IX, 197.)

[5] Voy. March. de Coppo, XI, 898, et *Diario d'anon.*, p. 435, avec quelques variantes de noms et moins de professions.

fiquants ; elle se laissera entrainer à la réaction violente, qui sera, comme on dit, le commencement de la fin. Pour l'heure, et pour son début, elle est tout affolée : elle prend au sérieux l'accusation [1], et trois jours plus tard (7 janvier), elle incarcère l'accusateur, sur la demande de l'accusé [2]. Voilà aussitôt Scali et Strozzi qui, à la tête de menus artisans mal édifiés [3], viennent réclamer leur créature, un vil tondeur, connu sous le surnom de Scatizza. La faible seigneurie, pour éluder la sommation, l'envoie au capitaine du peuple par Marchionne de Coppo, alors gonfalonier de la vipère [4]. Plus ferme, le capitaine résiste, jusqu'à ce qu'enfin voyant la multitude en armes marcher sur sa maison, il jette à terre sa baguette de commandement, et renonce à sa charge [5]. S'il la reprit, ce fut à la sollicitation des

---

[1] Andrea Nicholai pro gonf. : Quod alicui officiali civi vel forensi committatur quod de infamia data Johanni Cambii inquirat, et si ipse dictus culpabilis, acriter puniatur. Si vero innocens, infamator puniatur benigne, ita tamen quod sit exemplum. » (*Consulte* du 4 janvier 1382, XXII, 107 v°.)

[2] *Diario d'anonimo*, p. 434, et préf. p. 271 ; March. de Coppo, XI, 901 ; Boninsegni, p. 650 ; Ammirato, XIV, 757.

[3] « E molte cose intorno a ciò, le quali si dissero essere così fattizie, e chi dice proprio vere. » (March. de Coppo, XI, 901.)

[4] Chose singulière, Marchionne qui parle de cette démarche (XI, 901) ne dit nullement qu'il y ait pris part. Mais le texte du livre des *Consulte* est formel : « Marchion Coppi Stefani pro Dominis et collegiis dixit D. Capitaneo populi quod ipse dignetur pro pace et quiete civitatis libere dimittere Jacobum Bartholomæi cimatorem, cum de hoc Domini et collegia fuerint rogati per capitaneos, per Decem, per prepositos et consiliarios artium, et multos alios cives qui optime noverunt quid expediat statui civitatis. (Texte rapporté dans la préf. au *Diario d'anon.*, p. 271.) Probablement le chroniqueur, après coup, avait honte de sa participation à cet acte de faiblesse.

[5] Ser Naddo, p. 37 ; March. de Coppo, XI, 901 ; *Diario d'anonimo*, p. 434 ; Sozomène, R. I. S., XVI, 1121 ; Ammirato, XIV, 757. Le 21 janvier, dans une lettre à Charles de Durazzo, la seigneurie reconnaissait qu'il y avait eu tumulte, mais elle ajoutait, sans trop de respect pour la vérité, que Scatizza

prieurs[1], qu'effrayaient les menaces d'incendie proférées contre Giovanni Cambi (15 janvier)[2]. Le lendemain, Hawkwood accourait à la rescousse, rétablissait l'ordre, réinstallait dans son palais le capitaine, et tous les arts y allaient solennellement conjurer cet officier courageux de faire son office énergiquement[3].

C'était la première victoire signalée de l'esprit d'ordre sur l'esprit de désordre, et on la devait au hasard, à l'opportune arrivée d'Hawkwood. Il eût fallu assurer ce premier pas, et non en faire d'autres; mais c'est, on ne l'ignore point, le seul qui coûte. Dans les luttes civiles, d'ailleurs, rien n'est malaisé comme de se retenir sur la pente. On y glisse sans le vouloir, et tant d'hommes se plaisent à y glisser[4] !

Le jour même, d'accord avec les prieurs, qui avaient enfin trouvé leur boussole, et pour battre le fer tandis qu'il était chaud, le capitaine manda devant lui les deux principaux coupables de la dernière échauffourée,

---

avait été restitué librement. » Quemdam detentum qui tunc ad tumultus sedationem libere fuit dimissus. » (*Sign. curt. miss.*, XIX, 212 v°. Ce doc. a été publié à la suite du *Diario d'anon.*, p. 530.)

[1] « Et si non vellet, scribatur fratri quod cogat ipsum et hortetur ad remanendum. Et fiat cito. » (15 janvier. *Consulte*, XXII, 112.) — Le capitaine s'appelait Obizo des Alidosi, d'Imola. On verra, au volume suivant, que c'était un personnage peu estimable.

[2] *Diario d'anonimo*, p. 434.

[3] *Diario d'anonimo*, p. 434; March. de Coppo, XI, 901 ; Ser Naddo, p. 37; Lettre de la seigneurie à Charles de Durazzo, doc. après le *Diario d'anon.*, p. 530.

[4] C'est à ce moment que Machiavel (III, 47 B) place le commencement du complot qui devait ramener l'oligarchie. Seulement il met cet évènement ainsi que les suivants à l'année 1381, faute de distinguer l'ancien style du nouveau. — La seigneurie écrit : « Quod noster capitaneus contra quemdam detentum qui tum ad tumultus sedationem libere fuit dimissus, inquirendi ritum juridice persequi non valeret, cuncti boni cives in maximo spiritu concordie surrexerunt. » (Lettre à Charles de Durazzo, *loc. cit.*)

Tommaso Strozzi[1], qui se déroba par la fuite, Giorgio Scali, qui répondit fièrement à l'appel. Ce fut sa perte. Sur la place, quand il la traversa, retentit ce mot menaçant de justice que les plus injustes avaient sans cesse à la bouche. Son procès fut rapidement instruit. On lui reprochait non seulement la machination positive dont Scatizza venait d'être l'instrument, mais encore, ce qui était plus vague et moins certain, son ambition personnelle[2]. N'avait-il pas consenti, Pérouse l'ayant élu podestat, à quitter pour six mois Florence, au plus fort de la crise[3]? ce n'était certes pas d'un ambitieux. N'importe: le lendemain, il eut la tête coupée. Cette tête resta tout le jour dans la cour du capitaine, « sans tapis et sans linge », ainsi que le corps[4]. Le dernier supplice, en ces temps implacables, n'apaisait pas les ressentiments.

Vingt quatre heures de procès, pour juger et tuer un homme considérable, devenu chef populaire, avaient épuisé la patience des forcenés de l'ordre. Sans attendre l'exécution de Scali et le jugement de ses complices, ils avaient entrepris de se faire justice à eux mêmes. Donnant la chasse à Simone de Blasio, un de ces « diaboliques et séditieux » *scorridori*, ainsi qu'à son fils « presque plus dangereux que lui[5] », ils les atteignaient dans une vigne, les tuaient à coup de hache, leur fendaient la tête

---

[1] C'est de Tommaso Strozzi fugitif que sortit la branche des Strozzi de Mantoue. Voy. Ammirato, XIV, 758.

[2] Boninsegni, p. 654 ; Ammirato, XIV, 757.

[3] Une provision du 9 décembre 1378 (*Provvisioni*, LXVIII, 103) donne à Giorgio Scali l'autorisation d'aller pour cet objet à Pérouse.

[4] Ser Naddo, p. 38 ; March. de Coppo, XI, 901. Lettre à Ch. de Durazzo, *loc. cit.*

[5] « Vir diabolicus et seditiosus una cum filio qui ferme pestilentior erat patre. » (Lettre à Ch. de Durazzo, *loc. cit.*).

jusqu'à la bouche, les traînaient la corde au cou jusque sur la place, et aux deux cadavres coupaient la main. Un seul cercueil recevait ces misérables restes, et demeurait à la merci des enfants, qui, par manière de jeu, brisaient le couvercle à coups de pierres. La puanteur cadavérique, devenue intolérable, décida seule, après plusieurs jours, à jeter le tout dans l'Arno[1]. Et loin de blâmer cette répression cruelle autant qu'illégale, la seigneurie, écrivant sur ces faits à Charles de Durazzo, la disait accomplie « par la très-juste colère du peuple, à la grande joie de toute la ville, heureuse de retrouver la gloire de l'ancien état, où les premières familles, avec d'autres discrets et vertueux citoyens, avaient coutume de gouverner[2] ». L'aveu du but poursuivi était vraiment dénué d'artifice : les gens qui chantent la palinodie sont souvent cyniques avec naïveté. Un tel revirement aurait dû choquer, venant d'une seigneurie non moins populaire que les précédentes ; mais il ne choqua point un peuple mobile qui s'y associait au moins en partie, et l'on put, sans péril immédiat, le punir de ses excès en les imitant.

Qu'il y eût parmi les vainqueurs des sages, des hommes de bien qui ne voulaient pas qu'on abusât de la victoire, le fait n'est pas douteux. Les documents nous les montrent recommandant la clémence, proposant d'accorder trois jours à la fuite des condamnés, d'intro-

---

[1] *Diario d'anonimo*, p. 434 ; ser Naddo, p. 38 ; March. de Coppo, XI, 902 ; Ammirato, XIV, 758.

[2] « Per justissimum furorem populi sunt occisi. » (Lettre à Ch. de Durazzo, *loc. cit.*) « Ejectaque pestis illa quasi mortificus humor hunc populum ad salutem reduxit et in prisci status gloriam qua optimates cum aliis discretis et virtuosis viris soliti sunt regere collocavit. » (Lettre aux Bolonais, 18 janvier. *Sign. cart. miss.*, XIX, 212.)

duire des réformes dans les statuts sans donner balie à personne, ou mieux encore, de les respecter tous sans y rien changer, pas même à ceux qui consacraient les droits des petites gens, enfin, de préposer à la tranquillité publique des hommes « non passionnés », pris aux deux extrémités de l'échelle, parmi les artisans et les *scioperati*[1]. Mais c'eût été s'arrêter à moitié du chemin, et les résolus devaient aller jusqu'au bout. L'énergie, en ces heures décisives, a raison de la prudence. Il s'agit bien de réprimer quelques « tyrans » soutenus du menu peuple! Ce qu'il faut, c'est remonter le courant, revenir à cet âge d'or du règne des *popolani*, qui n'avait été, pour ceux qui le subirent, qu'un âge de fer.

Le mensonge de quelques-uns devient alors vérité pour le grand nombre. Les malins disent, la seigneurie écrit, les naïfs croient que le triomphe des guelfes est assuré, comme s'il eût jamais fait question[2]. Giovanni de Cambio promène par toute la ville une bannière de la *parte guelfa*, aux armes de la maison d'Anjou, et il est escorté

---

[1] 18 janvier 1382. Vannes de Quarata : « Quod inquisitis et condemnatis detur terminus trium dierum ad exeundum civitatem et comitatum, sed non fiat de hoc scriptura. Imo occulte ponantur ex civitate ita quod recedant. » — Filippus Cionetti : « Quod fiat justicia cum clementia. Et quod eligantur aliqui ad providendum super statu civitatis sine balia, stante semper firmo statu et honore artificum et aliorum. » — Andreas Jacobi Collini : « Quod Domini eligant illos et quot cives volent artifices et scioperatos qui non sint passionati quod sine intervallo provideant circa tranquillitatem civitatis. » — Francesco Bruni : « Quod status non tangatur. » (*Consulte*, XXII, 113 v°.)

[2] « Multa que sunt ad honorem et statum guelforum civium non optimorum per Dei gratiam in nostre auctoritatis manibus feliciter secutura, ut cognoscat Vestra Serenitas, tota Ytalia possit advertere inextinguibiles esse guelfos in civ. Flor. nec forent, ut multi forsitan cogitabant, guelfe partes nomen in hac urbe mortuum vel sepultum. » (Lettre à Ch. de Durazzo, *loc. cit.*)

du quart de la population en armes[1], criant « jusqu'à se dessécher le gosier » : — Vivent le peuple, la *parte guelfa*, les arts[2]! — Le capitaine multiplie les procès, les sentences de bannissement et de mort. Il fait couper la tête au *scorridore* Feo de Piero, fabricant de cuirasses, et à un juge même, Donato des Aldighieri (18-20 janvier), ce qui n'empêche point la seigneurie d'écrire que cette révolution s'est accomplie sans effusion de sang[3]. Il donne le ceinturon de chevalier à ceux qui l'avaient refusé de la main des *ciompi*[4]. De la sienne vingt personnes le reçoivent, ou plutôt dix-huit, car deux, qu'il a désignés, se dérobent à cet honneur : Michele de Vanni et Giovanni de Cambio, le « probe, sage, cher et honoré citoyen[5] » qui venait pourtant de promener le gonfalon de la *parte*. Un troisième, de nom obscur comme eux, accepta par vanité. Tous les autres appartenaient à d'illustres familles : les *popolani* rentraient en faveur, reprenaient le haut du pavé.

Ce n'est pas qu'on osât encore systématiquement exclure les petites gens. Beaucoup d'entre eux, artisans de la laine, *ciompi* même, quoique le gros de ceux-ci

---

[1] Ser Naddo, p. 39. 12 000 hommes, dit la seigneurie. (Lettre à Ch. de Durazzo, *loc. cit.*) Cf. Ammirato, XIV, 758.

[2] « Quid fuit videre universum populum, usque ad mulieres et parvulos, gloriosissimum partis guelfe nomen usque ad gutturis rancedinem iterare!» (Lettre à Ch. de Durazzo, *loc. cit.*) « Acclamato per omnes urbis vicos cum ingenti gaudio felicissimo nomine partis guelfe.... sub vexillo guelforum. » (1er et 2e postscriptum à la lettre aux Bolonais, *loc. cit.*) Cf. Sozomène, R. I. S., XVI, 1121.

[3] Hodie, 20 jan. facta justitia duorum sine cede et sanguine et sine quacunque noxia novitate. » (1er postscriptum à la lettre aux Bolonais, *loc. cit.*) Cf. Lettre à Charles de Durazzo, *loc. cit.*, p. 531 ; March. de Coppo, XI, 901, 902; *Diario d'anonimo*, p. 435 ; Ser Naddo, p. 39.

[4] Ammirato, XIV, 758.

[5] Ser Naddo, p. 39. March. de Coppo (XI, 902) dit : Vanni de Michele.

continuât de bouder[1], se joignaient aux *popolani* et aux grands, arrêtant, avec eux, sur le *Mercato nuovo*, les termes d'une pétition pour la réforme de l'État et le rappel des bannis[2]. On trouve de ces petites gens parmi les *richiesti* que convoque la seigneurie[3], et jusque dans la commission de quatre-vingt-quatorze membres qui recevait balie de procéder aux réformes[4]. Il faut temps à tout.

L'œuvre de réaction, d'ailleurs, ou, si l'on veut, de réparation, n'en était pas moins hautement avouée. Les seigneurs se plaisaient, dans leur correspondance, à montrer la balie restituant leurs droits aux gens des arts fait magnats, frappés du *divieto*, mis à terre ou, comme nous dirions, à pied[5], durant cette sinistre période de quarante-trois mois; ils la représentaient ouvrant les portes de la ville à tous les exilés récents[6],

---

[1] « Ve n'avea assai in Signa scardassieri, pettinatori e altri lavoranti di lana che non aveano bando e per isdegno che non erano signori di Firenze come furono, stavano a Siena a lavorare. » (March. de Coppo, XI, 851.)

[2] Boninsegni, p. 652 ; Ammirato, XIV, 758.

[3] Sur cinquante-deux *richiesti*, on en compte douze des petits métiers, et plusieurs dont le métier n'est pas indiqué, mais dont le nom est obscur. Voy. March. de Coppo, XI, 903.

[4] Cette commission se composait des prieurs, des collèges et de cinquante-deux autres membres. — La seigneurie aux Bolonais, 20 janvier, et à Charles de Durazzo, 21 janvier, à la suite du *Diario d'anon.*, p. 530, 531. Ser Naddo, p. 39, 40; March. de Coppo, XI, 902. Ce dernier donne quatre-vingt dix-huit membres, mais il se contredit, et le chiffre donné par la seigneurie fait foi.

[5] « Privati et devetati ab officiis vulgariter dicebantur posti a sedere. » (Provision du 21 janv. 1382 dans G. Capponi, I, 609.) Cf. Ser Naddo, p. 43.

[6] « Sciscitatis de more nostro in secreto scrutinio votis, nemine discrepante, cunctos quos civica pestis que jam mensibus 43 effervuit ab honoribus prohibuerat vel gravissimis magnatum subjecerat legibus, prima deliberatio nostra in pristinum statum reposuit, etc. » (Lettre à Charles de Durazzo, *loc. cit.*) Les actes de cette balie ont été publiés par Gino Capponi, t. I, append. 9. Voy. p. 609.)

celles des prisons à quiconque y était détenu pour autre cause que pour dettes[1]. Ce qu'ils laissaient dans l'ombre et que nous devons remettre en lumière, c'est ce qui caractérise la politique nouvelle. En supprimant les condamnations, l'on n'exceptait pas, comme jadis, les bannis qui avaient pactisé avec les ennemis de la République, envahi son territoire, occupé ses forteresses : c'est que les *popolani grassi* venaient de commettre, dans leur exil, tous ces actes qu'ils avaient tant reprochés aux magnats. En rappelant les bannis, on ajournait à la fin de février leur rentrée[2]; on envoyait même dans le *contado*, sons peine de perdre à jamais le bénéfice de leur rappel, ceux qui avaient déjà reparu[3] : c'est qu'on voulait, d'une part, imposer des trêves ou des accords définitifs aux citoyens que séparaient des inimitiés privées[4], et indemniser les acquéreurs des biens de rebelles, pour rétablir les rebelles en jouissance dès leur retour[5]; d'autre part, faire en sorte qu'on ne pût attribuer aux exilés les mesures infiniment plus graves qu'on allait prendre, et dont tant de Florentins devaient souffrir[6].

[1] « Pro quocumque vel occasione cujuscumque delicti, malefitii, criminis vel excessus aut injurie vel offense et seu quacumque alia causa.... exceptis dumtaxat illis qui ibidem detenti seu recommendati essent pro debito vel obligatione ad quod vel quam tenerentur alicui singulari persone. » (Actes de la Balie, dans G. Capponi, I, 612.)

[2] *Ibid.*, p. 611. Cf. March. de Coppo, XI, 904 ; *Diario d'anon.*, p. 435.

[3] Ser Naddo, p. 43.

[4] « Feciono che tutti gli sbanditi per privata offesa fussero ribanditi e fussero costretti a triegue e paci secondo la convenenza. » (March. de Coppo, XI, 905.)

[5] Nous voyons en effet dans ser Naddo (p. 43) qu'ils devaient être rétablis dans leurs biens, « senza danno del compratore. »

[6] Parmi les personnages compris dans les mesures réparatrices, il faut compter Ridolfo de Camerino, qui ne le méritait guère par sa conduite durant la guerre contre le Saint-Siège. Mais sans doute il avait aidé les

La cheville ouvrière, selon le contemporain ser Naddo, ce fut l'art de la laine[1]. Trois jours durant, pour protéger, disons mieux, pour surveiller les délibérations de la balie, il se tint en armes au *Mercato nuovo*, où il était chez lui. Ses vieilles haines ravivées exigeaient la suppression des deux arts formés de ses plus humbles artisans, et qu'on avait épargnés naguères, en supprimant le troisième. Dans la soirée du 20 janvier, sans attendre qu'une décision intervînt sur sa requête, il courait aux boutiques maudites, y brisait tables et bancs, jetait écritures et livres de comptes dans la rue, dans le ruisseau[2]. Il faisait de l'ordre avec du désordre, procédé de tous les temps.

Prenez garde! disaient aux autres arts mineurs les deux arts menacés, prenez garde! on ne s'arrêtera pas en si beau chemin: ce sera bientôt votre tour! — Pour sage que fût l'avis, peu le comprirent. Des artisans en armes vinrent crier sur la place: — Vivent les vingt-trois arts! — mais ils criaient sans confiance, s'avançaient pêle-mêle, courant au hasard, « d'une manière bestiale », dit Marchionne[3]. Ils s'étaient trompés d'heure; le vent ne soufflait plus de leur côté: les bouchers, hommes

popolani grassi dans leur lutte contre le menu peuple. Naturellement on n'avoue pas le vrai motif : « Quam plurimos.... anno 1377 contra ipsum D. Rodulfum.... preter veritatem multa et varia simulate et nequiter suggexerunt.... DD. Priores.... fide dignis relatibus informati dictum.... Rod. semper honores dicti populi et com. fuisse omni fide et studio prosecutum, nec dicto vel facto amicitia, fide et devotione aliqualiter divertisse. » (Provision du 15 mars 1382, à la suite du *Diario d'anon.*, p. 234.) — C'est un véritable acte d'accusation contre les seigneuries de ce temps là, dressé par des adversaires victorieux.

[1] « L'arte della lana fu cagione d'ogni bene che ne seguiò e ne seguirà. » (Ser Naddo, p. 40.)

[2] *Diario d'anonimo*, p. 435; ser Naddo, p. 43.

[3] March. de Coppo, XI, 905.

d'action par excellence, n'étaient pas avec eux. Il suffit à divers membres de la balie de parcourir la place, gonfalons de justice et de la *parte* en tête, pour la balayer, rallier les hésitants, poursuivre les mutins maltraités jusqu'à Or san Michele. Tout le jour ils occupèrent le théâtre de leur facile triomphe, tandis que les prieurs, arborant au palais les bannières des arts conservés, ordonnaient de fermer les « boutiques » où lieux de réunion des deux autres, « si bien qu'ils ne purent plus se réunir[1] ».

Quoi de plus facile, dès lors, que de les supprimer, et de ramener ces humbles artisans sous le joug de leurs anciens maîtres[2]? S'il fallait en croire notre chroniqueur anonyme, ceux là même qu'atteignait cette suppression brutale seraient rentrés avec joie dans l'obéissance[3]. La joie est de trop : c'est plutôt résignation qu'il faut dire. Après un long chômage, inévitable effet de tant de troubles, les pauvres gens devaient accepter toute situation régulière, qui leur permît de vivre en travaillant.

Mais comme on redoutait d'eux quelque retour d'ambition, les précautions nécessaires furent prises pour leur fermer l'entrée de la vie civique. Il fut résolu qu'à partir du 1ᵉʳ mars, le gonfalonier de justice serait toujours tiré des arts majeurs ; que ces mêmes arts fourniraient, à eux seuls, quatre des huit autres membres de la seigneurie, neuf des seize gonfaloniers, sept des douze *buonuomini;* que ces proportions seraient observées pour les neuf capitaines de la *parte*, leurs douze prieurs

---

[1] Di che gli artefici non si poterono più ragunare. » (*Ibid.*)
[2] Actes de la Balie, dans G. Capponi, I, 612, 613.
[3] « E sono ciascheduno contenti d'essere sottoposti a quell' arte e consoli com' erano in prima. » (*Diario d'anonimo*, p. 435.)

et leurs seize conseillers de crédence, « puisque cet office était modelé sur la seigneurie »; que dans tout office comprenant huit *popolani*, cinq d'entre eux seraient des arts majeurs[1], et dans tout office de dix, quatre seulement des arts mineurs; que ceux-ci, dans tout office de quatre, auraient tour à tour un et deux représentants, et dans la répartition des charges de podestat ou de châtelain, trois sur huit. Les autres charges du dehors, — elles sont énumérées dans le document, — ne devaient plus appartenir qu'aux arts majeurs[2]. Une seule exception était faite pour les ambassades. Comme la seigneurie les conférait, et non le sort; comme des vainqueurs sont toujours libres de ne les point confier aux vaincus, ceux-ci continuaient, en droit, d'y être éligibles, sauf, en fait, à n'y pas être élus.

Restaient, dans cette restauration de l'inégalité, les conseils du peuple et de la commune, dont le vote pouvait seul donner force de loi aux décisions de la seigneurie et des colléges. Le conseil du peuple se composait, on l'a vu, des *capitudini* et autres officiers, plus quarante citoyens par quartier, dix par gonfalon[3]. Six

---

[1] In quolibet offitio in quo populares erunt octo numero, sint de tali numero quinque de et pro membro septem majorum artium et scioperatorum et tre de et pro membro quatuordecim minorum artium. » (Actes de la Balie, dans Capponi, I, 614.) Il est clair que malgré la disposition qui établissait une majorité légale des deux tiers, on attachait une importance au moins morale à la majorité numérique.

[2] Il n'y a de combinaison différente que pour les officiers de la Marchandise. Ils seront sept au lieu de neuf, « et non ultra. » Cinq d'entre eux appartiendront aux cinq principaux arts majeurs, deux aux arts mineurs auxquels est adjoint pour la circonstance l'art majeur des fourreurs et peaussiers.... (*Ibid.*, p. 615.) Ici il ne peut être question que de six arts majeurs, puisque le septième c'est celui des juges, qui n'a rien à démêler avec la marchandise.

[3] Voy. plus haut, même chap., p. 308.

de ce groupe rudimentaire appartiendront désormais aux arts majeurs et quatre aux arts mineurs. Dans le conseil de la commune, composé de même, sauf que, sur quarante membres, chaque quartier doit fournir dix magnats, rien n'est modifié[1]. Les magnats avaient pourtant leur part dans la victoire : ils étaient remis dans leur situation moins abaissée de mai 1378 ; on leur assurait deux places dans tout office de huit *popolani*, une dans tout office de moindre nombre, deux parmi les Dix de liberté, cinq parmi les podestats ou châtelains. Mais le vieux et démocratique levain de la défiance, toujours en fermentation au cœur des *popolani*, mettait aux faveurs accordées cette condition expresse que deux magnats ne se succéderaient point immédiatement dans ces charges, ne les exerceraient point simultanément au même lieu. Il faisait maintenir contre les anciens parias le tambour aux dénonciations[1], véritable épée de Damoclès, et il arrachait à Marchionne, aussi hostile aux nobles qu'à la populace, cette appréciation de la loi qui leur accordait en rechignant quelques maigres avantages : « Loi détestable, car l'inscription parmi les grands avait châtié beaucoup de crimes, de meurtres, d'assassinats. Examiner séparément, faire un choix des moins coupables, voilà ce qu'il fallait. Mais non ! Tous furent relevés de leur déchéance, à cette double condition de faire la paix avec les fauteurs de leur condamnation, et de rester trois ans sans offices[3] ».

[1] Actes de la Balie, dans G. Capponi, I, p. 614-617.

[2] *Ibid.*, p. 617, 618. Le *Diario d'anonimo* (p. 435) dit au contraire que le tambour fut supprimé ; mais le texte officiel fait foi : « Quod tamburum ordinatum contra magnates sit et stet firmum, » etc. (p. 618). Le *Diario* ne rapporte peut-être qu'une rumeur. March. de Coppo ne dit rien de ce fait.

[3] March. de Coppo, XI, 912.

Ainsi furent levées toutes les prohibitions et inhabiletés des Ricci et des Albizzi, de leurs innombrables parents et *consorti*[1]. Quant au peuple, dont il fallait acheter le silence, à défaut de son approbation, il obtint quelque allégement à sa condition misérable. Les débiteurs de la commune sont affranchis des condamnations par eux encourues; ils ont jusqu'à la fin de mars pour s'acquitter[2]. Est supprimée la gabelle qu'on avait mise, deux années auparavant, sur les bœufs de labour; à ceux qui l'avaient payée le trésor restitue même leur argent[3].

Selon l'usage, au lendemain des victoires de parti, une révision des bourses s'imposait à la seigneurie. Elle avait décidé, le 23, qu'il y serait procédé le plus tôt possible[4]. Mais ce terme vague ayant mécontenté les impatients, dans la matinée du lendemain 24 toutes les boutiques de la laine se ferment, tous les gens de l'art se réunissent en armes et exigent que l'opération ait lieu sans retard. On n'avait rien à leur refuser. Ayant obtenu satisfaction[5], ils retournèrent sur le soir à leur logis, en concorde et en paix. Pour les contemporains, c'est à partir de ce moment que l'ordre est rétabli, que Flo-

---

[1] Actes de la Balie, dans G. Capponi, I, 619.
[2] *Ibid.*
[3] Ammirato le jeune, XIV, 759.
[4] DD. Priores deliberaverunt quod quam citius fieri poterit, fieri debeat scruptinium omnium et singulorum offitiorum Comunis. » (Actes de la Balie, dans G. Capponi, I, 617.)
[5] *Diario d'anonimo*, p. 436; ser Naddo, p. 44. « Audita congregatione populi florentini et ipsis relato quod intendunt et volunt quod cedule existentes in bursis offitiorum prioratus et vexilliferatus justitie et eorum collegiorum comburantur et similiter registra ipsorum offitiorum, quod statim capse in quibus sunt dicte burse et registra apportentur in palatio et subito comburantur cedule et registra.... » (Actes de la Balie, dans Capponi, I, 617.)

rence reprend son assiette, que tous les artisans sont, comme par le passé, docilement soumis à leurs consuls[1].

L'œuvre violente de pacification n'était pourtant pas terminée encore, tant qu'on n'aurait pas terrifié, écarté, supprimé au besoin ceux des principaux adversaires que la balie n'avait pas déjà confinés ou déclarés rebelles[2]. Avec Obizo des Alidosi, d'Imola, l'énergique capitaine du peuple, maintenu pour six mois dans sa charge; avec Cante des Gabbrielli d'Agobbio, désigné dès lors pour lui succéder parce que, lui aussi, il avait fait ses preuves, et maintenu à son tour pour un second semestre[3], les vainqueurs s'étaient assuré, jusqu'à la fin de 1383, de dociles et vigoureux instruments. Le 4 février, vingt condamnations sont prononcées; le 5, douze; le 7, vingt encore[4]. Parmi les relégués du 5, se trouve, malgré ses grands services et sa circonspection prudente, Salvestro des Medici, avec son fils[5]. Jacopo Strozzi, fils de Tommaso, Branca Scali, fils de Giorgio, portent la peine du péché originel et surtout du désir qu'on leur suppose de venger leurs pères, l'un mort, l'autre en exil à jamais[6]. Le 14 mars, vingt-cinq proscriptions : dans le nombre, Michele de Lando, confiné à

---

[1] « E hanno fatto che tutti artefici si saranno sottoposti a loro consoli, com'erano in prima, ciascuno alla loro volontà. » (*Diario d'anonimo*, p. 436.)

[2] Ammirato, XIV, 760.

[3] Liste des *off. forens*. Actes de la Balie, *Minutario*, dans préf. au *Diario d'anonimo*; March. de Coppo, XI, 911; Ammirato, XIV, 759.

[4] Ser Naddo, p. 45.

[5] Salvestro fut envoyé à Lucques, selon ser Naddo (p. 45); à Modène, selon March. de Coppo, XI, 910.

[6] March. de Coppo, XI, 910, 918. Dans ces listes de condamnés, on relève un Pagolino des Cerchi. C'est un nom qui reparaît bien rarement depuis le temps des Blancs et des Noirs.

Chioggia, aux lagunes de Venise, dans un complet oubli de ses services. Toujours fougueux, supportant mal sa disgrâce, il devait bientôt rompre son ban, qui le tenait à la distance d'au moins cent milles, venir à Lucques pour marcher sur Florence et y provoquer un soulèvement, stérile tentative qui appela sur sa tête une condamnation par contumace à la potence et à la confiscation (27 novembre 1383)[1]. Deux mois auparavant (11 septembre), quarante-trois citoyens avaient été pendus; onze jours après, trente-quatre autres le furent. Un document officiel permet de relever cent soixante-une condamnations à mort[2], chiffre énorme, après dix-huit mois de règne, même pour ce temps et ce pays.

Soit esprit de vengeance implacable, soit forte volonté de s'affermir, l'oligarchie triomphante ne pensait point à faire grâce. Quiconque avait été des Huit de la guerre, fut poursuivi, chassé ou tué, sans préjudice de la confiscation. Longtemps, la malveillance publique s'acharna contre leurs descendants[3]. En 1387, un miséricordieux oubli ne protégeait pas encore les épaves du grand naufrage. Benedetto Alberti partait alors pour l'exil, lui qui s'était séparé de ses amis avant leur défaite, qui avait signalé leurs fautes, flétri leurs excès. Le crime qu'on

---

[1] *Spoglio di condanne criminali del podestà e capitani.* Arch. di stato, cl. V, n° 86, p. 33 sq., dans Fossati, p. 87. — Michele finit pourtant par être rappelé et il mourut à Florence en 1401. Voy. le registre mortuaire de Santa-Croce, où il fut enterré.

[2] *Spoglio di condanne*, etc., dans Fossati, p. 87.

[3] « Vennono in malevolenza di tutta la nostra cittadinanza; e ancora al dì d'oggi sono sospetti i loro discendenti al reggimento. » (Giov. Morelli, *Cronica*, p. 289.) Morelli, né en 1371, prieur en 1426, gonfalonier de justice en 1441 et mort dans cette charge, commence sa chronique en 1393. Voy. la préface, p. 10. C'est donc plus tard encore qu'on gardait rancune aux descendants des Huit Saints.

lui fit expier, c'était de ne pas approuver les violences des arts majeurs plus que celles des arts mineurs. Parti pour la Terre sainte, il mourut à Rhodes, quelques mois plus tard (1388), avec un de ses neveux[1]. C'est une génération tout entière qui disparaît. Ceux qui en étaient l'honneur et que les factions laissaient en paix finir leur vie, ont déjà quitté la scène du monde, Pétrarque en 1374, Boccace en 1375[2].

C'en était fait : l'oligarchie des *popolani grassi* ressaisissait la domination, que les *popolani magri* avaient voulu d'abord partager avec elle, puis, sur son refus, lui arracher. Était-ce le triomphe de la raison sur la folie, de la justice sur l'injustice? Pas plus que celui de la modération sur la violence. « Ce gouvernement, dit Machiavel, ne fut pas moins injurieux envers les citoyens, moins lourd dans le principe que ne l'eût été celui de la plèbe[3] ». C'est parler d'or, comme il convient à l'impartiale postérité. Mais ni les modernes n'ont toujours eu cette haute sagesse, ni à plus forte raison les contemporains ces vives lumières. Ser Naddo

---

[1] Ser Naddo, p. 99.

[2] Nous croyons devoir passer sous silence tout ce qu'on trouve dans les auteurs, pour ce temps où toute la vie de Florence est à l'intérieur, sur les allées et venues des compagnies, sur les négociations avec elles, sur l'attitude d'Hawkwood. Beaucoup d'inquiétudes, aucun fait important, en voilà le résumé. On peut voir March. de Coppo, XI, 907; ser Naddo, p. 45; *Diario d'anonimo*, p. 436, et Ammirato, XIV, 758, 759. — Une lettre de la seigneurie (10 juillet 1384) voulant retenir Everard, comte de Landau, au service de la Rép. décrit ainsi les ravages des compagnies : « Predandi studio hinc inde discurrunt, rapinas, incendia, capturas et homicidia committendo, civitatesque et miseros populos ad asperas redemptiones impellunt. » (*Sign. cart. miss.*, XIX, 150.)

[3] « Nè fu questo stato meno ingiurioso verso i suoi cittadini nè meno grave ne' suoi principii, che si fusse stato quello della plebe. » (Machiavel, III, 48 A.)

et l'anonyme du précieux *Diario* s'abstiennent de juger ; Marchionne accuse les vaincus, ses anciens amis, de n'avoir pas su commander le respect des lois et faire vendre la livre de mouton au prix maximum de deux sous, d'avoir laissé les gens se rendre justice à eux-mêmes et tiré de leur mieux chacun l'eau à son moulin[1]. Ammirato subit les préjugés d'un temps épris de la servitude, ne craint pas d'appeler *ciompi* des hommes qui avaient proscrit les *ciompi* et contre qui les *ciompi* conspiraient[2]. Les plus récents historiens ont peint sous les plus noires couleurs le règne des petites gens, moins pour les actes qu'ils relèvent que pour les tendances qu'ils supposent[3].

On comprend, de trop près, les illusions d'optique ; à distance, elles semblent moins explicables. Si plus d'un s'y trompent encore, c'est qu'ils apprécient, avec l'esprit de parti, en plein dix-neuvième siècle, les événements du quatorzième. Violer les lois, amener l'eau à son moulin sont des travers assez communs, je pense : Villani et Dante les reprochaient à leur temps, devenu l'âge d'or pour le temps de Pétrarque, et ils étaient loin d'être étrangers à la secte des Albizzi. Les arts mineurs avaient assurément moins fait contre les arts majeurs, que les arts majeurs contre les magnats, et il n'était pas plus périlleux, pour l'ordre social, de transformer en deux arts les plus humbles métiers, comme venaient de le faire les artisans, que d'élever de sept à douze le

---

[1] March. de Coppo, XI, 877.

[2] « Io non porrei mano a scriverlo come cosa indegna, se io non mi ricordassi che io scrivo hora i fatti de' ciompi. » (Ammirato, XIV, 753.)

[3] Voy. Gino Capponi, I, 364-367, qui exprime le regret que ce régime ne puisse être mieux connu, parce qu'on y verrait, dit-il.... C'est donc un pur procès de tendance.

nombre des arts majeurs, comme l'avaient fait jadis les patrons. Toute la différence, c'est que les artisans eurent à lutter contre plus d'ennemis, grands et *popolani* en haut, *ciompi* en bas, et aussi contre des hasards climatériques désastreux, pluies diluviennes après quatre mois de sécheresse, récoltes par suite insuffisantes, qui aigrirent les souffrances et lassèrent le dévouement de leurs appuis naturels.

Déclarerons-nous inopportune la tentative des arts mineurs, c'est-à-dire de ce qu'il y avait de plus modeste dans la bourgeoisie marchande, et de plus considérable dans ceux qui travaillaient de leurs mains? Non. Une semblable tentative pouvait être prématurée à Naples, à Gênes, en France, partout où de vagues tendances démocratiques se faisaient à peine jour entre la féodalité au déclin et la monarchie en progrès; elle ne l'était pas dans la démocratique Florence. Entre les deux classes de marchands, où était la différence? Dans la richesse acquise? Sans doute; mais on a beau dire, la richesse ne fait pas la vraie capacité politique, et quelquefois elle y nuit, en substituant des vues d'intérêt à des vues d'équité. Dans l'instruction? Peut-être, quoiqu'il soit permis de soutenir qu'il n'y avait pas beaucoup plus de culture chez les uns que chez les autres, puisque jusqu'au bas de l'échelle on s'intéressait, cela est certain, aux choses de la littérature et de l'art. En tout cas, les esprits cultivés ne perdent jamais leurs droits : du fond ils remontent immanquablement à la surface, et c'est eux, sauf en de rares moments de crise, que les partis victorieux mettent ou maintiennent à leur tête, car il s'en trouve dans tous, par conviction ou par calcul.

La campagne eût donc réussi sans l'impatience des *ciompi*, qui ne surent pas se contenter, pour l'heure, du bénéfice indirect qu'ils devaient retirer de la victoire des moindres arts. Ils avaient eu pourtant sous les yeux d'instructifs exemples : ils avaient vu le gros des arts mineurs se résigner à l'attente, le jour où les cinq premiers d'entre eux étaient seuls adjoints aux sept arts majeurs primitifs. Alors, l'aristocratie marchande, plutôt que de se rapprocher des grands, avait pris l'initiative de son sacrifice. Elle en avait, depuis, consenti un second, en faisant une part aux autres arts mineurs dans la vie publique. Qui peut dire qu'elle ne s'en fût pas laissé arracher un troisième, si l'on y avait mis moins de brutalité; si de grossières convoitises, cyniquement avouées, ne lui avaient fourni un prétexte spécieux pour rompre avec ses traditions?

Les partis payent cher leurs fautes. Il n'en faut pas commettre devant l'ennemi. Aux heures de crise, elles détournent le fleuve de son lit, elles le forcent à s'en creuser un autre dans un terrain moins propice, où ses eaux s'épuisent et finissent par disparaître. Les déshérités du sort, les *ciompi*, auraient dû acquérir plus de lumières, de plus grands intérêts, avant de prétendre à la domination. Celle des arts mineurs, au quatorzième siècle, était seule possible. Elle cessa de l'être par le fait de si compromettants alliés. S'en séparer plus tard avec éclat, les réprimer avec vigueur ne sauva point une cause juste : des adversaires exaspérés qui, pour recouvrer leurs privilèges, contractaient eux-mêmes cette alliance, monstrueuse de leur part, ne cessèrent de la reprocher aux arts mineurs, qui la repoussaient. Avec une iniquité trop commune, on s'en prend aux arts mineurs des troubles provoqués pour les renverser. Temps pleins d'exils et de morts, dit Machiavel[1]. Pas plus, on peut le dire, qu'aux jours antérieurs de l'*ammonizione*, ou postérieurs de l'oligarchie. Mais suivant qu'un pouvoir est bien ou mal assis, ses rigueurs s'appellent justes châtiments ou injustes violences. Le succès, aux yeux des hommes, a toujours raison.

L'aristocratie marchande a donc ressaisi le pouvoir, et elle le conservera un temps assez long. Mais coterie étroite, exclusive, jalouse de ses privilèges, furieuse de les avoir un moment perdus, alors même qu'elle les a recouvrés, elle tourne le dos au progrès démocratique, elle refuse d'ouvrir peu à peu son sein, comme elle faisait jadis, pour y recevoir les humbles à mesure qu'ils s'élèvent et s'en montrent dignes. C'est ainsi qu'elle les verra porter ailleurs leurs regards et leurs espérances. Dans toutes ces villes d'Italie où des tyrans s'établissent et se maintiennent, le joug pèse moins lourd sur les pauvres que sur les riches, sur les petits que sur les grands. La tyrannie, c'était donc la vengeance? Voir étouffer ses ennemis et respirer soi-même plus librement, quelle volupté! L'idée d'en jouir devait bientôt naître et faire son chemin. Pour lui aplanir les voies elle trouvera les Medici.

L'astucieuse finesse de ces banquiers enrichis sut ourdir patiemment et ténébreusement sa trame. Leurs perfides et ambitieux desseins ne prendront corps que plus tard, quand le vent de la faveur populaire aura enflé leur voile, trop habile à louvoyer; mais, sans perdre un instant, ils spéculent, pour grandir, sur le

---

1. *Ist. fior.*, III, 46 B.

mérite grossi, sur la popularité exagérée du médiocre
Salvestro, le plus ancien d'entre eux qui ait paru au
premier rang. C'est parce qu'ils ont conquis un pouvoir
personnel et durable, que l'histoire accuse ce redresseur
de torts de l'avoir recherché. Mais c'est grâce à lui que
ses descendants et collatéraux devinrent chers au menu
peuple, en prirent la conduite, s'en firent un point
d'appui, un marchepied pour leur élévation, et, en
attendant mieux, se substituèrent aux Ricci éclipsés,
pour tenir tête aux Albizzi triomphants.

Sans doute, sous leur influence grandissante comme
sous leur règne, il y aura encore de la gloire pour Florence; mais l'arbre est attaqué à sa racine. La suite de
cette histoire n'est plus, à travers de brillants épisodes,
que celle des progrès du mal auquel succombera un jour
la République. Sa chute ne viendra donc point des excès
de la démocratie ou de l'exagération de son principe,
qu'on peut, dès le début, constater dans les actes et les
institutions; elle viendra au contraire des obstacles
opposés aux légitimes progrès des gens de peu, qu'un
État démocratique ne saurait impunément compter pour
rien. Encore y avait-il tant de vitalité dans cette population laborieuse et subtile, qu'elle eût, sans l'intervention
armée de Charles-Quint, échappé pour longtemps peut-
être à ses douloureuses destinées. Il ne fallut rien moins
que le plus puissant bras de l'Europe pour imposer définitivement aux Florentins le joug de cette famille de
marchands, qu'ils n'avaient pas vu confisquer une à
une les libertés publiques, sans la vouloir ramener
dans les rangs. Mais ce fut, on peut le dire, le mérité châtiment d'une abdication sans excuses, inspirée d'abord par l'irrésistible soif de représailles tar-

dives, maintenue ensuite par le goût des petites gens pour le nivellement sous un maître, comme par les satisfactions données à quelques uns de leurs intérêts matériels.

LIVRE XI

CHAPITRE PREMIER

LES BELLES-LETTRES

Les imitateurs de Dante dans la poésie épique et dans la poésie amoureuse. — Pétrarque. — Il reste florentin dans l'exil. — Ses poésies en langue vulgaire. — Il est couronné au Capitole (8 avril 1341). — Son refus de revenir à Florence (1351). — Son patriotisme. — Sa gloire de son vivant et après sa mort. — Son école. — Boccace. — Ses premiers écrits. — Ses ouvrages en prose. — Le *Decameron.* — Ses imitateurs. — Ser Giovanni et *Il Pecorone*. — Franco Sacchetti. — Les clercs : Domenico Cavalca. — Bartolommeo de San Concordio. — Jacopo Passavanti. — Sainte Catherine de Sienne. — Mouvement des esprits vers la Renaissance. — Création d'une université à Florence (1321). — Ouverture des cours ou lectures (6 novembre 1348). — Privilèges concédés par Clément VI (29 mai 1349). — Vicissitudes du *Studio*. — L'étude des anciens et l'esprit de la Renaissance. — Pétrarque lit, recherche les manuscrits latins. — Sa critique. — Ses efforts pour la propagation du grec. — Boccace et les savants de Byzance. — Leur école.

Dans le serein domaine des lettres et des arts où elle a si glorieusement conquis le premier rang, Florence marche d'un pas inégal, comme dans le domaine de la politique et du trafic. Elle y connaît aussi les ralentissements, les intermittences. Elle n'a pas le cœur à la poésie et à la peinture, quand son or et son sang coulent à flots dans des luttes où trop souvent elle se déchire de ses propres mains. Mais à l'étudier d'un peu loin et d'ensemble, on voit bien qu'elle mène toujours le chœur de ces intelligences d'élite qui représentent ce qu'il y a de vraiment durable aux évolutions de l'humanité.

L'impérissable gloire de Dante conserve son rayonnant foyer au sein de l'ingrate et aveugle ville qui l'a condamné à l'exil et qui l'y a maintenu. C'est en vain que Cecco d'Ascoli, d'humeur envieuse et dénigrante, se glorifie « de ne pas chanter comme les grenouilles dans un étang, à l'exemple de ce poète qui n'imagine que des choses vaines, de ne produire ni Paolo ni Francesca, de laisser là les fables et de ne chercher que la vérité ». Pour Florence, comme pour toute l'Italie, Dante est un être divin, et, mieux que le reste de l'Italie, Florence a compris que le divin ne doit pas être imité. C'est au dehors que se produisent d'imprudents imitateurs : Fazio des Uberti, hôte des cours lombardes, qui entreprend de décrire le monde matériel [1]; Federigo Frezzi, dominicain de Foligno, qui croit voler de ses propres ailes quand il s'accroche aux ailes d'autrui, quand il promène un voyageur sous la conduite de Minerve dans les règnes de l'amour, des vices, du démon, et sous la conduite d'Enoch dans le règne de la vertu [2]; Pétrarque, exilé florentin, qui, dans ses *Trionfi*, œuvre de vieillesse en tercets dantesques, se souvient de la *Divine Comédie* en même temps que du *Roman de la Rose*, assez sage du moins, ou assez heureux pour ne point achever un poème qui n'ajoute rien à sa grande renommée [3].

---

[1] Son *Dittamondo* (*Dicta mundi* dans les plus anciennes éditions) a été plusieurs fois imprimé. Monti et Perticari ont essayé d'en établir le texte. Voy. surtout l'édition de Milan, 1826.

[2] Son poème est intitulé *Quadriregio*.

[3] On peut lire l'analyse de ce poème dans les diverses histoires de la littérature italienne, Maffei, Giudici, Étienne, et la nôtre, p. 81. Sur toute cette période littéraire, voy. Symonds, *Renaissance in Italy. The revival of*

Mais si Dante, poète épique, reste inimitable, poète lyrique, il ne désespère point du premier coup l'imitation. Il a chanté l'amour en langue vulgaire, chacun fera comme lui. Dans ce genre, plus accessible aux intelligences moyennes et peu cultivées, Fazio des Uberti retrouve l'éclat qui, ailleurs, lui fait défaut : Francesco de Barberino peut écrire avec succès deux ouvrages où il mêle prose et vers pour parler des femmes et de l'amour[1]. La veine des troubadours n'est pas encore épuisée : Dante lui a rendu quelque fécondité, en y découvrant comme un filon nouveau. Et cependant, s'il a ouvert la voie où l'on s'engage à sa suite, on se lasse bientôt de le suivre; sa *canzone* paraît trop élevée et trop austère, trop abstraite et trop idéale pour que les rimeurs ne préfèrent pas des guides plus accessibles et de plus faciles sentiers. Leur modèle de prédilection, c'est Cino de Pistoia. Ce jurisconsulte aux vers plus humains n'a pris la plume que pour célébrer une femme vraiment aimée : un sentiment vrai donne à sa langue une douceur, à ses sonnets, une aisance qui surprennent la postérité, qui charmaient les contemporains. Même médiocres, ils ne courent point risque de s'égarer sur ses traces. Bindo Bonichi, Bennuccio Salimbeni, Francesco des Albizzi, Buonaccorso de Montemagno, Sennuccio del Bene, le plus considérable de ces disciples[2], peuvent

---

learning, Londres, 1877, et Burckhardt, *Geschichte der Renaissance in Italie*. Stuttgard, 2ᵉ éd., 1877.

[1] 1264-1348. Ce poète mourut de la peste noire. Ses deux poèmes sont intitulés : *Documenti d'amore, Del reggimento delle donne*.

[2] Sennuccio était gibelin, de la noble famille florentine del Bene. Exilé en 1302 par Charles de Valois, il vivait à la cour d'Avignon. Sur la demande de Jean XXII, il fut rappelé et rentra en possession de ses biens confisqués. Il mourut en 1349. Voy. Sade, t. II, p. 57, et Fracassetti, note aux *Famil.*,

avoir leur mérite ; aucun d'eux n'était de taille à passer chef d'école, à consacrer la poésie amoureuse et lyrique dans la gamme moyenne, également éloignée du terre à terre et du sublime, qui a leurs préférences. Si elle trouva un définitif modèle, si elle prit, sans rivalité possible, le haut du pavé, c'est que le hasard, avec lequel il faut toujours compter dans les choses humaines, produisit vers ce même temps un poète dont elle était l'instinctive et irrésistible vocation.

Francesco Petrarca avait vu le jour dans Arezzo[1], où son père, ser Petracco de l'Incisa, jadis notaire des *Riformagioni* et banni comme Blanc, consacrait aux lettres, à la lecture de Cicéron surtout[2], les loisirs de l'exil. C'est ainsi que Pétrarque prit le goût de ces nobles études et le dégoût de l'étude plus lucrative du droit. Père et mère lui parlaient le plus pur langage toscan, dont jamais son oreille ne perdit l'habitude : il l'entendit plus tard, en cour d'Avignon, de la bouche d'innombrables Florentins qu'y appelaient la brigue, les missions diplomatiques, le trafic. La vie errante de ses parents l'y avait lui-même de bonne heure transplanté. C'est encore un Toscan qu'il y trouvait, le vieux Convennole de Prato, pour le former au beau langage, à la grammaire, à la rhétorique, aux auteurs de l'antiquité latine[3]. Les souvenirs ineffaçables de l'enfance devaient

IV, 14, lettre de Pétrarque qui lui est adressée, ainsi que plusieurs sonnets du même poète.

[1] Le 20 juillet 1304. Voy. Sade, I, 16.
[2] Filippo Villani, *Vita del Petrarca*.
[3] Ce Convennole était un rêveur qui commençait chaque jour un nouvel ouvrage, et, quand il en avait écrit la préface, passait à un autre (*Senilia*, XV, 1, éd. de Bâle, 1581, p. 949). On conserve de lui, à la Bibl. nat. de Florence, deux manuscrits d'un poème latin. Il mourut à Prato, vers 1340 ou 1344. Voy. pour plus de détails Baldelli, *Del Petrarca e delle sue opere*,

conserver intact ce précieux dépôt d'éducation toscane et florentine durant toute une longue existence nomade, en des lieux où l'on parlait sans pureté l'idiome italien. Pétrarque sut toujours se défendre des idiotismes locaux, ne les admettre que pour donner à sa langue un caractère général, et, si l'on ose dire, national. C'est ainsi que, s'obstinant dans l'exil, il devint le poète italien par excellence, et tout ensemble le principal représentant, l'habile réformateur de la poésie lyrique, dans une ville dont il était fier d'être originaire, sans y vouloir jamais habiter[1].

Au Comtat, résidence de sa jeunesse, la fréquentation des Provençaux le replaçait à la source de cette poésie amoureuse dont il devait bientôt renouveler et grandir la gloire, en y puisant la sienne. S'il en fut, un moment, détourné par l'obligation que lui imposait son père de commencer à Montpellier et de poursuivre à Bologne ses études juridiques, son maître de droit dans cette dernière ville, Cino de Pistoia, le fut aussi, sans le vouloir peut-être, dans l'art des vers[2]. Les exemples eurent sur lui plus de prise que les leçons. Autour de lui, on augurait bien de son avenir dans la chicane[3]; lui seul y croyait peu : il n'aimait que la solitude contemplative

---

part. II, p. 253; Flor., 1797-1837; Sade, I, 30, 57; Mézières, p. 5, n. 2; Fracassetti, note à la lettre 14 du l. III des *Famil.*, t. I, p. 454.

[1] Il appelle son fils Giovanni « écolier florentin, né hors mariage, » dans l'acte, retrouvé par Sade, où il le légitime. Voy. aux pièces justificatives de cet auteur, n° 18, t. III.

[2] Selon Giudici (I, 288) les biographes de Pétrarque affirment sans fondement que Cino l'initia à la poésie. L'initiation, en ce cas, se fit par la lecture des vers du poète-jurisconsulte : Giudici cite au même endroit une *canzone* de Pétrarque imitée d'un sonnet de Cino.

[3] « Futurus magni profectus adolescens, ut multi opinabantur, si cœpto insisterem. » (*Epist. ad posteros*, Fracassetti, I, 5.)

et poétique ; il y sentait sa vocation[1]. La mort d'un père qui lui brûlait ses livres[2] l'ayant affranchi de toute contrainte, il assura sa liberté en prenant la tonsure et l'habit ecclésiastique, qui n'étaient point alors une livrée de servitude. On voit ce jeune clerc soigner en petit maître sa toilette[3], et faire des vers d'amour sans objet, jusqu'au jour, désormais célèbre, où l'objet s'en trouva sur son chemin[4]. Que les troubadours, que Dante par ses *canzone* et sa *Vita nuova*, que l'imagination et les mœurs du temps soient pour beaucoup dans l'inspiration de Pétrarque[5], nul n'y saurait contredire ; mais il fut sincère vingt ans dans cet amour de tête. Il en affirme la chasteté[6] et il peut être cru sur parole, puisqu'il prenait ailleurs ces revanches sensuelles qui le firent père d'une fille, d'un fils aussi, malheureusement, le plus rebelle aux lettres qu'eut jamais un lettré[7]. Devenue sa maîtresse, Laure de Noves ne lui eût pas inspiré, durant de si longues années, tant de courts chefs d'œuvre d'a-

---

[1] « In eo studio septennium totum perdidi, dicam verius quam exegi. » (*Senil.*, XV, 1, p. 947.) — « Solitudinis amatorem illa me genuit, non fori. » (*Famil.*, IV, 16, éd. Frac., I, 246.)

[2] *Senil.*, XV, 1 ; Sade, I, 44. — [3] Voy. *Famil.*, X, 13.

[4] C'est le 6 avril 1327 que Pétrarque rencontra Laure de Noves dans l'église Sainte-Claire d'Avignon. Voy. sur Laure : Sade, Mézières, Zeffirino Re, *I biografi del Petrarca*, Fermo, 1859 ; Giudici, leçon VI ; Fracassetti, éd. ital., I, 379-385 ; De Sanctis, *Saggio critico sul Petrarca*, Naples, 1869 ; Blaze de Bury, *Rev. des Deux-Mondes*, 15 juillet 1874.

[5] Voy. Kœrting, *Petrarca's Leben und Werke*, ch. II, 1878.

[6] « Amore accerrimo sed unico et honesto in adolescentia laboravi. » (*Epist. ad post.*, Frac., I, 2.) Cf. *De contemptu mundi*, dial. III, p. 357. — Quelques-uns de ses contemporains doutèrent même de l'existence de Laure. Voy. sur ce sujet ce qu'il répond à Jacopo Colonna, évêque de Lombez. *Famil.*, II, 9 ; Frac., I, 124.

[7] Voy. *Famil.*, XIII, 2 ; XVII, 2 ; XIX, 17 ; XXIII, 12. Frac., II, 421, 562, 563 ; III, 218. Ce garnement, aussi indiscipliné et débauché que paresseux, mourut à Milan (1361) âgé de vingt-quatre ans. (Frac., éd. ital., II, 257.)

mour platonique, où il la supplie sans cesse des moindres faveurs, d'une parole affectueuse, d'une main dégantée, d'un regard ; où il gémit toujours sur son infortune auprès d'une femme qui n'avait pu, sans vieillir, donner la vie à onze enfants; où il célèbre vingt-huit ans encore, quand la mort la lui a ravie, ses charmes souverains et son impitoyable vertu[1].

Ce n'est donc pas exclusivement la mode qui lui a mis la plume aux mains. Il est lui-même et il prétend l'être, car il ne veut point posséder les œuvres de Dante, pour n'être pas tenté d'y faire des emprunts[2]. Mais il les a lues, il s'en souvient, et, bon gré mal gré, il en est tributaire comme des Provençaux[3], comme du *Roman de la Rose*, objet tout ensemble de ses imitations et de ses dédains[4]. Au reste, ce qu'il a d'originalité n'est pas

---

[1] Sur Pétrarque, voir Fil. Villani, Baldelli, Sade, Mézières, Ginguené, t. II ; Sismondi, t. III, p. 481 sq.; Villemain, *Tableau de la littérature au moyen âge*, t. II, leç. 13 ; Ugo Foscolo, *Essays on Petrarch*, Londres, 1822 ; *Ragionamento di Lord Wodehouse sulla Laura di Petrarca*, en tête de l'édition des *Rime*, publiée par Albertini, Flor., 1832 ; Levati, *Viaggi di Petrarca*, Milan, 1820; le discours préliminaire de Rossetti, en tête des *Poesie minori del Petrarca*, Milan, 1829; les notes des cinq volumes de lettres de Pétrarque, publiées par Fracassetti, traduct. italienne ; Campbell, *Life and times of Petrarch*, Londres, 1843 ; *Historische Zeitschrift*, XXXVIII° vol., 2° fascic., Feuerlin, *Pétrarque et Boccace*, étude littéraire et morale ; prof. Thomas, *Ueber neuaufgefundene Dichtungen Francesco Petrarcha's*, Munich, 1858; du même, *Francisci Petrarchæ carmina incognita*, Munich, 1859, et, à propos de cette dernière publication, Carl Macht, *Beiträge zum Verständnisse neuaufgefundener Sonette Petrarcha's*, Hof, 1859 ; Kœrting, *Petrarcha's Leben und Werke*, 1878 ; *Pétrarque et son siècle*, dans la *Revue contemporaine*, t. I, 1852.

[2] *Famil.*, XXI, 15 (Frac., III, 111). Le passage a été cité par Mézières, p. 23.

[3] Voy. Delescluze, *Dante Alighieri et la Poésie amoureuse*; Gidel, *Pétrarque et les Troubadours*, Angers, 1857 ; Baret, *les Troubadours*, Paris, 1867 ; Mézières, p. 31, 32; Sismondi, III, p. 480.

[4] Voy. les *Trionfi* et les épîtres en vers, t. III, ép. 30. Éd. de Bâle, 1581, p. 114. Les trois volumes sont réunis en un seul. La pagination est la même pour les deux premiers ; elle recommence pour le troisième.

ce qui charme les Italiens. S'il les passionne, c'est qu'ils retrouvent en lui leur âme, leur génie, et surtout leurs défauts. Ils aiment ses obscurités vagues, ses jeux de mots, ses antithèses, ses *concetti*, langage traditionnel et conventionnel de la galanterie. Ses éternelles larmes leur en tirent à eux-mêmes chaque année, car, chaque année, ils recommencent cette lecture débilitante, pure affaire de dévotion poétique. Point ne leur chaut s'il y a excès à pleurer deux cent quatre-vingt-dix-sept sonnets et vingt-cinq *canzone*, sans compter les ballades et les madrigaux, à se réjouir d'un mot obligeant en trois « équivalents d'un long poème[1] », et à célébrer en quatre un gant tombé à terre. Tant de feux à côté de tant de neiges et de glaces ne choquent personne[2] : l'antithèse est la ressource des *concetti*. C'est à peine si l'enthousiasme distingue entre les fadeurs adressées à Laure vivante et les pensées noblement chrétiennes que suggère Laure morte, entre des sonnets affectés et des *canzone* d'un vol plus libre, parce qu'elles ne sont pas limitées à quatorze vers, lit de Procuste inventé par les Siciliens. Mais, toutes réserves faites, l'Italie n'a point tort d'admirer et d'aimer un poète éloquent et sensible, qui a l'âme d'un homme, sinon d'un citoyen, qui, loin de se perdre, comme ses devanciers, dans la nue, sait descendre sur la terre, donner à la poésie tout ce qu'elle admet de psychologie amoureuse, perfectionner l'instrument lyrique qu'avaient ébauché Guinicelli et Cavalcanti, devenir enfin et rester le premier dans un genre

---

[1] « Un sonnet sans défaut vaut seul un long poème. » (Boileau, *Art. poét.*)
[2] Voy. notamment les trois fameux sonnets sur les yeux de Laure, dits « les trois sœurs, » qu'une admiration passionnée déclare au dessus de la critique.

secondaire qu'il a fait priser à l'égal des principaux, grâce à des vers délicats et à une langue dont pas un mot n'a vieilli[1].

Ce qui lui nuit, aux yeux des modernes, et plus peut-être que de raison, c'est qu'il contient en germe tout le mauvais goût des âges postérieurs[2]; c'est qu'en substituant l'art minutieux à la grande inspiration de Dante, il a efféminé le génie italien, dans un temps où l'abandon du métier des armes témoignait trop déjà de la virilité perdue; c'est qu'il a fait lever une nuée de « pétrarquistes », impérissable fléau de l'Italie, qui ont compromis la gloire du maître, dont Florence profitait.

Florence n'en devint fière, que quand l'universelle admiration eut imposé silence à ses mesquines rancunes. La renommée paya la rançon de l'exil. C'était la seconde fois qu'un exilé florentin remplissait le monde du bruit de son nom et de ses vers. Des poésies latines obtenaient à Pétrarque cette couronne poétique d'Horace et de Virgile qu'il sollicitait simultanément à Rome et à Paris[3]. Invité, du nord comme du midi, à la venir ceindre, ses idées archaïques, dont Cola de Renzo était le confident et se faisait l'exécuteur, sa vanité

---

[1] Les Italiens lui savent peut-être trop gré des services qu'il a rendus à la langue poétique, et ne lui reprochent pas assez son abondance redondante, la frivolité de ses sujets, son influence pernicieuse.

[2] Voir les sonnets 90, 126, éd. Lemonnier.

[3] L'artifice paraît manifeste quand on voit le même jour (23 août 1340) lui arriver de Paris et de Rome l'invitation qu'il ambitionnait. On parle d'une lettre de lui à son confesseur, où il exprimait son désir, et d'une de ce confesseur au roi Robert pour qu'il intervînt auprès des Romains ignorants. Il ne reste aucune trace de cette correspondance. Peut-être Pétrarque brûla-t-il à dessein toute preuve de ses démarches. Voy. Sade, l. II, t. I, p. 428, et Mézières, p. 222-226.

blessée d'être populaire partout plus qu'à Florence et à Rome, lui firent préférer aux lauriers de la Seine ceux du Tibre. A peine le vieux roi Robert, sur un long examen de trois jours, l'en a-t-il déclaré digne[1], qu'il les reçoit à genoux, des mains du sénateur, dans une cérémonie pompeuse dont les détails nous ont été conservés[2], et dont le retentissement trouva un écho, hors même de l'Italie, chez les plus lointains chroniqueurs[3].

Virtuellement, les portes de Florence étaient ouvertes au plus illustre de ses exilés. Mais neuf ans s'écoulèrent encore avant qu'il voulût les franchir. C'était en 1350, sur la fin de l'automne. Il revenait du jubilé de Rome et retournait en Lombardie; il daigna s'arrêter dans la patrie de ses pères, où Boccace devint son hôte, où Zanobi de Strada, Francesco Nelli, Lapo de Castiglionchio lui prodiguèrent les marques de déférence et d'amitié[4]. Entraînée par l'exemple, la seigneurie lui rendit ses biens et lui fit même bientôt, on le verra, des offres séduisantes; mais elle ne put fixer son humeur nomade, ni peut-être tout à fait dissiper des ressentiments sucés avec le lait. Propriétaire à Parme, où le pape l'avait fait archidiacre, il quittait sa maison, qu'il aimait cependant, pour de lointains voyages ou pour la cour des Visconti. Aux protecteurs des lettres il passait leurs vices et leurs crimes[5]. Malgré ses protestations d'indé-

---

[1] *Epist. ad posteros*, Fracass., I, 8, 9. Cette épître a justement pour objet d'informer la postérité des circonstances de ce triomphe.

[2] *Ibid.* et *Annali di Lodovico Bonconte Monaldesco*, R. I. S., XII, 540. La cérémonie eut lieu le 8 avril 1341, jour de Pâques.

[3] Voy. *Bonfinii Rerum hungaricarum Decades quatuor*, déc. II, l. IX, p. 255 de l'éd. de Vienne (1744) et 335 de l'éd. de Leipzig (1771).

[4] Voy. Fracassetti, Prolégomènes de l'éd. latine des *Famil.*, p. 143, et note à la 1re du l. XI des mêmes, éd. ital., III, 7.

[5] Voy. *Famil.*, XIX, 16; *Senil.*, XVI, 2.

pendance[1], il leur adressait de plates flatteries, il acceptait d'eux des missions à l'étranger[2]. L'affection, le patriotisme de Boccace en souffraient. Il n'admettait pas que l'injustice même des pouvoirs publics fît oublier à un Florentin les dangers que l'archevêque de Milan faisait courir à Florence[3]. Il devait peu goûter la banale excuse de Pétrarque, alléguant que la tyrannie d'un homme est préférable à celle d'un peuple, et qu'il se trouvait suffisamment libre auprès des Visconti[4]. Ainsi parlent, dans tous les temps, les âmes courtisanes, à qui manque le sens de la liberté.

On veut pourtant voir dans le poète un patriote. On allègue qu'indifférent au clocher, il avait une notion plus large de la patrie, et qu'il l'étendait à l'Italie entière[5]. Sans doute, ses écrits de langue latine, et même de langue vulgaire, font paraître un cœur italien ; mais il n'y a dans ce cœur que découragement et incohérence[6]. C'est pour la forme qu'il frappe à toutes les portes, qu'il va de Cola le tribun[7] à Robert le monarque[8],

---

[1] *Senil.*, XVI, 2
[2] Voy. *Famil.*, I, 3; IV, 6; XIX, 3, 12; XXII, 14; *Senil.*, III, 1; X, 2, 15; XI, 8.
[3] Baldelli, *Vita del Boccaccio*, l. I, p. 31; Flor., 1806, 1 vol in-8°.
[4] « Persuade tibi me hactenus dum durissimo etiam jugo subditus viderer, liberrimum semper hominem fuisse.... Pati hominem credo facilius quam tyrannum populum. » (*Senil.*, VI, 2, p. 807.)
[5] Voy. Botta, lettre publiée dans l'*Arch. stor.*, nuova serie, t. I, p. 76 ; Fracassetti, III, 482 ; Capponi, I, 316. — « Cum nec hominem dedeceat humanis, nec italicum italicis malis tangi. » (*Famil.*, XIV, 5. Frac., II, 293.)
[6] Il déclare mortelles les plaies qui couvrent le beau corps de l'Italie. (*Canzone* 4, *Italia mia*, édit. Lemonnier, p. 450.)
[7] *Famil.* Appendix litterarum, ep. 2 (Frac., III, 504); *Variarum*, 58 (Frac., III, 400).
[8] *Famil.*, III, 7 (Frac., I, 151).

et de ces deux guelfes au gibelin Charles IV[1], malgré l'horreur en maint endroit exprimée pour les étrangers comme pour les mercenaires[2]. Politique inconsistante de lettré, trop occupé de soi pour l'être passionnément de son pays[3], trop indifférent au choix des moyens pour ne l'être pas au but plus qu'il ne lui plaît de le dire, trop peu puissant en réalité, malgré le bruit de son nom, pour avoir eu jamais la moindre chance de procurer à l'Italie le bienfait, chimérique alors, de l'unité[4].

Et pourtant jamais nom n'a obtenu, parmi les contemporains, une plus grande gloire. Voltaire et Goethe l'ont à peine égalée. De tous pays on écrit à Pétrarque : une impératrice d'Allemagne lui annonce *manu propria*, qu'elle vient de mettre au monde une fille. L'Église, dont il attaque les empiétements[5], le chef[6], les cardinaux[7], la mondaine cour[8], lui offre charges, bénéfices, canonicats. Les prédicateurs en chaire vantent ses *rime*, pour leurs beautés spirituelles. Passe-t-il par Arezzo? Les Arétins sont fiers de lui montrer, conservée avec un soin pieux, la maison où il est né[9]. Se rend-il à Venise? Le sénat l'y fait asseoir à la droite du doge et

---

[1] *Famil.*, XIX, 1, 12 (Frac., II, 513, 546).

[2] *Famil.*, XVIII, 16 (Frac., II, 506) ; *Senil.*, XVII, 2 (Frac., II, 538).

[3] Voigt déclare Pétrarque individualiste ; il lui donne, non à tort peut-être, l'uniforme allemand. Voy. *Wiedebelebung des classichen Altherthums*, p. 81. Berlin, 1859.

[4] Ce désir un peu vague de l'unité paraît dans la phrase suivante : « Quanto dignius fuerat... Venetos cum Januensibus unum fieri quam formosum corpus Italiæ lacerari. » (*Famil.*, XI, 8, dans Frac., II, 132.)

[5] Voy. *Famil.*, XXIII, 2.(Frac., III, 194).

[6] *Epist. sine titulo*, I, et Frac., note à *Famil.*, IV, 13 ; *Egl.* 6.

[7] *Egl.* VI ; *Senil.*, IX, 1, 2 ; XII, 2 ; XIII, 13 ; *Epist. sine titulo*, IV.

[8] *Famil.*, IX, 6 ; XII, 2 ; XX, 9, 14 ; *Senil.*, VII, 1 ; X, 2 ; *Epist. sine titulo*, VIII, IX, XII, XV.

[9] *Senil.*, XIII, 3 ; Mehus, *Vita Amb. Trav.*, p. 99 ; Voigt, p. 97.

le proclame sans pareil[1]. Veut-il descendre le Pô, dont des barques de soldats sillonnent le cours, dont des armées ennemies occupent les rives? il passe sans être inquiété. Sur son passage, toutes les têtes se découvrent. Tous, jusqu'aux plus humbles artisans, récitent ses vers. Municipalités, nobles, savants, le reçoivent à la porte de leurs villes, comme on fait les princes, et se disputent l'honneur de lui donner l'hospitalité. Un orfèvre de Bergame, de qui il l'accepte, a peuplé des portraits, des statues de son hôte, tous les coins de sa demeure, a fait tapisser de pourpre et de drap d'or la chambre qu'il lui offre; le lit où le poète a reposé une nuit devient une inviolable relique[2]. Comme il est toujours par voies et par chemins, des dévots de son génie se lancent à sa recherche. Un vieux maître d'école court à pied, pour l'entendre, de Pontremoli à Naples, et, ne le trouvant pas, de Naples à Parme, où il a son gîte. C'est plus que de l'admiration, c'est de l'engouement.

Seuls les Florentins y résistent. Par rancune de sa bouderie ou par sévérité de goût, ils osent critiquer tel ou tel de ses vers[3]. C'était, à ses yeux, un crime de lèse-majesté poétique. Quoi! « Des gens qui vivaient en Sardanapales se montraient plus acerbes en leurs jugements que Fabricius ou Caton[4]! » Il n'eut pas la joie de les voir revenir à résipiscence : sa mort seule les y devait dé-

---

[1] Dans un décret portant acceptation de la bibliothèque que le poète léguait à la République; ce décret est rapporté par Fracassetti, note à la 43ᵉ des *Variarum*, éd. ital., t. V, p. 377. Cf. Voigt, p. 97.

[2] Voy. *Famil.*, XXI, 2, et Mézières, p. 376-378.

[3] « Pauci illi incorruptique versiculi post Apenninum ac Padum Alpem quoque ac Danubium transgressi, nusquam quod audierim reprehensorem nisi in patria reperere. » Et il combat une à une leurs critiques. (*Senil.*, II, 1, ann. 1363.)

[4] *Ibid.*

cider. Ils ne se disputeront point, à l'exemple d'autres villes, ses os, comme ceux d'un saint, et jusqu'aux lambeaux de ses vêtements; mais le froid Filippo Villani verra en lui le modèle de toutes les vertus, et croira qu'une nuée blanche est sortie de sa bouche, au moment qu'il expirait, pour attester sa sainteté; mais Boccace, qui le pleure la nuit, sera le premier des « pétrarquistes », et d'autres Toscans se feront aussi un honneur de l'être, Sennuccio del Bene, Buonaccorso de Montemagno, Zanobi de Strada, couronné à Pise par Charles IV[1]. Si leurs vers décharnés les dénoncent savants plus que poètes, ils contribuent, du moins, à fixer la langue imagée de la poésie lyrique, service que nul autre peuple ne pouvait mieux lui rendre que celui qui parlait le plus purement l'idiome italien. — Ce sont, en effet, ses *rime* en langue italienne, et non ses poèmes en langue latine, qui provoquent le croissant fanatisme : au seizième siècle, Ammirato sent bien à quoi Pétrarque est redevable de l'immortalité; il le proclame même supérieur à Dante (auteur de *canzone* amoureuses), autant que Dante l'est à ses devanciers[2]. Ainsi Pétrarque passe Dieu, et le délire du pétrarquisme s'inocule à toute une nation. En vain le bon sens révolté de Tassoni, *pétrarchomastix* non sans vigueur, essayera-t-il plus tard d'arrêter ou d'endiguer le courant : la vitesse acquise, l'habitude l'auront rendu irrésistible, et seul, il fertilisera

---

[1] Zanobi, né à Strada, près de Florence, en 1315, mort à Avignon en 1364. Maestro Giovanni, son père, avait enseigné la grammaire aux jeunes Florentins. Il fit de même et y ajouta la rhétorique. La couronne lui fut donnée à la demande de Niccola Acciajuoli, qui l'avait amené de Naples (avril 1355). Voy. M. Villani, IV, 92. Zanobi ne laissait point d'ouvrages. Marchionne de Coppo l'estimait fort (IX, 671). Ammirato est assez dédaigneux (XI, 571).

[2] Ammirato, l. IX, t. I, p. 440.

encore le champ poétique, quand sera venue l'heure de
la stérilité.

En progrès comme la poésie, la prose marchait d'un
pas moins rapide et moins assuré. Suffisante, dans sa
forme primitive, pour les chroniqueurs [1], elle ne l'est
point pour qui se pique de littérature, de beau langage ;
elle ne s'emploie qu'en des écrits sans étendue, sans portée ou sans prétentions. C'est en latin que Pietro Crescenzi
(1233-1320) publie un traité d'agriculture, quoiqu'il
fût manifeste que ses lecteurs naturels ne l'entendraient
point. La prose fait un pas avec les Villani, avec les
Cento Novelle, plus pures que les fabliaux français
qu'elles imitent, avec les *Reali di Franza*, premier développement italien de la légende carolingienne ; mais qu'après ce pas il en reste à faire encore, et de plus décisifs !
Le troisième Villani est inférieur au second, et le second au premier ; les auteurs des *Cento Novelle* n'ont cure
de bien dire et ne disent bien que par accident ; les *Reali*
sont d'un style si peu marqué, qu'on ne sait trop s'il les
faut rapporter à la fin du treizième siècle ou à la seconde
moitié du quatorzième [2].

C'est Boccace qui, le premier, donna à la prose italienne ce tour littéraire qui lui manquait encore. Non
pas qu'il n'eût débuté, comme presque tous ses contemporains, par écrire en vers : il avouait même ses préférences pour la poésie, et il voulait être appelé « le

---

[1] Sade (I, 80) et même Sismondi (III, 478) sont très injustes pour la langue au temps de Dante, quoique le second relève à cet égard les incroyables exagérations du premier.

[2] M. Étienne (p. 62) veut que la *Tavola rotonda* soit aussi ancienne que la langue toscane, parce que Francesca de Rimini et son amant lisaient *Lancillotto;* mais ce qu'ils lisaient, c'était très-probablement le texte français de *Lancelot du Lac*.

poète[1] »; mais, après avoir lu et imité les *rime* de Pétrarque, désespérant de les égaler, il jeta les siennes au feu. S'il mêla plus tard des vers à sa prose, c'est à sa prose, non à ses vers, qu'il doit sa célébrité.

Giovanni de Boccaccio, c'est-à-dire fils de Boccaccio, — car le nom du père devint, par une exception de moins en moins rare, celui du fils, — était né à Paris, en 1313, de l'union illégitime d'un marchand de Certaldo avec une Parisienne[2], origine qui n'est plus contestée, et qui explique le tour demi-français de ce brillant esprit. Destiné au trafic et nourri dans le culte de l'arithmétique, il en parut un adorateur si peu fervent, que son père, pour le détourner de son penchant aux lettres, le poussa, déjà âgé de vingt-huit ans, vers le droit canon, qui touchait aux lettres par l'étude, et au trafic par le profit[3]. Mais ce *mezzo termine* n'eut pas le moindre succès[4]. Boccace n'avait qu'un génie, celui de conter. Dès son enfance, il faisait de petits contes[5]. Il conte dans son *Filostrato*, récit en vers des amours de Troïle,

---

[1] Sur son tombeau, à Certaldo, un des quatre vers de son épitaphe, qu'on croit de lui, donne le lieu de sa naissance :

Patria Certaldum, studium fuit alma poesis.

Voy. Manni, *Storia del Decameron*, p. 129. Giudici (I, 310-318) préfère à la prose de Boccace ses vers, malgré le mélange d'antique et de chevaleresque qui en fit, dit-il, le moindre succès.

[2] *Senil.*, VIII, 1, p. 827. Voy. au *Bulletin de la Société de l'Histoire de Paris*, 2⁰ ann., 3⁰ liv., mai-juin 1875, une note de M. de Longpérier. L'origine parisienne de la mère de Boccace, déjà affirmée par Ginguené, n'est plus contestée par la critique italienne. Cf. Baldelli, *Vita di Giov. Boccacci*, Flor., 1806; Landau, *Giov. Boccaccio, sein Leben und seine Werke*, Stuttgart, 1877.

[3] Voy. Boccace, *De genealogia Deorum*, l. XV, c. x. Ce que nous savons de plus sûr au sujet de Boccace, c'est ce que lui-même nous a appris.

[4] Filippo Villani, *Vita del Boccaccio*.

[5] *De geneal. Deor.*, XV, 10.

fils de Priam, avec Briséis, fille de Calchas ; dans son *Ninfale fiesolano*, lamentable histoire de celles d'Africo avec Mensola ; dans sa *Caccia di Diana*, dans son *Admetto* ou « Comédie des nymphes florentines » ; dans son *Filocopo*, premier de ses ouvrages en prose, imité de *Floire et Blanceflor;* dans son *Corbaccio* ou *Labirinto d'amore*, dernier de ceux qu'il écrivit en langue vulgaire ; dans sa *Vita di Dante*, précieuse par les renseignements qu'elle contient, comme par des pages émues sur l'injustice de Florence ; enfin et surtout dans son *Decamerone*, recueil de cent nouvelles en dix journées, badinage d'intention [1], chef d'œuvre par le fait, son vrai titre à la gloire.

Ce badinage, au demeurant, était le produit naturel d'une humeur « gaie, plaisante et causeuse [2] », mais aussi un fruit de maturité, ce qui en explique les rares mérites. Il donnait satisfaction à un besoin passager, en égayant les imaginations attristées par la peste, et il rendait un durable service, en donnant, par l'imitation du style antique, un fondement solide aux progrès du style moderne et de la langue vulgaire. Cette imitation qu'aujourd'hui l'on reproche à Boccace, parce qu'elle a, pour des siècles, empreint d'emphase la prose italienne, fut alors un bienfait, car elle y introduisit la noblesse, qui, trop sensiblement, y faisait défaut. Le contraste

---

[1] Boccace faisait si peu de cas du *Decameron*, écrit *ad vulgus*, c'est l'expression de Pétrarque, qu'il ne lui en avait jamais parlé, malgré leurs fréquentes et intimes relations. Pétrarque n'en eut connaissance que par hasard, quelques mois avant sa mort. Il n'y goûta que la description de la peste et la nouvelle de Griselda. Voy. Fracassetti, t. III, p. 20, 21. Note à la lettre 1 du l. XI des *Famil.* L'ouvrage fut connu en 1353 sous ce titre : *Il libro chiamato Decameron, cognominato Principe Galeotto.* (Manni *Storia del Decam.*, Flor., 1742.)

[2] « Jucundus et hilaris aspectu, sermone faceto et qui concionibus delectaretur. » (Fil. Villani, *Vite degli uomini illustri fiorentini.*)

était grand d'une dignité si nouvelle de l'expression avec des idées légères et de frivoles sujets. C'est par là, c'est par la beauté du langage que le conteur florentin l'emporte sur les conteurs français dont il s'inspire. N'est-il pas vrai que ceux-ci parviennent difficilement à nous plaire, parce qu'ils disent trivialement des choses triviales, et que l'art, chez eux, ne relève pas, ne soutient pas l'invention ?

Sans doute Boccace fut noble à l'excès ; il dépassa la mesure. Mais on ne l'atteint guère du premier coup qu'en la dépassant. Sans doute mieux eût valu conserver, en dépit des auteurs latins, le ton simple et familier des premiers écrivains de l'Italie, étudier la langue du *Mercato vecchio*, comme Malherbe fit plus tard celle de la place Maubert[1], se contenter de donner au langage la flexibilité, l'ampleur, le coloris qui lui manquaient, ne pas laisser « sortir de la toge romaine la toque du troubadour ou la marotte du jongleur[2] » ; mais ce sont là des critiques du goût éternel, que dominait alors un goût passager. Boccace pourra être plus naturel dans la *Vita di Dante*, où l'émeut et le guide l'admiration de son modèle, comme dans le *Corbaccio*, où le dépit sincère d'avoir été joué par une veuve coquette lui inspire des

---

[1] Le florentin Lionardo Salviati (1540-1589) dans son *Degli avvertimenti della lingua sopra il Decamerone* (Venise, 1584, Naples, 1712, 2 vol.) a placé à la suite du l. III une nouvelle de Boccace (Giorn. I, nov. 9) en langue de l'Istrie, de Venise, de Padoue, de Mantoue, de Bergame, de Milan, de Gênes, de Forlì, de Bologne, de Naples, et même « in lingua fiorentina di Mercato vecchio, » la seule qui soit vraiment italienne, et qui ressemblait peu à celle de Boccace.

[2] Cés. Cantù, dans l'*Investigateur* (de Paris), 1847, p. 304. M. Cantù loue Dante d'avoir ouvert des temps nouveaux ; il blâme Pétrarque et Boccace de retourner vers l'antiquité, sans voir que ce qu'il y a de vraiment nouveau alors, c'est ce retour, malgré ses excès.

accents vigoureux : jamais il ne retrouvera la fertile veine du *Decamerone*, et sa prose, trop nourrie des vers dantesques, n'en sera plus, si l'on peut dire, qu'une involontaire mosaïque[1]. Les qualités qu'il acquiert laissent regretter l'originalité perdue, et ne sauraient surtout la compenser.

Si son chef d'œuvre est original, ce n'est pourtant ni par les idées, ni par le cadre. Boccace vit sur le fonds commun, et il n'a pas plus inventé son cadre que Dante le sien. Il avait sous les yeux les conteurs de langue d'oïl, alors si populaires; le *Dolopathos*, ou « Roman des sept sages », venu de l'Inde et traduit en français, dès le treizième siècle; enfin, le recueil italien des *Cento Novelle*. Mais dans ses habiles mains tant de matériaux divers se transforment. Tout ce qu'il touche devient or. Avec un tact exquis, il développe ou modifie ses modèles. Il y ajoute surtout l'esprit et la gaieté[2]. Ce gros homme, sensuel comme un Italien, est vif comme un Français. Comme un Français aussi, il a l'art de composer : il sait, le premier dans son pays, introduire dans l'unité une agréable variété. Chacune de ses dix journées a une idée mère; mais aucune des dix nouvelles qui la montrent en action ne se répète : tout y est divers, le ton, les figures, les caractères. Rien de si connu qu'il ne rajeunisse par l'imprévu des poses et des accessoires. C'est ainsi qu'il évite la monotonie et l'ennui, qu'il rend plus efficaces les leçons dont il morigène la société de son

---

[1] Voy. Giudici, I, 311, 319-320; Capponi, I, 320-321; Ferrari, III, 405; Montégut, art. dans la *Revue des Deux Mondes*, 1ᵉʳ juin 1863, p. 721 sq.

[2] C'est le jugement de Bonciani, archevêque de Pise, savant critique, qui a écrit la théorie du genre. Voy. *Raccolta di prose toscane*, part. II, vol. I, Flor., 1727. Ce volume est composé de leçons. La sixième est de Bonciani. Elle est fort curieuse et nullement superficielle.

temps, sans en excepter la société religieuse. Il en flagelle sans pitié les abus, mais les abus seulement, les faux miracles, les mauvaises mœurs[1]. Qui donc l'en pourrait blâmer? A Paris même, capitale de la théologie, l'Université dans sa Sorbonne, les sculpteurs sur les murs de nos cathédrales étaient-ils plus respectueux?

Ce serait un lieu commun de reprocher au *Decamerone* d'être une école de libertinage, et, grâce au talent de dire à mots couverts les choses déshonnêtes, d'occuper une place indécise entre les chefs-d'œuvre et les livres honteux. Avant notre siècle, d'ailleurs, on n'avait guère de ces scrupules; on ne voyait point dans la crue liberté des propos une incitation au mal : témoins Marguerite de Navarre, honnête femme qui écrivait des contes fort lestes; Christine de Suède, qui se faisait lire par une demoiselle de sa cour Béroalde de Verville; Mme de Sévigné qui se délectait de certaines lectures peu avouables et en osait parler à sa fille; Bonaventure des Périers, Rabelais, La Fontaine, qui n'avaient pas, comme Boccace, l'excuse d'un tempérament de feu. L'Église, à cet égard, fut plus indulgente à Boccace que Boccace lui-même[2]. Sur ses vieux jours, il brûle ses ouvrages inédits; il tâche de retirer ses ouvrages publiés, et, n'y pouvant réussir, il écrit à ses amis de n'en pas permettre la lecture aux femmes et aux enfants. Quant à la cour de

---

[1] Ce qu'il a écrit de plus grave contre la religion, c'est l'histoire du Juif qui compare les trois religions des Hébreux, des Musulmans, des Chrétiens, à trois joyaux dont un seul est vrai, sans qu'on puisse le distinguer des deux autres. Voy. *Giorn.* I, nov. 3, t. 1, p. 65.

[2] On connaît l'histoire de la visite que lui fit en 1361, huit ans après le *Decameron*, le chartreux de Sienne Gioacchino Ciani qui le pousse au repentir en lui prédisant la mort. Voy. Fracassetti, III, 14, éd. ital., note aux *Famil.*, XI, 1, et Bollandistes, 29 mai, VII, 228, *Vita Beati Petri Petronii Cartusiani*, cap. XI.

Rome, si, au seizième siècle, elle traite avec le duc de Toscane pour expurger le *Decamerone*, ce qu'elle en veut retrancher, ce ne sont pas les pages licencieuses, ce sont celles qui flétrissaient les mœurs ecclésiastiques. Bien plus : malgré les obscénités maintenues, elle recommandait aux orateurs de la chaire, par l'organe du prédicateur Panigarola, la lecture de ce livre, où renaissait l'éloquence de Cicéron[1].

Le conseil fut suivi, mais un peu tard. En s'inspirant des anciens, en produisant sa prose ornée après la prose nue des chroniqueurs, Boccace choqua tout d'abord les habitudes, les traditions. Le quinzième siècle, si érudit pourtant, suit peu ou suit mal ses traces; il l'eût entièrement négligé, sans le plaisir des obscénités[2]. C'est au seizième siècle qu'il commencera de traîner à sa suite, comme Pétrarque, un long troupeau d'imitateurs. C'est le siècle des frivoles académies qui, n'ayant rien à dire, dira des riens avec l'ampleur de Boccace, se complaira aux cadences de rhéteur, aux inversions latines, donnera à la période « trois milles de pays », et, comme un paon, fera la roue, pour être admiré. Ce temps hybride, mélange d'atrocités et d'héroïsme, de grandeurs et de petitesses, se reconnaîtra dans l'insouciant conteur d'histoires libertines qui, en leur donnant pour préambule la description étudiée de la peste, montre trop sa résignation d'épicurien à tous les maux, aux malheurs même de l'Italie, et affiche avec cynisme les prosaïques sentiments de ces *popolani* sans autre passion que leur trafic ou leur intérêts communaux. La contagion est dès

---

[1] *Il predicatore o sia commentario al libro di Demetrio Phalereo*, Venise, 1609, in-4°. Francesco Panigarola (1548-1594) était Milanais.

[2] Voy. Ugo Foscolo. *Opere edite e postume*, III, 77, Flor., 1850.

lors générale. Jusqu'à Machiavel, dit non sans raison M. Quinet, on ne retrouvera plus une parole virile [1]. Machiavel lui-même passera dans son siècle comme un météore. Les siècles ultérieurs ne sentiront qu'à la longue le ridicule du style cicéronien dans le conte, l'histoire, la philosophie, la politique. Au dix-septième, âge de décadence, Alessandro Tassoni aura seul plus de tact [2]. Le dix-huitième commencera de donner gain de cause au bon sens, mais nul, avant le dix-neuvième, n'osera préférer à Boccace les autres auteurs florentins, et voir en eux, pour la prose, des modèles plus sûrs [3].

On pense donc aujourd'hui, chose digne de remarque, ce que pensaient les contemporains de Boccace. Comme nous, ils goûtaient le genre et l'art de ses récits plus que sa langue et son style. C'est de son art qu'en Angleterre s'inspire Chaucer. C'est à cause de son art qu'on le traduit partout, jusque dans notre France, si riche en contes et en fabliaux, et qu'à Florence le suivent, dans la mesure de leurs forces, ser Giovanni, Franco Sacchetti, les principaux conteurs après lui. Il était mort depuis trois ans, quand (1378) ser Giovanni publie un recueil de nouvelles, *Il Pecorone*, la Grosse Bête [4], titre peu engageant, livre qui ne l'est guère, si ce n'est par une langue sobre autant que pure et les grâces correctes d'un

---

[1] *Révolutions d'Italie*, I, 168, 169.

[2] *De' pensieri diversi di Alessandro Tassoni*, p. 349, Venise, 1646, in-4°.

[3] Voy. Cesare Guasti, *Rapporto dell' anno accademico*, p. 39 sq. dans les *Atti della R. Accademia della Crusca*, 1875-1876.

[4] Un médiocre sonnet placé au frontispice de l'ouvrage en donne la date, ce qui prouve qu'on l'a indûment attribué à Giovanni Villani, mort depuis trente ans. *Il Pecorone* (Milan, 1558) a eu plusieurs éditions. La plus correcte est celle de Londres (Livourne, 1793), réimprimée avec additions à Milan, 1815-1816.

style lucide. Vouloir être un Boccace édifiant, puis y renoncer pour plaire, et, faute d'invention, y mal réussir, tel fut le sort de cet auteur au nom incomplet. On avouera qu'il jouait de malheur.

Si Franco Sacchetti (1335-1402) réussit davantage, c'est que, sans être bien inventif, il est du moins plus personnel dans l'imitation. Loin de chercher un cadre à ses tableaux, de les rattacher à un plan unique et médité, il prend la parole et la garde, plus jaloux de se divertir que de plaire. Il plaît cependant, parce qu'il met sous les yeux comme un miroir où se reconnaissent ses lecteurs. Personnages historiques, foule anonyme des marchands, des artisans, des bouffons, y voient en outre se refléter leur temps, ses mœurs familières, ses costumes, ses fêtes. Sacchetti s'attache au vrai. Naturel et bref, sec et simple de style, expressif et animé dans sa négligence agréable, moins fréquemment licencieux que son modèle, il fût devenu un modèle lui-même, s'il avait eu ce qui distingue Boccace, un savoir de quelque étendue [1] et le talent de donner aux anecdotes plus d'intérêt, aux plaisanteries plus de sel, aux fripons plus de finesse, aux malins plus d'esprit.

A côté de Boccace, mais ne cherchant point à l'imiter, les chroniqueurs évitaient les défauts de l'école naissante. Si leur style est médiocre ou nul, leur langue du moins est excellente, vraiment classique. C'est par là que l'incolore et prolixe Matteo Villani l'emporte sur son frère Giovanni, comme par un effort vers le bien dire qu'attestent ses constructions travaillées et savantes. Sa constante recherche des causes obscures et des détails pi-

---

[1] Dans sa préface il s'appelle lui-même « uomo discolo e grosso. »

quants témoigne d'un esprit élevé et curieux, quoique morose et trop ami du passé. Sismondi le loue trop sans aucun doute[1]; mais il mérite d'être loué. Filippo, son fils, qui essaye de le continuer, est bien le troisième de la race, par le mérite comme par l'âge. C'est d'ailleurs en langue latine qu'il écrit la vie des Florentins illustres, où quelques maximes générales, quelques brèves leçons de politique montrent dans l'enfance la philosophie de Machiavel[2]. Le texte italien de cet ouvrage n'en est qu'une traduction infidèle. Mais en somme, dans une certaine mesure, Filippo Villani est encore un écrivain; aux autres chroniqueurs on ne saurait guère donner ce nom. Donato Velluti, très occupé des petites choses, n'a de prix que parce qu'il tente d'introduire la diplomatie dans la chronique, et qu'il y représente la bourgeoisie d'origine inférieure, de condition moyenne, que dédaignaient trop les Villani. Marchionne de Coppo, qui est de même condition, fut trop mêlé aux affaires pour n'être pas sérieusement utile; mais il manque de clarté, de bonheur dans l'expression, et, pour tout dire, de talent. Luca de Panzano, Simone de la Tosa, Goro Dati, Giovanni Morelli, ser Naddo, l'anonyme du *Diario* n'en sont pas moins dépourvus, et s'il y a de la vivacité dans les souvenirs personnels de Buonaccorso Pitti, la vivacité suffit à faire lire, non à faire admirer.

Plus lettrés sont les clercs. Quand ils daignent user de la langue vulgaire, ils font beaucoup pour ses progrès. Dans un précédent volume nous avons nommé

---

[1] *Hist. des Rép. ital.*, IV, 349.

[2] Voy. Gebhart, *les Origines de la Renaissance en Italie*, p. 360. Paris, 1879.

Fra Domenico de Cavalca[1] : ses œuvres ascétiques ont quelque prix, quoique sans chaleur et sentant le terroir pisan[2]. Bartolommeo de San-Concordio, Pisan lui aussi, et dominicain, a de la douceur, de la grâce et du nombre[3]. Les critiques italiens voient en lui un des meilleurs modèles[4]. Ces deux moines ont leur place marquée dans l'histoire de la prose florentine, car quiconque est toscan relève de Florence dans l'art de s'exprimer, et ils y sont plus habiles que bien des Florentins alors en renom[5].

De tous ces clercs, le plus distingué, c'est Jacopo Passavanti, de l'ordre des frères prêcheurs, et vicaire de l'évêque Acciajuoli[6]. Son *Specchio della vera penitenza*, écrit d'abord en latin, puis traduit par lui-même, figure

---

[1] Voy. au t. III, p. 466. Il mourut en 1342.

[2] *Specchio di croce*, publié au quinzième siècle, puis par G. Bottari, Rome, 1758. — *Pungilingua*, Flor. au xvᵉ s., puis Bottari, 1751. — *Frutti della lingua*, Flor., 1493. — *Vite de' santi padri*, etc. Voy. Perticari, *Degli scrittori del trecento*, l. II, c. 6, 1817, dans la *Bibl. scelta Silvestri*, t. I, p. 138. Milan, 1831.

[3] Mort en 1347. Son ouvrage est intitulé : *Ammaestrimenti degli antichi*.

[4] Perticari, l. II, c. 6, t. I, p. 140. Salviati, *In lode della fiorentina favella*, éd. de Milan, 1809. 5 vol. in-8°.

[5] Notamment que Roberto des Bardi, naturaliste, philosophe, théologien, quarante ans chancelier de l'Université de Paris, mort vers 1400. On conserve de lui à la bibl. Riccardiana quelques sermons manuscrits, et au Vatican *Augustini sermones collecti per Robertum de Bardis*. Voy. sa vie par Fil. Villani, et Fracassetti, t. I, notes aux *Famil.*, II, 12, IV, 4. On y lit des vers de Pétrarque en son honneur. — On pourrait citer encore Francesco des Nerli, de l'ordre des frères ermites, maître en théologie à Florence ; ser Francesco Bruni, professeur de lettres latines, puis secrétaire d'Urbain V ; Giovanni dalle Celle, moine et citoyen qui écrivait aux magistrats des lettres franches, élevées, sur la politique et la religion (*Lettere del B. Giov. dalle Celle*, dans les *Lettere di santi e beati fiorentini*) ; Fra Luigi Marsili, augustin, que la République consultait pareillement ; Piero Corsini, mêlé aux affaires du schisme, et qui fut un personnage en son temps. Voy. Reumont, *Tav. Cron.* passim, et G. Capponi, I, 324.

[6] Voy. Fracassetti, note à la lettre 12 du l. XII des *Famil.*, t. I, p. 163.

parmi les « textes de langue[1] ». L'Académie de la *Crusca*, souverain juge en ces matières, l'a jugé digne d'un tel honneur. Moins élevé et moins solide que Cavalca, moins animé que Fra Giordano, moins abondant que tous les deux, il est sans rival pour la simplicité limpide de la diction, l'harmonie constante et la facile égalité du style[2]. Il pourrait être plus vif; mais il réprouvait la vivacité, tout au moins chez les prédicateurs. Sévère en fait de langue, il blâme partout celle de son pays : il la juge âpre et rude chez les Lombards, douteuse et ambiguë chez les Napolitains, criarde et comme rouillée chez les Romains, grossière dans les Maremmes et les montagnes. Aux Toscans mêmes il reproche de la ternir, de la souiller, sans excepter les Florentins dont il condamne les familiarités risquées, les mots entrecoupés et mignards, les idiotismes saisis au *Mercato vecchio*[3]. Épris du genre noble, il lui sacrifiait la grâce et la vie; mais il conserve assez de qualités rares pour tenir une place d'honneur.

On en doit réserver une aussi à Catherine Benencasa de Sienne (1347-1380), malgré l'abondance excessive de son langage, le sujet éternellement le même de ses lettres et les vicissitudes de sa renommée. Dès l'année 1375, elle écrit incessamment aux papes, aux cardinaux, aux magistrats des républiques, aux jeunes mondains,

---

[1] Cet ouvrage, publié par Lionardo Salviati en 1535, a été réimprimé en 1681 et 1725. Flor., in-4°. L'auteur mourut à Florence en 1357.

[2] G. Capponi, I, 320.

[3] « I Fiorentini co' vocaboli isquarciati e smaniosi e col loro parlare fiorentinésco, istendendola e facendola rincrescevole, la intorbidano e rimescolano con *occi* (oggi), poscia, uguale, pur dianzi (auparavant), mai pur sì (vraiment oui), etc. » (Passavanti, *Trattato della vana gloria*, p. 316, à la suite du ch. v de l'ouvrage *Lo specchio della vera penitenza*.)

aux femmes perdues, toujours pour leur donner, avec une humilité courtoise, de sages conseils. Son originalité, c'est un art qui s'ignore, naturel développement d'une pensée où chaque chose prend sa place et est dite avec le vif accent d'une imagination qu'exaltent les austérités. Elle ne doit aux anciens, qu'elle n'a pas lus, ni la propriété de ses expressions, ni la clarté de son langage, ni le tour de son style, ni le coloris dont elle le revêt. Chez elle, point de larges périodes à la manière de Cicéron ou de Boccace. Sa prose est courante, sans cesser d'être harmonieuse et sans jamais devenir poétique, travers commun dont la contagion croissante du pétrarquisme allait infecter les prosateurs [1].

Il nuisit en son temps à la renommée littéraire de Catherine d'avoir pris part à l'orageuse mêlée des partis. Ses adversaires politiques eurent à cœur de la rabaisser. Elle n'obtint que plus tard plus de justice. Les passions ennemies étant éteintes, Pie II canonisa cette ardente athlète du bon combat (1461). Mais bientôt sur ce nom de femme et de sainte, devait s'engager comme une bataille littéraire. Ses idiotismes siennois scandalisaient les pédants des académies florentines. Girolamo Gigli, son compatriote et son éditeur, riposta

---

[1] M. Trollope (II, 188) juge avec peu de faveur les lettres de sainte Catherine. Il leur reproche notamment « de manquer des grâces de la rhétorique ou de l'éloquence ». Cette critique est un éloge : il s'agit d'une correspondance. Tommaseo qui l'a éditée, la loue avec excès. Voy. *Lettere di santa Caterina da Siena*, préface. Flor., 1860, 4 vol. Nous ne parlons pas des autres œuvres de la Sainte. Elles ont été publiées à Sienne, en 1707, par Girolamo Gigli. On peut voir ce qu'en dit Tommaseo, p. 167 sq. — Sur Catherine elle-même, lire *Sanctæ Catherinæ Vita*, par B. Raimondo de Capoue, son confesseur, traduit par Bernardo Pesci ; *Storia di santa Caterina da Siena*, par le P. Capecelatro, Flor., 1865 ; *Die Wunder der h. Catharina von Siena*, par Aug. Hagen, Leipsig, 1840.

et s'en prit au purisme de la *Crusca*. Battue dans cette lutte de la parole et de la plume, la *Crusca* eut recours à des arguments sans réplique : sur sa demande, le grand duc de Toscane mit fin à la querelle par l'exil du belliqueux éditeur. Des sbires, comme des moines, on en trouve plus aisément que des raisons. Moins puissante aujourd'hui, et surtout plus éclairée, seule échappée au juste naufrage des autres académies, ses rivales, la *Crusca* ne conteste plus son rang de bon écrivain à l'ignorante Siennoise qui n'y avait jamais prétendu.

Par son exemple, Catherine avait prouvé, comme Franco Sacchetti, que le génie italien pouvait atteindre aux grâces du style, sans les emprunter à l'érudition. Mais sans l'érudition fût venue la décadence, telle que nous la voyons en France au quatorzième siècle. Pour mieux dire, elle avait déjà commencé. Si l'infériorité de Pétrarque et de Boccace comparés à Dante n'en est pas une preuve, parce que l'esprit humain ne saurait se soutenir longtemps aux hauteurs vertigineuses, la preuve est péremptoire quand on descend de Pétrarque et de Boccace à leurs faibles imitateurs. Les lettres ne pouvaient se relever qu'en passant par cette aride et ingrate période où l'érudition, avec ses recherches patientes et tout ensemble passionnées, allait remonter aux sources, aux modèles éternels.

En ce sens, c'est bien l'Italie qui inaugure la Renaissance. Le réveil, après les temps barbares, est peut-être antérieur dans notre pays; mais en faisant de la pensée la servante de la théologie, en l'astreignant aux abstractions de la scolastique, la France avait rendu stérile un mouvement de l'esprit qui pouvait être fécond, et qui le fut en Italie. Le goût du concret y était trop dominant pour qu'on s'y attardât aux baroques subtilités de la science du *baralipton*. Tandis qu'à Paris on dispute sur Aristote, dont nul n'a vu le texte original, à Bologne et à Rome on commente les monuments authentiques du droit écrit. C'est la naissance de l'esprit critique, et, dès le berceau, il a des ailes, il ne ménage rien. Nulle part on ne s'attaque avec tant de vigueur aux chefs ecclésiastiques. Dante met déjà aux enfers des papes, Anastase, Boniface VIII, Nicolas III[1]. Boccace et Pétrarque le dépassent, l'un par la raillerie sur les choses, l'autre par l'invective contre les personnes. Pétrarque n'a que sarcasmes pour les vaines et bruyantes argumentations de l'Université parisienne : « Soyez, écrit-il à un jeune homme, un réel artisan et non un vide disputeur[2]. » La tyrannie en ses progrès n'aura garde de gêner cette tendance vraiment nationale. Plus habile qu'en d'autres pays, elle laissera libre une sphère d'action bien étroite, mais suffisante désormais à des âmes asservies, à des esprits sans larges horizons.

Un reste de tradition classique, il faut le reconnaître, favorisait, en Italie mieux qu'ailleurs, cet heureux mouvement vers des réalités saisissables. Sur le sol y abondaient les monuments ou leurs ruines. Ces contrées du sud, longtemps connues sous le nom de Grande-Grèce, maintenaient vivant le souvenir de la Grèce véritable[3]. Quand donc on voit une commune italienne se montrer curieuse des études, on peut être assuré que, sans négliger le droit canon et le droit romain, elle portera

---

[1] *Inferno*, XIX.
[2] « Contentiosa Parisios (*Famil.*, I, 3). — Cura ut fias non ventosus disputator, sed realis artifex (*Senil.*, XIII, 5). » Voy. sur tout cela le récent et excellent ouvrage de M. Gebhart, *Les Origines de la Renaissance en Italie*.
[3] Voy. les développements dans Gebhart, ch. IV, p. 118 sq.

au delà ses regards, vers l'antiquité littéraire et les chefs d'œuvre qu'elle a laissés.

Ainsi fit Florence. Il faut dire un mot de ses efforts pour relever le niveau de l'instruction, pour en propager les bienfaits. Bologne donnait l'exemple et comptait déjà plus de dix mille écoliers. Qu'elle accordât plus de place à l'enseignement des belles-lettres, de l'antiquité classique, et elle se mettait hors de pair. C'était un besoin nouveau, de jour en jour mieux senti. Dans les cours lombardes, aux érudits les honneurs : ils y trouvaient un asile sûr, un théâtre ouvert à leurs talents. Dans son royaume de Naples, le roi Robert passait de son bréviaire aux lettres, et du goût des lettres à la bienveillance envers les lettrés[1]. Pour maintenir son rang, Florence, dès les premiers jours de 1321, décrétait, sous le nom de *Studio generale*, la fondation d'un établissement qui manquait encore à sa gloire, d'une Université[2]. La seigneurie s'y réservait la nomination des maîtres, des officiers et des bedeaux. Elle interdisait aux Florentins d'aller au dehors pour leurs études, mais du dehors elle appelait les étrangers : elle les alléchait par l'appât de tous les privilèges dont jouissaient les étudiants à Bologne, et dont elle arrachait au Saint-Siège la concession. Elle promettait à la gent écolière des vivres en abondance, les mêmes droits qu'aux *popo-*

---

[1] Giudici (I, 279) lui conteste son rôle de Mécène; mais un homme versé dans les lettres comme il l'était au témoignage de Boccace (*De geneal. Deor.*, XIV, 9) et de Pétrarque (*Ep. ad post.*, Fracass., I, 8; *Rerum memorandarum*, l. I, c. II, p. 405) pouvait-il traiter mal les lettrés? Aurait-il obtenu leurs éloges? On ne saurait oublier la part qu'il prit au couronnement de Pétrarque et les honneurs qu'il lui rendit.

[2] Provisions du 6 février 1321, du 15 mars suivant. Le doc. est dans Prezziner, *Storia del pubblico Studio e delle società scientifiche e letterarie di Firenze*, t. I, p. 217, Flor., 1810.

lani, et, en outre, celui d'élire leur Recteur, celui surtout de n'être, le cas échéant, mis à la question, à la torture, qu'en sa présence et devant plusieurs de leurs camarades. Bon nombre d'entre eux se destinant à la cléricature, si même ils n'en faisaient déjà partie, la provision qui instituait le *Studio* promettait de les déférer, pour leurs méfaits, uniquement au tribunal de l'évêque, et d'obtenir du pape, s'ils venaient d'autres villes, qu'ils n'y perdissent point leurs priviléges[1].

C'étaient là bien des avantages ; et néanmoins l'Université florentine ne devait pas s'ouvrir de si tôt. L'ignorance des uns, la jalousie des autres, les étroits calculs de certains marchands, les dissensions et les guerres de voisinage firent longtemps obstacle à l'accomplissement d'un si utile dessein[2]. En 1334, on en était encore aux préliminaires, à engager timidement deux docteurs, Recupero de San Miniato et Cino de Pistoia, pour lire celui-ci les lois, celui-là les canons[3]. Pise allait plus vite en besogne : dès 1338 son Université était constituée[4]. Ce fut un coup d'éperon au flanc de Florence, qu'entravaient pourtant la tyrannie du duc d'Athènes, les inondations, les disettes, la peste.

La peste n'avait pas disparu encore que, le 29 août 1348, la seigneurie chargeait pour deux ans huit de ses

---

[1] 14 mai 1321. *Provvisioni*, XVII, 108-110. Cette dernière faveur était encore demandée le 11 septembre 1349. Voy. *Carteggio della sign. filza* X, spoglio Brunetti, I, f° 65.

[2] Voy. L. del Migliore, p. 381 ; Prezziner, I, 2.

[3] 16 mars 1334. Ammirato, VIII, 392.

[4] Fabbrucci opus 21 et Fabroni, *Hist. acad. Pis.*, I, 46, cités par Prezziner, I, 3. En 1348 se fonde l'Université de Prague, la première d'Allemagne ; en 1361, celle de Pavie ; en 1365, celle de Vienne en Autriche. Voy. Reumont, *Tav. Cron.*, à ces dates.

principaux citoyens de donner suite à son ancien projet[1], « afin, disait-elle, de former les habitants et leurs fils aux bonnes mœurs et à la vertu, de remplir la ville d'hommes sages et prudents ». Elle voulait qu'on enseignât le droit civil, le droit canon, la médecine, la philosophie et « les autres sciences[2] », mot un peu vague, qu'il faut entendre des belles-lettres, des études étrangères à la scolastique. Les salaires des lecteurs à engager ne devaient pas coûter ensemble plus de mille florins d'or[3]. Toujours paraît le bout de l'oreille chez ces trafiquants.

Le *Studio* fut établi dans la maison des Tedaldini[4], et l'on commença d'y lire le 6 novembre 1348[5], non sans en donner solennellement avis à toute l'Italie. Si grand était alors l'empressement à regagner le temps perdu, qu'on n'attendit pas même les brefs sollicités du Saint-Siège, sauf pour la chaire de théologie, qui ne pouvait être fondée sans une permission expresse, et que Bologne devait attendre quatorze ans encore[6]. Le

---

[1] Ammirato le jeune (I, 509) donne leurs noms, parmi lesquels ceux de Corsini, Magalotti, Alberti, Medici, Lippi.

[2] « Quod cives dicte civitatis atque districtuales et eorum filii et descendentes virtutibus et moribus instruentur, et per tempora ipsa civitas sapientibus et viris prudentissimis habundabit.... Ideoque providerunt quod in civ. Flor. sit.... Studium generale in jure civili, canonico, in medicina, philosophia et ceteris scientiis. » (*Provvisioni*, XXXVII, 2.)

[3] 9 septembre 1348. *Ordinamenta studii florentini*, ms. des arch. flor. Prezziner (I, 11) dit que la dépense monta à 2500 fl. d'or ; mais il ne donne pas ses autorités. Ce chiffre englobe les dépenses de toute sorte. Voy. *Provvisioni*, XXXVII, 35 v°, XXXVIII, 84. 18 décembre 1348 et 25 janv. 1350.

[4] Entre les maisons des Donati et des Visdomini. Ce bâtiment était occupé en 1810 par le collège Eugeniano. Voy. le décret dans Prezziner, I, 224, doc. 2. Il est du 18 décembre 1348 ; mais on sait que souvent les documents portaient par négligence la date du jour où on les inscrivait sur les registres.

[5] M. Villani, I, 8 ; Ammirato, X, 510.

[6] Jusqu'en 1362. Voy. Tiraboschi, t. V, p. 50, l. I, § 6.

29 mai 1349, une bulle de Clément VI accordait à Florence ce privilège avec tous les autres. Elle exigeait que les candidats à la *laurea* doctorale fussent examinés par l'évêque de Florence ou son délégué avec le collège des docteurs, gratuitement et librement, sans dol ni fraude, sur la science, la faconde, la manière de lire et autres objets de l'enseignement [1].

La même bulle recommandait, non sans raison, d'engager, dans le principe, comme lecteurs et maîtres, des docteurs de Bologne ou de Paris. Rien ne prouvait, en effet, que Florence en eût dans son sein, ou qu'elle ne préférât pas aux plus capables ceux que désignaient à la seigneurie, aux officiers chargés de l'organisation, les liens du sang ou l'amitié. On la vit tour à tour observer et violer cette prescription prudente [2]. De fait, plus d'un Florentin monta dans ces chaires : Tommaso Corsini, jadis ambassadeur en Hongrie, jurisconsulte renommé, lut les lois civiles, ainsi que Giovanni Ricci et Donato Barbadori ; Fra Benedetto Cavalcanti, mineur, et Fra Marco, carmélite, lurent le droit canon [3]. La commune était fière d'elle-même, quand elle pouvait faire de ses citoyens les éducateurs de ses enfants.

C'est en 1351 que l'ambition lui vint de voir refleurir dans ses murs les lettres antiques. Le passager séjour de Pétrarque en fut l'occasion. On racheta ses biens, en vue de les lui rendre et de le fixer [4]. Une lettre flatteuse lui

---

[1] *Capitoli*, XVI, 34 v°. Prezziner a publié cette bulle, I, 227, doc. 3.

[2] Le 24 septembre 1361 un décret excluait des chaires de jurisprudence et de médecine pratique les docteurs originaires de Florence ou de son district. On y déroge encore en 1367 et 1388, on y revient en 1391. Voy. *Ordinamenta studii florentini*. Prezziner, I, 17, 18.

[3] Provisions de 1348, 1349. Prezziner, I, 6.

[4] Voy. plus haut, p. 400. — « Tibi.... ruris aviti pascua concedimus ac

fut écrite dans ce beau langage qu'il aimait. Boccace, son ami, reçut mission de le décider à continuer Cicéron et Virgile, « pour assurer la supériorité de Florence, dans ces études, sur les autres villes et universités[1] ». Toute liberté lui était laissée pour le choix du livre qu'il voudrait lire, expliquer, commenter[2]. A cet appel chaleureux il n'opposa point un formel refus; mais ses habitudes prises, le vieux levain de ses rancunes le détournèrent invinciblement de céder[3]. Lasse d'attendre, la République s'aigrit à son tour : elle eut la petitesse de se venger, de confisquer à nouveau les biens qu'elle avait rendus[4]. C'est en vain qu'une seigneurie ultérieure, pour réparer cette faute, fit offrir à Pétrarque le premier canonicat qui viendrait à vaquer[5] : Clément VI détruisit

de publico quidem ærario a privatis civibus redempta. » (Lettre de la seigneurie à Pétrarque. Sade en a publié le texte, t. II, pièces justif., n° 29. Mehus, *Vita Ambrosii Traversarii Camald.*, ch. I, p. 243. Flor., 1759 f°, et Tiraboschi, t. V, p. 71, l. I, c. III, § 26, en ont donné des extraits.)

[1] « Quis te igitur præco ingens alio aspectu aut devotione seu magis veneratione non respexerit, quam si Maronis spiritus aut Ciceronis eloquentia mortales iterum artus induerunt !.... Profecto enim illud magnum, illud singulare arbitrabatur patria quod tu solus unicusque potes efficere quod etiam apud veteres rarissimum ac semper excellentissimum fuit.... ut te duce hoc cohæreat Studium, hac singularitate ceteris præcellat. » (*Ibid.*)

[2] « Tu tecum librum ac legendi facultatem eligas, quam honori et otiis tuis censeas commodiorem. » (*Ibid.*)

[3] Sur les motifs de son refus, voy. Fracassetti, t. III, p. 8, éd. ital.; Baldelli, art. 10; Sade, II, 125; Tiraboschi, V, 65 ; Prezziner, I, 9. Plus tard, Pétrarque écrivait ce qui suit à Robert de Battifolle : « Ad admirationem illam tuam, quæ sæpe multorum fuit, quid ita patriam fugiam deseramque, uno brevi sed e medio cordis erumpente suspirio respondisse velim.... non ego illam, sed me illa deseruit, quem et aliquando complecti visa est. » (*Senil.*, II, 7, éd. de Bâle, p. 871.)

[4] Le fait est prouvé par une lettre de Boccace que Meneghelli a publiée en 1819.

[5] 30 mars 1365. Instructions à maestro Rinaldo de Romena, prof. de théologie. *Lettere della sign.* filza 12, texte publié par Gaye, I, 515. Même page, lettre au pape pour le même objet.

sans peine l'effet de cette éventuelle promesse par l'octroi d'un bénéfice immédiat. Devenir chanoine à Carpentras, sans être tenu à la résidence[1], c'était une faveur qui avait son prix.

Le *Studio* florentin dut donc se passer de Pétrarque. Il y perdit l'éclat qui aurait pu l'acclimater : sur ce sol marchand il languit et dépérit dès lors, comme une plante exotique. A diverses reprises les cours cessent, soit parce que des lecteurs sans talent n'attiraient pas d'écoliers, soit parce qu'un sordide et mercantile esprit d'économie jugeait improductive ou trop considérable une dépense de deux mille cinq cents florins d'or. Quelques-uns osent répondre qu'une *masnada* de vingt-cinq aventuriers coûte, par an, plusieurs fois la même somme, et souvent sans profit comme sans honneur[2] : il n'en faut pas moins réduire la dépense de mille florins, rendre le salaire des maîtres proportionnel au nombre des écoliers[3], assimiler en un mot la science au trafic (9 août 1357).

Pour guérir la plaie d'argent et faire rouvrir les cours « en toutes les facultés de chaque science[4] », on aura beau prodiguer les privilèges qui ne coûtent rien[5] : les doctes n'avaient point goût aux viandes creuses ; ils ne se payaient que d'espèces sonnantes ; ils élevaient même leurs prétentions suivant leurs talents ou l'estime qu'ils

---

[1] Sade, III, 662 ; Fracassetti, note à l'ép. 1 du l. XI des *Famil.*, t. III, p. 9 ; Ammirato le jeune, XII, 650.

[2] « Si gittavano l'anno parecchie volte sanza frutto o sanza honore. » (M. Villani, VII, 90.)

[3] *Provvisioni*, XLVI, 23.

[4] M. Villani, VII, 90.

[5] Quiconque aura offensé quelque lecteur, écolier, familier ou bedeau, encourra la même peine que pour avoir maltraité un citoyen. — 27 février 1359. *Provvisioni*, XLVII, 102 ; L. del Migliore, p. 385 ; Prezziner, I, 13.

en avaient. Il fallait leur donner satisfaction ou fermer le *Studio*, et c'est ainsi qu'en dépit des provisions prises varient les salaires. Léonce Pilate, engagé pour lire le grec, ser Francesco Bruni, qui doit lire le latin et la rhétorique[1], touchent quatre-vingts florins d'or. Trois ans plus tard, Francesco de Conegliano, lecteur de logique et de physique, est appointé à vingt florins de plus[2]. Cino de Pistoia, qui lit les décrétales, en reçoit cent quatre-vingt dix[3]; tel Padouan, professeur de physique et de médecine, trois cents[4].

Un moment on put croire que le *Studio* allait se relever. Il comptait dix sept chaires, dont une d'astrologie et une de notariat[5]. Il s'enorgueillissait de conférer la *laurea* en théologie[6], car la théologie tenait toujours, parmi les sciences, le premier rang. Il obtenait de Charles IV, par l'intermédiaire du fils d'un des lecteurs, Piero Corsini, évêque de Florence et légat d'Urbain V en Allemagne, le diplôme d'université impériale, avec les privilèges attachés à ce titre (1364)[7]. Ce qui manquait, c'est la discipline. Les lecteurs lisent à leur gré, le matin ou le soir, sans tenir compte des heures fixées, du son de la cloche qui les appelle dans leurs chaires. Ils ne s'y astreignent point à traiter le sujet, à expliquer

---

[1] « Ad legendum rectoricam. » Décret du 14 décembre 1360, publié par Prezziner, I, 17, note.

[2] Prezziner, I, 19.

[3] Voy. Reumont, *Tav. cron.*, ann. 1364, et Prezziner, I, 22 sq., qui donne les noms de divers maîtres engagés, avec des fragments des textes officiels.

[4] *Sign. cart. miss.*, XIV, 76 v°. Voy. le texte à l'appendice n° 2.

[5] Prezziner, I, 30, 31, donne la liste de tous ces professeurs.

[6] La première *laurea* en théologie fut conférée le 9 décembre 1359. Voy. M. Villani, IX, 58.

[7] Diplôme délivré à Prague, le 2 janvier 1364, publié par Prezziner, I, 231, doc. 4.

les matières qui doivent, aux termes de leur engagement, faire l'objet de leur cours. De ces allures trop libres on accuse la négligence du Recteur ou ses connivences, et, recourant à la panacée universelle, on n'aura plus désormais que des recteurs étrangers[1]. Mais la panacée ne guérit rien : le temps n'est plus où les citoyens des villes voisines, appelés à Florence pour y tenir un office, s'y trouvaient assez dépaysés pour rester en dehors des coteries, comme des passions.

Dans ce désordre, pourtant, dans ce *Studio* si menacé, une chaire fut durable, celle où Boccace était chargé, le 12 août 1373, à titre d'essai et pour une année seulement, de lire la *Divine Comédie*. Ce qui sauva peut-être cet enseignement nouveau, c'est que, soit faute de place dans la maison Tedaldini, soit qu'il parût messéant de lire en un lieu profane un texte tenu pour sacré, Boccace prit l'église de San-Stefano *a ponte* pour théâtre de ses leçons[2]. Le succès en eut tant d'éclat que la chaire fut maintenue. Boccace n'en descendit que par la mort. Il est vrai que sa mort était prochaine[3]. Son cours ne dura que deux années : il n'avait expliqué encore que les seize premiers chants de l'*Enfer*. D'autres lui succédèrent, sans le remplacer, notamment Filippo Villani et Francesco Filelfo[4]. Son vrai successeur fut son élève, Benvenuto Rambaldi, d'Imola, qui alla continuer à Bologne le commentaire de « la bouche d'or de Certal-

---

[1] 28 septembre 1366. Prezziner, I, 26.

[2] Boccace inaugura ses leçons le 23 octobre 1373, avec un salaire de 100 florins (Monaldi, p. 332).

[3] Boccace mourut le 21 décembre 1375.

[4] Voy. sur les lecteurs de la *Divine Comédie*, Reumont, *Tav. cron.*, ann. 1381, 1385, etc., et Prezziner, I, 36, 37.

do[1] », car l'exemple donné par Florence fut bientôt suivi partout. La ville qui avait exilé Dante venait de consacrer sa gloire à jamais.

Quand éclata la guerre des Huit Saints, le *Studio* fut fermé, et ce n'est pas pendant le tumulte des *ciompi* ou la période agitée qui suivit, qu'on aurait pu le rouvrir. On n'y pensa qu'en 1383[2], alors, que partait en foule, pour les universités du dehors, la jeunesse florentine. Deux années s'écoulent toutefois avant qu'aucune décision soit prise à cet égard[3], puis deux autres encore avant qu'on ait coordonné les statuts de cette intermittente institution. Le 14 février 1387, maîtres et disciples sont convoqués pour cet objet dans la *Badia* par le Recteur Napoleone Parisani. Trois docteurs et six écoliers de chacun des colléges canonique, juridique, médical, reçoivent mission de limiter l'autorité du Recteur, de fixer les attributions des officiers, les devoirs des maîtres, ceux des étudiants, leur costume uniforme, la procédure des examens et promotions[4]. On compte désormais cinq collèges, ou, comme nous dirions, cinq facultés : la théologie, le droit canon, le droit civil, la médecine, les arts, dans le sens universitaire de ce mot au moyen

---

[1] Muratori a publié, on le sait, le commentaire si heureusement conservé de Benvenuto d'Imola, comme il l'appelle.

[2] « Decrevimus sacrarum legum atque liberalium artium studium in civitate nostra reducere, quod quidem putamus ad totius Thusciæ.... magnificentiam redundare. Quid enim est videre Thuscos.... extra Thusciam scientiam quærere et alienæ nationis viris hanc studiorum gloriam per ignaviam condonare? » (Doc. dans Prezziner, I, 38.)

[3] « Attendentes circa baliam dandam officialibus Studii noviter creandi et ordinandi in civ. Flor. vigore reformationis. » 14 juillet 1385. (Doc. V dans Prezziner, I, 235.)

[4] Voy. *Statuti dello Studio fior. di* 1387. Le doc. est dans Prezziner, I, 237. Voy. en outre cet auteur aux pages 44-46.

âge[1]. C'est la constitution définitive du *Studio*, mais nullement une garantie contre le retour de ses précédentes vicissitudes : pour ne pas étendre nos regards au delà des premières années du quinzième siècle, nous voyons les portes de l'Université florentine fermées de nouveau en 1404, rouvertes en 1412[2]. Florence aura beau faire, si elle brille dans les lettres d'un éclat sans pareil, jamais elle ne deviendra, en Italie, le principal foyer du haut enseignement.

L'esprit mercantile, qui dédaigne les études ou lésine sur la dépense, explique en partie, mais n'explique pas seul cette contradiction singulière. Déjà s'éclairaient les horizons séduisants de la Renaissance, tandis que le Saint-Siège cherchait à établir dans Florence une de ses citadelles théologiques. La prépondérance que la théologie avait prise dans le *Studio*[3] témoignait trop de ce dessein pour ne pas détourner les intelligences cultivées ou cultivables d'un établissement où soufflait l'esprit du passé, où se retranchait un ennemi que l'on combattait par les armes. En un sens seulement, et bien malgré elle, l'Église servait la cause réservée au triomphe : l'étude du latin, qu'elle imposait pour méditer les textes saints, donna plus de prix à la découverte des manuscrits de l'antiquité, à la lecture des profanes auteurs de Rome païenne, que le hasard ou une recherche curieuse ramenait au grand jour.

Pétrarque et Boccace ne furent point, comme on l'a souvent dit, les promoteurs de cette immortelle cam-

---

[1] *Statuti*, etc., rub. 74, sous ce titre : Quotuplex est collegium. Voy. Prezziner, I, 55.
[2] G. Capponi, I, 534.
[3] Voy. *Osser. fior.*, I, 86 ; Prezziner, I, 55.

pagne qui, pour des sociétés victimes de la scolastique, était le salut. Mais ils suivirent le mouvement et bientôt en prirent la tête avec un entrain, un zèle, une ténacité qui expliquent de reste l'honneur qu'on leur fait et qu'ils partagent avec Florence d'avoir pris l'initiative. Florence a beau n'avoir pas toujours de maternelles entrailles, c'est assez d'avoir porté de tels hommes : leur gloire devient la sienne; ce qu'ils lui doivent suffit pour que la postérité impartiale ne les sépare pas.

C'est un frappant et noble spectacle que celui de Pétrarque, nourri dès l'enfance dans l'étude des rares chefs-d'œuvre de l'antiquité qu'on possédait alors. Il en goûtait l'harmonie avant d'en comprendre le sens. Quand il les comprit, il se prit pour eux d'une passion sans égale, mais éclairée : Cicéron et Virgile sont pour lui « les yeux de la langue italienne [1] ». En vain son père, pour le ramener aux études du droit, jette au feu ses auteurs favoris [2] : homme fait, il les lit encore, et il les lit tant qu'Innocent VI le taxe d'hérésie, et que cette accusation ridicule trouve créance [3]. Sans s'émouvoir, il les apprend par cœur, les annote, en achète sans cesse [4], vit dans leur familiarité, devient un des leurs [5]. Sa curiosité éveillée ne s'en tient pas aux classiques. Quoiqu'il n'estime que leur beau et sonore langage [6], il pousse

---

[1] « Questi son gli occhi de la lingua nostra. » (*Trionfo della Fama*, III.)

[2] *Senil.*, XV, 1, p. 946. Voy. les intéressants détails que donne Mézières, p. 335-342.

[3] « Magicum ille me dixit, nec erubuit afferre rationem quod Virgilii libros legerem, seu legissem, et invenit fidem. » (*Senil.*, I, 5, p. 739.)

[4] « Libris satiari nequeo et habeo plures forte quam oportet. » (*Famil.*, II, 18. Fracass., I, 177.)

[5] Voy. Gebhart, *les Origines de la Ren.*, etc., p. 317, et Kœrting, *Petraca's Leben*, etc., ch. VIII.

[6] « Sola me verborum dulcedo quædam et sonoritas detinebat, ut quidquid

jusqu'à Lactance, Aulu-Gelle et Macrobe. Pour avoir de nouveaux manuscrits, il écrit jusqu'en Orient[1], aux doctes, aux moines, aux princes ; il parcourt l'Europe, fouille les archives des couvents et des villes, achète, s'il le peut, et, s'il ne le peut pas, copie ou fait copier, quand il trouve, du moins, quelques gouttes de vieille encre, jaune comme du safran[2]. Son précieux butin, il le charge sur des chevaux, des mulets, des ânes, et le suit avec ses serviteurs, pour n'en pas risquer la perte. Son cœur saignait encore au souvenir du *De gloria* de Cicéron, prêté par lui au vieux Convennole, mis en gage par ce maître besogneux de sa jeunesse, et qui jamais n'a pu être retrouvé[3].

De retour au gîte, il revoyait ses textes, altérés par d'ignorants et ineptes copistes, si incapables d'écrire, fût-ce sans orthographe, ce qu'il leur dictait[4], que Coluccio Salutati pensait à fonder une école de transcription, pour en créer de meilleurs[5]. Pénétré de ses modèles,

aliud vel legerem, vel audirem, raucum mihi longeque dissonum videretur. » (*Senil.*, p. 946.)

[1] *Senil.*, XV, 1, p. 948.

[2] *Ibid.*, p. 949. On conserve à la Bibl. Laurenziana de Florence le manuscrit des lettres familières de Cicéron, découvert par Pétrarque à Vérone, et la copie qu'il en avait faite. Voy. sur cette découverte *Famil.*, XXIV, 3 (Fracass., III, 262), un article de G. B. Giuliari dans l'*Arch. stor.*, 1876, 2° disp., p. 349, et Fr. Hofmann, *Kritische Apparat zu Cicero's Briefen an Atticus*, cap. I, Berlin, 1863.

[3] *Senil.*, XV, 1, p. 949. Voigt (p. 26) croit que ce traité pourrait bien n'être qu'un recueil d'extraits des *Tusculanes;* mais Fracassetti répond (éd. ital., I, 267) qu'il en est question dans les lettres à Atticus (VI, 16).

[4] Pétr. *De remediis utriusque fortunæ*, lib. I, dial. 43, p. 42, 43.

[5] Mehus, *Vita Ambr. Trav.*, p. 291. On sait que Pétrarque légua ses précieux livres à Venise où il voyait le séjour de la paix (voy. *Senil.*, IV, 3, le doc. des arch. de Venise contenant l'acceptation de ce legs, dans Carlo Leoni, *Del Petrarca*, sans date, et Fracass., note à la 43° des *Variarum*, t. V, p. 376, éd. ital.) Il ne prévoyait pas l'incurie. En 1634, on trouva ces livres gâtés, rongés, pourris par l'humidité dans la même chambre où

il les imite à dessein ou les reproduit sans le vouloir, dans ces innombrables lettres qu'il écrit en latin au courant de la plume, qu'il sème aux quatre vents de l'Europe, lien presque unique alors entre les savants dispersés[1]. Son style, s'il le gâta plus tard en le retouchant, n'en reste pas moins bien supérieur, malgré ses solécismes et son emphase, au jargon barbare et sec des scolastiques : il rappelle Cicéron par l'abondance, Sénèque ou Pline le jeune par le raffinement, et, en somme, il trace, il ouvre la voie aux vrais Cicéroniens de la seconde Renaissance, aux Bembo et aux Politien.

Ce qui dénote en lui un génie moderne, le premier des modernes, c'est surtout sa critique. Dans divers traités, écrits aussi en latin, il fait connaître Rome antique ; il dissipe les fables et les légendes qui formaient autour de l'histoire romaine comme une atmosphère de nuages[2]. Bien plus, il réunit une collection de médailles, incorruptibles témoins dont il sent tout le prix. Les manuscrits qu'il a transcrits ou fait transcrire étant dépourvus de tables, d'indications pour en retrouver le titre ou l'auteur, il les compare les uns aux autres, il les complète les uns par les autres, grâce à des conjectures souvent heureuses et à des restitutions que la

---

on les avait ensevelis près de trois cents ans auparavant. Voy. Tommasini, *Bibl. ven.*, p. 56, Cicogna, *Dell' iscriz. ven.*, IV, 338, n° 10, cités par Fracass., V, 379.

[1] *Famil.*, I, 4 ; XVIII, 8 : Fracass., note à la 9ᵉ des *Variarum*, V, 230.

[2] Voy. Bonamici, *De claris litt. pontif. script.*, p. 57. Fracassetti cite le passage, III, 480.

[3] Il avait même entrepris d'écrire à nouveau l'histoire romaine. Voy. *De contemptu mundi*, dial. III, p. 365. Il en laissa du moins un abrégé que traduisit et publia son ami, le grammairien Donato de Pratovecchio. Voy. Rossetti, *Petrarca, Celso et Boccaccio*, Trieste, 1828, et Mézières, p. 351-53.

science a confirmées. Indépendant et libre en ses appréciations, il attaque l'alchimie[1], la médecine[2], l'astrologie, l'argumentation syllogistique, Aristote même, ce « maître de ceux qui savent[3] », et dont il ose dire qu'après tout c'est un homme, qui a bien pu ne pas tout savoir[4]. Sortant des profondes ornières de l'école, ce qui n'est pas une médiocre preuve de force et de courage, il donne à ses contemporains des leçons de langue, de style, de goût et d'art; il met chaque auteur en sa place et marque les distances. Par une propagande de tous les instants, il procure à Cicéron, dont le docte Dante connaissait à peine quelques rares écrits, des milliers de lecteurs. C'est donc grâce à Pétrarque, en grande partie, que la péninsule italique devança d'un siècle au moins les autres peuples dans l'admiration des anciens et le réveil de la Renaissance. Eût-il été seul, il marquerait encore une grande époque dans l'histoire de l'humanité[5].

Mais il ne fut pas seul, et l'on doit s'en réjouir, car, à l'étude du grec, qu'il ne savait guère, il n'aurait donné qu'une impulsion insuffisante. Il en avait pris le goût tardivement, et comme par hasard : de Byzance, par mégarde, on lui avait envoyé un Sophocle, un Homère, en place d'un Cicéron qu'il demandait. Un peu interdit devant ce grimoire sacré, il l'admirait et le véné-

---

[1] *De remediis utriusque fortunæ*, lib. I, dial. cxi, p. 93.
[2] *Famil.*, V, 19; XII, 17; XV, 5, 6; XXII, 12; *Senil.*, III, 5; V, 3, 4; XII, 1, 2; XIII, 8; XV, 8, 14; XVI, 5.
[3] *Div. Com.*, Inf., IV, 131.
[4] *De sui ipsius et multorum ignorantia*, p. 1042.
[5] Pétrarque est moins entendu aux monuments de pierre qu'aux manuscrits. Voy. à cet égard A. Geffroy, *l'Histoire monumentale de Rome*, *Revue des Deux-Mondes*, 15 sept. 1879, p. 368.

rait pourtant, sur la foi des latins. C'est son éternel honneur d'en avoir voulu propager la connaissance, qu'il désespérait d'acquérir et qui pouvait amoindrir sa gloire. Boccace l'y aida de son amitié et de sa compétence. Par un long séjour à Naples, durant sa jeunesse, Boccace avait pris du grec quelque teinture. On ne pouvait ignorer le grec dans la Grande-Grèce; on le parlait aussi à Venise, où le portaient les navires de l'Adriatique. Bien des mots et des phrases qu'avaient retenus les marchands napolitains et vénitiens, se répandaient par eux dans toute l'Italie, quoique sans profit pour la littérature[1]. On avait même traduit Aristote, Galien, quelques pères de l'Église d'Orient[2]. Mais il fallut les relations fréquentes de Pétrarque et de Boccace avec des Grecs lettrés pour agrandir le cercle des connaissances helléniques, comme leur forte volonté et leur puissante action sur des compatriotes, pour en inspirer le goût aux Italiens.

Que le petit moine calabrais Barlaam, devenu à Byzance le favori de l'empereur Andronic et auprès du Saint-Siége l'ambassadeur de ce prince pour procurer la réunion des deux Églises, eût fait connaître à d'autres qu'à ces deux délicats Homère et divers classiques grecs, la lumière eût couru grand risque de rester sous le boisseau. Grâce à eux elle illumine le monde. Pétrarque obtient de Clément VI pour Barlaam l'évêché de Gerace[3]. Boccace fait grand accueil à Nicolas

---

[1] D'une rive à l'autre les deux races se pénétraient. L'empereur Cantacuzène (1320-1360) se vante d'avoir prononcé un discours en italien et de savoir très bien cette langue ('Ιστωριῶν Βιβλία Δ', t. III, p. 503, éd. du *Corpus scriptorum historiæ byzantinæ*, pars XX, Cantacuz., t. II, Bonn, 1831.)

[2] Tiraboschi, l. III, c. 1, t. V, p. 393 sq.

[3] Barlaam avait renoncé à l'Église grecque à la suite des querelles du

Sigeros, à Léonce Pilate, qui vont aussi en cour d'Avignon. Pilate a beau être un monstre de laideur, sale d'aspect, misanthrope et plein de mépris pour l'Église latine, il l'héberge, il le fixe à Florence, il fait créer pour lui une chaire de grec, et se place, presque quinquagénaire, au premier rang de ses disciples. Trois ans, il étudie sous lui les deux poèmes homériques[1]; il en voit faire sous ses yeux, par ce maître médiocrement habile, qui lui enseigna plus d'une erreur, la première et la plus informe des traductions[2].

Cinq auditeurs seulement s'asseyaient au pied de cette chaire, et, en dehors de ces fidèles, Pétrarque ne compte que cinq hellénisants dans toute l'Italie : deux à Vérone, un à Bologne, un à Mantoue, un à Sulmona[3]. Si le nombre s'en accroît à la longue, c'est sur ses plaintes réitérées, et plus encore par les efforts de Boccace. Trop pauvre pour acheter, comme son ami et son modèle, de coûteux manuscrits, le frivole conteur, qui était bon copiste[4], en copie sans cesse, tantôt pour son usage, tantôt pour les donner, et quand la misère le force à vendre sa réserve, c'est Pétrarque qui la lui achète, en lui laissant le soin d'en fixer le prix[5].

Ainsi leur zèle généreux forma toute une école d'éru-

Mont-Athos, 1342. — Voy. sur tous ces faits Boccace, *De geneal. Deor.*, l. XV, c. XVI; Pétrarque, *Famil.*, XXIV, 12 (Frac. III, 302); Sismondi, IV, 182-185.

[1] Pétr., *Senil.*, III, 6 ; V, 3; Bocc., *De geneal. Deor.*, XV, 6, 7.
[2] *Senil.*, VI, 1, p. 806, 817, janv. 1365.
[3] *Famil.*, XXIV, 12. (Frac., III, 301.)
[4] *Famil.*, XVIII, 4; XXI, 15. Fracassetti (IV, 403) démontre que le manuscrit de Dante, si correct et si beau, qui est au Vatican, est bien l'œuvre de Boccace.
[5] *Senil.*, I, 5. Pétrarque, consolant Boccace de sa pauvreté, va jusqu'à lui proposer de partager en frère avec lui.

dits et de lettrés. On vit à Florence des jeunes gens, leurs admirateurs, se réunir dans un couvent des Augustins, pour s'entretenir de questions littéraires et philosophiques : Luigi Marsili, qui enseigna la théologie à Paris, que les Florentins réclamèrent pour évêque, et qui, au cours de ses sermons, citait plus volontiers Sénèque et Virgile que les Pères de l'Église; Coluccio Salutati, trente ans chancelier de Florence[1], rhéteur élégant dans des pièces de chancellerie, homme d'initiative, propagateur du grec, exerçant une action si forte qu'une seule lettre de lui paraissait à Gian Galeazzo Visconti, plus redoutable que mille cavaliers florentins[2]; Niccolò Niccoli[3], trop occupé de corriger les manuscrits dont il faisait collection, pour trouver le loisir d'écrire des œuvres personnelles; Leonardo Bruni, natif d'Arezzo[4], mais sujet de Florence, chancelier de la République, secrétaire apostolique sous quatre papes, auteur, en langue italienne, d'utiles vies de Dante et de Pétrarque, et, en langue latine, d'une histoire sensée, quoique trop antique, de Florence. Ce furent ces disciples, moins brillants que leurs maîtres, mais, grâce à eux, plus éclairés qu'eux, qui appelèrent à Florence, en 1396, pour lui confier la chaire de grec, au lieu d'un savant douteux comme Pilate, un vrai savant que bien d'autres suivirent, le célèbre Chrysoloras[5].

De plus en plus, malgré les faiblesses et les intermit-

---

[1] Nommé chancelier le 25 avril 1375, mort en 1406.
[2] Ammirato, XIII, 692.
[3] Né en 1363, mort en 1447.
[4] Né en 1369, mort en 1444.
[5] Voy. sur cette renaissance des études, Mézières, passim, Baldelli, vies de Pétraque et de Boccace, Voigt, *Die Wiederbelebung des classichen Altherthums*.

tences de son *Studio*, de son enseignement officiel, Florence se faisait donc centre et foyer de la haute culture intellectuelle et littéraire. Ses attiques marchands en portaient le goût au pouvoir, et, par leurs voyages ou leur correspondance, le répandaient dans toute la péninsule. Formés à l'école d'Athènes et de Rome, reconnus supérieurs par le talent et plus d'une fois par le savoir, leur temps vit en eux, non sans surprise, des orateurs plus exercés, des politiques plus habiles, des hommes, en un mot, plus délicats et plus fins que n'étaient ces subtils scolastiques qui vivaient en dehors du monde, ou ces guerriers violents qui n'en connaissaient que les vulgaires brutalités.

Nous n'avons point à suivre, dans cet ouvrage, les progrès de cet heureux mouvement par toute l'Italie. Il suffit d'avoir indiqué la part qu'y prit Florence avant toutes les autres villes et plus qu'aucune d'elles. On peut regretter que l'envahissant esprit d'érudition ait alors ajourné, pour un siècle, toute création originale, car il détournait les Italiens de la plus glorieuse des deux voies où Dante, Pétrarque et Boccace les avaient engagés ; mais s'engager dans l'autre était nécessaire pour retourner, au profit des esprits sans génie, le champ littéraire qu'avaient stérilisé l'ignorance des temps barbares et l'aride savoir du moyen-âge. Quand on aura pu jeter la bonne semence dans un sol préparé à la recevoir, germeront et paraîtront de nouveau les précieux fruits de l'invention. Florence, alors, ne sera plus seule à les recueillir. Ses plus illustres enfants rencontreront des rivaux formés à son école. La Renaissance, au seizième siècle, dissémine ses bienfaits, au lieu de les concentrer.

CHAPITRE II

LES BEAUX-ARTS

Giotto, chef d'école. — Écoles rivales. — L'école siennoise. — Pietro et Ambrogio Lorenzetti. — Simone Martini (ou Memmi). — La sculpture : Andrea Pisano et son fils Nino. — La première école giottesque. — Stefano. — Taddeo Gaddi. — Jacopo du Casentino. — Giovanni de Milan. — La compagnie des peintres (1349). — Seconde école giottesque. — Agnolo Gaddi. — Antonio de Venise, son élève. — Giottino. — L'indépendance dans l'école. — Andrea Orcagna. — Les peintres après Orcagna. — Spinello d'Arezzo. — Les derniers giottesques. — Les traditions de l'école conservées : le traité de peinture de Cennino Cennini. — Transformation de l'art au quinzième siècle. — Marche inégale des lettres et des arts.

Dans le domaine des arts, comme dans le domaine des lettres, Florence tient le premier rôle. Il lui a suffi d'y être introduite pour y prendre l'avantage sur ses rivaux. Nulle part on n'a si vite et si bien profité des enseignements de Niccola Pisano ; nulle part l'œil et le goût n'ont mieux appris de lui à voir et à sentir les chefs-d'œuvre encore debout de la statuaire antique, pour s'en inspirer sans les reproduire ; nulle part on n'a su, comme à Florence, faire marcher la peinture attardée du même pas que la sculpture en progrès, en ajoutant à la beauté de la forme humaine, but et triomphe de l'art du statuaire, l'expression, sans laquelle l'art du peintre ne saurait prétendre au premier rang.

C'est Giotto, nous l'avons vu, qui conduit le chœur. Il s'impose non seulement à l'admiration, comme Dante, mais aussi à l'imitation, car dans les voies nouvelles qu'il ouvre, il reste assez de son temps pour que son temps le suive. Peintres et sculpteurs gravitent désormais autour de lui, « sortis de sa discipline, dit fièrement le vieux Landino, comme du cheval de Troie[1] ». Mais son action fut surtout sensible en peinture. Quand il mourut, son œuvre de statuaire n'était qu'indiquée ou ébauchée, tandis que son œuvre de peintre, achevée par ses mains, s'offrait à tous, comme la leçon posthume de son génie. Sans doute, ces disciples n'entendent négliger aucune des trois branches de l'art. Quelques uns mettent même une certaine coquetterie à protester de leurs multiples aptitudes : Orcagna, par exemple, signe ses tableaux *Andreas Cionis sculptor*, et ses statues *Andreas Cionis pictor*[2]. Il n'en est pas moins vrai qu'ils ne forment point une école de sculpture, et qu'ils forment une école de peinture. Épris de Giotto, peu propres à un effort personnel et libre, ils se bornent, quand Giotto a disparu, à le reproduire autant qu'il est en eux. Sa loi devient leur Évangile, ses pratiques leur idéal. Si profonde et si tenace est son empreinte, qu'un siècle et demi plus tard les œuvres de la peinture en Italie s'appelleront encore des peintures giottesques[3].

Toutefois le courant, irrésistible à la longue, ne s'établit point sans résistances. Durant bien des années encore, devait se recruter parmi les Florentins l'école vieillie de Tafi[4]. Le passé, dans ses erreurs et ses abus, ne

---

[1] *Commento alla Divina Commedia*, Proemio.
[2] Vasari, éd. Lemonnier, II, 133.
[3] C'est ce que reconnaît M. Rio (I, 307) lui, si partial en faveur de l'école siennoise.
[4] On peut citer Nozzo, dit Calandrino, Nello, Bartolo Gioggi, Bruno de Giovanni, et surtout Giovanni da Ponte, le plus habile de ces peintres,

trouve-t-il pas toujours d'obstinés sectateurs ? C'est en vain que le plus habile entre les fidèles de la routine et de l'ornière finit par faire preuve d'une infidélité intelligente, et, voyant où était le génie, par passer à l'ennemi. Naturellement semblable à Giotto par la verve mordante de son facétieux esprit, heureusement doué, quoique paresseux et toujours pressé de repos[1], Buffalmacco Buonamici[2] renonça, devant les radieux modèles qui renversaient sa doctrine, aux figures maigres, exsangues des Byzantins, et c'est là ce qu'il faisait entendre quand il demandait aux religieuses de Faenza de la bonne *vernaccia*, vin excellent qui mettait, disait-il, du sang aux veines de ses saints[3]. Mais son exemple trouva rétifs les barbouilleurs de son école, dont la docilité peut-être eût, après lui, sauvé quelques-uns de l'oubli[4].

---

attardés après Buffalmacco. Voy. Crowe, I, 3°6 ; Stendhal, p. 70 ; Jeanron, I, 406.

[1] « Durava poca fatica nelle opere sue.... quando metteva l'animo nelle sue opere, passava tutti gli altri pittori. » (Deuxième commentaire de Ghiberti, dans Vasari, éd. Lemonnier, I, xxi.)

[2] Buffalmacco ayant une légende de facéties, on a été, un Allemand, bien entendu, jusqu'à contester son existence. Voy. Rumohr, *Italienische Förschungen*, t. II, p. 14, note, Berlin, 1827, 3 vol. Mais le registre de la compagnie des peintres fait foi. Notre homme y est porté sous ce nom en 1351 : Buonamico Christofani, dit Buffalmacco. Voy. ce registre dans Gualandi, *Memorie originali italiane, risguardanti le belle arti*, serie 6, p. 178. La liste occupe de la p. 176 à la p. 188. Bologne, 1845, in-8°.

[3] Vasari, éd. Lem., II, 51. Ce caractère giottesque est si marqué chez Buffalmacco, que le poète Redi a pu dire :

> Ei dipingeva i santi nelle mura
> Con certi visi tutto sangue e latte.

[4] Le nom de Buffalmacco a du moins survécu. Quant à l'authenticité contestée de ses œuvres, voy. Crowe, I, 389-91-96-97 ; les éditeurs de Vasari (Lem.), II, 46, 52, 59, n. 2 ; Rio, I, 267 ; le P. Marchese, *Scritti vari*, p. 159, 561. Flor., 1855.

Aux portes mêmes de Florence, résistait aussi, et avec bien plus d'éclat, l'école siennoise. L'esprit étroit de patriotisme municipal, vaincu dans sa prétention de se suffire à lui-même en politique, s'était réfugié dans les principes et les productions de l'art. Une génération accidentelle de peintres distingués, l'honneur de Sienne, y faisait preuve d'indépendance en ne voulant dépendre que des Grecs. Ils en améliorent la méthode et les procédés par le soin patient des moindres accessoires, par la chaude et agréable couleur qui les relève, par le sentiment religieux qui rend certains critiques indifférents aux plus graves défauts. Comment pardonner pourtant aux Siennois leur culte dégradant pour de hideux modèles? Comment ne pas voir que l'attention minutieuse donnée aux arabesques, aux feuilles, aux branches, aux draperies, aux nimbes, à l'expression morbide ou convulsive, atteste le dédain ou l'ignorance de la composition, de l'effet d'ensemble, de ce goût simple, sévère et grand qui y subordonne justement les parties, et qui était par excellence le goût de Giotto, le goût florentin[1]?

Au surplus, les deux écoles se pénétrèrent l'une l'autre. Les vifs et intelligents Siennois ne restèrent pas, devant Giotto, quoi qu'ils en eussent, exclusivement disciples du byzantin Margaritone. Ils ne s'en tinrent pas même à Cimabue, qui l'est encore à demi. On a beau demeurer sur la défensive : on finit toujours par ressembler plus ou moins à ceux que l'on combat. Florence donna plus qu'elle ne recevait ; mais elle acquit plus de délicatesse de touche, un sentiment religieux plus profond. Sienne,

---

[1] Crowe et Cavalcaselle (I, 404, 408 ; II, 34-38) indiquent avec précision les caractères des deux écoles. On peut voir notamment, à la p. 36 du t. II, des détails très-curieux sur les procédés techniques des Siennois.

qui avait infiniment plus à apprendre et à prendre, apprit et prit plus qu'elle ne veut l'avouer, plus que ne l'admettent ses fanatiques admirateurs. Elle put bien paraître aux peuples qui ne savent pas peindre, l'égale de Florence, donner pour maîtres de la peinture à Pise et à Pérouse Taddeo Bartoli, à Naples Simone Martini[1]; elle ne préserva point ces peuples de la contagion des bons exemples, que ces peintres renommés portaient plus ou moins avec eux. L'imitation de Giotto, comme de Niccola Pisano, est sensible au grandiose chef-d'œuvre qu'élevèrent dans la cathédrale d'Arezzo, à la mémoire de l'évêque Tarlati, Agnolo et Agostino, architectes et sculpteurs, siennois par le soin des détails comme par la naissance[2]. C'est que, dans ses rapports avec Sienne amie, alliée et presque sujette, Florence ne fermait plus jalousement ses portes devant les citoyens qui voulaient sortir[3] ou les voisins qui voulaient entrer : elle souffrait qu'on vînt dans ses murs apprendre à l'égaler ; elle employait l'habile ciseau des Siennois Tino[4] et Moccio[5]. Il fallait même qu'elle payât bien ces sculpteurs, car, à ce moment, ils eussent trouvé du travail dans leur patrie : on y commençait d'édifier la cathédrale, œuvre de tant de talents et de bras[6].

Une fois vues, les œuvres saisissantes de Giotto ne

[1] Vasari, éd. Lem., II, 87, n. 4; Crowe, II, 40.
[2] Voy. ce que disent à ce sujet Jeanron, I, 247, 250, et Rio, I, 105.
[3] Jadis elle ne permettait même pas aux jeunes mères florentines de se rendre à Sienne comme nourrices.
[4] Tino éleva dans S. M. del Fiore au-dessus de la porte latérale, du côté du midi, un monument à l'évêque Antonio d'Orso, mort en 1321, et sculpta le tombeau remarquable d'Henri VII, qu'on voit aujourd'hui au Campo Santo de Pise.
[5] Rio, I, 103.
[6] Vasari, éd. Lem., II, 3, 4, note.

sortaient plus des mémoires. Si Duccio, le vieux chef des Siennois, comptait trop d'années pour se rajeunir, pour ne pas s'obstiner dans la doctrine d'ailleurs améliorée des Byzantins, Ugolino et Segna, qui viennent après lui, ont déjà peut-être, sur plus d'un point, lâché pied[1] ; quant aux deux frères Lorenzetti, Pietro et Ambrogio, ils se rattachent certainement à l'école nouvelle[2]. C'est à Giotto que Pietro doit son coloris et telle de ses figures : il a trop de vigueur dramatique, dans son incorrection sauvage, pour être un pur Siennois ; il s'est laissé séduire par ce « naturalisme » odieux à l'école catholique. C'est de Giotto qu'Ambrogio tient la simplicité sévère que pratiquent les Florentins, qu'ignoraient les Siennois. Ghiberti, l'immortel sculpteur des portes du baptistère, loue en lui, avec l'habileté du dessin, le talent tout florentin de la composition[3], et l'on ne

---

[1] Vasari dit (éd. Lem., II, 166, n. 2) que l'influence de Giotto n'est pas sensible chez Ugolino et Segna ; mais, selon Rosini (II, 57) la composition, le dessin, les figures sont si giottesques dans Ugolino, qu'on n'en avait pas vu encore qui le fussent autant hors de l'école de Giotto. Cf. Crowe, II, 55-58. Il y a des peintures d'Ugolino à Santa Croce, avant 1294.

[2] Carlo et Gaetano Milanesi, éditeurs du Vasari-Lemonnier, en doutent pourtant, tout au moins pour Pietro (II, 26, n. 3) ; mais ils sont Siennois, et toute leur impartialité historique ne les dégage pas entièrement de ce patriotisme local, si puissant en Italie, même aujourd'hui. Rosini (II, 134) ; Rio (I, 120), Crowe (II, 124) sont d'avis opposé. Rio blâme même Pietro d'avoir abandonné les compositions légendaires pour rivaliser de force et d'ampleur avec l'école florentine. Il en cite pour preuve son petit tableau de S. Ansano, près de l'Arbia.

[3] Deuxième commentaire de Ghiberti, dans Vasari, éd. Lem., I, xxiii, xxiv. — « The Lorenzetti assumed and embodied some of the practice of the Florentines, infusing into their grand and admirable works some of the spirit of Giotto. » (Crowe, II, 34.) Cf. le même, II, 158. Les éditeurs du Vasari-Lemonnier reconnaissent à Ambrogio (II, 70) tous les mérites dont les modèles sont les fresques de Giotto dans la chapelle des Scrovegni à Padoue et dans celle du podestat à Florence (*Ibid.*). Rio dit (I, 129) que Giotto était le modèle de prédilection d'Ambrogio, et c'est un défenseur de

peut nier que, savant dans l'aristotélisme, il sut se défendre de l'abstraction dans ses peintures ; qu'habile aux détails en bon Siennois, il sut ne pas leur subordonner l'ensemble, sans lequel il n'y a, dans l'art, ni style, ni grandeur.

Cette puissante action de Giotto sur les frères Lorenzetti, quelques-uns l'ont pourtant contestée ; personne ne la conteste sur Simone Martini[1], le meilleur peut-être, en tout cas le plus renommé des peintres de Sienne. Quoiqu'il sente le terroir, par l'importance excessive qu'il donne aux ornements, comme par la représentation un peu affectée de la beauté féminine[2], il n'était pas venu sans profit à Florence. Il s'y était fait connaître par quelques travaux à Santa-Croce ; il y revint plus tard, chassé de sa patrie par la rivalité triomphante d'Ambrogio Lorenzetti. Déjà Giotto était son maître[3] ; il l'imita dès lors de très près[4]. Les peintures dont il orna Florence ont été détruites[5] ou lui sont con-

---

l'indépendance siennoise qui parle ainsi. Voy. aussi dans Rio, I, p. 130, 131, l'éloge enthousiaste qu'il fait de cet imitateur de Giotto.

[1] Nous rendons à ce grand peintre son nom ; c'est à tort qu'on l'appelle Simone Memmi, du nom de son beau-père.

[2] Voy. Crowe, II, 35, 38, 60.

[3] « Giotto maestro suo. » (Vasari, éd. Lem., II, 87 et n. 4.)

[4] « Avea contraffatto la maniera di Giotto. » (*Ibid.*) La vierge de Simone conservée sur la porte principale intérieure du Campo Santo de Pise est si bien du style de Giotto, qu'on l'a longtemps attribuée à Stefano. Voy. Rosini, II, 32. — Pour voir comment il passa d'une école à l'autre, on peut comparer la madone qu'il peignit pour les Dominicains d'Orvieto avec celle qu'il donna à l'église Sainte-Catherine de Sienne, et dont les quatorze fragments sont en partie au secrétariat du séminaire épiscopal de Pise, les autres à l'Académie des beaux-arts de la même ville (Rio, I, p. 111). On verra que le contact de l'école florentine avait déjà produit son effet.

[5] Par exemple, sa passion de la salle capitulaire à San Spirito, peinte en 1332, détruite en 1360 par les moines, et les fresques de S. Ranieri au Campo Santo de Pise. Voy. sur ce dernier point Vas.-Lem., II, 93, n. 1.

testées[1] ; leur filiation n'en est pas moins incontestable, et tel est l'enthousiasme de ceux qui les ont vues ou qui les tiennent pour authentiques, que plus d'un a placé Simone au-dessus de Giotto[2]. L'exagération est évidente; mais le langage de Pétrarque l'excuse : n'a-t-il pas parlé du disciple et du maître dans une même phrase, sans marquer les rangs[3]? Le goût très vif que devait avoir pour ce peintre si tendre le tendre poète de Laure[4], est devenu comme une part de son héritage, que n'ont point répudiée les siècles postérieurs.

Sans rivaux dans l'école siennoise, Ambrogio et Simone relèvent donc de l'école florentine. Sur quelques points ils en améliorent l'art, par exemple sur le choix des modèles et les formes qu'ils leur donnent; mais ils manquent d'imagination et d'élan pour faire mieux que le maître. Observant comme lui la nature, ils ne l'ont jamais si bien vue, jamais si vivement, et, tout ensemble, si gravement exprimée[5]. Les peintres qui leur succèdent à Sienne s'attachèrent plus encore à Giotto, et ce fut le salut pour leur médiocrité. Forcés par les discordes civiles à fuir leur patrie, ils étaient irrésistiblement poussés vers la seule ville de Toscane qui eût assez de richesse et de goût pour qu'on y pût trouver

---

[1] Comme celles de la chapelle dite des Espagnols, à S. M. Novella. Les éditeurs de Vasari (éd. Lem., II, 87, n. 4) croient pourtant qu'elles pourraient bien être de lui.

[2] Le P. Della Valle, *Lettere senesi*, II, 208, dans Rosini, II, 33, 42. Rio (I, 113-115) est enthousiaste.

[3] Voy. cette phrase dans notre t. III, p. 515, n. 1. Rio (I, 117) l'interprète mal : Pétrarque ne considère point Simone comme indépendant de Giotto, et c'est le seul nom de Giotto que suit cette phrase élogieuse : « Cujus inter modernos fama ingens est. »

[4] Voy. Sonnets 49, 50, 86, éd. Lemonnier, p. 86, 87, 135.

[5] Voy. Delaborde, I, 54.

un lucratif emploi du talent. La comparaison entre les peintres siennois qui restèrent à Sienne et ceux qui émigrèrent à Florence, qui, par conséquent, reçurent de plus près les enseignements de Giotto, est tout à l'avantage de ces derniers. Tels sont, dans la seconde moitié du quatorzième siècle, Andrea Vanni, à qui Simone Martini sert d'intermédiaire, Barna et Giovanni d'Asciano, son disciple, Taddeo Bartoli, peut-être même Biagio de Goro et Luca Tommè [1].

Et ce n'est pas seulement parmi les voisins Siennois que Giotto faisait école : il lui suffisait de peindre quelque pan de muraille au loin dans la péninsule, pour y trouver bon nombre d'imitateurs. A Naples, à Padoue, les peintres se sentaient transformés comme par une soudaine révélation. A Pise, la sculpture en prit une vie nouvelle. Les disciples de Niccola et de son fils Giovanni y ramenaient l'art à sa grossièreté primitive [2]. Un d'eux, que le hasard avait doué de génie, regagna, grâce à Giotto, le temps perdu. Andrea Pisano n'était point, comme on l'a cru longtemps, le troisième de cette illustre famille. Il avait vu le jour à Pontedera, sur le territoire pisan, de parents obscurs [3]. Apprenti, puis compagnon sous Giovanni [4], il fut attiré à Florence par

---

[1] Voy. sur cette queue de l'école siennoise, Crowe, II, 112, 156, 158 ; Rosini, II, 185, 190 ; Rio, I, 142-148. Il est prudent de se tenir toujours en défiance contre les idées trop systématiques de M. Rio.

[2] Les sculpteurs n'étaient pas rares. Au milieu du treizième siècle, il n'y en avait pas moins de soixante et un tenant boutique à Sienne. Cicognara donne leur statut de 1292, lequel diffère de celui des peintres. Voy. *Storia della scultura*, III, 220. Prato, 1823. Les meilleurs, c'étaient Agnolo et Agostino, qui firent le tombeau de l'évêque Tarlati.

[3] Cette découverte a été faite par Bonaïni. Voy. ses *Memorie inedite di Fra Francesco Traïni*, et Vasari-Lemonnier, II, 35, note.

[4] On trouve dans le livre de l'œuvre du dôme de Pise, de 1299 à 1305,

le renom de Giotto. Giotto y travaillait au dôme de Santa Maria del Fiore et à son *campanile*[1], au pont *alla Carraja* et aux murs de la ville sur les deux rives de l'Arno[2]. Le peintre, en lui, s'effaçait alors devant le sculpteur et l'architecte. Andrea fut le premier des *magistri lapidum* qui, ayant compris la réforme et sa portée, l'appliquèrent aux bas-reliefs. C'est sur les dessins de Giotto qu'il exécuta les sculptures du *campanile*[3] et d'autres ouvrages qui devaient orner la façade de la cathédrale en construction[4].

Ce qu'on voit encore de ces travaux, nous montre dans toute sa vigueur et sa pureté la sculpture italienne, émancipée des deux Pisans, guidée par le Florentin dans ces voies heureuses où, sans copier comme jadis le paganisme, elle s'inspire de l'art grec, modifié par le goût de Florence[5]. Noblesse, élégance, sentiment, tout s'y trouve, jusqu'à un choix de formes que n'ont point surpassé, selon les critiques modernes, Ghiberti,

---

ces mots : « Andreuccius Pisanus famulus magistri Johannis. » (Cicognara, III, 390.)

[1] L'élection de Giotto pour ces travaux est de la fin de mars 1334; la pose des fondements du *campanile*, du 18 juillet suivant. Voy. G. Villani, XI, 12; March. de Coppo, VII, 503; *Delizie*, XII, 173, note; D. Ramée, *Hist. de l'archit.*, II, 1126-27.

[2] G. Villani, XI, 12; Ammirato, VIII, 393. Le pont fut terminé en janvier 1336. Giotto mourut le 8 janvier 1337.

[3] Vasari, éd. Lem., II, 58; Crowe, I, 545. « Essendo poi migliorato il disegno per Giotto, molti migliorarono ancora le figure de' marmi e delle pietre, come fece Andrea Pisani. » (Vasari, éd. Lem., III, 10. Proemio.)

[4] On en peut voir les restes mutilés et en mauvais état au jardin Boboli, ainsi qu'une statue en marbre, sous verre, sur la façade de la Miséricorde qui fait face à San Giovanni. Vasari, éd. Lem., II, 36, n. 3; Crowe, I, 345.

[5] « Bon gré mal gré, jusqu'à la consommation des siècles, la sculpture sera condamnée à parler un grec plus ou moins pur, mélangé de quelques idiotismes florentins. » (Cherbuliez, *Rev. des Deux-Mondes*, 1ᵉʳ juillet 1876, p. 208.)

Donatello, Michel-Ange, Raphaël[1]. Elle fit un pas de géant, le jour où Andrea façonnait en terre glaise ces portes du baptistère qui font face au Bigallo, et que des Vénitiens coulèrent en bronze sous la surveillance de Calimala, gardienne de l'œuvre de San Giovanni (1330)[2]. A l'art de sculpter des figures s'ajoutait désormais l'art de les distribuer, l'art souverain de la composition. Or, qui donc, sinon Giotto, en avait jusqu'alors donné le précepte et l'exemple? Andrea, dans son simple et clair langage, sait, à son tour, signaler à l'attention l'idée principale, sans nuire à la beauté des formes[3], sans méconnaître la nécessité des proportions et de l'harmonie. Le premier, sur un marbre froid, il exprime sans vulgarité la grâce, la tendresse, la force, tous les sentiments[4]. C'est un disciple, mais qui vole de ses propres ailes, et qui est lui-même un maître. Les merveilleuses portes de Ghiberti ont fait négliger celles d'Andrea; mais Ghiberti ne les eût point surpassées, s'il ne les avait eues sous les yeux. Écrivain, il glorifie son modèle; pourquoi donc en omet-il le fils[5], ce Nino qui avait terminé les œuvres paternelles[6], et dépassé peut-être l'art dont il héritait, par le talent d'assouplir et d'amollir le marbre, de trouver le naturel dans son dessin précis aux contours un peu secs? Avec plus de

---

[1] Crowe, I, 346-47. Cf. Cicognara, III, 391 sq.

[2] G. Villani, X, 176. Villani fut un des officiers de Calimala pour cette opération.

[3] Au jugement de Crowe et Cavalcaselle (I, 347), la plus belle nudité du quatorzième siècle est le sauveur au baptême des portes d'Andrea.

[4] Voy. Crowe, I, 344-45; Cicognara, III, 393.

[5] Deuxième commentaire de Ghiberti, dans Vasari, éd. Lem., I, xxvii.

[6] Notamment à la chapelle Minerbetti de S. M. Novella.

sévérité et de noblesse, Nino suivrait de bien près ses deux mentors, ses deux grands devanciers [1].

Ainsi Giotto s'impose aux sculpteurs comme aux peintres ; mais ceux-ci sont légion. Deux générations de *giotteschi* forment l'école : les uns ont entendu la parole de vie et vu leur oracle à l'œuvre ; les autres ne recueillent qu'un écho affaibli de ses leçons, heureux du moins de voir de leurs yeux les monuments trop périssables, hélas ! de son impérissable génie. Ces deux générations, nous n'avons point, comme en une histoire de l'art, à les montrer dans l'ordre chronologique. Il nous suffira d'établir la filiation des talents, la dépendance tout ensemble volontaire et forcée du plus indépendant et du plus populaire des arts, de celui qui, par ses facilités plus grandes, par ses débouchés plus sûrs, par son langage plus animé, plus expressif, plus intelligible, provoque et développe les vocations.

Un des premiers propagateurs de la doctrine, le plus actif peut-être et le plus efficace, ce fut Stefano ; mais qu'il est, aujourd'hui, difficile à juger ! En l'absence de toute œuvre authentique [2], comment dire s'il faut, avec Ghiberti, voir en lui le savant auteur d'œuvres admirables, ou, avec Landino, un singe de la nature [3] ? En

[1] Selon Crowe (I, 350), il suffit de voir la tombe du dominicain Simone Saltarelli, dans l'église de Sainte-Catherine de Pise, à la gauche de l'entrée, pour reconnaître que Nino est un fidèle disciple de Giotto. Cf. Cicognara, III, 419, qui voit le progrès du fils sur le père dans une madone en pied avec *bambino*, qui orne, à S. M. Novella, une niche sous l'orgue.

[2] Voy. Crowe (I, 399), qui retire à Stefano toutes les œuvres qu'on lui avait attribuées.

[3] « Scimmia della natura » (Landino, *Comment alla Div. Com.* Proemio). — « Stefano symia » (Albertini, *Opusculum mirabilibus nove et vetere Rome*, p. 56. Rome, 1510, 4°, cité ainsi par Crowe, I, 398). Vasari voit en Stefano un peintre presque plus grand que Giotto ; mais c'est pour élever

tout cas, s'il singe quelque chose, c'est l'œuvre de Giotto. Les premiers disciples d'un maître sont les moins propres à s'émanciper.

Dans le même cas est Taddeo Gaddi ; mais lui, du moins, on peut le juger avec quelque certitude : parmi tant de peintures qui lui sont contestées[1], on ne conteste pas, à Santa Croce, la chapelle des Baroncelli. Giotto, dit-on, l'avait tenu sur les fonts baptismaux. Tout au moins le retint-il auprès de sa personne, dès l'âge de douze ans, pendant vingt-quatre années, jusqu'à l'heure de sa propre mort. Il en fit un architecte, en même temps qu'un peintre : c'est Taddeo qui donna les plans pour reconstruire le *Ponte vecchio* et le *Ponte a Trinita*[2] ; c'est lui qui dirigea, son maître mort, les travaux du *campanile*[3]. Il lui emprunte ses meilleures méthodes, l'élégance des formes et des mouvements, la justesse des proportions, la naïveté, la grâce, la variété des figures, sans le surpasser ou même l'égaler, sauf par le coloris peut-être, qui est chez lui plus frais et plus vif[4]. Il a moins de simplicité sévère, de délicatesse dans le sentiment, d'imprévu saisissant dans les détails. S'il

en lui un Florentin au-dessus de son rival le Siennois Ugolino. Cf. Rosini, II, 128.

[1] Notamment les fresques de la chapelle des Espagnols à S. M. Novella. Voy. pour la discussion des temps, des dates et de l'œuvre, Crowe, I, 370-75. Cf. Rosini, II, 97, 113 ; Rio I, 265 ; une belle tête de Vierge qui est au Campo Santo de Pise, et dont Rosini (II, 15) donne la reproduction au trait ; un tableau d'autel, musée de Berlin, n° 1079, répété au Bigallo, chambre du commissaire, et que Crowe (I, 560) déclare digne de Giotto ; les fresques du chœur de l'église San Francesco, à Pise ; le tableau d'autel conservé à l'Académie des beaux-arts de Florence, Jésus-Christ porté au sépulcre par les apôtres.

[2] Voy. Gaye, I, 488.

[3] Crowe, I, 567.

[4] Vasari, éd. Lem., II, 120.

frappe le regard et l'esprit, c'est par cette facilité de main que les Italiens appellent *bravura,* par la rapidité d'une exécution vraiment décorative et souvent imposante[1]. Sa gloire, en somme, consiste, si l'on peut dire, à n'être qu'un reflet.

Comme il avait aidé Giotto, il fut aidé à son tour. Jacopo du Casentino et Giovanni de Milan méritent une mention parmi ceux qui travaillèrent sous ses ordres, car ils devinrent eux-mêmes sous-chefs d'école. De chacun d'eux sortit comme une branche de giottesques. D'aptitudes différentes et fort inégales, ils étaient si bien connus de Taddeo, que celui-ci, en leur confiant ses fils, recommandait à Jacopo de guider leur vie, et à Giovanni de développer leur talent[2]. Jacopo, en effet, ne forma que des giottesques bâtards, depuis Spinello d'Arezzo, qui n'est pas sans valeur, jusqu'à Parri Spinelli et Neri de Bicci, que la critique pourrait, sans dommage pour l'art, laisser dans l'oubli[3]. Combien n'est pas préférable Giovanni de Milan! De lui procèdent Masaccio et Fra Beato Angelico. Libre imitateur, il modifie son modèle. On reprochait à Taddeo le convenu, la négligence? Giovanni s'astreint au naturel, à un soin minutieux du dessin et du détail, qu'apprendront de lui Giottino et Orcagna. S'il n'améliore pas l'art de la composition, ce qui est le fait du génie, du moins il imite scrupuleusement la réalité, ce que peut toujours le talent; il est studieux des belles formes, dans le

---

[1] Voy., sur Taddeo Gaddi, Crowe, I, 358, et Rio, I, 262.

[2] Vasari, éd. Lem., II, 119.

[3] Voy. Crowe, I, 402; II, 1. Rosini (II, 111) disserte sur les peintures entièrement ou plus qu'à moitié perdues de Jacopo, voûtes et pilastres d'Or San Michele. Cf. Lanzi, I, 90; Vasari, éd. Lem., II, 179, et n. 2.

modelé des parties nues. Devenu florentin par ses études, comme par le droit de cité que lui conférait la République (22 avril 1366)[1], il sait à propos s'affranchir de la tradition florentine, pour demander à la tradition siennoise le secret de la chaleur, de la tendresse, de la grâce suprême. Mais ce secret, il le demande et le cherche plus qu'il ne le trouve, car il ne rend avec expression la douleur qu'au détriment de la beauté[2]. Réunir le mouvement dramatique des giottesques à l'expressive douceur des Siennois, voilà le triomphe de son art. Ne pas subordonner les parties à l'ensemble, en voilà la faiblesse. C'est par là qu'il se montre infidèle à Giotto, loin d'en suivre les traditions[3].

Il était venu les chercher à Florence, et d'autres sans doute firent de même, qui, après s'en être pénétrés, les propagèrent par toute l'Italie. En plus d'un lieu, d'ailleurs, on y pouvait admirer les chefs-d'œuvre du maître, et l'éclat en rejaillissait sur ses disciples, sur Pietro de Rimini, Puccio Capanna et Bernardo Daddi, de Florence, sur Pietro Cavallini, de Rome[4]. L'entraînement est uni-

[1] Voy. le doc. dans *Giorn. arch. tosc.*, II, 65. Il y est appelé Johannes Jacobi de Mediolano.

[2] On peut le voir dans le seul tableau certain qui soit resté de lui, suivant les éditeurs de Vasari. Il l'avait peint pour Santa Croce, en 1364, et l'on y voit la date avec l'inscription de son nom. (Vas.-Lem., II, 119, n. 2 et 120.) Crowe, qui a une critique assez sévère, lui attribue en outre (I, 405) le tableau dégradé, restauré des scènes de la création qui est aux Offices et qui vient de l'Église d'Ognissanti, l'important tableau d'autel de la galerie de Prato, qui représente la Vierge sur son trône, et les fresques de la chapelle Rinuccini à Santa Croce, que Vasari attribue à Taddeo Gaddi. Rio (I, 275) ajoute des fresques de l'église inférieure d'Assise. Vasari n'a pas écrit la vie de Giovanni de Milan. S'il l'avait écrite, dit Rumohr, comme on parlerait de ce peintre !

[3] Voy. Crowe, I, 402-406.

[4] Deuxième comm. de Ghiberti (Vas.-Lem., I, xxii); Gualandi, serie VI, p. 187; Baldinucci, *Opere*, IV, 358; Lanzi, I, 29; Vasari-Lem., II, 81,

versel. Paolo et Lorenzo, chefs de l'école vénitienne, ont beau procéder des Grecs, ils se laissent gagner à l'art nouveau. Dans nombre de villes, notamment à Padoue et à Vicence, on voit des peintures d'auteurs inconnus, mais de caractère si manifeste qu'on les attribue aux principaux de l'école[1], à des Florentins, car tout peintre non florentin ne peut conquérir qu'une renommée locale. Il faut s'être abreuvé de naissance ou longtemps à la source, pour paraître capable d'en répandre au loin les vertus bienfaisantes.

A ces peintres l'association donnait alors la force que ne leur communiquait plus le génie. Suivant un peu tard l'exemple des artisans florentins, depuis si longtemps constitués en arts ou corporations, et des artistes vénitiens qui, depuis 1290, en formaient une sous le patronage de Saint-Luc, « premier peintre chrétien », ils avaient pris, à leur tour, en 1349[2], ce grand saint pour patron, « afin, disaient-ils, de rendre grâce à Dieu et de subvenir aux besogneux dans les choses de l'âme comme dans celles du corps[3] ». Furent capitaines de l'association, Lapo Gucci, Vanni Cinuzzi, Corsino Bonaiuti, Pasquino Cenni ; conseillers, Segna d'Antignano, Bernardo Daddi, Consiglio Gherardi, Jacopo du Casentino ; camerlingues, Domenico Pucci et Piero Giovannini[4], tous

---

n° 3 ; 182 et 183, n. 1 ; Rosini, II, 8, 9, 13 ; Rio, I, 270-73 ; Crowe, I, 6, 376.

[1] Voy. Rosini, II, 143.

[2] Le doc. ms. cité par Gaye (II, 32) porte 1339, mais c'est par erreur de l'original, de la copie ou de l'impression. Vasari dit 1350.

[3] Vasari, éd. Lem., II, 182. Gaye, II, 32 sq., publie les statuts des peintres florentins. Leur premier oratoire fut la chapelle majeure de l'hôpital de S. M. Nuova, à eux concédée par la famille des Portinari ;

[4] *Statuto....* dans Gaye, II, 32.

obscurs, sauf Bernardo et surtout Jacopo, qui, instigateur avéré de la compagnie, y restait au second rang.

Qui sait même si tous ces officiers étaient des peintres? Dans la corporation avaient obtenu une place divers métiers où le dessin tenait modestement la sienne, artisans du bois et du fer, fabricants de selles et d'épées, manœuvres peut-être, qui préparaient les murs pour la peinture à fresque. Rien, après tout, de plus naturel. Le peintre n'était-il pas, lui aussi, un artisan qui avait boutique ouverte ou qui travaillait dans la boutique d'autrui, qui ornait les petites choses comme les grandes, armoires, bancs et coffrets, harnais, selles, boucliers, bannières et pennons, comme panneaux et murailles? Beaucoup de menues peintures qui nous ont été conservées proviennent de ces objets portatifs, surtout des coffrets où l'on mettait les présents de noces. Aux objets mobiliers qu'ornaient des sculptures sur bois, se lisait souvent le nom du menuisier accolé au nom du sculpteur[1].

On vit bien alors l'autorité morale qu'exerçait Florence. Les Vénitiens se constituant en corporation n'avaient, de longtemps, trouvé des imitateurs. Les Florentins en trouvèrent sans retard. Dès 1355, à Sienne, les peintres s'associaient, « pour manifester, par la grâce de Dieu, aux hommes grossiers qui ne savent lire, les choses miraculeuses accomplies par vertu et en vertu de la sainte foi[2] ». Cette religieuse école voulait aussi

---

[1] Lanzi, I, 31-33.

[2] Statut des peintres siennois, dans Milanesi, *Documenti per la storia dell' arte sanese*, I, 1. Cette édition du statut est préférable à celle qu'en avaient donnée Della Valle (I, 143 sq.) et même Gaye (II, 1 sq.) qui avait cru pouvoir négliger certains détails. Le statut donne les noms propres, au nombre de 193.

assurer les progrès de la charité, de la justice et de l'art. A tous ces peintres l'association donna quelque force pour soutenir la bataille de la vie ; elle ne leur pouvait donner le génie ou même le talent.

Le talent, toutefois, ne manqua point aux giottesques de la seconde génération. Déjà nous avons nommé quelques-uns d'entre eux, les plus anciens, pour montrer qu'ils sont autant d'anneaux d'une chaîne sans interruption. Au premier rang de ceux dont il faut parler maintenant, se trouve Agnolo Gaddi, fils de Taddeo, confié, on l'a vu, pour son éducation d'artiste, à Giovanni de Milan. Quand Giovanni fut retourné dans sa patrie, Agnolo devint maître à son tour, et rarement chef d'école jouit, parmi ses contemporains, d'une plus grande popularité. Homme riche et de belle humeur, il avait des amis ; peintre capricieux, il faisait agréer ses caprices. Menant de front, comme son père, le trafic et l'art[1], partageant son temps entre le comptoir et la brosse, au besoin mosaïste et architecte[2], il manquait de loisir pour étudier; il travaillait vite, trop vite pour donner à ses œuvres un caractère définitif. Avec lui, plus encore qu'avec son père, la décoration tend à devenir le but de l'art. Agnolo dessine avec trop de négligence et d'incorrection pour ne pas gagner à n'être vu que de loin[3]. En outre, dès ses premiers ouvrages

[1] Agnolo Gaddi avait établi une branche de son commerce à Venise.
[2] Agnolo restaura très habilement les mosaïques du Baptistère ; il rebâtit l'église de San Romolo, et acheva le palais du Bargello. Voy. Rio, I, 277.
[3] Voy. les treize histoires de lui qu'on conserve à Prato, son chef-d'œuvre, selon Rio, ainsi que ses fresques du chœur à Santa Croce. L'effet en est grand de loin, mais de près elles ne soutiennent pas l'examen. Selon le point de vue où on les considère, prévaut l'admiration, comme chez les éditeurs du Vasari (éd. Lem., II, 154, n. 3), ou la sévérité, comme chez Crowe

apparaît la recherche de la réalité, ou, comme on dit aujourd'hui, du réalisme, héritée de son maître Giovanni[1]. Les personnages qu'il met en scène se bouchent le nez avec le bord de leur vêtement, pour marquer qu'ils sentent une mauvaise odeur. Sur les cadavres qu'il peint, il étale les plus révoltants détails de la putréfaction, par lui copiés dans les cimetières[2]. Ses prophètes et ses apôtres, il les affuble de riches manteaux; son Christ, d'une robe à galons d'or : c'est d'un excès tomber dans l'autre. Mais comme il rachète ces défauts! S'il n'a pas la sobriété vigoureuse du pinceau paternel, il compose mieux, avec plus de naturel, d'agrément, de dignité, de relief[3]. La fraîcheur de son coloris, que Vasari admirait tant, est sensible même de nos jours[4]. Le charme des détails ne nuit pas à l'invention et à l'ensemble dans ces grandes compositions où sa main se jouait en toute liberté, fidèle, jusqu'en ses plus originales créations, aux principes simples et nets de Giotto. Par malheur, selon l'usage, il séduisit son temps par ses défauts, plus encore que par ses qualités, et c'est ainsi qu'il devint un ouvrier de décadence, car il eut bientôt de nombreux imitateurs[5].

(I, 465, 470-72). Rio (I, 278) penche vers les premiers parce qu'il voit dans ces peintures une piété tendre.

[1] Voy. sa résurrection de Lazare à San Jacopo *tra fossi* de Florence.

[2] Voy. Vasari, éd. Lem., II, 154 ; Rio, I, 279 ; Crowe, I, 464. Dans ses derniers ouvrages, malheureusement trop effacés (chœur de l'église du Carmine, à Florence), il semble s'être corrigé de cette tendance.

[3] On peut comparer le père et le fils à l'Académie des beaux arts de Florence, où chacun d'eux a un tableau. Vasari juge beau et grandiose celui d'Agnolo. (Éd. Lem., II, 153.)

[4] Notamment dans une lunette à San Spirito, à l'intérieur de la porte qui conduit de la place au couvent. C'est une madone avec *bambino*, saint Pierre et saint Augustin.

[5] On peut voir les noms de ces imitateurs dans Crowe, I, 474.

Le principal, tributaire aussi de Taddeo[1], fut Antonio de Venise. Il avait étudié l'art à Florence, il revint s'y fixer, quand la jalousie de ses rivaux l'eut chassé de sa patrie[2]. Il a donc sa place marquée dans cette rapide revue de l'école florentine et giottesque, dont il maintient les traditions d'une main ferme, plus ferme peut-être qu'Agnolo, son maître direct. En progrès pour l'exécution technique, il sait, en outre, mérite rare, regarder la nature en elle-même et non dans Giotto. Il est, d'ailleurs, un des peintres qui marquent la transition du quatorzième siècle, où dominent le sentiment et la composition, au quinzième, qui s'attachera surtout à la forme[3].

Supérieur aux précédents est sans aucun doute Giotto de maestro Stefano[4]. Les auteurs l'appellent Maso ou Tommaso de Stefano ; mais son surnom de Giottino, que préfère, pour le désigner, la critique d'art, rappelle tout ensemble son nom véritable et ses affinités avec le chef de l'école. Il est un petit Giotto : que ce soit son honneur ! C'est Giotto, non son père, qu'il imite. Il le dépasserait

[1] Taddeo Gaddi vivait encore en 1366 (doc. dans Rumohr, *Ital. Forschungen*, II, 117), et la plus ancienne mention authentique d'Antonio est de 1370 à Sienne. (Milanesi, *Doc. san.*, I, 305.)

[2] Vasari, éd. Lem., II, 172.

[3] Ses fresques représentant l'étonnante légende de San Ranieri et dont on peut lire les détails dans Rio (I, 290) sont parmi les plus belles du Campo Santo de Pise. Vasari (éd. Lem., II, 175), Crowe (I, 488), Rio (I, 295) les tiennent même pour les plus belles, contrairement à l'avis de Rosini (I, 175). Elles ont été longtemps attribuées à Simone Martini. Si l'erreur a été démontrée par Bonaini (*Mem. ined. di Fra Francesco Traïni*), elle montre du moins le cas qu'on en faisait. Ces fresques furent commencées par un Florentin nommé Andrea en 1377. Sur les nombreux peintres florentins du nom d'Andrea, voy. Crowe, II, 85.

[4] Son vrai nom est donné par le registre des peintres, où il est inscrit à la date de 1368. Voy. Milanesi, *Doc. san.*; Gualandi, ser. 6, p. 182; Vasari, éd. Lem., II, 159, n. 1; Crowe, I, 417.

même, selon Vasari[1], et Ghiberti juge parfaites beaucoup de ses peintures[2]. Trop peu nous en restent aujourd'hui pour qu'on puisse confirmer ce jugement flatteur. Mais une fresque de Santa Croce[3] permet du moins, quoique à moitié détruite, de reconnaître que Giottino observait les grandes lois de la composition; qu'il savait, sans les négliger, donner son attention aux détails, et atteindre ainsi l'effet dramatique, la vérité saisissante. Par ces qualités rares il se rapproche de Giotto, comme par ses tendances vers le naturalisme, de Giovanni de Milan, qu'il laisse loin derrière lui pour l'art de composer, d'exprimer les choses avec autant de goût que de force, et de les recommander aux yeux par une exécution achevée[4]. Nul, dans ce temps-là, ne donna à l'école une impulsion plus fidèle aux principes, et, tout ensemble, plus exempte de pédantisme.

Que n'eût pas fait un peintre si heureusement doué,

[1] « Sua maniera fu molto più bella di quella di suo maestro.... Ebbe l'arte molto più perfetta che Giotto e Stefano. » (Vasari, éd. Lem., II, 140.)

[2] « Poche cose si trovano di lui non siano molto perfette. » (Deuxième comm. de Ghiberti, dans Vasari, éd. Lem., I, xxi).

[3] Chapelle des Bardi. Cette fresque représente le miracle de saint Silvestre.

[4] On cite encore de Giottino la scène de l'expulsion du duc d'Athènes, qui est aux *Stinche vecchie* (aujourd'hui *Accademia filarmonica*, dans l'escalier, via del Diluvio), œuvre qu'il ne faut pas confondre avec celle qui lui fut commandée à l'âge de vingt-deux ans, pour le palais du Bargello, et dont il ne reste que le portrait du duc et de quelques-uns de ses satellites, mitre en tête. Voy. Crowe, I, 415; Rosini, II, 131. La *Pietà* du corridor des Offices, que Crowe (I, 416) lui attribue, est attribuée par Rumohr (II, 172) à Piero Chelini, peintre du quinzième siècle, ce qui prouve tout au moins que Giottino paraît devancer son temps. Les éditeurs de Vasari (II, 144, n. 2) appellent ce tableau « opera veramente stupenda. » Crowe mentionne encore comme étant de lui la crypte ou voûte funéraire des Strozzi sous la chapelle des Espagnols, et des fresques d'Assise (I, 413, 420). Il ne parle pas du tableau de l'Académie des beaux arts (l'apparition de la Vierge à Saint-Bernard) que Rosini croit de lui et qu'il reproduit au trait (II, 132), mais que Rio lui conteste (I, 281).

si habile, pour peu que sa vie eût duré! Mais il était de ces natures finement trempées, chez qui la lame use le fourreau. De complexion délicate et d'imagination active, mélancolique et solitaire, dévoré de la passion de son art au point de négliger ses intérêts, il mourut à trente-deux ans. S'il n'a pas donné sa mesure, il est, du moins, un des peintres qui marquent les étapes de l'art, et il faudrait le nommer, alors même qu'on se tairait sur la plupart des autres. C'est qu'il représente mieux qu'eux, et le premier peut-être, une des deux formes de l'art florentin. A côté de Giotto, d'Orcagna, de Ghiberti, de Michel-Ange, qui commandent l'étonnement et l'admiration par leur génie austère, par leur caractère inflexible et altier, on remarque non sans attendrissement des peintres modestes et doux, qui s'insinuent, au lieu de s'imposer, et dont l'action, pour être moins énergique, n'est pas moins pénétrante. Giottino donne alors, Masaccio et Andrea del Sarto donneront plus tard à la gamme du pinceau cette note nouvelle, dont la douceur exquise nous charme et nous séduit[1].

Sur un point, toutefois, Giottino est inférieur à Antonio de Venise. Si l'imitation, chez le premier, n'est pas servile, elle n'a pas non plus cette liberté virile qu'on loue chez le second. Le vrai continuateur de celui-ci, à cet égard, c'est Andrea Orcagna[2], si tant est qu'il continue un de ses devanciers l'artiste qui sait être indépendant comme lui. Indépendant, Orcagna l'est plus que personne, sans cesser d'être giottesque. Il sort des rangs, mais à la manière d'un serre-file, non d'un

[1] Voy. sur Giottino Rio, I, 282; Rosini, II, 132; Crowe, I, 443; Jeanron, I, 402.
[2] Voy. Delaborde, I, 102.

déserteur ou d'un traînard. Il était fils de Cione Arcágnolo[1], orfèvre renommé. Cette branche de l'art, qui ne le sait? était fort prisée au quatorzième siècle : on ornait pour lors d'orfèvrerie les autels des églises, les trésors de la chambre des princes, les coffrets des riches citoyens. De tant d'objets précieux, convertis en monnaie dans les besoins publics ou privés, il est resté du moins l'autel d'argent de San Giovanni. Cione, qui ne put l'achever, l'ayant commencé sur la fin de sa carrière, est pourtant redevable à cette œuvre importante et vraiment nouvelle, de tout ce qu'il y a de personnel dans sa notoriété[2]. Le reste, il le doit à ses cinq fils, estimés de leur temps comme peintres, sculpteurs, architectes[3]. Un d'eux, Bernardo, paraissait même à tel ou tel de ses contemporains, mauvais juges comme on l'est de trop près, l'égal, le rival de Giotto[4].

Pour exagéré qu'on estime l'éloge, Andrea était à bonne école. Inscrit d'abord, comme Dante, à l'art des apothicaires (1358), quoique la corporation des peintres existât depuis neuf ans, il ne se fit immatriculer dans celle-ci que onze ans plus tard, en 1369[5]. Si sa vocation parut tardive, rapide en fut le développement. Il se piquait, nous l'avons dit[6], de cultiver toutes les branches

---

[1] D'où par corruption Archagnio, Orchagnio, Orcagno, Orcagna. C'est Rumohr qui a découvert son vrai nom aux archives de l'*opera del Duomo*. Voy. *Ital. Forschungen*, II, et Vasari, éd. Lem., 122, n. 2, et 123. Vasari parle de Cione dans la vie d'Agnolo et d'Agostino.

[2] L'inscription de l'autel de San Giovanni prouve qu'il fut commencé en 1366. D'autres le finirent.

[3] Crowe, I, 425-26.

[4] Dans une conversation entre peintres que rapporte Sacchetti, nov. 136, p. 236.

[5] Vasari, éd. Lem., II, 138, n. 1.

[6] Même chapitre, p. 439.

des beaux-arts. Quoique cette tendance fût alors assez commune, nul peut-être, depuis Giotto, n'avait paru aussi universel. Élève de son frère Bernardo pour la peinture[1], d'Andrea Pisano pour la sculpture, initié à l'architecture et à la poésie, Orcagna donna le rare exemple d'un génie qui gagne en profondeur sans perdre en étendue. Dans l'admirable tabernacle d'Or San Michele, il supplée à la noblesse, que l'art n'avait pas trouvée encore, par un pathétique qu'on ne surpassera pas, comme par la grandeur et la sévérité de son style, qu'il tient de ses deux guides, le sculpteur pisan et le peintre florentin [2]. Il est en même temps un des constructeurs de cette étrange église[3], et c'est sur ses dessins qu'après sa mort Benci de Sione et Simone de Fr. Talenti érigèrent, pour remplacer la *ringhiera*, étroite et découverte, cette merveilleuse *loggia*, le plus beau portique du monde, le premier monument où l'arc à plein cintre, substitué à l'ogive, accuse franchement le caractère de la Renaissance, l'heureuse révolution qui allait renouveler l'architecture[4].

[1] Et non de Giotto, qu'il ne connut jamais. Rosini (II, 72) établit très bien qu'Orcagna devait être né au plus tard dans les dix premières années du quatorzième siècle. Il était déjà mort en 1376.

[2] Voy. Crowe, I, 429; Rio, I, 291-93.

[3] Une lettre de la seigneurie aux Orviétans, en 1360, leur recommande Orcagna qui, occupé à la construction d'Or San Michele, n'avait pas pu auparavant aller travailler à la construction de leur dôme ou cathédrale. Voy. Gaye, I, 512, et Vasari, éd. Lem., II, 113, n. 2.

[4] La *ringhiera* avait été construite en 1349 (Gaye, I, 500; Vasari, éd. Lem., II, 129, n. 5). La provision pour l'érection de la *loggia de' Lanzi* (ainsi nommée plus tard parce que les lansquenets allemands avaient leurs logements contigus) est du 21 nov. 1356; mais les guerres et les discordes ne permirent de commencer les travaux qu'en 1376 (Gaye, I, 526-28; Passerini, *La loggia della signoria*, p. 5, dans *Curiosità storico-artistiche fiorentine*, Flor., 1866). On sait l'admiration de Michel-Ange, qui ne voulut point compléter ce chef-d'œuvre par des arcades d'un goût plus moderne

S'il paraît moins grand dans la peinture que dans les deux autres arts, Orcagna le doit à son ignorance de la perspective et au temps qui a effacé son coloris[1]. Ses défauts frappent ainsi tous les yeux. Comment ne pas voir cette rudesse de main, cette dureté des contours, cette négligence à choisir les formes et à faire saillir le nu sous les vêtements, ce manque de noblesse dans les figures et d'ordre dans leur disposition[2]?

Mais ces défauts, s'ils nuisent aux fresques d'Orcagna, ne diminuent guère sa gloire : ils lui laissent son rôle à part dans l'école, où, sans devenir rebelle, il sait être lui-même. Les modifications qui s'y introduisent, involontaires chez les autres, sont volontaires chez lui[3]. Il ose s'affranchir de la tradition des livres saints et porter ailleurs ses regards. Il comprend que la peinture peut emprunter à la *Divine Comédie*, inaccessible aux poètes, et il sait voir ce qu'elle lui doit emprunter : ses trois compositions du *Campo Santo* de Pise, le Jugement dernier, l'Enfer, et surtout le Triomphe de la Mort, s'en inspirent, sans en reproduire les scènes. Mêlant le poétique et l'idéal à l'horrible et à l'immonde, elles ont visiblement un caractère dantesque de grandeur dans les idées, de richesse dans l'imagination, de puissance dans l'art de composer[4].

---

que lui demandait Cosimo des Medici; il tenait pour impossible de faire mieux qu'Orcagna. Voy. Vasari, éd. Lem., II, 130, n. 2, 4. Cf. Rio, I, 293; Coindet, *Hist. de la peinture en Italie*, p. 33. Paris, 1873, in-12°; Ramée, II, 1129.

[1] Voy. Crowe, I, 427, 428; Rosini, II, 78; De Rossi, *Lettere pittoriche sul Campo Santo di Pisa*, p. 66.
[2] Rosini, II, 77, 84.
[3] Delaborde, I, 100.
[4] Rio, I, 288; Rosini, II, 80. Crowe (I, 445, 449-52) conteste à Orcagna

En même temps, ce large et judicieux esprit sent bien qu'il y a quelque chose à prendre dans l'école siennoise : de là, dans l'école florentine, l'apparition de ce doux et tendre mysticisme qu'il ne pousse jamais jusqu'à l'affectation, qui s'accentuera davantage dans Masolino et Masaccio, qui trouvera son point culminant dans le bienheureux Angelico de Fiesole[1]. Nulle part cette alliance peu commune de la douceur et de la force dans l'expression dramatique, n'est plus sensible qu'aux fresques d'Orcagna qu'on admire à Santa Maria Novella, et au tableau d'autel de la chapelle des Strozzi, qui est, dans le quatorzième siècle, pour l'inspiration, la correction, la conservation, un des plus précieux produits de l'art florentin[2]. Il a fait, cet art, un pas notable. Si Orcagna relève de Giotto par le sens du beau, le sentiment de la composition et de ses lois, le naturel et la vérité, la simplicité ferme des lignes, l'unité de l'ensemble, que l'école sacrifiait pour mettre en évidence

les fresques du *Campo Santo*, mais ce n'est de sa part qu'un doute, qui ne l'empêche pas d'en donner le dessin.

[1] Crowe, I, 429. Rio (I, 290) trouve tant de ressemblance entre les draperies d'Orcagna et celles d'Angelico, qu'il ne peut regarder cette ressemblance comme fortuite.

[2] Ce tableau est de 1357. Tommaso Strozzi l'avait commandé à Orcagna sous cette condition qu'il serait achevé dans un délai de dix-huit mois. Voy. le doc. dans Baldinucci, IV, 592. Cf. Crowe, I, 435. Avec ce tableau, il n'y en a qu'un autre, à Florence, qui soit authentique. Il est dans la chapelle du noviciat de Santa Croce et représente le même sujet que le précédent. Ces deux tableaux sont d'autant plus précieux qu'ils ont été plus épargnés par le temps que les fresques. On en voit une troisième à Londres, magnifique retable en dix compartiments, mais un peu retouché, qui décorait jadis le maître-autel de San Pier Maggiore. Voy. Rio, I, 290. Il n'y a plus lieu d'attribuer à Orcagna le tableau, avec portrait de Dante, qui est à gauche en entrant dans S. M. del Fiore. Un doc. trouvé par Gaye dans les *Stanziamenti dell' opera* montre que l'auteur est Domenico de Michelino, élève d'Angelico, et qui en reçut la commande le 30 janvier 1465. Voy. Gaye, II, préf. v, et Vasari, éd. Lem , II, 153, n. 4.

certaines parties, il le surpasse par son adresse à distribuer le clair-obscur et, conséquemment, à produire le relief, par le pressentiment qu'il a des perspectives aériennes, et l'heureux effort qui en résulte pour mieux rendre l'atmosphère. Or surpasser Giotto sur quelques points, le suivre de plus près que personne sur les autres et sur les plus importants, c'est un succès que l'austérité des œuvres peut rendre moins sensible à l'œil, mais que la réflexion fait comprendre et que proclame tout juge attentif [1].

Ainsi Orcagna achemine l'art vers les splendeurs du quinzième siècle, en tempérant la dureté giottesque par la grâce siennoise, en risquant cette interprétation murale de Dante où, seul après lui, devait réussir Michel-Ange, en innovant sans rien céder des principes fondamentaux de sévérité, de convenance, de force sans raideur. Et toutefois, dans l'ordre des génies comme dans l'ordre des temps, il ne marche qu'après Giotto. La preuve en est que, loin d'être, comme lui, le plus grand des coryphées, il est, dans son indépendance limitée, un disciple, et qu'on se demande si lui-même il en eut [2].

Peut-être est-il permis de regarder comme tels, ou du moins comme profitant de son exemple pour puiser l'inspiration aux mêmes sources, ceux des peintres qui ont su combiner les qualités siennoises avec les qualités florentines. A ce titre, le pisan Traïni relève d'Orcagna, qu'il surpasse, selon Vasari, par l'invention, l'unité,

---

[1] Voy. Crowe, I, 427-33; Rumohr, II, 215; Rosini, II, 78.
[2] Rosini (II, 85) donne à Orcagna une école et énumère ses disciples plus ou moins obscurs. M. Delaborde (I, 102) déclare qu'il n'eut point d'imitateurs.

le coloris[1]. Il en est de même du peintre évidemment giottesque qui a représenté, au *Campo Santo* de Pise, cette légende de Job qu'on attribue à Francesco de Volterre (1371), mais qui peut tout aussi bien provenir d'un des seize peintres nommés Francesco dont l'existence est constatée à Florence de 1340 à 1387[2]. Semble encore procéder d'Orcagna Spinello, dit d'Arezzo, parce qu'il y avait pris naissance, et dont le père était, comme celui de Pétrarque, un gibelin de Florence, un exilé[3]. Dernier représentant de l'école florentine au quatorzième siècle, il avait reçu les leçons de Jacopo du Casentino, et il suit les exemples d'Orcagna, en s'inspirant de Dante, sans cesser d'être fidèle aux doctrines de Giotto, sans dédaigner les Siennois. Hardiesse et largeur d'esprit, tel est son caractère. Quant à son art, plus habile à dessiner qu'à mettre en œuvre, il néglige son dessin, et met dans ses figures animées plus de mouvement et d'aisance que de correction. Tenant de la nature les dons du coloriste, il les gâte par une âpreté de couleur sensible aujourd'hui encore, malgré les injures du temps. Heureux s'il n'eût emprunté de l'école siennoise surtout les capri-

---

[1] Chacun en peut juger par un tableau de S. Dominique, qui a été très heureusement conservé et que Rosini décrit (II, 86). Les éditeurs de Vasari (II, 158, n. 1) disent que c'est une œuvre considérable, « stupenda, che svela la mano di un eccellente e provetto maestro. » Ces mêmes éditeurs, du reste, n'admettent point, malgré Rosini et Lanzi (I, 36) que Traïni ait été l'élève d'Orcagna, et Bonaïni (*Mem. ined. di Fr. Traïni*) opine dans le même sens, ainsi que Rio (I, 285). Cf. Crowe, II, 40. Outre Traïni, Lanzi lui donne pour élèves Nello de Vanni et Bernardo Nello.

[2] Voy. Gualandi, ser. VI, p. 180, et Crowe (I, 393) qui montre les raisons de douter sur l'attribution de ces fresques, et qui en donne la reproduction au trait (I, 384). Elles parurent si belles, dit Rio (I, 296) qu'on les attribua à Giotto.

[3] Vasari, éd. Lem., II, 185.

cieuses et fantastiques exagérations qui l'ont fait très-justement accuser d'étrangeté[1].

Divers peintres encore par plus d'un point rappelleront Orcagna et en même temps d'autres giottesques, dont on ne peut dire qu'ils soient les élèves[2]. Jusque dans le quinzième siècle l'école subsiste, et aussi son nom, tant est profonde l'empreinte laissée par Giotto. Cent ans après sa mort, spectacle peut-être unique dans l'histoire de l'art, son dogme est encore la loi vivante. Y croire, s'y conformer, c'est être habile, ou, du moins, le paraître. Jusque dans les temps modernes, on est porté à juger belles certaines œuvres de la seconde moitié du quatorzième siècle, qui se recommandent surtout par la docilité[3], copies moins grandioses ou moins gracieuses que les originaux dont on les rapproche, et utiles seulement là où ils ont disparu.

De cette décadence, il semble que les premiers giottesques eussent déjà le sentiment. Taddeo Gaddi la

[1] Il peignait déjà en 1348 et encore en 1408. Il mourut, dit-on, plus que nonagénaire. On peut l'étudier au *Campo Santo* de Pise (légende des ss. Ephesus et Potitus), au palais public de Sienne, œuvre de sa vieillesse, et surtout à San Miniato *a monte*, où sa fresque représentant la mort de s. Benoît est le meilleur morceau qui reste de lui. Voy. Crowe, I, 396, II, 10. Cet auteur donne la reproduction de cette dernière fresque et d'une autre qui orne Ste Marie des Anges, à Arezzo. Rosini (II, 170) est très sévère pour Spinello, Rio (I, 296-303) très élogieux. Jeanron (I, 458) tient le milieu.

[2] Ainsi Pietro Gerini et ses deux fils, Lorenzo et Niccolò (1392), qui passent, aux yeux des meilleurs critiques, pour relever d'Antonio de Venise, ce qui ne les empêche pas de rappeler Spinello d'Arezzo, au pinceau duquel le leur s'associa. Ainsi encore Parro Spinello, qui ne meurt qu'en 1444, Lorenzo Bicci et son fils, qu'on peut rapprocher de tel ou tel, mais qui sont toujours des giottesques. Voy. Crowe, II, 18; Rio, I, 304.

[3] Un des désespoirs du critique, dit Crowe (I, 386), est de voir partout des gens qui se piquent d'apprécier Giotto et qui lui attribuent sans sourciller les productions d'artistes du second ou du troisième rang. Cf. Stendhal, p. 77.

dénonçait sans détour[1]. C'était, à vrai dire, dans un festin où l'on avait beaucoup bu, et sans autorité, car les boutades pessimistes d'un contemporain ne sont point paroles d'évangile; mais plus d'un critique a partagé cette opinion[2], et elle n'est pas sans fondement. Les disciples de Giotto, s'ils l'avaient valu, l'auraient éclipsé, comme il éclipsa Cimabue. Plus remarquables par l'expression que par la pureté du dessin et l'agencement des figures, ces deux bases de l'art, ils ont un travail trop hâtif; leurs procédés nous paraissent puérils, parfois déplaisants; mais n'est-ce pas un peu parce que nous pouvons admirer la science et la force d'un Michel-Ange, la grâce et la perfection d'un Raphaël? Au demeurant, disciples dociles, ils savent ne s'écarter jamais du droit chemin; ils maintiennent ou plutôt ils établissent une tradition vénérée, et ils ne l'exagèrent point : ils n'ont garde de tomber dans la manière; ils ont tous, plus ou moins, le sentiment du beau, de la convenance, du naturel[3]. Que toutes les œuvres de Giotto vinssent à disparaître, on en aurait une idée par les leurs.

Il faut donc bien comprendre ce mot de décadence. Le génie n'étant que l'exception, elle commence après lui; mais des disciples fidèles peuvent maintenir le *statu quo*

---

[1] Questa arte è venuta e viene mancando tutto dì. » (Dans la conversation entre peintres que rapporte Sacchetti, Nov.136, p. 236.)

[2] Bernasconi (*Studi sulla storia della pittura italiana dei secoli XIV e XV*,. Vérone, 1864-65, 1 vol.) prétend que Florence, dès lors en décadence, y devait rester jusqu'à ce qu'elle eût trouvé un bon gouvernement, celui des Medici. A. Sagredo (*Arch. stor.*, 3ª serie, t. IV, part. 2, p. 144-148) admet à moitié cette assertion étrange et ne la réfute qu'en partie. Rosini (II, 163-64) admet la décadence; Jeanron (I, 265) la conteste.

[3] C'est le jugement que Rosini (II, 96) rapporte comme l'ayant entendu de la bouche même de Canova. M. Delaborde (I, 100) le confirme dans ses traits essentiels. Cf. Stendhal, p. 78; Coindet, p. 32; Crowe, I, 355.

dans l'ensemble et être en progrès pour certains détails. C'est surtout la seconde génération des giottesques qui paraît faiblir; encore l'imitation s'y rend-elle plus indépendante, ce qui est loin d'être un mal. N'ayant point connu Giotto, ces nouveaux peintres ne sont pas gênés par des souvenirs personnels. En somme, on peut dire avec vérité que, séparé de son école, ce puissant génie perdrait une partie de sa gloire. Il n'est pas un météore isolé dans le ciel de l'art. Il a des satellites presque innombrables, qui font reconnaître en lui un des plus grands dans la forte race des éducateurs.

Et comme pour fixer à jamais ses enseignements, pour empêcher qu'en passant de bouche en bouche, de pinceau en pinceau, ils ne devinssent méconnaissables, parut bientôt un peintre qui en confia au parchemin la tradition. En 1347, au déclin de sa vie, Cennino d'Andrea Cennini, natif de Colle dans le val d'Elsa, écrivit un traité de la peinture[1]. Cent ans après la mort de Giotto, il obviait aux infidélités de la mémoire, pour rendre impossible toute altération nouvelle de la doctrine. Dès le début, il marque les intermédiaires qui le rattachent à la pure source : Agnolo Gaddi, dont il se déclare le disciple, et Taddeo Gaddi, père d'Agnolo, fils adoptif de ce Giotto « qui fit passer l'art de peindre du grec au latin, le ramena au moderne et le montra plus achevé

---

[1] Les éditeurs de Vasari admettent (II, 157, n. 1) que Cennino composa son livre dans la prison des *Stinche*, où il était détenu pour dettes. Mais des documents prouvent qu'il vivait à Padoue dès 1398, et son nom n'est point sur la liste des peintres à Florence. Voy. la préface de l'édition de son traité publié par les frères Milanesi, p. viii (*Il libro dell' arte o Trattato della pittura di Cennino Cennini da Colle di Val d'Elsa, di nuovo pubblicato per cura di Gaetano e Carlo Milanesi*, Flor., 1859, 1 vol. in-12). L'indication des *Stinche* est donc probablement une erreur de copie sur un des manuscrits.

que personne ne l'eût jamais. — Pour conforter, ajoute Cennino, ceux qui veulent venir à l'art, je noterai ce qui m'a été enseigné par Agnolo, mon maître, et ce que j'ai appris de ma propre main[1] ». A ses yeux, tout essai de réforme dans l'art ne serait guère moins blâmable qu'une hérésie religieuse : en dehors des principes établis, point de salut.

L'ouvrage ne devait pas profiter de la découverte de Guttenberg : notre temps seul l'a vu imprimé; mais il en circulait de nombreuses copies, et Cennino a conservé des giottesques un souvenir plus durable que leurs œuvres. Que le temps poursuive et achève sa tâche destructrice; qu'il efface jusqu'à la dernière tant de peintures dont on voit déjà moins la beauté qu'on ne la devine, ce souvenir, impérissable grâce à l'imprimerie, permettra de connaître la règle qu'elles ont suivie, qui en fait le principal mérite, et qui donnerait le moyen peut-être d'en essayer le pastiche[2]. Quant aux déviations dont Cennino gémissait, et qu'il voulait prévenir, elles devinrent, malgré ses efforts, de plus en plus fréquentes. Une vérité se dégageait à la longue, et devait bientôt frapper tous les yeux : c'est que la majesté simple et grandiose des giottesques était empreinte de trop de raideur et d'austérité; c'est qu'il était possible de la ramener à des proportions plus humaines, d'y introduire le mouvement, la grâce, l'émotion, la tendresse, en un mot l'âme des Siennois, et par là plus de variété, plus de vie, sans que l'ordre de la composition eût à en

---

[1] Cennino Cennini, *Trattato della pittura*, p. 3. Éd. Tambroni, Rome, 1821, un vol. in-8°. C'est la première édition qui en ait été donnée.

[2] Voy. Crowe, I, 478; Delaborde, I, 100-103. Vasari (éd. Lem., II, 157) donne une analyse sommaire du traité de Cennino.

souffrir, comme il en souffrait à Sienne. Cette pénétration de l'école austère par l'école tendre devait, au quinzième siècle, donner un caractère nouveau à l'art florentin[1]. Sans renier son glorieux passé il devint alors plus sensible, et par là supérieur surtout dans l'ordre religieux.

On ne dure qu'à la condition de se réformer, sinon de se transformer. Les héritiers de Giotto avaient, en lui restant fidèles, assuré leurs derrières : c'est pourquoi ils purent pousser en avant, sans mériter le reproche d'infidélité. Tout l'honneur de cette évolution prudente et mesurée revient à Florence, il n'est pas hors de propos de le constater ici. L'art florentin a ce suprême mérite d'être lui-même, sans rester le même, soit qu'il veuille peindre, sculpter ou bâtir. Santa Maria del Fiore, son merveilleux *campanile*, les fresques de Santa Maria Novella et de Santa Croce, ne sont ni l'antique ni le gothique. Rien n'est plus vrai que le mot de Cennino Cennini : Giotto avait ramené l'art du grec au latin, du latin au moderne. C'est par lui que Florence est la grande initiatrice. L'école romaine, qui est l'honneur du seizième siècle, et qu'on préfère à l'école florentine, fut formée par des Florentins ou par des voisins de Florence, formés eux-mêmes à Florence : par Michel-Ange ou par Raphaël. En outre, elle est stérile en tant qu'école : elle n'était rien avant ces deux maîtres incomparables, elle ne sera rien après eux. L'école florentine, au contraire, leur survit comme elle les a précédés ; elle reste accessible aux disciples, qui ont tort de la dédaigner, sous prétexte qu'on a fait mieux. Ne serait-il pas sage,

---

[1] Voy. sur cette question de judicieuses réflexions de Cicognara, III, 474, et Delaborde, I, 103, 216.

en effet, de demander conseil aux artistes qui procèdent des plus grands, puisque l'effrayante hardiesse ou la désespérante perfection des plus grands ne laisse pas surprendre ses secrets?

Remarquons, en terminant, la marche différente des belles lettres et des beaux-arts. Dante n'a point fait école comme Giotto. Après Pétrarque et Boccace, qui se sont partagé l'héritage dantesque en le réduisant à leur taille, pour longtemps il n'y a plus rien. L'érudition prend la place vide : le génie, l'inspiration font place à la patience, à la science. On dirait un de ces grands fleuves qui disparaissent sous la terre pour reparaître plus loin. Bien plus : la splendeur littéraire du seizième siècle n'égalera point celle du quatorzième : qui ne regretterait Dante, même en admirant Machiavel, et Pétrarque ou Boccace, même en lisant l'Arioste ou le Tasse? Si Michel-Ange et Raphaël permettent encore d'admirer Giotto, du moins, ils ne le laissent pas regretter. Supposons, par impossible, Orcagna succédant à Giotto comme Pétrarque à Dante : on aurait vu les artistes, comme on vit les écrivains, hésiter entre deux tendances diverses, s'attarder par conséquent au lieu d'être en progrès. C'est parce qu'une première génération de giottesques avait conduit par la main la seconde, que celle-ci put, sans s'égarer, prendre quelques libertés.

Les arts eurent raison. Faut-il dire que les lettres avaient tort? Nullement. Des deux parts différait la tâche à remplir. Au quatorzième siècle, les lettres, en possession d'une langue que Dante put perfectionner et consacrer, mais qu'il ne créa point, prirent tout leur essor, et l'on ne put suivre les traces du colosse qu'en divisant son lourd héritage. Dans les arts, la langue n'existait pas. Giotto l'a créée, et, après lui, il faut apprendre à la bégayer. Comment eût-on séparé alors la peinture, la sculpture, l'architecture? Outre que ce n'était pas, nous l'avons vu, dans les idées du temps, quiconque ne fût devenu disciple de Giotto que pour une partie de sa doctrine, le fût resté, pour l'autre, des Byzantins. Se figure-t-on unis dans un même ouvrage le dessin de Giotto et la couleur de Byzance, ou le dessin de Byzance et la couleur de Giotto?

Au quinzième siècle tout va changer. Les arts, possédant à fond leur langue, s'en serviront pour rendre de nobles conceptions; les lettres, qui ont abusé de la leur, déjà fatiguées et comme épuisées, se remettront à l'école. Ces leçons de l'antiquité qu'elles rechercheront de nouveau, l'art les a prises jadis; il ne les prendra plus : nul artiste n'en tirerait plus de profit que le premier d'entre eux, Niccola Pisano. L'antiquité, dans leur domaine, n'est qu'un point de départ ; le progrès est ensuite dans la méthode proclamée et pratiquée par Giotto, suivie de leur mieux par ses disciples, c'est-à-dire dans l'observation de la nature, guide nécessaire de l'inspiration personnelle, et que rien ne saurait remplacer.

FIN DU TOME V.

APPENDICE

AU CINQUIÈME VOLUME

I

LETTRE DE LA SEIGNEURIE A LA COMPAGNIE ITALIENNE DE SAINT-GEORGES

(Page 321, n. 3.)

Pugnam per vos apud Ma inum cum Britonibus habitam et consertam, ac felicem conflictum, et victoriam vobis exinde secutam, nobis prout vestris amicis singularibus nuntiatis. In cujus rei tam fama quam litteris quanto gaudio perfusi fuerimus ore perferre vel designare litteris non valemus. Quid enim potuit nobis et toti Italie jocundius aut gloriosius intimari quam felicem et invictam societatem vestram, non anglico, non theutonico milite conflatam, sed italici nominis, tantum assumpsisse roboris et virtutis quod bellum veri vicarii J. Christi populique romani Britonum et Vasconum ferocitatem uno congressu adeo feliciter domuisse. Verum quod justum bellatis bellum, fuit exercituum Deus in medio vestre legionis incussitque barbaris hostibus timorem et metum, vobis vero dedit audaciam et vigorem. Totum itaque quod vobis processit hac re felicitatis et honoris non mortali manu partum sed a divina benignitate vobis credatis misericorditer condonatum, spemque magnam in mente vestra concipite quod pro justitia pro patriaque pugnantes, adhuc merebimini liberatores Italie nominari. Quòd quidem gloriosissimum nomen cunctis laboribus et periculis acquirendum nolite negligere, quod olim florente Republica Romanorum maximis fuit ducibus ad eternitatem glorie, ut sic incliti transirent in posteros, attributum. Videtis in quorum manibus Italia nostra olim totius mundi moderatrix et domina pervenerit Latinorum. Huc predandi gratia confluent omnes per ambitum nationes, et nisi manu sicut cepistis italica tot malis et persecutionibus obvietur, attritis Ausonie viribus, vivendum erit in misera servitute. Ite igitur, optimi viri, et antiquum Italie vigorem, que universum orbem felicibus peragrando victoriis in urbe Roma constituit monarchiam, vestris virtutibus excitate, ut iterum incipiant extere nationes Italie nomen romanamque urbem, sicut consueverant multis retro temporibus, formidare.

Datum Florentie, die xi maii 1379.
(*Sign. cart. miss.* xviii, 8 n° v°.)

II

LETTRE D'ENGAGEMENT POUR UN LECTEUR AU *STUDIO*

(Page 426, n. 4.)

Magistro Johanni magistri Jacobi de Arologio de Padua, fisice professori.

Amice karissime, habentes de scientia vestra fide dignorum relatibus informationem plenariam, vos ad legendum medicinam in nostro generali Studio duximus eligendum pro tempore duorum annorum initiandorum in festo sancte Lucie proxime venturo, dummodo ante kal. Novembris venturo proximo vos in civitate Florentie presentetis, cum salario florenorum trecentorum auri pro quolibet anno dictorum duorum annorum. Quod salarium vobis hoc modo videlicet : medietatem in festo s^{te} Lucie, et reliquam medietatem de mense septembris cujuslibet anni faciemus integraliter exhiberi. Quam electionem infra octo dies continuos venturos proxime a die quo erunt vobis hec litere presentate acceptare tenemini et debetis. Rogamus igitur amicitiam vestram quatenus dictam electionem acceptare velitis, et nobis de acceptatione vel renumptiatione, quod absit, per vestras literas respondere. Super quibus ser Justino ambaxiatori nostro, exibita presentiue placeat dare fidem.

Datum Florentie, die 17 septembris 1367.

(*Sign. cart. miss.* XIV, 76 v°)

TABLE DES MATIÈRES

CHAPITRE PREMIER

PROGRÈS DE LA DOMINATION FLORENTINE. LA GUERRE DE PISE

Négociations entre Albornoz et Florence au sujet des compagnies. — Traité d'Albornoz avec les compagnies (21 mars 1359). — Préparatifs de défense des Florentins. — L'armée florentine et la compagnie en présence (10 juillet). — Retraite de la compagnie (23 août). — Destinées des compagnies de Landau et de Bongart. — Accroissement du territoire florentin. — Acquisition de Bibbiena (6 janvier 1360). — Soumission des Ubaldini (décembre). — Occupation de Volterre (octobre). — Conjuration à Florence (30 décembre). — Guerre avec Pise. — Siège et prise de Pietrabuona par les Pisans (5 juin 1362). — Campagne des Florentins dans le val d'Era (20 juin). — Bonifazio Lupo et Ridolfo de Varano, capitaines des Florentins. — Campagne de Ridolfo (17 juillet). — Formation de la compagnie du *Cappelletto* (30 août). — Succès maritimes des Florentins (août-octobre). — La compagnie blanche des Anglais engagée par les Pisans. — Victoire de Piero Farnese (7 mai 1363). — Sa mort (19 juin). — Rinuccio Farnese, capitaine des Florentins. — Campagne des Pisans dans le *contado* de Florence (27 juillet, 7 août). — Échecs des Florentins. — Emoi dans leur ville. — Les Anglais à Ripoli (22 octobre). — Leur retraite (11 novembre). — Négociations pour la paix (mars 1364). — Les Anglais et les Pisans de nouveau aux portes de Florence (15 avril). — Attaque contre la porte San-Gallo (2 mai). — Traité secret avec les compagnies. — Leur départ (10 mai). — Campagne des Florentins contre Pise (21 mai). — Galeotto Malatesta élu capitaine (12 juillet). — Victoire des Florentins à Cascina (28 juillet). — Négociations pour la paix (21 août) et révolution à Pise. — Conclusion de la paix entre Pise et Florence (28 août). — Mécontentement des Florentins. — Dispersion des compagnies. 1

CHAPITRE II

URBAIN V ET CHARLES IV EN ITALIE. LES ALBIZZI ET LES RICCI

Urbain V invité par les Florentins à revenir en Italie (3 février 1365, 19 octobre 1366). — Crainte d'un nouveau voyage de Charles IV en Italie. — Mesures pour diminuer le pouvoir de la *parte guelfa* (3 novembre, 8 décembre). — Urbain V en Italie (31 mai 1367). — Ligue formée par le pape en dehors des Florentins (31 juillet). — Charles IV de nouveau en Italie (5 mai 1368), et à Lucques (4 septembre), à Sienne et à Rome (octobre). — Son retour en Toscane (28 février 1369). — Accord avec les Florentins et les Pisans (1er mars). — Liberté rendue à Lucques (6 avril). — Départ de l'empereur (3 juillet). — Attaque des Florentins contre San Miniato (11 août). — Ligue avec le pape (20 novembre). — Défaite des Florentins à Cascina (5 décembre). — Excursion d'Hawkwood sur le territoire florentin. — Prise de San Miniato al Tedesco par les Florentins (9 janvier 1370). — Défense de Pise contre Hawkwood. — Campagne de Lombardie. — Retour d'Urbain V à Avignon (septembre). — Paix entre Bernabò et la ligue (2 novembre). — Agitations intérieures. — Alliance momentanée des Albizzi et des Ricci (octobre 1371). — Pétition de Lapo de Castiglionchio et provision en faveur de la *parte* (27 janvier 1372). — Conjuration aristocratique contre les factions (mars 1372). — Réformes opérées : les dix de liberté, les sept de marchandise, etc. — Efforts de Migliore Guadagni pour réprimer les Albizzi (janvier 1373). — Revanche de la *parte* (mars). — Nouvelles luttes au sujet de l'*ammonizione* (mars 1374). — Guerre contre les Ubaldini (décembre 1372). — Leur soumission (5 mai, 28 septembre 1373). 56

LIVRE X

CHAPITRE PREMIER

LA GUERRE DES HUIT SAINTS

Mésintelligence entre le Saint-Siège et les Florentins. — Ses causes (1374). — Griefs contre le légat de Bologne (1375). — Accord avec Hawkwood (juin). —

Supplice de Ser Piero de Canneto (30 juin). — Rigueurs contre les ecclésiastiques (7, 10 juillet). — Ligue avec Bernabò Visconti (24 juillet). — Scrupules des Toscans. — Création des Huit de la guerre (16 août). — Pouvoirs et activité des Huit. — Adhésions à la ligue et révolte des villes pontificales (novembre-mars 1376). — La bannière de liberté. — Efforts contradictoires du Saint-Siège : négociations pour la paix et monitoires contre Florence (1er mars). — Bologne enlevée à l'Église (19 mars). — Les ambassadeurs florentins au consistoire (31 mars). — Condamnation de la République. — Situation intérieure. — Récompenses aux Huit. — Rigueurs des capitaines de la *parte*. — Interdit jeté sur Florence (11 mai). — Démonstrations religieuses. — Mission de sainte Catherine de Sienne auprès du pape. — Ambassade à la cour pontificale (2 juin). — La compagnie des Bretons en Italie (4 juin). — Préparatifs de défense des Florentins. — Ridolfo de Camerino marche au secours de Bologne (16 juillet). — Départ du pape pour l'Italie (13 septembre). — Situation et mécontentement à Florence. — Mesures financières des Huit contre les clercs (26 septembre). — Prise d'Ascoli (13 décembre). — Symptômes de dissolution dans la ligue. — Massacre de Cesena (3 février 1377). — Trêve des Bolonais avec le pape (20 mars). — Les Florentins quittent Bologne (26 mars). — Négociations avec le Saint-Siège (29 avril). — Défection de Ridolfo de Camerino (septembre). — Progrès du parti de la paix. — Mort et funérailles de Giovanni Magalotti (14 juillet). — Il est remplacé par Simone Peruzzi (17 juillet). — Ambassade pontificale auprès des Florentins (10 août). — Retour des ambassadeurs florentins (4 octobre). — Grand conseil (6 octobre). — Violation de l'interdit (8 octobre). — Procession de l'Impruneta (18 octobre). — Châtiments et récompenses. — Nouvelles négociations (novembre). — Progrès du parti de la paix (décembre). — Médiation de Bernabò. — Conférences à Sarzana (mars 1378). — Mort de Grégoire XI (27 mars). — Exaltation d'Urbain VI (7 avril). — Reprise des négociations (17 mai). — Conclusion du traité (28 juillet). — Le schisme (20 septembre). — Accord définitif entre Urbain VI et Florence. 96

CHAPITRE II

LE TUMULTE DES CIOMPI

Empiètements des capitaines de la *parte*. — Abus de l'*ammonizione*. — Un des Huit Saints *ammonito* (22 avril 1378). — Causes du mécontentement général. — Intrigues pour exclure Salvestro des Medici de la seigneurie. — Seigneurie du 1er mai. — Ses réformes (21 mai-3 juin). — Condamnation illégale de deux citoyens par les capitaines de la *parte* (14 juin). — Pétition présentée à la seigneurie (18 juin). — Efforts de la *parte* pour en empêcher le vote (19 juin). — Démission offerte par Salvestro des Medici. — La pétition acceptée. — Expédition populaire contre les maisons des chefs de la *parte* (22 juin). — Incendies et pillages. — Nouvelles déprédations réprimées (23 juin). — Mesures réparatrices (24-26 juin). — La balie des quatre-vingts organisée en *consorteria*. — La nouvelle seigneurie (1er juillet). — Agitation des arts mineurs. — Provision votée à leur demande (9, 10 juillet). — *Consulte* des jours suivants. — Démission des Huit Saints refusée (18 juillet). — Constitution de la faction des *ciompi* (19 juillet). — Conjuration découverte. — Interrogatoire de quelques conjurés. — Mouvement populaire (20 juillet). — Les incendies. — Les chevaliers faits par le peuple. — Sa retraite à San Bernaba. — Attaque du palais du podestat (21 juillet). — Pétitions des arts et du menu peuple adoptées par la seigneurie et le Conseil du peuple. — Alarmes populaires. — Exigences nouvelles et vote des pétitions par le Conseil de la commune (22 juillet). — Meurtre de ser Nuto. — Parlement et Balie pour la réorganisation des pouvoirs publics. — Les trois arts du menu peuple et la seigneurie populaire (23 juillet). — Ses actes. — Malaise général. — Mécontentement d'une partie des vainqueurs. — Soulèvement et pétitions de la populace (28 août). — Retraite des *ciompi* à Santa Maria Novella. — Organisation de leur faction : les Huit de Santa Maria Novella. — Tirage au sort de la nouvelle seigneurie (29 août). — Préparatifs de la lutte (30 août). — Demandes des *ciompi* et sortie de Michele de Lando (31 août). — Dispersion et fuite des *ciompi*. — Installation de la nouvelle seigneurie (1er septembre). — Réformes préparées à San Pier Scheraggio et adoptées en assemblée à parlement. 182

CHAPITRE III

GOUVERNEMENT ET DÉFAITE DES ARTS MINEURS

Réaction modérée. — Réorganisation des pouvoirs publics. — Grande consulte (4 septembre 1378). — Rétablissement de l'ordre et réformes urgentes dans le gouvernement (7 septembre-18 octobre). — Agitations nouvelles. — Complot réprimé (23 décembre). — Seigneuries modérées (janvier et mars 1379). — Seconde conjuration découverte (7 avril). — Exécutions. — Troubles fomentés par les *popolani grassi* (juillet, octobre). — Troisième conjuration découverte (12 octobre). — Supplice de Giannozzo Sacchetti (15 octobre). — Mesures de rigueur contre les exilés (4 novembre). — Coup de main sur Figline (1er décembre). — Châtiment des coupables. — Quatrième conjuration réprimée (19 décembre). — Mesures d'administration intérieure et nouveaux sujets de mécontentement (1380). — Affaires extérieures. — La Toscane envahie par les gens de Charles de Durazzo et la compagnie de Saint-Georges (avril 1380). — Charles à Arezzo (14 septembre). — Meurtre de Giovanni de Mone. — Paix avec Charles (9 octobre). — Nouveaux complots (janvier-mars 1381). — Pétition séditieuse aux prieurs et exécutions (8 octobre). — Dénonciation de Scatizza (7 janvier 1382). — Le capitaine du peuple renonce à sa charge (13 janvier). — Il y est maintenu par les prieurs (15 janvier). — Mouvement de réaction contre le parti dominant. — Exécution de Giorgio Scali (17 janvier). — Balie de réformer le gouvernement (20 janvier). — Réformes accomplies contre le menu peuple et les arts mineurs. — Proscriptions (février-mars). — Fin d'une génération. 302

LIVRE XI

CHAPITRE PREMIER

LES BELLES-LETTRES

Les imitateurs de Dante dans la poésie épique et dans la poésie amoureuse. — Pétrarque. — Il reste Florentin dans l'exil. — Ses poésies en langue vulgaire. — Il est couronné au Capitole (8 avril 1341). — Son refus de revenir à Florence (1351). — Son patriotisme. — Sa gloire de son vivant et après sa mort. — Son école. — Boccace. — Ses premiers écrits. — Ses ouvrages en prose. — Le *Decameron*. — Ses imitateurs. — Ser Giovanni et *Il Pecorone*. — Franco Sacchetti. — Les clercs : Domenico Cavalca. — Bartolommeo de San Concordio. — Jacopo Passavanti. — Sainte Catherine de Sienne. — Mouvement des esprits vers la Renaissance. — Création d'une université à Florence (1321). — Ouverture des cours ou lectures (6 novembre 1348). — Privilèges concédés par Clément VI (29 mai 1349). — Vicissitudes du *Studio*. — L'étude des anciens et l'esprit de la Renaissance. — Pétrarque lit, recherche les manuscrits latins. — Sa critique. — Ses efforts pour la propagation du grec. — Boccace et les savants de Byzance. — Leur école. 391

CHAPITRE II

LES BEAUX-ARTS

Giotto, chef d'école. — Écoles rivales. — L'école siennoise. — Pietro et Ambrogio Lorenzetti. — Simone Martini (ou Memmi). — La sculpture : Andrea Pisano et son fils Nino. — La première école giottesque. — Stefano. — Taddeo Gaddi. — Jacopo du Casentino. — Giovanni de Milan. — La compagnie des peintres (1349). — Seconde école giottesque. — Agnolo Gaddi. — Antonio de Venise, son élève. — Giottino. — L'indépendance dans l'école. — Andrea Orcagna. — Les peintres après Orcagna. — Spinello d'Arezzo. — Les derniers giottesques. — Les traditions de l'école conservées : le traité de peinture de Cennino Cennini. — Transformation de l'art au quinzième siècle. — Marche inégale des lettres et des arts. 438

INDEX ALPHABÉTIQUE

DES NOMS ET DES CHOSES PRINCIPALES

Les noms d'auteurs ou d'ouvrages mentionnés pour la première fois sont en italiques. Deux chiffres au même nom d'auteur indiquent deux ouvrages différents ou deux éditions de cet auteur.

A

Académie des Beaux-Arts, 450, 456, 458.
Acciajuoli, 340.
Acciajuoli (Alamanno), 218, 253.
Acciajuoli (Angelo), 415.
Acciajuoli (Niccola), 9, 14, 27, 204.
Accorimbeni (Gaddo des), 296.
Accorti, 341.
Acoppi, 341.
Acquapendente, 115.
Adige, 65.
Adimari, 20, 54, 204, 313, 341.
Adorno, 183.
Adriatique, 434.
Africo, 407.
Aghinolfi, 341.
Agli, 341.
Agli (Taddeo des), 197, 216.
Agnello (Giovanni d'), 51, 52, 65, 349.
Agnolo, 442, 446.
Agobbio, 115, 317, 340, 355, 359.
Agolanti, 341.
Agosta, 71.
Agostino, 442, 446.
Aigle, 50.
Albergotti, 355.
Alberti, 16, 238, 422.
Alberti (Benedetto), 154, 172, 191, 202, 207, 231, 234, 254, 284, 292, 304, 305, 333, 334, 339, 354, 366, 383, 384.
Alberti (Niccolò), 185, 195, 225.
Alberti (Spinelli), 215, 246.
Alberti (Tano), 16.
Albertini, 397, 449.
Albizzi, 19, 62, 72, 78, 79, 82, 83, 86, 87, 89, 98, 99, 103, 105, 126, 184, 193, 194, 228, 238, 246, 250, 254, 300, 313, 340, 352, 381, 385, 389.
Albizzi (Alessandro des) 194, 255.
Albizzi (Bartolommeo des), 194.
Albizzi (Checco des), 84.
Albizzi (Francesco des), 87, 393.
Albizzi (Mariano des), 364.
Albizzi (Niccolò des), 194, 234, 255.
Albizzi (Piero des) 60, 75, 85, 86, 192, 194, 203, 212, 244, 267, 333, 337.
Albornoz (Cardinal), 6, 7, 10, 14, 19, 57, 64, 98, 124.
Albornoz (Gomez), 119, 126, 133, 136.
Aldobrandini, 238.
Aldobrandini (Luigi), 83, 310.
Alessandri, 194.
Alessandro de Benedetto, 354.

Alessandro de l'Antella, 118, 154, 170, 172, 175.
Alidosi (Obizo des), 370, 374, 382.
Allemagne, 42, 43, 66, 421, 426.
Allemagne (Impératrice d'), 402.
Allemands, 21, 26, 54, 55, 321.
Alpes, 323.
Altopascio, 28, 32, 52.
Altoviti, 238, 340.
Altoviti (Baldo), 208.
Altoviti (Bindo), 167.
Ambrogiuolo, 12, 53.
Amelia, 115.
Amerighi, 341.
Amiani, 124.
Amiens (Cardinal d'), 172, 176.
Ammaestrimenti degli antichi, 415.
Ammoniti, 19, 20, 191, 194, 198, 213, 214, 219, 220, 222, 223, 231, 244, 245, 316, 332, 365.
Ammonizione, 19, 33, 34, 59, 60, 61, 79, 81, 82, 86, 88-91, 99, 126, 127, 157, 167, 168, 188, 190, 191, 194-196, 198, 207, 208, 213, 217, 220, 222-224, 234, 255, 246, 255, 285, 307, 320, 366, 388.
Amurat, 171.
Anagni, 168, 179.
Anastase, 419.
Ancône, 132.
André de Hongrie, 323.
Andrea de Belmonte, 54.
Andrea del Sarto, 459.
Andrea de Niccolò, 369.
Andrea de Sale, 316.
Andrea, frate, 316.
Andrea, médecin, 307.
Andrea, paveur, 228.
Andrea, peintre, 457.

Andrea Pisano, 446, 448, 461.
Andronic, 434.
Anes, 34.
Ange (Bannière de l'), 233, 260, 261, 272, 289.
Angelico (Fra Beato), 451, 463.
Angelo, abbé, 77.
Angelo de Bibbiena, 136.
Angiolotti, 341.
Anglais, 14, 30, 31, 37, 38, 44, 46, 49, 55, 103, 104, 112, 115, 117, 135, 149, 153, 321.
Angleterre, 5, 30, 48, 139, 155, 183, 361, 412.
Anjou (Duc d'), 139, 353.
Anjou (Maison d'), 323, 373.
Antellesi (Nofri des), 190.
Antonio de Castel San Giovanni, 66.
Antonio de Venise, 457, 459.
Antonio d'Orso, 442.
Apennin, 15-17, 23, 119, 137.
Aquila, 9.
Aquilée (Patriarche d'), 67, 70.
Arbalétriers génois, 45, 49.
Arbia, 443.
Arcagnolo, 460.
Arcidosso, 17.
Ardinghelli, 315.
Ardoin, 6.
Arezzo, 25, 26, 114, 117, 338, 349, 355, 359, 360, 362, 402, 436, 442, 451, 465, 466.
Arioste, 471.
Aristote, 419, 433, 434.
Arno, 24, 38, 48, 70, 74, 291, 316, 372.

Arruoti, 223, 248.
Arts du menu peuple, 260-263, 293.
Asciano, 446.
Ascoli, 119, 126, 136, 145.
Asile (Lieux d'), 88.
Assise, 452, 459.
Association des peintres, 453, 454.
Asti, 133.
Athènes, 437.
Athènes (Duc d'), 36, 39, 186, 187, 233, 258, 421.
Athos (Mont), 435.
Augsbourg, 66.
Augustins, 436.
Aulu-Gelle, 431.
Autriche, 135, 421.
Auvergne, 65.
Avignon, 14, 41, 57, 58, 62, 76, 97-99, 105, 107, 121, 123, 124, 129, 130, 140, 393-396, 435.

B

Babylone, 57, 58, 97.
Badigeonneur, 272, 277.
Badia, 242, 333, 428.
Baldelli, 394, 406.
Baldesi (Andrea), 235.
Baldinucci, 452.
Baldo de Niccolò, 307.
Baldo Lapi, 293.
Baldovinetti, 238.
Baluze, 57.
Bandiera (Guido), 239, 247, 307, 329.
Bandini, 54.
Bannières, 233, 234, 243, 250, 272, 276, 284, 287-289, 292, 332, 349, 373, 578.
Barbadori, 340.
Barbadori (Bartolomeo), 333, 337.
Barbadori (Donato), 118, 121, 123, 131, 162,

163, 165, 169, 175, 326, 331, 333, 337, 423.
Barberino, 284, 285, 333.
Barbiano (Alberico de), 321, 362.
Bardi, 226, 313, 341, 352.
Bardi (Alessandro des), 111, 216, 245.
Bardi (Bindo des), 78.
Bardi (Chapelle des), 458.
Bardi (Niccolò des), 244, 331, 348.
Bardi (Roberto des), 415.
Baret, 397.
Barga, 23, 28, 40.
Bargello, 64, 227, 230, 242, 243, 305, 455.
Bari, 174.
Barlaam, 434.
Barna, 446.
Baroccio, 282.
Baroncelli (Chapelle des), 450.
Bartolino de Losco, 73.
Bartolo de Jacopo, 282, 292, 293.
Bartolommeo de Gênes, 27.
Bartolommeo de Prato, 356.
Battifolle (Guido de), 94.
Battifolle (Roberto de), 424.
Battilani, 255.
Bavière, 135.
Beaufort, 77.
Beccanugi, 351.
Beccanugi (Lionardo), 90, 145, 236.
Beccanugi (Moscone), 235, 236, 256.
Becchi (Stefano), 216, 246.
Belgique, 361.
Belletri, 240, 243.
Bellincioni, 341.
Belforti, 17, 18.
Bellosguardo, 45.

Bembo, 432.
Benci de Sione, 461.
Benencasa, *voy.* Catherine.
Benincasa de Francesco, 282.
Berardi (Niccolò), 230.
Bergame, 403, 408.
Bernardi (Jacopo), 226.
Bernardo d'Andrea, 197.
Bernardo de Matteo, 330.
Bernasconi, 467.
Béroalde de Verville, 410.
Berrette, 60.
Bertaldo, 330.
Bertrand, 54.
Betti (Andrea), 366.
Betto de Ciardo, 255, 272, 275.
Betto de Tano, 9.
Biagio de Goro, 446.
Bibbiena, 15.
Biffoli (Simone), 339.
Bigallo, 448, 450.
Biliotti, 340.
Biliotti (Giovanni), 197, 210.
Bindacci, 341.
Blanche (Compagnie), 30, 40, 48.
Blancs, 382, 394.
Blaze de Bury, 296.
Boboli, 447.
Boccace, 59, 97, 384, 400, 401, 404 - 413, 417 - 419, 424, 427, 429, 434, 435, 437, 471.
Boccaccini, 341.
Boccanegra, 27.
Boccanera, 356.
Bocchineri, 356.
Boileau (Abbé), 96.
Boileau (Despréaux), 598.
Bollandistes, 410.
Bologne, 14, 41, 71, 75, 101, 119, 120, 121, 135 - 138, 150, 151, 153, 168, 262, 317, 321, 323, 329, 332,

338, 339, 348 - 350, 352, 353, 363, 395, 408, 419, 420, 422, 423, 427, 435.
Bolsena, 115, 145.
Bonaccorso de Giovanni, 263.
Bonaccorso de Lapo, 201, 235.
Bonaïni, 446.
Bonaiuti (Corsino), 453.
Bonamici, 432.
Bonciani, 409.
Bonconte Monaldesco, 400.
Bonfinio, 400.
Bongart, 8, 13, 26, 41, 43, 45, 46, 54.
Boni (Niccolò), 225.
Bonichi (Bindo), 393.
Boniface VIII, 419.
Boniface IX, 155.
Bonifazio Lupi, 24, 25, 34.
Boninsegna (Lorenzo), 195.
Boninsegni, 33.
Borgo san Sepolcro, 329.
Borsi (Brancazio), 218.
Boscoli, 355.
Bouchers, 345.
Bouffon, 16.
Boulangers, 262.
Boulogne, 65.
Bourges, 100, 131.
Bourgogne, 101.
Bourses, 62, 189, 193, 195, 225, 244, 251, 262, 268, 281, 282, 297, 303, 338.
Braccianti, 187.
Bracciolini (Jacopo), 25.
Brancacci, 197.
Brancacci (Tommaso), 218.
Brétigny, 6, 14, 48.
Bretons, 132-138, 148, 149, 156, 179, 321.
Briséis, 407.
Broye (Étienne de), 240.
Brunelleschi, 313, 351.
Brunetti (Ventura), 364.

Bruni (Francesco), 59, 373, 415, 426.
Bruni (Leonardo), 436.
Bruno de Giovanni, 439.
Brunswick (Otton de), 359, 361, 362.
Bruscoli (Antonio de), 120.
Budget, 185.
Buffalmacco, 440.
Bugigatto, 228.
Bulletin de la Société de l'Histoire de Paris, 406.
Buonaccorso de Montemagno, 393, 404.
Buonamici, 440.
Buondelmonti, 184, 204, 341, 352.
Buondelmonti (Benghi des), 40, 79, 208, 267, 328.
Buondelmonti (Niccolò des), 38, 55.
Buonuomini, 195, 201, 209, 229, 247, 253, 259, 289, 294, 334, 378.
Burckhardt, 393.
Burgos, 100.
Bussi, 171.
Byzance, 433, 434, 440, 441, 443, 453, 472.

C

Caccia di Diana, 407.
Cai (Jacopo), 77.
Calandrino, 439.
Calcagnino, 231, 234, 253.
Calchas, 407.
Calimala, 368, 448.
Callerotta (Da), 341.
Calvi, 75.
Camaldules, 232.
Cambi (Francesco), 356.
Cambi (Giovanni), 220, 366, 368, 370, 373, 374.
Cambini (Lorenzo), 293.

Cambio, 373, 374.
Camerino, 25, 76, 156.
Campanie, 132.
Campbell, 397.
Campo Santo, 442, 444, 450, 457, 462, 463, 465, 466.
Can de la Scala, 9.
Canacci (Niccolò), 218.
Canestrini, 185.
Canigiani (Piero), 167, 172.
Canigiani (Ristoro), 162, 163, 196.
Canneto (Piero de), 105, 106.
Canova, 467.
Cantacuzène, 434.
Cante des Gabbrielli, 317-319, 330, 334, 336, 340, 382.
Cantù, 408.
Canzone, 393, 396, 398, 404.
Capanna (Puccio), 452.
Capecelatro, 101.
Capitaines de la *parte*, 193, 194, 203, 211, 220, 222-224, 226, 245, 307, 354, 378.
Capitudini, 220, 228, 293, 308, 330, 334, 364, 370.
Cappelletto, 26, 39.
Capponi (Giovanni); 263.
Capponi l'Ancien, 187.
Caprile, 93.
Cardeurs, 186. *Voy.* Ciompi.
Cardinali, 341.
Cardinali (Ghirigoro), 312, 313.
Cardinaux, 65, 139, 174, 175, 179, 416.
Careggi, 44.
Cari, 341.
Carlona (Benedetto de), 202, 215, 231, 234, 262-264, 287, 333, 339.
Carmignano, 41.
Carmine, 229, 456.

Carpentras, 425.
Carrare (Francesco de), 119.
Cascina, 48, 49, 73.
Castel del Bosco, 52.
Castel Fiorentino, 33.
Castellani (Michele), 82.
Castelleone, 136.
Castelvecchio, 52.
Castiglionchio (Bernardo de), 81.
Castiglionchio (Lapo de), 60, 80, 81, 83, 87, 89, 90, 135, 154, 163, 169, 190, 192, 193, 203, 208, 213, 245, 258, 267, 298, 322, 328, 329, 335, 357, 360, 361, 400.
Castille, 135.
Castracani, 26.
Catalans, 27.
Catherine de Sienne (Ste), 97, 99, 109, 129-132, 140, 145, 167, 196, 218, 321, 416-418.
Caton, 403.
Cavalca (Fra Domenico de), 415, 416.
Cavalcanti, 185.
Cavalcanti, 226, 341.
Cavalcanti (Fra Benedetto), 423.
Cavalcanti (Guido), 398.
Cavalcanti (Luigi), 272, 277.
Cavalcanti (Tommaso), 355.
Cavalleschi, 341.
Cavallini (Pietro), 452.
Cavicciuli, 138, 204, 208, 354.
Cavriglia, 23.
Cecco d'Ascoli, 392.
Cecina, 28, 47.
Cenni (Pasquino), 453.
Cennino Cennini, 468, 469.
Cennino Cennini, 468-470.
Cento Novelle, 405, 409.

INDEX ALPHABÉTIQUE.

Cerchi, 184.
Cerchi (Pagolino des), 382.
Certaldo, 406, 427.
Ceruglio, 10.
César, 31.
Cesena, 148.
Ceva (Jacopo de), 121.
Champ aux mouches, 12.
Chanac (Bertrand de), 131.
Charcutiers, 236.
Charlemagne, 351.
Charles Ier d'Anjou, 351.
Charles IV, 29, 56, 59, 62, 63, 65-73, 402, 404, 426.
Charles V, 6, 58, 353.
Charles-Quint, 389.
Charles VI, 353, 355, 362.
Charles de Valois, 393.
Charte aux Normands, 201.
Chartreux, 168.
Chaucer, 412.
Chaussetiers, 261.
Checco de Piero, 317.
Chelini (Piero) 458.
Cherbuliez, 447.
Chevaliers, 125, 236-239, 247, 248.
Chianti, 35, 40.
Chiavarino, 353.
Chioggia ou Chiozza, 322, 383.
Chiusi, 15, 115.
Chomage, 270.
Christine de Suède, 410.
Christofani, 440.
Chrysoloras, 436.
Ciano (Gioacchino), 410.
Ciardo de Berto, 293.
Cicéron, 394, 411, 417, 424, 430-433.
Cicéroniens, 432.
Cicogna, 432.
Cicognara, 446.
Cimabue, 441, 467.
Cino de Pistoia, 393, 395, 421, 426.
Cinuzzi (Vanni), 453.

Ciompi, 187, 218, 228, 239, 242, 250, 265, 270, 271, 273, 279, 283, 284, 286, 287, 289-293, 296, 298, 300, 302, 304, 306, 307, 315, 316, 319, 332, 345, 347, 349, 363, 365, 374, 385, 387, 428.
Cione, 460.
Cionetti (Filippo), 163, 373.
Cioni (Filippo), 170.
Città di Castello, 10, 36, 114, 119, 227.
Claramonte, 149.
Clément VI, 423, 424, 434.
Clément VII, 179, 323, *Voy*. Robert de Genève.
Clercs, 88, 104, 105, 107, 142-144, 161, 164, 168, 169, 180, 343, 415.
Cluny, 6.
Cocchi, 238.
Coindet, 462.
Cola de Renzo, 183, 399, 401.
Colle, 305, 349, 468.
Collina (Dalla), 341.
Collini (Andrea), 373.
Colonna (Jacopo), 396.
Commission des Cinquante-six, 84, 86.
Compagnies, 7-9, 21, 22, 26, 30, 31, 39, 40, 42, 55, 84, 102, 269, 321, 325, 348, 562, 584.
Comtat, 393.
Condamnations, 318.
Conegliano, 65.
Conseils, 244, 308, 309.
Consorteria, 79, 85, 216, 223, 224, 268, 271, 294.
Contadini, 21, 137, 194, 210.
Contado, 92, 128, 163, 191, 311, 326, 345,

346, 349, 351, 376.
Convennole, 394, 431.
Coppo del Cane, 235.
Corbaccio, 407, 408.
Corbizzi (Matteo), 331.
Corneto, 115, 145.
Corpus scriptorum historiæ byzantinæ, 434.
Corse, 18.
Corsini, 208, 237, 422.
Corsini (Andrea), 248.
Corsini (Filippo), 135, 235.
Corsini (Piero), 75, 78, 98, 173, 415, 426.
Corsini (Tommaso), 423.
Cortone, 46, 155.
Couronne poétique, 309, 400.
Couvents, 209, 225.
Covoni, 190, 238.
Crescenzi (Pietro), 405.
Cronaca d'anonimo, 97.
Cronichetta d'incerto, 50.
Crusca, 416, 418.
Cumul, 271.

D

Daddi (Bernardo), 452-454.
Dalfini, 341.
Dante, 363, 385, 392, 393, 396, 397, 399, 404, 419, 428, 433, 435-438, 460, 464, 465, 471.
Dati (Goro), 414.
Dati (Goro), 75.
Davanzati (Mariotto), 218.
Decamerone, 407, 409-411.
Défenseur, 312, 313, 330.
Delescluze, 597.
De Sanctis, 596.
Des Périers (Bonaventure), 410.
Deti (Tommaso), 233, 235.

Dini (Giovanni), 111, 190, 191, 228, 245, 257, 359.
Dinozzo de Stefano, 310.
Dittamondo, 392.
Divieto, 195, 214, 305, 340, 367, 375.
Divine Comédie, 392, 427, 462.
Dix de liberté, 85, 86, 91, 109, 211, 260, 334.
Dix des prêtres, 161.
Documenti d'amore, 393.
Dolcini, 341.
Dolopathos, 409.
Domenico de Gilio, 282.
Domenico de Michelino, 463.
Domenico de Silvestro, 118.
Domenico de Tuccio, 286.
Dominicains, 444.
Donatello, 448.
Donati, 21, 54, 184, 341, 422.
Donati (Gemma), 363.
Donati (Manno), 48, 49, 76.
Donati (Sinibaldo), 38.
Donato de Pratovecchio, 432.
Donato de Ricco, 504, 355.
Druides, 58.
Du Boulay, 58.
Dubramonte, 46.
Duccio, 443.
Dupuy (Gérard), 99, 101, 103, 115.
Durazzo (Charles de), 6, 99, 322-325, 327, 329, 331, 332, 339, 351-353, 355, 356, 358-362, 372.

E

Écosse, 6.
Egidio, 74.

Église, 97-99.
Elbe, 28.
Elsa, 46.
Empoli, 350.
Knoch, 392.
Enrique II, 100, 135.
Epistola di Lapo da Castiglionchio, 80.
Era, 22, 24, 25.
Espagne, 101, 179.
Espagnols (Chapelle des), 450, 458.
Estaing (Pierre d'), 69.
Este, 75, 124.
Estimo, 185, 247, 308, 319.
Étoile (Compagnie de l'), 42, 43, 321.
Eugeniano (Collège), 422.
Exécuteur de justice, 233.

F

Fabriano, 115, 156, 205.
Fabricants de bannières, 261.
— d'ornements d'églises, 261.
— de peignes à carder, 261.
— de pourpoints, 261.
Fabricius, 403.
Facteurs, 231, 234, 240, 256.
Faenza, 124, 127, 148, 270, 329, 440.
Falconi (Francesco), 195.
Farnese (Piero), 28, 29, 31, 32.
Farnese (Rinuccio), 33-55.
Fastegli, 88, 89.
Fazio, *voy.* Uberti.
Feditori, 11, 49.
Fei (Arrigo), 258.
Feo de Piero, 374.

Feocius Casini, 339.
Feocius l'imator, 311.
Ferrare, 9, 64, 73, 84.
Fêtes, 144, 268, 310.
Feuerlein, 397.
Fibindacci, 341.
Fiesolani, 341.
Fiesole, 44, 106, 111, 117, 118, 122, 127, 128.
Figline, 35, 329.
Filelfo (Francesco), 427.
Filimbach, 115.
Filippeschi, 341.
Filippozzo (Totto de), 91.
Filocopo, 407.
Filostrato, 406.
Fipopoli, 341.
Firenzuola, 305.
Firidolfi, 35, 273.
Flagellants, 96.
Flamands, 210, 303.
Flandre, 101.
Floire et Blanceflor, 407.
Flotte, 26, 27.
Foggette, 60.
Foligno, 392.
Foraboschi, 341.
Foresta (Della), 341.
Foresti, 341.
Forlì, 115, 116, 165, 270, 408.
Foscolo (Ugo), 397, 411.
Fossati, 20.
Foulons, 261.
Français, 117.
France, 48, 57, 97, 131, 133, 139, 172, 176, 179, 183, 298, 349, 361, 386, 411, 418.
Francesca, 392.
Francesca de Rimini, 405.
Franceschi, 341.
Francesco de Barberino, 393.
Francesco de Castel San Giovanni, 334.
Francesco de Conegliano, 426.

INDEX ALPHABÉTIQUE. 489

Francesco de Michele, 283, 303.
Francesco de Volterre, 465.
Francesco, peintre, 465.
Franzesi, 341.
Frascati, 74.
Frassino, 93.
Fraticelli, 96.
Frescobaldi, 20, 26, 53, 341.
Frescobaldi (Bertacchino), 244.
Frezzi (Federigo), 392.
Froissart, 49.
Fronte (Piero de), 195, 209.

G

Gaddi (Agnolo), 455-457, 468, 469.
Gaddi (Taddeo), 450, 451, 457, 466, 468.
Galien, 434.
Galles (Prince de), 132.
Gambacorti, 19, 22-24, 69, 70, 127, 139.
Gangalandi, 305.
Gascons, 14, 132, 133, 321.
Gebhart, 414.
Geffroy, 433.
Gello, 28, 29.
Gênes, 18, 27, 63, 119, 155, 183, 321, 329, 361, 386, 408.
Genève, 30.
Gerace, 434.
Gerini (Lorenzo), 466.
Gerini (Niccolò), 466.
Gerini (Pietro), 466.
Gherarducci, 356.
Gherardi, 47, 102.
Gherardi (Consiglio), 453.
Gherardi (Simone), 195.
Gherardini, 21, 54, 273, 313, 340, 341, 351.
Gherardini (Carlo), 273.
Gherardini (Jacopo), 197.

Ghetti (Piero), 196.
Ghiberti, 443, 448, 449, 458, 459.
Ghino de Bernardo, 172, 173, 197.
Ghinozzi, 341.
Ghiotto Lotti, 293.
Ghizzano, 24, 26, 52.
Giachinotti, 341.
Giacoppi (Bartolommeo), 119.
Giano della Bella, 193.
Gibelins, 61, 66, 67, 115, 196, 300, 338.
Gidel, 397.
Gigli ou Giglio (Girolamo), 129, 417.
Giglio, 27, 28.
Ginguené, 406.
Gioggi (Bartolo), 459.
Giordano de Rivalta (Fra), 416.
Giottino, 451, 457-459.
Giotto, 438,-452, 456-461, 464-468, 470-472.
Giovanni dalle Celle, 415.
Giovanni d'Asciano, 416.
Giovanni de Bartolo, 263.
Giovanni de Domenico, 282, 292, 294.
Giovanni de Milan, 451, 452, 455, 456, 458.
Giovanni de Mone, 110, 111, 245, 271, 275, 308, 314, 355-357.
Giovanni de Panzano, 357.
Giovanni de Strada, 404.
Giovanni d'Ugolino, 282.
Giovanni (Piero), 453.
Giovanni Pisano, 446.
Giovanni (Ser), 412.
Giuliari, 431.
Goethe, 402.
Gonfalonier de justice, 193.
Granajuolo, 136.
Grande Grèce, 419, 434.
Grèce, 419.
Grégoire XI, 77, 99, 100, 101, 103, 105-107, 117, 119, 121, 122, 124, 128, 129, 131, 133, 139, 145-147, 155, 158-160, 171, 174.
Grimaldi, 27, 28.
Griselda, 407.
Grosseto, 17.
Grouet (Abbé), 96.
Guadagni, 208, 340.
Guadagni (Migliore), 87, 250.
Gualterotti, 341.
Guardi, 82.
Guardistalla, 47.
Guasparre de Ricco, 275.
Guasti, 34.
Guasti (Cesare), 356.
Gucci Lapo, 453.
Guccio Gucci, 111, 332, 359.
Guelfes, 40, 57, 61, 77, 82, 96-98, 196, 203, 300, 338.
Guglielmo, paveur, 228.
Guicciardini, 233, 235, 340.
Guicciardini (Luigi), 218, 233, 238, 239, 248, 253.
Guidi de Salerne, 323.
Guidini, 140.
Guinicelli, 398.

H

Habsbourg, 42.
Hagen, 417.
Harcourt (Comtesse d'), 50.
Hawkwood, 43, 46, 48, 49, 55, 62, 65, 73-75, 102-105, 108, 111, 112, 117, 120, 124, 126, 134, 136, 143, 148, 152, 156, 169, 227, 270, 322, 331, 350, 351, 358, 362, 370, 384.

Henri VII de Luxembourg, 222, 442.
Hofmann, 431.
Homère, 433, 434.
Hongrie, 6, 64, 73, 126, 150, 171, 323, 349, 423.
Hongrois, 9, 21-23, 322, 332, 348, 349, 353, 358, 360, 361.
Horace, 399.
Horloge, 230.
Huber, 65.
Huit de garde, 303, 311, 326, 358, 364.
Huit de la guerre, 25, 42, 109-111, 115, 116, 118, 120-122, 124-127, 129-131, 134-136, 141-145, 147, 148, 153, 154, 156, 157, 159, 160, 162, 166, 168-170, 172, 180, 189-191, 211, 216, 226-228, 234, 235, 237, 242, 245, 250, 252-254, 259, 271, 275, 285, 294, 332, 339, 358, 364-366, 383, 428.
Huit de la paix, 358.
Huit des prêtres, 106, 122, 142, 157, 161.
Huit de S. M. Novella, 280-283, 286, 287, 294, 297, 307.
Huit Saints, *voy.* Huit de la guerre.

I

Imola, 370, 427.
Impôts, 143.
Incendies, 208, 228, 233-235, 237, 243.
Incisa, 35, 36, 46, 394.
Infangati, 54.
Infangati (Bernardo des), 20, 21.
In lode della fiorentina favella, 415.

Innocent VI, 22, 41, 57, 58, 430.
Interdit, 123, 128, 162-164, 168, 178, 196.
Istrie, 408.

J

Jacopi, 341.
Jacopo de Bartho, 554.
Jacopo du Casentino, 451, 453, 454, 465.
Jacquerie, 183, 298.
Jayme d'Aragon, 64.
Jean XXII, 393.
Jean de Bâle, 158, 167.
Jeanne de Durazzo, 64, 359.
Jeanne de Naples, 41, 63, 64, 73, 109, 119, 154, 172, 176, 323, 353, 355, 362.
Jérusalem, 361.
Jeux de bourse, 185.
Juifs, 97, 410.

K

Koerting, 296.
Knut, 5.

L

Labirinto d'amore, 497.
Lactance, 431.
La Fontaine, 410.
Lagrange, *voy.* Amiens.
Lajatico, 25, 26.
Lamporecchio, 41.
Lanajuoli, 276.
Lancaster, 155.
Lance, 30.
Lancelot du Lac, 405.
Landau, 406.
Landau (Conrad de), 6-10, 12-14, 26.
Landau (Everard de), 350, 584.
Landau (Gerhart de), 76.

Landau (Lutz de), 76, 78, 136, 156, 166, 178, 270.
Landi (Benedetto), 246.
Landino, 449.
Landino, 439, 449.
Lando, *voy.* Michele.
La Salle (Bernard de), 30.
Lastra, 350.
Latini (Ser Agnolo), 274, 275, 306.
Laure, 423, 426.
Laure de Noves, 396, 397.
Laveurs, 261.
Le Clerc (J. V.), 58.
Léon, 135, 155.
Leoncino de Francino, 263, 284, 289.
Leoni, 431.
Leonij, 26.
Levati, 397.
Liberali, 341.
Liberté (Enseigne de la), 115, 116, 125.
Liberté, *voy.* Dix.
Lignana, 52.
Linari, 174.
Lippi, 422.
Livelli, 142.
Livourne, 47, 110.
Lodovico de Venise, 158.
Loggie, 50, 210, 461.
Lombardie, 47, 55, 75, 76, 78, 109, 134, 255, 322, 363, 400.
Lombez, 396.
Londres, 6, 463.
Longpérier, 406.
Lorenzetti (Ambrogio), 443, 445.
Lorenzetti (Pietro), 443, 444.
Lorenzo de Donato, 335, 339.
Lorenzo de Giovanni, 332.
Lorenzo, peintre vénitien, 453.
Lotteringhi, 341.
Louis de Hongrie, 323,

327, 351, 352, 360.
Louis de Naples 6, 9.
Louis de Navarre, 64.
Louis de Tarente, 64.
Luca de Florence, 118.
Luca de Panzano, 36,
Luca de Panzano, 272-278, 297, 306, 312, 328, 330, 357, 414.
Luce, 183.
Lucques, 13, 18, 22, 26, 29, 52, 65, 66, 68-71, 73, 75, 114, 117, 120, 141, 147, 350, 352, 382, 383.
Luparello, 74.

M

Macconi, 129.
Macerata, 156.
Machiavel, 184, 188, 256, 264, 412, 414, 471.
Machiavelli, 340.
Machiavelli (Boninsegna), 208.
Macht, 397.
Macrobe, 431.
Magalotti, 238, 313, 422.
Magalotti (Baldo des), 36.
Magalotti (Bese des), 197.
Magalotti (Giovanni des), 81, 83, 89, 90, 111, 157, 189.
Maggio (Via), 274.
Magnats, 40, 61, 78, 85, 107, 196, 197, 207, 212, 274, 294, 308, 309, 314, 340, 380, 385.
Majorque, 64.
Malatacca de Reggio, 73.
Malatesta (Galeotto), 47-49, 50, 51, 124, 134.
Malatesta (Pandolfo), 7, 8, 11, 12, 34-40, 44, 273.
Malatesta (Unghero), 67.
Malatesti de Florence, 341.
Malatesti de Rimini, 116.

Malherbe, 408.
Maltraversi, 154.
Malvoisie, 69.
Mancini, 340.
Manetti, 341.
Manfredi (Astorgio des), 362.
Manfredi (Ettore), 321.
Mangiadori, 72.
Mangioni, 352.
Mangioni (Carlo), 334.
Mangioni (Cipriano), 336.
Mannelli (Amaretto), 167.
Manni, 43, 406.
Mantoue, 64, 65, 73, 371, 408, 435.
Marabottini, 341.
Marcel (Étienne), 183.
Marchandise (Cinq, sept, neuf de la), 85, 86, 222, 260, 334, 364, 379.
Marche, 132, 133, 136, 138, 279.
Marchese, 440.
Marchionne, 64, 86, 138, 328, 338, 343, 348, 366, 369, 414.
Marco de Benvenuto, 326, 331.
Marco de ser Salvi, 286.
Marco de Viterbe, 22, 41, 53.
Marco (Fra), 423.
Maremmes, 29, 39, 75, 132, 416.
Margaritone, 441.
Marguerite de Navarre, 410.
Marignolli (Guerriante), 218, 233, 234, 252, 329, 351.
Marina, 41.
Markwald, 66.
Marseille, 63, 124, 140.
Marsili (Luigi), 415, 436.
Marzocco, 50.
Masaccio, 451, 459, 463.
Maso, cordier, 228.
Maso de Neri, 195.
Maso, *voy*. Giottino.
Masolino, 463.

Massa Trebaria, 115.
Matteo de Bonaccorso, 354.
Matteo de Federico, 163.
Maubert (Place), 408.
Medici, 54, 192, 193, 299, 301, 343, 351, 388, 422, 467.
Medici (Bartolommeo des), 19-21.
Medici (Cosimo des), 227, 462.
Medici (Fuligno des), 163.
Medici (Giovanni des), 227, 232, 235, 244.
Medici (Salvestro des), 20, 81, 83, 191-193, 195-197, 200-203, 205-207, 211, 218, 229-231, 234, 237, 246, 247, 249, 253, 257, 271, 275, 282, 292, 297, 304, 305, 308, 311, 312, 354, 355, 382, 389.
Mehus, 424.
Melichin (Hugo de), 33.
Meloria, 18.
Memmi, 444.
Mensola, 407.
Meo del Grasso, 259.
Mercatelli, 115.
Mercato nuovo, 289, 375, 377.
Mercato vecchio, 245, 275, 308, 314, 408, 416.
Mercenaires, 192.
Métiers, 187.
Michel-Ange, 448, 459, 461, 464, 467, 470, 471.
Michele de Lando, 248, 255-257, 259, 260, 263, 264, 271, 276, 280, 281, 284, 285, 287, 288, 292-294, 297, 364, 382, 383.
Michele de Vanni, 234, 374.
Milan, 26, 98, 109, 133, 171, 321, 363, 408.

Milanesi, 443, 454.
Minerbetti (Chapelle des), 448.
Minerve, 392.
Mirandole, 76.
Miséricorde, 447.
Moccio, 442.
Modène, 382.
Modigliana, 108.
Moine de Ste-Justine de Padoue, 96.
Moines, 278, 280, 287.
Monaldi, 32.
Mone, *voy*. Giovanni et Tommaso.
Monsummano, 68.
Montale, 41.
Monte, 247, 308, 343, 544.
Montebuoni, 341.
Montecalvoli, 32.
Montecarelli, 16.
Montecastelli (da), 341.
Montecatini, 68, 161.
Montecchio, 15, 25.
Montefeltro, 26.
Montefeltro (Antonio de), 116.
Montefiascone, 115.
Montegiorgio, 137.
Montégut, 409.
Montelopio, 25.
Montepulciano, 65.
Montericordoli (da), 341.
Montescudaio, 47.
Montevarchi, 358.
Montevivagni, 16.
Montferrat, 10, 13, 14, 29, 41.
Montfort (Guy de), 65, 69, 73.
Montfort (Henri de), 33, 44, 46, 47, 49.
Monti, 392.
Montmayeur, 99, 101.
Montopoli, 11, 98.
Montpellier, 395.
Montughi, 44.
Morelli, 48.
Morelli, 383, 414.
Morello, 44.
Motrone, 76.

Mozzi, 190.
Mozzi (Giovanni des), 83.
Mugello, 15, 41, 44, 92, 94, 192.

N

Naddo (Ser), 104.
Naddo (Ser), 414.
Nanni d'Anselmo, 324, 333, 334.
Naples, 13, 21, 27, 58, 63, 64, 141, 179, 323, 333, 361, 362, 386, 403, 408, 420, 434, 442, 446.
Narbonne (Évêque de), 172.
Narni, 118
Nelli (Francesco), 400.
Nello, 439.
Nello (Bernardo), 465.
Nello de Vanni, 465.
Nencio l'aveugle, 332, 337.
Népotisme, 35.
Neri de Bicci, 451.
Nerli (Francesco des), 415.
Néron, 106.
Niccola Pisano, 438, 442, 472.
Niccoli (Niccolò), 436.
Niccolò (horloger), 230.
Niccolò (moine), 105, 106, 117.
Nice, 27.
Nicolas III, 419.
Nievole, 23, 71, 250, 305.
Ninfale Fiesolano, 407.
Nino, 448, 449.
Noellet (Guillaume de), 101-105.
Nofri, 190, 329.
Noirs, 382.
Normands, 14.
Nozzo, 439.

Nuto (Ser), 227, 236, 258, 273.

O

Obizo, *voy*. Alidosi.
Offices (Galerie des), 452, 458.
Ognissanti, 316, 452.
Oleggio (Giovanni d'), 15, 16, 20.
Oligarchie, 81, 301, 303.
Oltrarno, 209, 212, 229, 233, 240, 288.
Orcagna (Andrea), 439, 451, 459-466, 471.
Orcagna (Bernardo), 460, 461.
Orcagna (Cione), 460.
Ordelaffi, 116, 165.
Oresme (Nicole), 58.
Orgemont (Pierre d'), 131.
Oricellari, 238, 251.
Or san Michele, 378, 451, 461.
Orsini (cardinal), 175, 176.
Orvieto, 444.
Ostie (Évêque d'), 124.

P

Pace (Arrigo), 237.
Pacino de Luca, 304.
Padoue, 7, 9, 24, 61, 65, 73, 84, 322, 408, 426, 443, 446, 453.
Palagio (Dal), 341.
Palaia, 25.
Palermo, 322.
Palio, 25, 34, 194, 363.
Pampelune (Évêque de), 172.
Panigarola, 411.
Panigarola, 411.
Panocchini, 341.
Panzano, *voy*. Luca, Giovanni, Tommasino.

Paolo, 392.
Paolo, peintre, 453.
Paperini, 60, 72.
Paris, 183, 399, 410, 415, 419, 423, 436.
Parisani (Napoleone), 428.
Parlement (Assemblée à), 259, 283, 295.
Parme, 24, 400, 403.
Parri Spinelli, 451, 466.
Parte guelfa, 39, 60-62, 79-82, 84-86, 88-91, 98, 126, 127, 158, 163, 189, 191, 192, 194, 195, 197, 200, 203, 206, 210, 214, 216-218, 220, 221, 225, 244-246, 278, 280, 284, 294, 303, 307, 308, 311, 317, 332, 337, 338, 365, 373, 374, 378.
Passavanti (Jacopo), 416.
Passavanti (Jacopo), 415.
Passerini, 461.
Paterini, 60.
Patrimoine, 74, 132, 136.
Pava, 52.
Pavie, 421.
Pazzi, 54, 341.
Pazzi (Bartolo des), 20.
Pecciole, 25, 52.
Pecorone, 412.
Pedro le Cérémonieux, 6.
Pedro le Cruel, 6.
Peintres (Association des), 453.
Pellegrini, 341.
Pelzel, 69.
Pepoli, 138, 349.
Pères de l'Église, 434, 436.
Perignano, 174.
Pérouse, 6, 9, 10, 26, 62, 63, 73, 98, 100, 115, 119, 147, 149, 262, 338, 339, 353, 371, 442.

Perrens, 183.
Perticari, 415.
Perticari, 392.
Peruzzi, 313, 340, 351.
Peruzzi (Benedetto), 322, 324, 325, 329.
Peruzzi (Bonifazio), 326, 327.
Peruzzi (Simone), 36, 81, 83, 154, 157-159, 170, 172, 189-191, 255, 237, 267.
Peruzzi (Ubaldino), 264.
Pesa, 40.
Pesaro, 66, 136.
Fesci, 417.
Pescia, 22, 28, 29, 51, 52.
Peste, 25.
Pétitions, 81, 197, 201, 222, 243 - 249, 251, 297.
Petracco de l'Incisa, 394, 395.
Petrarca (Giovanni), 395, 396.
Pétrarque, 57, 132, 140, 384, 385, 392, 394-399, 401-404, 406 - 408, 418, 419, 423-425, 429, 430, 433-437, 445, 471.
Pétrarque et son siècle, 397.
Pétrarquistes, 399, 404.
Petriboni, 88.
Petroncino, 22, 53.
Peuple de Dieu, 275, 276, 309, 314, 329.
Piccolomini, 26.
Piccone (Dal), 541.
Picino Picini, 350.
Pie II, 417.
Piémont, 123.
Piero de Giovanni, 367.
Piero des Riformagioni (Ser), 236, 247, 333, 343.
Pierozzo Piéri, 218.
Pietrabuona, 22-24.
Pietramala, 16.
Pietrasanta, 52.

Pietro de Rimini, 452.
Pieve a San Stefano, 15.
Pilate (Léonce), 426, 435, 436.
Piombino, 140, 167.
Piovaneschi, 341.
Pisano, voy. Andrea, Giovanni, Niccola.
Pise, 9, 10, 13, 17-19, 21-24, 27-29, 32, 35, 37, 40-43, 46, 48-53, 56, 65, 66, 69, 70, 72, 73, 75, 104, 114, 120, 147, 167, 191, 312, 317, 331, 338, 352, 361, 404, 421, 442, 444, 446, 447, 450, 457, 466.
Pistoia, 15, 33, 38, 103, 117, 118.
Pitti (Buonaccorso), 291.
Pitti (Buonaccorso), 291, 313, 331, 360, 361, 414.
Pline le Jeune, 432.
Pô, 403.
Poggibonzi, 317.
Poggio Bracciolini, 25.
Politien, 432.
Pologne, 126.
Ponte alla Carraja, 447.
Ponte a Nievole, 11.
Ponte a Trinita, 450.
Ponte (Giovanni da), 439.
Ponte Vecchio, 275, 308, 450.
Pontedera, 313, 446.
Pontignano, 168.
Pontremoli, 403.
Ponzardi, 341.
Popolani, 3, 4, 16, 61, 78, 81, 84, 85, 105, 110, 142, 201, 204, 205, 207, 212, 222, 223, 236, 241, 244, 253, 254, 285, 286, 294, 295, 298, 301, 304, 306, 308, 309, 316, 319, 324, 332, 340, 345, 363, 373-

376, 379, 380, 384, 386.
Popolani (Famille), 341.
Popolo minutissimo, 274.
Poppi, 329.
Porta alla Croce, 45.
Porta al Prato, 43.
Porta (Della), 341.
Porta san Gallo, 44.
Portinari, 453.
Porto, 65.
Porto Lungone, 128.
Porto Pisano, 22, 28, 47, 52, 63, 70.
Potesta temporale (*La*), 149.
Potiers, 256.
Pouille, 54.
Prague, 421, 426.
Prato, 66, 105, 117, 118, 122, 273, 394, 452, 455.
Pratovecchio, 432.
Prezziner, 420.
Priam, 407.
Prignano, voy. Urbain VI.
Processions, 128, 154, 194.
Proposto, 89, 90, 199, 200, 214, 216, 253, 264.
Protogiudice (Giannuzzo de), 323, 348, 350, 352.
Provençaux, 395-397.
Provence, 42, 63.
Ptolémées, 171.
Pucci, 37.
Pucci (Domenico), 453.
Pulci, 313, 341, 351.
Pulci (Adoardo des), 203, 363.
Pungilingua, 415.

Q

Quadriregio, 392.
Quatrevingts, 211-213, 217, 224, 271, 297.
Quinet, 412.
Quona, 80.

R

Raab, 353.
Rabelais, 410.
Ragionieri, 94.
Ragone, 25.
Raimondo de Capoue, 129, 417.
Raimondo de Capoue, 130.
Rainieri (Da), 341.
Rambaldi d'Imola (Benvenuto), 427, 428.
Ranieri de Pace, 52.
Raphaël, 448, 467, 470, 471.
Raspanti, 151.
Raton, 54.
Ravaudeurs, 261.
Re (*Zeffirino*), 396.
Reali di Franza, 405.
Recanati, 116.
Reccho Guaczi, 555.
Récompenses, 125, 165, 168, 269, 284, 310.
Recteur, 421, 427, 428.
Recupero de san Miniato, 421.
Reggimento delle donne, 393.
Reggio, 75, 76.
Relégation, 244, 266, 267, 528, 382.
Renaissance, 418, 432, 433, 437, 461.
Révolution française, 210.
Rhodes, 584, 389.
Ricasoli, 75, 127, 273, 341.
Ricasoli (Angelo), 165.
Ricasoli (Bettino), 192, 197, 199, 216, 244, 267.
Ricci, 19, 20, 72, 79, 80, 82-84, 86, 87, 98, 99, 103, 184, 246, 254, 297, 300, 381, 389.
Ricci (Giorgio des), 84.
Ricci (Giovanni des), 423.

Ricci (Ricciardo des) 245.
Ricci (Rosso des), 76, 80, 192, 237, 245, 328.
Ricci (Uguccione des), 60, 61, 69, 79, 84, 85, 192, 245, 354.
Ricciardi (Manetto de), 90.
Ricciardi (Uguccione), 54.
Richet, 129.
Richiesti, 36, 42, 83, 89, 159, 163, 176, 225, 263, 279, 296, 339, 375.
Ricorboli, 37, 38.
Ricordanze di casa Ricci, 69.
Ricordi di Guido dell' Antella, 187.
Ridolfi, 208, 235, 313, 340.
Ridolfi (Antonio), 210.
Ridolfi (Bartolommeo), 87, 274.
Ridolfi (Schiatta), 31.
Ridolfo de Camerino (ou de Varano), 25, 26, 29, 76, 124, 134, 135, 137, 156, 166, 168, 171, 376.
Rienzi, voy. Cola.
Rifredi, 34.
Rimini, 7.
Rinaldo de Romena, 424.
Ringhiera, 20, 164, 219, 237, 257, 275, 277, 284, 288, 291, 296, 310, 461.
Rinieri, 341.
Rinonico, 75.
Rinucci (Niccolò), 209.
Rinuccini, 238.
Rinuccini (Chapelle des), 452.
Ripoli, 38.
Risaliti (Jacopo), 197.
Robert de Genève, 132, 137, 138, 148, 150-152, 174, 179, 355.

INDEX ALPHABÉTIQUE. 495

Robert de Naples, 399-401, 420.
Roland, 17.
Romagne, 5, 6, 10, 15, 59, 102, 132, 136, 138, 242, 321.
Roman de la Rose, 392, 397.
Romaneschi, 341.
Rome, 56, 67, 68, 78, 112, 127, 132, 140, 141, 145-147, 150, 156, 160, 173-175, 183, 263, 269, 329, 361, 399, 400, 411, 419, 429, 432, 437.
Romita, 22, 24.
Ronco, 227.
Rondine, 32.
Rondinelli (Andrea), 83.
Roosebeke, 361.
Rosolesi, 341.
Rossetti, 397, 427.
Rossi, 54, 313, 341, 352.
Rossi (De), 462.
Rossi (Filippo), 314.
Rossi (Nofri des), 151.
Rovezzano, 45.
Ruberti, 341.
Rucellai, *voy*. Oricellari.
Rucellai (Lapo), 367.
Ruggieri Cane, 112.
Rumohr, 440.

S

Sabatini, 26.
Sacchetti (Antonio), 157.
Sacchetti (Franco), 114, 326, 367, 412, 413, 418.
Sacchetti (Giannuzzo), 322, 323, 326, 367.
Sacchetti (Jacopo), 161, 272, 277, 333, 336.
Sacchetti (Rime di), 114.
Saccone, 15.
Sagredo, 467.

Saint Antonin, 139.
Saint Barthélemy, 141.
Saint Benoît, 121, 466.
Saint Bernard, 458.
Saint Dominique, 465.
Sainte Catherine de Pise, 449.
Sainte-Catherine de Sienne (Église), 444.
Sainte Claire, 396.
Sainte Marie des Anges, 466.
Saint Ephesus, 466.
Sainte Sabine, 132.
Saint Flour, 100.
Saint Georges, 55, 321, 325, 348, 362.
Saint Jacques, 34.
Saint Jean, 52, 194, 215.
Saint Luc, 453.
Saint Martin, 39.
Saint Potitus, 466.
Saint Silvestre, 458.
Saints, *voy*. Huit de la guerre.
Saint Thomas, 332.
Salerne, 323.
Salimbeni (Benuccio), 393.
Salutati (Coluccio), 113, 294, 368, 431, 436.
Salvestro de Compiobbesi, 263, 284.
Salvestro de Giovanni, 263.
Salvestro, *voy*. Medici.
Salviati, 408.
Salviati, 258.
Salviati (Andrea), 111, 135, 172, 258, 310.
Salviati (Forese), 203, 258.
Sambuca, 15.
San Ansano, 443.
San Casciano, 313.
San Concordio (Bartolommeo de), 415.
San Donato in collina, 36.
Sandri (Domenico), 163.
San Francesco de Pise, 450.

Sau Friano, 173 229-231, 286.
San Gallo (Rue et hôpital), 227, 232.
San Ginesio, 156.
San Giorgio, 232, 312, 365.
San Giovanni, 50, 193, 195, 263, 447, 448, 460.
San Lorenzo, 229, 240, 316, 317.
San Marco, 272.
San Miniato al Tedesco, 26, 46, 50, 55, 64-66, 69, 72-75, 118, 122, 305, 312, 344.
San Miniato a Monte, 38, 75.
San Niccolò, 15, 75.
San Niccolò (Faubourg), 37, 39.
San Pier Gattolini, 227, 232.
San Pier Maggiore, 229, 232, 248, 463.
San Piero, 31.
San Piero in grado, 46.
San Pier Scheraggio, 83, 89.
San Pulinari, 289.
San Ranieri, 444, 457.
San Romolo, 455.
San Salvi, 39, 40, 43, 45.
San Savino, 48, 50.
San Severino (Bartolommeo de), 279, 281.
San Severino (Tommaso de) 112.
San Spirito, 209, 229, 235, 262, 444, 456.
San Stefano a ponte, 155, 229, 427.
Santa Croce, 157, 241, 263, 383, 443, 444, 450, 452, 455, 458, 463, 470.
Santa Fiore, 17.
Santa Maria a monte, 28, 68.

Santa Maria del fiore, 179, 442, 463, 470. *Voy.* Santa Reparata.
Santa Maria in Pruneta, 164, 312.
Santa Maria Novella, 74, 77, 263, 278, 286, 448, 450, 463, 470.
Santa Maria Nuova, 453.
Sant'Ambrogio, 232, 286.
Sant'Angelo (Card. de), 119.
Santa Reparata, 106, 163, 179, 357.
Santa Rosa, 187.
San Zanobi, 164.
Sardaigne, 18.
Sarrasins, 101.
Sarzane, 64, 76, 113, 172.
Sasso Ferrato, 115.
Savoie, 30.
Scala (Prison de la), 277.
Scali, 208, 258, 368, 369.
Scali (Branca), 382.
Scali (Giorgio), 192, 245, 254, 286, 292, 303, 311, 330, 332, 347, 366, 371, 382.
Scali (Giovanni), 294.
Scali (Guelfo), 32.
Scardassieri, 319.
Scarperia, 16.
Scatizza, 369, 371.
Scevolini, 156.
Schisme d'Occident, 179, 269.
Scioperati, 85, 262, 307, 328, 373.
Scolari, 26.
Scorridori, 368, 371, 374.
Scrovegni, 443.
Scrutins, 199, 203, 204, 248, 249, 251.
Segna, 443.
Segna d'Antignano, 453.
Sel, 345.

Sénèque, 432, 436.
Sennuccio del Bene, 393, 404.
Serafini, 127.
Seravalle, 41.
Serchio, 13, 23.
Serra, 15.
Servi, 225, 309.
Sévigné, 410.
Sicile, 361.
Sienne, 6, 9, 10, 26, 39, 46, 52, 64, 65, 67 - 69, 100, 104, 114, 147, 219, 312, 317, 324, 329, 338, 352, 357, 358, 441 - 446, 452, 454, 465, 466, 470.
Sieve, 80, 94.
Sigeros, 434, 435.
Signa, 318.
Siminetti (Bartolo), 82, 203, 208, 244, 336, 337.
Simoncini (Bugigatto), 228, 229.
Simoncino de Biagio, 236.
Simone de Bartolino, 195.
Simone de Blasio, 304, 357, 371.
Simone de Fr. Talenti, 461.
Simone de la Tosa, 414.
Simone Martini, 442, 444 - 446, 457.
Simonin, 247.
Sinibaldi, 341.
Sismondi, 414.
Smeducci, *voy.* San Severino (Bartolommeo).
Soci, 15.
Soderini, 340.
Soderini (Niccolò des), 167, 197, 203, 208, 244.
Soldani, 190.
Soldanieri, 341.
Soldi (Matteo), 110, 111.
Soncini (Nerio), 64.
Sophocle, 433.

Sopragrandi, 212.
Sorano, 52.
Sorbonne, 410.
Souabe, 42.
Sovrana, 23.
Specchio della vera penitenza, 415, 416.
Specchio di Croce, 415.
Spinelli d'Arezzo, 451, 465, 466.
Spinelli de Giovenazzo, 119.
Spinello, 42.
Spinello de Borsi, 263, 284.
Spinello (Francesco de), 195.
Spolète, 74, 115, 132, 136.
Squarcialupi, 341.
Stefano, 444, 449, 457.
Sterz (Albert), 30, 41, 46.
Sterza, 25.
Stinche, 208, 217, 256, 277, 307, 322, 458, 468.
Stoldi, 341.
Storia di Firenze, ms 209.
Strada, 400.
Strada (Piero), 311, 314.
Strove, 349.
Strozzi, 315, 340, 368, 369, 371.
Strozzi (Anibaldo), 306.
Strozzi (Carlo), 53, 60, 79, 82, 170, 192, 202, 203, 208, 212, 216, 244, 267, 363.
Strozzi (Chapelle des), 463.
Strozzi (Filippo), 333, 334, 458.
Strozzi (Jacopo), 382.
Strozzi (Marco), 317.
Strozzi (Pagno), 316-318, 329.
Strozzi (Pazzino ou Pacino), 130, 154, 170, 172.
Strozzi (Tommaso), 111,

INDEX ALPHABÉTIQUE. 497

191, 237, 252, 253, 287, 311, 326, 331-333, 339, 347, 354, 355, 358, 359, 365, 371, 463.
Studio, 420 - 429, 437.
Sulmona, 435.
Supragrands, 212, 244.
Susinana, 15.
Symonds, 392.
Syndics, 205, 211, 227, 242, 243, 248, 260, 268, 275, 293.

T

Table des prieurs, 346.
Taddeo, *voy*. Gaddi.
Taddeo Bartoli, 442, 446.
Taddeo de Neri, 282.
Tafi, 439.
Tambo, 286.
Tambour, 198.
Tarlati, 15, 442, 446.
Tartares, 171.
Tasse (Torquato), 471.
Tassoni, 412.
Tassoni, 404, 412.
Tavola Rotonda, 405.
Tebaldeschi, 132.
Tedaldini, 341, 422, 428.
Teinturiers, 186, 261, 345, 347.
Telamone, 18, 19, 52, 70.
Térouanne, 131.
Terre sainte, 384.
Theiner, 101.
Thomas, 397.
Tibre, 10.
Tigliamochi (Agnolo), 282.
Tinghi (Matteo), 363.
Tino, 442.
Tisseurs, 261.
Tivoli, 177.
Todi, 26.
Toiano, 25, 26.
Tolentino, 156, 166.

Tolomei, 190.
Tolomei (Niccolò des), 11.
Tommaseo, 193.
Tommasini, 432.
Tommasino de Panzano, 356, 357.
Tommaso de Mone, 304, 308.
Tommè (Luca), 446.
Tondeurs, 261, 345, 347.
Tornabuoni, 341.
Tornaquinci, 233, 312, 341.
Tornaquinci (Tommaso), 52.
Torrita, 59.
Toscanella, 115.
Tosi (Fino), 272.
Tosinghi, 341.
Traïni, 465.
Traité de paix, 177.
Trévise, 322, 323, 326, 331.
Trionfi, 392, 397.
Troie, 439.
Troïle, 406.
Troubadours, 396. Voy. Provençaux.
Tuderte, 115.
Turcs, 101.
Turenne, 131.
Turriani (Barna), 83.

U

Ubaldini, 15, 16, 85, 92-94, 136.
Ubaldini (Albizo des), 15.
Ubaldini (Ghisello des), 33, 34.
Ubaldini (Giovacchino des), 16.
Ubaldini (Maghinardo des), 15, 93.
Ubaldino, 155.
Uberti, 12, 14, 184.
Uberti (Biordo des), 12.
Uberti (Farinata des),12.

Uberti (Fazio des), 322, 393.
Ubertini, 15.
Ubertini (Buoso des), 15.
Ughi, 44.
Ughi (Giovenco), 225, 226.
Ugolino, 443.
Ugolino (Domenico), 234.
Ugolino (Marquis de S. M. a monte), 242, 243, 306.
Ugoni (Giovenco), 221.
Ulivo, 173.
Umiliati, 118.
Union, 314.
Université, *voy*. Studio.
Urbain V, 22, 41, 53, 58 - 60, 62, 65, 66, 67, 73, 77, 98, 100, 139, 415, 426.
Urbain VI, 174 - 180, 321, 323, 353, 361.
Urbino, 115, 270.

V

Vaccherrccia (Via), 232.
Valle (Della), 445.
Vallombrosa, 111.
Vanni (Andrea), 446.
Vanni de Quarata, 162, 373.
Vanni de Susinana, 15.
Varano, 25. *Voy*. Ridolfo.
Vasari, 449, 458.
Vatican, 435.
Vecchietti, 313, 340.
Velluti, 351.
Velluti (Donato), 414.
Venanzio de Camerino, 156.
Venise, 22, 78, 172, 322, 383, 402, 408, 434.
Venise (Rue de), 258.
Vénitiens, 6, 454.
Vérone, 321, 331, 435.
Vertingher, 111, 112, 115, 120.

Vicence, 453.
Vico (Francesco de), 113, 114, 116, 147, 171, 179.
Vienne, 421.
Villani (Filippo), 30, 33.
Villani (Filippo), 405, 414, 427.
Villani (Giovanni), 385, 405, 412, 413.
Villani (Matteo), 9, 24, 33, 385, 405, 413.
Villemain, 397.
Vinci, 41.
Vinden (Hartmann de), 33.
Vingt-quatre (Conseil des), 198.
Virgile, 399, 424, 430, 436.
Visconti, 6, 13, 14, 29, 41, 51, 58, 64, 67, 75, 77, 400, 401.

Visconti (Bernabò), 7, 9, 13, 14, 52, 55, 64, 65, 72, 73, 75 - 77, 84, 90, 99, 102, 107-109, 112, 113, 117, 118, 124, 130, 133, 135, 136, 152, 153, 170, 171 - 173, 178, 269, 270, 321, 355.
Visconti (Galeazzo), 7, 29, 109, 112, 119, 126, 142.
Visconti (Gian Galeazzo), 436.
Visconti (Luchino), 363.
Visconti, *voy.* Ambrogiuolo.
Visdomini, 422.
Vita di Dante, 407, 408.
Vitale, 146.
Vita nuova, 396.
Vite de' Santi padri, 415.

Viterbe, 63, 64, 113, 167.
Viviano (Ser), 275, 276, 294, 296.
Voigt, 402, 436.
Volognano, 80.
Voltaire, 402.
Volterre, 17, 18, 66, 117, 118, 122, 179, 329, 465.

w

Werterstein, 26.
Wiclef, 183.
Wodehouse, 397.

z

Zanobi de Strada, 400, 404.
Zanobi Orlandi, 218.

ERRATUM

Page 194, ligne 22 : au lieu de *rebouté*, lisez : *redouté*.

21 921. — IMPRIMERIE A. LAHURE
Rue de Fleurus, 9, à Paris.

www.ingramcontent.com/pod-product-compliance
Lightning Source LLC
Chambersburg PA
CBHW050604230426
43670CB00009B/1261